Social Psychology

Stephen Worchel
Joel Cooper
George R. Goethals
James M. Olson

Social Psychology

教育科学精品教材译丛

Stephen Worchel
Joel Cooper
George R. Goethals
James M. Olson

Social Psychology

社会心理学

[美] 斯蒂芬·沃切尔　等著

金盛华　等译
金盛华　审校

凤凰出版传媒集团
江蘇教育出版社

著作权合同登记图字：10－2003－135 号
图书在版编目(CIP)数据

社会心理学/(美) 沃切尔(Worchel,S.)等著;金盛华等译.—南京：江苏教育出版社，2008. 2
(教育科学精品教材译丛)
ISBN 978－7－5343－8549－0

Ⅰ. 社… Ⅱ. ①沃…②金… Ⅲ. 社会心理学一教材
Ⅳ. C912. 6

中国版本图书馆 CIP 数据核字(2008)第 019393 号

Stephen Worchel etc.
Social Psychology
ISBN：0－8304－1470－3

教育科学精品教材译丛

社会心理学
Social Psychology
[美] 斯蒂芬·沃切尔 **等著**
金盛华 **等译** 金盛华 **审校**
责任编辑 王家俊

出版发行 凤凰出版传媒集团
江苏教育出版社
(南京市马家街 31 号，邮政编码：210009 网址：www. 1088. com. cn)
经销 江苏省新华发行集团有限公司
照排 南京展望文化发展有限公司
印刷 江苏淮阴新华印刷厂 (厂址：淮安市淮海北路 44 号 邮编：223001)
开本 787×1092 毫米 1/16 印张 37. 25 字数 790 000
2008 年 3 月第 1 版 2008 年 3 月第 1 次印刷
印数 1－5 000 册
ISBN 978－7－5343－8549－0
定价 62. 00 元
批发电话 025－83260760，83260768
邮购电话 025－85400774，8008289797
短信咨询 10602585420909
E-mail jsep@vip. 163. com
盗版举报 025－83204538
苏教版图书若有印装错误，可向承印厂调换。
提供盗版线索者给予重奖。

教育科学精品教材译丛

总序

作为高校教师，我们中的许多人常常为教育科学教材的陈旧落后而痛心疾首；作为教育学人，我们中的许多人也常常对经济学、社会学等显学学科教材建设的突飞猛进而称羡不已。

于是，我们坐卧不安，我们摩拳擦掌，我们立志超越，我们走到了一起。经过几年的努力，涵盖当代高等学校教育学专业的全部主干课程的大型海外教材《教育科学精品教材译丛》(下面简称《译丛》)终于呈现在读者面前。

许多年来，我国高等师范教育和高等学校教育学专业课程改革的步伐极为缓慢，师范教育的教育学、心理学、教材教法这三门课程多年不变，教育学专业的课程内容陈旧，课程的选择空间相当狭小。可以说，改变高等师范教育课程和高等学校教育学课程的落后状况，是《译丛》最基本的宗旨。

另一方面，随着教育事业改革的深化，教育实践中产生的问题日益复杂，解决这些问题需要极为丰富的教育科学知识和能力。《译丛》追求的另一宗旨正是通过奉献世界上最先进的教育科学知识体系，促进我国教育事业改革的深化。

在过去的几年中，高等学校课程改革已经取得了相当明显的成效。深化课程改革的一条重要途径是引进国外尤其是发达国家的高校教材，借此提高教育质量和增进学生的学习能力。《译丛》的宗旨和思路与我国高校教材改革的这种方向是一致的，而且是高校教材改革过程的组成部分。

促进学术交流，是《译丛》向往的又一宗旨。学术沟通的障碍，表征是交际语言，而深层原因则是学术语言与学术规范。《译丛》希望通过引进国外的教育科学知识体系和贯穿其中的研究方法与表达方式，促进我国教育科学学术事业的进步，并为其走向世界奠定基础和开辟道路。

《译丛》是建国以来从海外引进的规模最大、门类最全的教育学科教材，被国内媒体称为"又一次重要的拿来主义"。在科教兴国的基本国策背景下，它所蕴涵的巨大社会意义已经超出教材本身。因此，《译丛》的编委会和出版者——江苏教育出版社对此高度重视，并为此做了大量的细致而扎实的工作。第一，组建了强大的编委会和翻译队伍。《译丛》的编委会阵容强大，有各师范大学的博士生导师、教授以及一批海外教育专家；主要翻译人员和审校者均是教育科学专业的博士或教育科学领域的教授，其中一些译者长期旅居国外，并从事教育科学专业的研究和教学工作，他们均在教育科学领域具有相当深厚的积累，可以确保《译丛》的翻译质量。第二，精心筛选选题。《译丛》的入选图书品质上乘，所有选题皆经中、日、美等国专家反复磋商论证，精选而成。其中一些书目为国外学术机构所推荐，在国外大学拥有广泛的学术声誉。许多教材一版再版，最多的已达十五版。

我们希望，这套教材能成为国内教育科学的替代课本或重要参考书，同时也能作为各地教师继续教育的重要资料。

我们期待，这套教材能给中国教育理论界带来一些观念和方法上的启示，为我国的教育科学的教学和研究，尤其是教材编写工作提供一定的借鉴。

我们相信，这套教材会得到许多中小学教师、校长、教育行政机关干部、教育科学研究人员、教育专业的研究生以及高校在校学生的关注和选用。

当然，我们更希望、更期待的是创新和超越。希望和期待我国的教育科学工作者编写出高水平的、具有中国特色的教材。站得更高才能看得更远，看得更远才能做得更好，希望我们这套教材能使中国教育理论界有一个更高的起点，使中国的教师和师范学生有一个开阔的视野。需要说明的是，原书附有大量的索引，但为降低图书成本，减轻读者负担，我们只好割爱，敬请诸君谅解。

我们欢迎各种形式的参与和合作，欢迎专家和读者随时为我们荐书，随时提出各种建议和评论。

《教育科学精品教材译丛》编委会

二〇〇二年四月

前　言

新千年与成堆的问题、矛盾和机会一起来临。我们听到承诺：新一代药物将延长人的寿命。克隆技术的出现，意味着我们复制自己已为期不远。太空旅行的进展，提供了我们在其他世界繁衍自己生命的可能性。正如关注未来充满诱惑一样，不忽视对现在的觉察同样重要。我们虽站在新开端的边缘，但当前生活的现实提醒我们：我们必须继续强调人类上一个千年所面对的问题。

在20世纪的最后几年，美国国内对克林顿总统的弹劾，又提出了与人类政治和正义追求共生的古老话题。虽然，对公之于世的案件“事实”很少人有争议，但对如何诠释这些“事实”，却有极大分歧。争论围绕克林顿是否有意误导大陪审团的问题展开。根本的质疑涉及到了克林顿总统的性格。随处充满着谴责的气氛：国会议员是按党派站线，而不是按报告的信息投票。面对希拉里·克林顿给她丈夫的支持带来的惊奇，许多评论员都自然地将焦点从政治转向了个人关系。在美国这场戏结束的时候，魁北克的加拿大人正在举行一场加拿大是否应根据种族和文化分界的投票。在中东，以色列和巴勒斯坦之间矛盾升温转化成暴力冲突，美国及其盟国对萨达姆·侯赛因违背开放武器检查的承诺失去耐心，导致战火连绵。与此背景相反，面对洪水和泥石流困境的洪都拉斯和危地马拉人民触动了世界人民的感情，援助为此而纷纷涌入中美洲。

这些事件与其他近期事件突出表明，虽然人类已经走进新千年，但理解人类基本行为的需求依然像以往一样重要。无论行为涉及的是个人行动意向，还是群体一致的大规模破坏的目的,试图理解和解释人类行为互动过程的努力都属于社会心理学范畴。似乎是与人类准备新千年相对应,社会心理学也迎来了自己以崔普里特(Triplett)1897年研究为开端的百岁生日。

本书在设计上试图勾勒社会心理学领域的百年发展,呈现社会心理学领域建立起来的"经典"研究和理论。我们的目标是显示,早期工作如何作为当今社会心理学研究重点的基础。通读本书,读者会了解关于一些先前研究领域的深入讨论,如归因(第二章),社会比较(第三章),态度形成与改变(第五、第六章),认知不协调(第六章),社会影响(第十一章)及群体动力学(第十三章)。

当然,我们的目标并不仅仅邀请老朋友来讨论。我们也希望呈现社会心理学现在状态的图景,以及新的方向是怎样从较早时期的兴趣话题发展起来的。例如,当代社会心理学已经拥抱了影响了心理学许多领域的认知革命。不过,对于信息加工和认知的强调并非简单融为一体的结果。在社会心理学中,认知取向在诸如自我与社会同一性(第三章)、觉知他人(第二章)、刻板印象(第七章)(现在部分心理学家开始用"类属思维"的术语代替刻板印象——译者注)及内群关系(第十二章)等领域,已经有很长的历史。只不过,近20年其潜力才开始发散。今天的社会心理学也为多种新的方法(如第五章态度的生理学测量)、新的取向(如第八章的进化心理学)和新的应用(如第五章的艾滋病与性安全、第十章的侵犯与视频游戏)等而自豪。

不放眼社会心理学的未来,对该领域的介绍就不可能完整。社会心理学主要是从北美发展起来的,但它已经吸引全世界研究者的兴趣。通过努力涵盖全世界所有的地方研究者所做工作的努力,我们确认了这种不断增长的兴趣。同样,社会心理学家们已经变得更清楚文化在影响人类行为中的作用。文化不仅是一个被动的观察者,而是一个影响行为每个侧面的积极参与者。第十四章确认了这种发展,并考察了其对社会心理学的影响。

本书是从先前的版本《理解社会心理学》发展的。其兼容了将基础理论和应用研究结合到一起的目的。它接受了融经典与新理论和研究融为一炉的前提,保留了先前版本三位作者的合作。当然,这一新的版本也是不同的,一位新作者,James Olson被增加了进来,为作者队伍带来了新的视角和重点。他不仅增加了社会心理学的认知观点,也支持将书中视点推延出了美国的边界。新观点和新专长的增加,使我们可以描画一个更为完整的社会心理学图画。在我们开始讨论我们的背景的时候,一个关于作者队伍的话题出现了,并在我们中间成形:我们介绍了社会心理学教学的百年经验。从个人观点讲,虽然我们不能肯定这到底是一个十分令人鼓舞还是令人厌烦的发现,但它的确在我们制订本书计划时给了我们一定的自信。

本书从微观层面开始,然后历经人力互动过程,再移向较为宏观的层面。因此,我们介绍社会心理学,从对自我和社会信息处理的关注(第二、三、四章)开始。仍在该框架中,我们移向对态度和说服(第五、六章)的研究。在偏见和刻板印象(第七章)的具体框架中，信息处理和态度之间的关系得以探讨。我们从对自我的关注，转入人际关系的领域。首先是吸引（第八章）和利他主义（第九章），然后进入较为黑暗的一面以探讨侵犯行为（第十章）。接下来的三章通过研究群体行为，拓展了社会互动的舞台。第十一章涉及社会情境下的影响，第十二章则讨论当群体形成时可能出现的冲突。我们接下来的关注，从群际之间的关系转向群体内部出现的过程（第十三章）。最后，我们通过探讨社会行为如何受其外部文化影响（第十四章），结束对社会心理学的研究。

社会心理学这一领域经常同时存有两个目的。一方面，它密切关注日常社会问题，从问题中提取想法，并应用理论和研究结果从而更好地理解和处理问题。另一方面，社会心理学仍然谨记库尔特·勒温（Kurt Lewin）的劝诫，坚持科学取向的准则。这两个目的的结合导致了社会心理学所主张的实用性和受尊敬之处。在全书中公平的呈现这两个原则，一直是我们的目标。因此，读者会发现，理论、研究和方法学将和应用结合讨论。

补充和其他特色

考虑到我们一百年的经验，有人也许会认为，如今我们可以单独完成工作。但是，时间使我们懂得，别人提供的支持和建议的价值。确实，我们在这方面很幸运。我们非常感激地向许多为本书做出贡献的人致谢。Dawna Coutant，Hank Rothgerber，Manuela Ivaldi，John Iuzzini，Dora Capoza，Anne Maass，Paco Morales，William Webb，Vicki Esses，Bill Fisher，Carolyn Hafer，Dick Sorrentino 帮助我们发展想法，并提供了本书采用的材料。Nelson Hall 公司的朋友使整个队伍团结在一起，他们的支持使我们一直保持对该项目的热情。感谢 Richard Meade 和 Dorothy Anderson。感谢 Jane Brown 为文章所做的漂亮设计。并将我们的感激致与审阅者——Karen L. Horner，Jack L. Powell，Brian W. Schrader，Peter Miene——他们提供了宝贵的反馈意见。Sharmon Toner，Joan Boggis 帮助准备原稿，使我们在最后期限之前最终完成全书。最后，感谢我们家庭最好的支持，他们搁下自己的需要，倾听我们的咆哮和胡言乱语，并使我们在最疯狂的时候保持理智。是你们，使本项目成为可能并充满乐趣。

所有努力都是为了使本书有吸引力和便于使用。本书包含了一个大范围的测验库，由 Dawna Coutant 所准备。它包含大约每章 75 个测验题目，其中大约 35 个选择题，35 个正/误判断题和 5 个问答题。

目 录

目　　录

第一章 社会心理学：是什么，为什么和怎样做

1938年的万圣节前夜，一则报道火星上爆炸的“新闻广播”，打断了正播放西班牙音乐的广播节目。过了些时候，罗曼·拉奎罗(Roman Raquello)管弦乐团的音乐再次被打断，这次的消息是，一个巨大的发光物体已降落在新泽西州的普林斯顿附近的一个小镇Crover’s Mill上。广播公司将记者卡尔·菲利普斯(Carl Phillips)送到现场。数百万听众通过哥伦比亚广播公司的节目收听了报道，以下是其中一部分：

> 好的，我……我真不知道从哪开始，来给你们描绘我眼前的奇怪场景，就像是现代的天方夜谭中的东西。嗯，我刚到这儿。我还没有来得及四周看看呢。我猜那就是了。是的，我想就是那个……东西，就在我前面，半埋在一个巨大的深坑中。深坑肯定是以巨大力量冲击成的。地上全是树的碎片，它肯定是向着镇上冲过来的。我看到的这个……物体，它不怎么像一颗流星。看起来它更像一个巨大的圆柱体……

卡尔进行了更详细的描述，他说：

> 等一下！有情况发生！女士们先生们，这太令人恐惧了！这东西的尾部正在开始剥落！头部开始像螺丝钉一样旋转！这东西里面肯定是空的！……女士们先生们，这是我看过的最可怕的事情……等等！有人从空的头部中爬出来了。是人或是……什么东西。我能看见两个发亮的圆盘，从那个黑洞中向外窥视……是眼睛吗？它可能是张脸。它可能是……哦，天啊，有东西从阴影中扭动出来，就像一条灰蛇。现在是另外一个，又一个。它们看上去就像动物的触角。在那里，我能看见这个东西的身体。它像熊一样大，像潮湿的皮一样反光。但是那张脸。它……它不可形容。我几乎无法强迫自己继续看着它。眼睛是黑色的，像巨蛇一样隐隐闪烁。嘴是V字型的，唾液从它没有边缘的嘴唇滴下来，看上去在有规律地颤抖……

菲利普斯然后移动去找一个更好的位置，以便观察这些奇怪的现象。找好位置后，他开始报道：

深坑中冒出一个隆起的物体。我能辨认出镜子折射出的一小束光。那是什么？有一道光从那镜子中发射出来，它突然转向朝前跑的人们。它打在他们的脑袋上！哦，上帝，他们烧了起来！现在整个地面都着火了。树林……谷仓……汽车的油箱……它到处蔓延。它朝这边来了。离我右边大约 20 米……

［报道者二］女士们先生们，由于不可控制的状况，我们无法继续 Grover's Mill 的广播。我们的现场转播显然遇到点困难。

当和现场的联系恢复时，报道称已有包括 6 名警察在内的 40 人死亡，他们被烧得面目全非。新泽西中部宣告戒严。武装部队的兰辛(Lansing)首长通过广播宣布，80 支步兵部队包围了这个令人害怕的物体。

几秒钟后，广播听众听到了炮火声、命令的叫喊声和普遍的混乱声。接下来是沉默，直到被一则由纽约演播室的广播员宣读的公告所打破。

［报道者二］女士们先生们，我有一则沉痛的消息要宣布。尽管似乎无法令人置信，但科学的观察和我们的亲眼所见都导致了这个无法逃避的假设：今晚降落在新泽西州的那些奇怪物体，是来自火星侵略部队的前锋。今晚在 Grover's Mill 的战斗已经以我们部队的失败告终，现代部队所遭受的最令人震惊的失败。7 000 名装备了来复枪和机械步枪的战士同一个火星侵略者的战争机器对决。只有 120 名已知的幸存者。其余的遍布在从 Grober's Mill 到 Plainsboro 的战场上，被那个怪物的铁脚碾碎、踩死，或者被它的高温光线烧成了灰烬。这个怪物现在已经控制了新泽西的中部，并有效地将这个州从中心切断。

戏剧仍在继续，此时，美国内政部长向听众讲话，他给这些担心的公民们的建议是，他们应该相信上帝。纽约的居民被催促着撤离，并被告知选择哪些路线，回避哪些路线。报道称，与新泽西州的联系已经中断。而在不断收到火星人降落在布法罗、芝加哥和圣路易斯的报道的同时，烟尘开始笼罩纽约城上空。"现在该结束了，"报道者解释，"人们尽力跑远它，但没有用。它们就像苍蝇一样降落。现在烟尘已经跨过了第六大街……第五大街……还有 100 码……还有 50 码……"

据估计，至少有 600 万人收听到了奥森·威尔斯水银剧院根据 H. G. 威尔斯

(H. G. Wells)的《世界大战》改编的广播。足足超过 100 万人相信，这是一则真实的新闻广播，地球正在遭受火星人的侵略。在这个一小时的节目结束之前，数十万美国人充满恐惧，尽力逃离这个来自火星的怪物。人们哭泣着，尖叫着，与亲爱的人相聚，挤在一团或者开车逃离袭击。一个大学男生说：

> 我最先做的事情之一就是尝试给我女朋友打电话，但老是占线，所以就使我确信这事情是真的。我们刚刚开始开车。我们听到普林斯顿已经被摧毁了，新泽西到处都是毒气……我们想，我们的朋友和家人都死了……

"火星入侵"事件激起了一系列反应，为研究许多社会现象提供了丰富的基础。哈德利·坎特里尔(Hadley Cantril)，普林斯顿的一名社会心理学家，实施了 135 次访谈，试图将人们的反应分门别类。有规律性的一项反应是，作为群体的成员，人们倾向于寻求其他人的陪伴来应对压力情境。人们在商店、防风地窖、公寓和别墅里挤在一起，一群一群地挤进汽车里。一名歇斯底里的新泽西妇女打电话给当地的警察局，对方告知她危险应该不会

奥森·威尔斯(Orson Wells)站在演播室里，举着双臂，在排练他的一场广播戏剧。1938 年 10 月 31 日，他的广播《世界大战》，本来是一个娱乐特别节目，却导致上百万听众担心他们的生命并从朋友那里寻求社会支持。

“马上到来”。“我们都互相亲吻，”她说，“觉得我们将死掉。当我听到纽瓦克(Newark)的街道上充满毒气时，我打电话给我的哥哥和他的妻子，让他们开车过来，这样我们能都在一起。”坎特里尔的另外一个受访者召集她的朋友，开车到尽可能远的地方。女大学生们回忆说：“女学生联谊会房间里和宿舍里的女孩们围着收音机挤在一起，相互拥抱着颤抖和哭泣。”

社会心理学定义

万圣节前夜的《世界大战》广播对打开收音机的人们产生了深刻的和深远的影响。假设现在你是一个小组的成员，小组的课堂项目是描述和解释这次广播的影响。这显然是一个巨大的任务：600 万人收听了广播。你的小组将如何着手做这个项目呢？

一个方法可能是，每个小组成员采用稍微不同的途径来调查听众及其反应。例如，你可以调查对收听到广播和没有收听到广播的个人的影响。然后你可以比较这两类人的态度、行为和情感。小组的另一个成员可以关注广播对群体的影响。他可以调查家庭或社会团体如何被当天傍晚的那件事所影响。第三个成员还可以关注特定的个人。这名学生可以先确定 4 个听到广播的人，然后将每个人的反应同其他三人的反应做比较。通过采取一种稍微不同的途径，每一种角度都可以增加我们对该事件的理解。

在展示这些途径时，我们已经粗略地界定了社会心理学、社会学和人格心理学的不同关注点。**社会心理学**可以被定义为这样一门学科：使用科学的方法来“理解和解释个体的思想、情感和行为怎样受到他人存在的影响，包括实际存在、想象中的存在或隐含的存在的影响”[奥尔波特(Allport)，1985，p. 3]。

需要记住的重要一点是，社会心理学关注的是个人层面而非群体或其他单位的层面。个体才思考、感觉和行动。作为社会心理学家，我们想了解个体如何被社会事件所影响。正是这种对个体的关注，将社会心理学同心理学的大家庭联系在一起，而不是同社会科学的某些其他分支相联系。阐述完这一点之后，我们需要进一步认识社会心理学。虽然关注焦点是在个体上，但其目标是理解大多数人在特定情景下如何行动。我们不是很关心那些可能导致人们互不相同行为的独特的个人特征。我们的目的是理解个体行为、情感和思想的大体倾向。

如果你在该课堂项目中采取了这个途径，你可能会问是否大多数人被广播所惊吓（情感），大多数人是尽量和别人在一起还是独处（行为），是否大多数人相信火星人会到他们的地方去（态度）。继续你的社会心理学家的角色，你可能会感兴趣于解释为什么人们要那样反应：是恐惧导致人们想要和别人在一起吗？如果是的话，为什么呢？你可能得出人们在相似情景下将如何反应的预测，以此结束你的报告。

感兴趣于这次广播对群体的影响的同学，可能采取社会学的角度。一般而言，社会学家对群体的结构和功能感兴趣。这些群体可以是小型的（家庭）、中型的（妇女联谊会或兄弟会）或者大型的（社会）。这时关注的焦点可能便是，为了应对世界大战引发的危机，群体制定出的规则；或者哪些群体（社会的或工作上的）受这次广播的影响最深。

研究单独个体的学生代表了人格心理学家的取向。其兴趣在于确认指导行为的个体差异。既然这样，我们会关心一个个体（玛丽）在不同的情景下如何反应，以及玛丽的反应如何与其他人（约翰）的不同。为了阐明这种取向（参见表 1.1），人格心理学家主要感兴趣于确认人们内部的一致性，他们将对水平轴最为关心。玛丽（约翰、休或乔治）在不同情景下如何反应？社会心理学家，关注情景对人的影响，他们乐于调查表 1.1 中纵向的一致性。我们知道，玛丽、约翰、休和乔治在许多方面不同。他们对同一情景将有不同的反应，而我们也许会认为他们具有不同的人格。但人格差异并不是社会心理学家所关注的，社会心理学家感兴趣于确定大多数人反应的方式。

表 1.1　人们对不同社会情景的反应

	晚餐时候遇到朋友	收听恐怖广播节目	遇到两个朋友在争吵
玛丽(Mary)	忽略他	寻求一个朋友	忽略他们
约翰(John)	礼貌的行动	寻求一个朋友	阻止争吵
休(Sue)	争吵起来	寻求一个朋友来争吵	参加争吵
乔治(George)	疾走到自助食物台	寻求一个朋友	听他们争吵

社会心理学取向：确定情景中最可能发生的反应，并调查情景如何影响这个最可能发生的反应。
人格取向：将每个人与其他人相比较，以确定每个人如何独特。

从表中可以看出，感到害怕引起大多数人寻求他人的陪伴。虽然大体上看起来玛丽比约翰要低调，也没有休那么爱争论，但这并没有改变这个事实：例子中的所有个体在收听恐怖广播这个社会情景下的反应，都是想寻求他人陪伴。作为社会心理学家，我们知道，如果继续对个体进行采样，我们将会找到害怕时不寻求陪伴的人；人们之间的差异将导致一些人表现得与大部分人不同。

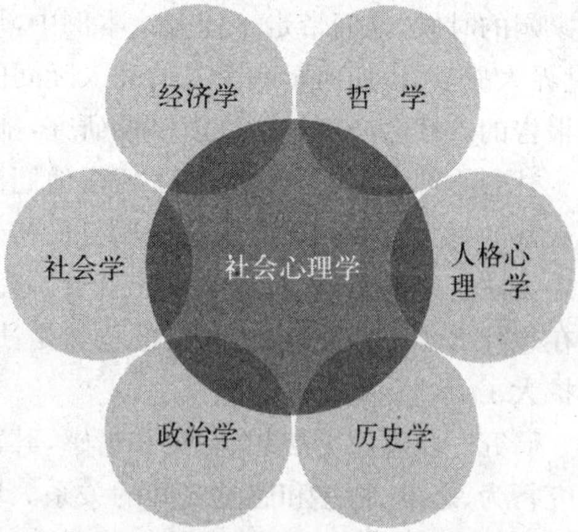

图 1.1　社会心理学及其相关领域

注：除了以上学科，社会心理学正在同工商学、教育学、建筑学、医学和法学发生紧密联系。

分析完这些差异后，我们必须指出，我们讨论的是各个领域的不同侧重点，而不是划清学科间的界线：虽然这些区别会帮助我们理解社会心理学、人格心理学和社会学的关注点，但这些领域之间存在相当程度的交叉。并没有明显的界线区分开这些领域；相反地，研究兴趣与方法在这些领域和其他领域互有交叉（图 1.1）。

瑟奇·莫斯科维奇（Serge Moscovici），一位法国社会心理学家，将社会心理学比作联系其他学科知识的“桥梁”（Moscovici，1989）。这个领域承认个体所处的更大范围的社会系统之重要性，因此涉及社会学、政治学、人类学和经济学。它承认人类活动的广大范围，以及文化和过去经历对人类行为的影响。就这个关注点而言，社会心理学与哲学、历史学、艺术和音乐等学科交叉。除这个广泛的视角之外，社会心理学理解人类内部活动与社会行为的相关性。例如，社会心理学家会问，在令人恐惧的事件后同别人在一起，将如何影响生理唤起水平，如血压和心律等。出于这个角度，在我们对社会心理学研究的描述中，你会发现我们将谈论诸如感觉、认知和生理反应等话题。因此，虽然社会心理学有它自己独特的、令人兴奋的特性，但把它看成人文科学、社会科学和自然科学中其他许多学科的邻近领域，还是很合理的。的确，我们希望，阅读本书之后，你不仅有进一步学习社会心理学的动机，而且能够更有兴趣地从其他角度理解人类社会行为。

社会心理学的目标：不仅仅呈现在眼前

正如我们即将所见，自创立起，社会心理学的研究领域经历了一些有趣的转变。但没有任何转变比社会心理学家研究的“行为”更引人注目。如果我们现在看看坎特里尔的研究，我们会发现调查者最感兴趣于了解，当人们听到“火星人来了”时，他们是如何表现的。他们给谁打了电话？他们到谁那里去了？他们谈了些什么？甚至，当逃离家园的时候，他们带走了什么？本例中，坎特里尔（1940/1968）在研究一个社会情景（世界大战节目）如何影响个人的和人际间的行为，这些行为，绝大部分，是可以被观察和报告的。社会心理学的许多早期研究，都采用了这种方法。

社会心理学家不久便拓展了值得他们注意的“行为”的定义。他们开始研究可直接观察的行为背后的反应。这些反应最初包括态度和情感，后来又涉及感觉和解释。如果关注这个的话，坎特里尔可能就会研究人们听到节目时，他们的感觉如何或者他们在想什么了。即使如此，其目的仍然是社会刺激如何影响反应，只不过“反应”的范围扩大了。

研究一旦涉及了思想、感觉和情感，其范围便更为扩展。现在社会心理学家可以探究行为、态度、情感和感觉之间的关系。现在的关注点聚焦在人类社会行为中伴随的过程，而一些惊人的发现开始逐步展现出来。我们也许很想假设，环境中发生的一个事件同时引发了那些受到影响的人的情感和行为。但如我们即将所见的，研究显示，不同的人对同一事件的感觉和解释不同，他们的反应常常被自己解释所影响。此外，情感和态度可能是行为的基础，或者人们的行为可能影响他们的情感和态度。我们认为事实上是个体的态度和行为，而不是个体所不能控制的、作为刺激出现的社会事件，体现了社会刺激的本质。换句话说，对过程的研究揭示了社会事件、态度、情感、解释和行为之间的一些有趣的关系。

但是，对过程的深入探究也不是社会心理学的最后领域。社会生活并非由一系列独立的事件组成，前一件结束了下一件开始。正如在曲终人散很长时间后我们仍能够记得旋律一样，我们储存社会交往过程的信息。这个过去信息的大仓库影响我们对当前状况的预期，对它们的解释，以及我们对情境中人物事件的归类方式。对这些问题的重视，社会心理学扩展了它的领域，研究人们如何储存有关过去社会交往过程和经验的信息，以及这些信息如何影响人们在当前环境中的行为。例如，凯利（Kelly，1997）讨论了过去的经验如何影响我们的语言和对人际关系的信任，以及这些因素如何反过来影响我们对当前关系的反应。

这个讨论的目的是帮助你认识和理解社会心理学的研究领域。当我们更深入地研究这些领域时，你也许会奇怪，为什么某些研究似乎更关注诸如信息加工和对情形的心理表征等认知问题，而不是外显的社会交往过程。的确，社会心理学领域涉及许多认知心理学方向的问题，但这种领域的扩展是基于这样一个前提：我们的许多认知既是我们社会行为的产物，也是社会行为的推动力。根据这种观点，如果坎特里尔的研究是在今天而不是差不多60年前进行的，那这个研究将会如何扩展！做这样的推测是很有趣的。在了解了社会心理学的研究对象如何发展到不断扩展的人类行为样

这个家庭在看个人相册，社会心理学家可能将之看做回忆社会交往和经验的过程，这个过程能够影响现在的行为。

本之后，让我们简要浏览一下它的历史，以理解这个领域如何将焦点关注于具体的主题上。

社会心理学史

既然我们已经鉴别了社会心理学和它的邻近学科，那么现在就让我们了解一下它的根源。实际上这是一个很轻松的任务，因为社会心理学在 20 世纪还是个小孩。事实上，已经有人估计，世界上所有的社会心理学家在 1979 年仍有 90% 健在(Cartwright，1979)！

除了时间上的局限之外，社会心理学在空间地点上也很受局限。这个领域大部分一直是西方世界的产物。虽然现代社会心理学早期有一些欧洲学者的贡献，但直到最近，这个领域仍仅限于北美的研究(Jones，1985；Graumann，1988)。

当我们阅读该领域的历史时，让我们随时记住有趣的一点。社会心理学也许比其他任何学科更为突出地受到世界大事、政治潮流和社会问题的影响(Harris，1986)。日常生活的重要事件成为许多研究主题和研究范围的推动力。同等重要的是，这门年轻学科的研究发现能够影响社会事件的发展。

1897 年通常被认为是第一个社会心理学实验诞生的年份而被纪念。诺曼·崔普里特(Norman Triplett，1897)调查了自行车比赛的正式成绩，发现有其他车手同

在休斯敦巡回赛中的现代自行车选手。一百多年前，诺曼·崔普里特的观察——比赛时有其他车手同时在场时，自行车选手的最高速度显著提高——导致了如今被认为的第一个社会心理学实验。

时在场时，自行车选手的最高速度要比他独自比赛时快大约20%。于是崔普里特设计了一个实验室研究，以进一步验证这个效应。在该研究中，小孩们的任务是把鱼线缠在卷轴上，或单独完成，或与其他同样任务的小孩一起。他人在场对个体任务表现的影响是社会心理学最初30年里唯一实质性通过实验研究的问题（Allport，1985）。

进入20世纪后不久，两本社会心理学教材出版发行了。第一本，书名为《社会心理学》，由社会心理学家罗斯（E. A. Ross）所著（1908），他认为，社会行为是由模仿或者暗示引起的。罗斯感兴趣于族群心理学和集体行为。他的工作为社会心理学研究在社会学内部的发展奠定了基调（Pepitone，1981）。第二本书，由威廉·麦独孤（William McDougall，1908）所著，认为人类许多行为都是由本能产生的。本能是先天的、不需要学习的行为倾向，其在同一个物种的成员之间是相同的。因此麦独孤把人类的许多社会行为看做是源自内部的或内在驱动的。麦独孤比罗斯更彻底的关注个体，这正是社会心理学的关注焦点。虽然麦独孤的著作出版后的20年是社会心理学发展的一段时间，但它仍停留在缺乏自己理论取向的学科阶段。它的方法学也是派生而来的，它的技术借用自记忆、学习和教育的研究。

1929年，瑟斯顿（Louis L. Thurstone）和蔡夫（E. J. Chave）出版了《态度的测量》。该书的出版标志着一个全新的研究领域的诞生。瑟斯顿和蔡夫的工作意味着，态度可以被概念化，并可以被测量。不久，新的技术被添加进来（Rensis Likert，1932），20世纪30年代成为测量和研究态度的功能的一段时期。第一所公众意见调查机构于1934年成立，并孕育了巨大的产业。今天，它能告诉我们人们对任何事物的看法，从牙膏到总统候选人。

20世纪30年代发生的事件发挥了重要作用：为社会心理学在美国的发展奠定了基础。许多年轻心理学家在经济大萧条时期失业。这些心理学家联合起来，发现失业并不是他们唯一的共同联结；他们认为心理学家应该研究重要社会问题，如当时在欧洲出现的法西斯主义和在美国普遍的劳动问题（Finison，1986；Stagner，1986）。这些心理学家于1936年组建了社会问题心理研究学会（SPSSI）。尽管该学会包括各个领域的心理学家，但其大部分成员都是社会心理学家。

社会心理学研究仍然异于今日，直到库尔特·勒温（Kurt Lewin）出现。勒温继承了应用心理学的传统。第一次世界大战期间，他为德国的无线电操作员开发了一套测验。他的兴趣是如何提高群体生产力（John，Eckardt & Hiebsch，1989）。虽然这一兴趣与SPSSI的心理学家的关注正好相符，但是勒温有一个更宏大的计划，这使他成为现代社会心理学的奠基人。作为科学中演绎法的坚定拥护者，他相信能够而且应该发展连接人类行为与社会情境的基本命题（勒温，1935）。而且，他认为在实验的帮助下，这些基本命题可以得到检验。在勒温及其同事的影响下，社会心理学开始将研究看做检验人类行为基本理论的方法，而不仅是对单独、没有联系的现象的调查（Lewin，

1935)。带着这个新的观点，社会心理学进入了它的现代时期。

Adolf Eichmann，纳粹安全服务机构的副陆军上校，1961年在耶路撒冷的一次审讯中被控犯有反人类罪，包括将300万犹太人和其他人驱逐到死亡集中营。他被判有罪并被处以死刑。类似的罪行导致了社会心理学对服从权威的研究。

勒温也因将社会心理学确定为一门研究社会现象并运用数据来影响那些社会问题的学科而值得注意。例如，第二次世界大战的爆发提出了这样的问题：美国人民如何能够被说服而为战争需要节约物资和食物。勒温(1943)研究了不同方式的社会影响对促使家庭主妇烹饪不同种类和容易获得的食物的效率。战争在美国也增加了这样的兴趣，即研究哪种政府最为有效：专政或民主。勒温(Lewin，Lippitt & White，1939)利用战争氛围，比较了不同领导风格对群体绩效和动力的影响。勒温和他的学生还展开了一系列对群体动力学的研究，这些研究成为工业组织心理学的基础之一。为了研究团队发展，勒温开发了参与观察法，这后来导致了研究和工业中T群体(敏感性训练小组——译者注)的使用。

第二次世界大战同样促进了耶鲁沟通研究计划的发展。国家领导人对宣传效应的关心和开展有效的、有说服力的宣传活动的愿望，使这一群研究者把学习理论应用到态度改变这个领域(Lott & Lott，1985)。这些研究者开展了数十个研究以确定，为了说服听众相信一条消息或者选择一个立场，谁应该说什么、如何说(见第五章和第六章)。

20世纪50年代和60年代早期，社会心理学脱离了发展初期，进入了高速发展期。战争中的残暴行为引发了这样的关注：人们能够多大程度服从权威人物的命令，以及与群体行为保持一致。社会心理学家展开了对从众行为[阿施(Asch)，1956；参见第十一章]和服从[米尔格伦(Milgram)，1965；参见第十一章]的研究。不断增长的世界紧张局势、军备竞赛以及众所周知的东西方力量言语和勇气之间斗争的冷战，将社会心理学的注意集中于冲突和冲突的解决等问题。社会心理学家同社会学家、数学家、政治学家和经济学家竭诚合作，发展了冲突和决策研究的理论与方法学[多伊特(Deutsch)和克劳斯(Krauss)，1960]。

虽然这些努力都关注个体之间的关系，但把社会心理学发扬光大的理论却是强调社会情境对个体的影响。利昂·费斯汀格(Leon Festinger)从调查人们如何评价自己开始了他的研究，包括人们对自己的努力、态度、外貌和行为的评价。他认为当缺乏客观评价标准时，人们把自己同他人进行比较（Festinger，1954；参见第三章）。对评价过程的关注致使费斯汀格调查了当人们面对行为之间、行为与态度之间和态度之间的不一致时所发生的状况。他提出了认知失调理论（Festinger，1957；参见第六章），在该理论中，他认为，人们努力争取获得认知（信念、态度和自身及他人行为的信息）的一致性。不一致性的发现引发了认知失调，并促使个体恢复一致性。接下来的 15 年里，各社会心理学杂志都充满了对认知失调的研究，而该理论则增进了对诸如消费者行为、人际吸引、学校消除种族歧视以及学习等问题的理解。

从 20 世纪 60 年代中期到 70 年代中期的 10 年间，社会心理学愈加关注个体感知和解释社会事件的方式。归因过程（Kelly，1967；Jones & Davis，1965；参见第二章）引起了社会心理学家的想象，并应用于进一步解释情感、自我评价和对他人的知觉。这段时期同样见证了社会心理学强调重点的一次转变。如果这个领域想要真正地、严肃地被当作一门科学的话，它必须发展出可重复和可报告的方法，而且这些方法能够经受住其他科学所要求的严格审查。因此，社会心理学家将他们的注意力转向改进研究方法，吸收新的技术以记录和观察人类行为，以及使用更为高级的统计工具以分析和解释数据（Kenny，1985）。技术的进步使得研究者能够将生理测量指标和精确的视频记录结合到研究中，并使用日趋复杂的计算机软件来实施研究和分析数据。除方法学方面的改进之外，由于技术进步带给他们的新的展望，社会心理学家能够改进他们的理论。例如，卡西普奥（Cacioppo）和他的同事（Cacioppo，1997；Cacioppo，1993）率先使用了复杂的神经记录技术，以测量态度。如果没有最近 20 年来计算机技术和心理生理学的发展，这个方法是不可能的。

一些社会心理学家很警觉地注意到了社会心理学学科特点保持的问题（Elms，1975）。社会心理学是否正在减少它对社会问题的关心？它是否注定会变成一门关注琐事和不相关细节的科学？事实上，这不是一个新问题；20 世纪 30 年代早期，J. F. 布朗（J. F. Brown），勒温的一个学生，就已经提出过警告（Minton，1984）。然而，这个警告没有成为现实，因为 20 世纪 70 年代，社会心理学将它更为复杂的方法和理论结合到对妇女问题、环境、法律与立法过程以及和平与冲突解决的研究当中。而且，凭着他们在行为理论和方法学上的独特训练，政府、法律公司和工业领域的职位，一直寻求社会心理学家的加盟。社会心理学还拓展了它地理上的界限。欧洲实验社会心理学协会成立。在社会影响和群体行为等方面的重要的欧洲的研究变得广为人知。1996 年，亚洲社会心理学学会成立，以承认环太平洋国家在该领域的研究。

社会心理学理论和研究的侧重点在 20 世纪 80 年代也发生了一次转变。对人们如何感知和加工社会信息（认知）的强烈兴趣不断增加。对认知取向的强调[（Markus & Zajonc，1985）；参见第二章]已经揭示，人们不仅仅被动地对社会环境进行反应；他们更组织和解释事件。对社会认知的研究是为了确定人们如何加工这个信息以及对人与社会之间的关系，作出更加准确的预测。

当进入20世纪90年代，社会心理学保持着对社会问题的敏感时，前进和改变的鼓声仍在继续。几年来，社会心理学家认识到了文化对人们行为的深刻影响，并且如果社会心理学想把自己定位于关注社会行为基本理论的学科，那么开展其他文化下的研究便是必要的。一些研究者（例如，Berry，1979；Bond & Yang，1982；Brislin，1980；Triandis，1975）是这个需要——研究文化对社会行为的影响——的坚定支持者。但是，他们的努力最初并没有被认为是社会心理学的中心研究。但是世界范围内政治、商业和娱乐舞台的不断全球化以及西方国家以外的社会心理学家日益增长的贡献，使得对跨文化研究的兴趣不断增加。20世纪90年代出现了几本有关文化在社会行为中的作用的有影响的书（Kitayama & Markus，1994；Matsumoto，1996；Triandis，1994）。

在20世纪90年代，社会心理学扩展了自己的视野，研究其他重要的社会问题。作为对世界范围内艾滋病不断蔓延趋势的反应，使用社会影响技术来引导人类性行为，产生了增加的兴趣（Fisher & Fisher，1992b）。前南斯拉夫、中非和前苏联种族冲突悲剧性的爆发，引发了对自我同一性以及该同一性中种族特性的重要性的新的研究（Ethier & Deaux，1994；Sidanius，1993；Turner，1987）。虽然我们并不是说社会心理学仅仅由当前社会问题所驱动，但必须承认，纵观其历史，社会心理学一直准备着应用它的理论和方法，来更好地理解当时社会的紧迫问题。这些问题经常帮助社会心理学

祖德·考皮奇(Jud Kopicki)(左)，一位艾滋病病人，在关于艾滋病的一个教育性质的会议上，使用社会影响技术同与会者交谈。

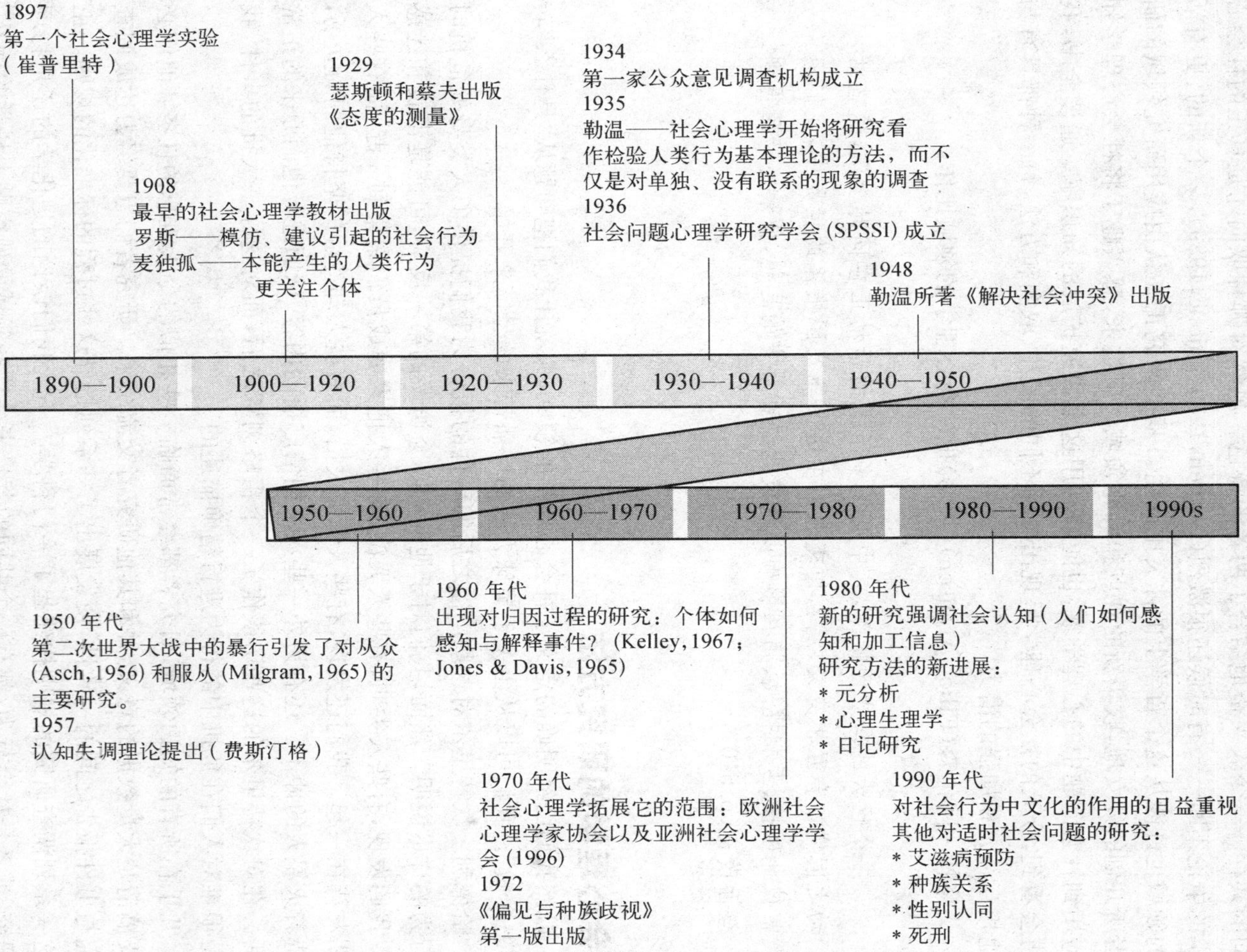

图 1.2 社会心理学历史上的重要事件

确定新的研究方向，并保持它的生命力和重要性。因此，今天的社会心理学既不鼠目寸光地关注实际问题，也不仅仅关注理论问题。今天的社会心理学表现出应用和基础取向的共存——令人兴奋地结合了两者的特色。虽然对哪种取向才是真正的社会心理学的争论不断——有时候还很激烈（Gergen，1989；Zajonc，1989），一个新的、更有活力的领域也许能从这个哲学上的冲突中诞生。基础研究正在从由应用研究领域的研究者所开创的处女地，收集新的观点和研究领域。反过来，感兴趣于将社会心理学知识应用到社会问题中的心理学家，也能够利用这个快速扩展的知识库。通读全书，我们将会看到，今天的社会心理学呈现出各种不同的关注、取向和方法，每一种都具有与其他相互补充和加强的潜力。

艾略特·阿伦森（Elliot Aronson）（1989）把社会心理学的领域比作：

> 一个巨大的马戏团帐篷，其中有很多不同的活动正在同时上演，这些活动之间偶尔会互相交叉、混合和交迭。在这个马戏团帐篷的世界中，我们经常彼此碰撞、互相挑战、相互影响以及彼此磨砺对方的思想，使最终产品得到全面改良（p. 510）。

社会心理学的研究方法

既然我们已经明确的定义了社会心理学的领域，那就让我们把问题从“是什么”转向“怎样做”。我们可以从由关于星球大战的广播带来的恐慌来开始。

哈德利·坎特里尔对这些广播之后的事件的报告为我们提供了人类身处危机时的行为的详尽说明。然而，我们对于他的135个访谈的第一反应，可能是沮丧和迷惑的。我们发现，有些人尖叫，有些人哭泣，有些人把家庭成员们聚集到一起，而有些人和朋友待在一起。我们还发现，有些人惊慌失措，而有些人却冷静的坚持他们的立场，等待着火星人的冲击。还有另外一些人不相信广播的内容，依旧进行他们原来的正常生活。在对坎特里尔的这些访谈作了一个粗略浏览之后，面对这样一大批的事件，我们是很难对人们在危机中的行为进行精确描述的。

几乎在所有的知识领域，研究者都经常面临一些相似的令人难忘的任务：他们必须要搞清楚大量数据的意义，并和其他研究者交流结果。研究者们想要努力达成调查研究与事件报告之间的一致性，便发展出了一系列指导这些过程的标准化的规则。正是这一系列调查研究的规则构建起了一门科学。不管我们谈论的是化学的还是物理的研究，或者是社会行为，都有一个共同的背景来给这些领域的研究贴上科学的标签。这个背景就是坚守科学的方法，即对一系列调查研究以及交流结果标准化的规则。

我们中的许多人都被科学这个词语吓倒了。只要想想一个个这样的人，他们带着眼镜，穿着实验服，研究一些复杂的几乎是神秘的问题，而且说着费解的长句子，这个词就让我们脊梁发冷。然而，科学毫无神秘可言。它是一个目的在于描述、预测和解释事件的过程。为了达到这些目的，科学家们要控制条件以使需要研究的事件发生。在某种意义上，我们可以把科学看做是一种没有终点的寻求，它寻求着一系列被认可的规则以及对这些规则的理解的一致性。使一些人激动，而使另一些人沮丧的是，每当我们发现答案时，新的问题和挑战又产生了。哲学家乔治·桑塔耶纳(George Santayana)在他对威廉·詹姆斯(William James)的描述中记录了这一过程：

> 我想，如果他不得不承认所有重要的问题最后都被解决了，他会很沮丧的。他还会希望有些事情会在另一方面意想不到的发生。他希望正当一个有技术的刽子手要绞死那可怜的已认罪的囚犯时，突然，一个出乎意料的证人极其迅速地出现，并且证明他是无辜的。(桑塔耶纳，1920，p. 84；Viney，1989)

为了努力加速实现这些目标，指导调查研究，科学家们发展出了理论和假设。一个理论就是一个系统的，试图解释两个或多个事件相关的原因的陈述。理论可能会涉及一个很广的范围，比如哥白尼的日心说理论，也可能集中在某一方面，比如说，试图去解释为什么人们在某种特殊的情况下会感到恐惧，为什么人们会产生某种特殊的态度，或者为什么人们会对其他人有攻击性行为。

科学家们也发展出了假设，用来表达关于事件之间关系的基于经验的猜想。假设不像理论那样去解释为什么两个事件有关系；它们只是表达了两个事件之间会有什么样的关系。假设可以从理论中得出，也可以从现存的数据中形成。举例来说，根据坎特里尔的访谈数据提出了这样的假设，当人们在焦虑，紧张或害怕时，他们倾向于联系在一起。这一陈述是一个假设而不是理论，因为它只是简单地陈述了一种关系，而且并不试图去解释这种关系存在的原因。这一假设可能是对的，也可能是错的；而验证假设就是科学的一项主要任务。像其他科学一样，社会心理学也要涉及解释、预测、理解和检验事件之间的关系。

在使用科学方法上，社会心理学家可能会对人类的某种特定行为提出理论或做出假设，就好像一个侦探可能会和犯下某种罪行的犯罪嫌疑人共进午餐。两者的共同任务是要捕捉到能够检验或者驳倒原有理论或预感的信息。就像侦探需要收集足够明确的信息来说服法官或陪审团他的预感是正确的，毋庸置疑，社会心理学家也需要获得足够明确的对某种理论的支持来说服批评家们和其他的社会心理学家。再进一步类推，就像侦探发明了许多捕捉线索的方法一样，社会心理学家也为把他们的预感坚持到底和检验理论设计出了相应的程序。

社会心理学家使用了大量的方法来检验理论，追踪线索。因此他们的部分侦探工作是为调查某一特殊问题来选择最佳策略。持着这一观点，我们将要考察社会心理学的方法论。为了解释它们的作用，我们会把问题集中在前面提过的人们对星球大战广播的反应上。如果我们想要寻求一种假设，即由广播引起的恐惧使得人们之间相互联系，我们应该怎样着手来获得支持假设的证据呢？

个案史法

一种验证假设的方法，个案史法，使用了一些回答者并且深入分析了他们的反应。举坎特里尔工作的一部分为例，他详细地采访了那些承认受到过广播惊吓的人们关于他们的反应。在这一章中会出现其中的一些摘录。这些证词是宝贵的，然而，我们就能确定我们已经可靠地了解了大多数人行为的方式吗？我们不知道这些报告是能够代表大部分的整体人群，还是只适用于被记录下陈述的几个个人。坎特里尔的大部分报告是在新泽西州（即火星人即将登陆的地点）收集起来的。这逼近的灾难可能使得那里的人们和遥远得多的地区的人们做出截然不同的行动。其他的一些个案记录是从听说了坎特里尔的调查而主动写信给他的人们那里获得的。这些报告虽然很有趣，但是它们只能够代表人口中经过精细挑选的那一部分比例，代表着那些期望或需要讲述他们的故事的人们。因此，我们更倾向于将个案史法用作产生假设，而不是验证假设的方法。

档案研究

胜于把注意力集中在一个事件上，就像个案记录法那样，通过档案研究，我们可以去检查对大量的或多或少有着共同点的事件的历史报导，并尝试着识别出对于这些事件的一般反应。如果我们对研究恐惧对行为的影响感兴趣，我们可以在报纸、杂志、书籍上去查找，识别出当人们面临恐惧情景时的例证。我们的研究会去揭示自然灾难，像火山爆发，飓风，工业灾难，比如切尔诺贝利的核电站事故和印度博帕尔的化学泄漏事故，以及当一个团体得知它的食物供给被下了毒时所面临的危机。我们会研究这些报导来确定出人们在多种多样的情景下的反应，看看我们是否能够识别出在所有这些事件下共有的行为模式。这一途径能产生大量的信息，因为我们涉及的不只是一种能够唤起恐惧的情形。如果我们找到了共有的行为模式，我们就可以超越一个特殊案例而将其**推广**。也就是说，我们使用从事例的情景中获取的信息来预测和解释在相似情形下的行为。换句话说，我们可以更加确信人们的反应是因为恐慌而不是确信火星人的入侵。然而，我们依然面对着许多恼人的疑问。这些对事件和人们反应的报导到底有多精确？人们是经历了恐惧还是其他的感情？这些报导被报导者的主观情感和解释影响了吗？这些类型的问题就限制了为发展精确理论和检验假设的档案研究法的价值。

调查

一种能够进入别人的头脑，更好地判断出他们的想法和感觉的方法，就是设计问卷了。选择一个能够代表人口的地理背景、社会经济背景、教育背景的大样本，向这个样本中的人们问一些关于他们的恐惧和联系需要的问题。这就是**调查**。

调查很有用，因为它试图去揭示人们在真实情景下的反应。而且，一组有样本代表性的回答者可以参与进来。调查是用于描述人们的态度、情感、报告和某个事件相关的行为。然而，调查也存在着许多的问题。首先，人们往往都不能准确地记住在某个特殊场合下，他们到底做了些什么。其次，为了使自己的形象显得更美好一些，回答问题的人们可能试图在调查中歪曲他们的答案。一个男人听说火星人来了，极度恐慌地尖叫着从房子里跑出来，而他可能会这样对访谈者说，他跑到房子外面，想要看看他能帮上邻居什么忙。简而言之，调查问卷中的回答可能不是完全准确的。最后一点是，一些人并不愿意接受访谈。

1. 共同的一点：相关，而不是因果

当你看完了我们讨论过的三种方法——个案记录、档案研究、调查，你认为它们三者有什么共同点呢？的确，它们看起来大不相同：一个要阅读报纸上的报导，另一个又要求我们去问人们问题，而它们的共同点就在于，每种方法给我们的是事件之间关系的信息，但是并没有清楚地告诉我们哪一个事件是原因，哪一个是结果。以统计学的术语来说，我们涉及的是**相关**，这是一种测量事件之间联系程度的统计学方法。相关的范围在 1.00 和－1.00 之间。如果我们发现了人们的恐惧与联系之间的正向相关，那就意味着随着恐惧的增强，联系也会加强。反过来讲，负向的相关便说明恐惧的增加与联系的减少相伴。

两个变量的相关程度是一条有价值的信息。如果我们知道两个事件是正向相关，我们便知道当其中之一发生时，另一个也可能发生。然而，我们可能也想知道哪一个事件是原因。也就是说，是恐惧使得人们联系在一起，还是联系在一起使人们觉得恐惧了？相关并不能提供这个问题的答案。两个变量之间的相关有以下三种情况：(1) 第一个变量的变化引起了第二个变量的变化。(2) 第二个变量的变化引起了第一个变量的变化。(3) 一个没有指明的第三变量同时引起了两个变量的变化。

假设坎特里尔发现了以下数据：

(1) 在报告听到广播感到十分恐惧的人中，有 75％在广播之后和别人待在一起。

(2) 在报告听到广播并不感到恐惧的人中，有 50％在广播之后和别人待在一起。

对于恐惧使人们联系的假设来说，这些数据意味着什么呢？一个可能的意义就是

像假设提出的那样，恐惧使得人们联系。然而，第二种可能的解释就是联系导致了恐惧。这也是一个似乎合理的解释，我们可以很容易地想到，人们聚集在一起，讨论星球大战计划，而这些讨论引起了人们的恐惧。第三，在相关中甚至还没被测量的第三个变量可能成为造成结果的原因。举个例子，我们可能会发现个别在某个人格维度上，比如社交性，得分高的人，有着和人交往的动机，同时也易于感到恐惧。这样，相关就并不意味着恐惧导致了联系或是联系导致了恐惧。结论可能会是这样，第三个变量，即人格特性，是人们恐惧和联系的原因。

这样，既然调查、个案调查、档案研究可以判断两个变量之间的关系有多么紧密，那么这些方法可以用来达到预测的目的。然而在许多情况之下，研究者却无法达到第二个科学目的——理解和解释。也就是说，研究者无法利用这些方法来发现变量之间的因果关系。

实验

为了检验因果关系，研究者必须控制他想要研究的变量，必须排除一些不明变量系统影响结果的可能性。进行必要的控制来解释因果关系的方法就是实验。

实验是一个验证假设的有效性与正确性的程序。一个实验的基本设计是很简单的。实验者操纵**自变量**，并研究这一操纵作用于**因变量**的结果。自变量是因它不受被试的控制这一事实而得名的，实验者决定被试接受自变量的哪一个水平。因变量是被试的反应。假设是以自变量引起因变量的形式来提出（恐惧引起联系）。这样，试验的目的就是要调查自变量和因变量之间的因果关系。

为了能够说明某一自变量的确就是引起因变量的原因，实验者要确定实验中没有**额外变量**的参与。额外变量是一个可以系统地影响人们反应的因素，尽管它和自变量与因变量之间的关系毫无联系。我们来假设你设计了一个实验来验证是否由恐惧引起了人们的联系。你设计了恐惧的两个水平（高和低）。你跑进房间，告诉人们房子着火了，以此作为恐惧的高水平。在低水平的条件下，你跑进房间，告诉人们邻近镇子的一所房子着火了。因此，恐惧的程度就是你的自变量，你要控制它。你的因变量是人们的联系，是由房间里的人们听到消息后互相交谈的频率来测量的。那么，到目前为止，一切顺利。你执行了实验，发现高恐惧比低恐惧导致了人们更加紧密地联系。那么，你能确信你已经获得了恐惧引起联系的证据吗？

当重新回顾你的整个过程时，你可能会发现你所有的努力都白费了。即使你操纵、控制了你的自变量，仔细地观察了你的因变量，额外变量还是有可能影响到你的结果。比如，你发现在你操纵的恐惧高水平的房间里的人们碰巧都是朋友，而恐惧低水平的房间里的人们彼此都不认识。如此，先前相识这一额外变量就可能是导致你所要结果的原因。另外，你可能会发现你所有的高恐惧条件是在午饭之后实行的，那时人们自然愿意交往，而低恐惧条件是在午饭之前实行的，那时人们有脾气不好的倾向，想要和别人隔绝开来。那么，即使你操纵了你的自变量，得出了预计的结果，这些额外变量的存在也使你不能确信你的研究证明了恐惧引起联系这一假设。

一个“纯净的”实验必须要消除或者控制好额外变量。为了确保先前存在的被试的个人特性这一额外变量不会影响到实验结果，被试被随机分配到不同的条件下。**随机分配**就意味着，每个被试都有均等的机会被分配在每一种实验条件下。通过随机分配，实验者保证了分配到任何一种特殊的实验条件下的被试的个性特征和其他条件下的同质。一种说明随机分配程序的方法是这样：想象一个眼睛被蒙起来的人，他的任务是把100个便士分成相等的两堆，这100个硬币一半是红色的，一半是绿色的。当任务结束时，可能每一堆都会呈现出一种红色和绿色便士的相同分配。那么，随机分配被试的原因就是要获得在不同条件下同质的一组组被试，目的是为了确保先前存在的被试个人特性不会成为影响实验结果的原因。除了随机分配被试，我们也可以通过随机分配实验条件的顺序的方法来消除其他的额外变量。在上面的例子中，我们可以不要把所有的高恐惧条件放在午饭后实行，把所有的低恐惧条件放在午饭前实行，以此来消除由饥饿带来的那另一种解释。要做到这一点，我们可以来随机选择一种条件，放到特定的一个时间来实行。

正像你看到的一样，许多的实验法是对控制的一种运用。我们必须通过控制来决定自变量何时被操纵，怎样被操纵。而且我们必须用控制来消除额外变量。坎贝尔和斯坦利运用了一个术语——**内部效度**，来描述没有受到额外变量污染的实验设计。就像他们所说，“内部效度是一种基本的成分，如果没有了它，一个实验就无法解释了。”

1. 设计一个实验

我们已经讨论了实验法的目标以及一些可能的缺陷。你可能会想出一种设计实验的方法来检验恐惧导致联系的假设。有几个重点应当记住：

(1) 你必须给自变量设计至少两个水平（比如，高恐惧条件和低恐惧条件）。

(2) 被试必须被随机分配到各种条件下（就是说，你不会想要把所有聪明人、所有的穷人或者所有的北方人都分到一种条件下）。

(3) 因变量（人们的联系）必须被测量。

斯坦利·斯凯彻（Stanley Schachter）报告了一个他设计的用于证明恐惧引起人们联系的实验（1959）。假设你是一个志愿者，被随机分配到了高恐惧水平的条件下。你会遇到一个看起来很严肃认真的，带着角质眼镜的男人，他下定决心要好好吓你一跳。为了做样子，他穿着实验室的白大褂，从他的口袋里露出一个听诊器。他站在一排看起来很是精密的实验仪器之前。他会向你作自我介绍，他说他是格里格·泽尔斯坦（Gregor Zilstein）博士。然后他会通知你要参加一个和电击的效果有关的实验。为了使他的话产生最大的影响，他稍微停顿了一下。泽尔斯坦说：

> 我们想要给你们所有人实施一系列的电击。现在，我必须对你们完全的诚实，我要准确地告诉你们将要做些什么。这些电击会是伤害性的，会很痛苦。正像你能猜到的那样，强烈的电击是必要的。我们将要做的就是把一个电极贴在你手上，把你连接到这个仪器上，给你施加一系列的电击，采用多种的方法……再说一次，我确实想要对你们坦诚，告诉你们这些电击会是很痛苦的，但是，它们当然不会带来永久性的伤害。(Schachter, 1959, p. 13)

如果你被随机分配到低恐惧水平的实验组，你可能会幸运多了，至少不会那样被惊吓。泽尔斯坦博士会向你问好，但是那一堆实验仪器不会被陈列出来。泽尔斯坦博士会以一种使人愉快得多的方式来告诉你，这是一个和电击的效果有关的实验（和他在高恐惧条件组时告诉被试的一样）。但这一次，他会这样修饰他的陈述："我要赶紧说明，不要让电击这个词困扰了你。我保证你会喜欢这个实验的。"他接着说：

> 我们想要给你们所有人实施一系列十分温和的电击。我向你保证，你将要感觉到的根本一点都不会疼痛。它就像搔痒一样，而不是什么不愉快的感受。我们会在你的手上放一个电极，给你施加一系列温和的电击，测量一些像你的脉搏率之类的……这些就像你的家庭医生做的一样，我相信你已经很熟悉了吧。(pp. 13 - 14)

斯凯彻以这种方式把自变量分成了两个水平：高恐惧与低恐惧。那么，他成功地在被试的思想和情感上创造了恐惧的两个水平吗？一个找出答案的方法就是提问。所以，斯凯彻给了每个被试一个要填写的表格，上面问："你参加这个实验，受到惊吓的感觉怎么样？"被试被要求在一个五点量表上作答，从"我十分讨厌这个主意"到"我十分喜欢这个主意"。当检查这些问卷时，在高恐惧条件组遇到严厉的泽尔斯坦博士的被试比那些在低恐惧条件组遇到和蔼、可靠的泽尔斯坦博士的被试更容易受到震惊。这一过程，也就是**核对操作**，使得研究者能够确保他们那以精细过程操纵的变量精确地让被试察觉到了。

斯凯彻的实验是用于检验恐惧引起联系的这一假设。一旦他成功地产生了恐惧的两个水平，那下一步就是获得一种测量人们联系愿望（因变量）的方法。斯凯彻决定要通过给被试一个想要待在一起还是分离的选择来解决这个问题。在两种恐惧条件下，泽尔斯坦博士会说：

在我们开始这令人震惊的实验之前，我们会耽搁10分钟来把房间整理一下。我们要把一些仪器的零件带进去再组装起来……下面是我们要求你们在这10分钟的等待中做的事情。在这一层楼里，还有许多额外的房间。所以，如果你愿意的话，你们每一个人都可以在自己的房间里去等。这些房间都很舒适宽敞，里面都有把扶手椅，有书籍杂志。然而，我们也想到了你们中的有些人在这10分钟里想要和其他的女孩待在一起。如果你更喜欢这个，当然了，要告诉我们。我们安排了一个空教室，你们可以和一些其他的女孩一起待在那里。(pp. 13-14)

然后，被试会有机会告诉实验者他们是愿意单独等，还是和别人一起等，或者无所谓。这就组成了因变量的测量方法。斯凯彻所希望发现的就是高恐惧条件组的女性比低恐惧条件组的更想和别人待在一起等。他的结果见表1.2。

表1.2 恐惧与人们联系倾向的关系

选择的人数	待在一起等待	无所谓	独自等待
高恐惧组	20	9	3
低恐惧组	10	18	2

来源：改编自斯凯彻(1959)

在这个表中，高恐惧条件组的被试比低恐惧条件组的更想和别人待在一起的这一结果十分明确。这样，假设就被数据所支持了。

2. 实验的优点

正像你所看到的那样，斯凯彻花费了大量的时间和精力去检验这一相当简单的假设，即恐惧引起联系。这值得吗？为什么要这样不遗余力的去构建一个实验呢？答案就是，实验有着许多重要的优点。事实上，社会心理学所收集的绝大部分数据是来自实验室的研究的。

我们应当明确实验法的大量的优点。首先，也是最重要的一点，实验为确定因果关系提供了一种方法。实验者控制自变量，随机地把被试分配到这个变量的不同水平，哪一个变量是因、哪一个是果的问题就可以回答了。

实验法的另一个优点是额外的变量被很好地控制了，否则它们会影响实验结果。举例来讲，接受坎特里尔的调查的一些人可能是在一场雷雨中收听的广播，或是听晚了，或是通过一个劈劈啪啪的收音机听到的。我们不能确定是否这些因素中的任何一个会影响到恐惧或联系行为。然而我们知道那些因素对于问题中的关系来说是毫不相关的。有些人可能经历了它们中的一种或几种，有些人却没有。这些因素是不可控制的。相反，实验可以控制那些事件。变量通常是在一个受到时间和空间限制的一个小单元里被操纵的。所有的被试除了在自变量的不同水平上，都会受到相同的对待。

实验法还有一个优点，那就是实验者可以设计许多的自变量水平和数据的研究趋势。例如，斯凯彻在恐惧的唤起上只使用了两个水平(高和低)。实验者也可能持有这一假设：感到非常恐惧的被试不愿意和人们发生联系。那么，一个有着三个自变量水平(低，高，很高)的实验就可以被设计了。恐惧变量的这些系统变化会给我们呈现出恐惧与人们的联系之间的清楚的关系。

3. 实验中需要关心的一些问题

马克·吐温曾经这样评论，人类发明的东西具有一个共性，就是不完美。这一陈述清楚地描述了实验法：虽然实验为收集数据和决定因果关系提供了一种优秀的方法，但它不是完美的。在运用实验法时，你可能已经分辨出了实验法的许多问题了。

困扰实验的基本问题之一就是实验室之外的推广：我们可以把在实验中收集到的数据推广到多大的范围呢？例如，我们想要证明，斯凯彻的研究支持了恐惧使得人们联系。这一推广的愿望引发了一系列的问题。一个问题就是，我们想要描述一般人的行为，而在实验中只使用了大学生作为被试。我们提出这个问题，不是说大学生不是人；他们是特殊的一群人，他们拥有着和整体人群不相同的个性特征。例如，斯凯彻的被试是白种人，女性，大部分来自东北地区，很可能来自于中产阶级家庭，受过几年的大学教育。那么，来自不同背景或教育水平的被试会像斯凯彻的被试那样吗？深入研究这个推广性的问题，我们可以提出下面的问题：(1) 对女性的研究可以预测男性的行为吗？(2) 对白人的研究可以预测黑人或西班牙人的行为吗？(3) 对年龄在 18 到 22 岁之间被试的研究能够预测更年长一些或是更年轻一些的人的行为吗？(4) 对大学生的研究可以预测教育程度不高的人的行为吗？等等。如果要以一定的自信作出这些推论，必须要使用不同的被试，执行另外的实验。

另一个问题是关于我们在实验中用到的设计和明确的操作。那些大学中的害怕科学家把电极连到他们身上的被试，会和身处自然环境中的被试经历到同种的恐惧吗？斯凯彻实验室中的恐惧和我们在生活中经历的恐惧，比如面对一个家中的盗贼，丛林中的狮子，或是新泽西州草地上的火星人时的恐惧一样吗？当我们提出这些问题时，我们就涉及了一个实验的**外部效度**(Carlsmith，Ellsworth & Aronson，1976)。

处理这些外部效度问题的最好方法，就是用一系列相似但不相同的方法来进行检验。如果斯凯彻的被试真是被吓坏了，如果恐惧导致了联系，那么使用不同的恐惧操纵方法的实验研究也会得出相同的结果。事实上，一些使用了不同的恐惧唤起方法及联系的测量方式的研究已经得出了十分类似的结论(Darley & Aroson，1966；Gerard，1963)。这一事实使得我们更加自信，我们可以把实验室中有关恐惧与联系的结果推广到自然环境中去。

关于实验法的另一个问题是现实性。事实上我们必须考虑到两种类型的现实主义。第一种，**实验现实性**，涉及实验对被试的影响。“如果被试参与到实验情境中，如果他们必须很认真地对待它，如果实验对他们有影响，一个实验就是现实的。”(Aronson，Brewer & Carlsmith，1985，p. 482)对于一个研究来说，如果我们想要证明自变量引起了因变量的反应，有着高度的实验现实性是极其重要的。不难发现，斯凯彻的实验有着高度的实验现实性。面带凶兆，严肃地解释了那痛苦的电击的泽尔斯坦博士当然捕获了被试的注意力。第二种，**世俗的现实性**，如果被试在实验中遇到的情境和他们在正常生活的过程中遇到的类似，这个实验就具有很高的世俗的现实性。虽然一个很高的世俗的现实性会增加研究的影响力，它的存在并不是必要的。比如，斯凯彻的实验就是很低的世俗的现实性的。(我们在日常生活中有多大可能接近像泽尔斯坦博士那样威胁要电击我们的人呢?)然而，斯凯彻的实验的确操纵了被试所经历的恐惧，使得他可以研究出恐惧与联系之间的关系。具有很高的世俗的现实性给予了我们更广的范围去做出超出具体实验框架之外的推论。

4. 被试与实验者的社会心理学

到目前为止，我们所关心的是实验框架的设计与操纵。然而，实验所包括的不仅仅是一个框架；实验同时也是被试与实验者交互作用的一个舞台。让我们迅速地看看被试与实验者的心理是怎样影响到研究结果的吧。马丁·奥尼(Martin Orne，1962)证明了人们愿意在实验中去做“正确的事情”。也就是说，去做他们认为实验者想要他们做的事情。你不想显得很傻，顽固，或是反抗性的。你想要合作，想要被看做一个“好被试”。在奥尼的一些证明中，他展示了人们运用多种奇怪的方法来成为好被试的一些事实。举例来说，奥尼问人们他们是否愿意在学校的图书馆抄数字，尽管他告诉了他们做这件事对谁都没什么用。被试们不仅愿意答应这一请求，而且，他们在调查者和图书管理员离开后还留在那里，在图书馆下班锁门之后还留着!

这些行为的含义是明确的。如果想成为好被试的人们知道实验者的目的，或者他们知道实验者想要他们做什么，他们是很可能合作的。如果斯凯彻的实验中的被试已经知道了他希望他们在高恐惧条件下联系在一起，低恐惧条件下分开待着，他们可能会这样做的。当人们以一种特殊的方式在行动，不是因为这是他们对此情境的典型反应，而是因为他们在试着按照实验者所期望的那样去做，我们就说他们的行为与实验的**需要特征**一致。

一些其他方法可以用来预防实验的需要特征。一个流行的方法，尽管不一定是最有效的，就是**欺骗**。在这个例子里，实验者给了被试一个虚假的但是似乎可能的假设。如果被试的行为被假设影响了，结果不会是有计划的。另外，通过这一欺骗或是封面故事，实验者阻止了被试发现真正的假设。斯凯彻在他的实验里使用了欺骗。他告诉被试他对研究被试接受的电击的效果感兴趣，然而事实上他只对恐惧对联系的作用效果感兴趣。

另一种降低实验的需要特征的方法是在一种和自变量分离的背景中测量因变量，使用**非强求测量**（又叫**隐蔽测量**）。事实上，一组研究者（Morris et al.，1976）在研究恐惧与联系时使用了非强求测量。在他们的研究中，一些被试来到实验室，发现一个堆满电击仪器和医疗设备的桌子（高恐惧组），另一些发现一个堆满书和无威胁性材料的桌子（低恐惧组）。桌子上的一张纸条上写着实验者很快就会回来。房间里没有椅子或其他家具，所以被试得留在那里直到实验者回来。实际上，实验者和他的助手坐在一面单向镜子的后面，记录被试互相交往的频率和程度。被试不知道他们在被人观察。结果显示，当桌子上放着恐惧唤起物品时，被试之间的联系更频繁，且他们的距离更近。因为被试不知道他们在被人观察，他们就不可能按照需要特征或内心对被测量的关心来做出反应。

最后一个问题是关于实验者在研究中的一种独特的心理。实验者持有假设：他们认为他们知道被试将会做什么；他们知道他们想要被试做什么来证明假设。罗伯特·罗森塔尔（Robert Rosenthal）和他的同事证明了这些预期会影响到被试的行为。在一项研究中，罗森塔尔和福特（Fode）使用了先前的评定等级为中性的关于成功和失败的脸孔照片。他们把这些照片给了一些实验助手，让他们从被试那得到图片中人是显得成功还是失败的等级评定。罗森塔尔和福特告诉了一半助手他们试图去重复一项“经过很充分研究的”发现，人们大体上会把照片上的人都评为成功的。另一半的助手被告知那项“经过很充分研究的”发现是，人们大体上会把照片上的人都评定为失败的。

拿着相同的照片，两组实验助手着手去收集证据了。实验者已经指导了他们该说什么以及如何去收集数据。两组本应该是以完全相同的方式去行动的。然而，结果却有着显著的差异。有着人们大体上会把照片上的人都评为成功的预期的实验助手比起有着失败评定预期的获得了更高的成功评定率。可以肯定的是，实验者对被试评定的影响不是故意的，然而，实验者的预期却以某种方式和被试联系在一起，被试从而相应做出了反应。实验者的预期对被试表现的影响就叫做**实验偏差**。

实验偏差是一个很棘手的问题，现在，调查者们更小心了，他们要确保他们的假设不会因为实验偏差而成为自己实现的预言。要想不使实验者的预期影响人们的行为，最好的方法就是不让实验者意识到施加给被试的实验处理。经常，为了获得结果，两个实验者会参与实验。举例来说，在斯凯彻的实验中，如果换作除了泽尔斯坦博士之外的某个人来问被试，他们是愿意和别人一起等待还是分开等待，试验者偏见的可能会被排除的。因为泽尔斯坦博士知道一个被试到底是被分到了高恐惧组还是低恐惧组。所以，只有他的预期会影响到实验结果。而换作别人，不会知道对联系的测量所应有的预期的。

现场实验

对实验室实验的普遍批评之一是，因为一个实验框架不像在真实世界里经历的那样，它是很难对被试产生有影响的结果的。我们可以成功地争论道，斯凯彻的实验当然对他的被试产生了影响，但同时也可以这样说，因为被试知道他们身处一个实验中，实验并不像它本可以的那样的成功。被试可能这样对自己说，这只是个实验，泽尔斯坦博士不会真的对我们做什么太恐怖的事情的。从而便降低了恐惧感。为了获得一个真实世界般的效果，我们可能想要实行一个现场实验。

从理论上讲，**现场实验**和实验室实验除了地点变了，其余的都类似。场地实验是在一个自然的框架中运行，而且被试通常都不知道他们身处一个实验之中。实验者改编自变量，检查对因变量操纵的效果如何。这一框架的现实性使得场地实验的结果能推得更广。

举例来讲，弗里德曼和弗雷泽(1966)想要检验一个假设，即如果先请人们去帮一个小忙，接下来他们就会答应一个很大的要求。他们最终的目标是想让人们同意在各自的庭院前立一块大的广告牌，提醒司机谨慎驾驶。在一些情形下，实验者走近在一个社区中随机选出的一些房子，并请求居民在窗户上挂一块3平方英尺的牌子，上面写上“做一个安全的司机”。几乎所有的人都答应了这一请求。两个星期之后，另一个实验者走近这些居民，请求他们同意在房子前放一块大的广告牌。在答应在窗户上挂一块小标志的居民中，有76%的人同意了在他们的院子里放置一块巨大的广告牌。然而，在没有被请求挂一块小牌子的居民中，只有17%的人同意了在院子里放一块大牌子。

正像你看到的那样，这一场地实验包含了把被试分配到不同条件下的随机化过程。它具有能够研究处于自然状态下的人们的优点，人们的反应和明确影响他们的行为是一致的。显然，这一情形对被试来说是有影响的，是重要的，而且这一研究也能够进行一些重要的控制。

然而，在我们匆匆忙忙地接受这一方法之前，让我们考虑一下它的一些可能的缺点。一个问题就是缺乏对额外变量的控制。尽管实验者希望能够证明接受一个小请求能增加人们接受大的请求的可能性，其他的解释也是可能的。比如，我们不知道，在接受大的请求之前的两个星期之内，那些挂着小牌子的居民们都遇到了什么事。可能他们的邻居们评论过这块牌子，并把他们形容成安全驾驶的“专家”。所以，觉得自己在这个问题上是专家的那些居民就易于采取更进一步的措施来支持这个说法。在这一例子中，邻居的反应就成为在环境中不可控的额外变量。

现场实验法的另一个缺点是，在现场时，要想操纵复杂的变量或者同时操纵许多变量是很难的。比如，要检验一个假设，当人们感到害怕的时候，疲劳的人比休息得很好的人有着更强的与人联系的愿望。那么，实施一个现场实验就很有难度了。为了验证这个假设，我们不得不要操纵恐惧和疲劳两个变量。在现场，要想把被试随机地分配到疲劳或非疲劳组简直是不可能的。然而，我们可以在实验室做到这一点，在操纵恐惧变量之前，我们可以让一些被试一晚上不睡觉，另一些却可以度过一个宁静的夜晚。

因此，现场实验有着可推广结果的优势，但是这一优势的获得可能是要以牺牲对额外变量的控制为代价。此外，在现场中，由于所要求操纵的复杂性，一些假设是难以验证的。

选择方法

在先前，我们指出社会心理学经常会要求大量的侦探性工作。社会心理学家不仅要观察行为，发展理论去解释行为，也必须要决定检验他们理论的最佳方法。正像你在表 1.3 中看到的，没有简单的对或错的方法，任何一种方法都同时具有优点和缺点。研究者必须决定他或她调查研究的目标，选择一种能够最好实现目标的方法。在大多数情况下，社会心理学家对建立因果关系感兴趣，从而会使用实验法。

表 1.3　研究方法：优点与缺点

方　法	优　点	缺　点
个案史法	包含真实事件；高世俗的现实性；对个案深入研究；产生假设	不能决定因果关系；对自变量没有控制；被试分配不随机；依赖回忆，可能是错误的
档案研究法	包含真实事件；高世俗的现实性；包含的事件多，提高了可推广性；收集数据容易且廉价；产生假设	不能决定因果关系；对自变量没有控制；被试分配不随机；依赖二手报导；报导中可能有偏见；经常是对事件与反应的不完整陈述
调　查	从大量的被试收集了大量的信息；可涉及大量的事件；容易收集数据	不能决定因果关系；对自变量没有控制；被试分配不随机；依赖被试的记忆，可能是错误的
实　验	可以决定因果关系；随机把被试分配到各种条件下；对自变量进行最大程度控制；对额外变量的控制力强	经常是低世俗的现实性；很难得到很高的推广度；费时；对自变量类型与强度的限制
现场实验	可以决定因果关系；高世俗的现实性；一些可控制自变量；可进行大范围被试的研究	难以控制额外变量；在如此的框架中检验某些复杂假设可能是不可能的

然而，理想的方法和操作，是在研究问题时使用混合的方法。也就是说，相同的假设可以通过调查、实验室实验或是现场实验来检验。如果每一种方法都可以检验和支持假设，那么比起只用一种方法来检验和支持来说，我们可以对它的正确性更加自信。这一多方法的途径要耗费相当多的时间，一个单独的研究者几乎不会使用这种方法。但是，在后面，我们将会调查一些实例。其中，一个假设已被一些研究者使用大量的方法所验证。

还有一点应该弄清楚：一个实验，不管是在实验室里还是现场实施的，都仅仅是为了验证它的观点。就像费斯汀格(1980)指出的那样："测量的精确性和实验控制的精确性是通向终点——发现新的知识的一种方法。太强调精确性会使研究变得没有结果。"实验方法像盖房子的铁锤，只是扩展知识的工具。一个实验的成功与否更多的是由它得出的结果来评定的，而不是精确性。所以，仔细地计划与思考要测量的观点是在选择方法之前的关键步骤。

毋庸置疑：统计显著性

要获得一个有罪的裁决，一个检察官必须使陪审团成员相信，被告的罪行是毋庸置疑的。这并不意味着检察官必须肯定地证明被告的罪行——这只是意味着陪审团必须相信，被告有罪是极有可能的。社会心理学家也是在和可能性打交道。一个实验的目的不是要证明假设是正确的。研究者会以下面的方式提出问题："我所得到的结果只是出于偶然的可能性有多大？"因此，社会心理学，像绝大多数科学一样，涉及的是可能性而不是绝对性。

作为证明这一点的方法，让我们来再一次检查一下斯凯彻的实验。斯凯彻发现几乎63%的高恐惧组的被试想要和别人一起等待，而33%的低恐惧组的被试想这样做。这一差异意味着什么？它是可信的，还是只是一个偶然的发现？在斯凯彻的实验中，我们必须要问，高恐惧组的人是否真的比低恐惧组的人更想要和别人联系。两者之间有足够大的差异来让我们相信，如果更多的人参加这一实验，恐惧与联系之间的关系会出现相同的结果吗？抑或是我们会发现，这一差异只是出于随机，而加入更多的被试将消除差别呢？

要回答这些问题，调查者使用了统计检验来消除这一可能性：如果所有的人都参加了实验，结果数据中的差异依然显著。按照惯例，我们约定，如果一个差异偶然发生的可能性小于0.05，我们就认为这个差异具有统计显著性。换句话说，结果偶然发生的可能性小于0.05。斯凯彻的实验中所报告的差异是用一个统计过程检验的，而且差异偶然发生的可能性小于0.05，因此我们认为结果具有统计显著性。这样，社会心理学家假定，一个结果，如果偶然发生的可能性小于5%，就是毋庸置疑的。

不想使事情显得更混淆并讨论再多的细节，我们应该指出，心理学家是在积极地寻求其他途径来分析数据，判断结果“告诉”了我们什么（Abelson，1995；Loftous，1996）。这些努力为理解研究中收集的数据开阔了新的路径。

在实验法的所有内容里，学生可能最讨厌的就是统计了，但统计毫无魔力与神秘可言。如果我们要求实验中的被试在一个量表上指出他们有多么想要和别的被试在一起，我们的数据会有两组我们关心的属性。首先，我们会得到所有分数的**平均数**，也叫平均。第二，我们要对围绕平均数的**变异性**进行计算。比如，如果我们得到的分数平均数是5分（在7点量表上），我们可能会发现所有的被试都选取了4、5或6分。这表明了相当低的变异性。另一方面，我们可能会得到分数平均数是5分一组数据，其中被试选到了量表上每一个点的分数，这表明了相当高的变异性。**方差分析**，一种用于分析实验数据的流行的统计程序，同时考虑到了平均数与变异性来决定结果的统计显著性。现在不是进一步展开统计过程的讨论的时候。我们只是想要简单地指出，这些方法是使得科学家们可以检验与交流他们的结果的一些工具。

道德问题

我们讨论了社会心理学使用的一些方法，看到了恐惧导致联系的假设是怎样被检验的。我们用告诉人们他们所在的房子着火了的方法来验证假设可能让你很不舒服。你甚至一想起斯凯彻的高恐惧条件组中的被试所经历的恐惧就觉得难受。最后，当我们提出研究中所用的方法要按照它能够多好地满足实验者需要的原则被选择时，你可能会觉得我们有一点冷酷无情。在所有这些情形中，我们似乎漏掉了实验中一项重要的成分——被试。

难道我们不应该关心一下被吓坏了的被试们吗？难道我们不应该注意一下选择一种保护被试的实验方法吗？对这些问题的答案当然绝对明确的是：应该。几乎从社会心理学家开始做实验的时候，他们就对被试的生理和心理安全高度关注。在我们的报纸报导使用LSD的CIA秘密实验之前，在肯尼迪人类实验委员会开始审讯之前，社会心理学家就在讨论研究中的道德问题，并且制定了在心理学实验中保护被试的方针。美国心理协会在1982年颁布了一个全面的方针，概述了在实施实验时应采取的道德防范。

让我们快速地回顾一下社会心理学家提出的一些道德问题吧。第一个问题是隐私的侵犯。尽管这在斯凯彻的实验中并不是一个严重的问题，因为实验几乎没有问到“敏感”信息，但当问到的时候，这的确是一个问题。一些研究会问到和被试的性生活或他们可能参与过的犯罪活动有关的问题。另一些研究对被试进行人格和智商测验。在所有的这些情况下，实验者要从被试那里获得私人信息。这样做道德吗？这是一个很难回答的问题。心理学家们努力通过记录匿名的回答和不允许实验者以外的任何人接近他们的方式来保护被试的隐私。更进一步，他们努力遵守**知会同意**的原则：在被试被告知实验的程序之后，他们可以选择是否要参加实验。然而，在现实中，这一原则很难遵守，因为有些实验不能够告诉被试真正要研究的是什么。

第二个问题是欺骗的使用。当实验者没有告诉被试真相时，他就是在进行欺骗。在斯凯彻的实验中，关于试验目的就对被试进行了欺骗。他们被告知将接受电击，尽管事实上并没有这么做。这种欺骗经常是必要的，它可以防止被试把注意力集中在所要研究关系的真实性质上来。为了使得欺骗只是暂时性的，实验者会在提出研究结论时进行精细阐述的通告会议。在这些会议上，被试被详细地告知研究中发生了什么，调查了什么问题，以及他们为什么被欺骗。这样，实验和通告对于被试来说，成为一个具有教育性的经历。

第三个问题是被试可能在实验的过程中遭受到有害的后果。被试可能会服下有着不愉快作用的药物，或者要遭受痛苦的电击。其他有害的后果可能是心理的而不是生理的。在斯凯彻的实验中，被试遭受了压力和恐惧。在其他的研究中，被试可能被贬低或侮辱，遭受抑郁。问题再一次被提出：这道德吗？关于这一问题有过相当多的讨论。答案就是试图找到不给被试产生消极结果的过程。

另一个道德问题就是，被试可能会被告知一些关于他们自己的他们不想知道的事情。比如，一个斯凯彻的实验中的被试可能会感到十分恐惧，她哭着请求退出实验。在这种情形下，这个被试被告知，她对压力几乎没有忍受能力。别人可能会分辩说，实验者只是告知了被试她确实具有的特点，然而，被试来做实验不是要求要了解她自己的，她只是一个实验中的被试。

道德问题是一个很难解决的具有争议的问题。对于一个人来说是道德的事情对于另一个人来说可能就不是了。而且，虽然在每一个实验中考虑道德问题是很重要的，不为这些问题所受制也是很重要的。一个有价值的实验必须同时考虑到被试和道德的问题。一个轻视这些而重视其他问题的实验会使被试、实验者以及我们关于人类行为的知识储存失去应有的价值。

社会心理学家清楚地意识到了和研究有关的道德问题，并且已经花费了大量的时间来思索这些问题。如果一个社会心理学研究的成功是以它所用的被试为代价的，不管它多有价值，这样的研究也会使人厌恶。为了保护被试的权利，大学的许多心理系都建立起了**机构评审委员会（IRBs）**，是一个由不同部门的教授们组成的委员会，考虑对被试研究的风险与益处。

机构评审委员会在允许心理学家进行试验之前要对他们的试验过程进行评审，以确定被试的权益是否得到了保护。委员会可能不会允许某个实验者进行研究，或者他们会建议一些为被试提供更好的安全保障的可供选择的方法。然而，这一体系也不是完美的，因为道德是一个非常主观的概念。一项研究请求一些大学的机构评审委员会来评审一个研究计划（Ceci，Peters & Plotkin，1985），尽管机构评审委员会评审的是同一项研究，他们的反应却区别很大。这一发现是很令人烦扰的，但是其他的一些研究者用了一些被试和心理学家来评估研究计划，发现心理学家比被试更可能宣称一项研究是在道德上不可接受的(Sullivan & Deiker, 1973)。换句话说，心理学家们可能是他们自己的最严厉的批评者。

那么，我们的底线是研究要遵循以下三个原则：要求最大程度的控制变量，要求创造最有影响的情景，要求在研究中保护被试。在你阅读本书的提醒时，你会看到这三项原则被成功地结合在一起，创造出了能够揭示人类行为、有价值、有知识的研究框架。

学习社会心理学

我们现在已经带领着你穿过了社会心理学的殿堂。我们在这一节的目标是向你介绍一些社会心理学研究的广泛领域，给你展示一些更重要的理论和研究，其中包括经典的研究和最新的发现。这里有很多的材料，但它们应该被看做你学习社会心理学课程中的第一个章节。

我们的学生问："我怎样才能真正地了解社会心理学的领域呢?"第一步是要上一节关于这个主题的课，读一读这个领域的有关文章。然而，你有好多能够补充你对这个领域的理解的事情可以做。一件很简单的事就是去在每天的活动中去观察其他人。他们和谁交谈？他们在谈些什么？他们是怎样解释事情的？他们怎样辩护他们的行为？人们的行为中有哪些相同和不同之处？在进行你的观察时，不要忘了看一看你自己。社会心理学的美丽之处在于，世界是它的知识宝库以及思想的源泉。你的观察会鼓励你提出自己的假设，激发你挑选出你对自己感兴趣话题的研究。

第二步是，成为社会心理学研究的一部分。在许多的大学中，你可以主动去做正在进行的研究中的被试。但你的参与不应仅止于此。和教授去交谈，了解他们在进行的研究。当你发现了一个教授正在研究你所感兴趣的话题，你要主动请求参与他的工作，去做他的研究助手。你会发现许多学院的教授都会很高兴地让你参与到计划与执行实验中来。在许多大学，你会获得这一活动的学分，你甚至会找到一个愿意雇用你做他的研究助手的教授。这一经历会使你的时间、努力和进入研究的思想增值。你会经历到获得重要结果的喜悦，以及得到无价值结果时的沮丧。但最重要的一点是，你会获得对社会心理学这门科学的一个更好的了解。在研究社会心理学的过程中去学习社会心理学。

最后，去广泛地学习一些课程。历史学、哲学、政治学、社会学、经济学以及人类学这些课程不仅会向你展示出一个个令人激动的领域，同时也会告诉你其他的学科是怎样研究人类行为的。学习社会心理学会增加你对其他学科的欣赏。同样，你从其他学科中得到的信息会帮助你更好地理解社会心理学的价值和它研究人类行为的途径。

随着这一介绍，我们将要返回到阿伦森的马戏团的比喻，并邀请你走进社会心理学的这顶大帐篷之中。

我能用社会心理学做什么呢

几乎在每一个学期中，总有学生会来找我们，坦白地说："我的确喜欢社会心理学这门课程，但是，我却不愿意再继续我的学习了，因为我不确定拿着这个领域的学位，我能做什么？"这是一个合情合理的问题，但幸运的是，我们可以给这位学生一个令人鼓舞的回答。尽管我们不想通过宣传"社会心理学无处不在"来造成大家的惊慌，但是，运用社会心理学的机会还是令人惊奇之广。

许多社会心理学家被他们教书和做研究所在的大学中的学术地位所吸引。在大学的院系设置中，你会在心理系找到大多数的社会心理学家，但这不是他们唯一的家。因为社会心理学家涉及相当多的领域，你可能会在经济学院中发现他们（可能在研究群体工作效果），在建筑学院中（在检查环境对行为的影响），在医学、法律、工程学学院中（帮助设计环境来促进人们的相互作用和表现），在教育学院中（比如，研究师生关系的动力），甚至是农业学院中（可能为解决关于土地使用的集体争端设计方案）发现他们。

然而，学校并不是社会心理学家工作的唯一场所。这一领域在几乎所有的人与人互相影响的情形下都适用。比如，广告和态度变化及社会影响有关，广告机构经常会雇用社会心理学家。如果我们把一个审讯浓缩到它最基本的元素，我们会发现这样的情形，双方的律师会卷入一场极力诱使法官或陪审团采纳某一立场的争斗之中。怎样呈现最具说服力的证据以及谁选择陪审团是具有社会影响力的问题。因此，法律公司和法律咨询公司越来越需要社会心理学家。当看到宇航员乘坐火箭进入太空，几周或几个月地环绕地球飞行，在空间站工作，当然会感到敬畏。在宇航员们面临的所有令人畏缩的问题之中，人们最关心的一点就是怎样和别人和谐相处，怎样在受到限制的空间中工作。在几乎任何一个和发展有效的工作团队有关的组织中，从美国国家宇航局到航空公司，再到汽车制造厂家，都可以找到社会心理学家的身影。我们还可以再列举一些，但我们的观点是明确的。对于社会心理学家来说，机会存在于广泛而多样的领域之中，在多种多样的观点和问题之中。

在这本书的始终，我们都会给出基本的社会心理学理论与实际应用之间关系的例子。当你阅读这一领域的时候，试着去在你感兴趣的领域中找出社会心理学的其他应用。

总结

社会心理学使用科学的方法来理解和解释个体的思想、情感、行为是如何被实际的、想象的、或是暗指的别人的存在所影响。社会心理学家对揭示人们在大多数情况下是如何行为的感兴趣。社会学家们主要把注意力集中在群组的结构和功能上，而人格心理学家们最关心的是个体差异。

社会心理学是一门在美国发展起来的20世纪的科学，最近在欧洲西部传播开来。世界和社会事件在影响它的从事者的研究主题上起了主要的作用。第一项社会心理学研究是在1897年进行的，研究了独自表演与在一组人面前表演的效果。第一本社会心理学的教科书在1908年出版。

在20世纪30年代，社会心理学关心的是测量和研究态度的功能。在那个时期内，勒温(1935)提出了他的理论，证明了在社会现象的研究中进行控制的重要性。第二次世界大战影响了勒温的研究方向，他开始研究社会影响、领导制以及团体动力学。战争也引起了耶鲁交流研究计划对态度和态度改变的研究。战后的1950到1960年代时，社会心理学家研究集体、从众、争端。利昂·费斯汀格在1957年提出了认知失调理论，在接下来的15年间一直在吸引着社会心理学家们的注意。

在1960年代末1970年代初，归因理论是一个研究较多的课题。另外，社会心理学家发展了收集和分析数据的新方法。1980年代是社会认知研究的全盛时期，这项研究把注意力集中于个人是怎样储存和处理他们社会体系的认知的信息，以及这些信息是如何影响他们对事件的解释及行为的。在1990年代，对社会认知的研究在继续，尽管这项研究开始更直接地成为文化对行为影响的研究之一。像在其他时期一样，社会心理学家继续被当前的社会问题所影响。比如，艾滋病的传播以及影响人们对性行为选择的需要。

科学不是为调查事件和交流结果所定的一系列规则。任何一门科学的目标都包括(1) 描述事件，(2) 预测事件，(3) 解释事件发生的原因。科学家们使用理论去解释事件为什么相关，使用假设来猜测事件之间关系的性质。

社会心理学家在用他们的理论研究人类行为时使用了无数的方法。个案史法、档案研究、调查是对事件之间关系作出预测的相关方法。实验室实验和现场实验是能够确定因果关系的方法。在实验中，实验者控制自变量，并观察因变量的变化。如果实验者可以确定对自变量的操纵引起了因变量可观察到的变化，那么，额外变量一定是被消除了。实验是一个有价值的科研工具，因为它使得实验者可以随机地把被试分配到各种条件下，从而得出变量之间的因果关系。实验室实验经常被批评，因为有时难以在实验室之外对它们进行推广。它们缺乏外部效度和世俗的现实性，而且还会有需求特征和实验偏差来影响结果。现场实验比实验室实验具有更高的外部效度和世俗的现实性。但主要的缺点是实验者对额外变量的控制不够。每一个方法都有优点和缺点，实验者所选择的方法必须要符合实验的问题和实验者的目的。

统计学的检验用来确定一项研究所得的结果是否有效。社会心理学家采用了0.05的概率水平作为结果显著性的可接受的测量方法。所有的研究所共同关心的一个重要问题就是保护被试的生理和心理安全。研究中的道德问题集中于隐私的侵犯，欺骗的使用，潜在的危险性结果，以及被试经常不愿意接受关于他们自己的一些的事实。在社会心理学研究中，人们制定了严格的方针来保护被试。许多研究机构都有机构评审委员会来评审研究，从而保证对被试的保护。

你可以通过参加课程，在日常生活中观察别人，参加实验，参加社会科学、自然科学及人文科学的诸多课程来学习社会心理学这门学科。

关键词

方差分析	档案研究	个案史法	核对操作
相关	欺骗	需要特征	因变量
实验	实验现实性	实验偏差	外部效度
额外变量	现场实验	推广	假设
自变量	知会同意	机构评审委员会	内部效度
平均数	世俗的现实性	随机分配	科学
社会心理学	统计上显著的	调查法	理论
非强求测量	变异性		

推荐读物

Campbell, D., and Stanley, J. C. (1963). *Experimental and quasi-experimental designs for research*. Chicago: Rand McNally.

Collier, G., Minton, H., and Reynolds, G. (1991). *Current thoughts in America social psychology*. New York: Oxford University Press.

Festinger, L. (1980). *Retrospections on social psychology*. New York: Basic Books.

Gilbert, D., Fiske, S., and Lindzey, G. (Eds.), (1997). *The handbook of social psychology (4th ed.)*. New York: Random House.

Higgins, E. T., and Kruglanski, A. W. (Eds.), (1996). *Social psychology: Hand book of basic principles*. New York: Guilford.

第二章 社会认知

1960年9月末，数百万的北美人民收听了民主党的美国总统候选人约翰·肯尼迪(John F. Kennedy)和共和党的美国总统候选人理查德·尼克松(Richard M. Nixon)之间的4场辩论中的第一场。自从1858年林肯和道格拉斯之间历史性的争论以来，这还是第一次在两位候选人之间发生如此重要的对抗。随着离选举只剩下6个星期，选民们对两位候选人的兴趣日益高涨。德怀特·艾森豪威尔结束了他的第二届任期并且成为最老的总统。肯尼迪和尼克松都是相当年轻而且相当有潜力的候选人。虽然尼克松在竞选活动的早期处于领先地位，但是看起来好像竞争非常旗鼓相当。人们想去逐渐了解这两位候选人并且对每个候选人形成他们自己的印象。肯尼迪尤其不被人所知。尼克松已经做了8年的副总统，而肯尼迪仅仅是一名来自马萨诸塞州的年轻参议员。

在两个人的开场白之后，第一个问题直指肯尼迪参议员。毫不奇怪地，这个问题涉及本次大选的一个焦点，那就是肯尼迪的年轻、缺乏经验和对其领导能力的怀疑。ABC新闻的鲍勃·佛兰明问道："在这一点上，人们为什么应该给你而不是副总统投票？"肯尼迪犯了一个错误：他坐在自己的椅子上开始回答问题。尼克松变得非常不安，并提醒仲裁人霍华德·K.史密斯注意肯尼迪的失误。史密斯看上去同样很不安，他伸手拿过槌子打断了肯尼迪的讲话，然后安静地吸引了肯尼迪的注意力并指向讲台。肯尼迪几乎没有停顿，他带着说到一半的话冷静地走到讲台，然后继续他的回答。尽管是肯尼迪犯了错误，但看上去却是尼克松和史密斯很不安，被弄糊涂了。肯尼迪自己看上去却很放松，而且充满自信。

这种模式持续了下去，在整个辩论中，肯尼迪都表现出冷静的自信，而尼克松则看上去紧张而不可靠。尼克松竞选的口号是"经验是有价值的"，但他在这一方面的优势似乎没有产生效果。他看上去很疲劳，出了大量的汗。肯尼迪则很放松，表现得很"酷"。事实上，本次辩论之后的调查表明，肯尼迪被认为在两个人之中更有经验一些。而且，在那些至关紧要的中立投票人中，肯尼迪的形象日益向"理想的总统"的形象靠近，但是尼克松的形象没有发生系统性的变化(Tannenbaum, Greenberg & Silverman, 1962)。虽然在接下来的3

场辩论中，两人几乎打平了，但是肯尼迪在第一场中的更好表现已经重新定义了这次总统竞选。

当选民们在 11 月 8 日前去投票时，肯尼迪取得了美国历史上结果最为接近的选举之一的胜利。虽然在竞选活动中有许多关键事件，但可以肯定地说，辩论起了重要作用(White，1961)。选民们根据他们所看到的，特别是在第一场辩论中所看到的事实，形成或改变了他们对候选人的印象。

近些年来，辩论已经成为总统竞选中的一个常规部分。在许多竞选中，它们一次又一次地起了重要的作用。1980 年，罗纳德·里根在他与吉米·卡特的辩论中以平静、精练和安定的语气使选民们相信他并不是那么的莽撞或者军国主义，可以被委以管理美国核武器库的重任。他的表现使一次旗鼓相当的选举变成了一方压倒性的胜利。1984 年，里根同样使用辩论战胜沃尔特·蒙德尔而赢得了再选连任。在第一场辩论中表现欠佳之后，里根不得不在第二场中表明他还没有老到不能再继续担任总统的地步。许多人怀疑他是否正在失去许多选民认为有效执政所必需的智力控制力。因为这个潜在的问题非常具有爆炸性，而新闻报道完全不知道应该如何处理。

政治辩论除了引出候选人对重大问题的观点之外，还给选民提供了解候选人的线索。第一次总统辩论电视系列片——1960 年在约翰·肯尼迪(右)和理查德·尼克松(左)之间的辩论——使许多电视观众相信，除了他们的政治历史之外，肯尼迪是两人中更有资格的一个。

在第二场辩论中，有人终于突然提出了这个问题。巴尔的摩太阳报(Baltimore Sun)的亨利·特维特问道："你已经是历史上年纪最大的总统了。你的一些职员说你在最近遭遇了蒙德尔先生之后很疲劳。我记得肯尼迪总统在古巴导弹危机中连续多日只能睡一小会儿。您是否怀疑自己在这样的情况下能正常发挥作用?"当他听到这个问题时，里根表现地格外充满信心。他开始说道："特维特先生，根本没有。"接着，他看上去很严肃地继续说："我同时想让你明白我绝对不会让年龄成为竞选中的一个问题。我绝对不会利用我对手的年轻和没有经验来达到政治上的目的。"里根的俏皮话立即收到了热烈的回应。大笑和掌声之后紧接着的是很容易听得见的"呐喊"。里根、蒙德尔、特维特以及观众都很满意里根对年龄问题的掌控和忽略。他继续赢得了 49 个州的压倒性的胜利。

社会认知：理解他人

在整个总统竞选中，民众都尽量了解并且理解候选人的行为。他们尽量解释特定的行为，记住谁说过和做过什么，然后对每个候选人的个性特征和资格形成一个总体印象。这个复杂的社会理解过程，在总统竞选辩论中达到了最高的层次。我们观察候选人的行为，我们听他们的言论方式，我们形成关于他们的竞争力、他们的果断性、他们的活力的印象以及对他们的喜爱程度。辩论给了选民们一个机会，使他们在竞争的、充满压力的情境中观察候选人，由此推断候选人是否是好的领导者。在本章中，我们将只考虑我们如何理解他人，在第三章中，我们将考虑自我知觉和自我理解这两个紧密相关的话题。

我们将弄清或是理解他人的过程称作**社会认知(social cognition)**。社会认知的两个关键成分是(1) 归纳出人们某种行为的原因。(2) 在我们所知道的，或是我们认为自己所知道的信息的基础上形成一般印象，将他人作为个体或是群体中的一分子。我们首先考虑归因过程。

归因过程

在我们的日常经验中，我们面对着他人的各类行为。早晨起来的第一件事情，可能就是遇到一个性情乖戾的、坏脾气的、很不体贴的室友，喜欢咕哝而不是好好说话，举止让人很不高兴而不友好，但你还得想办法应付过去。大约一个小时后，我们可能在教室里遇到一些人，他们看上去兴高采烈而更能同心协力。很显然，他们已经淋浴过并且享用过咖啡。在接下来的下午和晚上，我们将不得不与人们接触，他们有的是友好而有所帮助的，有的粗鲁而缺乏能力，或者是有趣而精力充沛的。晚上，我们可能会观看一场政治辩论，发现一位候选人很镇静、非常克制，而另外一位候选人看上去却是紧张不安并很烦恼的。我们是怎样挑选出这些关于人们行为方式的信息的?

那些研究我们如何形成对他人印象的方式的心理学家表示，我们要弄清所观察到的大量行为，方法之一就是试图确定各人的一些特性，用其解释各人的行为并促成他们的某种作为。什么特性使得一个人的行为乐观、外向，却使另外一个人小心谨慎而刻苦勤勉？使一个人或某一群体区别于其他人或群体的个人特性、特质被称作是**性向(disposition)**，我们通过对别人行为的原因进行探询性的**归因(attributions)**过程来获得这一信息。基本上，我们推断某种行为的发生，是由于个人性向还是由于情境中的因素来归因。如果我们推断是由于个人性向导致的某一行为，我们是在做**内部归因(internal attribution)**。如果我们认为行为反映了情境或环境中的某种因素，我们是在做**外部归因(external attribution)**。比如，当理查德·尼克松在和约翰·肯尼迪的辩论中表现出紧张不安时，选民们就必须决定到底是尼克松天生就紧张(内部归因)还是由于气氛高度紧张的电视辩论这一情境导致了极大的压力(外部归因)。选民们诸如此类的归因会对他们在选举当天的投票行为产生重要的影响。

社会心理学领域内的归因理论可以追溯到海德(Fritz Heider, 1944, 1958)的工作和琼斯与戴维斯(Jones & Davis, 1965)、凯利(Kelley, 1967)的经典文章。海德指出，人们把行为归于内部或外部的诱因，但更为喜欢归为内因。因为随着时间推移，一个人的性向很可能会指引着他或她的行为，因而是一个极有用的参照点。将尼克松的紧张归因为他的个人性向，不仅能够让我们解释他在某一特定事件中的表现，还会告诉我们，他在另外的一些情境中的可能表现将会是什么。如果我们能够识别一个人的性向，我们就有可能对于他将来的行为进行预测甚至控制。因此，了解一个人的个人性向或人格特质，不仅有助于我们了解社会环境，同样也会使我们通过对社会环境的预测和控制，来更有效地在其中开展行动。

人们如何做出归因？我们如何做出判断，罗纳德·里根到底是很有控制力，还是他的年纪已经大到无法担任总统职务的？在这里，我们将探讨一些主要的理论，关于人们在做出类似判断时所一般遵循的原则。首先，我们会讨论我们是如何根据行为的样本做出内部还是外部归因的。接下来，我们概括出了人们违反归因的基本原则的一些方式。我们从以下着手：考察归因过程的一些主要方法，人们在分析他人行为并对他人做出判断时所采用的方法。我们也考虑到了由最近的研究所带来的对这些理论的修正。

折扣、增加和减法规则

假设你前去参加一个晚会，并遇到一个叫卡罗尔的同学。你和卡罗尔闲聊了一会，就看见旁边的一个乒乓球桌，你们两个拿起一副球拍就你来我往地打起球来。你拿不准卡罗尔是会一直坚持稳稳当当地把球打下去，还是会猛烈地抽出一个你接不了的球。也就是说，她在打球时，是采取合作的方式还是竞争的方式？你很愿意轻松地打一下球，把球保持得很好。事实证明，这也是卡罗尔所采取的行为。很明显，她采取的是合作的行为。然而，你不仅仅是想归类她的行为，你希望超越这一点。你希望做出一个归因并看看你是否能推断出一个人的人格性向。她的行为可能反映出了一种合作的性向，也可能是环境因素使然。也许卡罗尔只是依照你的引导；也许她认为在晚会上，合作而非竞争性的打球更为合适；也许她正遵从一个传统准则，即认为女性应该是合作与支持的、而不是竞争与过分自信的。

现在已经研究出若干种原则，用来说明你将怎样理解卡罗尔的行为。首先是哈罗德·凯利（Harold Kelley，1972）提出的折扣和增加的紧密相关性原则。**折扣原则（discounting principle）**认为"如果其他似是而非的原因依然存在，产生一个特定影响的假定因素的地位就要打折扣"（Kelley，1972，p. 8）。比如，与某个情境相一致的行为，除了可能是人格性向的原因之外，还可能归诸于"另外一些似乎合理的原因"，比如社会准则，或是某人仅是采取合适的行为等。因此，一个认知者可能会在对行为做出解释时，对内部原因打折扣（这意味着减少，而不是消除）。让我们回到卡罗尔打乒乓球的例子上来。如果晚会情境是产生其合作行为的一个似乎合理的因素，她的性向因素就需要打折扣。由此，你也不会做出相应的推论。因而，你无法了解，卡罗尔是否是一个真正合作的人。她可能是，但也可能不是。

增加原则（augmentation principle）听上去更复杂一些，但它确实就是折扣原则的反面："如果对于某一特定结果，同时出现了一个似乎合理的抑制性的原因和一个似乎合理的促进性的原因，那么和仅出现该促进性原因作为一个似乎合理的原因时相比，对该促进性原因的判断将会增加"（Kelley，1972，p. 12）。让我们再来看一下卡罗尔的例子。假设在这个友好的、低调的晚会上，卡罗尔开始用猛击、旋压的反手击球以及难以回击的扣球等打法来使你无法抵抗。她的行为是竞争性的，而晚会对于竞争性是一个抑制性的原因，也就是说，晚会提倡随和与合作，抑制竞争。因此，你就会断定促进性原因，即那个促进或导致卡罗尔行为的原因，要强大一些。这个促进性的原因只可能是卡罗尔的竞争性性向。换句话说，你做出了一个强有力的内部归因，并且认定，如果卡罗尔在一个友好的晚会上与人竞争，她一定具有高度的竞争性。

一项研究表明，当人们观看一个长达5分钟的幽默独角戏时，若戏里充满了诸如"假设在你野餐时，一场暴风雨降临了……要尽量平躺在草地上，同时要确定使别人握着小叉子"之类的俏皮话，对该独角戏的幽默性的评估体现了增加原则。当那些因这个独角戏而发笑的人们，被告知这个正在进行的实验情境是要压抑笑声的，他们会认为独角戏更加有趣。很显然，他们的推断是，由于自己在一个抑制性的实验情境中发笑了，那么，这个独角戏就应该是非常幽默的。它的引人发笑的力量被增大了（Olson & Roese，1995）。

最近，折扣原则和增加原则被合称为**减法规则（subtractive rule）**："情境诱因的作用应该从行为本身所暗示的个人性向中扣除"（Trope，Cohen & Moaz，1988）。因此，在上述例子中，如果晚会的情境成为卡罗尔合作行为的一个诱因，该诱因就应当从由她的行为所推断出的合作性向中扣除。也就是说，如果晚会情境也是卡罗尔的合作行为的一个似乎合理的因素，你就应该遵循折扣原则，对把她归因为具有合作性向的判断打个折扣。同样，你无法知道卡罗尔到底是不是一个真正合作的人。

但是，假设与晚会的情况相同，朝向竞争行为的情境诱因是负面的。你同样要遵循减法规则而将这些负面诱因扣除。你可能还记得初级数学课上所学到的，当你减去一个负数时，你实际上是在做加法。你因而增强了关于卡罗尔是竞争性的知觉，因为在这样一个要求合作的情境之中她都打得如此具有竞争性，你就会认定她是一个竞争性的人。简单地说，减法规则有时使你降低对某个性向的判断，有时则会增强你的感受的强度。（见图 2.1）。

例 1：行为的正向诱因和折扣

一个人在要求合作的情境中表现出合作性的行为。

行为：合作的

由行为推断出的性向：合作性的

情境诱因：对合作是正向的

减法规则的应用：减法规则认为，情境诱因的贡献应该从由行为所推断出的性向中减去。因为对由行为推断出的"合作性的"性向来说，诱因是正向的，对于合作性的归因应该减少。

归因：情境导致了行为。此人可能并不具有合作的性向。"合作性"作为行为的原因被打了折扣。

例 2：行为的负向诱因和增加

一个人在要求合作的情境中表现出竞争性的行为。

行为：竞争的

由行为推断出的性向：竞争性的

情境诱因：对竞争是负向的

减法规则的应用：减法规则认为，情境诱因的贡献应该从由行为推断出的性向中减去。因为对由行为推断出的"竞争性的"性向而言，诱因是负向的，对于竞争性的归因应该增加。也就是说，负向诱因被减去，带来的效果是对竞争性的归因的增加。

归因：性向导致了行为。此人可能具有相当强的竞争性的性向。"竞争性"作为行为的原因被加强了。

图 2.1　减法规则：归因中的折扣和增加

研究表明，人们可以而且确实是在遵循减法规则。在一项研究中，被试者要判断丹在两种情境之一中的暴怒行为（Trope，Cohen & Moaz，1988）。在一种情境中，被试读道："当丹走进市政厅，被办事员告知由于罢工而不能对他予以帮助时，丹气得牙直痒痒，几乎对办事员吼叫起来。"在另外一种情境中，被试读道："当丹走进家门时，他的小儿子跳到了他身上，勾住他的脖子。丹气得牙直痒痒，几乎对他吼叫起来。"在第一种情境中，减法规则告诉我们，应该对由丹的行为所推断出的愤怒性向打折扣。他的行为可能是由于受挫情境引发的。和这个原则相一致，丹被看做是个性仅仅比平均水平稍微容易愤怒一些。在后一种情境中，减法规则告诉我们，应该对由丹的行为推断出的愤怒性向做增加。情境要求丹高兴，而不是愤怒。和减法规则相一致，在这种情境中，丹被认为其个性远比平均水平容易愤怒。

总之，被试的确是遵循着减法规则：减少环境可以说明的行为的诱因，并增加似乎是由环境要求的性向所产生的作用，所以，下一次如果某个政治家在一次集会上握着你的手，表现出的行为就像他（她）是你的亲密朋友时，你需要判定他（她）对你的倾向是否是真正的高度关心和友爱，这时候要记住应用折扣原则和减法规则。

协同法则

目前，我们已经讨论了当人们表现出某种特定行为，比如理查德·M. 尼克松在一场总统辩论中表现得紧张时的归因问题。但是我们不知道这个人在其他环境中如何表现，而其他人在相同的环境中将会如何反应。但通常来说，我们所了解的并不仅仅是行为的一个个别例子。我们可以将我们室友的一个行为放在一个非常广泛的情境中来解释，将一个兄弟或姐妹的行为放在多年的经验情境中来解释，将男朋友或女朋友的反应放在多个地点的多次约会背景下进行解释。而极为非常重要的是，通过对自己室友、兄弟或约会对象的行为的观察，我们知道了其他人在大多数相同的情况下的一般反应。

哈罗德·凯利（1967，1972）确定了，当我们掌握了这些信息，以此来断定某个人的行为到底是出于内部性向［**个人归因（person attribution）**］还是对于外部环境中的人、物或情境做出的反应［**实体归因（entity attribution）**］时要考虑的几个关键变量。

凯利建议我们，考虑三个这样的因素：一贯性——该人在该种情境中的反应是否保持一致；独特性——一个人在该种情境中的反应对他（她）来说是否是一种反常的行为；普遍性——在该情境中他人是否也以相同的方式反应（Kelley，1967，1972）。假设你的朋友保罗带着阴郁的、充满挫折的情绪从他的物理课上回来了，你是会做出一个内部归因，从而推断保罗忧郁的心情是归因于他的郁闷的或是阴郁的个人性向呢，还是做出一个外部归因，断定物理课是导致保罗坏心情的不良事物呢？

让我们来看看你将怎样利用一贯性、独特性和普遍性的信息来做出归因。其中最重要的是“一贯性”。如果保罗对物理课的反应在每一天是不一致的，我们就不能真的将其归因于保罗或是物理课。如果保罗有些天喜欢物理课而有些天又不喜欢，我们就不能说保罗具有阴郁的个人性向或是物理课是令人沮丧的。保罗忧郁的反应只可能被归因为特定的情境，可能是冬天的气候或是物理课上的某个特定的话题。这种环境归因并不能告诉我们多少关于保罗或是关于课程的信息。

如果保罗的反应是高度一贯的，我们就需要考虑它的单一性或是“独特性”了。保罗通常都是忧郁的还是他对物理课的反应是反常而且与众不同的？如果保罗对许多事情都用一种忧郁的方式做出反应，该反应就具有低独特性。如果它是反常的——也就是说，保罗在通常状况下都是非常高兴的——我们认为他的反应具有很高的独特性。在低独特性的情况中（保罗常常是忧郁的），我们会将他的忧郁归因为他的个人性向。在高独特性的反应情境中（保罗的忧郁是反常的），我们就会怀疑物理课。

我们需要考虑的最后一个变量是"普遍性"。其他人对物理课的反应是什么？如果保罗的反应具有低普遍性——也就是说，只有很少的人和保罗一样忧郁——我们就倾向于将反应归因为保罗的性向。如果普遍性高（大多数人在物理课上感到受挫和被压抑），我们就倾向于认为课程有问题。

将一贯性、独特性和普遍性信息放在一起，我们可以预测有如下的归因。如果一贯性高而独特性和普遍性低，我们可以做出个人归因，推断保罗是一个忧郁的人。他总是对物理课做出这类反应，不仅仅是物理课导致他这样的，在班里没有别人有同样的烦恼。另一方面，如果一贯性高而且独特性和普遍性也高，我们就会怀疑这个事物。是课程出了问题。虽然保罗对大多数事情的反应都是快乐、悠闲的，但物理课却总是让他烦恼，而且几乎班里的每个人也都同样沮丧。

人们在做出内部和外部归因时真的在使用一贯性、独特性和普遍性信息吗？当将该问题放在一个实验情境中时，答案很显然是这样。麦卡锡（McArthur，1972）在一项研究中给被试某个假想人物的信息。告诉他们某个特定的行为，然后让他们阅读三段用来操纵普遍性、独特性和一贯性程度的信息。比如，可能告诉被试"约翰对喜剧演员发笑"，然后告诉他们：

普遍性：

a. 几乎每一个听这个喜剧演员表演的人都对他发笑；

b. 几乎没有一个听这个喜剧演员表演的人对他发笑。

独特性：

a. 约翰几乎没有对任何其他喜剧演员发笑；

b. 约翰几乎对任何其他喜剧演员都发笑。

一贯性：

a. 过去，约翰几乎每一次都对这个喜剧演员发笑；

b. 过去，约翰几乎没有一次对这个喜剧演员发笑过。

最后，询问被试他们将约翰的发笑在多大程度上归因为约翰本人的原因或喜剧演员的原因。研究结果从总体上是支持凯利的模型的。低独特性、低普遍性和高一贯性促进了内部归因（约翰本人的原因）。高独特性、高普遍性和高一贯性促进了外部归因（喜剧演员的原因）。

有证据表明，一贯性、独特性和普遍性的信息不仅影响我们的归因过程，同样还影响我们和其他人相互作用的方式。实验的被试观看了一盘录像带，描写一个年轻妇女在面试中表现粗鲁。一位女性主试询问，该妇女在与男性交往中采取主动权的频率情况以及在彼此的关系中，她是否愿意扮演攻击者的角色。该妇女拒绝回答，她说："即使是在与性有关的领域内，难道我也必须要再次接受仔细检查吗？我的性生活不关你的事。我不会回答这个问题。问下一个问题吧。"有些被试得到了暗示着内部原因的归因信息。他们被告知，该妇女在之前的一次面试中也拒绝回答这个问题（高一贯性），她也没有回答其他的几个问题（低独特性），而所有其他被问到这个问题的妇女都回答了（低普遍性）。这些被试将该妇女的性向评定为粗鲁，并在和她的一次会面中与她保持一定距离，没有说什么话。相反，另外一些被试得到了暗示着外部原因的归因信息。他们被告知，该妇女在之前的一次面试中也拒绝回答这个问题（高一贯性），但她回答了所有其他的问题（高独特性），而且还有许多其他被问到这个问题的妇女也拒绝回答（高普遍性）。得到这些信息的被试，将该妇女的反应归因为这个问题本身，他们不认为她是个粗鲁的人，他们和她会面时表现得更为友好（Hazelwood & Olson, 1986）。

最近的研究置疑了凯利所描述的归因理论的适用范围，即人们是否确实经过了那样一个复杂的因果演算。一种理论认为，只有当人们要解释反常事件，并且必须要识别导致反常事件的不正常条件时，才会使用凯利的协同法则（Hilton, 1990; Hilton & Sugolski, 1986）。例如，一个人在某家受欢迎的饭店就餐后生病了，这个反常的事件就需要解释。认知者可能会问，其他人是否也生病了（普遍性），如果是的话，饭店就会遭到批评。如果不是，他们就会问，是否别的地方的食品也会让这个人生病（独特性），如果是的话，这个人可能就有消化系统方面的疾病（Fiske & Taylor, 1991）。但是，是"就餐后生病"这一反常事件导致了这一归因过程。同时，最近的研究还表明，人们只有在对罕见的行为做解释时才会使用凯利的协同法则。同样的，如果某个人做出了其他人很少做出的行为，认知者此时才会根据协同法则来思考（Johnson, Boyd & Magnani, 1994）。简单地说，人们只有在感到他们有一个谜需要揭开时，才会用协同法则来做一些侦察的工作。

对成功和失败的归因

截至目前，我们已经了解了认知者所采用的复杂的方式，以判定一个人的行为是由内部原因还是外部原因而引发。归因不仅影响着我们对于他人做出的判断，而且还对我们如何与他人相互作用产生影响。但在很多情况下，当我们判断行为是源自个人还是环境，特别是在判定成功和失败时，归因远超过了该类判定。思考下面的例子。我们在十一月的某个周日打开电视，看到一个橄榄球运动员在终点鱼跃地接住了一个球，屋里有人叫道："好运气！""什么意思？"另外一个人愤怒地回应道。"他是俱乐部中最好的截球手。"第三个看上去更加充满智慧的人解释说，成功的原因并不在于球员的运气或是技术，而在于他为了接好这个传球而付出的超乎寻常的努力。房间里的第四个人回答道："啊，不管怎么说，还是很容易。"

这些人所争论的，既包括接球的原因是内部的原因还是外部的原因，也包括该行为是稳定的还是不稳定的；也就是说，这个橄榄球运动员是否还能再次做出这类抓球动作，或者他可能会很少做出这种行为。只有当做出外部/内部归因和稳定/不稳定归因时，才会最终对成功或失败做出归因。

表 2.1 归纳了韦纳和他的同事（Weiner，1971）关于因素是如何被联合起来形成一个最终的归因的观点。我们可以判断，该球员之所以接球是因为他是优秀的（一个稳定的，内部归因）；因为做出这样一个接球动作是容易的（一个稳定的，外部归因——他可以一遍又一遍地重复这样做；任何人都可以；这和所接球的种类有关，和他的能力无关）；因为他很努力（一个不稳定的，内部归因——他不可能重复这种行为；这是他的极限成就）；或者是因为运气（一个不稳定的，外部归因——他不可以很多次地重复这样做；很凑巧他的手和球到达了同一个地方）。

表 2.1　所感觉到的成功行为的决定因素分类表

稳定性 \ 控制点	内　部	外　部
稳　定	能　力	任务难度
不稳定	努　力	运　气

来源：Weiner，Frieze，Kukla，Reed，Rest & Rosenbaum（1971）

弗尔泽和韦纳（Frieze & Weiner，1971）在一项有趣的研究中提供了与球员的情境相关的数据资料。他们告诉被试，假设某人在一项任务中成功了或失败了。接着他们又告诉被试，该人在其他类似的任务上成功及失败的情况，以及别人在该任务上成功和失败的比例。通过这种方式，弗尔泽和韦纳创设了做出内部或外部归因的基本条件。接着，被试又被告知，该行动者又一次完成了该任务，告诉有些被试他成功了，而告诉另外一些被试他失败了。

被试会将他最近的这次成功或失败归因为什么？答案基本证实了韦纳和他的同事们的模型。和此人过去的成绩不一致（不论他是成功了还是失败了）以及与其他人的成绩不一样被归因为努力（在成功的情况下是他竭尽全力了；在失败的情况下是他不够努力）。和此人过去的成绩一致以及与其他人的成绩一样被归因为任务难度（成功＝容易的任务；失败＝困难的任务）。和此人过去的成绩一致但与其他人的成绩不一样被归因为能力（成功＝能力高；失败＝能力低）。

这样，我们在看电视时，为了对成功做出归因，而不得不提出的关于球员的问题就变得清楚了。首先，这种接球是任何人都可以做到的吗——也就是说，普遍性是高还是低？第二，这次成功是稳定的吗——也就是说，这次的行为，与该球员作为一名传球手之前的行为是一致的还是不一致的？如果我们认为，他成功接球是因为内部原因而且他的成功是稳定的，我们就得出结论说该球员的能力高。

我们先做出的内部或外部归因，和随后的稳定或不稳定的归因有着重要的价值。特别是，我们对于一个人的评价，取决于我们做出的是内部的还是外部的归因。当我们把别人的成功做出内部归因（高层次的能力或努力），把其失败做出外部归因（一项困难的任务或坏运气）时，我们对其的评价是积极的。而消极的评价则跟随着对失败的内部归因（低层次的能力或努力）以及对成功的外部归因（一项简单的任务或好运气）。内部或外部归因影响着评价，而稳定或不稳定的归因影响着期望。如果成功或失败的原因是稳定的（能力或任务难度），我们就期望在今后更多地看到这种情况。如果原因是不稳定的（努力或运气），我们就不可能期望在将来，看到同样的成功或失败。

“我不明白。他们在跑，但他们并没有在追逐什么。”

韦纳对他的原始模型进行了修正，在内部和稳定性之外又增加了一个因果维度，该维度同样具有重要价值。其中的一种因果维度就是“可控性”(Weiner, 1985, 1986)。假设一个人由于没有努力学习而考试失败。努力程度不够是一个内部——不稳定的原因，我们就可能消极地评价该人，并且期望她今后的成绩能够提高。但是我们的反应，会受到努力程度能够被该人控制（比如选择在周日下午去做帆船运动）或不能被该人控制（比如被要求担任陪审员）的影响。

总之，如果人们失败是源自他们所控制不了的原因，我们会感到遗憾而不是生气，同时我们会倾向于去帮助他们。如果某个人的失败，是他（或她）能够控制的原因造成的，我们就会有相反的反应。这种反应可以在一项研究中体现，该研究针对那些有污名的人——将这些人的个性贴上标签，诸如“离经叛道、有毛病、缺乏创见、被惯坏了或总体上是不受欢迎、令人不快的”(Jones, Farina, Hastorf, Markus, Miller & Scott, 1984, p. 6)。那些被认为是由于不可控制的原因，比如失明、癌症或越南战争带来的延迟的压力等导致有污名的人，引发了人们的同情和愿意帮助的倾向。那些被认为是由可以控制的原因，比如肥胖、艾滋病、注射毒品等，导致有污名的人，引发了愤怒的反应和忽略的倾向(Weiner, Perry & Magnusson, 1988)。这里的一个关键因素似乎是，我们认为那些由于可以控制的原因而导致污名或失败的人原本是可以阻止这些发生的，所以我们对他们的反应是愤怒。当人们不能够控制他们的污名或是失败时，他们不对此负责。因此，我们感到同情、遗憾并想帮助他们。

归因的最后一个维度是全局性。我们常常判断，这些原因所导致的结果是非常特殊的还是全局性的；也就是说，它们只是影响了一些结果，是范围相当广的结果（Abramson, Seligman & Teasdale, 1988）。举例来说，如果汤姆数学考试不及格，我们可能会认为他有某种能力缺陷。另外一方面，我们也可能推断他仅有一个非常特殊的缺点，他做不好限制时间内的数学多项选择测验，但他总体上的数学能力很好而且很聪明。一个稍微具有全局性的归因是，虽然汤姆在其他领域内很有竞争力，但他根本不具有任何数学才能。更具有全局性的归因是，汤姆有某种缺陷，该缺陷影响了他在一个比较广的范围内的成绩和表现——他不很聪明。

一系列关于婚姻幸福的归因研究表明，全局性维度和内部/外部、稳定/不稳定维度一样重要。在婚姻中，所有伴侣都必须处理失望、争执和困难。他们对于自己伴侣的消极行为所做的归因，极大地关系着婚姻的成功（Finchman, 1985；Bardbury & Finchman, 1992）。若人们将婚姻问题和他们配偶的消极行为归因为内部原因（"我妻子在我们休假期间故意找茬吵架"）和稳定并且是全局性特征（"我丈夫总是惹麻烦"），这些人更可能在他们的婚姻中制造不愉快，而他们自己也更可能做出一些破坏性的行为（Karney, Bradury, Finchman & Sullivan, 1994）。他们适应不良的归因通常来自于"消极性的情感"，也就是一种"随着时间的流逝逐渐感到不幸、不适和不满意"的倾向（Waston & Clark, 1984, p. 483）。随后，他们会给婚姻关系带来不愉快。

总之，当我们归因时，我们要识别那些内部或外部原因，以及在它们的稳定性，可控性和全局性上变化着的原因。在第三章，我们会看到，和给别人的行为归因一样，人们也会对自己的行为、成功和失败做出归因。我们也会了解，人们对自己的行为和表现的感觉、期望受到其自我归因的很大影响。

归因偏差

我们已经了解了，人们会遵循几条主要的理性归因原则，来形成对他人的印象。这些原则仅仅需要一些基本的逻辑。人们可以使用减法规则，对某种行为所暗示的性向归因要么打折扣，要么增加；他们可以利用某个行动的一贯性、独特性和普遍性信息，来推断该行为是应该归因为个人还是实体事物。

比如，我们考虑这些人，他们正在观看 1984 年的那场蒙德尔和里根的辩论。他们必须要尽量基于罗纳德·里根对于他的年龄问题的老练而俏皮的回答，来判断他是否真的敏捷而机智诙谐。他们可能遵从减法规则，对由里根的俏皮话而推断出的才智打折扣，因为这可能是事先计划好并排练好的。或者，他们可能遵从一贯性、独特性和普遍性原则。这样，他们就会问里根在辩论中是否一向都是冷静而机智的，他在其他情境中的反应是否也快，在辩论中处理类似问题时其他候选人的机智程度如何。他们

“可能”使用这些原则，但是，他们“真的”使用吗？

事实上，归因理论表明，许多情况下人们并不遵循基本归因原则的简单逻辑。实际上，这些原则在应用上有许多缺陷，许多偏见会把合乎逻辑的归因引入歧途。其中一些偏见源自我们在信息处理过程中的缺憾，另一些偏见出自那些动机，它引导我们有偏好地做出某类特殊的归因，该归因可能并不是暗含于那些可用的信息。我们并不想暗示，人们是理性或是非理性的。它们都很明显，并且取决于个人和环境，看它们在任何给定的例子中是否合理。下面，我们将要谈到三个阻碍正确归因的特殊障碍：对应性偏差、突出性偏差和自我保护性偏差。

对应性偏差

如前所述，心理学家海德(Fritz Heider，1944，1958)是第一个就有关归因过程进行论述的人。他指出，虽然我们很可能对行为做出外部归因，但当我们做出内部归因时，我们会感到更舒服。我们倾向于去了解和我们交往的人的个人性向，因为这些知识能够帮助我们对对方的行为进行预测和控制。由于我们具有这种希望了解性向的倾向性，导致我们在做归因时低估了情境因素对行为的影响。我们高估个人性向的作用，并假定人们的行为仅仅反映了他们的个人性向。比如，一个政治人物的表现令我们判断他是冷漠无情的，但我们忘记了导致他这样做的情境因素。做出一个性向归因要求我们判定某个行为直接对应于某个性向，这种倾向于做出性向归因的偏差就被称作是**对应性偏差(correspondence bias)**(Gilbert & Jones，1986；Gilbert & Malone，1995)。又比如，当我们判定一个在被激怒时有愤怒表现的人是一个容易愤怒的人时，我们就成了对应性偏差的受害者。我们忽视了被激怒这个情境，假定愤怒的行为和容易愤怒的性向相对应。由于这种偏差很常见，也很重要，所以对应性偏差又被叫做是**基本归因误差(fundamental attribution error)**(Ross，1977)。

我们可以在以下的实验中观察到对应性偏差。在该实验研究中，所有被试都必须给一位妇女的案例研究提供信息，该妇女被描述成一个临床心理学的研究生。被试被告知，该妇女所做的案例研究，要求她练习某种帮助人的技巧，比如教师或是护士。在一些情况下，告诉被试，该妇女正在练习的技巧要求她尽可能地坦诚自觉，因而她的行为是可以自由选择的。告诉另外一些被试，该研究生正在练习的技巧要求她对人疏远和不友好，以此来帮助教师和护士培养独立性。或者是，她正在练习的这个技巧要求她，为了使病人觉得舒服，她必须要尽可能地友好和富有支持性。在后一种情况下，该妇女的行为是被强制要求的，要么强制要求表现出不友好的行为，要么强制要求表现出友好的行为。在被告知该妇女的行为或者是可以自由选择的，或者是被限制的情况之后，这些被试真的阅读了该案例并和她一起讨论。该妇女在讨论时，要么很友好，要么很不友好。

这些被试对该研究生的个性特征是如何认识的呢？结果显示，该妇女被强制要求表现友好或表现不友好的信息从来没有被考虑过。不管她的行为是自由选择的还是被强制要求的，当她的行为是友好时，被试就认为她是个友好的人。当她的行为不友好时，尽管她是在练习一个要求她不友好的技巧，她也被看做是非常冷漠和怀有敌意的。简单地说，被试表现出了很强的对应性偏差。当他们在对该妇女的个性特征做出判断时，他们没有考虑情境的诱因（Napolitan & Goethals, 1979）。在强迫性行为环境下，对减少原则的直接应用不会产生归因行为。由此，我们看到，对应性偏差意味着没有使用减法规则——当情境中存在导致行为的诱因时，并没有对个人性向归因打折。

对应性偏差不仅发生在我们对个体进行认知时，它也会影响我们对群体的认知方式（Allison, Mackie & Messick, 1996）。当群体做出某项决策时，虽然我们知道群体里有些人并不同意该决策，但我们却假定群体里的个人具有和该决策相对应的态度。比如，艾丽森、美奇和麦世安指出，罗纳德·里根在1980年以51%的比例获取大选胜利时，美国杂志强调了美国人民对他的支持。虽然有将近一半的选民投了他的对手的票，但杂志假定美国人民都支持里根。

在一个"群体对应性偏差"的研究中，要求被试对群体成员做出判断，该群体做出的某项合作性决策要么是成功的，要么是不成功的。在两组各7名成员中，都是有4名赞成该决策，3名不赞成。然而，一个组是成功的，它仅有3名合作性的成员，要求作出这样的决策；而另外一组并不成功，它要求5名合作性的成员做出合作性决策。虽然两个组都是7个人中有4个人表现出合作性，但被试在对组员做判断时，却认为成功的那个组的成员比不成功的那个组的成员更具有合作性（Allison & Kerr, 1994）。这种判断忽略了单个成员的态度，整个小组的决策结果被用来推断其单个成员的态度。

同样，对应性偏差还会左右对未来行为的预测。一旦人们根据某个行为做出了相应的推断，尽管情境要求有完全不同的行为，他们还是常常会假设，该人会做出的行为，与他们根据该行为所推断出的性向相符（Newman, 1996）。如果里根在一个要求幽默的情境里表现得诙谐，由于对应性偏差，我们就会把他看成是一个名副其实的幽默的人，就会期望他在一个即使要求严肃的情境中也能进行幽默的谈论。

是什么导致了对应性偏差？人们为什么不使用减少原则？有许多判定性因素可以用来判定人们表现出对应性偏差的程度。

如海德所说，一个重要的决定性因素可能仅仅是人们希望辨别性向并且预测行为。由此，我们将行为看做是性向的一个指标而忽略了这样做并不合乎逻辑的事实。海德说"某些特定行为具有如此明显的特征，以至于几乎要把视野填满了"（Heider, 1958, p. 54）时，他表明了另外一个重要的因素。海德这样说的意思是，有时行为是如此的鲜明生动，相比之下，情境限制是很微小的。比如，我们认为罗纳德·里根很有幽默感，因为他引发出了正合时宜的俏皮话。很显然，和临床心理学研究生做实验的被试遇到的行为是鲜明生动的友好或不友好的行为。

最近的一些实验在对应性偏差方面——在什么因素导致它出现和什么因素导致它不出现两个方面为我们展示了更多的东西。其中一个很重要的因素就是人们实在是太忙了，以至于仅有有限的时间和精力用来仔细思考别人行为的逻辑暗示和情境诱因。因此，可能越忙的人越容易出现对应性偏差。这一点在吉尔伯特、佩勒姆马和克鲁尔（Gilbert，Pelham & Krull，1988）的一项实验中得到了很好的证实。

在该实验中，被试观看了 7 个无声的录像片段，演的是一位妇女和另外一位她刚刚遇到的妇女在进行一段讨论。第一位妇女的行为看上去很明显地焦虑不安。有些被试被告知第一位妇女在这几个无声录像片段里所谈论的主题确实会导致焦虑不安，比如令人尴尬的时刻、个人的失败、隐藏的秘密和性幻想。另外一些被试被告知正在讨论的所有主题都是令人放松的，比如流行趋势、环球旅行、理想的假期和最好的饭店。另外，每一组里都有一半的被试分配到了让他们在认知上很忙碌的任务——他们必须要记住这位妇女正在讨论的主题清单，而每一组的另外一半被试则不忙碌，他们不需要记住主题清单。在观看完录像之后，要求所有的被试推断该妇女在多大程度上具有焦虑不安的个人性向。

结果表明，不忙碌的那一些被试很好地使用了减法规则，避免了对应性偏差。那些不忙碌并且被告知该妇女正在谈论令人放松的主题的被试增加了他们的性向归因，把这个妇女看做是一个高度焦虑不安的人。虽然情境使她放松，但她还是表现得焦虑不安。那些被告知该妇女正在谈论令人焦虑不安的主题的被试认为她并非是一个那么焦虑不安的人。他们减去了导致焦虑的情境诱因，并且对由她的行为所暗示的焦虑不安的性向做了折扣。另外一方面，那些很忙碌的，也就是必须要记住讨论主题清单的被试表现出了对应性偏差。不论该妇女正在讨论的是令人放松的主题还是令人焦虑不安的主题，这些被试都认为她是一个相当焦虑不安的人。他们在归因时没有考虑进去情境因素。需要注意的是这些忙碌的被试并没有忘记情境的诱因，事实上，他们正在忙着记住这些诱因是什么。但是，记住主题的任务使得这些被试不能够去仔细考虑有逻辑性的归因暗示。

另外一些研究表明，当我们和别人发生相互作用时，要有效地交往的要求往往使我们的头脑过于忙碌，以至于我们不会去使用应该使用的减法规则，这导致我们成为对应性偏差的受害者。比如，在一项实验研究中，忙碌着的被试尽量向一位不友好的合作者表现出友好性。被试知道这个合作者的有些态度是应实验者的要求而表现出来的，但他们还是将这些行为归因为她本人。被试不会对那些当他们友好时，对方也表现得友好的人做出这样的归因。当他们不忙于别的事情时，他们就能够来考虑导致她的这些行为的情境诱因。他们认为她不相信自己正在说的话（Gilbert，Krull & Pelham，1988）。在另外一个实验中得到了类似的结果，其中被试必须以社会赞许的方式向另外一个人表现自己。他们的积极的自我展示引发出了对方积极的自我展示。从这些来回往复的积极的自我展示中，被试认为对方有很高的自尊。想着要达到积极自我展示要求的被试们太忙碌了，以至于他们没有时间来想想对方积极的自我展示可能是由于他们自己的行为诱发的，而不是出于高自尊（Baumeister，Hutton & Tice，1989）。

时间并不是影响人们是否仔细考虑情境诱因的逻辑性归因暗示的因素。偏好是另外一个因素。有些人更有积极性，偏好进行仔细的思考。最近的一项研究表明，由于沮丧的人正试图重新获得一种控制的感觉，所以只要可能，他们就有时间和精力去对归因做逻辑性的思考。这就使他们更不容易出现对应性偏差。他们的认真推敲使得他们更加准确（Yost & Weary，1996）。

其他几个研究表明，非言语行为在帮助我们克服对应性偏差，以及对减法规则的应用起到很关键的作用。比如说，当被试看到一盘录像中有人在阅读一篇文章时，他们会倾向于认为，该读者认同那篇文章的观点；尽管他们知道那人只是被随意地指派来阅读那篇特殊的文章，而非阅读一篇相反观点的文章。但是，如果被试看到这个人被指派来阅读某篇特定文章——例如，关于赞成事前的避免而不是反对堕胎的文章——该人的非言语行为表现出失望的话，他们就不会根据赞成事前避免的文章，对应地推断出该人具有赞成事前避免的态度。表示出失望的非言语行为，提醒了被试要注意情境限制。当他们这样做时，他们就避免了对应性偏差（Fleming & Darley，1989）。

自发特质推论(STIs)

与海德的“行为把视野填满了”的观点非常接近的是**自发特质推论（spontaneous trait inferences，STIs）**（Uleman，Newman & Moskowitz，1996），该理论认为，当人们观察到行为时，他们自动地做出特质推论。人们自动地做出特质推论意味着什么？社会知觉中的自动化过程是无意识的、自然而然的、不费力气的，而且是在意识之外发生的（Fiske & Taylor，1991）。它不需要付出任何努力就发生了。对自发特质推论，STIs的支持，来自于一些设计得非常聪明的实验，这些实验巧妙地表明，当人们知道到某个行为发出者的行为时，人们自动地、没有意识地做出特质推论。比如，当人们读到“这个记者跳狐步舞时，踩到了他女伴的脚”时，他们自发地推断，这个记者是行动笨拙、手脚不灵活的；而当他们读到“这个孩子告诉他母亲，是他把巧克力吃掉了”时，他们推断这个孩子是诚实的。我们怎么知道人们做出了此类自发特质推论？

我们可以得知几类相关信息，我们将考虑其中三种。首先，在被称作是*有线索的回忆*的过程中，要求被试记忆一些类似于记者踩到他女伴脚的句子。如果给被试一些类似“行动笨拙”、“手脚不灵活的”词语作为句子的线索或提示，与不给他们这些词语作为线索相比，前一种情况下被试更有可能回忆起这些句子。“行动笨拙、手脚不灵活”这个词语之所以能够成为线索，是因为被试已经自发地将行动笨拙、手脚不灵活的这一特质与句子所描述的行为联系起来(Winter & Uleman, 1984)。

第二，在几个实验中，要求被试看一些人的照片，照片旁边附着表明特质的自我描述句子。接着，告诉他们这些照片上的人的特质，再让他们记住。事先看过关于特质的自我描述的被试，其记忆要比事先没有看过的被试快。例如，若被试看到的是一位妇女的照片，她说：“今晚是我们的周年纪念日。我为我丈夫准备了烛光晚餐。我们将在放置于卧室里的一张桌子上共进晚餐。”那么，被试记住她是个“浪漫”的人的速度，要比那些没有看到这段自我描述的被试快。他们显然已经记住了这一点，经由自发地从她的自我描述中得出的特质推论。结果，接下来要求他们记住她是“浪漫”的人，就很简单了(Carlston & Skowronski, 1994; Carlston, Skowronski & Sparks, 1995)。

最后，在另外一个实验中，要求人们尽可能地判断，例如“他花了15分钟在停车场找到了他的车”这句陈述中是否含有“健忘的”这个单词。与判断“他花了15分钟在停车场为他的车找到一个停车位”的陈述中是否含有“健忘的”这个单词相比，被试在前一种任务上多花的时间更长，犯的错误也更多。在前面的一句话中，自发特质推论会使头脑中产生健忘的特质，被试在确定句子当中不包含这个单词时就要困难一些(Uleman, Hon, Roman & Moscowitz, 1996)。

总之，对自发特质推论和对应性偏差的研究表明，人们会自发地从行为中做出特质推论。因此，除非人们可以使用减法规则而且能够大量的思考所观察到的行为的原因，否则，对应性偏差可能会例行发生。

突出性偏差

当海德说“行为把视野填满了”时，他暗示着，仅因行为和环境中的微妙的压力是相对显著而生动的，我们就有可能成为对应性偏差的受害者。推进这个观点，泰勒和菲斯克(Taylor & Fiske, 1975)认为，情境中只要有显著或是生动的刺激，就会被看做是该情境中行为发生的原因。他们认为，当认知者将更多的注意力集中于谈话中特定一方时，那个人会被认为是谈话过程的引导方面更核心和驱动性的人物。观察者们就成了**突出性偏差(saliency bias)**的受害者。麦卡锡和波斯特(Post, 1977)论证了，当使一个行为人的环境条件显著化时，会增加对于该环境的归因。泰勒、菲斯克、伊特考芙和鲁德曼(Taylor, Fiske, Etcoff & Ruderman, 1978)表明，群体中的异常份子由于更具有显著性，会被认为其拥有巨大的影响力。比如，认知者判定，一群白人中唯一的黑人说话的频率更高，在决策方面也更加具有影响力。他的显著性增加了他在认知者的记忆里的易得性，而这又反过来影响了他们关于他对小组所作的贡献的记忆。

图式的影响

社会认知里最重要的概念之一就是**图式(schema)**。图式是包含了我们关于人、物和事件的一般知识的认知结构(Fiske & Taylor, 1991)。我们的记忆里贮存着许多图式,其中包括社会性图式,该图式里包含了我们对特定个体及特定种类的人的知识。单词图式是希腊语中"形状"的意思,它是指我们所了解的其他人、事物的形状或总体概况(Crider, Goethals, Kavanaugh & Solomon, 1993)。因为我们根据我们所知的来猜测未来,我们的图式也可以被认为是对于别人的整体预期或是预想(Myers, 1983)。比如,1960 年的总统竞选,在很多人的总体意识里,都认为与理查德·尼克松相比,约翰·肯尼迪年轻而缺乏经验。这个关于肯尼迪的图式(或者说一般形象)使得许多选民预期,他在与尼克松的第一回合的辩论中会被击败的。而肯尼迪破坏了这个预期的行为使得他的成绩更加令人难忘。

和图式很接近的一个概念是**脚本(script)**。脚本是我们关于一个特定的情境以及在该情境中事情的发展方式的认识(Abelson, 1981; Schank & Abelson, 1977)。它可以被看做是一个事件的图式。比如,我们知道,当人们进入饭店时,他们会就座,拿到菜单,如果他们愿意,还会点鸡尾酒,等等。同样地,在最近的辩论里,候选人也遵循了一个清晰的图式。他们四处走动,和每一个人握手,转过去亲吻他们的妻子,和政治评论家、他们的幕僚们聊天等等。脚本最显著的特点就是它包含了以情境为特性的一系列的事件。

这些饭店里的消费者们正在遵循一个常规性的脚本,告诉他们在社交性晚宴环境下展现的行为方式事件。比如,坐在左边最显著的位子上的贵宾知道,他们吃完主菜后就会被询问他们是否需要甜点,而坐在右边的人则知道很快就会收到账单。

图式是如何起作用的呢？一般情况下，它们为我们提供别人将会怎么做的期望或是预想。接着，我们注意到了和我们的图式相一致的信息，我们在解释模糊信息时，就假设该信息符合我们的图式，而且在回忆信息时，我们回忆和我们的图式相关的信息要比回忆和我们的图式不相关的信息的结果要好。而且，随着时间的推移，我们在回忆我们按照符合图式的方式去解释的信息时，该信息与图式的符合程度会被回忆得比最初还要高(Higgins & McCann, 1984)。让我们来看看图式是如何影响我们对他人的印象，以及如何影响我们记忆他人行为的。

图式和印象

图式为我们提供各种预期，并使我们有一种将人们的行为认知为符合我们预期的倾向。一个有趣的例子来自于体育界。棒球专家比尔·詹姆斯(Bill James)注意到，像前芝加哥俱乐部的球手厄尼·班克斯(Ernie Banks)这样强有力的游击手，常被错误地认为是一个不好的接球者，原因就是人们理解球赛时所使用的图式。“人们很难把有力的击球员的形象——缓慢、强壮和柔软的、迅速的和灵活的游击手的形象协调一致”(James,1988,p.377)。这样，他们就倾向于将班克斯作为游击手的形象抛开，而把他当作更强壮一些的、打击力强的选手。记录显示班克斯是个优秀的游击手，但是，由于打击力强的选手的图式，他常常得不到他应该得到的荣誉。

我们可以从一个经典的“热——冷”实验中看到，预期对我们对于他人认知的影响(Kelley, 1950)。实验中的被试是麻省理工学院选修经济学导论课程的本科生。他们被告知，将有位客座教师来给他们上一堂特殊的课，上课之前对这个客座教师会有一段简短的介绍。其中一半的学生被告知这位客座教师29岁，已婚，人们认为他是一个“冷漠、勤奋、有判断力、老练并且坚定”的人，另外一半的学生听到的信息和这一半几乎一样，除了他被称为一个“热情、勤奋、有判断力、老练并且坚定”的人。简单地说，参与实验的一半学生被告知该客座教师是冷漠的，另外一半学生则被告知该客座教师是热情的。由于“热情”和“冷漠”在认知别人时是相当重要的一个核心品质(Asch, 1946)，这一个词的差别会在两个被试群体中引发出非常不同的预期。这种预期的不同所产生的影响非常引人注目。那些被告知这位客人是热情的被试，对于他的印象要比那些被告知这位客人是冷漠的被试的印象要积极得多。两组被试都看了同一位客座教师的同样的讲座，两组被试也都和他度过了整整一节课，但是，他们基于那一小时的课程所形成的对该人的判断，却受到了那一个词的差别的显著影响：他们根据对这个人热情或冷漠的“认知”来解释他的行为。

图式怎么可能会有如此显著的影响呢？如前所述，我们在解释那些模糊信息时，试图让其符合我们的图式。比如，被试被告知该客座教师是一个坚定的人，如果他们认为他是一个冷漠的人，他们就可能会把他的坚定预想为无情冷酷；但当他们认为他是一个热情的人时，就会把这预想为奉献。而且，我们对于那些符合我们的图式信息的记忆要好于那些和我们的图式无关的信息。简单地说，我们能够观察到那些符合我们图式的信息而且我们也能够记住这些事情。

我们在什么时候应用图式？我们总是让我们的预期如此强烈地控制我们的印象吗？就像在前面提到的前芝加哥俱乐部球手厄尼·班克斯那样，我们总是把证据推到一边吗？研究显示，人们可以而且确实应用了各种环境中的证据，比如，他们在什么时候会对自己的判断负责(Pendry & Macrae，1996)。一个关于这种情况的有影响力的论述是："简单地说，没人是傻瓜。"(Fiske & Taylor，1991，p. 136)和这个观点相一致，印象形成的双重过程暗示，当一个人与此相关，而我们被引发关于该人的思考时，我们就会留意他(她)的个人特征(Brewer，1988)。一个和图式应用类似的模型认为，人们依照一个连续的统一体而行动：使用图式，建立印象，到忽略图式并使用各个个体数据(Fiske & Newburg，1990)。当人们对一个人感兴趣，而他们所获得的信息和图式不一样时，人们就会放弃使用图式(Hilton & Fein，1989)。比如，一个关于社会阶层的图式研究表明，如果人们不知道一个女孩学业成就的信息，如果这个女孩子出身于比较高的社会阶层，那么，她的学业成就会被认为比较好；而若她出身于比较低的社会阶层，那么，她的学业成就会被认为比较差。但是，如果人们获得了明确的、关于这个女孩子在一项IQ测验上表现良好的信息，他们就会忽略社会阶层的信息而根据成就对她做出判断(Baron，Albright & Malloy，1995)。

1959年，游击手厄尼·班克斯，通过在第二垒压迫一个奔跑者而开始了双杀。班克斯因为是一名强壮有力的击球员同时又是一名优秀的接球者而获得声誉。关于这两个角色的什么图式使得球迷们只记得他是一个打击力强的选手？

图式和记忆

图式不仅会影响我们记忆的内容，而且会影响我们记忆的方式。如果我们有对某人的一般了解，并由此形成了印象，比起他的实际行为，我们通常会把该人的行为记忆为符合原有的印象。比如，如果我们在观看约翰·F. 肯尼迪和理查德·M. 尼克松之间的辩论之前，就存在对肯尼迪年轻、缺乏经验的偏见，我们可能就会对辩论中他所说的话稍微记错，以使其符合我们的图式。我们可能会忘记，他说他和尼克松一样，拥有在政府工作 14 年的经验。一项对话记忆的有趣的实验很清楚地表明了这种错误。

在这个记忆实验中，被试阅读或亲自观察两个商人罗伯特和马歇尔(Robert & Michael)之间的对话。有时，这些被试被告知罗伯特是一家公司的老板而马歇尔是他的雇员，有时被告知罗伯特和马歇尔是公司里地位相等的两个管理人员。在阅读或听到对话的两天之后，被试必须要回忆罗伯特在对话中说了些什么。如果他们认为罗伯特是上级，他们记忆罗伯特的话就要比他们认为罗伯特和马歇尔具有平等地位时更为自信。被试关于罗伯特所说的话的记忆是符合他们关于他是老板或仅是另外一个管理者的印象的(Holtgraves, Srull & Socall, 1989)。

虽然我们经常记忆到人们是按照我们的图式行为的，但是我们也常清楚地记住人们那些不一致的行为，该行为与我们的图式不相符(Belmore & Hubbard, 1987)。比如，俱乐部的一个老球迷可能会对厄尼·班克斯在游击方面的一些富有活力的表现记忆深刻，因为好的守备不符合她关于重击手的图式。我们的注意力被吸引到新奇和未预料到的行为上，它们也会被长期保存在我们的记忆里(Hastie, 1980)。

一个有趣的实验是关于记忆那些与图式不一致信息的，它利用了性别的图式(Bardach & Park, 1996)。男性被试和女性被试都阅读了关于一位妇女玛西娅或一位男性马克的一些行为的描述。行为是属于非常典型的男性的或是女性的，或是中性的。比如，一个男性的行为是"在蛇河(Snake River)上踏浪而行"，而一个女性的行为是"帮助照料她生病的祖母"。被试阅读到玛西娅或马克从事了 12 次男性、12 次女性和 12 次中性的行为，并且被要求尽可能地记住这些行为。除了仅有的一些情况，被试记住了更多的和图式不相符的行为。女性被试记住了马克从事的女性行为多于他所从事的男性行为，但对于玛西娅的行为记忆情况是相等的。相反，男性被试记住了玛西娅从事的男性行为多于她所从事的女性行为，但对于马克的行为记忆情况是相等的。看来，我们对于异性的行为图式要强烈一些，我们记住了和性别图式不一致的异性的行为。

决定我们是否对不一致的信息有更好的记忆的关键因素是，我们对该行为所做的归因，以及我们是否花时间和精力来理解它，并将其构入一个和谐的印象之中(Fiske & Taylor, 1991)。来自于克罗克、汉纳和韦伯(Crocker, Hannah, Weber, 1983)的研究得出了一个清晰的证明，即对不一致信息的归因会对我们所记忆的内容以及如何变更我们的印象带来差异。被试被引导着形成了一个名为约翰的人是友好的图式。接着，他们得到了一个不一致的信息：约翰在一家银行里插队，被试还同时得到了这样的暗示信息：约翰的出人意料的行为是由于外界原因(正因为紧急事件在广播找约翰)或是约翰个人特征(他不介意在排队的其他人怎么看待他的行为)。当被试将约翰的不一致的行为归因为紧急事件时，他们忘记了这一情况，没有改变对约翰的看法。然而，如果他们将约翰粗鲁的行为归因为他的个性，他们会将这一点记得很牢。而且，他们将这一点记得越好，他们对约翰的评价就越糟。

简单地说，我们通常会在解释信息时，使其符合我们的图式或预期；而我们也容易记住那些和图式或预期相一致的信息。但是，有时当我们认为一些信息有意义时，我们反而会记住那些高度不一致的信息。当我们确实回忆起新信息时，我们会改变我们的图式来适应这些新情况。

启动效应：头脑中原有记忆的影响

当人们在观看总统竞选辩论时，许多因素会决定他们对候选人性向的归因、他们对候选人形成的印象以及他们对候选人的表现的回忆。不论归因是符合归因原则逻辑的，还是受到归因偏见影响的，它都是一个重要的决定因素。我们的图式也起着重要的作用。另外一个常常微妙地影响着我们的印象和记忆形成的因素是，当我们将电视调到那个正在播放竞选辩论的电视频道时，我们脑中正在想着的事情。

比如，假设在观看马歇尔·杜卡斯基(Michael Dukakis)和乔治·布什(George Bush)的辩论之前，一个大学生正在冷静、理性和成熟地思考处理浪漫问题的重要性。当杜卡斯基毫无感情地回答一个关于杀妻凶手的强制性死刑问题，这个学生就可能认为杜卡斯基的反应是冷静、细致而成熟的。仅因为她脑中正好有这些特质而杜卡斯基的行为可以被这样认知，她就可能将这些性向归因到杜卡斯基身上，而且能回忆起他的反映了这些特质的行为。她甚至可能会推断他是一位非常理性、慎重而可能是高效的总统。那些在头脑中不存在这些特质的人对杜卡斯基的知觉可能很不一样，也许是冷漠、毫无感情并且不关心人的。

这些在脑海中存有冷静、细致和成熟性归因的人，他们被称为是在认知他人时已经被启动了。如果认知者在认知时被启动了，那么，那些有可能被认为反映了某些特质的模糊性行为，更有可能被认为确实是反映了这些特质。**启动(priming)**指的是将一些特质、典型行为或个人的性格特点不知何故带入思维的过程，也就是说，激活它们。某些情况下，启动效应是在潜意识的情况下发生的，因此，那些被启动了的人甚至都没察觉到这些想法已被激活。

心理学家们已做了许多研究来证明知觉、行为和记忆方面的启动效应。在一个研究中，通过要求被试找寻镶嵌在一个迷津中的 4 个名字来激活被试。对一些被试来说，这 4 个名字是中性的，是没有敌意的(Daniel Boone，Robin Hood，网球冠军 Billie

Jean King 和前国务卿 Henry Kissinger)，但是，另外一些被试看到的名字却是相对有敌意的[迷幻摇滚乐歌手艾丽丝·库珀(Alice Cooper)，重量级拳击冠军乔(Joe Frazier)和印第安纳州篮球教练博比·奈特(Bobby Knight)]。然后，被试阅读了一段关于一个名为唐纳德(Donald)的人的模糊性行为的描述，该行为既可以被解释为敌意的，也可以被解释为没有敌意的。在被试们推断对唐纳德的印象时，那些被没有敌意的名字启动的被试所做出的推断，要比那些被有敌意的名字所启动的被试所做出的推断的敌意要小得多。随后进行的一个谈判游戏中，被试与他们设想为唐纳德的人参与游戏，如果被试是被有敌意的名字启动了的，则表现得更具有竞争性。因此，他们对于唐纳德的印象和他们对他的行为都受到了启动效应的影响(Herr, 1986)。他们将自己的印象和“被启动了的”东西同化了。一个类似的研究发现，那些由于阅读了一份寻找被绑架了的失踪儿童的广告而被启动了的被试，更可能将一个成年人和儿童之间可能是绑架的对话录像认为是一个紧急状况(James, 1986)。

启动效应也可以影响记忆。被启动了的特质就像图式一样，影响着我们回忆那些相关信息的方式。一个实验中，被试要阅读一个性向标签的清单，并被要求记住这些清单，以作为一项“信息处理”研究的一部分。接着，被试要阅读一段行为描述，它既可

如果用“有冒险精神的”来启动你对待水中筏运的事件，比起用“不计后果的”来启动，你可能以较为积极的方式来回忆它。

以做正面解释也可以做负面解释，被试认为这是第二项研究。如果被试被一个正面的标签——如“敢作敢为的”——启动了，与那些被负面的标签如“鲁莽轻率的”启动了的被试相比，前者对急流这一相关行为的回忆要比后者正面得多(Higgins, Rholes & Jones, 1977)。简单地说，当我们在接受信息时，所正在思考的东西显著地影响着我们对信息的记忆和评价。

目前，在我们所提到的关于启动效应的研究中，被引入有意识的知觉的信息启动了那些被试。虽然，这些被试可以有意识地觉察到这些启动信息，但在判断唐纳德或绑架录像时，他们并没有真正地觉察到启动信息。后期的研究表明，有时，即使是在人们对信息并不完全有意识的情况下，他们也可能被启动。这些研究采用了阈下知觉技术，在该过程中，实验者在计算机上把一些特质或行为的单词呈现给被试，而计算机的屏幕是快速闪烁的。被试不能阅读这些单词，不能记忆这些单词，当这些单词稍后被再次呈现时，被试也不能辨认出来。但是，这些单词确实启动了被试关于某种特质或行为的概念并且影响了他们的印象。

在一项研究中，和善良相关的单词(体贴、关心、关切)被快速地呈现在一个电视屏幕上。然后，被试阅读了一段12句话的、对一个人(又名为Donald)行为的描述，他的行为性质是模糊的，但可以被认为是反映了一种善良的性向。与被中性单词启动的被试相比，被与善良相关的单词启动的被试认为，唐纳德更为善良。当和羞涩有关的单词(胆小、温顺、羞怯)在一个模糊性的羞涩行为的描述之前被呈现时，同样出现了这种现象(Bargh, Bond, Lombardi, Tota, 1986)。另外一项被试被诚实和卑鄙相关的单词启动的实验得到了类似的结果(Erdley, D'Agostino, 1988)。总之，关于启动效应的研究表明，当我们在接受一个人的相关信息时，我们头脑中所浮现的事物显著影响着我们的印象、行为和记忆。

最近的研究对启动效应进行了更加细致的探讨。被试是在什么时候将普遍存在的、对Donald的印象和被启动了的概念同化的？一项研究用消极的单词“自以为是的”、“傲慢自大的”、“顽固而不合情理的”和“刚愎自用的”或积极的单词“对自己有信心的”、“沉着自信的”、“坚决的”和“有恒心的”来启动被试。然后，他们读到唐纳德“已经登上过麦金利山，曾经驾驶一艘爱斯基摩人用的皮船到达科罗拉多州，曾经参加一次撞车比赛(参赛者驾车互撞，直至最后有一辆仍可行驶者获冠军)，在对小艇没有多少了解的情况下，曾经驾驶过一艘喷气动力的小艇……现在，他又在寻找新的娱乐项目……通过唐纳德的这些行为方式，人们可以猜测到他很了解自己能做什么……一旦唐纳德下决心去做什么，就做得很好……即使有时他改变主意可能会更好些，他也很少改变主意”(Thompson, Roman, Moskowitz, Chaiken, Bargh, 1994, p. 489)。

被试对唐纳德的印象是否受到了启动，首先取决于是否对于他们的准确性给予了足够的激励。那些试图保持准确的被试，没有将他们的印象同化于被启动了的概念。

那些不试图做到准确的被试则同化了。而且，如果被试在受到启动、形成了印象之后再试图做得准确的话，只有当被试能够记得唐纳德的有关信息并给他们机会仔细思考时，启动效应才会受到动摇(Thompson 等，1994)。

一个类似的研究也表明，当准确性受到强调时，启动效应会小些；而当人们的认知繁忙时，启动效应就会大一些(Ford，Kruglanski，1995)。这两个实验一起说明了，启动效应经常影响印象，但并不总是这样。当被试既有准确性的动机又有时间仔细思考时，他们不会将印象同化到被启动了的概念中去。

视窗 2.1 思想抑制的例子

你是否曾经尝试过，不要去想起某些东西——前任男友或女友，一大块花生黄油和果酱三明治，或是你室友的一些侮辱人的评论？你这样做的成功情况如何？你是否认为，大多数人都可以成功地压制各种想法或念头？关于这个问题的一些很吸引人的研究表明，人们并不擅长于压制各种想法或念头，而试图去压抑这些想法或念头，无论是在身体上还是心理上都不是健康的(Wegner，Pennebaker，1993)。

弗吉尼亚大学的丹尼尔·韦格纳(Daniel Wegner)就此问题做了引人注目的研究(Wegner，1992)。在一项研究中，被试要不断地思考其他问题而不是去考虑一头北极熊。他们同时被告知，如果他们考虑了北极熊，他们必须按一个铃来报告这一情况。有两个研究结果很清楚。首先，被试不能将北极熊剔除在思想之外，他们确实按了铃，他们的确报告其想到了北极熊。第二，稍后，当被试被告知他们可以而且应该不断地想一头北极熊时，那些受到压制的被试与没有受到压制的被试相比，前者更多地想到了北极熊。这个关于北极熊的想法的“反弹”说明，在这些想法或念头受到压制时，它们聚集在表面之下，并做好准备，一旦强制解除，就连续不断地倾吐出来(Wegner，Schneider，Carter，White，1987)。

压制过程是如何产生反弹的？韦格纳(1992)认为，那是源自一个双重过程的压制循环。意识水平上有一个“控制的分心搜索”，人们通过它来思考除了北极熊之外的任何别的东西。与此同时，还有一个广泛的、意识以外的、毫不费力的“自动目标搜索”，它使得人们对受到压制的想法或任何信号都保持警觉。那些试图压制关于北极熊的想法或念头的被试，可能为了不想熊而有意识地去考虑购物。但是，有意思的事情出现了。购物使人们想到了百货商店，而这又使人们想到了牛奶，从而想到白色，接下来就是北极熊了。自动目标搜索导致了这一系列联想的出现，并给控制的分心搜索发出信号：需要想购物以外的事情来阻止北极熊的出现。具有讽刺意味的是，正是自动目标搜索对与北极熊有关的想法或念头的警惕性，使得

续 表

这些想法和念头具有高度的易得性而很容易就从头脑中冒出来了。是可以避免它们,但它们会返回。通常,人们并不介意头脑中出现北极熊的想法或念头,但确实有其他的一些想法或念头是他们想极力压制的。比如,正在"步出"痛苦的爱情事件的人们,可能非常想压制与他们的旧情人有关的想法或念头。这些想法或念头会引起对不愉快情感的回忆。对人们试图压制的、对依然向往的旧情人的若干研究表明,这些情感性的想法或念头,与北极熊或者自由女神的想法或念头的运作机制不同(Wegner, Gold, 1995)。当那些压抑了对旧情人的热烈想法或念头的人们被允许去想时,通常的反弹效应却不会发生。为什么?也许人们在压制这些不愉快的情感性想法或念头方面非常老练,当不被禁止时,这些想法或念头就不会冒出来。但是,心理学方面的测量表明,容许去想念旧情人会导致情感觉醒。那些和旧情人有关的不愉快的想法或念头已经受到了足够的压制,所以它们不会进入到意识中来,但它们确实会引发起强烈的情感反应。 试图压制那些不希望出现的想法或念头似乎会导致许多心理和情感混乱。压制是必须的,这样我们才可以控制我们的行为,控制我们所说的话,控制我们的情感。但是,即使我们成功地做到了,其代价也是高昂的(Wegner, Pennebaker, 1993)。

社会推论:判断他人

数百万人都会观看每4年一次的、全国性的总统电视辩论。对许多人来说,这些辩论是他们获取关于候选人和相关事件的主要的信息来源。基于他们从辩论中所认知到的、记忆的信息以及其他任何来源所获得的信息,人们必须决定投票给谁。他们是如何将这些杂乱而零碎的信息放在一起,进而对两个候选人做出判断的呢?着眼于这种推论的社会认知研究,试图理解这些判断过程。我们从这些研究中了解到,人们在做出他们的判断和推论时并不是完美的。无论该不完美是指人们是非理性的,因而常做出有瑕疵的判断,还是考虑到达到完美标准的困难,人们在思考上已经相当不错,在这一点上都存在着相当多的争论(Fiske, Taylor, 1991; Nisbett, Ross, 1980; Markus, Zajonc, 1985)。我们将要讨论的大多数研究都表明,人们在做出推论时所犯的错误和所采取的捷径。这些错误是由于遵循了一些模式,它们在大多数情况下都运作良好;但不幸的是,有时,这些模式是不合适的,而后果可能会是严重的。

视窗 2.2 结果本可能会怎样：反事实思考的状态

人们通过设想事情如果存在差异结果本可能会怎样来评估他们的经验。有时他们设想结果更加糟糕，他们就会感觉良好。有时他们又设想结果本可能会更好，他们就会感觉糟糕。思考"如果不这样，结果本可能会怎样"被称做是反事实的思考(Miller, Turmbull, McFarland, 1990)。在关于这个现象的一项早期研究中，要求被试设想误了一次航班 5 分钟或 30 分钟。哪一种情况会让你感觉更糟糕一些呢？研究显示耽误了航班 5 分钟更加令人沮丧(Kahneman, Tversky, 1982)。在这种情况下，更容易做反事实的思考，认为就因一些小事耽误自己准时到达登机口。当人们想到，很容易地就能使事情变得更好，人们就明显地感觉到更为糟糕。

1998 年，在日本长野举行的奥林匹克女子花样滑冰颁奖仪式上，金牌得主泰拉・林平斯基(Tara Lipinsky)(中)和铜牌得主陈璐(右)显得比银牌得主马歇尔・科万(Michelle Kwan)(左)高兴一些。

关于反事实思考的一项有趣的现场实验，是对冬季奥运会的银牌和铜牌得主进行的。实验的第一部分研究了这些运动员在两个时刻的录像：他们的成绩被宣布时和当他们站在领奖台上领取奖牌时。被试对于一位运动员是铜牌得主时的高兴程度的评价要高于银牌得主。研究的第二部分分析了广播(电视)联播公司的采访，发现银牌得主在做反事实的思考，设想如果不是那样的话，他们可能就会赢。他们倾向于设想差一点就名列第一，如果他们当时的所作所为有所不同的话，他们就会是金牌得主。他们对于失之交臂感觉很差。相比而言，铜牌得主所进行的反事实思考是他们差一点就连奖牌都得不到。他们很高兴轻易获胜(Medvec, Madey, Gilovich, 1995)。又一次的，当人们在设想和他们的行为不一样的更好做法时，他们感觉糟糕。当他们设想的其他做法是更加糟糕时，他们感觉良好(Markman, Gavanski, Sherman, McMullen, 1995)。

最近的实验室研究表明，人们在失败之后会更可能设想如果不那样的话，结果将会更好，而在成功之后更可能设想如果不那样的话，结果将会更糟(Olson,

续 表

Roese，1995）。在失败之后设想如果不那样的话，结果将会更好，会让人们感觉糟糕，但却可能是实用的。如果人们能够被引导着去思考，他们如何用不同的方式去处理将来的情境，他们就可以计划出能够提高未来成功可能性的行为，而体会更少的负面情感（Boninger，Gleicher，Strathman，1994；Roese，1994）。 关于反事实的思考，人们也研究了在那些经历了现实生活中灭顶之灾的人。比如，那些经历了事故，导致脊髓伤害和瘫痪的人们，他们常设想如果怎样做，事故就可以避免。他们做这样的正面反事实的思考越多，他们就越因为事故而责备自己（Davis，Lehman，Silver，Wortman，Ellard，1996）。类似地，在交通事故中失去配偶或是孩子，或是一个孩子由于突发的致命性新生儿综合症而死亡的人，都会常常设想如果怎样做，事情就会不同。特别是，他们会沉浸在"消除"的想法和念头里，在这些想法和念头里，他们可能改变了结果。当人们在设想那些"如果"他们做了，就能够"消除"灾难时，他们感到他们"应该"已经那样做了。即使消除的想法或念头会增加沮丧，它们还是能够让人们多少获得一些能够掌握生活中的一些事情的感觉（Davis 等，1995）。

未充分利用基本的评估信息

假设一个叫鲍勃的人正要决定买什么类型的汽车。鲍勃研究了消费者杂志上所有的维修频率的资料，然后决定买一辆丰田汽车；它具有最好的维修记录。就在鲍勃做出最后决定前一会，一个朋友告诉了他自己一位邻居的远亲的故事：该远亲买了一辆 1980 年的四门丰田雄鹰，但它总是躺在维修车间里。鲍勃对这个故事印象深刻，并且决定自己最好不要和一辆丰田这样纠缠在一起。在这个情境中，一个人忽略了可以获得的关于汽车维修的基本的**评估信息（base-rate information）**，而根据一个虽然给人深刻印象的但却是简单的例子对一种可靠的汽车做出了判断。

研究显示，人们经常犯这样的错误。他们忽视可以获得的一般信息而重视具体实例。比如，在一项研究中，告诉了被试关于一辆夜间发生事故的出租车的信息。一位目击证人说这辆出租车可能是蓝色的。同时，被试被告知，在本城中，有 85％的出租车是绿色的，有 15％是蓝色的。大多数被试同意目击证人的证词，猜测出租车是蓝色的，也就是说，忽视了基本的评估信息，该信息暗示着出租车可能是绿色的（Ginosar，Trope，1980）。

虽然人们常常低估基本评估信息，但有时他们也很清楚地使用基本评估信息。比如，在上面的研究中，当被试被告知在本城发生交通事故的出租车中有 85％是绿色的，他们就会使用这个基本评估信息（Ginosar，Trope，1980）。另外一项研究表明，当人们被引导着进行科学地思考，或是人们意识到这些信息和他们的目标之间的关系时，人们就会使用基本评估信息（Zukier，Pepitone，1984）。而且，最近的研究认为，如果该信息非常显眼，或者是能够获得的唯一信息，那么人们就会使用基本评估信息（Beckett，Park，1995）。因此，人们确实会使用基本评估信息。但更常见的是，人们犯了忽视其实用性的错误。

稀释效应

假设1960年有一位选民错过了约翰·肯尼迪和理查德·尼克松之间的第一场辩论，而是听一位朋友介绍说肯尼迪令人惊讶地冷静和能干。该选民就有可能推断，肯尼迪确实拥有当总统的经验和能力。现在，假设该选民不仅听说肯尼迪看上去冷静能干，而且也准时到场了，他在晚餐时吃的是蒜味明虾，约翰·肯尼迪穿着一套绿色衣服。这个选民对约翰·肯尼迪的印象有什么不同吗？你可能会认为没有，可是几个研究都表明，如果相关的或是“表明特征的信息”（在本例中是肯尼迪的表现）被“无关的、不是表明特征的信息”（比如肯尼迪在晚餐时吃的是什么或是约翰·肯尼迪穿着什么）稀释了的话，某种印象会被削弱。在第二种情况下，你可能真的会对肯尼迪的表现有一个不那么正面的看法（Nisbett，Zukier，Lemley，1981；Zukier，1982）。这种受到无关信息的影响或分散的倾向，就叫做**稀释效应（dilution effect）**。政治家们似乎理解这一点；他们常常散发令人愉快的但却是无关的信息来削弱坏消息的冲击力。

虚假相关

我们在了解周围世界时所犯的另外一个错误是，我们认为两个事物之间存在联系。当该结论不能由获得的信息来支持的情况下，比如，当可获得的信息表明是相反情况时，一个人还可能相信“政治家是不诚实的”。为了准确地得出结论，在不诚实和政治家之间存在某种特殊的联系，一个人必须要罗列出诚实的、不诚实的政治家和诚实的、不诚实的物理学家、银行家和大学教授，然后表明，在政治家群体里发生不诚实的情况要比在其他职业的群体里更加频繁。即使摆在你面前的资料不支持某个观点，你也相信该观点的现象叫做**虚假相关（illusory correlation）**（Chapman，1967）。人们可能因为确定的例子（在本例中，不诚实的政治家的例子）而非常显而易见地犯这个错误，并忽略所有表明多数诚实的政治家和不老实的银行家的数据。

一些重要的研究表明，虚假相关能对群体的认知产生强烈的影响，并最终影响到社会刻板印象（Hamilton，Sherman，1996）。在一项经典的、对虚假相关和群体知觉的研究中，被试被告知了群体A和群体B的成员所做的正面的和负面的行为。比如，被试听到“群体A的一位成员约翰前往医院看望一位生病的朋友。”，虽然群体A的成员总是多于群体B的成员，但是两个群体成员中从事正面行为和负面行为的比例却是一致的。有时,两个群体都从事了更多的受人欢迎的行为,有时又都从事了更多的不受人欢迎的行为。但是,研究结果表明,当受人欢迎的行为更不经常出现时,成员总是较少的群体 B,会被认为从事了比他们实际从事的更多的受人欢迎的行为;而当不受人欢迎的行为更不经常出现时,成员总是较少的群体 B,会被认为从事了比他们实际从事的更多的不受人欢迎的行为(Hamilton, Gifford, 1976)(见表 2.2)。看起来来自一个代表名额不足的群体的成员所表现出来的不寻常的行为会非常显眼并且令人难忘——稀有的人和稀有的行为的结合是很引人注目的,并且在记忆中也是高度易得的(Johnson, Mullen, 1994)。

表 2.2 Hamilton & Gifford 的社会刻板印象实验中行为描述和随后的群体归因的比较

群体和行为类型	对每一种类型的行为描述的数量	对每一组的归因陈述的数量
变量Ⅰ		
群体 A		
受人欢迎的行为	8	5.87
不受人欢迎的行为	16	15.71
群体 B(少数)		
受人欢迎的行为	4	6.13
不受人欢迎的行为	8	8.29
变量Ⅱ		
群体 A		
受人欢迎的行为	18	17.52
不受人欢迎的行为	8	5.79
群体 B(少数)		
受人欢迎的行为	9	9.48
不受人欢迎的行为	4	6.21

来源:Hamilton & Gifford(1976)

思考一下虚假相关是如何对社会刻板印象产生影响的。对一个在郊区长大、就读于以白人为主的学校的白人来说,黑人也许是不常见的。更进一步,在这样的环境里做出侵犯性的行为也许是不常见的。在这样的环境里,一个黑人做出了侵犯性的行为是非常引人注目和显眼的,因此会被过度回忆,由此导致出黑人是具有侵犯性的虚假相关来。

若干研究表明我们可能对显眼的人物,包括我们自己的表现——既包括成功的也包括失败的——做出虚假相关。特别是,即便这不是事实,我们也认为显眼的人物相对于其他人物而言,他们和主要行为(成功的或失败的)更加密切相关。这种倾向的后果是,如果在某个特定的情境中,显眼的人物和不显眼人物的行为举止都恰到好处,即使是大家都做得同样好,我们也会记得显眼的人物做得比较好。如果大家都做得不好,我们就会记得显眼的人物做得更糟糕一些。我们再一次看到了显眼的人物与主要行为的关系比与他(她)实际行为的关系更密切。

在这个模式中有一个例外。如果这个显眼的人是你自己,而主要行为的水平又较低,你不会认为自己比别人做得更差。在这种情况下,正面知觉我们自己的偏差(见第三章)抵消了典型的虚假相关(Sanbonmatsu, Shavitt, Sherman, Roskos-Ewoldsen, 1987)。

对这些以白人为主的观众,黑人本尼·汤普森(Rep. Bennie Thompson)会被看做是独特和显著的。

可获得性偏差

假设一位选民观看了乔治·布什和马歇尔·杜卡斯基 1988 年的辩论,他被询问杜卡斯基的表现情况。最容易进入该选民脑海的,可能是当杜卡斯基被问及可能发生在基蒂·杜卡齐斯(Kitty Dukakis)身上的强奸和谋杀时,其没有丝毫感情色彩的"冷若冰霜"的回答。由于该场辩论在记忆中是很容易被提取或是易得的,该选民可能将杜卡斯基的冷静看做是该场辩论的常见特征。在很容易或很快进入脑海的例子的基础上，对事件的频率和可能性做出判断的现象叫做**可获得性偏差(availability bias)**(Tversky, Kahneman, 1973)。如果你回想一下虚假相关，你会发现其中也暗示了可获得性偏差。水门事件以及其他的政治腐败事件对你来说是很容易就想得到的，因此你会过高地估计不诚实的政治家的比率，这就导致了虚假相关。

代表性偏差

一个常用的、判断某人是否属于某一群体的经验法则叫做**代表性偏差(representativeness bias)**。我们可能因为某人和某一群体里的典型成员具有相同的特征，就快速地得出该人属于这个群体的结论。比如，人们读到汤姆很聪明但无创造性，稍有幽默感而喜爱有秩序，他对于和别人交往没有什么兴趣，那么即使人们知道工程师或者计算机科学家是很少见的，人们也会认为他就是工程师或者计算机科学家(Kahneman, Tversky, 1973)；汤姆看上去代表了这类人。当工程师或者计算机科学家是很少见时，用代表性偏差做出这样的判断，就是我们前面所讨论过的、犯了未充分利用基本评估信息的错误。因此，正如你在最后两个例子里所看到的，推论和偏差常一同发生作用。

形成印象的一些结果：自我实现预言

当我们对别人形成了印象，我们倾向于采取使这些印象延续下去的行为方式。在凯利(1950)关于热情和冷漠的客座教师的研究中，学生们倾向与他们相信是冷漠的老师保持距离。毫无疑问，在教师不是同盟者的情况下，学生们保持距离的行为会鼓励教师的行为，以证实学生们关于该教师是一个冷漠的人的印象。

一些有趣的研究关注相信关于别人的信息的结果。罗森塔尔和雅各布森(Rosenthal, Jacobson, 1968)通过一项著名的研究告诉小学教师，本学年，他们的班级里有一些孩子能被期望在学术方面表现出令人吃惊的爆发力。据说，这个信息是基于可靠的哈佛曲折习得测验基础上得出的。实际上，根本就没有这个测验。在被指定是“有爆发力”的学生当中，有接近三分之一是被随机指定的。在学年结束时，测验了孩子们的智商。图2.2描绘了一年级和二年级孩子的结果。虽然那些指定为“有爆发力”的孩子的指定和任何正规的测验都无关，但这些孩子的智商分数在这一学年的确取得了令人瞩目的增长。

就像亨利·希金斯(Henry Higgins)在乔治·伯纳德·肖(George Bernard Shaw)的舞台剧《皮格马利翁》(Pygmalion)中所表演的那样，教师们显然创造出了他们希望找到的人。该研究的可能推论是令人吃惊的。长期的学术成就，在很大程度上是带有偏见预期的一个结果吗？罗森塔尔和雅各布森的研究因而吸引了许多社会心

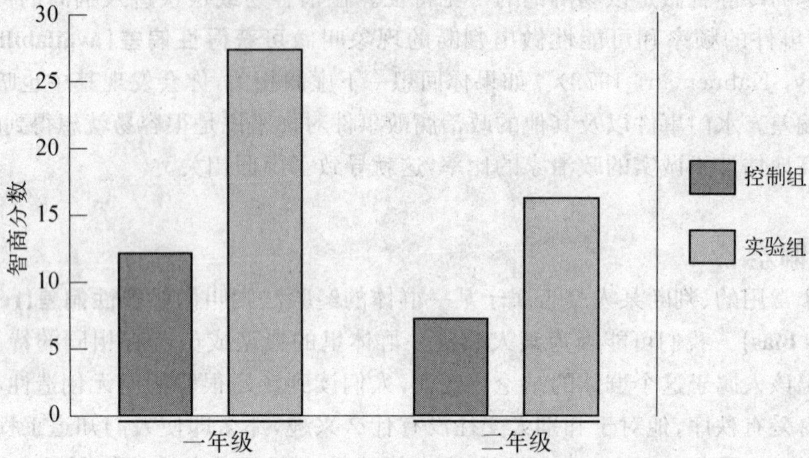

图 2.2 一、二年级儿童总体智商分数

来源：Rosenthal & Jacobson (1968)

理学家和政策制定者的注意。

正如我们可预料到的，由于这个开创性的研究中存在一定缺陷，罗森塔尔和雅各布森的研究招致了相当多的批评。但不论如何，罗森塔尔和雅各布森的研究经受住了时间的考验。在 15 年的时间内，对教师期望的效应做了上百项研究（Brophy，1982；Rosenthal，Rubin，1978）。早期的研究中，在东方和西方的中产阶级学校里发现了系统的**期望效应（expectancy effects）**，或者**自我实现预言（self-fulfilling prophecies）**（Conn，Edwards，Rosenthal，Crowne，1968；Rosenthal，Evans，1968）。而且，安德森（Anderson）和罗森塔尔（1968）在一个智力延迟的男生班级中观察到了期望效应，而迈彻保姆、保尔斯和罗斯（Michenbaum，Bowers，Ross，1969）在一项对安大略女性罪犯的培训学校的研究中，报告了系统变化的行为和学术期望。最近的研究认为，即使这些效应出现了，也不是非常巨大的。但是，看上去低社会阶层和不良群体的确表现出了巨大的消极期望的效应（Jussim，Eccles，Madon，1996）。期望效应对于女孩的影响要大于男孩，对于穷人和非洲裔美国人的效应也比较大。也可能是这些群体中的人在学校里感到价值被降低了，而更可能会受到教师期望的影响。

是什么产生了期望效应？四个因素似乎很重要："氛围"、"反馈"、"投入"和"产出"（Harris，Rosenthal，1985；Rosenthal，1973）。根据解释这些研究结果的原理，教师对于那些他们期望做得好的学生提供了一个温暖的氛围。这份温暖被用言语和非言语来传递了。第二，教师给予那些他们抱有高期望的学生更小心、更详细的反馈，给予了他们更多的应该做什么和不应该做什么的指导。第三，教师对这些学生投入更多——对学习材料更多地指导和解释。最后，拥有高期望的学生被给予了更多的机会来表现他们的产出。他们有更多的时间来询问和回答问题,有更多的机会来学习如何做出成果。

抱有积极或消极期望的人的性格,是重要的、决定该期望是否会成为自我实现预言的因素。那些由于消极期望,而对学生存有偏见和负面意见的教师,倾向于在言语上进行积极情感沟通的同时,用面部和身体信号等非言语行为表露消极情感(Babad, Bernieri, Rosenthal, 1989)。总之,那些制造自我实现预言的人是善用非言语表达的,而且,毫不奇怪的是,那些受到该影响最多的学生,也正是对非言语沟通最敏感的学生(Cooper, Hazelrigg, 1988)。

其他研究表明,期望的影响不仅只是在教室里感觉得到。它们在日常的人际交往中也起着重要作用,它们不仅影响抱有期望的人的行为,同时也影响那些期望所针对的对象的行为。比如,引导那些男性和女性大学生相信另外一个人喜欢自己,就会使他们按照一种能令他们受到喜爱的方式去行动。与那些相信另外一个人不喜欢自己的大学生相比,他们表现出更少的相异点,更少的分歧,用更加积极的一种语气说话,整体上表现出一种更加积极的态度。简单地说,认为别人对自己有积极或消极印象的人们,会按照证实这种印象的行为方式来行动(Curtis & Miller, 1986)。另外一项研究表明,那些起初相信自己处于社会较低阶层的人,如果遇到了认为他们具有较高的社会阶层并有相应行为的人,就会提高他们自己的自我认知。他们回应对方和蔼可亲的行为,自己的行为也会变得和蔼可亲,最后的结果是他们提升了自我认知(Major, Cozzarelli, Test, McFarlin, 1988)。

什么决定了期望会成为自我实现的预言?认知者的目的、被知觉对象的目的都起着重要作用。如果我们的目的是想发现正在和我们发生交互作用的知觉对象是否真的具有我们所期望的特征,我们常会发现自己的期望是不正确的,我们就会改变它们(Darley, Fleming, Hilton, Swann, 1988)。因此,我们不会使我们的期望变成自我实现预言。同样,即使我们有消极的预期,但我们仍然只是抱着形成正确印象的目的去交往,我们就很少可能采取那些会引出对方的消极表现的行为。当我们自己是思想开明而且客观时,我们就很少传递消极的偏见并干扰别人的行为(Newburg, 1989)。

被知觉的对象的目的同样也起着重要作用。那些竭力和认知者建立顺畅的相互作用的被知觉对象,会更容易接近并且证实认知者的预期。另一方面,竭力使认知者形成正确印象或者关注于找出认知者真正像什么的被知觉对象,就很少采用证实认知者预期的行为方式去做事(Newburg, 1994; Snyder & Haugen, 1995)。

正如达利和法扎尔(Darley, Fazio, 1980)所说,自我实现预言只是我们日常社会交往的可能结果之一。然而,被卷入的人们很少能意识到,对一个人的期望会相当大地影响另外一个人的行为,因此,这就成了一个能引发人们好奇心的现象。正如我们所讨论过的研究指出,误会潜在性和社会交往中的偏见的存在是相当巨大的。

总结

归因是判别某个行为是由于动作发出者的个人性向还是由于外在的情境力量作用的过程。在归因时,我们所遵循的一个原则是减法规则,该规则说明,我们应该减去行为所暗含的个人性向中的情境诱因。如果情境诱因对行为有推动影响,性向的作用就应该打折扣。如果情境诱因实际上是阻碍行为的,性向的作用就应该被增加。在对行为的内部(个人)和外部(实体)归因时要考虑的其他因素包括:该行为的一贯性、独特性和普遍性。低独特性、低普遍性和高一贯性导致内部归因。

心理学家强调对内部和外部原因以外的因素的考虑。比如,在判断成功和失败时,我们通常会判别某一原因是否具有稳定性、可控性和全局性。当我们考虑失败或成功是否由于内部或外部原因引起时,我们将绩效归因为能力、运气、努力或任务的难度。

归因研究者已经发现,人们归因的方式存在着许多偏差。对应性偏差或基本的归因错误是将行为归因为对应的内部个人性向而不是外部因素的一种倾向。自发特质推论(STIs)是基于对他(她)的行为的了解而自动对该人特质做出的推断。突出性偏差是将行为归因为显著的或者容易得到的原因的一种倾向。

图式是我们关于人、物和事件的一般认知。一个相近的概念是脚本,指我们预计将在一个特定的情境中发生事情的顺序。在信息解释时,我们倾向于使其与我们的图式和脚本一致,在回忆信息时也回忆了与图式相一致的信息。当人们花时间思考相异信息的意义时,这样的信息也会被回忆。

当最近或经常使用的特定想法被激活时,启动效应就发生了。当我们被启动时,该信息就出现在我们的脑海中,所以它会影响我们对人们行为的记忆。人们在对别人做出推断时会犯许多错误。他们没有充分利用或忽视基本评估信息,让无关信息干扰推断(稀释效应),知觉为虚假相关。此外,人们会成为可获得性偏差的受害者,根据事件进入脑海中的容易程度来判断各种事件的可能性;代表性偏差是,如果某人具有和某个群体中的典型代表类似的特征,就假设该人属于该群体。

人们对他人所形成的印象会暗示别人的行为方式。罗森塔尔和雅各布森是众多研究期望效应或者自我实现预言效果的研究者的一分子。在他们的研究中,那些被教师期望成绩良好的学生确实比教师对其没有良好期望的学生表现得要好。

关键词

归因	增加原则	可获得性偏差	基础比率信息
对应性偏差	稀释效应	折扣原则	性向
实体归因	期望效应	外部归因	基本归因误差

虚假相关	内部归因	个人归因	启动
代表性偏差	突出性偏差	图式	脚本
自我实现预言	社会认知	自发特质推论	减法规则

推荐读物

Fiske, S. T., and Taylor, S. E. (1991). *Social cognition*. New York: McGraw-Hill.

Gilbert, D. T. (1998). Ordinary personality. In P. T. Gilbert, S. T. Fiske, and G. Lindzey(Eds), *The handbook of social psychology*(Vol. 2, pp. 89 - 150).

Heider, F. (1958). *The psychology of interpersonal relations*. New York: Wiley.

Jones, E. E., and David, K. E. (1965). From acts to dispositions: The attribution process in person perception. In L. Berkowitz(Ed.), *Advances in experimental social psychology*(Vol. 22, pp. 219 - 266). New York: Academic Press.

Kelley, H. H. (1972). Attribution in social interaction. In E. E. Jones, et al., Attribution: *Perceiving the causes of behavior*. Morristown, NJ: General Learning.

Smith, E. R. (1998). Mental representation and memory. In A. T. Gilbert, S. T. Fiske, and G. Lindzey(Eds.), *The handbook of social psychology*(Vol. 1, pp. 391 - 445). New York: McGraw-Hill.

第三章 自我认知

在34岁这个年龄，这完全不应该发生。在1996年亚特兰大奥运会上，杰姬·乔伊纳-克西(Jackie Joyner-Kersee)试图赢得七项全能和跳远冠军的愿望破灭了。但她依然带着腿伤在跳远中赢得了一枚铜牌，这是她第四次在奥运会上获得奖牌。杰姬的运动生涯是引人注目的。她仅在1984年错过了金牌，但她却分别于1988年和1992年获得了所有三块金牌，并刷新了世界纪录。在1996年奥运会的比赛开始前，她已经认识到，尽管她依然是美国最好的女子运动员，但也是她应该离开运动的时候了。可是，亚特兰大奥运会在她的祖国举行，所以她必须参与其中。之后，她应该退役并进入她生命的下一个阶段——孩子、社区服务、回报社会。

杰姬的教练鲍勃·克西(Bob Kersee)，也是她的丈夫。像杰姬一样，他想要去开创运动以外的世界："现在是我们开始家庭生活的时候了。"(Deford, 1996, p. 72)但他也知道，不去参加一届在美国举行的奥运会是不可能的。在1996年杰姬赢得了铜牌之后，她的成就为她赢得了运动员历史上的荣誉地位，更不要说那些由麦当劳、宏达和耐克公司提供的赞助。现今，在她离开了奥林匹克和竞赛之后，她将计划着成为同样开始运动生涯的运动员们的榜样。

杰姬·乔伊纳(Jackie Joyner)1962年生于圣·路易斯东部的犹太人居留区。她的名字是根据美国第一夫人杰奎林·肯尼迪(Jacqueline Kennedy)而起的。她的父母很年轻时就结婚了。当时，她的父亲仅14岁，母亲也只有16岁。他们刚刚有能力供养杰姬的大哥，然后才是抚养她。杰姬的父亲在铁路上工作，经常旅行。他在家的时候，把自己大部分的注意力都集中在他儿子的运动事业上。没有了父亲的帮助，杰姬转向母亲寻求感情上的支持并期望哥哥对她进行运动方面的指导。杰姬知道她的跑、跳都绝对是最出色的。但她仍然必须依靠她自己和她能够从大哥与母亲那里获得的帮助，来达到成功。

她成功了。杰姬被UCLA(加利福尼亚大学洛杉矶分校)录取并授予了篮球奖学金。她是一个迅速崛起的新星，很快就被全美所关注。尽管如此，她在UCLA的初期却经历了严重的打击。她的妈妈在38岁时突然死去，而杰姬当时仅仅18

岁。此后，她把自身完全倾注到了她的运动员生涯当中并开始在跑道上练习。在某种程度上，径赛项目一直是她在所有体育项目中最喜欢的。很快，她引起了 UCLA 的一个教练鲍勃·柯斯的注意。鲍勃·柯斯发现杰姬具有非常好的全面性，这使她有可能成为一个最困难、分量最重的田径比赛项目之一——七项全能的候选人，并在此方面取得成功。

七项全能是更为有名的男子田径十项全能运动的一项变式，两者都指“多项竞赛”。与十项全能所包含的十个项目相比，七项全能包括七个项目。七项全能竞赛的第一天，女运动员需要进行 100 米栏、跳高、投掷和 200 米跑的比赛。大致上，她们进行跑、跳、扔的比赛。第二天的比赛和第一天类似：跳远、标枪和 800 米跑。最后的挑战——800 米跑，是一种中距离项目，用来测试运动员的耐力。总体看来，七项全能是一项令人精疲力尽、非常具有挑战性的、复杂的运动，只有最好的运动员才可以从事该运动。事实上，杰姬在七项全能上是成功的。同时，她也是七项全能其中的一项——跳远的世界冠军。在她 22 岁时，杰姬在 1984 年的洛杉矶奥运会上差一点获得了金牌，但却没有取得最终的成功，仅获得了银牌，与金牌擦肩而过。但有一件事情仍值得她庆祝，她的哥哥艾获得了三级跳远的冠军，成为乔伊纳家族中第一个获得奥运会金牌的人。杰姬该次与金牌极小的差距给了她和她的教练以很强的信心去获得 1988 年奥运会的冠军。这样的发展，使杰姬和她的教练的关系变得复杂了：他们相爱了。

当他们一起在休斯敦看垒球时，鲍勃·柯斯先聊起了这个无法避免的话题，他问杰姬，自己是否是一个合适的结婚对象。杰姬迟疑了一下才意识，这并不是一个脱离现实的问题。在某种程度上，鲍勃·柯斯是一个合适的结婚对象。鲍勃说，在杰姬理解了这个问题以后，他们就“不再放很多注意力在这场比赛上”(Deford, 1996, p. 75)。他们于 1986 年结婚，并开始准备两年后的汉城奥运会。

他们的目标是在七项全能和跳远上获得两枚金牌并刷新两项世界纪录。他们成功了，尽管杰姬的这些成就比不上乔伊纳家的另一位成员——艾的妻子弗洛伦斯·格里菲思·宙纳(Florence Griffith-Joyner)，她在 1988 年奥运会上赢得了几枚金牌并打破了世界纪录，但是杰姬在 1992 年的巴塞罗那奥运会上重演了她的成功，又一次获得了七项全能和跳远的冠军。

由于杰姬和鲍勃在一起工作，他们有着明确的伙伴关系。杰姬是一位具有惊人天赋的运动员，鲍勃是她的教练，同时也肩负着她的助手和指导的责任。在杰姬结束运动生涯之后，她的天赋、好胜的个性和灿烂的微笑(新闻周刊，1996)给了她机会，成功地使她在运动生涯结束后成为她成长的地区——圣·路易斯东部的积极向上的代表。杰姬将开办一个社区中心，同时在那里建立办公室和家庭。她将努力做好最基础的工作来回报社会，就像她追求运动的顶峰一样付出辛劳。杰姬·乔伊纳-克西将带着她的金牌并去思考人生的真正规则。就像其他人为她所付出的一样，她也将为其他人付出。世界将会因为她的存在而变得更加丰富。

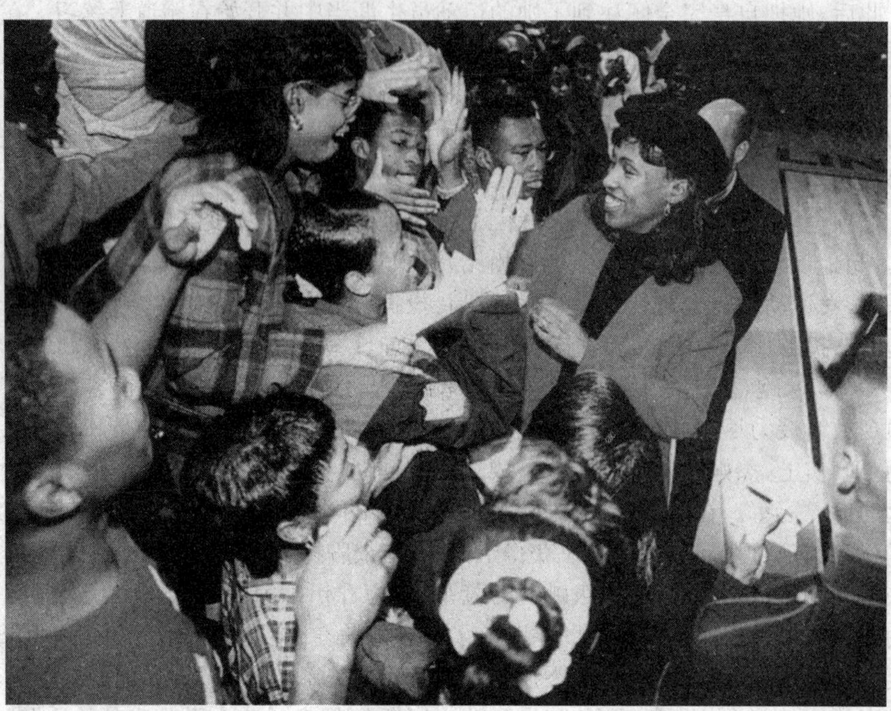

杰姬·乔伊纳-克西青年中心的创始人被支持者包围。位于圣路易斯(St. Louis)东部的青年中心，占地37英亩，包括篮球场地、舞会场地、室内和室外跑道、一个图书馆、计算机实验室和其他教育资源等设施，复兴了培养杰姬成长的社区中心。她说："我知道它对于这些孩子来说意味着什么，因为我知道，它对于我意味着什么。"

自我认知

在很多方面，杰姬·乔伊纳-克西非常清楚地了解自己。她是一个运动员、妻子、奥运会冠军、被关注的市民等等。但是，她目前正处于另一种思考的边缘，即退出运动生涯后，她将以什么样的形式生活，她将如何把社会的需求和自身的愿望结合起来，来经营一个普通的、独立的家庭生活。她将基于她的自我概念、个人目标和所渴望为家

能够共同分享好时光、彼此欣赏的好朋友，是通过社会交往来建立起积极的自我概念。

庭和社区做的事情之间的关系来决策。一个人在什么地方获得自我意识？我们如何知道我们相信什么？我们能够表现得多好？一般来说，我们是哪一类人？在自我认知这一章，我们将回答这些问题。

社会心理学家已经有了很多发现，是关于自我概念，也就是我们关于个人特质的了解和信念以及自尊，即我们如何评价自己等方面的。我们将从我们的自我概念如何表现在人与人之间的相互作用谈起。然后我们将谈到，我们以自身的行为为基础而做出自我归因的途径。我们还将考察一些重要的研究应用，关于自我认知和自我认知发生偏差的方式。

社会交往和自我概念

我们通过我们在世界上的经历，特别是人与人之间的相互作用来了解我们是谁。心理学奠基者之一，威廉·詹姆斯(William James，1890)在一个世纪前写了一本关于我们感知自己是谁的书——《我》。这本书表明，我们关于自己是谁的意识，是从我们与他人的交往中得出的。例如，当叔叔或阿姨赞扬我们的行为时，我们知道自己是有礼貌的；当我们发现自己获得学校最高分时，我们知道自己是一个好的应试者。从社会交往中，我们了解自己的一个途径是得出除自己以外的其他人对自己的看法。在我们的一生中，每件事情都被他人的意见所影响着，从外面的天气有多冷到政府是否允许在学校中祷告都不例外。我们的自我概念也不例外。别人的看法影响着我们。我们察觉自己像什么，以及我们自己是好是坏都以他人的看法为基础，这个过程被称为反响评价(Gergen，1971)。这是影响我们自我概念的最重要的过程之一。

反响评价

反响评价(reflected appraisal)这一术语表明，我们对自己的评价反映了或映射着别人对我们的评价。查尔斯·霍顿·库利(Charles Horton Cooley，1902)在多年以前就谈到了这个概念。他把这个概念称之为“镜像自我”。库利说，我们总是设想别人如何看待自己，而该想象中的、别人的看法又影响了我们的自我评价。几年后，乔治·赫伯特·米德(George Herbert Mead，1934)运用了同样的思想。他说，我们总是把注意力集中在重要的其他人对我们的看法上，这些看法是由重要的其他人的行为中所暗示的。这些重要的其他人包括我们的父母和朋友。而且，我们会通过这些重要的其他人所暗示出来的、对我们的看法去思考自己。这再次表明，我们的自我概念反映了他人对我们的看法。

一些重要的证据表明，反响评价对孩子们是有影响的。对四年级到八年级的学生们所进行的研究表明，尽管这些父母给出的评价多半是很不确切的，其父母心目中的孩子形象直接影响了孩子们的自我评价(Felson，1989)。简而言之，父母对我们的印象或我们的生活中其他重要的他人对我们的看法可能并不是他们真正的想法，但是这些看法还是相当重要的。成年人又如何呢？他们会被反响评价所影响吗？最近的几个研究表明，他们是会受到影响的。大学生入学一学期后，由于他们的室友对他们的初始印象而改变了对自己的看法(McNulty & Swann,1994)。对一群正在恋爱的学生的研究表明，当他们恋爱时，其自尊和对自己感情的评价会提高。他们的自我概念得到改变的一个关键因素，看来是他们所得到的自己所爱的人的积极评价(Aron, Paris & Aron,1995)。

尽管在成年人当中，反响评价这一过程是真实的，但是他人对我们的看法和我们对自己的看法之间的关系还是相当复杂的。首先，这是两个不同的途径。在上面提到的、对学生和他们的室友的研究中，室友的观点影响了学生的自我概念。与此同时，学生的自我概念也影响了室友的观点(McNulty & Swann,1994)。总之，他人对我们的看法影响了我们的自我概念，但我们的自我概念同样也会影响到他人对我们的看法。由于这种相互影响的结果，人们对自己的看法与他人对其的看法往往是很相似的(Fuhrman & Funder,1995)。第二，我们会非常仔细地鉴别他人对我们的评价。我们对他人对我们做出的评价的反应，是依赖于评价信度的(Eisenstadt & Lieppe,1994)。

最后，反响评价或是我们想象中的反响评价，会影响到我们的感觉和自我概念。这一点在以下研究中有所表现：让女大学生们想象她们的两名同学或是她们两个家人的脸，然后她们开始阅读直白的、两性之间的小说片断，并说出她们对这类小说的喜爱程度。被要求想象年长的家人的女大学生们会推测，她们的家人对她们喜欢这些色情文学的反应。与那些被要求想象同学的人相比，她们对这类小说的喜爱程度的评价要低许多(Baldwin & Holmes,1987)。

对反响评价方面的研究表明，我们是多么容易被我们的社会交往所影响。但是，我们最好记住，我们比别人更加了解自己，许多方面是自己知道而不为别人所知的，因此，我们不应让自己过多地受到他人看法的影响。反响评价是很有权威，但它也不是全能的。

社会比较

我们在社会交往中研究自己的另一个途径是一个叫做**社会比较(social comparison)**的过程。例如：我们可以拿自己的表现与他人的表现相比较，来评价自己在数学和网球运动中的能力，我们也可以把自己对一部电影或是总统候选人的评价与他人的评价进行比较。杰姬·乔伊纳-克西在评价她在径赛和田赛的某些方面才能的时候，就运用了社会比较法。一方面，她把自己的跳远能力与其他运动员进行了比较，她觉得自己比其他运动员在该赛事上拥有竞争优势。另一方面，通过抽象、复杂的计分系统记录成绩来衡量，她觉得自己在七项全能中的表现是一种挑战。

利昂·费斯汀格(Leon Festinger)是一位非常著名的社会心理学家。他提出了一套社会比较程序的理论，这一理论概括了如何与他人进行比较，而结果在何时影响了我们的自我评价(Festinger,1954)。受到费斯廷格理论的启发，其他研究者对社会比较学说进行了详细的探索(Goethals & Darley,1987;Suls & Wills,1990)。

1. 人们何时以及为什么会进行比较

费斯廷格的社会比较理论之后的最初的观点是,人们进行社会比较出自强烈的、进行自我评价的需求,而在某些时候必须要通过和他人的比较才能够进行自我评价(Festinger,1954)。社会比较是人们为了实现对其个人特质的客观性的评估,决定运用一种可控的、合理的方法来做或者不做某些事情。目前我们已意识到,情况是较复杂的。人们在社会比较方面并不很客观。由于各种理由,人们把自己与他人进行比较,并总是带着偏差来解释有关他人的信息,从而使他们自我感觉良好。另一方面,某些时候,人们在会努力避免社会比较和自我评价。总而言之,社会比较是复杂的,我们会试着让你感受到其复杂性。

进行社会比较的机动是什么呢?为什么我们要拿自己的意见、能力、行为、表现、外表、健康去和他人的相比较呢?最近关于社会比较的研究提出了很多驱动因素(Helgeson & Mickelson,1995)。首先,如前所述,我们通过比较自己和他人来*评价*自我。杰姬·乔伊纳-克西把自己的跳远和其他女运动员相比较,来找出——来评价——她自己有多优秀。其次,我们也会为了"提高"而进行比较。通过了解他人表现的好坏或是如何应付困难的,我们给予自己一个能做得更好、较有利的机会。第三,我们通过把自己和他人进行比较来"抬高"自己。换句话说,通过把自己和表现差的人相比,可以使我们自己看起来较好。还有其他一些能够引发比较的动机,例如:和他人分享一个共同的契约。但评价、提升和抬高自己才是最重要的。

由于存在着太多进行比较的动机,我们可以认为,人们无时无刻不在进行比较。事实上,人们在很多时候是没有兴趣进行比较的——或许他们正忙于从事一些更重要的事情;在另一些时候,他们尽力地去避免比较,因为他们预计自己的"得分"不会好(Brickman & Bulman, 1977; Gibbons, Benbow & Gerrard,1994)。但是,人们真正进行比较的次数要比他们想要进行比较的次数要多,因为比较是一个不管我们想不想都会发生的自动的、自发的过程。

"为什么我总是坏人?"

最近一项有关自动比较的研究,着眼于探究人们是怎样被自己所了解的另一个人的行为所影响的,甚至是在他们知道那个人和自己并不具有可比性的情况下被影响(Gilbert,Giesler & Morris,1995)。被试要从两张照片中,找出其中患精神分裂的人来测试被试的能力。他们也会看到,别人在看相同任务的录像带。有些时候,其他人完成的要比被试好,但有些时候也会比被试差。此外,被试知道,其他人的任务的难易程度是不一样的,有的简单些,有的难些,所以他的相对表现并不具有很大的意义——表现不具有可比性。当被试有时间去思考其他人的表现的意义时,他们对自己能力的评价将不会受到多少影响。但是,如果被试一直忙于一些数字背诵的任务,使其处于认知忙碌状态,这种比较将会影响到他们。当其他人的表现比自己好时,他们对自己能力的评价就会降低;当其他人的表现不如自己时,他们就会提高对自己能力的评价。

这些结果表明,当我们看到其他人的表现时,就会自发地、不费力地比较。然后,如果我们有时间和意愿,我们就可以更仔细地思考他人的表现,找出其表现的含义,以及这些表现是否为自我评价提供了有用的信息。但关键点在于,甚至在比较并不总是服务于我们的动机的情况下,比较有时也会自动发生。我们先比较,后提问。

尽管比较是自发地产生,但是我们是可以控制比较程度的。当比较很难被忽略时,我们会选择避开可以竞争的人或是避开可以竞争的事情。最近的一项研究表明,人们会依比较将对他们感觉的影响,来决定是寻求还是避免比较。例如:自尊心弱的人很可能会在成功之后,他们感觉安全的时候去比较;当他们失败时则会避免比较,因为他们觉得那样做会显得自己很糟糕。相比而言,自尊心强的人很可能会在他们失败以后去进行比较,通过发现他们实际上比别人好来弥补失败(Wood,Giordano-Beach,Taylor,Michela & Gaus,1994)。

2. 社会比较、自我定义和自尊

社会比较既为我们如何自我定义,也为我们如何自我评价提供了信息。对人们自我描述的方式的研究表明,社会比较在自我定义方面具有重要性。当他们被要求对"我是谁?"这个问题做出反应时,人们说出了他们不同于他人和自己的一些特有的方式,例如:让一群四年级的学生描述他们自己,如果他们的性别在其家庭中占少数,他们便会更多地提及自己的性别(McGuire & McGuire,1981)。所以,如果你是家中唯一的男孩,性别使你与众不同,而这也成为你的自我概念的一部分。相似的,如果种族和宗教信仰能使自己与众不同,人们很可能也会提到;或者当身高或体重不同于他人时,人们也会提及(McGuire,McGuire,Child & Fujioka,1978;McGuire & Padawer-Singer,1976)。简言之,人们对于自己是谁的意识,依靠对自身与他人的比较而得出。

社会比较也影响了我们整体的自我评价和我们对自己价值的意识。这一点在一项研究中表现了出来。该研究中,学生意图在大学研究中心求职成为科研助手,却碰到了与自己竞争同一职位的其他人(该人实际上是研究者的助手)。这个竞争者要么叫做克林(Clean)先生,要么叫做德缇(Dirty)先生。克林先生穿着正式,看起来很严谨,准备得相当充分。他表现得很有学问而十分老练。德缇先生表现得十分龌龊不堪,对这份工作很困惑并且没什么兴趣。被试填写了一份问卷,该问卷能够检测出他们遇到克林先生或是德缇先生前后的自尊水平。结果显示,人们对自己的评价,是通过与另外一个工作申请人的比较来进行的。当另外一个申请人是毫无准备、看起来很差劲的德缇先生时,被试的自尊水平会提升;当另外一个申请人是有备而来的、看起来很优秀的克林先生时,被试的自尊水平会下降(Morse & Gergen,1970)。我们所感受到的、可以定义自己的特质和个性,以及我们对自己受欢迎程度的评估,都受到了和他人进行比较的结果的影响。

3. 相似性假设和相关性归因假设

社会比较的核心理论之一就是**相似性假设(similarity hypothesis)**,该理论认为,我们选择与那些和我们相似的人进行比较。例如:如果我们想评价自己的网球运动能力,我们需要把自己与具有相当表现水平的人相比较,从而得知我们的表现。研究显示,我们通常把自己和与自己相似的人,或是比自己稍微强一点的人相比较。我们总是尽力变得越来越好(Festinger,1954,他把此称之为"单向的不断进取"),所以我们想了解,在与比自己稍强的人相比时,自己的程度如何(Wheeler,1966;Wheeler,Koestner & Driver,1982)。在杰姬·乔伊纳-克西的运动员生涯的早期,她还没有达到自身的顶峰时,她把自己与世界冠军相比较,并尽可能地努力工作去提高自身的水平以达到世界冠军的标准。

把我们与相似的人进行比较的趋势,有一个重要的例外情况。当我们在评价自己的观点时,有时也会和与自身完全不同的人相比较(Gorenflo & Grano,1989)。有时,我们感觉到,当那些和我们有不同意见的人们认同我们的观点时,我们肯定会是正确的。我们会发现他们的认同非常令人满足(Goethals,1972;Orive,1988)。

从绩效相关归因的立场出发,**相关性归因假设(related attributes hypothesis)**认为,我们不仅和与自己成绩相似的人比较,而且也会把自己与那些成绩应该和自己相似的人相比(Goethals & Darley,1977)。通过把我们与在相关性归因方面与

相似的性别、年龄和训练等相关品质使得这两个黑腰带级空手道选手能够准确地评估他们的能力水平。

自己类似的人相比,我们可以近乎精确地评价自己的能力。例如:如果你想比较自己的篮球能力,你必须把自己与相同性别、年龄相仿、近期练习程度类似的人相比较,来获得很多的了解。通过这个方法,如果你的表现较好,你就可以知道是你的能力比较好,而不是你正处于一个较好的状态中,或是你通过近乎疯狂的训练使自己得到了提高。

相关性归因假设同样也适用于对观点的评价。美国人可以相互比较他们对克林顿总统工作表现的看法,特别是同具有类似政治主张的美国人比较而不是欧洲人。知道你不赞同某个欧洲人,仅说明你们两人有不同的观点。你需要了解的是,与那些观点可能与你相似的人相比,你的看法是怎样的。

大量研究支持了相关性归因假设(Suls, Gaes & Gastorf, 1979; Wheeler & Koestner, 1984)。一个研究表明,当人们觉得,测试中他们的性别与他们的绩效相关时,他们就会希望把自己的表现和与自己性别相同的人的表现相比较(Zanna, Goethals & Hill, 1975)。男性会寻求男性的分数来评价自己绩效的适当性,而女性也想把自己和女性相比较。

虽然相关性归因假设有强有力的支持,但研究同时显示,尽管这些特征对评价我们的能力和观点并不具有什么特别的相关性,我们还是想要在外表魅力和性别等显著的特征上,与自己相似的人相比较(Miller, 1982, 1984)。进一步说,我们喜欢把自己和与自己具有同一性的人、或者不会使我们显得与众不同的人进行比较(Miller, Turnbull & McFarland, 1988)。例如:在20世纪80年代,杰姬·乔伊纳-克西经常把自己同弗洛伦斯·格里菲思·宙纳相比较。她们俩都是金牌获得者,并且还是姑嫂关系。尽管她们在运动方面的优势项目并非相同,但她们之间的共同点是很多的。

相似性的一个重要结果,是人们不能总是客观或准确地判断它。例如:由于单向不断进取的结果,人们就会认为自己类似于比自己稍强的人,而与比自己稍微差一点的人非常不同。或者人们会很想离对自己有威胁的人远些。例如:人们觉得自己与带有艾滋病病毒和患有艾滋病的人有很大的不同。然后,他们就会觉得这些人和自己不具有可比性,并相信这些人的命运对他们自己的命运不具有任何暗示性(Gump & Kulik, 1995)。

4. 向下比较和自我价值保持

尽管通常我们都是把自己与那些与自己相似或者稍微比自己优秀的人相比较,但是我们还会不时做出向下比较:我们拿别人不如自己或比自己差的方面来和自己比较。向下比较使我们自我感觉良好,因为这使我们觉得即使我们有许多缺点,其他人比自己的缺点更严重(Wills, 1981)。研究表明,当沮丧的人感到非常灰心时,他们会把自己同那些处于困境中的人相比,这样做之后,他们会感觉好些(Gibbons, 1986)。

在我们遭遇失败或自尊水平较低的时候向下比较更可能会发生(Smith & Insko, 1987)。但是,当我们想要感觉更好些时,并不总是把自己与那些处境更艰难的人相比。一项研究显示,当人们面临一个大手术时,他们更希望有一个已经做过手术的同室病友,而不是等待手术的病友(Kulik & Mahler,1989)。在这种情况下,我们渴望相信自己会在这场外伤手术中存活下来,这会引导我们把自己和那些已经幸存下来的人做比较。

向下比较的原则提醒我们,对准确的自我认知的追求,在我们认识自己方面并不总是最高的要求(Brown & Dutton,1995a)。因此,并不是所有的社会比较选择,都是为了客观的自我评价而做出的;通常我们也通过比较来证实自己(Gruder,1977)。我们努力展示自己和那些比自己出众的人一样好,并且显著地差别于那些比自己低微的人,这就证实了一种自我确认和自我服务的偏好。它们反映出,我们希望寻求积极的自我评价。有时,这种愿望会引导我们"积极地"地向下比较,事实上,就是贬低或伤害他人以使我们通过比较来获得良好的自我感觉(Wills,1981)。

我们希望寻求积极的自我评价的愿望,有时会引导我们做出比向下比较更具建设性的行动。自我价值保持理论认为,当一个人的密友在自我定义方面的表现超过他时,该人会感到烦恼(Tesser,1988;Tesser,Millar & Moore,1988)。如果你的钢琴演奏能力不如你的一位朋友,而你以自己的钢琴演奏为荣,你就会努力提高你的演奏水平来保持自我价值。你希望在那些你认为对自我定义较重要的方面进行对自己有利的比较。另一方面,如果钢琴演奏对你的自我定义并不重要,你就不会在乎对自己有利的比较。相反,你会通过和你的天才朋友保持密切的关系,并享受他焕发的光芒带给你的愉快来保持你的自我价值。和向下比较的原则一样,对自我价值保持的研究表明,人们并不总是努力提高他们的表现水平来保持自我价值。有时,他们会贬低他人的表现或尽力干扰他人的表现。因此,希望有利比较的愿望既会导致像自我提高那样的建设性努力,又会导致破坏别人的破坏性努力。

5. 虚假一致评价

有时,我们使用能让自己感觉良好的方式,把别人的观点或行为与自己相比以做出判定,然后忽略那些可能显示我们是错误的社会比较信息。比如,若干研究所证实的所谓虚假一致效应。**虚假一致(false consensus)**指的是一种高估那些和我们的观点或行为一致的人数的倾向(Ross,1977;Mullen,Atkins,Champion,Edwards,Hardy,Story & Vanderklok,1985)。如果我们高估了赞同我们的人的数目,我们就会评定自己的观点是正确的。如果我们高估了和我们的做法一致的人的数目,我们就会觉得我们的行为是恰当的。在一项关于虚假一致判断的研究中,大学生被询问是否愿意穿着写有"到乔的餐馆用餐"广告语的衣服在校园里四处走动。那些同意穿戴这件广告服的人认为，其他绝大部分人，确切地说是有67%的人也会同意穿，而那些不同意穿的人认为只有33%的人会同意穿，而有67%的人会说不（Ross，Greene & House，1977）。每一组的人都感到他们做出了恰当的选择，并且假设其他人也有同样的行为。

其他研究表明，虚假一致偏差确实很强大，可能甚至有些"根深蒂固"，而对于重要和不重要的归因都一样强（Fabrigar & Krosnick，1995 ；Krueger & Clement，1994）。比如，当人们得到一些比较信息表明，其一致判定是错误的，同意的其他人并没有他们想象的那样多时，人们就会忽视该信息，除非这个信息是非常清楚并且简单的（Goethals，1986）。此外，当人们被要求，他们应该考虑那些信息，而不是以他们自己的想法和行为来判定他人时，他们依然显示出很强的虚假一致效应（Krueger & Clement，1994）。这些研究及其他研究表明，一些非动机因素也是虚假相关效应的促成原因，比如，我们愿意和与我们的想法和行动类似的人交往的倾向，以及我们依自己对别人的了解而简单地判断别人的倾向（Fiske & Taylor，1991；Marks & Miller，1987）。

虽然一些非动机因素的确有作用，动机因素的力量依然展现在以下事实中：并不是所有的、自我服务性质的一致判定都提高了和我们行动一致的人的数目。如果我们做了一件不很清楚是好是坏的事情，比如穿着写有"到乔的餐馆用餐"广告语的衣服，我们可能会被提示，以相信大多数其他人也会做同样的事情。而如果我们做了某件消极的事情，我们会认为大多数其他人也会做同样的事情，这样我们就会感觉自己不是那么坏。相反，如果我们做了某件积极的事情，我们可能认为我们的行为是独一无二的（Mullen & Goethals）。因此，我们就会低估也会做同样事情的人的数目。

几项研究表明，如果人们做出了称心的选择，比如帮助了困难中的某人，献血或是为一位朋友留了比较大的一块比萨，他们就会低估也会做同样事情的人的数目（Goethals，1986）。总之，当得出的是正面特质的时候，人们显示出一种独特性偏差，认为他们自己的力量和能力是不一般的（Campbell，1986；Goethals，Messick & Allison，1990）。这种把自己看得优于平均水平的倾向，在我们将自己和一般人而非某个人做比较的时候会更强烈些（Alicke，Klotz，Breitenbecher，Yurak & Vredenburg，1995）。当我们考虑的是另外一个有血有肉活生生的人，而不是一个抽象的人的时候，我们会更现实些。这说明我们有将自己看得比一般人的平均水平好的倾向，我们因此经常会对未来的事物抱有不现实的乐观态度（Weinstein，1980）。比如，两性活动频繁的大学女生认为，她们比类似的女生意外怀孕的机会要小许多。因此，她们倾向于不采用有效的生育控制手段（Burger & Burns，1988）。

自我归因

在考虑了反响评价和社会比较是如何影响我们的自我概念之后，现在，我们探讨归因过程在自我认识和自我知觉方面的重要作用。自我归因理论的基本构想是，我们可以，也确实经常利用与归因他人行为相同的途径来归因自己的行为。比如，一个人可能会使用独特性、一贯性和普遍性标准（见第二章）来断定，一位室友对化学的兴趣可能归因于该室友的个性或是化学本身。你可以使用相同的原则来判断自己对电影《空军一号》的赞赏，可能归因于你自己独特的口味和兴趣（你喜欢紧张、令人兴奋的电影）还是电影确实很好的事实。你可能会使用相同的独特性（你是否喜欢其他电影）、一贯性（你在第二次观看该电影的时候有相同程度的喜欢吗）和普遍性（别的人也欣赏该电影吗）标准。

韦纳的成功和失败的归因理论是另一个同样适用于别人和你自己的归因理论。人们归因自己的成败就像归因别人的成败一样。他们断定自己的成功是由于能力强、额外的努力或是好运。杰姬·乔伊纳-克西将她在1988和1992的奥运会上的金牌归因于她自己的努力工作和她的教练及丈夫鲍勃·柯斯的支持。正如我们即将看到的，一系列的归因理论可以应用于自身。

自我觉知理论

最引人注意的自我归因的理论之一是**自我觉知理论(self-perception theory)**(Bem，1972)。该理论研究的是，我们对自身的态度和偏好的知觉方式。它认为，就像我们因一个朋友不论何时、只要有机会就听摇滚乐，而推断这个朋友爱好摇滚乐一样，我们会从我们自身的行为中推断我们喜欢乡村音乐。我们发现，在汽车上时，我们最有可能按那个当地乡村音乐台的按钮。所有这一切听上去相当合理——但有漏掉什么东西吗？我们仅仅是了解自己是否喜欢乡村音乐么？我们必须要推断出我们喜欢吗？自我觉知理论说，我们不是“仅仅了解”，我们不能仅依靠我们的情绪，就得出自己对事情的态度的结论。我们“确实”从我们的行为中了解到我们喜欢什么、不喜欢什么。

以下是自我觉知理论的基本原则。首先，简单说，自我觉知是社会认知的一个特殊部分，我们在其中作为感知的客体。也就是说，我们以感知他人的方式感知自己。第二，我们通过考虑两个因素来了解自己的态度、偏好和情绪：我们的行为以及该行为发生的情境。必须要考虑的情境因素中最重要的一个是，是否存在可以解释我们行为的环境诱因。比如，如果你是应你的姐妹的要求，才把收音机调到乡村台，你就不能推断你喜欢乡村音乐，你的姐妹的影响可以解释你的这一行为。第二章所讨论过的折扣原理，引导你把自己态度作为行为原因的归因打了折扣，因为你的姐妹的要求可以解释你为什么会收听该台。因此，只有当我们的行为可以自由选择时，我们才能推断，该行为反映了我们的态度或情绪。这一基本观点是最重要的一个。结合对环境力量的考虑，我们通过外部信息，我们的行为，来推断我们自己的态度、情绪等内部特征。正如英国的一位小说家E. M福斯特(E. M Forster)所说：“如果我不说出口，我怎么能清楚自己在想什么？”

大量的证据都支持自我觉知理论。首先，我们知道人们会内化角色。人们根据角色所规定的行为来定义自己的这一事实，证明了自我觉知理论。关于角色内化的一个有趣而微妙的现象是，如果以被判罚的次数来衡量，穿黑色球服的职业足球运动员和冰上曲棍球运动员的表现要粗鲁一些(Frank & Gilovich, 1988)。在很多文化中，黑色都和邪恶与死亡相关。黑色球服对于运动员来说，是一种采纳粗鲁角色的暗示，而且他们也会认为自己是粗鲁的人。

第二，一些实验证实了从行为推断情绪和态度的重要性。例如，一项实验中正在收听录音机的被试，被极小声以至于不易被察觉的噪声所干扰。他们觉察到，他们的注意力没有集中在录音机上，并且确实觉得枯燥(Damrad-Frye & Laird, 1989)。由于他们没有意识到，自己注意力不集中是由于外界的干扰，所以他们就推断，这肯定是因为厌倦。在另一项研究中，被试必须要向第二人总结关于某人个性的描写，第二个人要么喜欢要么不喜欢被描述的那个人。并不令人诧异的是，被试对第二个人的期望做出了反应，根据第二个对那个人的情绪，那个人要么被描述得更积极，要么被描述得更消极。奇怪的是，如果被试对那个人的描述是积极的，那么与把该人描述得消极的被试相比，前者报告说更喜欢被描述的那个人(Higgins & Rholes)。而且，他们是自由地选择将该人描述成积极还是消极的，他们通过对其行为的推断来了解自己的态度。

同样有证据表明，我们对自己的描述是推断我们事实上如何看待自己的一个基础。在一项研究中，要求被试以非常谦虚或过分夸奖的词汇向采访者描述自己。随后的一项自尊水平测试中，积极描述自己的被试感觉自己更为积极了，而谦虚描述自己的被试感觉自己更消极了。和自我觉知理论一致，当被试觉得可以自由选择对自己的描述方式时，对自尊水平的影响更大(Jones, Rhodewalt, Berglas & Skelton, 1981)。类似的研究表明，如果一个人在某种情境下表现得较为喜欢交际，那么他就会觉得自己确实合群，并在日后的情境中也会表现得喜欢交际。比如，他们会比从前说话更快，聊天的时间也更长(Schlenker, Dlugolecki & Doherty, 1994)。以自我展示的方式来体现自我概念的改变，不仅会影响我们对自己的看法，也会影响我们的行为。

其他研究也体现了令人着迷的自我觉知效应。如果让被试用牙齿衔着铅笔头，他们脸上的表情就像在微笑，如果让被试用嘴唇衔着铅笔头，他们脸上的表情就像皱眉。如果接着让被试评定卡通人物滑稽程度的等级，和那些被迫皱眉的被试相比，那些被迫微笑的被试将卡通人物评价得更滑稽些。被试很可能根据自己脸上的表情来对卡通人物的滑稽程度做出评价(Strack, Martin & Stepper, 1988)。同样，如果让被试做出忧伤、恐惧、厌恶、愤怒的面部表情，或者摆出忧伤、恐惧、厌恶、愤怒的典型姿势，被试真的会感受到这些情绪(Duclos, Laird, Schneider, Sexter, Stern & Van Lighten, 1989)。在另一项研究中，让被试在听演讲时，将头向上、向下或左右摇动来测试他们的耳机。那些点头(一般是“是”的姿势)的被试比摇头(通常是“否”的姿势)的被试更容易赞同演讲者的观点，即使他们没有明确地意识到自己的头部运动(韦尔斯和佩蒂，1980)。

虽然自我觉知效应非常强，也较为普遍、深入，但它也不是没有限制的。比如，当人们对一件事的态度很明确时，他们就不太可能将某个特定行为作为一个独立的例子来推断自己对该事的感觉(Chaiken & Baldwin,1981)。但是，自我觉知理论显现出一些有趣而令人印象深刻的效应。在本书的其他章节，我们会看到它的广泛应用，一项重要的应用是在被称为**过度理由效应(overjustification effects)**的领域中(见视窗 3.1)。

视窗 3.1 过度理由效应：毁掉好的东西

我们经常被各种泛滥成灾的赠品所包围。例如：买某个品牌的爆米花时赠送红包，在指定的超市使用双倍赠券；在某快餐店吃饭而获赠的特殊的杯子和眼镜等。这就是在广告业被称为"吸引买气"的一种广告形式。这种广告的目的就是让你走进商场或是购买产品。但如果你已经很喜欢某个产品了或是不需要跟进就会进某个店，那么，这些附加诱因对于你对该产品和商店的态度又会有什么影响呢？一项归因分析指出："吸引买气"或"过度理由"可能会产生与初衷相反的影响。

在某一行为完成以后，行动者会问自己为什么这么做。对购买行为发生环境的回顾可以提供一个答案："我之所以购买芙蓉红牌(Poppy)爆米花是因为它在包装中会附送米老鼠闹铃。"换句话说，消费者购买的动因不是其偏好该品牌产品，而是这种产品所附送的赠品——或是由于过度理由。但是爆米花的促销策略是在"吸引买气"之前就开始了。当消费者已购买了芙蓉红爆米花，又转回市场再次购买时，他们会回忆起自己之所以购买该品牌爆米花是因为在销售中附送赠品。但当这种赠送取消后，他们又会没有更多的理由去购买这一品牌了。事实上，道德森、提波特和斯腾塔尔(Dodson, Tybout & Sternthal, 1978)在芝加哥通过对消费者行为的测试，发现了过度理由的影响：以"吸引买气"为特色的广告实际上会降低品牌劝诱的忠诚度。

由于过度理由，笑到最后的人也许是美国麦迪逊大街的广告业和在这方面耍手段的人。但是，一个短暂的思考将会使我们想起一些不太可笑的情况，其中不必要的过度理由毁坏了一个重要行为本身所具有的内在价值。在一年级的教室里，孩子们知道，如果他们拾起书本就会得到一颗金星，如果读了这本书就会得到两颗。在精神病院中，患者们知道，如果他们能够成功地收拾自己的床并穿好自己的衣服，就可以得到更好吃的食物(见 Ayllon & Azrin, 1968)。但是，附加的、有吸引力的诱因可能会导致把对行为归因为那个金星和其他外在奖励，而并不是由于兴趣而去阅读或是照顾自己的起居。当没有这些奖励时，即不再给孩子们金星，精神病患者离开精神病院回到自然生活环境中，以前对他们的行为所给予的过度理由可能会导致他们缺乏继续该行为的兴趣。

续 表

一个引人注意的研究在费城的一个精神病康复中心进行(Bogart, Loeb & Rattman, 1969)。为了更好地保证群体治疗期间病人的出勤率,委员会设立了奖项,以对每月出勤率好的病人进行奖励。在一种情况下,这项奖励大约可以达到8美元;在另一种情况下,可以提供给病人的奖励仅仅为2美元。 在提供奖励的这个月中,病人出勤率提高了。在提供8美元奖励的情况下,出勤率从以前的90%提高到了奖励后的95%。一个月后,不再提供奖励,出勤率急剧下降到了75%。在低奖励的情况下,出勤率在奖励期间从82%提高到了88%,在取消奖励后依然保持90%。在这个研究过程中,许多技术困难使其在反映过度理由的有害影响方面受到了一定限制,但它确实揭示了高奖励的影响往往可能是与初衷相反的。 列普、格林和尼斯比特(Lepper, Greene & Nisbett, 1973)在加利福尼亚的一个托儿所里,对孩子们进行了一项有关过度理由假设的直接测试。孩子们被要求去玩新的绘画工具,该绘画工具很有吸引力,以至于任何一个孩子都很高兴能够有玩的机会。一些孩子被告知,他们玩那些新工具将会获得"玩得好的奖励",奖励包括带有彩色丝带的证书等。另两组孩子不会因为玩这些工具而获得额外的奖励。最后两组,其中的一组受到了"出乎意料的奖励",他们在最后会获得玩得好的奖励,但在先前并不让他们知道。另外一组是控制组,没有奖励也没有关于奖励的预期。几天之后,所有组的孩子都被允许按照他们自己的希望使用该绘画材料或是其他种类繁多的玩具。观察者在一面单向玻璃之后进行观察,发现原先被告知、并最终由于玩该工具而获得额外奖励的孩子和其他两组孩子相比,前者玩这种绘画工具的人数仅仅是后者的一半:看起来这些孩子对艺术活动的兴趣被所提供的奖励减弱了。 由于过度理由概念在理论和实践方面的重大意义,自从它被发现之后就得到了相当多的重视(Fazio, 1981)。最近的研究对该理论进行了扩展和修正。一个有趣的扩展是,如果要求人们不能在考试中作弊并因此给予"超常的威胁"——也就是比要他们不能作弊所需要的更多的压力——他们会把他们不作弊的行为归因于那些超常的威胁,而不归因于自身的诚实。因此,他们没有机会看到自己自愿的、诚实的行为。结果是,他们在将来很可能会作弊(Wilson & Lassiter, 1982)。 过度理由效应给父母、教育者和其他人提出了一个很严肃的问题,他们试图激励自己所希望的行为,使其成为内在动机。我们应该小心,不要为了奖励而去做我们不喜欢的事情或是让他人去做这样的事情。 我们也应认识到,过度理由效应也存在例外。如果奖励被看做是竞争的信号而不是对控制行为所做出的努力,它们是可以提高内在兴趣的(Sansone, 1986, 1989)。有意思的是,奖励比如表扬是会提高还是会降低内在动机,取决于其他几

续 表

个方面，例如：人们对各式表扬的反应存在性别差异。一个对15和16年级学生的研究表明，对于男孩子来说，表扬他们的能力要比表扬他们的努力更能够提高其内在动机。对于女孩子来说则是相反的，表扬她们的努力要比表扬她们的能力更能提高其内在动机(Koestner，Zuckerman & Koestner，1989)。如何解释这一模式的结果呢？或许男孩被社会化为要有能力，并在他们觉得有能力的方面去发展他们的兴趣。而女孩子则可能是被社会化为要努力，并喜欢那些通过努力来赢得回报的活动。

情绪的归因

有关自我觉知以及过度理由效应的研究都表明，人们要经常从他们的行为及发生行为的情境来推断自己的态度、情绪甚至他们没有说谎的原因。研究也表明，我们是从外部信息来推断自己情绪的：我们常常不能肯定我们的感觉，当这种情况发生时，我们会更多地去对情绪做出归因而不仅是去直接感受它。

大量有关情绪归因的看法都是在斯坦利·斯凯彻(Stanley Schachter)的研究基础上发展起来的。他的关于焦虑与社会联系的经典研究(在第一章中有所讲述)证明了因电击而产生焦虑情绪的被试，更愿意和其他人一起等候(Schachter，1959)。随后的实验表明，只有在其他人也在等候电击的情况下，被试才愿意和他们一起等候。受到惊吓的被试不敢确定自己的反应，因此他们想得到别人的帮助，来理解自己的感受。他们希望将自己的感受和那些受到同样威胁的人的感受作比较。

斯凯彻(1964)提出了下述想法并试着证实它。他假设，当人们的情绪被激励但又不能确定其感受时，他们就会从周围的环境中寻找线索，这些线索包括其他人的反应；希望能够准确地解释他们的模糊感受。斯凯彻的理论不仅强调自我归因，而且强调社会比较。我们通过对比自己和周围其他人的反应来确定自己的感受，尤其是和那些与我们经历过相同或者类似环境的人进行对比。这样，我们认为自己也具有与其他人感受到的相同的情绪。

有什么证据证实，人们要通过他人的反应来体验各种情绪？在一项经典的实验中，斯凯彻和辛格(1962)首次向人们展示了这一现象。该实验中，被试被注射了肾上腺激素，这会使被试非常亢奋，高度生理唤起。一部分被试已经得到了有关药效的提示。他们被告知，注射了药后会心跳加快、脸红、全身颤抖。因为得到了解释，或者说对稍后要体验的唤起有了归因，他们就不需要和处于同一情况的其他人进行对比来明确自己的感受。还有些被试是被误导了，他们被告知将会出现头痛、脚麻等症状，这些被试就需要对肾上腺素注射后所发生的、未预料到的反应做出解释。还有一部分人，就根本没有得到将会产生的药效的解释,他们也同样需要对该唤起做出解释。为了对实验进行控制,最后一部分人注射了不会引起唤起的安慰剂。这些注射了安慰剂的被试不需要和其他人进行对比,因为他们不需要解释唤起。

当那些被试接受注射,并给予正确提示、误导或没有给予提示之后,他们会和一个假设和他们接受了相同注射的人一起等候。该人是实验者的同谋,他在等候期内会做出以下两种行为中的一种。在某些情况下,他会表现得比较愉快,转呼啦圈、扔纸飞机、把纸团扔进垃圾堆。在其他一些情况下,他会非常生气,因为接受了一份调查问卷、被问了一些比较隐私或者不太恰当的问题(比如说你母亲在婚外和多少个男人私通,4 个、5 个、9 个还是 10 个以上),这个人会越来越生气,最后在愤怒中把调查问卷撕了。稍后,实验者返回,让被试填一张有关他们刚才感受的调查问卷。

表 3.1 总结了斯凯彻和辛格实验的各种条件以及对每一种条件的预期。实验结果基本上符合预期。被误导和没有得到提示的、注射了肾上腺素的被试都表现出了和实验者的同谋一样的心境。那些得到正确提示的被试,已经得到了关于药效的解释,以及那些被注射了安慰剂而没有被激励到的被试没有体验到和实验者的同谋相同程度的情绪。

表 3.1 斯凯彻和辛格实验的条件

	同伙的行为	
唤起信息	愤怒	欣快
得到提示的被试	被试不会愤怒	被试不会变得欣快
未得到提示的被试	被试会愤怒	被试会变得欣快
误导的被试	被试会愤怒	被试会变得欣快
无唤起控制(安慰剂)	被试不会愤怒	被试不会变得欣快

在这些发现的基础上,斯凯彻和辛格提出了一种**情绪双因素理论(two-factor theory of emotions)**,该理论假设,我们的情绪建立在以下两个部分的基础上:生理唤起和对该唤起含义的认知。如公式所示,E(情绪)=A(唤起)×C(认知)。对于体验到的特定情绪,唤起及解释或者认知都是必须的。在他们的实验中,斯凯彻和辛格唤起了被试。但在一些情况下(误导和没有得到提示的)他们没有给被试任何知识来解释该唤起,那些没有得到对他们唤起的解释的被试,把自身的唤起与那些受到相同唤起的人进行比较,把别人正在明显地体验着的情绪归因于他们自身。

斯凯彻和辛格的这一有争议的研究并不是没有遇到挑战。对斯凯彻和辛格理论研究的回顾警告我们,该理论的论据依然是"软"的(Cotton,1981)。另一方面,我们已有足够的证据得出结论,在许多感受是模糊不清的情况下,我们会利用情境中的信息,特别是别人的反应,来把情绪归因于自己。

斯凯彻和辛格的理论以及斯凯彻后来的研究(1964,1971)都表明,我们体验一种情绪之前需要理解唤起。如果唤起的原因是含糊不清的,我们会向外部环境,包括别人的感受来寻求解释。最近的一个理论扩展了斯凯彻的研究。该研究表明,来自某种情绪或者体验的唤起可以被转换成或者引导成另一种情绪(Zillmann,1978,1983,1984,1996)。例如,你因跑到山顶而被唤起,如果你在山顶遇到了一个确实有吸引力的人,你的唤起就可以被解释为一种罗曼蒂克的感受;如果一个开车路过的司机对你按喇叭,你的唤起就可以被解释为生气。在后一种情况下,你的愤怒会被来自于跑的唤起进一步地唤起,从而可能会更加剧烈。这种**兴奋转移(excitation transfer)**理论认为,情绪包括兴奋成分和体验成分,唤起发生在兴奋成分里,体验成分解释兴奋并被作为该情绪的归因。如果一个人做出错误的归因,唤起就可能被转换。如果你把自己的唤起归因于你刚遇到的、富有吸引力的人,或是那个你诅咒的过路司机,这就可能是唤起增加了你对罗曼蒂克或生气的情绪反应。在接下来的几章里,我们将会看到性别唤起是如何被转换成侵犯的,以及由恐惧引起的唤起是如何被转换成性别吸引的。总之,齐尔曼(Zillmann)的理论解释了为什么我们会运用斯凯彻和辛格提出的方式来对情绪做出正确、或许有时是错误的归因。

对自我和他人的归因:行为者—观察者偏差

前面曾经提到的、在第二章所讨论的归因原则,比如凯利和韦纳的理论,同样也适用于自我归因。我们在做自我归因时,也与归因他人相同。贝姆(Bem,1972)的自我觉知理论对此做出了更有力的解释。他认为,自我知觉就像他人知觉一样;只是行为者和知觉者是同一人的特例。琼斯和尼斯比特(Jones & Nisbett,1971)不同意该看法,他们认为行为者和观察者所观察到的世界非常不同。

让我们思考下面这个临床案例:贝蒂(Betty)和乔治·巴恩斯(George Barnes)寻求心理治疗来解决他们婚姻中的问题。他们都认为,贝蒂常常会勃然大怒、摔盘子,使他俩的生活变得非常困难。贝蒂声明,她的行为是由于她丈夫的愚蠢行为。她坚持说,当乔治忘记往活期存款账户里存足够多的钱的时候,当他丢了他的钥匙的时候,当他没有获得一次晋升机会的时候,自己就会很愤怒。乔治坚持说,他妻子发怒是因为她让人不愉快、没有逻辑而且性情粗暴。

毫无疑问,这种疯狂、愚蠢的行为是有动机的。贝蒂将自己的行为归因为乔治的行为,而乔治将贝蒂的行为归因为贝蒂自身。他谴责她,而她也谴责他。但是,这需要更深入的分析。贝蒂是行为者,她责备"情境"因素,声称乔治是其原因。乔治是观察者，责备贝蒂的“性向”。琼斯和尼斯比特(1971)认为这种**行为者—观察者偏差(actor-observer bias)**是一种普遍的倾向。用他们的术语说：“有一种普遍性的倾向，行为者将他们的行为归因于环境的要求，而观察者将行动归因于稳定的性向。”实际上，观察者表现出了对应性偏差——将别人的行动归因于内部性向，但行为者却不是这样。

麦卡锡(1972)的一项研究支持了这种假说。整个过程简洁而雅致。她请求被试志愿参加一个关于人际关系的调查，然后询问被试他们为什么同意参与。而观察者得到了请求的书面理由和承诺。和被试类似，询问观察者他们认为被试为什么同意参与。结果显示，被试将他们的参与归因于调查的重要性(情境性归因)。而观察者将行为者的参与归因于他们参与调查的性向。

和行为者—观察者假设相一致，最近一项研究，是针对写给“安(Ann)登陆者”和“亲爱的艾比(Abby)”报道专栏的信件的。该研究表明，在描写自己的困难源起时，人们会谴责别人的行为，即外部因素。而在解释别人的困难时，他们没有表现出这种倾向(Fischer，Schoeneman & Rubanowitz，1987)。同样，对于消极情绪的归因研究表明，人们将自己的消极情绪更多地归因于情境而不是性向，即更多地归因于外部因素，而观察者做出更多均衡的归因(Karasawa，1995)。

1. 行为者和观察者：他们为什么不同？

琼斯和尼斯比特主张，是若干因素的结合导致了行为者和观察者归因的差异。首先，与观察者相比，行为者拥有大量的行为历史。行为者知道他(她)今天的行为依从某种方式，昨天是不同的方式，而上周又是另外一种。因此，行为者从环境中来寻求解释。另一方面，观察者有且只有一种行为来判断行为者，观察者就倾向于总结并假设行为者的行为在不同情境中是一致的。结果，观察者更倾向于将该行为归因为行为者的性向。

第二，琼斯和尼斯比特推论，行为者和观察者从不同的角度来观察行为。每人都有不同的注意焦点，不同的信息对每个人都是显著的。正如我们在第二章中所提到的，人们倾向于对其环境中的显著因素或者他们正在集中注意的事物做出因果归因(Taylor & Fiske，1978)。由于行为者的注意力集中于环境，他(她)就更可能对环境因素做出因果归因。观察者的注意力集中于行为者，这是他(她)的环境中的一个重要方面，因此观察者就更可能对行为者做出因果归因。因此，观察者就比行为者更多地对行为做出内部的性向归因。

这一理论以不同注意力焦点来对行为者—观察者偏差进行解释，有大量的证据来支持(Ross & Fletcher，1985)。例如，一项研究表明，如果给行为者和观察者以不同的角度，会改变他们关于内部或外部的归因。两个行为者A和B之间在交谈，他们分别由两个观察者观察，谈话结束之后，A和B及两位观察者所做出的归因符合不同注意力焦点的解释。每一位行为者都将自己的行为归因为情境，而将另一个行为者的行为归为性向。而每位观察者都将所观察的行为者的行为归因为该行为者，而将另外一位行为者的行为归因为情境。简单地说，所有的四个被试都将原因归为自己所集中注意力的人。在稍后的实验中，被试观看了行为者 A 正在谈话的录像带。先前没有将注意力放在 A 身上的被试——也即行为者 A 自己和观察行为者 B 的观察者——对行为者 A 做出了更多的性向归因；他们更多地认为他是原因所在。原先对行为者 A 投入较多注意的人——也即行为者 B 和观察行为者 A 的观察者——没有改变他们的归因。和上次一样（见图 3.1），他们对行为者 A 做出了性向归因（Storms，1973）。

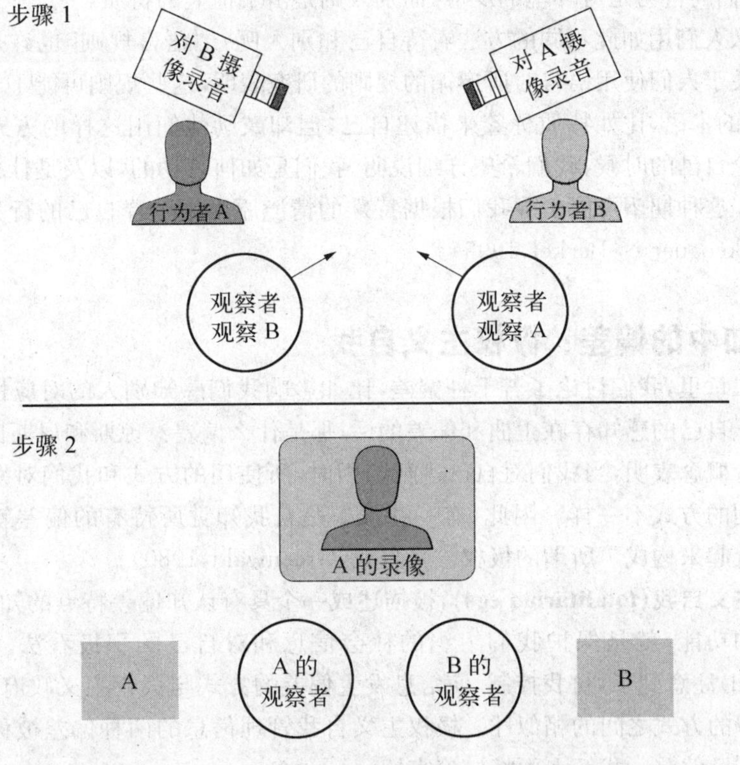

图 3.1 评估行为者和观察者效应的知觉解释

来源：After Storms (1973)

影响行为者和观察者归因的另一个因素，可能和我们在把自己与他人相比较时，看待自己的方式紧密相关。我们喜欢认为自己具有对外部环境做出恰当反应的能力。因此，我们通常说，自己的行为是由外部环境引起的，是对它的恰当反应。而且，因为我们有多种特质，我们就认为自己具有对相当广泛的环境做出恰当反应的能力。我们是多面手(Sande,Goethals & Radloff,1988)。如果情境要求,我们就可以表现出愤怒的一面,也可以表现出温和的一面。我们是可变、灵活并且有适应性的(Baxter & Goldberg,1987)。但是我们不这样看待别人。作为他们行为的观察者,我们认为他们的行为反映了决定其个性的特质。再次,我们认为自己的行为由外部因素造成,反映了由我们的广泛特质而形成的灵活性和适应性。最近一项研究结果与该看法一致。在这项研究中,要求行为者和观察者评述行为者的哪种特征最好地描画了他(她)的"真实的自我"。行为者更可能提到一些特殊行为,比如他们为了探险而做的一些事情,而不是冒险性的一般倾向。观察者是行为者的朋友,他们更可能从行为者的特质而不是行为本身来看待观察者的真实自我(Johnson & Boyd,1995)。我们认识自己时,认为我们的行为是对环境的反应,而别人则是由于他们的特质。

为什么人们用如此不同的方法看待自己和别人呢?"语言规则"也许是一个可能的解释。关于人们使用语言时所遵循的规则的研究表明,这些规则可能不容许人们用简练、抽象的术语,比如特质标签来描述自己,但却鼓励他们用这样的方式来描述别人。在讨论自己的时候,我们希望详细说明,我们是如何行动的,以及是什么致使我们这样行动。这种期望可能引导我们根据特殊的情境原因来解释自己的行为(Fiedler,Semin,Finkenauer & Berkel,1995)。

自我觉知中的偏差:极权主义自我

在第二章里,我们讨论了若干种偏差,比如影响我们感知别人的对应性偏差。如果我们关于自己的感知存在歪曲和偏差的话,那是什么偏差?琼斯和尼斯比特的行为者—观察者概念表明,当我们对自己进行归因时,所使用的方式和我们对别人进行归因时所使用的方式不一样。因此,有一些偏差是自我知觉所特有的偏差就毫不奇怪了。它们合起来构成了所谓的极权主义自我(Greenwald,1980)。

极权主义自我(totalitarian ego),被描述成一个具有认知偏差特点的知识型组织。这些偏差的功能,就是保护我们组织的社会信息和对自己的积极看法。格林伍德(Greenwald)注意到了,自我控制、使信息发生偏差的方式与极权主义政府控制、使信息发生偏差的方式之间的相似性。极权主义自我管理信息的两种偏差被称为自我中心偏差和利己偏差。我们下面将讨论它们。

自我中心:自我是认知的和归因的中心

我们对于周围世界的大多数认知都是自传体的——我们对人和事的记忆,与自己在和他们的互动、对他们产生的影响或被他们影响中所扮演的角色是一致的。比如说,对曾经到过的一座城市,我们的记忆集中于自己去过和看过的地方。对我们参加过的一场垒球比赛中发生了什么的记忆,集中于我们所做出的击打和出局以及接住或漏掉的球上。这种把和自身相关的信息记忆得较好的倾向被称作是**自我中心**（**egocentricity**）。

自我中心的结果之一，是夸大个人在促成某件事情中所起的作用。罗斯（1981）为这种倾向提供了若干例证。合作从事某个研究项目，报纸故事或作曲的人可能会试图回忆自己对合作成果的贡献。当署名的顺序暗示着贡献程度时，若合伙人坚持说他们应该署名在第一位时，许多合作者对其合伙人表示怀疑。而且，每个人都能记住他（她）眼里所看到的事情。合作者们以前的一次会议可能被每位参加者回忆得不相同，因为每个人都以自我中心的态度去观察。当每个人都宣称自己是该次会议最主要的贡献者时，可能他们没人在撒谎。每个人都会回忆起他们贡献的那部分，而不太记得别人贡献的那些部分。

想想那些被询问其对家庭琐事所作的贡献的夫妻们。罗斯和西可里（1979）访问了已婚夫妇，并且询问他们各自在清扫房间、照顾孩子、做出重要决策和产生分歧方面的作用。丈夫和妻子都宣称他们自己作出了重要贡献，大约占所花时间的70%。当然，同一项活动中，妻子的责任占了70%，而丈夫也是70%是不可能的。这并不是夫妇们希望对在自己的作用方面撒谎。事实是，他们对于自己在日常活动中所承担责任的判断是自我中心的：在加工和回忆信息上的偏差导致了自我中心的判断。

由于自我中心，这张图片上的丈夫可能确信，在准备自己和妻子的饭菜的过程中，他做得更多。

利己偏差：自我服务偏差

人们倾向于用好的眼光来观察自己，我们倾向于把成功归因于自己而否认对失败的责任。这种偏差被称作**利己偏差（beneffectance）**。这个术语来自于这样的事实，我们倾向于用两种方式积极地看待自己：(1) 慈善的，即有益的和有道德的；(2) 具有胜任力，即"有用的"。利己偏差将慈善和有用结合在一起。虽然这种偏差和行为者—观察者偏差并非不一致，它对后者还是有一定限制的。我们通常将自己的行为归因于环境：当我们的消极行为等候裁决的时候，这种倾向性大于考虑我们的积极行为的时候。在一项对女大学生所做的研究中显示了利己偏差。在该研究中，女大学生在一项智力任务上要么成功要么失败，之后，询问她们，什么原因可以最好地解释她们的成功或失败。在成功之后，她们选择了内部原因，在失败之后，她们选择了外部原因以作为不良表现的借口(Dejong，Koomen & Mellenbergh，1988)。

观察者不太可能有和行为者一样的偏差。约翰逊、费根博姆和威比(Johnson，Feigenbaum & Weiby，1964)请正在选修教育心理学课程的女性参加一项实验：教九年级的男孩数学。每位老师教两个男孩。在学习的第一部分，男孩 A 做得好而男孩 B 做得不好。在第二部分，A 继续做得很好。在一半教师那里，B 取得了进步，他现在做得和 A 一样好；在另外一半教师那里，B 继续表现不好。当询问教师们对学生表现的归因的时候，认为学生 B 有进步的那些老师说，她们对学生的表现有贡献，而学生 B 继续表现不好的老师将这种不好的表现归咎于学生(见图 3.2)。在对该研究的一项重复实验中，贝克曼(Beckman，1970)发现了几乎一样的结果。但是，她也询问了观察者对学生表现的归因。和教师形成显著对比的是，观察者们更多地将表现不好的 B 的责任归因为教师，而将表现好的 B 的贡献归因为 B 自己。

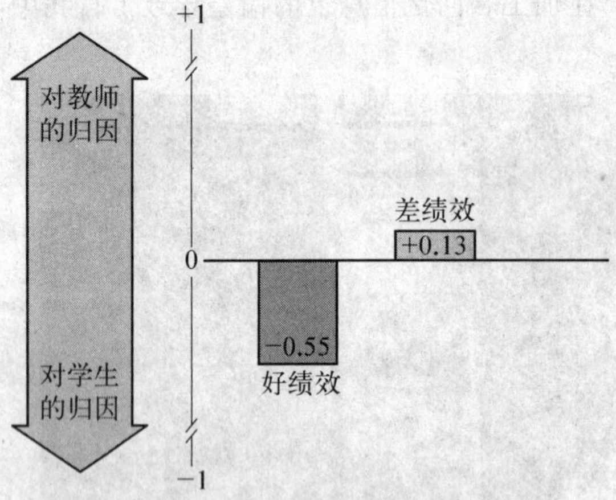

图 3.2 教师对于学生的成功和失败的归因

注：+1 等于全部归因为教师的努力，−1 等于全部归因为学生的努力

来源：Johnson，Feigenbaum & Weiby (1964)

与这些研究行为者偏差一致的是一些表明人们倾向于夸大他们在管理性群体讨论任务上的表现(John & Robins，1994)的研究。虽然被试通常会更多的比受过训练

的、客观的观察者对自己的贡献给予积极评价，并不是每一个人都表现出这种自我服务偏差。一些人在评价自己的时候是相当客观的，实际上还有一些人低估了自己的表现。那些极不现实地积极评价的人有自恋倾向，也就是说，他们对自己的重要性持有夸大的看法，并且无任何理由地认为自己很“特别”。

对自我服务偏差的历史文献所进行的回顾都支持了这一点（Fiske & Taylor，1984；Riess，Rosenfeld，Melburg & Tedeschi，1981；Ross & Fletcher，1985）。布拉德利（Bradley，1978）的回顾详细说明了，两种类型的利己偏差——将成功归为自己而否认对失败的责任——都发生在下述情况下：(1) 行为者高度“卷入”某一行为中时；(2) 行为者对从事该行为有“选择”时；(3) 行为者在该活动中的表现是“众所周知”的时候。

对最后这一条众所周知的行动人们进行了仔细的探索。利己偏差仅是一种公开的宣称还是私底下人们也相信，他们对自己的成功有贡献而不该对失败负责？若干研究表明，人们确实相信他们的利己偏差。比如，在一项研究中（Greenberg，Pyszcynski & Solomon，1982），被试参加了一个他们认为是智力测试的测验。在一半情况中，测验结果是个人的，不公开的。被试要对自己的测验结果评级，他们不在答题纸上署名，而且他们被告知答题纸不会收回。另外一些被试要在答题纸上署名并由教师评级。所有的被试都被告知，他们答对了 20 道题目中的 12 道，但是告诉一半的被试这样的成绩是个好分数；另外一半则被告知这样的成绩是个差分数。

在收到成绩之后，询问被试如何归因他们的成绩，是他们的能力、努力还是运气。和自我服务偏差一致，那些相信他们得到好分数的被试，将自己的表现归因于自己的努力和能力，而那些认为自己的成绩差的被试则将其归因于坏运气。而成绩是被公开的还是不公开的两组之间并没有不同。

里斯和他的同事（1981）也探索了利己偏差是否是一个用以支持自尊的、公开的、自我服务的偏差或是公开展示的一种印象管理。他们采用了一种叫做“伪造的情报”的技术来测量归因。被试被告知，使用这种技术之后，电子配件会测量他们行为的真正归因。他们的任务就是预测，机器是否说出了他们真实的归因。他们的预测被看做是被试的归因。结果表明，在对伪造情报的仔细监督之下，自我服务偏差依然存在。即使被试相信，他们自己的知觉正在被机器进行精确的测量，他们依然对自己的好成绩做出自我归因而避免去承担坏成绩的责任。

研究也显示了所谓的“替代性利己偏差”的存在。已婚的人在解释他们配偶的行为时，显示出了利己偏差（Hall & Taylor，1976）。人们也倾向于对自己和对与他们关系密切的人怀有不现实的乐观态度，但却不会对一般人这样（Regan，Snyder & Kassin，1995）。人们在解释其所偏爱的总统候选人在辩论中的不佳表现时，也表现出了利己偏差（Winkler & Taylor，1979）。同时，当人们所属的群体做得好的时候，人们会加强对该群体的认同。因此，当自己所在的大学的球队赢了一场比赛的时候，和输了一场时相比，人们更愿意穿着自己大学的T恤衫在赢了和输了以后，宣称"我们赢了"和"他们输了"(Cialdini, Borden, Thorne, Walker, Freman & Sloan, 1976)。

总之，看起来利己偏差至少部分是源自保护自尊而出现的对信息的歪曲。虽然我们在对方失败之后，会对对方或该群体有更少程度的认同，但我们还是会保护自己和那些我们认同的人。

穿上"使LA焕发活力"的T恤衫，有助于反映出这些十多岁的志愿者的自尊以及他们对自己团队的努力珍视。

自我觉知和心理健康

显然，我们的心理健康和我们的自我觉知有着非常密切的关系。反响评价，社会比较和自我归因，所有这些都会影响我们对自己的知觉方式。它们直接影响到我们对自己的评价是积极或消极的以及我们是否自我感觉良好。但是，除了直接影响我们的自尊之外，自我知觉的过程对沮丧、焦虑和无助的情绪的产生起了很大作用。同时，自我知觉的过程又可以用来减缓此类问题。在此，我们将考虑一系列的自我认知过程，特别是自我归因是怎样影响我们的心理健康的，并讨论它们为我们提供的心理健康状态改善的途径。

自我归因、控制感和习得无助

我们已经了解到，人们做出许多自我归因，包括那些解释他们因何成功或者失败的归因。通常情况下，他们将自己的行为或者行为的结果归于内部原因或外部原因。这些归因常常受到利己偏差的影响，而这种偏差无疑保护了自尊。但不是所有人都受到相同程度的利己偏差的保护。我们在考虑我们成功和失败原因的时候有相当大程度的不同，而对导致我们日常生活中所经历的好和坏的结果的归因则要一致得多。

研究表明，不同的人对他们行为结果的原因一直具有不同的感知（Rotter，1966；Phares，1984；Lefcount，1982）。有些人感知到内部的控制点；他们相信他们是自己命运的主人并且能够控制自己的命运。另外一些人认为，他们身上所发生的事情取决于外部因素——运气、命运或机会。罗特（Rotter）认为，人们的经历引导他们产生概括化的期望，期望结果是被内部还是外部所控制。他还开发出了一套测量人们的感知是**内部控制点（internal locus of control）**还是**外部控制点（external locus of control）**的量表。回答表 3.3 中的问题，看看你是倾向于对内部控制点还是外部控制点的感知。

表 3.3 罗特的早期内部——外部控制点量表的样题

我更加相信：

1. a. 许多人都可以被描述成环境的受害者。
   b. 发生在别人身上的许多事情恰恰都是他们自己造成的。
2. a. 世界是如此复杂，以至于我都无法解决事情。
   b. 世界的确是相当复杂，但只要通过努力和恒心，我还是能够把事情解决。
3. a. 分数在很大程度上取决于反复无常的事情，这令大多数学生感到吃惊。
   b. 我在班级里得的分数完全是我自己的责任。
4. a. 提升来自于努力的工作和坚持。
   b. 赚大钱在很大程度上是善于钻空子的结果。
5. a. 就我而言，我所得到的分数是我自己努力的结果；和运气只有很少的关系或没有关系。
   b. 有时候我感觉自己与自己的分数只有很少的关系。
6. a. 和别人相处是必须要练习的一种技能。
   b. 几乎不可能懂得要如何让某些人高兴。

来源：修订自 Rotter (1971)

感知具有内部控制点的人被叫做“内控者”，他们相信生活中所发生的事情取决于他们努力的程度。没有人会给予他们什么，但只要他们竭尽全力，任何事情都会受到他们的影响。“我们更加努力”的口号非常适宜描述他们的特征。杰姬·乔伊纳-克西是许多内控者中的典型。她相信自己在很大程度上掌控着自己在跑步中的成功，她努力工作以使成功发生。另外一方面，具有外部控制点的人，感知他们的命运掌握在他们自己以外的因素手中，因为他们相信自己没有控制发生在自身的一切，他们并不对生活付出多少努力。比如，在一项研究中，住院的肺结核患者的态度由于感知的控制点不同，而在态度上存有戏剧性的不同。内控者会努力寻找导致他们疾病的原因，以及他们可以对此做些什么，而外控者要消极得多（Seeman & Evans，1962）。兰格（Langer，1981）认为，许多年老的人之所以消极并不是因为他们年老体衰，而是由于生活的困难已经让他们的感知成为外部控制点了。

关于习得无助的研究表明你并不需要年老，就开始感觉到结果超出了自己的控制，并由此而变得消极和无助。研究同样表明，人们经历了生活的困难之后是否会变得无助，取决于他们对困难所做出的归因。**习得无助（learned helplessness）**这种现象是马丁·塞利格曼（Martin Seligman）和他的同事（Overmier & Seligman，1967；Maier，Seligman & Solomon，1969）在一项动物实验中首次发现的。研究发现，当动物在一个任务学习中接触了不可避免的电击后，它们会在后来学习第二项任务的时候失败。这个情境中的动物不仅会在第二个任务上失败，他们通常会完全停止行动。塞利格曼将这种状态命名为习得无助，因为动物们学到了它们的反应和强化之间没有联系，并因此停止了反应。

通过将人们置于无法逃避的、令人厌恶的体验之中（电击和嘈杂的噪音）或是没有解决方案的问题任务之中，在接受实验的人身上看到了和动物一样的习得无助状态（Hiroto & Seligman，1975；Thornton & Jacobs，1971；Roth & Kubal，1975）。在所有这些研究中，不论后面的任务是学习做出一个回避性的反应，还是解决一个认知问题，不可控制的经验导致了学习上的不足。通常的情况是，因前面的练习引发出无助感的被试，明显地、很少做出反应性的尝试，而是处在一种类似于抑郁的消极状态。

通过什么方式能够将归因和该研究联系起来？人们对其第一项任务中失败的原因的归因非常重要。如果人们将失败归因于他们应付困难情境的无能，那么，将来他们就几乎没有理由再尝试。但是，如果人们将失败归因于任务，那么，这次失败就不会导致无助的状态及以后的不愿再尝试的现象。

归因的重要性在一项由坦南和埃勒（Tennen & Eller，1977）所做的实验中有所体现。被试认为他们正在参加两个独立的实验。第一个实验中（预处理阶段），对他们解决一个辨别力问题中所表现出来的无能，给予其一些要么是能力（自身）要么是任务困难（外部）的解释。处于一种不能解决情况下的被试被告知，任务正变得愈发困难，而在另一种不能解决的情况下的被试却被告知，任务正变得容易。正如你将看到的，其目的是使一组被试将失败归因于任务难度（更困难的任务条件），而另外一组被试将失败归因于自己的无能（更容易的任务条件）。在第二个实验中，对无助感的测量是被试解决字谜游戏的成功情况。能力归因情境中的被试，比事先没有经过无助训练的被试、将前面的糟糕表现归因于任务难度的被试，解出的字谜游戏显然少很多。这个发现强有力地支持了自我归因在习得无助中的作用。这并不是简单的期望：反应和评定的结果之间没有关联。更确切地说，失败反映出的缺乏某种能力的自我归因，致使人们把无助的期望带到其他的情境之中去。

让我们进一步地详细研究，哪种类型的归因会导致习得无助。阿布拉姆森、塞利格曼和蒂斯代尔（Abramson，Seligman & Teasdale，1978）的一篇经典文章提出了被称作是**修正的习得无助（RHL）模型**。该模型认为，当人们把其失败及其他消极结果归因于内部的、稳定的和全局的原因时，人们就会变得无助。心理学家通过询问人们对事件做出什么归因，比如引起"你不可能完成别人期望你完成的所有任务"这样的陈述，来测量这些归因（Horneffer & Fincham，1996）。或者是，假设你邀请某人一起跳舞却被拒绝了。你会对这个情境做出什么样的归因？如果你做出的是内部的而不是外部的归因，你就会认定原因在于自己。也许是你的外表或声音，而不是实际上对方正忙或是他不喜欢跳舞。如果你做出稳定而非不稳定的归因，你就会进一步认定，你被拒绝是因为一些无法改变的事情，比如你的身高或是你头发的颜色，而不是你发问的方式这个可以改变的因素。最后，如果你做出了全局性而不是特殊性的归因，你就会认定，不管这一次被拒绝的原因是什么，都会影响你今后人际交往中的许多其他的事情。比如，你可能会认定，自己尖锐的声音导致了别人的推脱，而这又可能会对你和别人的交往，包括将来的约会、与别人的偶识以及与雇主的见面带来麻烦。为什么要烦恼呢？这些归因足以使任何人停止尝试。很显然，它们又会导致消极、无力或者我们所说的习得无助。

该理论得到了多大程度的支持呢？大量的研究表明，对挫折进行内部的、稳定的和全局性的归因模式会对将来的绩效产生破坏性的影响。一个针对大学新生的研究，考察了学生们对该学年早期所遇到的学业挫折事件的反应。尽管实际上他们很聪明，但在学期结束时，那些将自己的问题归因于内部的、稳定的和全局性原因的学生却得了低分。他们的低分与设定含糊不清的学业目标、没有充分利用学术指导教师有关。换句话说，他们对自己的问题的反应是消极的，并且遇到了学业困难（Peterson & Barrett，1987）。

另外一项研究表明，在习得无助方面，全局性维度可能尤其重要。如果人们在一种情境中失败了，并且做出了全局性的归因（我身上有某种无法改变的东西，"而且"它会影响我试图去做的任何一件事情），他们就有可能在大范围的情境中都表现糟糕，而不仅是在同前面的失败情境相类似的情境中（Mikulincer，1986）。而且，那些对失败做出全局性归因的被试在试图完成一件任务时，其认知过程更可能被无关的想法或念头干扰（Mikulincer & Nizan，1988）。

自我归因除了对习得无助产生影响以外，还影响了心理健康的其他方面。它还会影响焦虑和心理"耐久力"（Kobasa，1979）。比如，焦躁的人们不像不焦躁的对照组那样，他们对成功不怀有自信（Alden，1987），也就是说，他们不会表现出保护大多数人的利己偏差。而且,研究还表明,心理耐久性高的人——那些喜爱挑战和有控制感的人——同心理耐久性差的配对被试相比,他们不太倾向于对消极事件做出内部的、稳定的和全局性的归因(Hull,VanTreuren & Propsom,1988)。简单地说,自我归因模式对许多心理问题都有着显著影响。

人们在解决问题的时候是表现得积极主动还是无助,不仅是受到归因过程的影响。一个关键的变量是**自我效能感(perceived self-efficacy)**(Bandura,1977),即指一个人对自己获得积极结果的能力的信心。自我效能感高的人,在压力或痛苦的情境中可能会采取行动来解决或摆脱这种情境。他们感到,他们能够控制并试图做到这一点(Litt,1988)。同样,将自己看做是高效的问题解决者的人,感觉他们的努力可以解决自己的问题(Baumgardner,Heppner & Arkin,1986)。简单地说,当你有问题需要解决的时候,将自己看做有潜力而且能高效解决该问题的人,你也许就已成功了一半。

自我归因和抑郁

最早对习得无助概念的应用的一种是针对消极性心理混乱的。早期对习得无助进行研究时,所观察到的消极状态提醒了许多抑郁方面的研究者。特别是对强调自我归因的**修正的习得无助模型(revised learned helplessness(RLH)model)**进行了扩展。扩展模型认为,那些对失败和其他消极结果做出内部的、稳定的和全局性归因的人会变得消极。近年来,研究者们做了大量的研究来证实这个假设。总体说来,有大量证据表明,这种归因是"抑郁基因",也就是说,它们对抑郁的产生有显著贡献(Horneffer & Fincham,1996)。但是,研究也表明,这还需要进一步的修正。

在那些支持 RLH 模型的研究中,有一项典型的研究观察了学校儿童的抑郁症状和归因风格,该研究历时一年。研究表明,在该年中,那些对消极事件做出内部的、稳定的和全局性解释的学生,表现出更多的抑郁症状而在学校成就方面得到的等级也较低(Nolen-Hoeksema,Seligman & Girgus,1986)。另外一项关于大学生对期中考试得低分的反应的研究表明,紧接着考试之后,学生在对他们的抑郁情绪做出解释时,就仅考虑分数等级。但是,他们长期的抑郁反应不仅决定于分数等级,而且取决于他们对自己做出的内部的、稳定的和全局性的归因(Metalsky,Halberstadt & Abramson,1987)。最近的一项研究表明,抑郁的人只对自己做出消极的归因,对其密友和一般人身上所发生的积极或消极事件则不会这样做。他们在整体的归因方法上并没什么不同,仅仅是在他们自己的行为和结果的解释方面用了不同的方式(Schlenker & Britt,1996)。虽然有些研究并不支持修正的习得无助模型(比如 Follette & Jacobson,1987),但是,随后对接近 15 000 名被试的 100 多项研究的分析显示,该模型得到了极明显的支持(Sweeney,Anderson & Bailey,1986)。

即使修正的习得无助模型存在非常明显的支持,这些年来还是对它做了一些调整。一种修改性意见认为，将消极事件归因于稳定的和全局性的原因，在形成“无助感”从而引起抑郁方面很关键，而将这类事件归于内部的原因也加剧了低自尊的后果。该理论认为，当消极事件被认为很重要时，抑郁就更可能会发生(Abramson，Alloy & Metalsky，1986)。对该模型的另外一个补充认为，只有把消极事件的内部的、稳定的和全局性的原因同时也看做是不可控制的时候，才有可能发生抑郁(Brown & Siegel，1988)。

对于这些关于归因和抑郁研究的重要问题，是由人们最早是如何形成抑郁性归因风格——将消极事件看做是内部的、稳定的和全局性的原因——所导致的。最近的一项研究表明，低自尊可能是产生抑郁性归因风格的关键因素(Tennen & Herzberger，1987)。这项研究对于把本章中讨论过的三个主要的自我知觉概念——反响评价，社会比较，和自我归因融合起来方面是非常重要的。前两个过程，反响评价和社会比较，在建立高或低的自尊方面可能很重要。反过来，自尊水平又对个体的归因风格起着重要的影响。一项研究的结果与这个假设相一致。该研究表明，对那些与自我相关的情绪，如自豪和谦逊，自尊心弱的被试比自尊心强的被试对失败有着更强烈的情绪反应。而且，更重要的是，他们倾向于把其失败的意义过度概化(Brown & Dutton，1995)。

自我知觉的另外两个方面也和抑郁相关。一个是悲观主义，抑郁的人更可能看到消极的结果而不是积极结果。并不是说，抑郁的人具有悲观主义的偏向，更真实的说法是，不抑郁的人有乐观主义的偏向。不抑郁的人认为，他们和类似的人相比更可能遇到积极的事件，更不可能经历消极事件——这是抑郁的人所没有表现出来的一种偏向(Alloy & Ahren，1987)。这些和其他的一些研究发现表明，存在一种被称作为**抑郁性现实主义(depressive realism)**的现象。抑郁的人可能非常现实地看待他们自身和这个世界。不抑郁的人受到许多偏差，比如利己偏差和乐观主义偏差的保护，这些偏差支持了高自尊和积极的生活方式。对自己太诚实或者在感知自己和别人的时候太准确，或许对你反而不好。一些自我欺骗会有益于保护和适应。

自我知觉中涉及抑郁的最后一个方面是，自己的消极想法进入脑海时的敏捷性。当抑郁的人忙于一项记忆任务的时候，他们仍然可以很敏捷地从事另一项任务——决定消极的形容词是否适用于他们自己。但是，判断这些消极的形容词是否适用于别人，会花费他们更多的时间(Bargh & Tota，1988)。看上去好像抑郁的人会发现，很容易地——几乎是自动地——用消极的术语来考虑他们自己。在他们的记忆中，关于自身的消极观点是高度易得和可接近的。关于自我的消极观点的易接近性可能是抑郁的一个关键贡献者。

自我复杂性、自我矛盾和心理健康

近年来，社会心理学家发现，许多自我知觉的其他方面对身体和心理健康有着重要的影响。其中最有趣的一个是**自我复杂性(self-complexity)**(Linville,1987),指将自己感知为在很多方面都与别人具有很大不同的人。比如,一个没有自我复杂性的女性,可能将自己仅看做是一位妇女、一位运动员或一位冠军。但是,杰姬·乔伊纳-克西和这相反,对她自己有一个高度复杂的看法。她非常清楚,她不仅是所有这些的综合体,而且还有许多其他的身份:一个忠诚的家庭成员,和她位于圣·路易斯东部的家乡有密切关系的一位居民,一个渴望拥有家庭并且超越运动冠军的人等等。她是一个具有高度自我复杂性的人。

自我复杂性导致了怎样的差异?它似乎有助于我们缓冲和抗衡那些和压力有关的疾病以及抑郁。所有的人,都不得不应对充满压力的生活事件;但随着我们的自我复杂性的差异,这些事件所产生的后果也就不同。

低自我复杂性的个体,对高强度的压力的反应是抑郁情绪、感冒以及其他身体疾病的高发病率。高自我复杂性的个体对这些压力的不健康后果,能够进行缓冲或被保护以免受影响。

这是如何起作用的?关键点可能是,当他们生活的某方面被压力事件干扰的时候,具有高自我复杂性的个体能够投入到其他活动中去,或是去关心其他方面。低自我复杂性的个体在其生活的某些方面被压力事件干扰时,身体和心理上都遭受磨难。他们只可以将其影响转移到很少的地方,因而他们的健康会受到破坏。视窗 3.2 中所讨论的评价分化与自我复杂性是高度相关的,而且似乎有着相同的工作机理。

视窗 3.2 主观健康水平

最近的研究表明,在生活事件、自我概念和心理健康之间存在着一系列复杂的关系。生活事件对于我们的自我概念和健康的认知有着重要的影响,但是,反过来,我们的自我概念的许多方面,强烈地影响着我们如何处理这些事件以及它们如何影响我们的健康水平。主观的健康可以被看做由生活满意感、积极的情绪、消极情绪的消失混合而成(Diener & Larsen,1993)。健康的体验能长时间保持稳定,但也会受到最近的事件的影响(Suh,Diener & Fujita,1996)。许多不同种类的生活事件都是极为重要的。

影响健康的最显著的因素之一就是一个人身体的吸引力(Diener,Wolsic & Fujita,1995)。我们的身体外貌并不真的是生活的事物,而是我们在生活中会体验到的一个显著的个人特性。身体有吸引力或没有吸引力是如何影响我们的主观健康的呢?毫不令人惊异的是,外表富有吸引力的人倾向于具有更高的主观健康感。正如我们可预期的那样,美丽使人们更加幸福。但是,事情不是如此简单。在一项研究中,当提升外貌的东西比如发型、服饰和珠宝被拿走之后,身体吸引力和

续 表

健康之间的相关度是相当低的。这个结果表明，那些幸福的人尽可能地采取行动，使他们看上去富有吸引力。所以，对于他们来说，至少在某些方面，健康带来了吸引力。吸引力不会碰巧出现在我们身上。如果我们是幸福的、而且试图提高我们的美丽程度，在某种程度上，我们可以使自己具有吸引力。

使自己更富有吸引力可以提高我们的主观健康水平

生活事件和健康之间的关系，也受到我们自我概念的组织方式的影响。在自我概念的组织中，人们的"自我分化"程度是高低不同的(Showers & Ryff,1996)。具有高自我分化的人，显然会对他们的自我概念的不同方面进行评价。他们可能对自己的某些方面有积极的评价，并消极地评价自己的另外一些方面。当然，如果他们自我评价中积极的方面，恰好也是重要的方面，他们就会有高水平的自尊(Pelham,1995)。相反，那些自我分化程度低的人，几乎在关于自我的各个方面都给出一个平均的自我评价。他们的自我没有间隔(Showers & Kling,1996a)。

自我分化是如何影响人们对生活事件的反应的？首先，当人们遇到使他们悲伤的事件时，那些自我分化程度高的人可以考虑，他们的自我概念中重要的、高度积极的方面，而使自己脱离消极的心境。这不会自动发生，但这是一种克服不幸事件所导致的消极情绪的方法。那些自我分化程度低的人，他们没有那些高度积极而且彼此独立的各方面的自我，来把其带入到好的情绪里去(Showers & Kling,1996b)。第二，当人们做出重大生活转折的时候，比如搬入一所新房子，那些具有

续 表

高的自我分化的人通常具有更高的健康水平。看起来好像是他们自我概念里的重要、高度积极的成分提供了对抗压力的缓冲，并使得他们对重大生活改变所面临的困难更具有复原力。看起来，比起只有一个未分化的平均的评价，对自我除了消极的方面同时也有一些积极的方面，是很有帮助的。 另一个关于自我概念的组织、对生活事件的反应的观点，来自于自我概念受到心境影响的一个研究。当生活事件引发了愉快或者悲伤的心境时，自我概念会受到影响吗？当事件使我们处于愉快心境的时候，我们是否会对自己有积极的评价？而当处于悲伤的心境时，评价是否又会是消极的？研究显示，只有自我概念的周边，而不是自我感念的中心方面会受到心境的影响。我们自我概念的中心，也就是重要的方面，通常都是被稳定控制着的，不会随着心境的变化而变化。但是，自我概念中那些没有被很好界定的，不太重要的周边方面会受到心境的影响(Sedikides，1995)。 简单地说，事件会影响我们的心境、我们对健康的感觉和我们的自我概念。但是，在我们的经验中，它们的各种关系是很复杂的。

自我觉知影响心理健康的另外一个方面是自我矛盾(Higgins，1989)。根据**自我矛盾理论(self-discrepancy theory)**，影响人们心理健康的，不仅是他们的自我概念或是他们的真实自我，还有那些自我概念和众多的“自我引导”相匹配和不匹配的情况。存在两种自我引导。一种是“理想的自我”，你希望、渴望或是别人希望你成为怎样的人。另外一种自我引导是“应该的自我”，你认为有责任、有义务或是别人相信你应该是怎样的人。

自我矛盾理论预计，如果在人们的实际自我和理想自我之间出现了不匹配或是矛盾的情况，导致其感到自己不能够成为“可能”成为的那样，他们就会遭受悲伤和沮丧，这些情绪最终又将导致抑郁。另一方面，该理论还预计，如果在实际的自我和应有的自我之间出现了矛盾，也就是说，一个人感觉自己不能够成为“应该”成为的那样，他将会感到不安和焦虑。最近的多个研究支持了这些预期(Strauman & Higgins，1987；Higgins，Bond，Klein & Strauman，1986；Higgins，Roney，Crowe & Hymes，1994)。此外，研究还表明，那些有自我引导矛盾的人表现出不知道该如何行动的长期困扰，那些人对自己的本性不清楚、优柔寡断、心烦意乱而迷惑不解(VanHook & Higgins，1988)。最后，一项重要的研究表明，正如该理论所预期的那样，自尊水平与实际自我和理想自我之间的矛盾是相关的(Moretti & Higgins，1990)。

第四章
自我表现

也许艾拉·格什温(Ira Gershwin)说得最好,当谈到他和他的兄弟乔治(George)编写的音乐时,他说:"直到我听到埃拉·菲茨杰拉德唱它们时,我才知道我们写得有多好。"(Holden, 1996, p. 33)当埃拉·菲茨杰拉德1996年逝世时,美国人民知道,他们丧失了最好的娱乐和艺术天才之一。埃拉是文化宝藏。她努力工作了50年,总是希望自己保持发展并录制了大量的唱片。有一次,当一个天真的访问者问美国一名艺术音乐评论家,谁是美国最好的女爵士乐歌唱家,音乐家迷惑地反应到"你是说除了埃拉吗?"

埃拉·菲茨杰拉德的音乐如此甜蜜纯净,以至于它不仅帮助她的听众远离悲伤和痛苦,也隐藏了她自己的悲痛。1917年埃拉出生于维吉尼亚的纽波特纽斯。父母在她一岁时离异,母亲改嫁给了另一个人。此后,埃拉与母亲和继父搬到了纽约州的扬克斯市。在扬克斯的日子是美好的。埃拉在学校表现出色,并且,她从母亲那获得了对艺术和表演的热爱。起初,埃拉希望成为一名舞蹈家。后来,她听了路易斯·阿姆斯壮(Louis Armstrong)和邦·科睿(Bang Cray)的录音后,便开始自己唱。她想也许自己会成为歌唱家。

作为一个初出茅庐的年轻人,埃拉和一个朋友在当地的俱乐部里表演固定的舞蹈节目,并开始向音乐生涯迈进。但是情况在1932年发生了巨大的变化。那时她15岁,母亲逝世了,她发现自己和继父处于一种虐待关系中。她与姑姑一起生活,住在纽约的黑人住宅区。但是生活很快就又抛弃了她。她开始辍学,在大街上流浪,并逐渐卷入轻微的犯罪,甚至在一个非法赌博和卖淫场所做望风的,通报警察到来的消息。

不久之后,埃拉·菲茨杰拉德被政府拘押,安置在布朗克斯瑞伍戴尔(Bronx Riverdale)区的有色人种孤儿收容所。由于20世纪30年代经济萧条时期的过度拥挤,她被安置在接收不听教养的黑人女孩的机构——纽约州的哈德逊(Hudson)女子训练学校。黑人女孩常常被隔离在学校最破旧的教室里。在那里,她们常常被男员工殴打,作为惩罚被铐起来,经常以水和面包为生(New man, 1996)。她被禁止参加学校有名的合唱队:合唱队全是白人。

终于，埃拉被释放，并永远地离开了训练学校。回到哈尔来姆（Harlem）后，她再次通过努力在音乐中找到了生活。在阿波罗剧场的一次业余比赛里，她实现了第一次正式登台亮相；唱了两首歌，并且获得二等奖。然后，在韦伯（Webb）接受了埃拉提出的，让她为他乐队唱歌的请求后，菲茨杰拉德从纽约州被技术假释到查克·韦伯（Chick Webb）的乐队。17岁的她很快成为纽约哈尔来姆区一个引人注目的新星。1935年她18岁时，埃拉制作了第一张专辑。

埃拉·菲茨杰拉德的早期唱片很成功，但并不出名。虽然大多数的流行音乐歌曲表现了她声音的优美，但是没有展示出她在夜总会表演时的感觉。在她的这个事业形成阶段，埃拉嫁给了一个造船厂工人，但是两年后便同他分了手。之后，22岁时，她又嫁给了凯·布鲁（Kay Brow），一名在著名的Dizzy吉莱斯皮（Gillespie）乐队的巴松演奏家。埃拉和凯收养了埃拉表姐的孩子。这个男孩叫小雷·布鲁，他是埃拉仅有的孩子。Ella继续工作，由她的姑姑维吉尼亚（Virginal）来照看雷。

埃拉·菲茨杰拉德1936年在密苏里肯萨斯（Missouri Kansas）城的舞台上表演。她的歌唱吸引了百万人，也将她从自己的早期不幸中解脱出来。

二战期间，20岁的埃拉开始尝试类似于吉莱斯皮和查理·帕克（Charlie Parker）等音乐家的赋予创造力的演唱风格。这时，她在拟声唱法中表现出色。这种唱法要求演唱者即席唱一些无意义音节，如“嘀—嘀—嘟”或“嘟哔—嘟”来模仿爵士乐器。此时，埃拉成为一名非常受人欢迎的成功歌者。但几年后她便对唱流行的“be-bop”歌曲产生厌倦。

她的事业在1955年发生了转变。那时，她同Verve唱片公司鉴定了一个协议，出版了很多“歌曲集”。在这些书中，她记录了一些专为小型乐队或歌唱队创作歌曲的著名作曲家的作品。第一部便是著名的《*Coleporter*》歌曲集，它记录了一些她最优秀的音乐，包括那首零声般清脆和令人愉悦的打击乐《*Anything Goes*》。埃拉自己曾回忆说，Cole Porter“是我生命中的转折点（Holden，1996）”。也许，她最好的著作应该是1959年出版的第53部作曲集《*Ella Fitzgerald Sings the George and Zra Geshwin Songbook*》。

在充满辉煌成就和赞誉的这几年，埃拉一直

保持充沛的精力工作。她一年中有多于40周的时间在世界巡演,并持续着高产的录制生涯。她与路易斯·阿姆斯壮、贝西伯爵(Count Basie)和弗兰克·辛塔拉(Frank Sintara)这样的明星为伍,并被普遍认为是爵士乐歌唱皇后。

在生命的后几年,埃拉的健康开始衰退。她得了眼病和糖尿病,做了心脏外科手术。但是直到20世纪90年代,她才停止演出,因为此时对埃拉来说,在舞台上工作已经是不可能的了。埃拉·菲茨杰拉德一直过着很私人的生活,只有很少数的朋友在她周围并替她在公众面前说话。虽然她喜欢在公共场合表演,但是她喜欢的是唱歌,而不是谈论她自己。事实上,她从不谈及她早年在训练学校的事。

幸运的是,埃拉的贡献在她死之前得到了承认。这个杰出的、曾受过惩戒且不失漂亮的歌唱家在1959年被给予了终生成就奖以及肯尼迪中心奖。她也被包括达特茅斯(Dartmouth)和耶鲁(Yale)大学在内的一些大学和学校赋予了令人尊敬的学位。当她从耶鲁获得博士学位时,她谦虚地说"对一个高中时,用音乐才拿到仅有的半分的人来说,这还不差。"(Holen,1996)

埃拉·菲茨杰拉德的一生中常常困苦不堪。她曾在改造学校受过单独监禁;两次婚姻失败,并没有生养自己的孩子;在去世的几年前,她腿部膝盖以下被截肢。但是她热爱工作,喜欢通过她的音乐与人们交流。而她的音乐对滋养了我们所有人的北美文化历史来说确实是一个礼物。

自我表现

威廉·莎士比亚(William Shakespeare)在他的著名戏剧《皆大欢喜》(As you like it)中写道"世界就是个舞台"。这句话的意思是,人们日常生活中行为表现的方式如同在剧场中扮演不同的角色。埃拉·菲茨杰拉德的生活——和我们自己的生活——表明,一个人的私人生活和公共表现会有很大的差异。尽管如此,埃拉的歌能带给她和她的听众真正快乐这一事实,却表明了我们在很大程度上能变成我们表演的那个样子。我们与其他人相互作用的许多方式,包括以我们希望成为的样子表现自己,都会带给他人积极的印象,就像歌唱家、舞蹈家、演员和音乐家能给别人留下积极印象一样。实际上,正如许多人认为和我们将会明白的那样,莎士比亚将生活比作舞台是非常有意义的;人们非常有必要理解他们的日常行为在多大程度上卷入了自我表现,就像在剧场中表演一样。在这一章,我们就将关注人们如何表现他们自己以及对自己的关注将如何影响我们在面对面交流中的行为方式。

自我觉察和行为

我们每天的行为多数是比较繁琐和机械的。我们以一种相对习惯了的方式起床、穿衣、吃早餐、买报纸,而不去过多地考虑我们在做什么。这其中的一些行为被认为是不被意识到的(Langer, 1989)。通常,当我们表现出自动化的行为时,不会过多地考虑自己,也不会考虑其他人如何看待我们(Wick Lund & Frey,1980)——我们仅仅关注我们的事。另外,环境中的事件使我们关注于自己并且使我们进入一种状态,叫做自我觉察、自我注意、自我引导的注意,或简单的自我关注。这时我们不再无意识,而是能很好地自我意识和自我觉察。对于像埃拉·菲茨杰拉德这样的表演者来说,自我觉察是工作的重要部分。她必须知道她对别人施加了何种影响,别人如何判断她以及她如何判断她自己。正如我们将要了解的,当我们自我觉察时我们能够深思熟虑地行动。我们也将要了解,自我觉察通常是令人不愉快的。一些女演员,如玛丽·L·斯第普(Mary L. Steep)抱怨说演艺事业最令人痛苦的是使人丧失了匿名性并总是要解决作为名人角色一部分的"极度自我觉察的侵扰"。不论表演者是否喜欢成为关注焦点,他们都普遍理解被暴露在聚光灯下是不可避免的。当人们变得自我觉察时会发生什么呢,为什么自我觉察常常令人不快乐呢?

自我觉察和自我评价

近来关于自我觉察、自我评价的研究表明,当任何时候人们被要求袒露自己,当处在不熟悉、非结构性的环境中,当在镜中看见自己、在录音带上听到自己,当面对摄像机、麦克风和正盯着他们看的人,当他们处在群体中的少数地位并因此显得很突出时,都会体验到自我觉察。显然,在舞台上表演或接受录音都会产生自我觉察,所以自我觉察是埃拉·菲茨杰拉德生活的一大部分。但它也是我们所有人都会不时遇到的,那么它的后果是什么呢?

自我关注理论(Carver & schedier, 1990; Duval & Wicklurd 1972; Gibbons, 1990; Mullen, 1987; Wicklund & Fray, 1980)认为当人们变得自我关注时,会发生两件事:第一,我们的自我概念和它的各个部分被带入意识。第二,当头脑中出现自我概念时,自我评价就不可避免(Gibbons, 1990)。也就是说,我们通过对自己的某些方面或在情境中产生冲突的标准进行比较来评价自己。

自我四个方面的任何一方面都能成为关注的焦点。首先,我们可能仅仅关注自己的外表。通过与其他人比较或与自己在其他时间的样子比较,来评价我们看上去会是什么样子。第二,我们可能关注我们的身体或心理上的体验。它常常在我们有很强烈的情绪或被兴奋、气愤、冲动、焦虑、厌恶等其他强烈的感情唤起时出现(Hansen, Hansen & Grrano, 1989)。然后我们将自己的体验同正常情绪唤起时进行比较,并精确地评价我们的情绪。第三,我们可能将自己作为一个整体加以关注并形成对自己的整体评估。通常这种总体评论与我们的理想自我有关,虽然它常常包含同他人的比较。第四,也是最普遍的,我们可能关注我们特定的行为,将行为同相关的规则、常规、或其他行为标准进行比较。在有些情况下,我们关注的不仅仅是自我这些方面的一个方面。

例如,当我们在镜子里看到自己时,将会发生什么?我们可能会将我们看上去的样子、我们行为的方式和理想中表现和行为的标准进行比较。当我们做这一比较时,常常发现我们的行为与我们认为的理想状态相差甚远;我们可能感到我们的表现并不是我们希望的那个样子,或不像从电视上看到的有吸引力的人物那样;我们也不像认为应该的那样如此乐于助人或合作。换句话说,将行为和标准进行比较会引起人们不愉快的和痛苦的体验。因为我们将发现现实离"我们的理想标准"相差很远。当人们体验到这种伴随着自我觉察状态的不愉快感觉时将发生什么呢?

逃避自我觉察

一个处理不愉快情境的方式显然是试图逃避它。例如,埃拉·菲茨杰拉德和其他名人试图通过混入人群中并保持匿名来回避自我关注。在心理实验中人们会采用什么样的方法来处理呢?答案是,如果人们遇到自我觉察,并由于不合标准而随之产生不愉快时,他们同样将尽快逃避。在一个研究中,被试参加了一个测量聪明程度的测验,即对其智力和创造性进行测量。一些被试被告之他们的成绩很好,处于前10%的行列,另一些人被告之他们的成绩很差,在后10%。然后被试被告之他们需要在另一个房间等待进行下一个不同的实验,但如果在5分钟内没看到实验者,他们可以离开。一些被试等待的房间里有一面镜子和一个摄像头对着他们,这些都会导致自我觉察。另一些被试被安置到一个没有镜子和摄像头的房间。根据自我觉察理论,没有通过镜子和摄像头引起自我关注的被试不希望逃避,他们不需要考虑他们自己或他们的成绩。但是对引起自我觉察的被试来说却并非如此。另外那些在聪明量表上得分高的被试也不该介意自我觉察,因为他们感觉在满足理想标准上做得很好。而那些成绩不好的被试将感到很不舒服,当他们自我觉察并将自己的成绩同理想标准进行比较时,他们将会希望离开这个情境,产生逃避。实验中,他们确实这样做了。低成绩并自我觉察条件下的被试停止等待缺席的实验者,并比其他三种条件下的被试离开的速度明显变快。最近,心理学家发现一些事实,许多不健康、困惑、危险的行为可能根源于对自我觉察的逃避,包括被飞碟带走的错误记忆、性虐待、酗酒和贪吃等(Baumeister, 1989; Heatherton & Baumeister 1991; Hull, Yang & Jourile, 1986; Newman & Baumeister, 1996)。虽然人们通常会避免自我关注,但研究也表明了一些例外。如果我们希望能很好地符合标准或获得期待的身份时,我们可能会欢迎自我关注,甚至会主动寻求它们(Greenery & Mushnan, 1981)。

符合标准

有时,人们并不能逃避自我觉察;逃避对他们来说是不可能的。这时通常发生的是,人们试图改变行为,以使它更符合理想标准。这种努力被称为**符合标准(matching to**

standards)(Larger & Seedier, 1981; Mullen, 1983)。然而人们是否会努力地去符合标准受他们关于自己能否成功的观念影响,即受他们结果期待的影响。如果人们有积极的结果期待,他们认为能成功地符合标准,那么他们将努力这样做,这个过程被称为**自我调节(self-regulation)**。例如,自我觉察的人更可能帮助别人。在一项研究中,与控制组的被试相比,看了一个关于性病诊断的录像并且被引起自我觉察的被试更可能成为预防项目的志愿者。自我觉察组的被试试图符合社会责任标准(Duval, Duval & Neely, 1979)。

另一个有趣的自我调节的例子发生在一项关于万圣节的上当者——还是客人的儿童游戏研究中(Beanman, Klentz, Diener & Svanum, 1979)。其中这个上当者或是客人被房子的主人(实际上就是实验者)告之最多只能吃一块糖。糖放置在一个碗中,孩子们被独自留来,并可以吃他们想吃的东西。自我觉察由糖碗后面的镜子引发。结果表明,没有镜子时,一半的孩子吃了不止一块的糖。但是当碗的后面放了镜子,并能让孩子们看到自己吃糖的样子时,吃的行为(多吃了一块糖)下降了10%。总之,当人们被促使自我觉察,他们符合标准的努力会导致他们产生社会期待行为,这些行为符合社会标准。

另外,其他有趣的自我调节例子还包括自我觉察的个体更可能按照他们的个人价值观行事这一发现。在性内疚程度上被分为高或低的两组女大学生被要求读黄色信息,然后评价她们喜欢这些信息的程度。一些被试在实验中被促使进行自我觉察,而另一些则没有。那些自我觉察的被试在内疚分数与不喜欢程度的相关分数上较高。简言之,当产生自我觉察时,被试会考虑自己关于性的负面感觉程度,相应地对黄色信息做出反应(Gibbons,1978)。

虽然,自我调节或符合标准是自我觉察和自我关注的通常反应,但如果人们的结果期待很低,他们则会在正常的自我调节和符合标准上表现出衰退。

群体行为的自我关注知觉

我们前面指出,当一个人意识到自己处于外部群体的少数者地位时,能够产生自我觉察(Wiohlunlo, Frey, 1980)。有个理论便是针对该现象并涉及在群体环境中产生自我关注的后果(Mullen, 1983,1987)。该理论认为当个体或她/他所属的群体人数被另一个群体超过时,他的自我关注和符合标准的行为将增加。更具体地说,自我关注与所谓的“他人总体比率”是相称的。对于一个像埃拉·菲茨杰拉德这样的表演者,这个比率就是观众(其他群体)占情境中整体人数——歌唱家,音乐人和观众的比重。默雷尔(Mullen)(1983)的研究表明自我关注和自我调节随着他人总体比率的增长而增长。你越是觉得你或你群体的数量被超过了,你越会变得自我关注,你也越希望去满足大多数人的标准。

许多有趣的研究都表明了这个效应。例如,在班级中,当老师(其他群体)的比率在学生和老师的总体人数中上升时,学生更可能参加讨论。而当学生的人数变多,这个他人比率下降，这时学生便花更少的时间参与讨论。类似地，关于南部私刑犯人的报告也表明，当私刑犯人很多时，他们的暴行（射击、放火、肢解受害者尸体等等）也增多。卷入这些行为表明了他们自我调节的丧失。这正是自我觉察理论预测的当自我关注降低时会发生的情况。当暴徒数量大大超过受害者时，他人总比率（受害者数占受害者和暴民数之和的比例）较低时，自我调节衰退的情况便发生了（Mullen，1986）。正如我们在第十三章将要看到的，当他人比率比较低，自我调节被极大地降低时，他们被去个性化了。

自我觉察理论对群体中的大多数人来说，类似于超我理论或意识理论。他人比率的降低，使人们减少了自我觉察，从而更少地表现出由意识引导的自我调节。在大规模暴徒群体中的个体便是缺乏这种自我调节的很好的例子。幸好，一般来说自我觉察倒是一个文明的状态（Wioklund & Frey，1980）。

视窗 4.1 自我关注和抑郁

自我关注是人们生活中的常事，但最新的研究表明，由它引发的结果却可能是很严重的。自我关注虽然不总是，但大体上是令人不悦的。人们通常发现自己不能符合相关的标准，如他们的理想自我或他们在特定情境下的理想行为。当这些情况发生时，正如前面提到的，人们常常有两种表现方式，试图逃避自我觉察或以更加被期望的方式行动。这两种行为方式都能减少自我觉察和它带来的不快。但是，有的人也有可能会长时间地关注自己，这便会导致持续的不愉快。他们可能不断地思考和评价自己，发现他们不是他们应该的那个样子。他们感觉到自己不符合相关的标准，并不断地觉察到这一点。这种长时间自我评价和充满不满足感的结果可能是什么呢？几项研究表明，其结果是抑郁。

很多发现都表明了高的自我关注是导致抑郁的因素之一。例如我们知道，抑郁的人有**负面记忆偏见（negative memory bias）**（Blaney，1986）。也就是，他们通常更多地记起发生在自己身上的消极事件而不是积极事件。这种唤起消极事件的趋向自然会导致抑郁。什么会使人们具有负面记忆偏见呢？一个可能原因是，它来自于自我关注。当人们花很多时间关注他们自己时，消极的人格特质和事件可能会变得很突出。换句话说，过度关注自我能使你变得抑郁。如果是这样的话，那么减少负面记忆偏见及相应抑郁的一种方式便是分散人们关注自己的注意力。近来的一项研究表明，当人们自我关注时，抑郁的人比起不抑郁的人更多地会记起在前两周内发生的消极事件。然而，当他们对外部事件进行关注时，抑郁的人便不会显示出负面记忆偏见了（Psyzczynski，Hamilton，Herring & Greenberg，1989）。换句话说，通过让人们避免自我关注可以防止自我关注循环产生的消极的、导致抑郁的自我评价。

续 表

另有研究表明,与男人相比,妇女趋向于有更高水平的自我关注,这也许可以很好地解释已有的发现:女人比男人有更多的抑郁(Ingram, Cruet, Johnson & Wisnicki, 1988)。而且,很有说服力的论据已表明,自我关注可以导致抑郁及由于抑郁累积而最终导致自杀的一系列步骤(Baumeister, 1990)。

每日生活中的自我表现

自我觉察常常导致我们努力满足他人的期待。我们知道他人会判断我们,就像我们判断他人那样,从而以对自己有利的方式表现自己。对埃拉·菲茨杰拉德来说,这一直是生活中的现实,这意味着她得尽可能有效地表现自己来赢得每一个观众。从大量的学者那里,我们知道了很多关于自我表现的知识,这些学到的知识反过来解开了很多关于人际行为整体的本质奥秘。

高夫曼的戏剧表演方法

社会学家欧文·高夫曼(Erving Goffman, 1959, 1967)可以说是对研究人类相互作用最热衷的研究者之一,他的研究方法通常被称为"戏剧方法"。因为同莎士比亚一样,他将我们表现自己的方式同人们在舞台上表现自己的方式进行比较。高夫曼写道,当人们相互作用时,每个人都会按照戏剧中的角色线索表演。高夫曼形容道,通过这些线索,人们使用各种言语或非言语来表达他们关于情境、与他们正在相互作用的人和他们自己的观点。个体线索的一个重要部分是高夫曼提出的**面子(face)**,他将面子定义为个人宣称的,关于他与他人交往时的正面社会价值。例如,当一个女人参加一次聚会,她的线索可能表明,她认为这是个好地方,她会玩得很好,人们也友好而有趣,并且她期待着参加联欢晚会。她表现出的面子是她喜欢享受快乐,并知道如何去获得它。按照特定的线索行事并宣布具有某个特点的面子是自我表现的核心。

人们表明自己面子的一个重要方式是通过高夫曼所谓的**理想表现(idealized performance)**的行为。当我们作出一个理想表现时,我们的行为看上去比我们真实的行为更支持和遵守社会理想价值和行为标准。例如,我们通过让人们看我们保存的《战争与和平》一书(可能我们根本就没有读过),而把我们的《人民》杂志藏起来,来表现出比实际的对文化和教育更大的兴趣。这种理想表现是一部分我们用来表明面子的线索——在历史和文学领域内的积极社会价值。

高夫曼清晰地说明了为什么人们要按照线索表演并表现出某种面子。正如我们在第二章看到的,社会生活的现实是人们常常形成彼此的印象并且进行归纳。我们需要理解我们的世界,尤其是我们人类自己。为了做到这一点,我们很快便意识到,就像我们判断别人一样,他们也在判断着我们。这样很显然,我们便会感兴趣于控制别人关于我们的印象,如果我们能做到的话,以使他人像我们希望那样来对待我们。因此,自我表现的根本原因是控制他人关于我们的印象。试图控制这些印象的行为被称为**印象管理(impression management)**。正如我们将看到的,虽然自我表现背后的动机需要被更详细地阐明,但这一现象的中心即是试图对他人如何思考我们自己进行控制。

一旦个体按照一定线索表明了自己的某种面子,别人会如何反应呢?例如,当一个人留下这样的暗示,他曾经跳过舞并表现得很好。别人对他的反应更可能是什么呢?高夫曼认为,至少人们在公共场合会遵循他人表明的面子,以达到一个真正或伪装的认可。近来的研究表明,高夫曼是对的。如一些人在他们自己自我表现中的欺骗一样,他们对别人的自我表现也有一点欺骗,这很大程度上保护了别人的感觉(Depaulo, Kasky,Kikendol ,Wyer & Epstei,1996)。因此,我们可能会表现出被这个人的舞蹈经历所打动或很感兴趣。这种认可可能并非真实的,但却被每一个人维持着。

高夫曼还认为他人期待我们表现出关于自己好的一面,就像他们期待我们公开地认同他们表现的关于他们自己好的一面一样。另外,我们不仅仅会在最初支持其他人的面子,而且当结果令他们尴尬和矛盾时,我们也会尽力帮助他们。例如,如果一个曾在生物学表现很好的学生,在一个测验中得了很低的分数,我们不仅会认同他的借口,而且可能还会帮他们找借口:“你在考试的前一天晚上,的确没有足够的时间在那个吵闹的房间学习。”事实上,如果我们认为朋友做得很糟时,将回避问他考试成绩的事,以免使他不快。我们期待也能从别人身上获得同样的待遇。这些防止尴尬、修正面子并当我们丢面子时挽回面子的努力被称为**面子工作(face work)**。

为什么我们常常被期待积极地表现自己或做这么大的努力来保护我们自己和别人的面子?高夫曼认为面子工作和其他的交往仪式,如“你怎么样?谢谢,很好”这样的交换一样,都是社会生活运作的必要条件。如果说它们有些肤浅的话,它们却能使人们舒畅的交流,并且避免了受到伤害的担心或不快。这些交往仪式允许我们在相对安全和可预测的环境中同别人共事。如果说它丧失了诚实和真诚的话,却使我们得到了安全、简化和效率。如你想象的,心理学家和社会学家关于面子工作是否可取的问题争论了很久,但是人们一致同意它是必要的并且更加一致地认为这种现象非常普遍。

取悦观众、自我建构和情境同一性

高夫曼的理论引起了大量关于人们如何和为什么卷入自我表现的思考和研究。一个由鲍梅斯特(Baumeister)于1982年和哈顿(Hutton)在1987年提出的关于自我表现的理论表明了两种主要动机。第一个是**取悦观众(audience pleasing)**。我们希望取悦于别人,或因为我们有很高的赞美需要(Crowne & Marlowe,1964),或因为我们希望别人以某种方式行动。因此,总体上说,我们试图遵循别人的期待和表现。自我表现的第二个重要动机是**自我建构(Self-construction)**(Baumeister,1996)。我们头脑中有我们希望成为的理想形象,并且希望自己的行为尽可能接近理想。但是,我们并不确定我们有多接近理想行为。因此,我们表现出具有某种被期待的特质,然后看看他人对我们行为的反应是否支持我们的自我形象。当他们证实了我们的自我表现,自我建构的过程便开始了。例如,一个青年女士期待自己能够有效领导团队。在一个复习检查中,她主动组织了讨论。当其他人给以支持时,这个女人便促进了她作为领导者角色的建构。

取悦观众和自我建构的一个重要的区别在于表现了"谁的"观念和表现决定了自我表现——是观众的还是演员的。他们的偏好常常是冲突的。比如,暑假一个学生从大学回家,不知道他是否要显示出他的新价值和品味,希望这些改变被接受——还是顺应他父母的期待。

当我们卷入自我建构时,便可能会在特定情境中做特定的事。例如,一个希望被同事们认为是领导者的年轻女士可能希望被父母认为是有抱负的音乐家或被男朋友认为是诙谐的有幽默感的人。我们会试图在每个情境下,都让别人接受我们关于自己的观点,因此,我们就要为每个情境"协商"出一个**情境同一性(situated identity)**(Alexender & Rudd,1981)。埃拉·菲茨杰拉德试图在她的专业生涯中保持爽朗的、杰出的、自信的表演者形象,而在她的私生活中,有时却是作为一个隐居的回避公众的人。在每个对我们重要的环境中,我们都会尽量成功地体现出最积极和令人满意的情境同一性。

一个关于获得渴望身份困难性的研究表明,如果某个专业运动队认为自己必须在主场获胜的话,他们在获胜的关头更可能失败(Baumeister,1985;Baumeister & Steinhilber,1984)。来自棒球世界联赛和NBA篮球总决赛的7场比赛的数据表明,处于主场的队常常在最后一局失败。来自获得渴望的身份、家乡球迷支持的压力及分散的注意力都会导致更多错误,并且会丢掉主场队的自由发球。老乡的支持行为反而分散了球员进行有效表现需要的注意力——这似乎有点讽刺。

自我表现和自我概念

当埃拉·菲茨杰拉德高兴地歌唱时,她看上去确实是很喜悦的。那么是否自我表现常导致态度和感觉的转变呢?高夫曼(1959)认为,我们常常"被我们的行为欺骗",并且因此开始感到我们就是我们扮演的那个人。另外,研究也表明,自我表现能使我们采纳与我们自我表现方式有关的态度(Baumeister & Tice,1984)。一旦我们表现得好像我们相信或认为的那样时,便常常会将行为内化,并且开始真正地认为我们就是如表现的那样感觉的，就像我们内化了我们扮演的角色，内化了自己的很多自我表现一样(Baumeister，1986)。

权力和讨好

高夫曼的自我表现理论暗含的观点是，在每天的生活中，权力是非常重要的。我们希望控制他人关于我们的印象和最终他们对待我们的方式。这就是为什么我们卷入各种形式的印象管理。“权力在社会生活中很重要”这一观点也明显表现在爱德华·E. 琼斯(Edward. E. Jones)的讨好理论和自我表现理论中。这个理论深受高夫曼的影响。

讨好原则

琼斯的讨好理论和自我表现策略(Jones，1964；Jones & Wortman，1973；Jones & Pittman，1982)引发了人们对低权力地位人困境的思考。权力是一个人奖励或惩罚、帮助或伤害的能力。在关系中，处于低权力地位的人，有较少的能力奖励、惩罚他人。例如，一个工厂的领导有权力给工人提升或解雇。而另一方面，工人几乎没有能力影响领导的行为，或者仅有较少的权力。相比较来说，像埃拉·菲茨杰拉德这样的表演者可以通过为某个公司录制音带或转而服务于另一公司来影响潜在的雇主利润，在完成契约的同时获得了重要的权力。从低权力个体的角度出发，琼斯认为，存在一种改变权力关系的动机。

一个在低权力位置的人如何来改变关系，并因此减少权力差异呢？答案是：如果低权力个体能讨好高权力的人，说服他喜欢他，则权力差异就会降低。喜欢和相关的权力有什么关系呢？让我们拿学生和教授来说，假设教授有权力给成绩，有比学生更多的权力，而学生，不论他是否友好，几乎都没有什么影响力。如果学生能让教授喜欢他，将会发生两件事：第一，教授将不大可能通过给较低的成绩来处罚学生；第二，教授将更多地受这个学生是否友好的影响，并将更关心学生是如何看待他的教学的。因此，这增长了学生酬谢或惩罚教授的能力。在这两种方式中，教授的权力优势将减少——虽然如果必要的话，教授可以让学生不及格。

在前人分析的基础上，琼斯(1964)预测低权力的人会努力巴结他喜欢的人和试图讨好那些有权力的人，让他们喜欢自己。很多研究都指向人们试图讨好他人的各种不同方式。大多数的研究都认识到成功的**讨好(ingratiation)**很困难，也发现了如何来克服这些困难。一些困难被概括为**讨好者两难(ingratiator's dilemma)**。它有两个方面：第一，一个人在关系中的权力越低，这些少权的人想赢得更有权力的人认可的企图越常常被认为是讨好，并起到相反的效果。对一些员工来说，他们的窘境是，自己的权力越少，越希望讨好，但是管理者知道讨好行为时将阻止他的讨好。

讨好者两难的第二方面是低权力的人，如与管理者相互作用的员工或与上层管理者打交道的下层管理者，不想视自己的行为为讨好。因为讨好行为被认为是一种被贬低的行为。理想的行为标准认为，我们不应出于别有用心的动机而让其他人喜欢我们。因此，我们会主要表现理想的行为，以表明我们符合理想的标准。但是就像我们在试图符合其他理想标准时一样，我们有时会打破这个标准。也就是，我们会比我们实际承认的有更多的讨好行为。然而，事实是，人们不希望视自己为讨好，像一个"小丑"。这也是讨好者两难之一。

一个减少这种讨好者两难的现象是**我向同谋(autistic conspiracy)**。正如我们提到的那样，潜在讨好者、低权力的人不希望认为自己是这样的人。而且，目标个体，这个更有权力的人，讨好行为的指向者，也不希望将低权力的人看做是讨好者。在我们的例子中，管理者不希望雇员由于别有用心的企图而表现良好。管理者希望将讨好者的行为看做是真诚的。如果雇员恭维管理者的决策，管理者希望相信决策真的很好，并且这种赞美是值得的。相似地如果一个学生在课上同意教授的观点，教授也愿意相信他/她是真心地被征服了并且很有洞察力而不是讨好者。简而言之，高权力的和低权力的人，都喜欢从相反的方式来看，并且相信讨好没有发生。这种对所发生事情的相互自我欺骗就是我向同谋者，这一现象不仅降低了讨好者的窘境，而且使讨好更成功。

另一种人们对付讨好窘境的方式是细微化。虽然有很多讨好策略，但是细微化原则是运用于所有的策略中的。因为人们希望他们的行为被相信，讨好行为不会明显到能引起动机不纯的怀疑。我们将讨论三种能成为讨好策略的行为，这些都需要微妙化。

讨好策略

一种讨好策略是顺从高权力者的观点和价值观。你能很容易想象，当教授发表一个观点时一个学生点头并说"是的"。你可能也听说，当首席执行官同他们的助手说话时，助手们也是这么做的。几项由琼斯和他的同事进行的顺从研究表明了当人们有机会同意或不同意能控制结果的高权力管理者的观点时，会多么频繁和微妙地顺从。这些研究表明权力越低的人越会有更多的顺从和微妙行为——就像在讨好者两难中发现的一样。

在一项研究中，海军 ROTC 的新成员顺从了由高地位 POTC 成员提出的大量观念。然而，他们似乎也很"谨慎"。就是说，他们对有关 POTC 项目的问题表示顺从，但是在如音乐和电影这些与 POTC 无关的问题上却保持独立。新成员通过这种方式表明，他们有自己的想法但却不会挑战他们上级长官的权威(Jones，Gergen & Jones，1964)。在另一个研究中，顺从的低权力被试表明，他们对自己模仿的观点非常肯定，好像那些观点就是他们自己的。当他们不同意上级时，他们通过对自己的观点不是很自信来修正自己的话(Jones,1964)。在另一个研究中,处于低权力的被试表明了一个趋势,他们对目标个人的基本价值观的顺从超过了对这个人的个别观点的认同(Davis & Florquist,1965)。在所有这些情况下,人们都努力表明他们并不是完全认同,并且当他们表示同意时,是很认真的。

有时,顺从是非言语的。在一个研究中,给来参加工作面试的妇女一些有关男性考官个人观点的信息。一些人被告之考官看中传统的情绪性的恭顺的女性,而其他人则被告之考官更喜欢自由的女性。当被试参加面试时,她们的衣着和行为根据她们对被告之的考官信息的理解而不同。考官被描述为喜欢传统女性的被试,更多地化了装并佩戴了更多的女性饰品,总体上她们也表现得比较被动;而接受被描述为喜欢自由女性的考官面试的妇女则话语更多并与考官有更多的眼神交流,总体上表现得很自信(Von Bou yer Skerk & Zanna, 1981)。简言之,讨好策略可以是言语的和非言语的,并且常常非常微妙。

另一个讨好策略是奉承或其他类似的强化。如果我们对其他人说好听的话,表明我们喜欢或崇拜他们,那么很有可能他们反过来也会喜欢我们。微妙化在这里也是很重要的。我们的奉承或对别人的赞扬必须被认为是忠诚的和可信的。例如,研究表明我们喜欢喜欢我们的人——尤其当我们对他们的判断给以十分的关注或特别对待时。总是给我们以肯定的人,不"总是"被喜欢的。他们给我们的强化性评价,对我们来说并不特别(Mettee & Arsnson,1974)。其他的研究也表明,对我们美言的人似乎不会得到什么,这一点是重要的。总体上人们越喜欢我们,我们越喜欢他们,但是如果其他人有不纯的动机和明显的讨好,情况并非如此(Jones & Wortan,1973)。

有很多奉承别人的有趣的方法。在戴尔·卡内基(Dale Carnegie)有名的著作《*如何赢得朋友和影响别人*》(1936)一书中,讨论了表明他人对你很重要的一些方式。一个方式是叫他们的名字。军官们发现有时士兵们被直呼姓名时,会表现得更令人喜欢。像卡内基说的那样,我们的名字,是我们听到最甜美的声音。

我们早先已说过"自我建构"行为(Baumeister & Huttson,1981)常常是关于我们非常看重的、但又不确定自己是否拥有的性格特点。例如,一个很看重运动员特质的男性会很重视自己能否在排球比赛中,给别人留下很深的印象。这并不奇怪,在我们赞美别人对自己没有把握的领域时,奉承能起到最好的作用(Schlenker,1980)。赞美一个统计专业学生擅长数学,这样的影响不会很深,她已经知道她很擅长数学。但是,告诉她你喜欢她的幽默,幽默对她来说是不确定的,将导致她喜欢你这颇有眼光的赞美。

埃拉·菲茨杰拉德杰出的职业生涯表明了讨好的第三种形式常常成功——仅仅是尽可能积极地表现自己。这意味着经常使用自我强化和表露关于自己的积极信息。当人们在自我表现中明显地撒了点小谎时,总是尽可能地表现得使人喜欢(Depaulo, Kasky, Kirkendal,Wyer & Epskein,1996)。然而研究表明,人们有时非常积极,有时却谦虚地表现自己,这依赖于他们认为什么对场合和听众来说是更合适的(Gergcn & Taylor ,1969)。例如,人们习惯上在朋友面前比在陌生人面前表现得更谦虚,人们在陌生人面前表现得谦虚以及在朋友面前自我强化都是有困难的(Tice Butler, Muraven & Stillwell,1995)。积极和谦虚的自我表现都有特定时间和地点,简言之,自我表现,不论是沿着谦虚的方向或自我强化的方向,是除了顺从和奉承的第三个讨好策略。

这些策略有用吗? 近来的一个关于几十年内讨好的研究的综述表明,他们确实会起作用。一个研究发现,奉承看上去是让目标喜欢自己的很好的讨好方式(Gordon, 1996)。其他的方法也有效,但是相对较小。而且,讨好看上去对女人更有效,她们比男人可能出于面子价值来对待讨好行为(Gordon,1996)。在某种程度上这些都是很有用的结论。但主要结论仍是,讨好是高度复杂的社会交际活动,它们只是有时会起作用。

其他自我表现策略

到目前为止,我们已经讨论了为讨好别人而设计的自我表现策略——使别人喜欢我们。让其他人喜欢我们能为我们在关系中赢得更多的力量。然而,还有其他几个重要的自我表现策略(Jones & Pittman,1982)则被用来试图控制他人看待和对待我们的方式。讨好是为了让别人喜欢我们,而这些其他的策略用来消除他人的一些不同知觉并让他们产生相应的行动。我们将谈及这样的四个策略——威胁、自我提高、例证和恳求——分别用来引导别人害怕我们,尊重我们的能力,尊重我们的道德和对我们感到歉疚。

在**威胁(intimidation)**的情况下,人们试图通过恐惧影响人的行为。威胁者试图表现的很强大并常常会使用权力或惩罚的威胁。琼斯和彼特曼(Pittman)以暴徒和强盗这样的威胁者的为例,他们使用威胁和恐惧来获得顺从。例如,强迫被害者交出金钱。在拳击比赛赛前互相介绍和宣布比赛规则的过程中,选手们会尽可能威胁地凝视对方,试图引起对方的恐惧。在足球比赛中,球员也常常以威胁的方式向对方叫喊,尤其对于刚刚被拦住的后卫。曾为达克兰袭击者(Dackland Raiders)队效力的球员杰克·泰特姆(Jack Tatum)写过一本书《*他们叫我们刺客*》,其中,他论及了在NFL自己落下的威胁之名。而这个名声是当时为了吓唬对手并破坏他们进攻而精心培养出来的。"威胁"这个词现在常常在曲棍球、篮球和足球中用来描绘战术。

威胁也能被用在其他领域中。如林登·约翰逊(Lyndon Johnson)是美国总统时,他就常常威胁国会的成员和助手,以获得他们对他的顺从。琼斯和彼特曼认为,自我表现策略可以是互相结合的,而约翰逊则提供了这样一个联合使用的例子。他常常将甜言蜜语和奉承混入威胁,希望被喜欢和被害怕,所以他将自己表现得又可亲又可畏。

使用**自我提高(self-promotion)**的人还希望被尊敬而不仅仅是被喜欢。自我提高者尤其希望自己的智力和能力被尊重。为了强化他们自己的能力宣言的可信性,自我提高的人可能会告诉别人他们小的缺点和不足(Baumerster & Jones,1978)。这么做是想让别人知道,虽然他们有力量和缺点,但是总体上对自己的能力是很自信的。承认错误实际上是可以强化胜利的宣言。

与人们通过承认缺陷来加强能力宣言可信性的观点有关的是美化(Schlenker,1980)。当我们完全做完了某事,我们可能会通过强调这件事有多困难来加强我们成功背后的能力总量(Quattrone & Jones,1978)。例如,自我提高者可以通过暗示如果他们接受任务时没有生病,那么会完成的更有效等这样的美化而从中获利。在某些方面,埃拉·菲茨杰拉德是自我提高者的反面。她的表演被人认为是有很大难度的,但她自己唱得却很容易,并且她喜欢表现出随意的气氛。事实上,她通过被别人看上去很有能力——她唱得很好,但毫不费力而打动了人们。当然,这可能是她无意识的。

另一个自我提高的方法依赖于联合原则(Cialdin,1993;Schlenker,1980)。即我们表现出我们自己是成功的或有竞争力的事物的一部分或与它们有关。这种通过联合而进行自我提升的一种形式是"在反射的光辉下取暖"(Cialdini,1993)。这与第三章讨论的替代性获利的观点相似。如有一种在反射的光辉下取暖的方式是,在学校球队获胜后穿上校服(Cialdini,Borden,Thorne,Walker,Freman & Sloan,1976)。另一种是美国总统打电话给获得奥运会冠军的运动员或一个成功登陆的宇航员,他们乐于与冠军获得者和宇航员成功飞行有某些联系。通过尽力与获胜团队或成功的宇航员拉近距离,学生和总统都在光辉下取了暖或共享了这一光辉。

另一种对通过联合进行自我提高的现象的发现出自对一些学生的研究。他们有机会通过表明他们与另一个人有同样的生辰而与这个人联系起来(Cialdini & DeNicholas,1989)。根据被试自己在一个测验中的表现和一个叫道格拉斯(Donglas)的人在该测验中的表现,被试或者隐瞒了或者表明了他们同道格拉斯有同样的生日。被试试图通过将自己同道格拉斯建立联系或否认这种联系来制造受人欢迎的印象。

自我表现的第三种策略是**例证(exemplification)**。这种情况是,个体试图表现自己是道德的、有价值的和有正义感的。在办公室里工作到很晚或捐款多的人具有这种例证性。他们可能会影响其他人也以同样的方式行动。这样的人为别人提供了一个清晰而有价值的模范。像其他自我表现策略一样,示范常常影响别人的印象和行为。

最后一个自我表现策略,也是被视为几乎是最后的救命稻草的,是琼斯和彼特曼提出的**恳求(supplication)**。在这种情况下,人们通过表现得脆弱和无助来获得别人的同情。恳求者的目的很简单,获得帮助。想待在家里不去上学的孩子可能会装作生病或无助来博得父母的怜悯,允许他待在家里。当人们表明他们的无助或脆弱不是由于他们个人的过错时,恳求最为有效。例如,大学生在大量论文的最后期限将至时,可能会以过大的作业压力超出了他们能控制的范围为借口向教授和院长请求帮助。简言之，我们常常让自己表现得惹人喜欢。但是我们也努力表现为具有威胁性、有竞争力、道德模范和有需要，所有这些和讨好一样影响着人们的行为。

自我设阻心理学

别人通常会通过我们表现的方式来判断我们。由于这个原因，人们使用自我提高策略来尽可能多地传递关于个人能力的信息。当然，人们关于自己能力的宣传最终是必须要经过检验的。因此，人们又常常会做些手脚，给有效的表现设置障碍。例如，演员可能会逃避关键的排练或者在首演之夜喝过多的酒。学生们也常在考试前一天熬夜，有时是学习，但有时却是聚会。为什么人们要在成功表演之前设置障碍呢？他们为什么会卷入被称作**自我设阻(self-handicapping)**的行为呢？

自我设阻很容易被理解为一种我们通过聪明地使用一些基本归因原则来进行自我表现的策略。它假设，如果我们在道路上设置障碍，便可为失败找到借口(Rhodewalt & Hill，1995)。例如，聚会后没有通过考试的学生可以被责怪为因没有准备而导致坏成绩，而不是由于能力低下。自我设阻的研究表明，喝酒和没有充分发挥潜能是人们给自己或他人的失败找借口的特定策略。因此，有酒精困扰和糟糕的体力是能够解释不良成绩的个人问题(Jones & Berglas，1978)。

自我设阻还有另一个有利的效果。在一个自我设阻的研究中，通过不参加练习进行自我设阻的被试在弹球游戏中实际上更能从中获得乐趣。当人们自我设阻时，他们消除了在一项活动中要好好表现的压力，因此会更喜欢它(Deppe & Harakieuic，1996)。他们容许自己在探索活动时有些"呼吸的空间"。因此在网球赛前不努力练习可能更让人们喜欢网球和更少地关注胜利。

自我设阻的研究能帮助我们了解最有可能使用它的环境。其中，一个环境就是人们对自己的能力不自信时，人们由于担心失败而更倾向于卷入找借口的自我设阻。在一项用以检验这个假设的研究设计中，被试要参加一个被描述为研究药品对成绩影响的实验，其中，一种药品按预测会降低成绩，而另一种则会提高成绩。吃药前，一组被试被给予智力测验。对这些人来说，测验很简单，并且他们被告知自己做得很好。另一组被试则被给以不能解决的问题，但是他们也被告之做得很好。即第一组自我感觉他们表现得很好，同时也被告之他们做得很好并对未来充满信心。第二组做得也很好，但不知道原因。他们对未来是否也能做好这件事的信心不大。因为他们感到自己并不能控制情境。

收到反馈后，被试有机会在另一个相同的智力测验前选择其中的一种药品。像研究者预测的那样，这些不能感到自己可以控制情境，而是被告知他们已经正确回答了这个不能解决问题的被试选择了降低成绩的药品。也就是说，他们进行了自我设阻。而那些自信的人则试图在测验的第二部分表现得更好，他们采用了加强成绩的药品

(Berglas & Jones,1978)。这些发现表明,当人们对自己的能力不确信时,可能会自己设障。因为如果他们失败了,至少他们能避免被谴责。

自我设阻有很多形式,最有趣的是表现自己的身体不适或确实感到身体不适(Smith,Snyder & Perkins,1986)。类似地,人们也可以通过归因于较低的努力、焦虑或药物的疗效来表明自己被阻碍了。当然,如果人们宣布自己没有努力,他们的确也会冒别人会更消极地评价自己表现的风险(Rhodemalt, Sanbonmatsn Tschanz, Feick & Waller,1995)。来看一个关于人们使用——也可能是滥用——酒精来进行自我设阻的研究。当位于纳什维尔的范德比尔特大学的大学生被告之他们将参加一项自我决定的饮酒量对智力成绩影响的研究。一些学生被给予不能解决的问题并被告之或者不被告之他们做得很好。被告之在不能解决问题上做得很好的学生在参加第二个实验前,比没有被告之做得很好的被试喝了更多的酒。因此,当人们成功了,但对未来成功没有自信时,他们会使用酒精作为自我设阻的一种方法(Tacker, Vucinish & Soiell,1981)。

自我设阻策略不仅是管理别人形成对你印象的方法,它们也提供了你对自己进行归因的方式。自我设阻者永远不会必须面对消极归因。通过自我设阻,人们能减少对自己能力有限的怀疑(Smith,Snyder & Handelsman, 1982)。尽管自我设阻能为自己和他人使用,研究表明它主要是进行自我表现的一种策略(Baumeister & Tice, 1985;Baumeister & Hutton,1987)。自我设阻尤其可能发生在别人基于你过去的成功而期待你未来成功之时,而且当人们不能发现你的自我设阻行为时自我设阻发生的可能性更大(Kolditz/& Ankin ,1952)。同时,它也最有可能发生在人们感到他们的表现很重要,并且没有其他明显或显著的能解释糟糕表现的借口时发生(Sheppand & Arkin,1989)。

自我监控

人们在表现自己的方式上是不同的。人与人不是完全相同的,人们之间最有趣和最重要的与自我表现有关的差异是卷入自我监控的程度(Snyde,1974,1979,1987)。**自我监控(self-monitoring)**是调整一个人的行为以适应环境或符合他人的期望。如果你进行自我监控,你会控制你的言语和非言语表现,从而对那些期待作出反应。高自我监控个体关心并知道他人对自己的反应方式,但他们更关心如何积极地、有效地改变他们的行为以适应他人的反应和期待。

斯奈德(Snyder)和甘奇斯塔德(Gangesta)在1986年发展了一个量表来测量人们自我监控的程度。题目包括:“当我不喜欢某人时,我可能通过表现得很友好而给他们以假象。”、“我并不总是我表现的那个人。”、“我不会改变我的观点(或做事的方式)以取悦于别人或获得他的好感。”其他的自我监控量表题目如表 4.1 中所示。虽然近来的研究表明，自我监控不仅仅是高、低之分——人们可能高、低或趋中（Miller & Thayer，1989）——尽管如此，辨别出高和低的自我监控者的特征还是很有用的。

表 4.1 测量自我监控的项目举例

回答下面项目的问题"*对或错*"

1. 我发现模仿他人的行为很难。
2. 在一个群体中，我很少成为被关注的中心。
3. 当我实际上不喜欢别人时，我可以通过表现友好来给他们以假象。
4. 我仅仅能对我已经相信的观点进行辩论。
5. 我能够进行即席发言，即使是对我来说几乎没有任何信息的主题。
6. 我并不总是我表现的那个人。
7. 在不同的情境下或对不同的人，我常常会表现为完全不同的人。

资料：修改自 Snyder (1974)

高自我监控者表现为外向，高演技，并且希望改变自己的行为以适应别人（Briggs & Cheek，1988；Briggs，Cheek & Bness，1950）。如果他们觉得喝酒在控制别人的印象上有效的话，他们将开始喝酒（Sharp & Getz，1996）。高自我监控者被描绘为有一个"实用主义的自我"（Snyder，1987），他们也表现出：(1) 关注行为的合理性。(2) 关注别人对什么是适当的暗示。(3) 在不同的场合熟练地表现出多种不同的行为。(4) 能够改变自我表现的形式（Gabrenya & Arkin，1980）。总之，高自我监控者对适应环境很感兴趣，他们能很娴熟地识别他人的希望和期待，并调节自己的行为以适应别人的期待。

由于他们认为自己在影响别人上是成功的，高自我监控者趋向于高自尊（Sharp & Getz，1996）。他们同样能够熟练地以一种善于社交的方式来检验他们对他人人格的假设。他们会问一些问题，这些问题涵盖了能证实他们自己假设的信息（Deuderne & Leyens，1995）。关于采用相应行为适应环境的有趣例子在一个研究中有所表现。在该研究中，被试或者预期或者不预期与另一个被试发生交互作用。高自我监控者当他们预期未来的交互作用时，会比不预期时更合作。低自我监控者无论预期与否，都有相同的合作性。

不同情境中行为的一致性是低自我监控者的标志。他们有更清楚的自我形象，并且比高自我监控者对自我形象的表现更真实。他们被称为有"原则性的自我"，而不是高自我监控者的"实用主义自我"（Synder，1987）。他们更可能进入与自己的态度一致的情境，尤其当他们认为自我监控并不重要时（Mellema & Bassili，1995；Snyder & Gangestad，1982）。他们的行为与自己的态度一致的更主要原因是他们比高自我监控者能更快地从记忆中评价自己的态度（Kardes，Sanbonmatsn Voss & Fazio，1986）。价值和原则对低自我调控者比对高自我调节者更重要，也能更快地进入低自我监控者的意识。例如,在一个研究中,低自我监控者支持一个女学生控告大学性别歧视的程度,可以从他对肯定行为的态度中预测,而高自我监控者的行为与他们的赞同行为的态度是不一致的(Snyder & Suann, 1976)。当一致性很重要时,高自我监控者会通过表现更多的与态度一致的行为表现出他们的适应性和灵活性(Snyder & Kenzierski, 1982),也就是说,如果人们期待一致的行为,他们也能表现出同低自我监控者一样的一致性。

高自我监控者和低自我监控者在加工社会信息的过程存在有趣的差异。高自我监控者能记起更多的关于其他人的信息,并且这些信息是由他们自信而极端的推理而获得的(Berscheid, Graziano, Manson & Derner, 1976)。高自我监控者能更好地记住别人行为的能力与其能更多、准确地作出目击者辨别的能力有关(Hosch & Platz, 1984)。虽然这通常是事实,但一些研究也表明,由律师提出的问题,对高自我监控者造成的信息干扰大于对低自我监控者造成的信息干扰(Lassiter, Stone & Weigold, 1987)。因为他们对律师的期待和信息更敏感,高自我监控者可能更容易被律师提出的错误信息误导。

高低自我监控者的差异也存在于亲密和浪漫关系方面。像我们在第八章看到的,当高自我监控者选择浪漫伴侣时,他们更重视外表吸引而不是人格吸引(Synder, 1987)。同样不足为奇的是,高自我监控者相信男人和女人之间的适合更多地由外表的吸引而不是人格的吸引。低自我监控者却相信相反的一面。他们预测,夫妇之间的和谐更多地在于性格和兴趣的符合,而不是外在的吸引(Glick, Demorest & Hotze, 1988)。

最后,关于组织中人的现场研究表明,高自我监控个体与低自我监控个体在所谓的"边界跨越"位置上是不同的(Caldwell & O'Keilly, 1982; Snyder, 1987)。边界跨越指在组织的交叉点工作或与自己组织之外的其他人一起工作。这种行为需要灵活性及对别人的需要和期待保持开放心态,而这正是高自我调节者的特长。

一百年前,威廉·詹姆斯(William James, 1890)就对个体在不同的观众面前会表现出不同社会自我的现象写道:"许多在父母和教师面前表现很庄重的人,在自己的好朋友面前穿得像个海盗。我们在孩子们面前的表现和在俱乐部成员面前、在我们的顾客面前和我们雇员面前,在我们的上司和雇主面前与在我们的亲密朋友面前的表现也是不一样的"。詹姆斯提到的这种行为的变化在一些个体中比在另一些个体中更多地被发现。高自我监控者有在不同的环境和不同的人面前表现不一样的能力和倾向。而低自我监控者则更直接:他们知道他们是谁,并且以不被社会情境过度影响的方式行动。

关系中的人际沟通

自我表现和自我监控似乎是诸多社会行为的一大部分。毋庸置疑,埃拉·菲茨杰拉德通过创造一个大众角色的方式表现自己，这对于赢得全世界的观众是很重要的。但是在我们与他人的交往中，更希望的是跨越自我表现并在现有关系的基础上更充分和开放地沟通。在这一章，我们讨论在交往中进行沟通的一些基本原则及处在关系中的人们的表现和相互协调有多么不同，我们也会谈及我们如何使用非言语沟通和自我暴露来交流我们的感觉和对关系的看法。

沟通的原则

一些基本的沟通原则是沃特斯拉维克(Watzlawick)、比温(Beavin)和杰克森(Jackson,1967)在《*人际沟通用语学*》中提出的。第一个原则是，关系中的每个行为都是一种交流，并且不可能"不"交流。第二个原则是所有的沟通都包含两种水平的信息，"内容"水平和"关系"水平。内容水平的沟通是关于人们在工作时面临的共同情境或他们努力解决的问题。它关注关系本身以外的事，如是否去图书馆是一个好的想法，是否可能会下雨或如何让汽车修理好。关系水平的沟通是关于一个人如何看待与他人关系中的自己的。

内容水平的沟通主要是采用言语方式，也就是词语。关系水平沟通是非言语的，通过声调、手势、面部表情和一般态度。如果内容交流是语言，关系交流就是音乐。我们常常通过说话的方式而不是事实上说了些什么来表达我们如何看待与他人的关系。在很多情况下，我们很难用言语表达自己的感觉，所以我们通过非语言渠道进行沟通。事实上，对于与另一个人的关系，我们常通过整体风格或"交往方式"表达出来。下面，让我们探讨不同的交往方式和每种方式都表达了怎样的对关系的看法。

交往行为和方式的种类

詹弗曼(Geffman,1955)认为，在自我表现中，个体会按一定线索行动，这个线索是这个人言语和非言语表达的整体方式。它传达了他对情境的定义，对情境中他人的和对自己的定义。人们扮演的线索似乎各种各样，并且人际交往行为种类也是无限多的。毋庸置疑，如果你能想象个体间是多么不同，你就会被人们行为的多样性震撼。但是研究人际行为种类和分类的心理学家却发现，它们的确可以被归为少得令人吃惊的类别(Bales，1985；Carson,1969；Leary ,1957)。

利里(Leary)的研究表明，如果对不同的交往方式之间的关系进行因素分析(一种统计技术，用来决定等级描述的基本维度)，基本维度数量只有两个。一个是积极/消极或友好/敌意维度。另一个是控制/顺从维度。也就是，虽然人们能以各种尺度来衡量交往方式，它们中的许多却是彼此相关的。这里似乎只有两种主要的相关，一种是行为可以由友好和敌意来分类，另一个是可以根据控制和顺从来分类。从这些发现中利里发明了一个**圆形复合体(circumplex)**来描述人际交往行为的种类。见图 4.2。每一类都在友好性(从很友好到很敌意)和控制顺从的程度(由高控制到部分控制、部分顺从、高顺从)上存在差异。

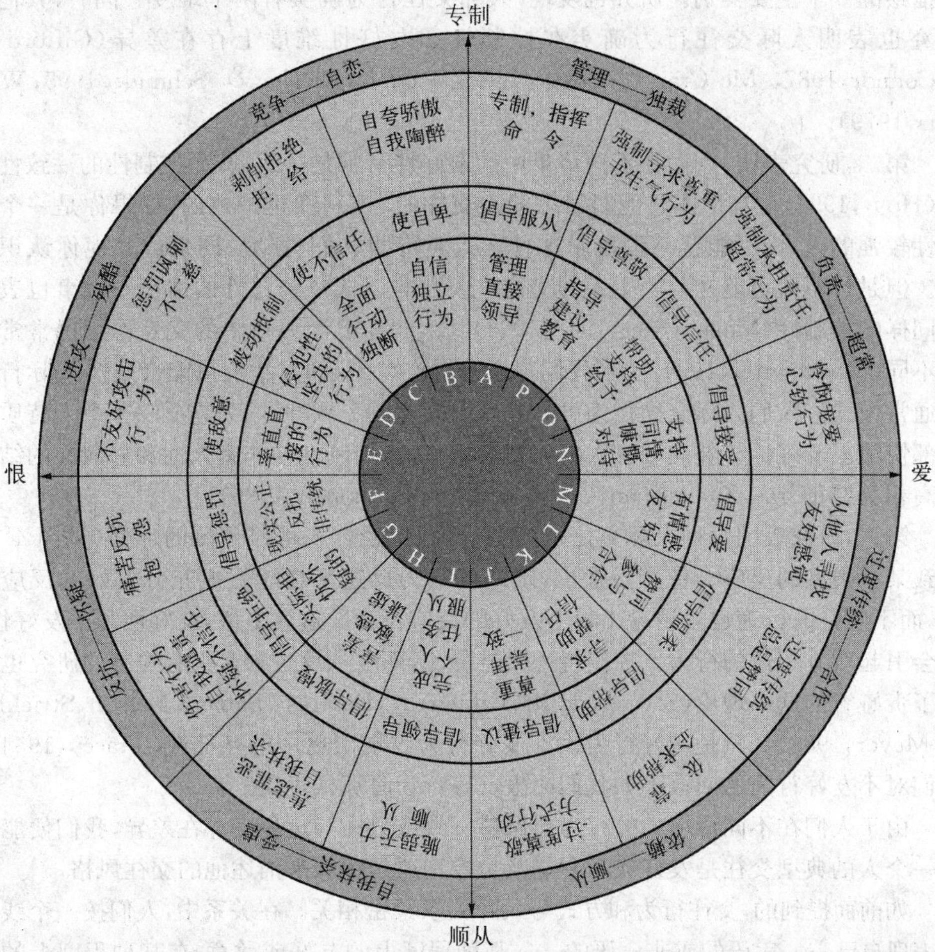

图 4.2

人际行为被分为 16 种机制和反应。这 16 个变量的每一个都通过行为样本加以说明。中心圆环表明了行为的类型,这种人际行为的表现从最内圆中“拖”出。最内的圆圈代表了相应的反应。例如,变量 A,“管理”。因此,我们可以看到,使用反应 A 的人趋向于使别人“服从”,等等。由于这些发现中包括了两种方式的人际现象(主体做了什么和“别人”如何反应)。因此,它与这个图中其他代表人际行为的编码相比可靠性较低。接下来的这个圆周表明了极端或严格的反应。例如,“专制”。这个圆的周长被分为 8 个概括的类别,用来做“人际行为诊断”。每一个类别有一个适当的(适合的)和极端的(病态的)强度,如“管理的——独裁的”。

来源:选自 Leary (1957)

后来的研究从三个方面支持了利里的人际交往行为的代表性维度。第一，研究表明利里的维度确实代表了人际行为的特点。人们发展了一些量表来测量圆形复合体中描绘的8个主要类别。研究也发现，人际交往行为确实有两个维度。同时，其他的研究也表明人际交往行为确实在控制性和友好性维度上存在差异(Gifford & O'Connor，1987，Mc Crac & Costa，1989；Wagner，Kiesler & Schmidt，1995；Wiggins，1979)。

第二，研究表明，人们在不同情景中的友好性常常是一致的，而控制性的一致性较低(Hoyt，1994)。当个体与他们熟悉的人交往时，控制性是一致的，如果你是一个控制性较强的人，你可能会一致地以这种方式对待朋友们、家庭、同事或其他你认识的人。但是你不太可能在与陌生人的交往中或在非正式场合之外的情境中做事也表现出同样的控制性(Moskowitez，1988，1994)。人们在浪漫关系中的交互作用也常常有所不同(Moskowitez，1994)。当我们与亲密的人在一起时，我们可能会远离人际行为的通常模式。人们人际交往行为可能表现出高度的一致性，因为它反映了个人特质和外部情境。友好性与外向和宜人的人格品质相关，控制性与非宜人性和外向性的结合有高相关(McCrae，Zonderman，Costa，Bond & Paunonen，1996)。

第三，研究表明每种人际交往行为都会像责娅睿(Zeary)预测的那样(见图4.2)导致某一类型的反应。责娅睿提出，友好的行为反过来也能促成充分友好的反应行为，而不友好的行为也会诱导出很不友好的反应行为。这就是说，友好性和不友好性，都会引起对方相似的行为。控制行为促进顺从，而顺从反过来又引起控制的研究也支持了责娅睿的这个理论(Strong，Hills，Kilmartin ，Devires ，Lanier ，Nelson，Stricklan & Meyer，1988)。只是友好行为比不友好行为表现出更多的互补性(Tracey，1954)。我们对不友好行为的回报不如我们回报友好行为时那样肯定。

由于人们在不同情境中的行为会保持一致或只在一定程度存在差异，我们便能根据一个人的典型交往是友好或不友好及是控制还是顺从来描述他的交往风格。

如前面提到的，交往行为和方式与人际关系紧密相关。在关系中，人们按一个线索来表现自己——言语的或非言语的——某种程度上的友好或敌意，在某种程度上的控制或顺从。通过这种方式，人们传达了他们是如何思考自己及其与别人关系的。例如，通过表现友好行为我们想表明，我们认为关系是友好的。通过顺从行为，我们想表明我们认为这个关系处于不平等地位，另一个人是控制性的。当我们以这样的方式表现时，会促使别人响应我们的行为。通过这种方式，交往双方彼此能在关系的两维定位上达成一致。这两个维度是“团结性”维度，即友好性、温暖至敌意、冷酷；另一个是地位，即平等或不平等(Brown，1965)。这两个维度本质上同人际行为的友好性和控制性是一致的。因此，当一个人以控制性的方式行为时，另一个人便以友好顺从的方式行为。两个人认同彼此的关系是高度团结的，但以不平等为标志，第一个人有更高的“地位”。我们在线索中表演的人际行为的本质传达了我们对与他人关系的本质的看法。

非言语沟通

在《*每日自我表现*》一书中，欧文·高夫曼(1959)提到，自我表现包括言语和非言语行为。他从“发出”或非言语表达中区别出了“给予”或言语表达。并且，认为后者比前者更容易控制。而非言语行为在表达情绪方面特别有力，并且因为它不容易控制，即使当我们希望隐藏它的时候，它也会传达出我们关于关系的真实感受(Kring，Smith & Nede，1994)。演员们是非常好的例子，他们努力工作来控制非言语表达，以传达那些通常在不能控制的条件下表达的感情。例如，在影片《*苏菲的选择*》中，玛丽尔·斯瑞普(Meryl Streep)扮演苏菲，她被一个集中营的纳粹长官命令选择两个孩子中的一个被立即处死，另一个幸存。这种情境的恐怖和引起的情绪挫折被表现得很淋漓尽致。玛丽尔·斯瑞普必须控制她的非言语表达，真实表现出苏菲那种试图掩饰自己的感情而又无意间流露出来的感觉。这是非常出色的表演。

非言语行为传达了关于感觉、情绪和态度的大量信息。关于这些内部状态的信息来自于声音质量、眼神交流、面部表情、手势、身体运动和接触(Brown，1986)。非言语表达常常被叫作情绪语言。很多研究报告指出，言语行为对我们推理别人感觉的作用相对较少(Aroher & Aliert，1977)。然而布郎(Brown，1986)指出，语言确实能传递很多我们所感觉的东西。当我们听埃拉·菲茨杰拉德唱歌时，歌词和音乐天衣无缝地结合了起来，传递了她和作者的感情。事实上，埃拉的天赋就是使用语言，并把它们同给予它们生命的非言语表达完美结合起来。

非言语沟通的因素

像我们提到的，交流中存在很多的非言语表达。在这些行为中最重要的是凝视(常被称作眼睛的接触)、面部表达、手势和身体活动。

凝视的效果

我们看别人的方式表达了很多的我们感情，并且它能够有效地影响社会交互作用的质量。爱情中的人们用很长的时间看对方的眼睛(Rubin，1970)，并且，凝视对方通常传达着积极的感觉并导致积极的反应(Zmada & Hakel，1977)。另外，凝视与地位有关。地位低的人趋向于更多地凝视高地位的人(Exiline，Ellyson & Long，1975)。一个重要的表达是紧盯着看或称为**视觉支配行为(*visual dominance behavior*)**。说话时，紧盯着或看着别人是专断的、控制的行为。它可能是领导行为的有效因素(Exiline，Ellyson & Long，1975)，但是凝视也会产生不舒服的感觉和表现出暗地里试图说服的企图(Carli，Lefleur & Coeber，1995；Strom & Buck，1979)。简言之，看着别人的眼睛能传达很温暖的感情，但是凝视也会传递控制的感觉。因此，高度的眼神交流会产生积极或消极两者中任何一种感情(Ellsnorth & Carlsmith,1968)。

瑞普·克斯维尔·别瑟拉[Rep(D)Xavier Becerra](右边)同他的竞选组织者说话,从他的非言语行为中,你认为他情绪高涨地与另一个人在交流什么呢?

面部表情

科学家对面部表情的研究已经有 100 多年了。在 1975 年,查尔斯·达尔文(Charles Darwin)在《*人类和动物情感的表达*》一书中认为,人类社会和动物的特定面部表情能传递相同的情绪。后来的研究支持了这个观点,不同文化中都发现了相同的面部表情。一种文化下的人们可以判断出录像中其他文化中人的面部表情,而这种文化他们以前从没见过。

一些情绪在人类面部中能十分清楚地得以表达,而另一些则很模糊。在一个研究中,一个妇女受到了很大的打击,经历了很多的痛苦,这些她都成功地忍耐了。这个妇女欺骗了她自己,她没有发现自己感觉到了多少痛苦。但低眉、眯眼和清楚地眨眼表达了这个女人没有报告的感到的痛苦。另一个能清楚地从面部辨别出的情绪是愤怒。人类似乎对别人脸上的气愤非常敏感,并且敌意的、威胁的面孔更可能比高兴和亲切的表情在人群中凸显。我们对威胁的信号非常警惕,并对他人的愤怒也反应很快。

手势和身体活动

手势和身体活动是交流中我们如何定义与别人关系的关键点。它们不仅表达了我们对别人的感觉有多积极，而且表达了我们在关系中感受到多少相对的权力和地位。互相喜欢的人们会向对方倾斜，直接地面对对方，并且表现出放松的姿势。不喜欢的感情也会由远离、远看和眼睛的紧张表现出来。高低地位或控制由放松和向后倾斜得以传达；低地位由身体僵硬——胳膊紧收，双脚放在一起和直挺挺地坐着或站立表达，这或多或少像是在站岗(Mehrabian，1972)。

欺骗和察觉

早期我们提到，自我表现和讨好可能有些欺骗性。比如讨好，可能包括你不情愿地奉承某人或假装同意某人的观点。高夫曼(1959)认识到自我表现的夸张或者说完全欺骗的一面，并认为，通过观察他人的自我表现是否是有意控制的以及非言语与言语是否是一致等方式，人们可以不断地审查他人的自我表现。目前已经有很多关于非言语方面的欺骗及对其察觉的研究(Zuckerman，DePaulo & Rosenthal，1981)。

其中重要的是对于非言语的敏感性的研究(Hall，1984；Rosenthal & Benowitz，1985)。当没有欺骗发生，人们观看没有实际的语词但保留了音调这一非言语行为的录像时，他们会通过注意那些最容易控制的非言语行为"通路"对他人情绪做出最准确的判断。而最难控制的非言语通路是音调。当词语——也就是言语表达最容易控制的通道，也被加到录像中时会传递最多的信息，只要它们与非言语行为一致或连续且非言语行为之间也互相一致(Blanck & Rosenthal，1982)。

非言语行为是难以控制的，音质和身体语言最大的缺陷就是它们表达或泄漏了个体的真实感情，这种感情可能是他试图隐藏的。因此，有很多行为对测量欺骗是很重要的。每个人都能形成一个控制——泄露的连续体，控制行为在一端，不能控制的行为在另一端(Brown，1986；Ekman & Friesen，1969；见图 4.3)。如前面提到的，当各种言语和非言语表达通路一致时，控制行为一般传递了最精确的信息。因此，当我们诚实时，词语和与之伴随的面部表情最大限度地表达了我们的感觉。但是，当一个人在欺骗另一个人时，不一致的信息可能会通过其他通道表达出来。这种不一致性，提醒目标欺骗正在发生。对于被欺骗目标来说，他或者也可以根据如降低语调、说错话和避免目光接触(Zuckerman，DePaulo & Rosenthal，1981)等特定与欺骗有关的线索而提起警惕。

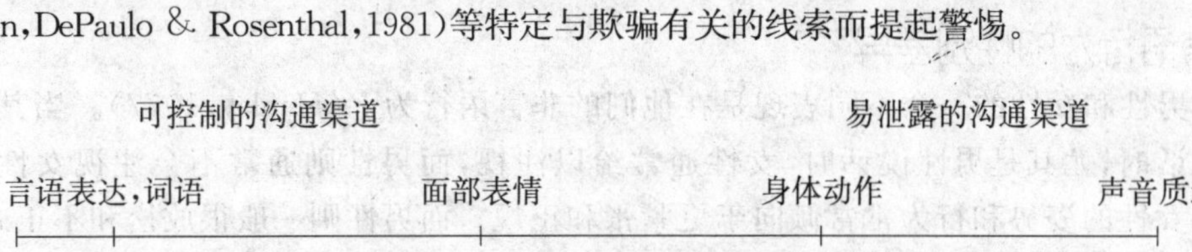

图 4.3 控制——泄露连续体

注：连续体左侧的沟通渠道相对可控。连续体右边的相对容易泄露。

来源：摘自 Brown (1996)

当欺骗发生时，是那些漏洞较多的非言语通路而不是那些可控制的行为包含了最多的信息。同时，当我们试图测查欺骗者的真正想法和感觉时，非言语通路也是进行观察的途径。例如，父母们通常能通过关注音调和身体语言分辨出在把厨房弄得一团糟这件事上孩子是否说了谎，并因为那些线索泄漏了事实真相而推翻孩子的否认。小孩子常常能通过使用高控制性的面部表情——微笑来掩盖欺骗(Keating & Heltman,1994)。这似乎很奇怪，微笑很容易被利用，并且相当有效。微笑常常会掩饰欺骗，导致人们宽容地对待别人。这可能因为微笑与可信任性有关(LaFrance & Hecht,1995)。这个发现的意义在于，当我们鉴别欺骗时，控制性、信息性的言语和面部表情必须被除去一定水分。虽然较少控制性的线索——音质和身体运动——不是非常精确和有帮助的，但当它们泄漏了隐藏的东西时，对辨别欺骗也是非常重要的。

最新的研究开始探索，为了鉴别欺骗，如何洞察比较容易控制的面部表情线索。例如，通常当人们不高兴时常常微笑，尤其当他们卷入面子工作时。但是，非真正高兴的人的微笑与那些真正高兴的人的微笑一样吗？似乎不是。在人们真正高兴时，眼部和唇部的肌肉活动比假装时更频繁，虽然肌肉运动对大多数人来说是难以观察的，但对于训练有素的观察者来说，面部肌肉能揭示厌恶、恐惧、轻视和悲伤(Ekman,Friesen & O'Sullivan,1988)。

你可能会想，什么样的人最擅长欺骗？毫不奇怪，他们是社会技能很高的人(Riggio,Tucker & Throckmorton,1987)。长于表达和社交圆滑的人最擅长于欺骗。而社交焦虑的人是最不擅长的。很显然，前者的行为让人们觉得更诚实，而后者的则传递出明显的欺骗性。控制性与欺骗成功是很相关的，因此，具有进行欺骗的社会技能的人，更可能获得和保持高的社会地位(Keating & Heltman,1994)。

非言语沟通的性别差异

在全部非言语沟通的研究历史中，人们发现了大量的性别差异。这些差异能帮助我们理解男性和女性的不同方式及性别之间的差异。

非言语行为的性别差异

男性和女性的一个不同表现是在他们的非言语行为上(Henley,1977)。当其他人说话时，尤其是男性说话时，女性通常给以注视，而男性则通常不会注视女性说话。女性的姿势和行为常常倾向于更紧张和正规。而男性则一般很放松和不正式。另外，女性更可能微笑。亨里(Henley)认为，这些男性和女性间的差异与男性在社会中处于高地位和高权力而女性处于低权力和低地位有关。男性的非言语行动主要表达权力，而女性的非言语行为则主要表达顺从。亨里认为，通过每日的那些不显眼的微小行为，男性和女性保持了他们之间的权力差异。虽然女性可能表现为讨好，但她们的行为很显然是权力差异的产物。而这种权力差异又被强化了，而不是减弱了。

另一个特别有说服力的是，男女之间的差异也表现在触摸上。男人喜欢触摸别人，但不喜欢被触摸（Whitcher & Fisher，1979）。女人总体上对接触反应比较积极，但是不经常主动触摸。换言之，在每天的交互作用中男人通常触摸女人，但女人不触摸男人（Henley，1977）。我们发现的第二个非言语行为的差异是，男人主张触摸的权利，女人知道这个权利，但不主张自己使用，这也保持了性别间的权力差异。

表达性和敏感性上的性别差异

男性和女性在表达性和敏感性的差异可以被简单地概括为：女人在精确地传达、理解非言语沟通上更有优势（Hall，1984；Mayo & Henley，1981；Rosenthal & Benowitz，1985）。虽然对这种概括也有例外存在，就像在一个研究中发现的，在辨别愤怒上男人有更精确的倾向（Wogner，MacDonald & Manstead，1986）。尽管如此，还是能很清晰地得出上述结论。一项研究表明，女人在传递非言语信息上的优势实际上与男性化和女性化现象而不是实际的性别有关。"男性化女性化"这个词指人们的心理倾向（有一个问卷可以测试），即是以典型的男性方式还是以典型的女性方式行为。高女性化的被试不论是男人还是女人，在使用面部表情和声调来传达感情时都是有优势的（Zuckerman，Zmidon，Bishop & Pomerantz，1982）。除了如我们上面提到的愤怒例外，女性在理解非言语交流上有优势，这一优势在她们辨别面部情感时尤其明显。这种提高的能力可能是女性与男性关系中较低的权力地位的作用结果；可能她们必须发

总体上，相对而言，图中男人的姿势和行为比女人的更放松和随意。

展出对负面情绪的敏感性(Brown,1986)。

感觉的非言语沟通之一,情绪,不论是强烈的、有力的还是短暂的,在关系中都是很重要的。例如,我们知道,非言语表达不同于外在吸引,可以引起内在的喜欢(Friedman、Riggio & Casella,1988)。这种表达方式可解释个人的性格特点(Friedman & Riggio,1981)。我们可能不能从一张照片中看到别人的特点,但当我们与某个特征的人接触时,我们会了解到,并且感到非言语表达的魅力。

研究表明,感情的非言语交流在婚姻关系中是很重要的。一个研究表明,妻子传递和解释非言语信息的技能与婚姻满意度有很高的相关(Sabatelli,Buck & Dreyer,1982)。另一个研究表明,女性的非言语技能比男性更优越,丈夫和妻子与对方交流的非言语沟通能力与婚姻适应有关。

非言语交流对自我表现和相互理解来说是重要的因素。它的微妙性和说服力,使它成为值得进一步研究的课题。

视窗 4.2 非言语沟通的情境影响

虽然大量的研究表明,非言语行为是普遍的,并且很大程度上受生物学控制。其他的研究却表明,文化也有很强的影响。最近心理学家开始研究社会情境是如何影响非言语行为的。例如,新的研究表明,非言语能表达明显尴尬的表情,包括一系列的转移注意、微笑、微笑控制、头部动作和摸脸。这种表现有显著的社会作用,它表现了对高地位群体的让步。在美国的妇女和黑人中,这种表现尤为突出,长期以来,他们都是通过表达困窘向男人和白人表现让步的(Keltner,1995)。

地位的重要性在对脱口秀主持人与嘉宾之间的非言语沟通研究中也有所表现。在计算机化的声谱中,低频的非言语信号表明,主持人和嘉宾会互相判断彼此的谈话方式。低地位的人调节他或她的声音信号来适应高地位的人(Grregory & Webster,1996)。倾听两个不同地位的人互相说话时,你会发现,低地位的人将开始向高地位的人一样发音。

近来,出现了几个在表达和情绪知觉方面非常重要的研究。一个新的理论提出,面部表达的强度更多由人们所在的社会地位决定而不是由他们实际感到的情绪决定(Fridlund)。对该理论进行的一个验证研究部分地支持了它,但却表明,是三种因素的结合决定了面部表情的强度。这三个因素是情境、情绪的强度和体验情绪的人与他的观众之间的关系(Hess,Banse & Kappas,1995)。三者都很重要。

续 表

就像面部表情会随不同的社会情境而不同一样，人们对面部表情的知觉也如此。例如，实验中给被试出示一个男人脸的照片，照片上的人脸一般被认为是恐惧的表情。然后给被试们讲述一个故事，暗示这个男人很生气，因为一些小孩拿走了他汽车的轮轴帽跑掉了，那么被试便可能知觉到这个照片表达了愤怒而不是恐惧(Carroll & Russell，1996)。人们不会机械地根据他人的非言语表达来判断一个人的情绪，他们也会仔细考虑这个人当时所处的情境。 最后，一些最新的关于娱乐的面部表情的研究表明，人们在很多社会情境下习惯于压抑自己对感觉的表达。在这些情况下，他们相信，他们表达的感情要多于别人实际知觉到的他们所表达的感情(Barr & Kleck，1995)。情绪表达的压抑在北美文化中会被自发地过度学习，并且，许多人表达的比我们认为的还要少。 简言之，情境对我们的非言语行为和我们如何知觉他人的非言语表达有很强的影响。非言语行为是受很复杂的生物学、文化和情境力量的影响的。

自我暴露

自我表现的一个很重要的方式是自我建构(Baumeister，1982；Baumeister & Hutton，1987)。自我建构使我们表现得像我们喜欢或希望成为的那个人。我们希望我们的观众和与我们交互作用的人接受我们关于自己是谁的定义。自我建构包含的一种行为是自我暴露。**自我暴露(self-disclosure)**可以定义为同另一个人谈论私人问题。例如，你的需要、价值观、态度、背景、担心和渴望(Archer，1980)。表4.2中列出了一个自我暴露测量的几个项目。其中，人们被要求说明他们与父母、他的男性和女性朋友及配偶对每个题目的谈论程度。埃拉·菲茨杰拉德可能会在这个量表上得分很低，她是个隐私感很强的人，对自己很保密。

表4.2 乔拉德(Jourard)的自我暴露量表项目举例

*指导语：*给你的答题纸的每一列的开头标有“妈妈”，“爸爸”，“男朋友”，“女朋友”和“配偶”。请阅读问卷上的每个题目，然后在答题纸上标明你同上述每个人谈论该项目的程度。也就是，你让那个人了解你的程度。请使用你在答题纸上看到的评分量表来描述你谈论每一个项目的程度。

1. 我对性道德的个人观点——我认为我和他人在性问题上如何行为。
2. 我当前最感激的是什么。
3. 我现在的工作中，我最喜欢的是什么，得到的最大满足是什么。
4. 对我为其工作的人和与我一起工作的人，我的真实想法是什么。

续 表

5. 我现在的收入来源——月薪、酬金、补贴、分红等。 6. 我当前性生活事实——包括我如何获得性满意的知识；我可能有的任何问题；如果有的话，我和谁有性关系。 7. 现在或过去令我有罪恶感或害羞的事。 8. 我目前的身体状况：例如，高度、体重、腰围等等。

来源：Jourard(1971)

女人在谈话中倾向于自由地谈论个人问题和表达情感。

总体上，我们发现自我暴露是很有好处的。它提供了自我建构和自我实现的可能性。一般当别人向我们暴露时，我们也会喜欢这种行为，并因此交流各自的喜爱和信任。自我暴露可以减少孤独，虽然孤独的人不太喜欢首先暴露自己(Davis & Franzoni,1986)。另外，自我暴露导致我们与一起分享个人信息的人产生亲密关系。这其中也包括婚姻，双方的自我暴露会加强婚姻关系的质量(Hendrick,1981)。

决定自我暴露的一个重要因素是**互惠(reciprocity)**(Cohn & Strassberg,1983；Gozby,1972)。别人对我们暴露的越多，我们对别人暴露的也越多。互惠可产生以双方高度自我暴露为标志的关系，虽然关系中的个体在通常可能并非高度的自我暴露者(Miller & Kenny,1986)。我们并不总是喜欢向我们大量暴露的人——有时太多太快了——但是即使是这样，我们也会尊重互惠原则，并且相应地暴露更多(Kleinke &

Kahn,1980)。我们可能不能准确地符合别人暴露的程度,如果在某个情景下那样做看上去不是特别合适。于是,我们将在互惠原则和顺应情境形势的愿望之间达成妥协,以达到适当的自我暴露。

双方的自我暴露经常导致亲密,但有时也会发生不快,而产生负面的反应。那么在特定时刻适合地暴露自己多少呢?我们喜欢慢慢温暖我们的人——在这种情况下,他们的自我暴露是在谈话的结尾(Jones & Gordon,1972;Jones & Archer,1976)。对这个规则的一个特例是,我们喜欢在与别人的交互作用初期,就被告知那个人所面临的需要负责的消极事件(Archer & Burleson,1980)。这看上去可以消除迷雾而导致更大程度的喜欢。当一些平常比较保守的人向我们敞开心怀并暴露一些暗示着不轻易对他人公开的事情时,我们也很喜欢(Taylor,Gould & Brounstein,1981)。

自我暴露的研究表明,男性和女性在自我暴露程度和他们实际暴露的内容上有一致的差异(Shaffer,Peglis & Bazzini,1996)。妇女通常比男性暴露的要多,尤其是关于感情关系和其他个人问题(Cozby,1972;Davidson & Duberman,1982)。在一个例子中,男性,尤其是男性化很强的男性,在女性面前自我暴露的更多是当他与一个希望进一步与其交往的女性谈话的时候。这些男人似乎想在探索与这个女人未来浪漫关系可能性中采取主动(Shaffer,Pegalis & Bazzini,1996)。亨里(1997)也指出,男性仅仅对他们亲密的或希望亲密的女性暴露,这会将女人推向"情绪服务站"的地位。她认为这种方式对男性或女性来说都有不好。

性别角色定势也能控制自我暴露。有不安全感和社交焦虑的男性和女性都可能以与性别角色定势一致的方式暴露自己,且他们可能强化和促进这种定势(Snell,1989)。虽然自我暴露的次数可能会改变,但研究表明,男性对个人自我暴露的评价仍然比女性的评价更消极,可能因为男性视自我暴露为一种软弱(Cuunningham,1981)。如果这是事实,毫无疑问,男性不会自我暴露太多!乔拉德(1971)认为男性缺少必要的自我暴露,他们将一切压在心里,这给他们的生活增加了压力。

小结

当人们不能自我察觉,他们的行为一般是比较事务性的和自动的。人们能由很多的外部刺激引起自我察觉。如他们自己的声音被录音或站在镜子面前。自我察觉的人将自己的行为同理想标准进行比较,并常常发现他们的很多缺点。因此,自我察觉通常是令人不快的。如果人们可以的话,他们将试图逃避自我觉察。如果人们不能逃避,他们将通过努力使行为符合明显的标准来对自我觉察进行反应。在群体中,如果非本群体人数在比例上大大高于人们的本群体人数,他们可能变得更加自我关注。

欧文·高夫曼认为,自我表现对每天的生活影响很大,因为,我们总是想通过自我表现来控制其他人对我们的印象。我们通过宣布面子来进行控制。当我们表明面子时，其他人通常顺从我们的宣称来达成一致，这个一致性很管用，它能促进有效的社会交往。我们试图支持其他人的面子，通过阻止或忽略窘境或以积极的方式解释它。这些相互支持行为被称作面子工作。

隆斯(Lones)的相互作用理论和自我表现策略认为，我们通过讨好别人或试图让别人喜欢我们来加强我们在关系中的权力。我们必须微妙地做这件事，避免别人对我们讨好的企图给予警惕。我们能通过顺从、奉承另一个人或积极地表现自己来讨好别人。其他的自我表现策略包括威胁、自我控制、例证和恳求。

有时个体在他们自己的成功道路上铺设阻碍。自我设阻通常会在人们对自己在某个领域的能力不能确定时发生。人们阻碍了自己，以使自己能有失败的借口，而不至于将失败归因于能力低下。

高自我监控者对别人的期待非常敏感，并且对改变自己的行为来满足别人的期待很擅长。低自我监控者在不同情境中，表现得比较一致，他们的行为反映了自己清晰的自我概念。

人际交往行为可以归类为友好对敌意和控制对顺从两个维度，个体的人际交往风格在这两个维度上变化。

非言语行为传递了关于我们的情绪和我们对别人的感觉的很多信息。非言语沟通的渠道包括凝视、眼神交流、面部表情、身体运动和手势、接触和音质。我们的很多非言语沟通传递了我们对别人的喜爱和我们对相互关系中的地位的感觉。非言语通路随着可控性——泄露性连续体而变化。面部表情是最容易控制的，音质是最容易泄露的。男性和女性在非言语行为和能力上存在差异，总体上说，男性在非言语行为中确立了自己的权力，而女性在非言语行为中更顺从。女性在传递非言语表达和理解非言语行为上比男人更优越。

自我暴露非常有好处，并且可导致形成亲密关系。虽然人们通常喜欢自我暴露的人，但自我暴露必须被仔细地限定时间和范围。自我暴露遵循互惠原则，也就是虽然我们会在不同的情境下发现不同的进行恰当自我暴露的程度，我们通常和别人暴露的一样多。女性比男性有更多的自我暴露；男性在自我暴露时，他们被评价为不那么积极。

关键词

取悦观众	我向同谋	圆形雷达图	例证
面子	面子工作	理想表现	印象管理
威胁	讨好	讨好者两难	符合标准
互惠	自我建构	自我暴露	负面记忆偏差
自我设阻	自我监控	自我提高	自我调节
情境同一性	恳求	视觉支配行为	

推荐读物

Bales，R. F.（1970）. *Personality and inter personal behavior*. New York：Holt，Rinehart and Winston.

Chaikin，A. L.，& Derlega，V. L.（1974）. *Self-disclosure*. Morristown，NJ：General Learning Press.

DePaulo，B. M.，and Friedman，H. s.（1998）. Nonverbal communication，In D. T. Gilbert，S. T. Fiske，and G. lindzey（Eds.），*The handbook of social psychology*（Vol. 2，pp. 3－40）. New York：McGraw-Hill.

Duval，S.，and Wicklund，R. A.（1972）. *A theory of objective self-awareness*. New York：Aademic Press.

Ekman，P.（Ed.）（1982）. *Emotion in the human face*（2nd ed.）. Cambridge，England：Cambridge University Press.

Goffman，E.（1959）. *The presentation of self in everyday life*. Carden City，NY：Doubleday.

Jones，E. E.（1964）. *Ingratiation: A social psychological analysis*. New York：Appleton-Century-Crofts.

Schlenker，B. R.（1980）. *Impression management: The self-concept，social identity，and interpersonal behavior*. Pacific Grove，CA：Brooks /Cole.

Snyder，M.（1987）. *Public appearances/private realities*. The psychology of self-monitoring ，New York：Freeman.

第五章
态 度

摘自《和我们相似的人群》(Fisher& Fisher,1992a):

凯利:

我的故乡在缅因州的一个小镇,但我却很少回去……我在一个中上阶层的家庭长大,有许多朋友。我们一起聚会、购物、玩洋娃娃。我非常喜欢洋娃娃,我对曲棍球、骑马等各种类似的活动及其中的社会角色都非常感兴趣。自15岁以来,我已经从事过上千份工作……我在宠物店打工,我喜欢动物,身边总有许多小动物。它们是我非常好的伙伴,尤其是现在,对我来讲,它们确实是我的好伙伴……对我来说,最重要的事情,当然也是非常困难的事情,就是想要拥有自己的家。

保罗:

嗯,我有许多梦想,我想做好多事情。我喜欢周围的人们,我也想帮助他们,但却心有余而力不足……我在康涅狄格长大,热衷于骑术表演、滑水、滑雪,我是户外型少年。在我们漂亮的房子后面,有一个游泳池……上中学时,我非常辛苦。我不大确信我到底是同性恋还是异性恋。我很少和男生或女生玩耍。我希望能够与残疾人、精神障碍患者在一起,帮助他们恢复正常行走,进行合理饮食。而不是伤害弱者……我总是喜欢照料他人。如果你得上这种病,你就失去了所有的东西,是的,你失去了所拥有的一切,你不能工作。我再也不能工作了。

凯利:

我今年18岁了。我15岁的时候去进行艾滋病病毒检测,结果呈阳性。对一个年仅15岁的孩子来说,没有人会告诉我,我最终会感染艾滋病。"他们"是其他人,"他们"是同性恋者,这是别人告诉我的。在我感染艾滋病病毒之前,我从来没有用过安全套。我想我根本就不在乎这个。我从来没有和伴侣讨论过节育或安全套问题,我不好意思谈论这些话题。

保罗：

我今年28岁，患上了艾滋病，已经完全发作……我不喜欢告诉你事情的真相。我从来没想过节欲。1980年，我第一次听说艾滋病，我想，我永远不会患上这种病的。我认为安全套并不是最重要的，享受性的乐趣才是最重要的。我们讨论安全套，我只是说："嗯，好"，但我还是不会去使用它。不会是我，我永远不会得上它。后来，我就得上了。

凯利：

我15岁的时候就和一个人同居……我们没有讨论过安全套的使用问题。在接触一个星期后，我发现他感染了艾滋病病毒。我的姑妈是一名注册护士，包括她在内，许多人都告诉我，有过三四次接触其感染几率也在百万分之一……所以我并没预料到结果会是呈阳性，我真的没有预料到。每个人都希望自己的生命能够长青。我还清楚地记得当我发现已经感染了艾滋病病毒时的感受。我只有15岁，我不想死。我向我父母喊叫：我只有15岁！我只有15岁……我感到我的力量是如此微弱，我如此渺小！对于我来说，它是毁灭性的，它彻底粉碎了我的世界。

保罗：

膀胱感染，疱疹，一次又一次的膀胱感染。我嘴里也感染了。对我来说，这实在太糟糕了。高烧38、39度，到40度时，我的眼、脑袋就像要炸开一样。我起不了床，什么也看不见，我无法睁开双眼，我太热了……我已经进行过35次输液了。他们不会了解为什么我如此虚弱。我再也无法忍受了，我的静脉已经被扎遍了。我不会让它们在我的腿或脚上扎，因而我说我想停止使用叠氮胸苷(AZT)。使用它会增强你的免疫系统，然而也会引发新的问题，不管采用哪种方式，你都有损失。自那之后，他开始给我使用去羟肌胺(DDI)，去羟肌胺也是能增强免疫力的一种药物。我用了3天就不能行走了……此时此刻，我已经无法保护自己了。

凯利：

我非常害怕生病。我使用的药物是叠氮胸苷(AZT)，每天500毫克。我每天还给自己注射干扰素，我这是在做临床试验。我认识许多使用去羟肌胺的女人都不能行走了。对我来说，瘫痪是令人非常恐怖的，我将再也不能用双腿走路了。

保罗：

为了减轻我的病痛，他们给我使用了泰勒宁(Tylox)，这种药物和玛啡近似。我的身体全面恶化起来……我不能吃东西。这伤害实在太大了，让我感到恶心。我尽可能吃东西，但我还是不能。28岁实在是太年轻了，绝不能死……这非常可怕，因为我不想死……我母亲来对我进行身体检查，现在她总是戴着手套，让我觉得我就是一种病毒。我虽然患了病，但你并不会因为拥抱我而感染，你不会从我的眼泪中感染。我所需要的仅仅是一个拥抱而已！

凯利：

我们没法从外表断定某个人有没有艾滋病病毒。没人看到我就会想到我感染了艾滋病。人们并不总像我们想象的那样恪守一夫一妻制。女孩们总是说，嗯，男孩们不喜欢用安全套，他们会觉得像穿上雨衣洗澡一样，我不想让他们感到不舒服……在这个世界上，没有什么值得你用生命去妥协的。

保罗：

你还不得不去想。这个人对我坦诚吗，或者有没有在我背后鬼混呢？谁会在乎感到尴尬？你是在拯救你自己的生命，也可能是另一个人的生命。性爱值得让你为之付出染上艾滋病的代价吗？它值得让你不使用安全套吗？你可能会有不同的感受，那是因为你还没有染上它！仔细考虑一下吧！

保罗死于1994年3月

凯利死于1995年年初

"获得性免疫功能丧失综合症"(AIDS)已经成为本世纪最严重的健康威胁之一。全世界范围内，有近500万人已经确诊为艾滋病，估计有1 850万人已经感染了人体免疫缺损病毒(HIV，也即艾滋病病毒)，这是一种直接引发艾滋病的病毒(HIV/AIDS管理局及性传染病实验室，加拿大健康、疾病控制中心，1995；考克斯，1996)。在美国，有50万以上的人已经确诊为患有艾滋病，大约有200万人已经感染了人体免疫缺损病毒(疾病控制中心，1994)。

艾滋病病毒是通过血液和体液交换传播的。因而，特定行为与艾滋病病毒感染的风险相关联，如不使用安全套的性交，使用同一支静脉注射器。有些人已经被艾滋病摧毁了，包括血友病患者、同性恋者及静脉毒品使用者(Fisher & Fisher, 1992b)，越来越多的证据表明，大众异性交往场所也存在感染艾滋病的风险(Ickovisc & Rodin, 1992)。然而，预防性措施，如使用安全套，并不总是被性交频繁的年轻人(不管是异性恋，还是同性恋)所采用(Catania, Coates, Stall, Turner, Peterson, Hearst, Dolcini, Hudes, Gagnon, Wiley, Groves, 1992; McCusker, Stoddard, McDonald, Zapka, Mayer, 1992)。

为什么人们会乐于在没有任何保护措施的情形下做爱，把自己置于危险之中呢？潜在的一个重要因素就是人们的态度。人们可能对使用安全套或其他保护性措施(如

在访谈“与我们相似”和录像“与大家相似的人们”中，参与者都感染了人体免疫缺损病毒并/或患有艾滋病。与他们的会谈令人痛苦，之中掺杂了年轻时的记忆与抱负和现在对当初天真的、对性所持的常常鲁莽的态度。

节欲）持消极态度，因为他们认为这些行为会产生令人不快的后果。如，年轻的女性可能会认为，如果她让男朋友使用安全套会侮辱她的男朋友；或年轻男性可能会认为使用安全套会减少快感，而且女朋友看起来也非常健康。然而，惨痛的现实是艾滋病病毒已经渗入到大众公共场所中，任何不经保护的性交行为都是危险的。

本章将介绍有关态度的社会心理学研究及其理论基础。首先，我们会对态度的概念进行界定，接着探讨态度的形成过程，然后，我们会描述态度是如何对信息加工过程发生影响的，最后将注意转向态度对行为的影响。全章将始终聚焦于重要的、与社会现实相关的态度领域，其中包括性行为和性传播疾病。

态度的定义

在日常生活中，**态度（attitude）**这一术语是非常普通的，几乎每个人对其意义都有自己的见解。“他喜欢枫叶”，“她认为对杀人犯实施死刑是一个好主意”，“他是一个怀有偏见的顽固分子”，“他们支持总统对波斯尼亚的政策”，这些都是日常生活中态度概念的例子。

社会心理学家是如何定义态度的呢？在过去的几年里，研究者们已经提出了许多有关态度的定义，从简单（如“喜欢与不喜欢”，Ben，1970）到复杂（如“精神或神经中枢的准备状态，通过经验组织起来，向个体对所有相关物体及情境的反应施加指导性或动态的影响”，Allport，1935）。在本章中我们所采用的定义是：态度是“对某一目标的评价性(好—坏)判断”。因此,态度表明了知觉者对目标的喜好或厌恶。

态度可能会非常强烈,就像姐妹之间的爱

佐娜和拉姆佩(Zanna & Rempel, 1988)提出了态度概念的四个核心特征。首先,态度指向某一**刺激物**。也就是说,它们总有一个对象。态度总是指向一个目标的(一个问题,行为,人,群体或者环境中任何可识别的部分)。因此,人们对事物有态度,从具体的或明确的目标,如“摇滚歌手布鲁斯·斯普林斯丁”和“使用安全套”,到抽象的、概括的目标如“自由”和“健康”。社会心理学家不会使用“他的态度恶劣”这类短语,因为它没有指向特定的目标。

其次,态度涉及个体对目标的“**评价**”。态度是在评价维度上(好—坏连续体)做出的判断,反映了知觉者对目标的喜好或厌恶。因此,对态度的测量经常是让人们在几个维度上评价目标(如,“摇滚歌手布鲁斯·斯普林斯丁”或“每次发生性行为时都使用安全套”),如好—坏,喜欢—厌恶,聪明—愚蠢,喜爱—讨厌(Osgood, Suci, Tannenbaum, 1957)。另一种测量态度的方法就是让人们对许多评价目标的陈述进行同意—不同意的判断(Likert, 1932),如“使用安全套预防性传播疾病”,“安全套减少男性的性快感”。

第三,态度**表征在记忆中**。因而,它适合于记忆表征的网络或结构(Pratkanis & Greenwald, 1989)。例如,回想起你对医生的态度会唤起你对密切相关的事物的态度,如医院、护士、注射器。态度也会因从记忆中提取的难易程度或速度而不同,这个概念被称作态度的**可提取性(accessibility)**(Fazio, 1990)。接下来我们将看到,高度易提取的态度比不太容易提取的态度更“有影响力”,也就是说它们对信息加工与行为有更多的影响。

态度的第四个也是最后一个核心特征是,它可能**从认知、情感和/或行为信息中发展出来**。这意味着,对目标的评价可能建立在有关目标的信息与信念(认知信息)、对目标的感觉和情绪反应(情感信息)、或先前对目标的行为及反应(行为信息)之上。例如,苏珊或许会对班上的男同学乔治持有肯定的态度,因为她认为他是诚实的、友善的(信息);因为她感到被他所深深地吸引(情感);或因为当他在课堂上表现出迷惑时,她曾花时间向他解释作业(行为)。许多情况下,态度是建立在所有三种来源之上的(如,对苏珊来讲,如果前面叙述的三件事都是真实的)。然而,这些来源之间并不总是或必须保持一致。例如，你可能喜欢巧克力蛋糕的味道（积极情感），但又知道那是对身体有害的（消极信念）。或者，你可能知道你应该锻炼（积极信念），但你又发现身体疲惫不堪并不舒服（消极情感）。尽管在三种来源之间可能存在不一致，但态度描述出了一种将认知和情感真正整合起来的概念，这是一种“相互作用的”观点（假定成分之间有相互影响），索伦提诺和希金斯（Sorrentino & Higgins，1986）将这种观点标以“暖视角”（warm look）。对社会心理学家来说，这是一种非常重要的观点。在下一部分中讨论态度的形成时，我们会分别讨论这三种可能的来源。

当然，正是态度的重要地位，导致了社会心理学理论和研究中这个概念的中心性。早在1935年，奥尔伯特就把态度描述为“当代美国社会心理学中最有特色的、最不可缺少的概念”，即使在现在也可以证明这一论述的正确性（见 Petty，Wegener，Fabrigar，1997）。社会心理学家把如此多的精力投入到对态度的研究上，因为对事物的评价影响着人们的知觉、情绪及行为。如果我们想了解年轻人为什么没能进行安全的性行为，为什么种族间、异教徒之间的冲突如此普遍，为什么有些人非常注意节省能源而其他人却挥霍无度，为什么堕胎这类问题会激发如此强烈的情绪，我们就必须要研究并理解态度。

为什么人们会有态度

人们可以迅速而不费力气地形成态度；他们能在较少信息的基础上就对物体做出评价，而且是不自觉地做出评价。回想一下本年度的第一堂课，你可能在课堂的前几分钟里就对教授形成最初的态度（喜欢，讨厌；有趣的，令人厌烦的）。当然，你的态度只是暂时的，尽管如此，它还是存在的。为什么态度能如此明显地“自动”形成？扎琼克（Zajonc，1980）认为，评价性或情感性反应比认知反应（除人之外，许多物种都能体验情感，但极少的物种能以人类认知的方式或途径“思考”）更为“原始”。因而，从进化的意义上来讲，情感反应可能比认知反应更古老或更基本。实际上，扎琼克主张，基本的情感反应（喜欢—厌恶）能在知觉者意识到对象是什么之前（先于归类与识别）发生。

态度不仅能很容易地在短时间内形成，而且一旦形成通常都会受到强烈地保护。简而言之，人们会通过如辩驳、忽略信息、合理化等机制来保护自己的态度，使之不被改变。虽然态度能改变，而且确实发生了改变，但是心理阻抗却能够阻碍态度的改变。如果某个人对一部电影没有先定态度（比如，他们没有看过这部电影），那么与已经有清晰评价的人相比，更容易让前者相信这部电影是好的或是坏的。

态度的上述品质（迅速而不费力气地形成，接下来就抵制改变）表明，态度可以发挥重要的“心理功能”。为什么人类已经进化到了能够迅速做出评价性判断的阶段？态度的益处是什么呢？实际上，态度对于人类的生存具有至关重要的意义。因为态度促使行为与评价保持一致，人们将趋近感觉对自己有利的物体，而避开对自己不利的物体。假定目标给予人们奖赏，人们就会形成喜爱的态度，如果目标给予人们惩罚，则使人们形成厌恶的态度。接下来，基于态度基础上的趋近/逃避则发挥了增加奖赏、减少惩罚的作用。对有机体而言，迅速识别环境中的威胁与可能的奖励源是同样必要的。态度通过在记忆中储存对刺激物的简短评价服务于上述目标。

尽管人们在态度上倾向于追求新奇事物，但在国外旅行时，人们可能会因陌生刺激而感到威胁或恐慌。

许多理论都曾对态度的功能做出推测。可能最有影响力的论断应是凯兹(Katz, 1960)提出的，他提出态度可能有四个功能。首先，如上所述，态度使奖赏最大化，而使惩罚最小化，凯兹将其称作**实用功能(utilitarian function)**。其次，态度通过向知觉者提供对目标及目标群体的简短评价，帮助知觉者了解周围的环境，凯兹将这称作**信息功能(knowledge function)**。第三，有时态度向其他人传递个体的价值观及身份(如，青少年对音乐与服装的态度)，凯兹称这为**价值表现机能(value-expressive function)**。社会心理学家对态度与价值观进行了区分，后一概念是人们认为重要的广义的标准或目标，如平等，自由和健康(见 Seligman, Olson & Zanna, 1996)。最后，态度偶尔会保护人们免于承认有损尊严的事实。例如，某一教授只是一个贫穷的教师，他或她可能会通过对学生形成厌恶的态度来保护自我("他们跟不上我超群的思想")，凯兹称其为**自我防御功能(ego-defensive function)**。自凯兹的著作现世以来，许多研究者研究了态度实现不同功能的特点(如,Herek, 1986; Maio & Olson, 1995; Shavitt, 1990)。

现在,我们很容易就能理解为什么人们能够迅速而毫不费力地对事物做出评价。当然,这种形成倾向可能会产生某些不良后果,如过早地对某人或某群体下否定性结论。但不可否认,在极大程度上,态度有效地履行着重要的心理功能。

态度形成

在界定态度时,我们指出它可以建立在三种信息基础之上:认知的、情感的、行为的。多数态度都是这三者中一个以上的结合体。在本部分,我们将更为精确地介绍态度是如何从各种信息成分中发展起来的。

建立在认知信息基础之上的态度

显而易见,人们评价目标物的方式(对目标物的态度)受到其所持有的关于该目标物的信息或信念(认知信息)的影响。信念和评价是怎样精确地联系起来的呢?

在把信念和评价联系起来的所有态度模型中,大概最著名的就是**合理行动理论(theory of reasoned action)**(Fishbein & Ajzen, 1975)。该模型假定人们是理性的、深思熟虑的思考者,是在相关信息的基础上做出一定的行为表现(因而命名为"合理行动")。这个理论的确是一个有关态度、信念、社会压力、意图及行为之间关系的综合模型,但是现在我们只关注它对态度形成的意义(本章在后面讨论态度——行为一致性时,我们还会引入这个模型)。费仕贝恩和埃基恩(Fishbein & Ajzen,1975)假定,态度是由知觉者与目标物联系在一起的特点[他们对目标物的**信念(belief)**]决定的。也就是说,态度是由任何对个体重要的特征(当想到目标物时,很容易且迅速进入意识的)所决定的,按照该特征的好或坏进行权衡。试想象一下,我们询问苏珊对狗的态度,她可能会报告一个中度积极的态度:在从负 3 到正 3 的量表上选择正 2。而威廉,可能会报告稍微消极的态度:在同一量表上选择负 1 分。费仕贝恩和埃基恩预测:苏珊对狗的信念比威廉的更为积极。表 5.1 列出了两人可能报告出的假定信念。如果让苏珊列出当她想到狗时首先进入意识中的事件,她可能会说狗是"友善、聪明、吵闹、顽皮"。另一方面,威廉则可能会说狗是"邪恶的、吵闹的、忠实的"。很明显,这些不同的信念可能解释了最终的态度差异。

费仕贝恩和埃基恩(1975)提出了一个公式,用以说明个体的重要信念是如何被整合形成总的态度的。公式是:

$$A_0 = \sum_{i=1}^{n} b_i e_i$$

此处 A_0 是指对目标物的态度,$\sum$ 则代表"所有的总和",b_i 则是有关目标物的信念 i,e_i 则是对包含在信念 i 中的特征的评价,n 是重要信念的数量。每个信念(b)都是从 0 到 1 的可能性，反映了特征与目标物联系的确定性（信念的强度）。每个评价（*e*）是从负 3 到正 3 的评估，反映了特征的积极或消极价值。回到狗的例子上，苏珊可能十分确信"狗是一种友善的动物"（*b*＝0.9），中等强度赞同"狗是一种聪明的动物"（*b*＝0.7），有一点认为"狗很吵闹"（*b*＝0.4），非常肯定"狗是一种顽皮的动物"（*b*＝0.8）。因而，她在友善这一维度上会做出高度积极的评价（*e*＝＋3），在聪明伶俐的维度上做出轻度积极的评价（*e*＝＋1），对吵闹特质持轻度消极的态度（*e*＝－1），对顽皮特质的评价为中度积极（*e*＝＋2）。为了从信念的组成要素获取对苏珊总体态度的估计，费仕贝恩和埃基恩把 0.9 与＋3（友善）相乘，把 0.7 与＋1（聪明伶俐）相乘，把 0.4 与－1（吵闹）相乘，把 0.8 与＋2（顽皮）相乘，然后把它们加起来，就得出结果（2.7＋0.7－0.4＋1.6＝＋4.6）。因此，苏珊的总体态度是赞许的，这是合理的，因为她对狗的大部分信念都是积极的。注意，以这种方式产生的"分数"与人们在态度评价量表上的评估并不完全对应（如上面报告的苏珊对狗的＋2 的态度）是与总体态度量表的（预测）分数相关。举例来说，从威廉的信念中得到的分数应比苏珊的分数稍微消极，正如表 5.1 所示。

表 5.1 建立在有关目标物的信念的基础上的态度

苏珊对狗的总体态度评价为＋2
苏珊对狗的所持有的重要信念：

	强度（*c*）	评价（*e*）	*b*×*e*
友善	0.9	＋3	＋2.7
聪明	0.7	＋1	＋0.7
吵闹	0.4	－1	－0.4
顽皮	0.8	＋2	＋1.6
			总和：＋4.6

威廉对狗的总体态度评价为－1
威廉对狗所持有重要信念是：

	强度（*c*）	评价（*e*）	*b*×*e*
邪恶	0.7	－3	－2.1
吵闹	0.8	－1	－0.8
忠实	0.6	＋2	＋1.2
			总和：－1.7

人们以这种方式“计算”自己的态度，这看起来让人难以置信。当然，如果心算的确发生了，也是人们所意识不到的。但是人们在意识不到组合原则的情况下，就能以惊人的复杂方式整合信息（如，见 Anderson，1981）。此外，很大比例的积极（或消极）信念能转化为积极（或消极）的态度，这也并不牵强。实际上，研究者们已经在许多领域中都找到了有力的证据来支持这一假定，包括对节育方法、政治候选人、种族群体的态度（回顾见 Ajzen & Fishbein，1980；Eagly & Chaiken，1993）。

最近，在对安全性行为的一系列研究中，费舍及拉伊（Fisher & Rye1995）检验了合理行动理论的有效性。他们获得了三种不同的样本，分别是同性恋者、异性恋大学生及异性恋中学生。测量被试对一系列安全性行为（如，使用安全套，拒绝进行不安全性行为，要求伴侣进行 HIV 检测）的态度，同样测量了他们对每种行为所持有的重要信念。也就是，每种行为具有的突出特征或结果（如，对使用安全套来说，常识认为能够降低艾滋病的风险，降低其他性传播疾病的风险，减少对患上艾滋病的恐惧）。所有被试在 30 个态度中，有 25 个与从信念中计算得到的分数（信念与评价相乘，然后加和，得出结果）显著相关。相信这些行为能产生积极结果的个体对这些行为表达了积极的评价。因此，在这个生态测验中，合理行动理论得到了很好的验证。

信念之源

如果态度常常是建立在信念基础之上的，那么要理解态度的形成，我们就需要退一步寻找信念的来源。我们从哪里获取目标物的特性、群体的特性等信息呢？目前，存在两种对信念的基本分类：建立在直接的、个体经验基础上的信念和建立在从他人那里获取的间接信息基础上的信念。

关于直接经验，我们许多信念都来自与目标物及人的个别接触。我们直接感知到：母亲会安慰我们；香蕉的味道不错；阿尔冈昆公园中的湖水中是冰冷的；用针刺一下会痛；慢跑使我们疲劳；研究社会心理学非常有趣。每种信念都把某一具体特征或特性，拿好味道来说，与目标物联系起来，如香蕉。

事实表明，建立在直接经验基础上的信念比建立在间接经验基础上的信念更容易提取（容易提取到意识中），更令人信服，也更加清晰（见 Fazio & Zanna，1981）。不足为怪，建立在直接经验基础上的态度比建立在间接经验基础上的态度能够更好地预测行为。相对于从别人那里获取的信息而言，我们更相信自己的感觉。

当然，许多物体（如俄罗斯、可卡因、国家航空和宇宙航行局航天项目）和问题（如堕胎和死刑），多数人没有这些相关事物的直接经验，必须依靠从其他来源收集到的信息。那么谁或什么才是间接信息的最重要来源呢？

我们首先接触到的是父母，他们对我们有深刻的影响。儿童继承了父母的许多信念。举几个例子，儿童倾向于和父母支持同一个政党（Jessop，1982），并且表现出和

推测一下这位父亲正在向儿子传授的态度和信念

父母相同水平的种族偏见(Epstein & Komorita, 1966)。总之父母对子女态度及信念发展的影响至关重要,无论怎样夸大都不为过。

我们还受到朋友及同伴的影响。同伴对我们的态度也产生了重要的影响,从没有利害的态度,如服饰、音乐,到更为本质的态度,如种族和宗教信仰。同伴经常充当重要的**参照群体(reference group)**,这个群体的信仰、态度及行为给个体提供了一个与之相比较的标准。纽科姆(Newcomb,1943)进行了一个著名的有关参照群体的研究。他选取本宁顿大学即将编入同一个班的学生为研究对象。那时,本宁顿大学还是新英格兰一个很小的女子文科大学,本宁顿大学中的多数教职员工和高年级学生都是无拘无束的,而这些学生的家庭却是相当保守的。纽科姆跟随这个班进行了4年的追踪研究。结果发现,学生的态度倾向有了一个明显的转变,更认同自由主义。此外,学生所表达的自由主义的程度与他们在校园里的声望与威信相关。而且,许多保持保守态度的女学生表达了强烈的闭塞感及与家庭认同感。因此,教职员工和高年级学生充当了多数学生的参照群体,导致了更自由的态度,而家庭依然是少数学生的核心参照群体,导致了稳定的保守态度。最后,有趣的是纽科姆在20年后又做了一个追踪研究(Newcomb, 1963),他发现,和来自相似社会经济背景的女子对照组相比,本宁顿大学的研究生样本表达了更为开放的自由主义态度,而且寻找了自由主义倾向更为明显的丈夫。看来,本宁顿的同伴群体对这些女性的态度及生活产生了持续性影响。

间接信息的另一个来源是社会机构。例如,学校是一般信息的重要来源,但是它们还提供有关重要社会价值观的信息,如诚实、民主、自由等。宗教机构既教我们宗教问题(如先知、死后的灵魂),也教我们非宗教话题(如,女子的角色、工作的重要性)。

最后，大众传媒也是一个重要的信息源。电视、收音机、电影、报纸、杂志对我们的生活如此重要，以至我们难以想象，如果没有它们，生活将会是什么样子（尽管多数传媒存在的时间还不到 100 年）。传媒经常用于获取空间上遥远、时间上久远的事件的信息，但即便是个体或当地的问题，如犯罪行为、卫生保健、税收等也可通过传媒获悉（见 Haney & Manzolati，1984；Oskamp，1991；Roberts & Maccoby，1985）。

建立在情感信息基础之上的态度

至此，我们已经讨论了有关目标物的信息是如何影响人们的评价的。当然，信息还可能引发情感反应，如对拥有自己所期望的特质的朋友会产生好感，或得知某人因投机而获利时感到气愤。在这些例子中，认知与情感相互依赖。

但是，情感能否脱离信息而独立地与目标联系起来吗？换句话说，人们会因为他们对某一物体丝毫不知就评价为好或坏吗？答案是肯定的。在这一部分，我们描述两个心理过程，通过这两个心理过程，情感能在没有认知调解的情况下与目标物联系起来：**纯粹接触（mere exposure）**和**经典条件作用（classical conditioning）**。

纯粹接触

1968 年，扎琼克（和前面描述的主张"情感反应先于认知"的是同一位心理学家）提出，重复接触某一物体会引发对该物体更为赞许的态度，也就是"熟悉性导致满意感的产生（而不是轻视）"。他在许多精巧的实验中都证明了这一点。在这些实验中，他向被试呈现新异刺激并控制刺激的呈现次数，接下来请他们对刺激进行评价。例如，在一项研究中，主试告诉被试他正在进行一门外语学习的研究。研究中以不同次数向被试呈现汉语字符（从不，1 次，2 次，5 次，10 次或 25 次），每次呈现 2 秒，接下来让他们猜测该字词具有讨人喜欢的还是令人不快的意义（告知被试所有字符都是有评价含义的形容词）。图 5.1 呈现了该研究的结果。和预期的一样，被试看到某个字符的次数越多，他们就把其意义估计为越讨人喜欢。因而，这些字符的重复出现显著地增强了被试对它们的喜爱。

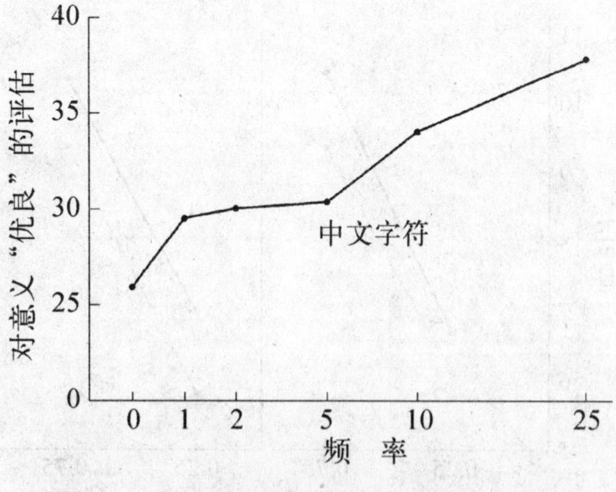

图 5.1 被评价的汉字字符意义的喜欢程度是呈现频率的函数

来源：Zajonc(1968)，p. 14

本项研究的有趣之处在于：重复

呈现实际上没有增加被试对该刺激的信息量;在向被试重复呈现汉语字符时,他们没有学到任何新的或重要的信息。因此,呈现效应并不是以认知信息为中介发生的(至少不是**有意识**的认知)。不过,重复呈现导致的熟悉性却会引发积极的情感。

纯粹接触效应也有一些局限(见 Bornstein, 1989)。例如,在大量的重复之后,联结可能上升,有时也可能会减少。据推测,联结的下降反映了厌腻和厌倦。此外,当一个刺激已经开始被厌烦时,纯粹接触效应就不会总是发生了,这表明重复呈现厌恶刺激一般不会增强联结,而且可能会导致更厌恶(Perlman & Oskamp, 1971)。如果刺激是令人讨厌的,呈现它反而使人不快,成为一种惩罚,并引发了与目标物相联系的更为消极的情感。

尽管存在如上局限,纯粹接触效应还是可信的,并具有一般化意义的。在第 8 章人际吸引中,我们将详细加以阐述,仅仅是简单的呈现,即使没有意识到任何知识或信息,也可导致对目标物更良好的感觉;而且,这种效应能转化为对目标物的更为积极的评价。

经典条件作用

一种刺激与能"自然"引发某反应的另一刺激配对出现一段时间后,当其单独出现时,也可引发该反应,这就是所谓的经典条件作用现象。每当狗的主人握紧拳头时都给狗施以击打,在经历多次这种场景后,握紧拳头就会使狗恐惧并退缩。相反,每当动物的主人在喂它时都说"吃吧",那么仅仅这个词语也可以导致唾液分泌和兴奋。

或许,我们的许多态度都包含着一定经典条件作用的影响,对与快乐体验相连的人或场所,我们感到喜爱。但对与痛苦体验相联系的事物,我们感到厌恶。格里菲特和维治(Griffitt & Veitch,1971)所做的一个有趣的研究证明了这一现象。在实验中,被试会在一个房间里完成许多任务。实验者通过操纵两个变量来影响被试的情感:热度与密度。一半被试,房间里的温度热得让人感到不适(34℃),另一半被试所在的房间里温度适宜(22.8℃)。此外,一半被试处在"拥挤的"条件下,12 到 16 个人挤在一个屋子里,另一半被试则 3 到 5 人一组完成研究。在完成任务之后,让被试报告他对一名陌生人的喜爱程度。实验对陌生人的态度进行了控制,主试告知被试,在所填写的 24 个项目的态度量表中,这名陌生人有 18 个项目或 6 个项目与被试一致。图 5.2 描述了本次研究的结果,对态度相似的陌生人的喜爱程

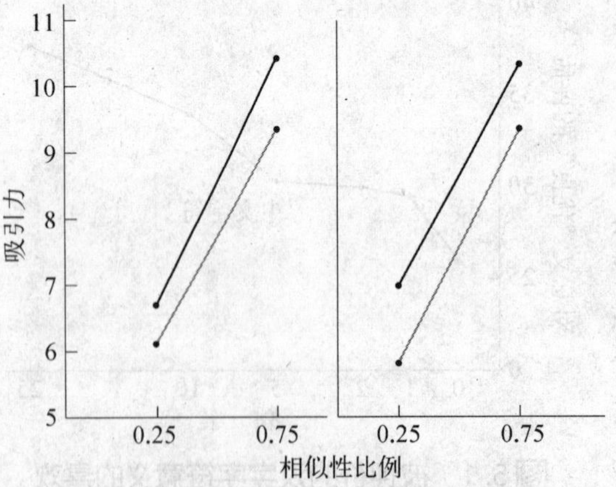

图 5.2 对陌生人的评价是炎热、拥挤、态度相似性三者的函数

来源:Griffitt & Veitch(1971), p. 95

度高于对态度不相似的陌生人的喜爱程度。如图 5.2 中左图所示,高密度(拥挤)条件显著地比低密度(拥挤)引发了更多的负性情感。因而,由环境引发的消极感受(炎热、拥挤)迁移到了对另一个人的判断上。看来,信念并没有作为中介变量影响被试的判断。因为,评价对象与房间里的条件根本没有关联。

许多实验用单词作为经典条件作用的目标物。这种范式是把积极或消极的刺激与特定单词进行配对,然后,测量对单词的喜爱程度。例如,佐娜、克舍和皮尔金斯(Zanna, Kiesher, Pilkonis, 1970)对被试施以电击,告知被试是为了测量生理极限。在电击时总使用一个单词作为开始的信号(要么是“光明”要么是“黑暗”),而其反义词则作为电击结束的信号(“黑暗”或“光明”)。电击试验之后,让被试参与一个在被试看来与电击试验不相关的研究,测量他们对关键词的评价。表 5.2 列出了在学习试验中表现出条件反射生理迹象的被试的结果。人们一般倾向于对“光明”进行更积极的评价(见表 5.2 中的控制组)。然而,当“光明”标志电击开始、“黑暗”标志电击结束时,对“光明”的偏爱就被消除了。当“黑暗”标志着电击开始、“光明”标志着电击结束时,对“光明”的偏爱加强了。因而,电击试验产生的情感影响了被试对单词的评价。在语义上与关键词相关的词语也表现出了相似的条件反射效应。当“光明”标志电击开始、“黑暗”标志电击结束时,人们对“白色”的偏爱就减少了。而当“黑暗”标志着电击开始、“光明”标志着电击结束时,人们对“白色”的偏爱就加强了。

表 5.2 对与电击开始或结束配对的单词的评价

条 件	单 词			
	光 明	黑 暗	白 色	黑 色
光明=电击开始,黑暗=电击结束	25.08	25.15	24.23	21.77
控制组	26.22	22.00	25.78	19.00
黑暗=电击开始,光明=电击结束	27.21	19.57	22.50	16.21

注:数值越高,说明评价越满意
来源:Zanna, Kiesler, Pilkonis(1970), p. 326

佐娜、克舍和皮尔金斯(1970)提出,人们对有意义单词的态度会受经典条件作用的影响。当然,人们对有意义单词会预先持有一定的态度,条件反射效应可能会因先前的评价而减弱。为了验证这一观点,卡斯泊、古戴尔、泰斯纳瑞和佩蒂(Cacioppo, Goodell, Tassinary, Petty, 1992)把电击与有意义单词(如“master”,“permit”,“finger”,“mother”)联系起来,或者与由相同字母组成的非词(如“trames”,“primet”,“fering","thomer")联系起来。电击之后,让被试评估每个单词和非词的愉悦性。结果发现:与电击——单词随机配对(电击时而出现在有意义单词之后,时而出现在非词之后)的条件相比,只要是与电击联系在一起的,单词就被评价为令人感到不愉快。更重要的是,非词的这种条件反射效应比有意义单词的更加强烈,可能是因为有意义单词在实验之前就已经激发了相关的评价性反应。

建立在行为信息基础之上的态度

前面,我们已经讨论了基于目标物特性的信念(认知信息)及其所激发出的情感体验(情感信息)之上的态度的形成方式。在这一部分,我们将介绍态度形成的第三种方式:从过去行为中推断。

在第三章中,我们略述了贝姆(Bem, 1967, 1972)的**自我觉知理论(self-perception theory)**。贝姆认为,人们对自我和对他人进行判断的方式是大体相同的;也就是说,人们从个体外显的行为选择去推断其内在特质。如果我们看到某个人自愿向慈善团体捐钱,我们推论他们是慷慨大方的。同样,如果仔细考虑一下在某个特定领域中或对某一特定目标的行为,我们也会推论出与自己行为一致的内部状态("我自愿向慈善团体捐钱,因而我是慷慨大方的")。

在态度刚刚形成,还不明朗或还比较模糊时,最可能从行为中得到对态度的自我知觉。一旦个体形成了强烈的、易接近的评价(如 NFL:美国国家足球联盟),他就不必如此去了解自己的态度了(如,"我在电视上看 NFL 吗?","我与他人讨论足球吗?")。但在态度还不明朗时,个体的确可能会使用自我知觉过程来推论自己的立场。

柴肯和鲍尔温(Chaiken, Baldwin, 1981)开展了一项研究,它有力地证明自我知觉只在人们态度不明朗时才起作用。研究者依据人们对环境问题的认知与情绪是否一致,把人们对环境问题的态度划分为"界定良好"和"界定不良"两类("界定良好"的态度指要么由赞许的信念和赞许的情绪构成,要么由令人不快的信念和不快的情绪构成)。让被试完成一个问卷,该问卷旨在使被试以一种有偏见的方式来回顾先前行为。一部分被试完成"亲生态学"问卷,该问卷会突出被试过去的亲生态学行为,另一部分被试则完成"反生态学"问卷,该问卷会突出被试先前的反生态学行为。接下来,被试评估他们对环境问题的态度。表 5.3 呈现了态度评估的结果。态度界定不良组个体,对先前行为带有偏见的回顾影响了他们的态度:亲生态学行为被突出出来的个体与反生态学行为被突出出来的个体相比,前者显著地把自己评价为更加亲环境。相反,态度界定良好组个体,突出性操纵并没有影响他们对态度的评估。总之,只有那些态度还不明朗或较模糊的个体才会使用先前反应(用研究者的有偏见的问题将其突出出来)去推论他们对环境的态度。

表5.3 对环境态度的自我评估是先前突出行为的函数

	界定良好的态度	界定不良的态度
突出亲环境行为	11.33	8.25
突出反环境行为	9.00	9.68

注：数值越高，表明越倾向于将自己评估为亲环境
来源：修改自 Chaiken & Baldwin(1981)，p. 6

我们将在第六章对劝说的阐述中看到，自我觉知理论最初是作为不协调理论的替代理论提出的。事实表明，自我知觉过程并不是很容易就能解释所有不协调现象，因此，它的最初目标并没有实现。然而，自我觉知理论却引发了大量与不协调效应截然不同的研究，为自我推理机制提供了有用的信息。

态度形成中的生物因素

社会心理学中对态度的普遍假定之一就是"态度是习得的"，也就是从直接或间接经验中逐渐形成起来。我们不是生来就喜欢篮球或反对死刑的；这些评价都是从孩提时代及成年期的经验中发展起来的。

态度是习得的，这一假定导致社会心理学家广泛关注外部的、环境性决定因素，而非内部的、生物性因素。一些理论家曾经推测生物学因素的作用(McGuire，1985；Olson & Zanna，1993；Oskamp，1991)，但是很少有人去收集相关数据验证。生物特性如何影响态度？最可能的结果是生理因素决定对特定态度的倾向，这些态度能否形成则取决于环境因素。例如，荷尔蒙对某些种类的行为可能会起作用(如，侵犯性行为中睾丸激素的影响)，人们的荷尔蒙水平能使特定态度更容易形成。高水平的荷尔蒙可能会使个体对侵犯性体育活动倾向于持积极态度，因为体内有大量荷尔蒙的人可能天生就好斗。

药品与态度

有一类研究强调人类的生物本性，即药理学研究。大量证据表明：有多种药品影响心境、情绪、行为和态度。或许，研究最多的药品是酒精。博斯特罗姆和怀特(Bostrom，White，1979)发现，酒精减少了酒精使用者向"反面态度"(所赞成的立场与酒精使用者的态度不同)的转变。他们推测，酒精是一种中枢神经系统的镇静剂，减少了由反面态度信息造成的不适，因而减少了个体改变态度的动机。

斯蒂尔和约瑟夫斯(Steele，Josephs，1990)提出了**酒精近视(alcohol myopia)**这一术语，指酒精中毒导致的认知能力降低，进而导致人们仅仅关注环境中最突出的线

索。因而,如果突出线索表明侵犯是恰当的,那么酒精中毒者就会增加侵犯性行为,而如果突出线索表明助人是合适的,那么酒精中毒患者的确也会增加助人行为(Steele, Critchlow, Liu, 1985)。与这一推理一致,麦克唐纳、佐娜和冯(MacDonald, Zanna, Fong, 1995)发现,当突出线索表明喝酒和驾驶都是有道理的(如,他们只需要驾驶很短的一段路),那么,对于喝酒与驾驶,喝醉的个体比清醒的个体表达了更赞成的态度。

在性态度与性行为领域,人们对酒精在激发性行为和减少性防范中的作用相当感兴趣。有证据表明,饮酒与性行为常常同时发生(Temple & Leigh, 1992),它反映了这样的事实:当情境线索对性接触有利时,酒精可能会减少抑制。一些相关证据表明酒精使用与增加艾滋病病毒(导致艾滋病的病毒)传播风险的因素相关(Kelly, St. Lawrence, Brasfield, 1991)。虽然,本章开始引用的两个年轻人的故事并未表明酒精在感染艾滋病病毒中的作用,但许多感染的人都报告说酒精削弱了自己对安全性行为的判断(Fisher & Fisher, 1922b)。麦克唐纳、佐娜和冯(1996)对大学生进行调查,并选出了 1 000 多名学生。在过去半年内,这些学生性行为频繁,并报告说经常使用安全套。他们让被试回忆最近一次性行为,并报告是否使用了安全套,以及喝醉的程度(如果有的话)。在男性(而非女性)中,醉的程度越高,就越不倾向于使用安全套。例如,在经常使用安全套、上次性交往之前很少或不饮酒的男性中,有 84%的男性报告使用了安全套。而在经常使用安全套、最近一次性交时中度或重度醉酒的男性中,只有 68%的男性报告说使用了安全套。

在酒宴中,人们会将注意力集中于群体中最显著的信息,并以适当态度加以回应。

在一个实验室实验中，戈登和凯里(Gordon, Carey, 1996)发现，酒精中毒使男性对使用安全套表现出了更消极的态度，而且不大确信自己会进行安全的性行为，如和新伴侣讨论使用安全套。在三个实验中(两个在实验室中，一个在校园中)，麦克唐纳、佐娜和冯(1996)让经常使用安全套的男性被试看一段录像。录像描述的是一个男人和一个女人，他们都想要做爱，但却没有安全套。主试要求被试回答如果他们处于这样的情境之中会不会发生性行为。酒精中毒增加了男性报告进行不安全性行为的可能性。酒精也使男性更加赞同对未经保护的性行为的辩解(如，这个女人看起来很健康，而且已经吃过了避孕药)。因此，酒精使用与有风险的性行为的内部介体(信念、态度、意图)存在着因果联系。

遗传因素与态度

在关于态度的生物学研究中，或许最具争议性的观点就是遗传因素的作用。行为遗传学的认为是个体的基因型(基因构成)部分地决定了他们的表现型(观测特性)。用以估计基因影响的统计量通常是**遗传力系数(heritability coefficient)**。它表示在某样本中，对某一特性可由遗传因素解释的变异量的估计。通过比较不同类型的相关物之间的相似性，就有可能估计遗传影响。例如，如果说同卵双生子(分享100%的基因)比异卵双生子(分享大约50%的基因)更相似，那么就说遗传对特性有影响(假定同卵双生子和异卵双生子所处的环境是相似的，这是一个重要的假定，有时也是不可靠的假定)。当然，就同卵双生子之间在某一特性上存在的差异而言，环境因素必然也起作用(因为同卵双生子在遗传上是完全相同的)。遗传力系数可以估计同一样本中人们之间的差异可归于遗传因素的程度(因而，遗传力系数部分地依赖于样本的多样性或变异性)。但是，遗传力系数并没有告诉我们某个特性能否被改变。举一个简单的例子，发色完全是由遗传决定的，又是完全可以变的。

请将如上告诫牢记心中，接下来跟随我们一起来回顾近年来行为遗传学中有关态度的研究。以3 000多对英国双生子为样本，马丁、依弗斯、嘉定、希思、费恩格德和艾森克(Martin, Eaves, Jardine, Heath, Feingold, Eysenck, 1986)计算了与政治和社会态度相关的50项指标的遗传力系数。研究者获取的遗传力系数介于7%到51%之间，在50项指标中，有23项显示出强遗传效应。在800多对英国双生子的样本中，依弗斯、艾森克和马丁(1989)得到的遗传力系数在1%到63%之间。最后，奥尔森、弗农、哈里斯和姜(Olson, Vernon, Harris, Jang, 出版中)还调查了300多对加拿大双生子，对30个态度项目进行了测量。作者对态度项目进行因素分析——因为这是寻求项目回答方式相似性的过程。因素分析发现了9个潜在因素(包括对平等、维持生活、运动、智力活动、处置罪犯等的态度)。9个因素中，有6个产生了显著的遗传系数，达到66%之高。例如，对体育活动的态度(锻炼、有组织的运动)表现出了显著的遗传效应。也许个体天生的(遗传的)运动能力(如合作、力量、速度)使他们倾向于对体育活动形成赞许或是讨厌的态度。

特塞(Tesser, 1993)开展了一系列引人入胜的研究,以验证"态度可能有遗传成分"的观点。他推理道:如果态度是以生物学为基础的,人们就可能不想(或不能)改变它。因而,人们会对其生物学基础的态度进行心理防御,使这些态度更加强烈而且抵制改变。特塞为他的研究选择了许多态度问题,都是早期双生子研究已经表明的能产生高遗传力的问题(如对死刑的态度)和许多能产生低遗传力的问题(如对资本主义的态度)。他发现,在人们的头脑中,高遗传性的态度比低遗传性的态度更可提取,而且更能抵制其他事物的影响。他还发现,在高遗传态度上相似的两个人所能增加的爱好的程度高于在低遗传态度上相似的两个人所能增加的程度。这些数据与高遗传态度可能更"重要"或"强大"的观点是一致的,也许是因为它们有生物学基础,改变起来非常困难。

态度与信息加工

先前曾经提到,态度的功能之一是信息功能,指态度推动个体对目标物的识别——它们是引导知觉并解释目标物的因素之一。那么,在某种意义上,态度充当了一个心理"透镜",个体通过这个透镜加工信息、观察世界。在这一部分,我们讨论态度对信息加工的影响。本部分的主题就是**选择性**:态度会使信息加工产生偏见,所以与态度一致的信息更可能得到加工。选择性可以在信息加工的所有阶段起作用,包括注意(注意到什么)、知觉(如何解释刺激)、记忆(回忆起什么)。当态度高度可提取时(也就是,态度能迅速地进入意识中;Fazio,1990),它对信息加工的影响将更大,因为当面对目标物时,容易获取的态度是自动激活并影响知觉的。

妇女、儿童优先。我的意思是赶快!

选择性注意

在态度的相关文献中,最古老的观点之一是"人们更倾向于注意那些支持或符合自己态度、价值观、决策的事物"。利昂·费斯汀格(Leon Festinger, 1957, 1964)在不协调理论中对**选择性注意(selective attention)**进行了清晰的介绍,我们将在第六章详细加以讨论。现在,我们只需知道费斯廷格在"人们都想相信自己的态度和决策是正确的"这一假定之上,提出了两种激活注意的模式。首先,人们选择性地寻找或注意与自己态度一致的信息。其次,人们选择性地避免或忽视与自己态度不一致的信息。结合起来，这些成分构成了**选择性接触假设(selective exposure hypothesis)**：知觉者积极地控制自己与信息的接触，因而获取的是一致的信息，而避开了不一致的信息。

早期，在有关选择性接触假设的研究中，其所得到的结论并不一致(见 Freedman & Sears, 1965)。一些研究表明知觉者偏好一致的信息，但其他研究也揭示出对不一致信息的偏爱。人们逐渐找到了选择性接触的限制条件(见 Frey, 1986; Wicklund & Brehm, 1976)。最重要的一点是，人们接近或避开某些信息的原因有很多，信息与先前态度的一致性或不一致性只是其中之一。要清楚地检验选择性接触假设，就必须要控制其他因素。对于有用的信息，人们经常接触，即使它是与态度不一致的(例如，你可能会仔细阅读一篇质疑生活用品安全性的文章，因为这一信息可能会保护你)。而且，情境规范经常要求人们抛开自己的观点，注意问题两方面的信息(例如，法庭上的陪审员应当密切关注所有证据)。

当这些复杂的因素都得到控制时，证据就支持选择性接触假设，如斯威尼和格拉波尔(Sweeney & Gruber, 1984)开展了一个有趣的现场研究。在 1973 年的水门丑闻期间，研究者就此事件对一些人进行了访谈。对于在 1972 年选举中支持尼克松总统的选民来说，水门事件在态度上是不一致的。相反，对支持民主党候选人麦克格温的选民来说，这在态度上则是一致的。正如前述逻辑推理所暗示的，研究者发现，麦克格温的支持者比尚未决定的公民更关注并讨论水门事件(选择性接近一致信息)，差异达到显著水平，而尼克松的支持者比尚未决定组报告了较少的关注(选择性逃避不一致信息)，差异也达到了显著水平。表 5.4 呈现了这些结果。

表 5.4 政治态度的作用：选择性接触水门事件的新闻

	注意水门事件	讨论水门事件
尼克松的支持者	2.11	1.70
未决定者	2.41	1.73
McGovern 的支持者	2.68	2.25

注：数值越高表明越注意水门事件、越频繁地讨论水门事件。
来源：Sweeney & Guber(1984), pp. 1211-12

选择性知觉

态度不仅能够引导注意指向，而且还会对刺激的知觉与解释产生影响。也就是，假定信息首先被注意到(这部分依赖于它的态度一致性)，选择性解释或**选择性知觉(selective perception)**还会使个体对信息的加工产生偏差。一般而言，知觉者所知觉到的信息对自己态度的支持程度要远远超出其真实支持程度。当信息比较模糊时，这一效应非常明显，因为在这种情境中，知觉的灵活性最大(和图式引导对模糊刺激的知觉一样，在第2章中曾讨论过)。

许多学者都对态度对解释信息的影响进行了研究探讨。例如，维德马和罗克奇(Vidmar & Rokeach，1974)发现，观众对电视节目《家庭百事》的知觉与他们的种族态度相关。低偏见的观众认为，阿伽·班克的顽固是演出中幽默和讽刺的主要目标。而高偏见的观众则更怜悯地看待阿伽，认为阿伽在女婿迈克(用阿伽的话来讲就是"笨蛋")的帮助下，得到了他所争取的多数东西。

法扎尔和威廉姆斯(Fazio & Williams，1986)在1984年的总统选举运动中通过电话访谈了一些民众，并让他们对候选人进行评价：罗纳德·里根和沃尔特·蒙德尔。他们记录了被试的态度方向(支持或是反对)及反应时间。研究者假定反应速度表明了态度的易接近程度。接下来，研究者再次联系被试，并让他们就候选人在总统与副总统在电视辩论赛中的表现进行评价。结果发现，对候选人的评价与被试的态度相关。例如，对于里根和蒙德尔的表现，赞成里根的被试比反对里根的被试对里根的评价更为有利。重要的是，当分析限制在真正观看过辩论的被试时，对里根的态度非常容易提取的被试(迅速表达对里根的最初评价的被试)与不太容易提取的被试相比，前者的相关更高，差异达到显著水平。因而，当个体态度高度可提取时，选择性知觉更为明确。在讨论态度—行为一致性时，我们还将继续深入讨论这个研究。

在一项研究中，选择性知觉意外地发生了有趣的延伸。马奥尼(Mahoney，1977)发现，科学家对其他科学家作品进行评价时会受到自身理论取向的影响。明确地讲，相对于声称与评论家所偏爱的观点相矛盾的结果而言，当某研究发现结果与评论家所偏爱的理论观点一致时，评论家将更加赞成后者。

如果信息解释产生了偏差，与态度一致的信息量被高估，那么随着时间的逝去，就会产生态度极化的一般倾向，因为每个人都把可用信息解释为支持自己的观点。但是如果信息是清晰地混合在一起(也就是一些证据支持一个立场，其他证据却支持另一个不同的立场)，情况又是怎样的呢？视窗5.1描述了两个研究，这两个研究表明，在上述情境中，态度极化也会产生。

视窗5.1 观己欲知：混合信息的选择性知觉

选择性知觉是指在已有态度的基础上对信息做出有偏见的解释。一般而言，人们倾向于认为当前信息比实际情况更支持自己的态度。那么当一部分信息支持一种观点而其他信息支持另外一种观点时，情况会是怎样的呢？混合信息的案例是非常普遍的，事实上，混合信息广泛存在于诸如流产、死刑、政治意识形态等有争

续　表

议的问题中,并不能看做是例外现象。人们一般认为混合信息将使态度趋于缓和。毕竟,当有确切翔实的信息支持对立观点时,知觉者对自己的立场是"正确的"的确信度就会降低。

然而,来自社会心理学的证据表明,混合信息有较少的包容效应(magnanimous effects)。在一个著名的研究中,洛德、罗斯和列普(Lord, Ross, Lepper, 1979)招募了一批对死刑有先定态度(赞成或反对)的被试。把对两个研究的描述呈现给所有被试,这两个研究针对死刑的威慑效应,构成了一个清晰的证据"混合",因为一个研究总结道:死刑是对谋杀的威慑力量,而另一个研究则总结道:死刑并不是一种威慑力量。每种描述都包括有关程序的信息、研究的结果及对研究的批评以及作者对这些批评的辩驳。

被试是如何对这些混合信息进行反应的呢?认识到问题并不简单,他们端正了自己的立场了吗?没有。实际上,在阅读了对两个研究的描述之后,赞成死刑的被试变得更加赞成,而反对死刑的被试变得更加反对了。简而言之,在看过混合信息之后,态度极化发生了!研究者还让被试对两个研究的质量进行了评价,这些资料表明极化效应的来源可能是对相关资料的选择性知觉。具体而言,被试对支持自己立场的研究的评价比反对自己立场的研究更为赞许。因而,客观上混合起来的证据,对研究中的被试来说却没有混合起来。相反,被试相信有高质量的研究支持自己的观点,而低质量的研究则反对自己的观点。结果,他们对自己最初的立场更加自信,这并不为怪。

休斯顿和法扎尔(Houston & Fazio, 1989)重复了这一研究,并且在让被试阅读文章之前,还测量了被试报告对死刑的态度的反应时。结果表明,和先前的研究一样,被试对两个所谓的研究进行了有偏评价,对支持自己立场的研究更赞许。然而,在统计上,这一模式仅对态度非常容易可及的被试才可靠。也就是,如果被试较迅速地报告出自己的态度,接下来,他们对研究的知觉就会偏向与自己的态度一致。这些资料表明,选择性知觉主要是可及态度的产物。

选择性记忆

接下来讨论的是选择性的最后来源:态度对记忆的影响——**选择性记忆(selective memory)**。我们有理由预期:相对于与态度不一致的信息,一致的信息在记忆中将会被过度表征。首先,与态度一致的信息更容易在长时记忆中编码,因为它适合或匹配已有的结构和图式(见第二章)。因而,当知觉者搜索长时记忆时,这些信息更可能出现。其次,人们可能有意地压抑或遗忘不一致的信息。随着时间的流逝,这种压抑或遗忘将增加记忆中支持资料的比例。第三,人们使用态度作为搜索记忆的线索,这又将人们引向支持性的材料。

罗斯(Ross, 1989)回顾了一些研究,发现人们把态度作为搜索记忆和/或重构过去事件的线索。例如,罗斯、麦克法兰和弗莱彻(Ross, McFarland, Fletcher, 1981)向被试呈现一段信息,要么是支持经常刷牙,要么是反对经常刷牙(“反对”信息支持使用牙线)。接下来,一部分被试完成态度测量,结果表明这些信息能有效地产生不同的态度。更有趣的是,其他被试完成了另一个问卷(在被试认为不同的实验中进行),该问卷评价他们在上个月进行某些行为的频率,包括刷牙。读到消极刷牙信息的被试比读到积极信息的被试报告说在上个月更少刷牙。作者认为被试使用新近态度对他们上个月的行为进行了重构。

依据罗伯茨的研究,对于这张美国肺脏联合会制作的海报,不吸烟者和戒烟者回忆起的内容多呢,还是吸烟者回忆起的多?

其他研究者也证实:人们接触到有关某个问题的信息时,相对于非支持性的材料,他们能更好地回忆起支持自己态度的材料。例如,罗伯茨(Roberts, 1984)让吸烟者、戒烟者、不吸烟者看一段赞成和反对吸烟的陈述。接下来,出乎被试的意料,研究者测试他们对陈述的回忆。结果呈现在表 5.5 中。不吸烟者及戒烟者回忆起了更多反对吸烟的陈述,而吸烟者方向相反,他们回忆的赞成吸烟的陈述比反吸烟陈述稍多,但差异并不显著。在第二个研究中,罗伯茨(1984)让人们看一段有关椅子安全带的陈述,既有有利的也有不利的。再次,在被试意料之外的情况下,让他们完成回忆测验,结果支持选择性记忆(见表 5.6)。报告自己总是系安全带的被试回忆起了更多的赞成系安全带的陈述显著地多于反对系安全带的陈述。而报告从来不系安全带的被试回忆起了更多的反对系安全带的陈述显著地多于赞成系安全带的陈述。报告说“偶尔”会系安全带的被试则居于中间,回忆起的赞成及反对系安全带的陈述的数量大致相等。这些数据表明,态度对记忆施加选择性影响,使支持性信息比非支持性信息更可能被储存及提取。

表5.5 对吸烟陈述的回忆量是吸烟状态的函数

赞成吸烟(5)	陈 述 种 类	反对吸烟(8)[a]
吸烟者(15)[b]	1.26	1.53
戒烟者(24)	1.83	1.08
不吸烟者(36)	2.56	1.50

a. 交流中陈述的数量
b. 每个组的被试数量
来源：Roberts(1984)，p. 210

表5.6 对系安全带陈述的回忆量是安全带使用情况的函数

陈述种类 / 系安全带行为	赞成系安全带(5)[a]	反对系安全带(5)
总是系安全带(28)[b]	2.29	1.61
偶尔系安全带(18)	1.72	1.78
从来不系安全带(15)	1.60	2.07

a. 交流中陈述的数量
b. 每组中被试的数量
来源：Roberts(1984)，p. 212

态度与行为

通常，我们假定态度能够决定至少是部分决定人们的行为。我们对待自己所喜欢的人的行为方式与所讨厌的人的行为方式是不同的；对社会福利事业持赞成态度的个体的行为表现(如投票、与别人讨论)也不同于持反对态度的个体。

直观地来看，态度—行为之间关系的假定是合理可信的，并且它激发了我们对进一步探索态度概念的兴趣。然而，态度—行为一致性并不总是那么容易证明的，许多理论家对态度是否是行为的重要决定因素产生了质疑。拉皮尔(Lapiere，1934)报告了早期一个著名的有关态度与行为之间明显不一致的例子。当时在进行研究时，北美的反华情结非常流行。拉皮尔带着一对穿着讲究的中国夫妇在美国旅行，穿越了10 000多英里，访问了250多个餐馆、旅馆和汽车宿营地。只有一个公司(一个"相当差的汽车宿营地")拒绝招待这对中国夫妇。旅行结束之后，拉皮尔向访问过的每个地方都发了一封信，让经营者回答：他们公司是否招待过中华民族的成员。最后回复率只有 50%。回复的结果也令人难以置信，只有一家承认接待过中国顾客，而 90%以上的人回答说没有(其余的回答是“视情况而定”)。难以想象出一个比这更极端的态度与行为明显不相符的例子。

然而，拉皮尔研究的完美性被一些方法学问题损坏了。例如，可能回答问卷的并不是当初招待中国夫妇的那个人。而且，问卷询问的目标相当模糊，只是“中华民族的成员”，而进入这些场所的中国夫妇又是年轻的、穿着讲究的，而且时常有一个白种人陪着。因而，我们有理由怀疑拉皮尔的研究是否切实证明了态度并不预测行为。然而，在 1969 年，威克(Wicker, 1969)发表了一篇评论，这篇评论回顾了 30 多个检验态度—行为一致性的研究。他发现，态度测量与行为测量之间的相关很少超过 30%，这相当微弱(表明态度能解释的行为变异还不到 10%)。威克总结道：“研究者推测，在个体内部有一个稳定的、潜在的态度，它既影响个体的言语表达，也影响个体的行为，但很少有证据支持这一推测”(1969, p. 75)。有研究者坚持认为态度概念有助于理解与解释行为，他们也认识到没有引人注目的证据证明这一点，对这些研究者来说，威克这一悲观的结论无疑是一大挑战。幸运的是，自 1969 年以来，研究者已经找出了许多影响态度—行为一致性的因素，表明态度与行为在某些情境下是紧密相联的。在接下来的篇幅中，我们将讨论影响态度—行为一致性的相关因素。

态度与行为测验的兼容性

费仕贝恩和埃基恩(1975)的合理行动理论(先前我们在讨论态度如何能建立在认知信念基础之上时提到过)中有一个重要的概念上的进展。费仕贝恩和埃基恩主张，由于“一般”态度只预测“一般”行为，而“具体”态度只预测“具体”行为，所以态度测验与行为测验必须是兼容的(要么都是一般的，要么都是具体的)。已经有研究证明，**态度和行为测验中的兼容性(compatibility of attitude and behavior measures)**问题对理解态度—行为一致性至关重要。

一般态度和一般行为

费仕贝恩和埃基恩所说的一般态度是指对物、人或问题的态度。一般行为是指对所有指向目标物的行为的测量。他们认为，个体对某一问题的态度能预测与目标物相关的一般行为模式的赞许性，但态度不能很好地预测单个的、具体的行为。例如，你对能源保护的态度能预测你在许多不同情境下及长时间内表现出保护行为的总体程度。然而，你的态度并不能(至少是不能很好地)预测具体的保护行为，如下周你是否会重复利用报纸，或在夜间关闭自动调温计。原因是，这些单独的行为由与保护态度不相关的因素部分地决定，如你的生活区里是否有重复利用的项目，今晚你是否需要为了客人而让屋子保持温暖，等等。而且，有时意料不到的事情也会干扰具体行为（如，你可能病了，没法把回收箱放在外面让别人捡走）。也许，这些个别的、特殊的情境或事件应当在与目标相关的整套行为中都"一致"。因而，即便一般态度不预测个别行为，它们也将预测对整类或整套活动的赞许性。

威彻（Wicher，1969）回顾先前研究时发现，有许多研究用对一般态度的测验预测具体行为。例如，用白人对黑人的偏见态度的测量来预测特定情境中白人被试坐在某个黑人身边的远近程度。依据费仕贝恩和埃基恩的研究结论，在这种情境下，两者之间不会存在较强的相关。

包含与态度相关的对各种行为的测验被称作"**多重行动行为准则（multiple-act behavioral criterion）**"。许多研究者证明一般态度测验与多重行动行为准则之间存在高相关（典型得在 0.50 或更高），而一般态度与具体行为之间的相关却相当低（Wicker 注意到这一相关经常在 0.30 或低于 0.30，1969）。例如，佐娜、奥尔森和法扎尔（Zanna，Olson，Fazio，1980）测量了被试对宗教的态度，发现这些一般态度与被试所报告的具体的宗教行为之间的相关非常微弱（0.09 到 0.38），如参加宗教服务、私下里也进行祈祷。然而，多重行动行为准则是由一个评价与宗教相关的、包括 90 个行为的问卷组成的，与被试的态度相关甚高（0.54）。视窗 5.2 描述了另一个研究，这个研究很好地表明了多重行动行为准则对检验一般态度预测效应的重要性。

视窗 5.2 多项行为基准：构建对行为的一般测量

对某一物体或问题的态度应当预测对与该目标相关的行为的总体赞许性，而不是对单个的、具体行为的赞许性。因此，要公正地检验态度—行为一致性，对行为的测量就必须要从不同时间、不同情境中广泛地抽取与目标相关的一系列行为。这样对行为进行测量就被称作"多项行为基准"。

韦特和纽曼（Weight，Newman，1976）进行了一个有趣的关于"态度—行为"一致性的研究，这个研究证明了多项行为基准的重要性。该研究的突出特点就是其行为测验测量了"真实的"、"客观的"行为，而不是自我报告的行为或行为意向（这些比较容易获得，因而比对实际行为的测量更普遍）。

在韦特和纽曼的研究中，被试选自新英格兰的一个城镇，有 44 个居民完成了一个针对许多社会问题的态度量表，包括他们关注的环境（用 16 道题目测量）。对环境态度的总体测量是把被试对 16 个项目的回答加起来计算得到的。

续 表

3 个月后，一个实验助手挨家挨户地到每户居民家中，并给他们 3 份抗议环境问题的请愿书(该助手声称自己是由当地居民组成的环境保护组织的成员)。请愿书反对沿着海岸线进行海底钻探，反对建立核电站，提议以强硬的法律强制人们拆除汽车尾气系统中的空气污染装置。被试可以签署或不签署每个请愿书；还询问他们是否愿意向自己的家庭或朋友传播这些请愿书。

过了 6 个星期后，第二个助手联系这些居民，并请求他们参加镇上一个沿路捡垃圾的项目，具体确定为 3 次，鼓励居民带着朋友或家庭成员一起参与。行为测量是居民是否参与捡垃圾的活动之一或有没有带另一个人一起来参加活动。

又过了 2 个月后，第三个助手又联系这些居民，并请他们参与一个回收报纸玻璃的项目，在这个项目中，他们把这些东西放在门外，每周定期有人来取走。在 8 个星期里，每个星期都进行一次行为测量，反应在那一周居民是否把报纸或玻璃放在外面以供重复利用。

韦特和纽曼计算了环境态度与各个行为测验之间的相关。首先，他们计算了态度与每种具体的、个别的行为测验之间的相关；其次，他们计算了态度和每类行为之间的相关(请愿，捡垃圾，重复利用)；最后，他们计算了态度和综合行为指标之间的相关，综合行为指标是把所有的行为项目加起来得到的。下面的表格列出了这些分析的结果。正如表格所示，对环境的一般态度与特定环境行为之间只有微弱的相关，平均相关系数为 0.29。当某一类行为被加在一起时，在态度—行为之间的相关变得更强了，平均相关系数为 0.42。在计算了最广泛的多项行为准数后，态度—行为一致性非常高，相关系数达到 0.62。

续 表

这些数据表明，只要行为测量也是一般的（多项行为准数），一般态度的确能预测行为。态度测验与行为测验之间的兼容性是态度—行为一致性中至关重要的调节变量。

环境态度与各种行为标准之间的相关

单个行为	r^a	行为种类	r^b	行为指数	r^b
近海石油	0.41**	请愿行为量表（0—4）	0.50**	综合行为指数	0.62***
核电	0.36*				
汽车尾气	0.39**				
传播请愿书	0.27				
个体参与	0.34*	捡垃圾量表（0—2）	0.36**		
募集朋友	0.22				
第一周	0.34*	重复利用行为量表（0—8）	0.39**		
第二周	0.57***				
第三周	0.34*				
第四周	0.33*				
第五周	0.12				
第六周	0.20				
第七周	0.20				
第八周	0.34*				

注：$N=44$

a. 本列报告的是点二列相关

b. 本列报告的是皮尔逊积矩相关

* $p<0.05$

** $p<0.01$

*** $p<0.001$

来源：Weight & Newman(1976)

具体态度与具体行为

具体态度是指对特定行为的态度，如喝咖啡、上心理学课或节欲。对行为的具体测量就是测量在特定场合中和特定时间内个体对目标所表现出的特异行为。正如后一定义所示，行为可以从四个维度或成分加以细分：行为（行为是什么——喝，参加，节制），目标（行为指向什么——咖啡，心理学课程，性），情境（行为发生的地点），时间

(行为发生的时间)。对单个的、具体的行为进行测量时,就必须在这些方面(行为、目标、情境、时间)进行限定。例如,一个研究者可能会测量学生在既定的某一天是否参加课程;或在特定的某一天,大型购物中心里,人们是否会停下来去帮助将货物掉在地上的女性。

如果我们期望能有效地预测某一具体行为,那么对态度的测量就应当是兼容的,也就是,它应当由被试对具体行为的态度组成。匹配的成分(行为,目标,情境,时间)越多,态度—行为之间的相关就应当越高(在特定的某天,对上课的态度会产生最高的相关)。可是,最重要的匹配还是行为和目标。因而,对行为 X 的态度通常能很好地预测对行为 X 的任何具体测量,而不管行为的情境与时间。

戴维森和杰卡德(Davidson, Jaccard, 1979)通过一项研究证明了态度—行为测量兼容的重要性。他们对女士进行了一次态度调查,并进行了追踪研究,验证调查所得态度数据能否预测她们在两年内使用口服避孕药的行为。研究者在各种特征水平上对态度进行测量,从一般态度(如,对节育的态度)到具体的态度(如对在接下来的两年内使用节育口服避孕药的态度)。表 5.7 表明,当态度测量与行为测量之间的匹配更紧密时,相关稳定地增加。态度的确预测行为,只要对态度的测量和对行为的测量是兼容的。

表 5.7 态度测量与两年期间里使用口服避孕药之间的相关

态度变量	r
对节育的态度	0.083
对节育口服避孕药的态度	0.323 *
对使用口服避孕药的态度	0.525 *
对在接下来的 2 年中使用口服避孕药的态度	0.572 *

* $p<0.01$
来源:Davidson & Jaccard(1979), p. 1372

费仕贝恩和埃基恩(1975)提出了具体行为原因的一个完整模型。图 5.3 中用图表示出了他们的合理行动理论。如图所示,假定具体行为的直接的、最接近的原因是个体做出或不做这一行为的意图,因为人们通常做他们想做的事情。但是,行为意向是从哪里来的呢?费仕贝恩和埃基恩认为意图建立在两件事之上:对做该行为的态度和有关该行为的主观规范。我们已经讨论了对行为(我们先前讨论的是具体的行为)的态度(建立在人们对行为结果的信念之上)。**主观规范(subjective norms)**是指对以特定方式做事所知觉到的社会压力,其他人对我们做什么都有一定的期望,我们对这一期望的信念[称作**规范信念(normative beliefs)**]就引发了主观规范。如果我们认为母亲希望我们在周日去教堂,我们将感到有一定的压力促使我们这样去做(假定我们关心母亲希望我们做什么)。

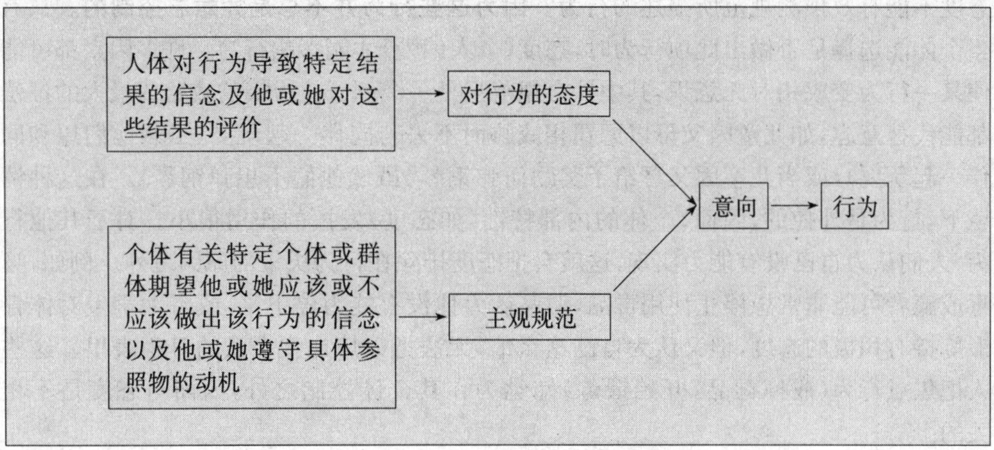

图 5.3 合理行为理论

注:箭头表明影响方向
来自:Ajzen & Fishbein(1980),p. 8

合理行动理论假定,人们在特定情境中的行为是由他们如何评价这种情境中可能发生的行为(态度)和他们所感受到的压力(主观规范)共同决定的。有关行为原因的这一模型在许多研究中都得到了很好的支持,这些研究中所关注的行为包括选举、吸烟、节育、喝酒、献血、使用安全带及购买各种产品(评论见 Ajzen & Fishbein,1980;Eagly & Chaiken,1993);合理行动理论已经成为过去 20 年中态度—行为一致性研究中支配性的理论框架。

行为的本质

影响态度—行为一致性的第二个因素是行为的本质。某些种类的行为比其他种类的行为更可能与个体的态度一致。哪些因素影响行为与态度是否一致?合理行动理论给我们提供了一个线索。费仕贝恩和埃基恩(1975)认为主观规范(社会压力)作为行为的决定因素,是独立于态度的。因而,如果有关某一行为的规范是非常强烈的,个体态度就不大可能影响行为(而强有力的规范则会起较大影响)。例如,社会风俗和礼节规范描绘了许多行为,我们在做出这些行为时都是自动地,而没有考虑我们自己的态度。即便我们不喜欢自己的工作搭档,我们也和他们打招呼;即便服务生提供的服务普普通通,我们也会给他小费;即便我们认为朋友的新发型非常糟糕,我们也对他说他的新发型很漂亮,这些都是由社会规范所引导的行为例子。只有当行为没有受到规范和社会压力的高度控制时,态度才能预测行为。

相对独立于态度之外的行为种类中,由规范控制的行为只是其例证之一。为什么态度不能有效预测规范所描述的行为?**因为这些行为并不总是凭意志控制的。**只有当个体能选择是否做出此项行为时,态度(个人偏爱)才能影响行为。许多因素都可能使某一行为变成相对无意识,其中社会规范只是一个例子。极端的威胁或最大的报偿都能代替意志,如儿童因父母以惩罚相威胁而不去与同伴一起玩耍(虽然他们想和同伴一起玩耍),或当儿童因父母给予奖励而弹钢琴(虽然他们不想弹钢琴)。在这种情境下,行为是外控的,因而,个体的内部特性(如态度)发挥的作用很小。对于其他行为,人们认为自己没有能力实现,这就会把态度排除在行为决策的原因之外。例如,吸毒成瘾者可能非常想停止使用毒品,但又认为他没有能力停下来,或者大学生对体育锻炼持有积极的态度,但又认为自己这么忙,无法把锻炼加到自己的日程表里。这些人把焦点行为(戒掉毒品,开始锻炼)知觉为在其个体控制之外,因而与态度是不相关的。

费仕贝恩和埃基恩(1975)在提出合理行动理论时,就明确地把他们的模型限定在由意志决定的行为中。然而,接下来埃基恩(1985)对模型进行了扩展,通过增加行为意向的第三个决定因素,吸纳了并不完全受意志控制的行为。图 5.4 表示了这一**计划行为理论(theory of planned behavior)**。埃基恩提出**知觉行为控制(perceived**

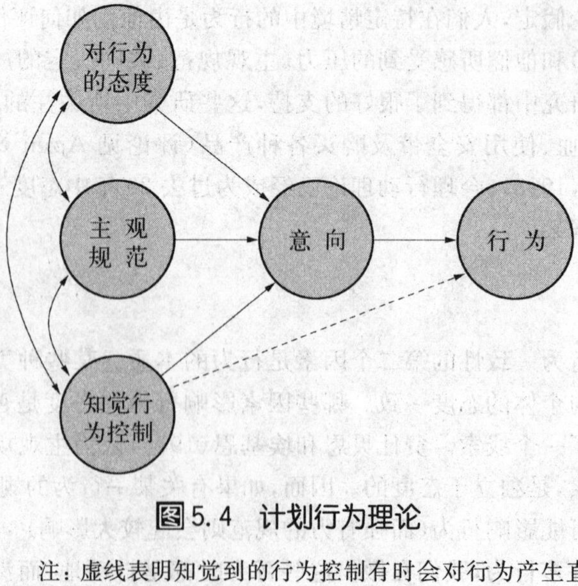

图 5.4 计划行为理论

注:虚线表明知觉到的行为控制有时会对行为产生直接影响,而没受到意向的调解。

来源:Ajzen & Madden(1986), p. 458

behavioral control)独立于态度和主观规范而影响行为意向。他是指人们在表达自己的意向时,会考虑他们能否实施该行为。如果某行为在人们的个人控制之外,那么很简单,他们就不打算去做它。知觉行为控制的概念与**自我效能**(**self-efficacy**)的观点非常相似(Bandura,1977),自我效能是指个体相信自己具备执行某项行为所必需的技能与机会的程度。许多研究表明,在一些领域中,计划行为理论比合理行动理论更具预测力(见 Ajzen,1991)。

未能使用安全套以预防艾滋病及其他性传播疾病(STDs)可能反映了,至少是部分地反映了低自我效能知觉或低意志控制知觉。例如,个体可能认为如果坚持要自己的伴侣用安全套,他们就是在以此对他或她的健康状况提出质疑。因而,在这些个体的头脑中,安全性行为并不是一个可选项。或者是,人们会觉得没有能力提前讨论安全性行为,因为他们会感到尴尬或承认自己想要做爱。因而,虽然个体知道自己应该怎样做,但低自我效能知觉可能会阻止他们以这种方式行动。

态度的本质

不仅某些行为(即受意志支配的行为)更可能依赖于态度,而且某些态度更可能预测行为。什么类型的态度能更强有力地预测行为?先前我们讨论态度形成时曾提到过一个相关特性——建立在与目标物的**直接经验**(**direct experience**)之上的态度。一种情况是人们对某一物体有直接的个体行为经验,另一种情况是对某一物体的评价建立在间接信息的基础之上,这两种情况相比,在第一种情况下,态度能更好地预测行为(见 Fazioi & Zanna,1981)。例如,法扎尔和佐娜(1978)测量了学生对参加心理学实验的态度,一些被试在先前就曾参加过这样的实验,而另一些则没有参加过。接下来,给予所有被试一次自愿参加研究的机会。研究者把被试分成了三组:高、中、低,其分组依据是他们直接接触心理实验的程度。结果表明:以前参加过许多心理实验的个体的行为比很少参加过或没有参加过的被试的行为更符合他们所表达的态度(也就是如果他们有赞许的态度,他们就自愿参加将来的研究;如果有反对的态度,他们就不会自愿参加将来的研究)。高、中、低三组态度与行为之间的相关分别是 0.42、0.36 和-0.03。

为什么直接体验会产生更能预测行为的态度?法扎尔(1990)提出,态度的可提取性是一个至关重要的因素。可提取性是指某一态度进入意识的难易程度;高度可提取的态度在遇到目标时就自动激活。回想一下,态度对知觉的影响就依赖于可提取性:易提取的态度比难以提取的态度更能使解释产生偏差。在前面描述过的法扎尔和威廉姆斯(1986)进行的一项研究中,迅速报告(高可提取性)对罗纳德·里根的态度的选举者,与报告较慢的选举者(低可提取性)相比,前者对候选人在电视辩论中的表现进行评价时所采用的方式与其态度更一致。如果可提取态度引导个体对情境的知觉,那么它们就可能充当行为的基础。这也正是法扎尔和威廉姆斯(1986)所发现的:选举之后，他们对被试进行了追踪访谈，在最初访谈中迅速评价里根的人们(要么是积极地要么是消极地)比评价较为迟缓的人们报告的投票结果与其评价更一致。因而，在最初访谈中的反应时预测了人们的投票行为与最初评价的符合程度，这无疑是对可提取态度影响力的展示，让人印象深刻。

人格因素

我们已经知道：当对态度和行为的测量兼容时，当行为受到意志支配时，当态度是可提取态度时，态度能够预测行为。现在我们开始探讨态度—行为一致性的最后一个因素：人格变量——**自我监控(self-monitoring)**(Snyder，1974)，在第四章中我们曾经讨论过自我监控。这里我们提出，在行为和态度领域，有些人可能比其他人更能按照(所有)自己的态度做出行为。也就是，对某些人来说，态度—行为一致性可能更为真实。

正如我们在第四章讲到过的，自我监控是指人们在进行行为选择时依赖内部线索(相对于外部线索)的程度。低自我监控的人们在做行为选择时依赖于相关的内部状态，如态度、价值观和信念，因而，可以预期该个体能表现出大量的态度—行为一致性。另一方面，高自我监控的人们使用外部线索来引导自己的行为选择，如规范和他人的行为。因而，我们预期高自我监控的人不会表现出太多的态度—行为一致性。已经有许多研究得出了支持这些预测的结果(Snyder & Swann，1976；Zanna，Olson & Fazio，1980)。

研究发现，低自我监控性的个体比高自我监控者表现出了更高的态度—行为一致性，卡蒂思、三本松、沃斯和法扎尔(Kardes，Sanbonmatsu，Voss，Fazio，1986)在探索其发生机制时发现，低自我监控者的态度比高自我监控者的态度更容易提取。也许，低自我监控者比高自我监控者更频繁地思考自己的态度，使态度更容易提取。也许，这种更可提取性解释了为什么低自我监控者的态度更可调控行为。

后记：在艾滋病流行的年代，怎样增进性行为的安全性

本章以两个年轻人的悲剧故事开篇，他们都死于与艾滋病相关的疾病。为什么年轻人会如此频繁地进行没有安全措施的性行为，而不顾感染艾滋病(及其他性传播疾病)的风险呢？我们从各个角度探讨了这种现象的原因。这些因素包括对使用或讨论安全套造成的消极后果的认识，酒精的影响，感到讨论或坚持使用安全套是在个体控制之外的。现在让我们来理智地思考一下，社会心理学对于促进安全性行为的意义，并以此结束本章。

也许，最详细地阐述决定艾滋病行为的心理因素的模型，就是康涅狄格大学的杰弗里(Jeffrey，1992)和西安大略湖大学的威廉·费舍(William Fisher，1992)两人所

提出的模型。费舍(1992b)曾经提出了**预防艾滋病行为的 IMB 模型(IMB model of AIDS preventive behavior)**,在这个模型中,**信息、动机和行为技能**被看做是安全性行为的共同决定因素。图 5.5 呈现出了 IMB 模型。

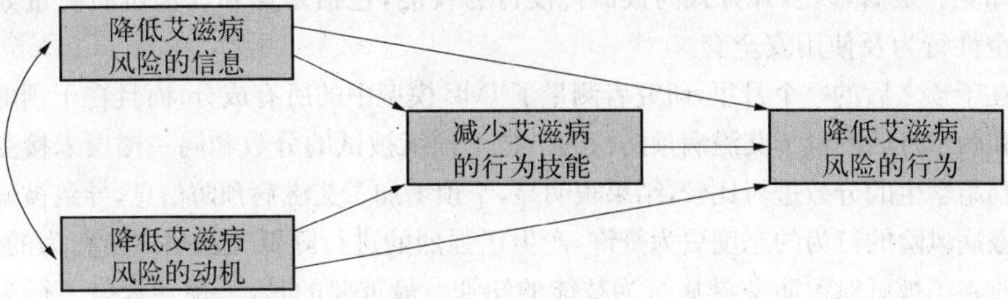

图 5.5 IMB 模型

来源:Fisher, Misovich, Kimble & Malloy(1996)

费舍认为,有关艾滋病的信息和预防艾滋病的行为是安全性行为的先决条件。除非人们知道艾滋病是如何传播的、知道做什么才能减少风险,否则人们不会采取预防措施。许多针对年轻人的教育活动都强调这些信息成分。但是信息只是成功避免风险的一部分。第二个先决条件是具有降低艾滋病风险性行为的动机。费舍借用合理行动理论(见图 5.3),把动机概念化,提出人们做出预防行为(如使用安全套,拒绝进行没有保护措施的性交)的动机依赖于他们对这些行为的态度及有关这些行为的主观规范(社会压力)。最后,费舍假定:行为技能对于具体的艾滋病预防行为是至关重要的。即便是知识渊博的、动机强烈的人也必须具备一定基本技巧,能够有与伴侣一起就安全性行为讨论、有效使用安全套以使其受益于自己的知识和动机。

IMB 模型的正确性已经在许多样本中得到了验证。例如,费舍、威廉姆斯和马洛依(Fisher, Williams & Malloy, 1994)从纽黑文和哈特福德的同性恋组织中招募了 126 名男同性恋者。让被试完成与艾滋病预防有关的信息、动机、行为技能和行为测验。结果表明,信息和动机与行为技能相关,动机和行为技能与两个时间点上(包括在最初测验两个月后进行的追踪测验)报告的行为相关。另一个在异性恋大学生中对模型的测验也得到了支持性结果(Fisher, Williams & Malloy, 1994)。

基于这些结果,费舍、米索维奇、金博和马洛依(Fisher, Misovich, Kimble, Malloy, 出版中)开发了一个鼓励安全性行为的干预程序(其他鼓励安全性行为的成功干预,见 Jemmott, Jemmott & Fong, 1992; Jemmott, Jemmott, Spears, Hewitt & CruzCollins, 1992)。干预由在一周内举行的三个会议组成,地点在康涅狄格大学的多个宿舍中,每次两个小时,包括 500 多个学生。干预包含的因素是 IMB 模型中的所有成分。例如,放映艾滋病病毒传播的幻灯片,通过干预,扩展被试在艾滋病方面的信息和知识。为了增强动机,同伴教育者(其他学生)领导开展小群体讨论,他们试图使被试对艾滋病预防行为的态度更为赞许。通过让被试看录像《像我们一样的人群》(Fisher & Fisher，1992a)解决了他们的动机问题，录像来自本章开篇所采用的故事。研究者预期：了解到艾滋病的受害者多数都是年轻人会增强个人对艾滋病病毒易感性的知觉。最后，以多种方式向被试传授行为技能，包括录像和现场扮演商量如何进行安全性行为及使用安全套。

在干预之后的一个月里，研究者测量了IMB模型中的所有成分，而且在干预的一个月后和两个月后测量了艾滋病预防行为。把干预组被试的分数和同一楼层未接受干预的控制组学生的分数进行比较，结果很明显，干预增加了艾滋病预防信息，导致被试对减少艾滋病风险的行为的态度更为赞许，产生了强烈的进行降低艾滋病风险行为的意向，而且改善了被试对预防艾滋病行为技能的知觉。最重要的是，干预导致以下行为持续(干预后一个月，两个月)增加：(1) 购买安全套，而且保证容易拿到；(2) 在性交时使用安全套。因而，在干预之后，起决定性作用的降低艾滋病风险的行为更频繁了。

小结

态度是对目标的评价性(好—坏)判断，代表了知觉者对目标的喜好或厌恶。对个体来说，态度发挥着重要的功能。态度的基本功能是实用主义的：它使报偿最大化，而使惩罚最小化。态度的其他功能包括促进对目标的识别(信息功能)，交流个体的身份及价值观(价值表现机能)，保护个体免于承认贬抑性的现实(自我防御功能)。

态度可以建立在任何一种或所有信息类型的基础上：认知的、情感的、行为的。认知信息是指对目标的信念。态度经常建立在个体所具有的对目标的信息之上。合理行动理论假定人们是理智的、有意识的思考者，人们立足于对某物体的重要信念而形成对该物体的态度。人们既从直接经验中形成对物体的信念，也从间接信息源中形成，如父母、同伴、社会机构、大众传媒。

情感信息也会影响态度。人们经常基于自己的感受对事物进行评价。"纯粹接触"效应是指仅仅反复呈现某一刺激就会增加对它的喜爱。情感能与目标联系起来的第二个过程就是经典条件作用。某一刺激引发了先前从未产生过的反应，而这仅仅是由于能"自然"引发该反应的另一刺激配对出现所致，此时经典条件作用就发生了。

行为信息也能影响态度。自我觉知理论认为，知觉者有时会以推断他人内部状态的方式来推断自己的内部状态(包括态度)，即通过观察明显的行为。换句话说，人们可能会推断自己对某一物体是赞成的(或是反对的)，因为他们过去曾经以赞成(或反对)的方式对待过它。在态度刚刚形成时、比较微弱时或尚不明确时，这种影响最可能产生。

在态度形成中，生物因素也起一定作用。生物因素最可能扮演的角色就是创设对特定态度的倾向，这一倾向是否发展还依赖于个体的经验。药品与酒精对态度的影响与生物学观点一致。酒精近视是指酒精中毒使认知能力降低，导致人们仅仅关注环境中最突出的线索。有些证据表明态度中有遗传的成分,特别是遗传力系数,它表示在某样本中,对某一特性可由遗传因素解释的变异量的估计。态度的遗传力系数常常显著大于0。

态度影响信息加工的过程。一般而言,与态度一致的信息更容易被知觉和回忆,态度以这种方式使信息加工产生偏差。选择性接触假设认为,知觉者寻求与自己态度一致的信息,而避开与自己态度相矛盾的信息。态度还引导对信息的解释,特别是模糊的信息。知觉者可能把模糊信息解释为支持自己的态度。最后,与个体态度一致的信息比不一致的信息更可能被回忆起来。

态度—行为一致性一直是社会心理学中争论的话题之一。研究者们已经找出许多影响态度—行为关系的因素。首先,对态度和行为的测量必须是兼容的。也就是,如果对态度的测量是一般的态度(对某一事物、人或问题),那么对行为的测量也应当是一般的。对行为的一般测量称作多项行为准数,行为样本是从与目标相关的所有行为中广泛抽取的。相反,如果态度测量的是具体的态度(针对某一行为),那么行为测量也必须是具体的。对具体行为的测量是在特定时间、特定地点测量对某一目标的行为。合理行动理论认为具体行为是由意向导致的,而意向又是由对行为的态度及主观规范导致的。主观规范是指做或不做某一行为所知觉到的社会压力。

影响态度—行为一致性的第二个因素是行为的本质。只有在行为受到意识控制时,态度才能预测行为。计划行为理论认识到这一点,并对合理行动理论进行扩展,把对行为控制的知觉作为行为意向的第三个决定因素添加进来。

影响态度—行为一致性的第三个因素是态度的本质。建立在直接经验基础上的态度比建立在间接经验基础上的态度能更好地预测行为。

影响态度—行为一致性的第四个因素是自我监控的人格维度。低自我监控者比高自我监控者表现出更大的态度—行为一致性。

AIDS预防行为的IMB模型假定信息、动机和行为技能是决定安全性行为的共同因素。在采取预防行为之前,人们必须要知道如何才能减少风险、必须充分调动起来以执行这些行为、必须具备有效完成这些行为所必需的技能。

关键词

可提取性	酒精近视	态度	信念
经典条件作用	态度和行为测验中的兼容性	直接经验	自我防御功能
遗传力系数	预防艾滋病行为的IMB模型	信息功能	纯粹接触
多重行动行为准则	规范信念	知觉行为控制	参照群体
选择性注意	选择性接触假设	选择性记忆	选择性知觉
自我效能	自我监控	自我觉知理论	主观规范
计划行为理论	合理行动理论	实用功能	价值表现机能

推荐读物

Ajzen, I. (1991). The theory of planned behavior. *Organizational Behavior and Human Decision Processes*, 50, 179-211.

Ajzen, I., and Fishebein, M. (1980). *Understanding attitudes and predicting social behavior*. Englewood Cliffs, MJ: Prentice-Hall.

Eagly, A. H., and Chaiken, S. (1993). *The psychology of attitudes*. Fort Worth, TX: Harcourt Brace Jovanovich.

Fazio, R. H. (1990). *Multiple processes by which attitudes guide behavior*: The MODE model as an integrative framework. In M. P. Zanna(Ed.), *Advances in experimental social psychology* (Vol. 23, pp. 75-109). San Diego, CA: Academic Press.

Oskamp, S. (1991). *Attitudes and opinions* (2nd ed.). Englewood Cliffs, NJ: Prentice-Hall.

Petty, R. E., Wegener, D. T., and Fabrigar, L. R. (1997). Attitudes and attitude change. *Annual Review of Psychology*, 48, 609-642.

Tesser, A. (1993). The importance of heritability in psychological research: The case of attitudes. *Psychological Review*, 100, 129-142.

Zanna, M. P., and Rempel, J. K. (1988). Attitudes: A new look at an old concept. In D. Bar-Tal and A. W. Kruglanski(Eds.), *The social psychology of knowledge* (pp. 315-334). Cambridge, England: Cambridge University Press.

第六章 说　服

苏珊·马卡特已经18岁了，家住明尼阿波利斯。虽然她已经修完了一年的大专，但她的心思却都放到花样溜冰上。在这方面她很有天赋，并已经参加了很多的演出和竞赛。除此之外，她也是很体贴、乐于助人的，在她住所周边和疗养院等地开展的自愿活动中总能看到她的身影。

一个夏天，某一著名的专业滑冰秀正在为秋季巡回演出进行试演。苏珊已经从明尼阿波利斯飞到圣莫尼卡为了能成为该剧团的一员而试演。她是独自一人来的，她的父母并不担心，因为她很有责任心而且已经是成人了。

一个周五的早晨，苏珊躺在她所住旅馆边的海滩上，打算在下午2点去试演之前好好享受一下日光浴。她听到了一些声音，然后抬头看到了约翰、芮启和安娜。在苏珊眼里他们看起来是如此的美丽——得体的衣着、快乐而安详。他们询问是否可以加入她的行列，因为他们看起来似乎很可靠、没有威胁感，苏珊爽快地同意了。他们铺了一个毯子，倒上果汁，温柔地弹着吉他。他们微笑着、总是面带微笑。四个年轻人就这样一起唱着、谈着、笑着度过了几个小时。

当苏珊要去参加试演时，安娜邀请她晚上加入她和她朋友们的聚会。苏珊没有表态，但是记下了她所住的地址。

试演非常成功，苏珊知道她将在专业领域里承担一个成熟的角色。她感到很开心，决定接受她的新朋友的邀请。当她到达他们的住址时，受到了安娜和约翰的欢迎。房间里有很多的年轻人，而且看起来都很快乐。很快，苏珊再次体验到了当天上午在海滩时的舒适和放松。大量的新鲜果汁和色拉摆在桌子上，音乐在房间里回荡。爱、希望和关心在音乐和人们的交谈中传递。如此美妙的夜晚，如此的迷人！

当苏珊不得不回到她的旅馆时，她感到很难过。她的新朋友告诉她，如果乐意她可以明天早上再过来，然后一起到他们加利福尼亚的家乡宁静地度过三天的周末时光。苏珊同意了。

在下一个周一的晚上，苏珊给在明尼阿波利斯的父母打电话。她告诉他们：试演很成功，但是她已经不想将滑冰作为自己的职业，而且也不打算回家了。她已经加入了统一教团,成为其中一员。

史蒂文·哈桑已经19岁了。在纽约昆斯的一所大学学习(见 Hassan,1988)。他很聪明也很勤奋,而且对社会不公正和环境争论有着持久的兴趣。他为自己的犹太血统而骄傲,但他并不是很传统。他很爱诗歌;事实上,他已经写了几百首的诗,而且对这些诗的重视高于一切。

某星期一,当他正在学生联合快餐店读书时,三位年轻女子和一名年轻男子向他走来;他们都拿着书而且很像学生。他们询问是否可以和他做伴,在他的默许下,他们开始了友好的交谈。他们告诉史蒂文他们是来自于一个由"世界各地的年轻人"组成的小群体,而且邀请他去他们的住所拜访。这个学期刚刚开始,史蒂文也打算交一些新朋友。他驱车来到了他们的住所,见到了来自不同国家的大约30个年轻人组成的可爱小群体。当他问他们是否是一个宗教群体时,他们都笑了起来,告诉他答案是否定的。他们告诉他,他们是属于"大同世界的十字军",主要是献身于增进文化间的交流,反对社会不公平现象。史蒂文享受着交谈的乐趣,每个人是如此的快乐给他留下了很深的印象。

星期三,史蒂文又来到了这一住所,听了一场关于"生活原则"的报告,完全是以一种很果断的宗教口气讲述亚当、夏娃和撒旦。史蒂文被这种宗教主题搞糊涂了,于是他说他可能不会再回来。立即,一群人向他围来,让他不得不许诺在第二天晚上还会过来。第二天晚上史蒂文返回后,很多人都赞扬他是如此的聪明,如此的充满活力,而且他能在这里让他们很开心。最后,他被说服同他们一起到纽约北部静修一个周末。

整个周末都被有计划地安排了。新来的被安排在一个小组中,在这个小组中成员与新生的比例为3比1。演讲、讨论小组、歌唱和祈祷占用了整个时间。每晚的睡眠被限定在几个小时内。史蒂文学到了上帝对世界的计划,它是由第二个弥赛亚——一个卑微的名叫文鲜明的韩国人——的到来而将该计划暴露与世人面前。文鲜明在散布上帝的话语和与撒旦搏斗的严厉遭遇中幸免于难。统一教团就是完成这些使命的组织。史蒂文对这些讲座很怀疑,但是却又很难推翻它们。部分是因为他身心已经很疲惫了。

史蒂文回到家中,花了几天的时间来思考、祈祷他所经历的过程。他说给他的拉比(犹太老师)听,但是他的拉比从来没有听说过统一教团。史蒂文最后决定他必须去多学点关于该组织的知识。他再次与他们联系,而且同意参加另外一个周末的静修。第二次的静修同第一次是比较相似的,但是讲座的主题是新的。史蒂文保持了一个开放的心态,认为他太轻视先前的周末了。他知道统一教团的成员是上帝挑选的,而且其工作是为了伊甸园的到来。在这一周末结束之前,史蒂文身体很疲惫,但是却感觉很愉快。他为上帝选择了他而自豪,而且很兴奋自己能为了真、爱和美而工作。

当史蒂文回到城市,他来到了昆斯的大同世界十字军机构。他退了学,辞掉了兼职工作。把他所有的积蓄都捐给了该中心。他同意在40天左右的时间里和他的家人、朋友中断联系。而且他也学会了通过牺牲对自己最重要的事物来表明自己对上帝的奉献。他扔掉了他曾写的所有诗歌。

谁是统一教团的成员？他们由文鲜明所领导。文鲜明1920年出生于北朝鲜（见Clay，1987；Hassan，1988；Swenson，1987）。当他九、十岁时，他的家庭皈依了基督教。在文鲜明16岁时，他声称自己见到了耶稣，并且耶稣告诉他：他被选去完成上帝的使命。在1950年，文鲜明来到汉城，韩国的首都，并在1954年成立了统一教团。1957年，文鲜明出版了《神圣的原则》一书，成为其行动的圣经。不久，文鲜明声称他已经找到了"完美妻子"（他第四个妻子），而且已经建立了"完美的家庭"，这注定会生育出"完美的孩子"，并且会变成上帝家庭的核心。在接下来的10年里，统一教团在南韩迅速发展，并参与了很多能获得大量利润的商业冒险。

1972年，文鲜明来到了美国。在纽约的北部买下了625 000美元的不动产，作为他个人的住宅和大量其他的固定资产。在北美，统一教团投资了很多的企业，如旅馆、报业、出口公司、鱼虾加工厂甚至一个畜牧场。该教团也扩展到了其他的国家，包括加拿大、日本、洪都拉斯、乌拉圭、南非、加纳和津巴布韦（Clay，1987）。

1982年，文鲜明由于没有给他账户上的160万美元的利息上税，而是采取私下交易、妨碍公正和做伪证等原因被判有罪。他在康涅狄格的丹伯利联邦监狱度过了13周。他的追随者认为这次入狱是不公平的，是对种族和宗教的偏见而导致的。

统一教团已经有2 000 000名世界各地的成员，在美国大约有30 000个成员（Swenson，1987）。它的收入大约是每年几十万美元（Hassan，1988；Swenson，1987），这些钱的很大部分都因组织的宗教地位而不用缴税。在美国和加拿大的统一教团中，代表性的成员是年轻的（在18到30岁之间）、聪明的男女，他们穿着得体、外表整洁而且彬彬有礼。成员们通过卖花和其他项目筹集资金，而且频繁地征召新成员；所有的收入都上缴给教团。成员只能得到食物和避难所，他们群居在一起，按性别分开。婚姻必须要文鲜明本人配对后才允许。

统一教团是个"邪教"吗？马寇维克（MacHovec，1989）提供了一个对**破坏性邪教（destructive cult）**的完美定义：

> 一个破坏性的邪教是一个严格结构化的专制性组织，通常是在一个独裁的、超凡魅力者的统治之下，与已建立的社会传统、价值和规范相隔离的。它以欺骗的手段征召成员，而没有任何可靠的许诺，并通过持续增强的直接与间接操纵技术留住他们。这些操纵技术导致了人格和行为的改变、对自由选择的剥夺，而且妨碍和阻止了人格的健全发展。（p.10）

以上述定义为基础，似乎有理由认为统一教团的确是一个破坏性邪教。它是严格结构化的，而且是由一位独裁者领导。它赞成非寻常的极端价值与规范。它欺骗性地征召成员（如，可能的新会员会被告知这个组织并不是宗教性质的）。它通过控制的方式来社会化和领导它的成员。一些技巧被用来有意地阻止真正的自由选择（即使成员不想加入，这些技巧方法也会被设计以诱导其加入）。

1997 年，28 000 对夫妇在华盛顿 RFK 露天大型运动场参加结婚典礼，是由统一教团的创始人——文鲜明牧师和他夫人主持的。

最近，关于破坏性邪教的一个很可怕的例子由所谓的天堂之门组织提供的。1997 年 3 月，39 名男女在加利福尼亚的兰萧圣塔菲（圣地亚哥附近）集体自杀。在接连不断的三人或四人小组中，成员们用伏尔加酒将混了布丁或苹果酱的巴比妥酸盐送入肚中，以此来镇定他们自己。然后将塑料袋罩到这些已经镇定的个体头上，窒息而死。这个奇异组织的首领是 65 岁的马歇尔·爱伯怀特。随同其他的信徒一起，曾为了不朽的雄性而阉割。该组织的成员认为 Hale-Bopp 彗星将在 1997 年 3 月接近地球，这一消息对他们来说是一种信号，是离开他们“世俗机器或容器”（他们的身体）的时候了。他们认为一个载着外星人的宇宙飞船正藏在该彗星的后面。一旦他们的灵魂从他们世俗的容器中释放出来，他们就能被宇宙飞船载走，带到天堂。这些信仰的起源不太清楚，但是成员们（很多来自于很普通的背景）却对此深信不疑以至于付出生命。

集体自杀后的调查表明最少一些成员最初是从爱伯怀特在网上粘贴的信息里知道该组织的。

信徒们是如何被征召为成员的？如果被他们的技巧所控制，每个人都会成为他们宣传的猎物吗？在第五章，我们指出人们会为自己的态度而辩护（抵制可能的影响），但是信徒们似乎倾向于极端的态度改变。说服真的很容易吗？在这一章中，我们描述了社会心理学关于态度改变的研究。我们考虑了说服的动机模式和认知模式。在本章结束，我们会对一些信徒所使用的用以征召和留住成员的说服技巧加以识别。

认知失调理论：态度改变的动机观

可能最有名的态度改变理论（的确，可能在所有的社会心理学理论中最有名的）就是利昂·费斯汀格（Leon Festinger，1957，1964）的**认知失调理论（cognitive dissonance theory）**。失调理论已经激起了数百个实验，而且自它在50年前出现之后就受到了各种各样的奖贬。失调理论的重要前提是人们有获得与维持各种认知间一致性的动机。一种"认知"就是一种思想、一些知识或一种信仰。认知涵盖了关于态度、价值、行为、他人、我们自己、一般知识或任何其他对象的认识。如，"今天是星期二"是一种认知；"我喜欢咖啡"是一种认知；"伊丽莎白伤害了汤姆的感情"是一种认知；"大学教育是值得的"也属于一种认知。

费斯汀格认为两种认知间的关系可以表现为三种。首先，很多的认知是相互无关的；也就是说，两认知是相互独立或无关的。如，上段列出的四种认知可以相互间没有任何牵连地同时存在于某人的头脑中。

除了相互无关之外，更为重要的是费斯汀格认为认知间的确是相互牵连的。**协调认知（consonant cognitions）**是相互协调的；它们是可相容的，或者是相互支持的。如，"我喝牛奶"和"牛奶对我是有益的"这两种认知之间的关系与"第三世界的儿童处于饥饿之中"和"我要向联合国儿童基金会捐钱"之间的关系是一样，都是相互协调的。费斯汀格认为人们喜欢他们的认知间是协调一致的。认知间相互支持的感觉很好。

不协调的认知（dissonant cognitions）指认知间是不一致或者不相容的；它们在心理上是相互矛盾的。如，"我喜欢朱蒂"和"我伤害了朱蒂的感情"这两种认知间的关系，同"我很认真地做我的心理学作业"和"我的作业得了个D"之间的关系一样，都是不协调的（你可能已经注意到所有我们所列举的配对认知例子中，都包括一个关于觉察者个人行为的认知；这证明对个人行为的认知在失调理论研究中是很重要的、有代表性的因素）。费斯汀格认为意识到认知间的不协调是令人很不舒服或讨厌的；因此人们产生了减少失调感的动机。如我们将看到的，减少失调通常会卷入态度的改变；这样，失调理论是一个关于态度改变很重要的动机观。

减少失调感

如何能减少失调感呢？首先，人们可以“改变不协调认知中的一种”。“我喜欢朱蒂”和“我伤害了朱蒂的感情”这种失调可以通过将“我喜欢朱蒂”改为“我不喜欢朱蒂”而减低。当然，一些人也可以认为他或她没有真的伤害朱蒂的感情(以此即维持了他或她喜欢朱蒂的认知，又改变了不协调感)。考虑到关于某人公众行为的认知是很难否定的，费斯汀格认为人们会选择改变比较容易改变的一种认知。另需注意，认知并不是非要完全改变才会减少不协调感。“我喜欢朱蒂”并不非要改为“我恨朱蒂”；可以将“我非常喜欢朱蒂”改为“我有点喜欢朱蒂”，这也会减少认知失调感，因为负性行为和现在对朱蒂的新态度之间的失调感很低。

减少失调感的第二种方法是“增加协调认知”。协调认知能使两个失调的认知间的不一致合理化。由认知“我从不锻炼”和“锻炼对我是很有益的”而产生的失调可以通过增加一些认知来减少。如“我的学校作业是如此的苛刻，以至于我都没有时间锻炼”或者“我毕业后将开始锻炼”。注意这些认知既没有否认锻炼的缺乏也没有否认锻炼的好处；它们仅仅提供了对这种失调感的辩护或理由。

失调感的研究范式

当人们经历了认知间的失调时，很多不同的情境便出现了。社会心理学家们已经使用了几种范式来研究认知失调的影响。在科学领域，一个范式是用来测验某一理论的一种方法或模型。使用多种不同的范式来检验一种理论是很必须的，因为这种多样性确定了该理论的范围和概括性。于是，多种范式的运用是失调理论的特色之一。

失调理论的一个应用在第五章曾提到，也就是选择性表露。回忆一下费斯廷格的**选择性表露假设(selective exposure hypothesis)**。它描述了人们趋向于寻找那些与自己的态度相一致的信息(一致性信息)，并且避免与他们态度不相一致的信息(失调信息)。在对影响信息收集的额外因素加以考虑的情况下(如，信息的有用性)，研究者已经发现了该假设的支持证据。

本章中，我们会描述另外三种用于检验失调理论的范式。这些范式中的失调发生在做出一个选择或决定后、做出与态度相反的行为后以及在付出很大的努力后。

自由选择范式：决策后失调

在**自由选择范式(free choice paradigm)**中，人们被要求在两个以上的可选物中做出选择。当人们自由地做出一种选择后，常常就会体验到失调感。因为被选的物品总是至少有一个或两个不好的特征，而未选物品总是有一些好的特征。想象一下你正在考虑是买一个新的小型汽车呢还是买一个旧的中型汽车呢？小型汽车跑起来更经济一点，几年内也不需要大量的维修。中型汽车更为舒适一些，在突发事件中会更为安全一点，而且在高速行驶时更有劲一些。最终你选择了那辆小车，因为你不想冒险在维修上花费太多。做出这个决定后，当你想到开着这辆小车走在高速路上，或者当你想到那款中型汽车是多么的舒适时，你就会体验到**决策后失调(postdecisional dissonance)**。

如同所有情境下的失调一样，决策后失调是令人不愉快的，而且人们倾向于去降低这种感受。如何达到这种效果呢？降低决策后失调最普通的方法就是通过增加协调认知因素——支持该决定的一些想法。通常，这些想法是说服自己所选的物品是多么的好而未选的物品是多么的差。在车的例子里，你可以想到小型车是多么容易操纵和停放，或者中型车是多么难看、过时。这些合理解释典型地导致了对所选物品的评价变得更为喜爱，而对未选物品的评价变得更少赞赏。

这个顾客是决定买这辆车还是其他的车，很可能她将经历由于不同选择的利弊得失不同而出现失调。

布莱姆(Brehm，1956)最先对决策后多种选择物品的再评价进行了证明研究。女性大学生被要求去帮助一个上市公司评价几种消费品，如一个烤箱、一个电动咖啡壶和一种丝印品等。她们要在一个等级上对这些物品进行排序。然后作为参与的回报，允许她们选择两个中的一个物品拿回家。其中让一些参与者(“高失调状态”)从她们曾排序很近的两个物品中选择一个。而让其他的参与者(“低失调状态”)从她们曾排序差别很大的两个物品中选择。显然，当一种选择物从一开始就比另外一种更有吸引力时，几乎没有失调感的出现。最后，在“控制情境”中，实验者仅选择一种物品作为给参与者的礼物。然后，这些女性们被要求读一些由物品生产商写的研究报告，然后再对所有的物品重新排序。

结果见表6.1。该结果强有力地支持了失调理论。首先，在控制状态下根本没有重新评价，因为该组的女性仅仅给了一种物品。其次，在高失调状态下，参与者明显增加了对选择物品的等级评价，而降低了对未选物品的等级评价。这种重新评价模式被称为“选择分离”——在选择后，对两个物品的评价比选择前的评价差别更大。最后，在低失调状态下，无论是选择的还是未选择的物品，在评价上没有很大改变。

表 6.1 对选择事物的评价

	第一次到第二次等级评价的改变		
状 态	选择物品	未选择物品	净改变
低失调(价值差别很大的物品)	+0.11	0.00	+0.11
高失调(价值相当的物品)	+0.38	−0.41	+0.79
礼物(控制)	0.00		

标注:正号表明在吸引力上的增加;负号表示吸引力的降低。“净改变”指的是做出选择后,两可选择物品的“选择分离”程度。

来源:修改自 Brehm(1956)

加入邪教的人们曾做出一个决定,而这个决定对他们的生活将会产生很大的影响。决策后失调将导致对他们所选道路的更高的正性评价。已经对一种奇异的生活方式做了戏剧性的公众承诺的人们就会感受一种很大的压力,驱使他们对他们和别人的决定做出合理解释。决策后失调可能是解释人们留在邪教中的一种机制。

诱导的服从范式:与态度相反的行为

有时,人们的行为与他们的态度是不相一致的。如,尽管某员工私下并不同意老板的决定,但也会表示支持该决定。在**诱导的服从范式(induced compliance paradigm)**中,通过实验设计产生了上述的不一致:个体被诱导做出与他们私下态度不一致的行为。如,一个曾反对增收学费的学生,可能由于被要求写一份讨论增收学费益处的文章。如果他或她同意这样做,该行为就会产生两种失调认知,即:“我相信 X”和“我不以 X 行动”。如何降低由这些认知产生的不舒服紧张状态?如前面提及的,很难去改变关于过去行为的认知。除非这个学生非常乐于直率地否认自己的行为,否则很难改变认知“我不以 X 行动”。另一方面,私下拥有的态度是更容易改变的。于是,学生会认为学费的增收是可接受的(我不相信 X)。但是,如果个体有很好的理由解释他们与态度不一致的行为(如,他被给了很多的钱,或者他被威胁将受到严厉的惩罚等),那么即使态度没有改变,他们也可以通过增加的协调认知来降低失调感。举例来说,如果付给学生 25 美元去写一篇支持学费增收的文章,认知“我被付 25 美元”将会降低由“我相信 X”和“我不以 X 行动”产生的失调感,并且可以消除将“我相信 X”改为“我不相信 X”的需要。

在社会心理学中最有名的一次实验中,费斯汀格和卡尔史密斯(Carlsmith,1959)让参与者在一个小时内做两项“非常”无聊的任务,即在木板上拧钉子和将绳子绕到另一木板上(并且将饶的绳子解开)。当实验结束后,参与者被告知他们是处在一个控制状态下,在该状态下,人们是在没有任何先前期望的前提下完成这些任务的。然后进一步告诉参与者其他被试正在被诱导着产生“这些任务是很有趣而且是令人兴奋的”期待,而且实验者正在检验与控制状态相比,是否这些积极期待会提高其成绩。实验者解释了积极的期待是通过让一位得到报酬的同伙坐在等候室中某一被试的旁边,骗被试说他刚刚结束该研究,而且实验的那段时间是很有趣和令人兴奋的。然后,实验者向参与者提出了一个意想不到的请求。他说经常骗被试的那个同伙没在这里,可是在等候室还有一位计划让他处于积极期待状态下的被试。因此,实验者想知道是否参与者乐意装扮成有报酬的同伙来说服下一位被试。也就是被试是否会走进下一个房间,告诉等待的被试这个实验是多么的有趣和令人兴奋。51 位参与者中只有 3 名拒绝撒这个谎;其他的参与者都走进等候室,坐在可能的被试(实际上是同伙)身旁。而这一可能被试在从真正参与者那里得知任务是有趣后,表达了对即将到来的实验的热情。

参与者就这样带着失调的认知因素——“任务是很无聊的”和“我说服一些人认为这些任务是很有趣的”——离开了。根据失调理论,因为改变对欺骗性行为的认知因素是很难的,在这种状况下将会导致参与者去合理解释这些任务并不是很糟糕。但是,在本实验中还有另外一个影响参与者失调程度的控制因素。很明确地,一些参与者被告知他们将会得到 1 美元作为说谎的报酬,而其他的参与者却被告知将获得 20 美元的报酬。在 20 世纪 50 年代,20 美元是很大一笔数目,于是后一种情况下的参与者就产生了一种合理解释其行为的强烈的协调认知因素(我是由于被付了一大笔钱才说这些任务是有趣的)。这样,研究者预期:获得 20 美元的参与者不需说服自己认为这些任务是有趣的。

在说完谎话后,参与者认为这个实验结束了。在他们离开之前,他们被要求去拜访一位心理系的秘书,这个秘书会给他们一份问卷,要求实验的所有参与者都要填写。这个问卷是让参与者对他们在实验中曾做的任务的有趣性和愉快性打分。图 6.1 显示了对 1 美元、20 美元和控制状态下的研究结果。控制状态是指参与者完成了所有任务,但并没有告诉任何人这项任务是有趣的。

如预期所假设,获得很多报酬而去撒谎的参与者并不比在控制状态下的参与者对这些任务做出更喜欢的评价。似乎 20 美元的报酬作为协调认知因素而减少了人们的态度与行为之间出现的失调。可是,对于只获得 1 美元报酬的参与者来说,他们对任务的喜

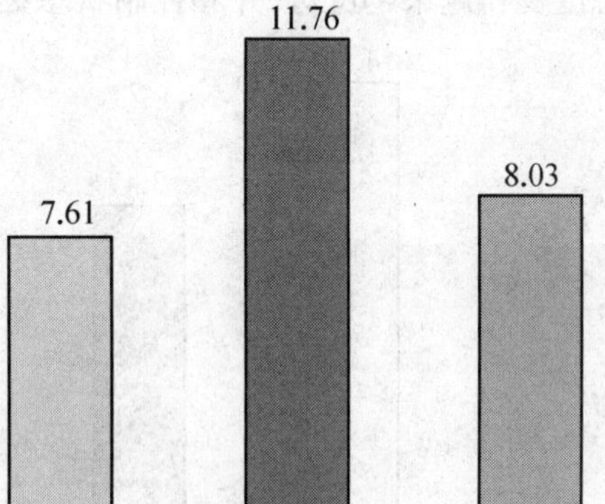

图 6.1 对枯燥任务的评价:对任务的积极感觉程度

注:平均数越高,对任务的评价越积极。

来源:Festinger & Carlsmith(1959)

欢程度明显地高于20美元报酬和控制组的参与者们。似乎对这些参与者来说，1美元的报酬并不能合理地解释他们所做出的欺骗行为，于是，他们只能通过认为这些任务是有趣的这种想法来降低失调。

费斯廷格和卡尔史密斯的实验在社会心理学界产生了很大的影响。首先，它表明了行为会影响态度(而不是平常认为的态度会影响行为)；第二，它揭示报酬的反常效应：当所得报酬很少时，与态度相反的行为对态度的影响更大(而非平常所认为的某一行为的报酬越多，对该行为的态度就越积极)；很多的研究者使用了诱导服从范式的其他变量来重复费斯廷格和卡尔史密斯的研究。

一个产生了特别明显结果的后续研究是由科恩(Cohen，1962)在耶鲁大学完成的。新港警察最近被卷入了一场校园骚乱之中，他们使用了比所需的还要强烈的暴力，而且耶鲁的学生们在控告警察的暴行时几乎是没有异议的。科恩在学生宿舍与学生取得联系，并告诉他们某一研究机构希望他们能从警察的角度写一篇有说服力的文章来解释这个事件。此外，写该文章的学生会得到0.5美元、1美元、5美元或者10美元不等作为报酬。根据失调理论，他们得到的钱越多，学生们感到的失调感将会越少。因为一大笔钱提供了更好的理由(强有力的协调认知因素)来解释与他们态度相反的写文章行为。为了测量失调感，参与者被要求去报告他们对警察的态度。图6.2显示了不同报酬状态下以及控制状态(学生仅报告他们对警察的态度而没有写有利于警察的文章)下的结果。如失调理论所预测的一样，当参与者写了有利于警察的文章而获得很少的报酬(0.5美元)时，他们对警察的态度是最赞成的，而且随着报酬量的增加，态度变得越来越反对(并和控制状态更为相似)。

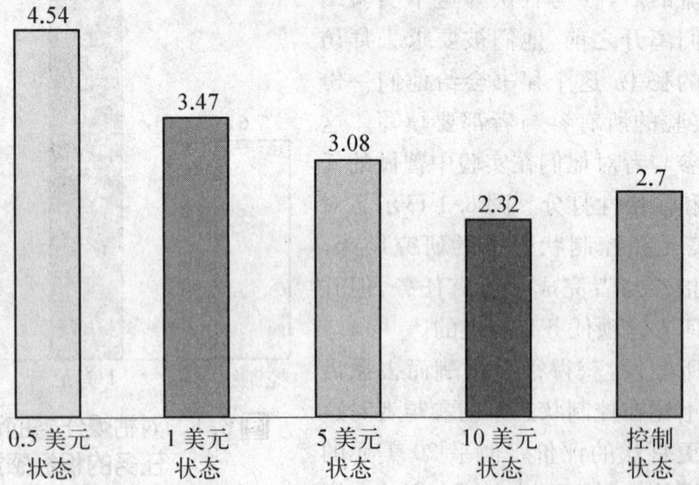

图6.2 对警察行为的态度

注：平均数越高，对警察的态度越积极。
来源：改编自Cohen(1962)

钱并不意味着一切

失调理论家预测："任何"解释与态度不一致的行为的好理由都将作为一个协调认知因素而降低失调感。尽管上述的两例研究是使用钱作为一个额外的解释理由，其他的一些研究设计了不同的诱因。如，对惩罚的强烈恐怖也能作为解释与态度相反行为的理由。在对诱导服从范式的一个被称为**禁止的玩具范式**(**forbidden toy paradigm**)的描述中，艾洛森(Aronson)和卡尔史密斯(1963)通过告诉5岁的孩子们他们"不能"玩一个很有吸引力的玩具而制造了与态度不一致的行为。这些行为是通过认知间("我喜欢这个玩具"和"我不能玩这个玩具")的失调造成的。假设对行为的认知是很难改变的，研究者们预期：失调将会通过改变对玩具的态度来降低(我并不喜欢这个玩具)。但是，一半的儿童被给予了一个很有说服力的额外理由来使其行为合理化：如果他们不遵守实验者就会严厉地恐吓他们("我将会特别的生气；我将把所有的玩具拿走而且再也不回来")。这些儿童被期望将会感受到很少的失调感。剩下的儿童被给予仅仅很轻度的威胁("如果你玩这个玩具我会有点生气")。他们被希望认为这个玩具并不是很吸引人的。

实验者在传达了轻度和严厉的威胁后，离开了房间。尽管实验者走了，但是没有一个儿童玩那个禁止的玩具。实验者回来后，再次要求儿童对玩具进行评价。如预期所述，由于较无说服力的原因(轻度的恐吓状态)而不能玩玩具的儿童，与曾有一个较好的理由(严厉的恐吓状态)不去玩该玩具的儿童相比，对玩具做出更为消极的评价。

诱导服从中的临界因素

自从费斯廷格和卡尔史密斯介绍了诱导的服从范式后的数年来，研究者已经确定了四种产生失调的反态度行为所必须的因素：选择、承诺、令人讨厌的后果和个人责任感(见 Cooper & Fazio，1984)。

"选择"：如果个体不能自由选择去做或不去做某一与态度不一致的行为，就不会产生失调感。缺少选择意味着人们是被强迫才做出与态度不一致行为的，于是就没有理由会因违背了自己的私人观点而感觉很糟糕。在很多关于失调的研究中，一个无失调的控制状态就包括不给参与者任何自由选择行为的机会。如，仅仅要求参与者去写一篇与态度不一致的文章，而没有任何拒绝的机会。在诱导服从实验的高失调状态下，总是询问参与者是否他们乐意去答应请求(如，这完全取决于你，但是如果你能……我肯定会很感激的)。这样，研究者谨慎地产生了自由选择的感觉。当然，考虑到很少有参与者会拒绝做与态度不一致的行为，情境的压力实际上是很大的；参与者必须简单地"相信"他们有选择的自由。

"承诺"：如果个体对行为已有心理承诺的话，与态度不一致的行为更可能产生失调。于是，公众行为诱导了比私人行为更强的失调感。如果没有人知道你曾写过与态度不一致的文章，失调就会降低。同样地，如果你知道你随后能收回你与态度不一致的观点，即使该行为是公众的，失调感也会最小化。这些状态——私人、可消除的——减弱了你和态度不一致行为之间的心理联系。

“令人讨厌的后果”：在诱导服从情境中，一个很重要的因素是对行为的一些不满意后果的需要。如果态度不一致行为并没有造成什么坏的情况发生的话，行为就会因没有造成任何伤害（“既然没有人受伤害，为什么把它当成是难题”）而不再考虑。使用诱导服从范式的研究者们总是设计了一些不同程度讨厌后果的程序。如，在文章写作实验中，参与者传统上是被告知他们的文章在将来可能会因为某些原因而被使用，因此增加了他人将会被态度不一致文章说服的可能性（一个不满意的后果）。在费斯廷格和卡尔史密斯（1959）1美元/20美元说谎实验中，讨厌的后果是一位没有疑心的参与者被误导去期望一个愉快的研究。

讨厌后果的重要性在库珀和沃查尔（Cooper & Worchel，1970）一项研究中做了详细的描述。他们重复了费斯廷格和卡尔史密斯的说谎实验，但是增加了其他的控制。参与者完成单调的转钉任务后被要求去误导一个等待的实验同伙相信这个任务是很有趣的，报酬是比较低或比较高的诱因。在试图说服同伙时，一半的被试听到该同伙说：“你有权力发表你的观点，但是我曾参与的每一个实验都是很枯燥的。”这样在此状态下，实验同伙没有被参与者的谎话说服。因为实验同伙并“没有”期待一项很有趣的任务，所以被试与态度不一致行为的主要讨厌后果消除了。其余的参与者看到实验同伙因认为能参与一个有趣的研究而变得很热情与兴奋（与最初研究中的讨厌后果一致）。

参与者对枯燥任务的评价见图6.3，其中包括了一个控制状态，即人们仅仅做了

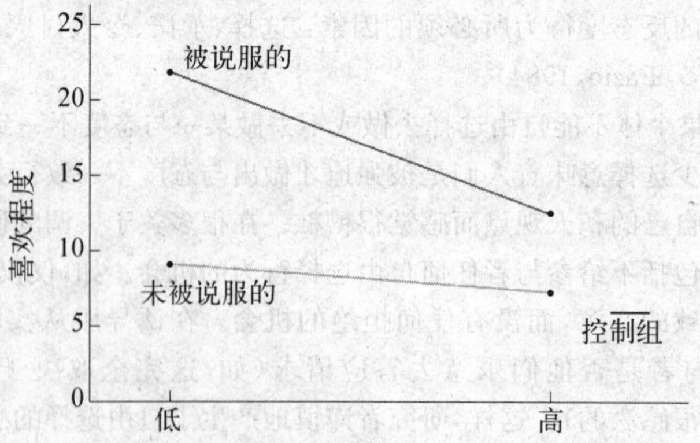

图6.3 枯燥任务的评价：喜欢程度

注：数字越高表明越喜欢。
来源：Cooper & Worchel（1970）

那些枯燥的任务而没有去向他人撒谎。当参与者认为实验同伙并没有被他们的谎言说服时，他们对该项目的评价同控制状态下参与者的评价一样消极，而与他们获得刺激物的大小无关。于是，对后果讨厌的缺失消除了失调感。另一方面，当参与者认为实验同伙被他们的谎言说服时，对刺激物的控制在任务的评价上起到了实质性的影响：获得很少刺激物的参与者对任务的积极评价明显要高于那些获得很多刺激物的参与者。

最近，一些研究者认为尽管对后果的讨厌增加了失调感，但他们并非是失调感出现的必要条件。如，哈蒙·琼斯，布莱姆，格林伯格，西蒙和纳尔逊（Harmon-Jones，Brehm，Greenberg，Simon，Nelson，1996）诱导一些参与者去喝一种尝起来很难受的饮料。紧接着，私下这些参与者自愿同意（选择状态）写一篇他们喜欢该饮料的文章，然后扔掉该文章。研究者认为在这种状态下没有对后果的讨厌，但是，这些参与者对难喝饮料的评价仍然比在没有选择状态下的参与者的评价要积极得多。该结果表明失调是在选择状态下被唤醒的。讨厌的后果在失调中的作用似乎很可能依然是接下来几年中社会心理学家关注的中心。

某行为产生的厌恶后果，再加上行为人对该行为的个人责任感，产生了认知失调，进而可能会促使态度上的改变。

“个人责任感”：最后，为了使失调出现，人们必须感到需要为他个人的行为和其造成的任何讨厌的后果负责。自由选择是责任的一个成分。因为，很明显，人们对他们被强迫去做的事情是没有任何责任可言的。但是，对讨厌的后果负责不仅暗示了该行为是他们自愿的，而且这个令人讨厌的后果也是可以预见的。也就是说，行为人肯定自语道：“我应该已经知道我的行为会产生这种负性的结果。”这样个人责任感就导致个人接受由他（她）自己的行为而造成负性事件的责备。

努力合理化范式：承受痛苦是爱的表现

努力合理化范式（effort justification paradigm）所依据的假设是我们并不喜欢付出多余的努力，也不喜欢有所损失。当个体付出了很大的努力（或者承受了很多的痛苦或者花费了很多的钱财）去达到某一目标，他将会倾向于认为这个目标是很重要而且很值得的。想到自己付出了很大的努力却只是为了一个很愚蠢的原因是很令人难受的。失调的认知因素是“我付出了很大的努力”和“这个目标是没有意义、不值得的”。第一种认知指向了过去的行为，这样，就很难去改变。第二种认知提供了一个更容易的途径去减少失调——说服自己这个目标真的是很重要的。

在第一次证明努力合理化效应时，艾洛森和米尔斯(Mills,1959)邀请女性学生参与一个性讨论小组。在学生们加入该组之前，需要进行一个筛选测验以确认他们能开放地投入到该讨论中。一些女性被安排到一个很强烈的测验中，在该测验中，呈现给她们一系列淫秽的词语和对性行为的激情描述，然后让她们大声读出。其他的女性被分派在一个温和的测验中，即他们读出一般的词语，如“爱抚”和“妓女”等。

进行过筛选测验后，所有的参与者(包括一个控制组，该组成员没有接受筛选测验)听一个在本组中进行的讨论。参与者被告之因他们没有这周讨论的阅读材料，如果他们现在并没有实际加入该组的话，最好通过耳机先听一下本周的讨论。女性听到的讨论是很可怕的。就如同艾洛森和米尔斯(1959)所描述的，讨论是关于“对低等动物的替代性性行为”。小组成员不自觉地同他们自己的和他人的观点相矛盾，嘀咕着一些非逻辑句子，开始的句子没有结尾，支支吾吾，总之在做着可想象的最没价值和最没意义的一种讨论(p179)。事实上，被试无意听到的讨论是一盘曾被设计的尽可能无聊的录像带。

听完这盘录像带后，预期的小组成员们(实验的参与者)被要求对他们认为的讨论和小组成员们的有趣性进行评价。艾洛森和米尔斯预测曾经历了强烈筛选测验的女性会高度驱动而认为这个讨论小组是有趣的，这样他们的精力将不会被浪费。表6.2显示了在控制、温和与强烈状态下，女性对讨论和讨论组成员的评价。结果很好的证明了失调理论：在强烈的筛选测验状态下的女性明显对讨论和小组成员的评价要比温和或无筛选测验状态下的女性的评价更为积极。

表6.2　对枯燥的讨论和参与者的评价

评定量表	控制组	温和组	强烈组
讨　论	80.2	81.8	97.6
参与者	89.9	89.3	97.7

来源：改编自 Aronson & Mills(1959)

库珀和埃克瑟姆(Axsom,1982)将努力合理化逻辑运用到一个减肥项目中。想去减肥的增重女性被征召。在第一阶段，这些女性称了体重，并被告知有一种新的实验程序正在研制以帮助减肥。按其所说，这个程序卷入了认知任务，这种任务是被特别设计以产生能起到减肥效果的“神经生理唤醒”。女性们学了一系列他们将要完成的任务。对一些女性,这些任务是需要付出很大努力的。如,一个任务是通过麦克风读绕口令和童谣,并在0.3秒后通过耳机听到自己的回音。没有一个任务需要任何身体锻炼的,但是每一个都很难。这些任务持续了大约50分钟。两个其他状态也在进行。在低努力状态,提供了同样的任务,但是每一个任务都比高努力状态下的对等任务要更容易,更短暂。最后,在控制组的女性在最初阶段被称了体重,然后就没有再联系,一直到需要收集相应测量的数据为止。

在3周的时间里,高和低努力状态下的参与者回到实验室进行了5个阶段的实验。在第五个阶段结束时,他们回到磅秤前称体重。研究者预先假设在高努力状态下的女性将会比在低努力和控制状态下的女性减去更多的重量。表6.3第一栏呈现了在3周结束时的结果。正如所预期的,高努力状态比低努力和控制状态减去更多的重量,尽管在这么短的时间段里,差别很少是可以理解的。第二和第三栏显示了延时测量的结果。在实验开始并没有告知以后可能还会再联系,每位参与者在间隔6个月和1年后被召回测量体重。6个月后,94%的高努力状态下的女性平均减了将近9磅。可以想象,这些女性通过认为减肥对她们来说很重要而合理解释了他们的努力参与(然后努力去实现目标)。相比较而言,只有39%的低努力状态下的女性体重减轻,而且平均重量没有改变。在控制状态下的女性在6个月后实际上增肥了一些。1年后的结果和6个月的结果比较一致。

表6.3 体重改变磅数

努力状态	3 周 后	6个月后	1 年 后
高	−1.76	−8.55	−6.70
低	−0.82	−0.17	−0.34
控制	+0.17	+0.94	+1.86

来源:Cooper & Axsom(1982)

当年轻人加入某一邪教,他们将会在生活风格上付出很大努力和昂贵的改变。典型的行为包括,会把他们所有的积蓄捐给组织,而且开始全职地按照运动团体领袖的安排来工作,而不管安排的任务是什么。这种承诺将会产生很实质的动机——将该运动看成是很重要的而且是很值得投资的。可能,努力合理性,最起码部分地,成为很多邪教信徒对这一事业奉献终身和非凡承诺的基础。

失调结果的替代观点

认知失调理论被提出后,一些理论学家们也提出了一些对失调控制结果的其他解释。

自我觉知理论

第一次明确提出替代失调理论的是贝姆(Bem,1967,1972)的**自我觉知理论(self-perception theory)**,该理论在第三章和第五章曾讨论过。贝姆认为人们有时是从他们自由做的行为来推测其态度的。如,如果人们愿意告诉他人这些任务是有趣的,他们可能就会推断他们是喜欢这些任务的(Festinger & Carlsmith,1959)。或者,如果人们愿意在学生暴乱期间写一篇支持警察行为的文章,他们可能就会推断他们是支持警察的(Cohen,1962)。当然,如果人们因做这些事情而得到了很多的钱(如,在Festinger & Carlsmith的实验中得到20美元报酬,1959),他们就不会推断出相应的态度(就如同他们不会推断出由于被支付了很多钱而做某一任务的他人可能会喜欢这个任务一样)。

自我觉知推断肯定发生在一些情境下,如前几章所讨论的。但是,似乎不太可能大量的失调结果都是自我觉知过程的反映。最引人注目的反对自我觉知理论的证据来自于证明失调的"唤醒特征"的实验。自我觉知理论无法预测人们在失调情境下的负性唤醒,因为该理论将态度改变假定为是由简单的、逻辑的推论产生的。而失调理论却"的确"能预测当人们面对一种失调控制状态时,所感受到的讨厌的唤醒。一些研究者对该假设进行了验证。

在这类研究的最初一个研究中,佐娜(Zanna)和库珀(1974)推论,如果在失调实验中态度的改变是由唤醒造成的,那么就可以通过误导参与者对唤醒"原因"的解释来消除态度改变。特别是,如果人们做了与态度不一致的行为并认为他们的唤醒是由于曾吃的某种药,他们将不会产生减少失调感的动机。在这个研究中,参与者认为这项研究是测试各种药物对记忆的影响的。参与者吞了一个药丸,他们并不知道这个药丸实际上是牛奶片。一些参与者被引导而认为这个药丸有一个副作用——他们将会被唤醒,而且感觉比较紧张。一些参与者被告知这个药丸将会使他们放松,其他的参与者被告知这个药丸根本没有任何作用。

吃过这个药丸后,参与者被告知在完成记忆测验之前必须还要再等几分钟以使药丸被吸收。在此期间,他们被要求参与"另一个与记忆项目无关的实验",即写一篇文章拥护一项对他们学校中有争议演讲者的禁令——佐娜和库珀知道这一状态是与参与者的真实态度有差异的。一半的参与者在高选择情境下写这篇文章,另一半的参与者在没有选择的状态下写该文章,而这种状态将会消除失调感。

写完这篇文章后,参与者对该问题的态度进行评价。佐娜和库珀预期一个传统的诱导服从效果将会在药丸没有副作用的状态下出现。图6.4中间的部分显示了如所预测的,高选择状态会比低选择状态下的态度更加支持文章所拥护的立场。更为重要的是，佐娜和库珀预期：当参与者认为他们是由于药效而唤醒的话，他们的态度将不会改变。图 6.4 左边的部分表明，如所期望的，当认为是药效而产生的唤醒时，高选择和低选择状态下没有什么区别。最后，图 6.4 右边部分显示当药效将使他们放松时，高选择状态下造成了比平常更强的态度改变。就如同这些参与者推断的："我吃了一片放松的药片，但是仍感到唤醒——我肯定'绝对是'由于写了那篇文章才这样心烦的。"

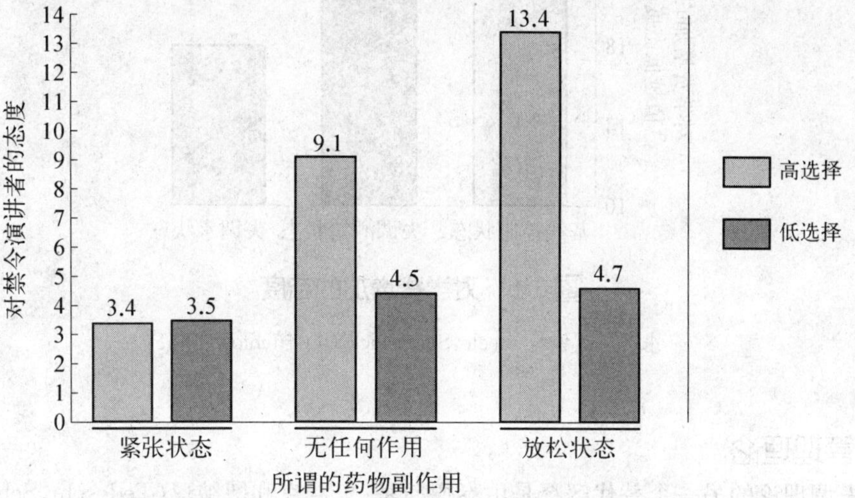

图6.4 对文章所拥护立场的态度改变

来源：改编自 Zanna & Cooper(1974)

如果态度改变是为了减少难受的唤醒而出现的，那么任何只要是能减少唤醒的方法应该都能减少态度改变。在证明该假设的一个有趣的实验中，斯蒂尔、索斯威克和克里奇洛(Steele, Southwick & Critchlow, 1981)首先诱导参与者写一篇与态度不一致的拥护增加学费的文章。然后，以对不同品牌伏特加酒进行味觉辨别实验为幌子，参与者品尝大约 10 分钟的酒精饮料(不同的酒)。在报告了他们所喜爱的伏特加酒品牌后，给参与者一份问卷去评价他们对学费增加的态度(先前文章的主题)。其他的被试完成一个相似的程序但是尝的却是不同的水而非伏特加(不同的水)。最后，第三组尝伏特加 10 分钟但是没有写与态度不一致的文章(基线控制状态)。

结果见图 6.5。写完文章后喝了酒的参与者报告的态度与控制状态下参与者的态度是一致的，但是在写完文章喝水的参与者所报告的态度明显更拥护学费增加。于是，酒精——中枢神经系统抑制剂——消除了减少失调的动机。斯蒂尔、索斯威克和克里奇洛(1981)推测长期的失调唤醒(如，人们的角色强迫他们去以与他们个人观点不一致的方式行动)将潜在地造成酒精滥用，而这只是为了减少那种厌恶的状态。

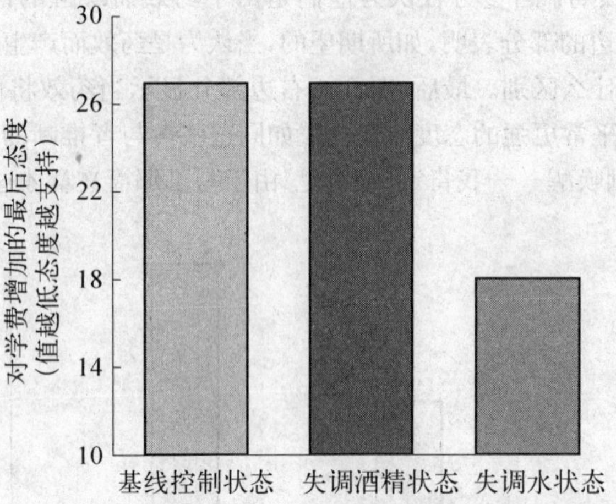

图6.5 对学费增加的态度

来源：改编自 Steele,Southwick & Critchlow(1981)

印象管理理论

失调理论的另一个替代解释是由泰德斯基、史兰克和博纳玛(Tedeschi,Schlenker &Bonama,1971)提出的**印象管理理论(impression management theory)**。这些创始者认为人们被社会化地希望能以他人所认同的面目出现。因此，当失调实验中的参与者做出与态度不一致的行为时，经历了"评价恐怖"(一种令人讨厌的紧张感)，因为他们很担心当他们做出与态度不一致行为后，处于高地位的实验者会怎么看他们。为了避免得到实验者的负性评价，参与者通过报告与自己行动相一致的态度来维持平衡。这样，这些创始者们认为诱导服从根本不会导致真正态度的改变。相反，参与者在态度上的撒谎是为了保持其自身形象的一致性。

印象管理动机可能导致一些失调结果。研究参与者考虑到了实验者对他们的印象，而且公众状态的确增长了态度改变(回忆一下我们在诱导服从中对公众承诺因素的讨论)。但是，既便当与态度不一致的行为是私下进行的(这被认为是对虚假解释的反证)，一些态度改变也经常发生。而且，印象管理理论很难说明失调领域的所有发现(如，选择性表露效应)。很可能失调和印象管理动机在与态度不一致行为的状态下都起到了作用。

自我验证理论

斯蒂尔(Steele & Liu,1981)认为人们并不总是很介意他们认知间的一致，而是很介意他们作为优秀的、有能力个人的地位(他们的自我价值)。根据斯蒂尔所言，在失调状态下，与态度不一致的行为会威胁他们将自己看成是理性的或者诚实个人的观点，于是人们通过改变自己的态度以和自己的行为相一致的方式来证明他们的自我价值。但是，斯蒂尔认为，人们失调感的降低可以通过证明他们价值的任何方式来实现——他的**自我验证理论(self-affirmation theory)**。从这种观点来看，人们并不需要去改变失调认知中的一种，只需要去做能证明自己是个优秀的人就可以。这种逻辑暗示了给予参与者一些其他的证明他们自我价值的方式，即便这一方式并不能消除不一致感，却能阻止态度改变。在一个研究中(Steele & Liu，1981)，参与者被指导去写一篇文章反对为方便残疾者而成立的国家基金。在写这篇文章之前，一些参与者被告知他们一会儿将被要求去帮助一位失明学生，而其他的参与者则没有给予这种期待。当被试写完文章后，对他们的态度进行测量，态度改变只是发生在"没有"期待去帮助一位盲人的参与者身上。可以假设，期待去帮助盲人的参与者并没有被他们的与态度不一致的行为所困扰，因为他们知道他们的自我价值很快会被再次肯定的。

自我概念理论

艾洛森提出了一个类似的模型(1968；1992)。该模型认为任何对自我概念的威胁都会产生失调感，而不管它是否卷入了与态度不一致的行为。艾洛森认为，这种失调经历产生了态度改变，因为人们受到了由他们的行为所暗示的自我概念的困扰。艾洛森认为在费斯廷格和卡尔史密斯(1959)实验的参与者并不是被如"这个任务很枯燥"和"我告诉他人这个任务很有趣"这样的认知所困扰，而是被如"我是一个诚实的人"和"我已经误导了他人"这样的认知所困扰。在很多的场景，**自我概念理论(self-concept theory)**做出了很多与失调理论相似的预测，但是二者也有一些不同。例如，自我概念理论假设如果某一个体的自我概念并没有包括个体总是诚实的(如某些人认为为了去实现他或她的目标而去误导他人是可以的)这一观念，这一个体在说谎时将不会经历失调感。自我概念理论也预测如果行动者的自我概念受到了威胁，即使是与态度相一致的行为也会产生失调感。视窗 6.1 描述了这种效果的一个有趣的例子——伪善行为。

视窗 6.1 伪善：来自于与态度相一致行为的失调

艾洛森和他的学生们(Aronson，Fried & Stone，1991。Stone，Aronson，Crain，Winslow & Fried，1994)已经确定了一个并未卷入反态度行为的失调唤醒的来源。当人们意识到他们正在做公众拥护行为而无法私下行动时，**伪善(hypocrisy)**发生了。艾洛森的自我概念理论(1968；1992)预测：意识到某人已做出伪善

续 表

行为产生了在认知“我公开推荐行为 X”与“我没有做出行为 X”之间的失调。这是一个有趣的失调例子，因为公众行为完全是亲态度的：每个人都倡导社会赞赏的行为，如保护能源或者使用避孕套等。而且，这种行为并不会有任何令人讨厌的后果，而令人讨厌的后果是一些理论家认为在失调发生中所必须的(Cooper & Fazio,1984)。这样，伪善行为在一个新的方向扩展了失调理论。

在一个实验中，斯通、艾洛森、克雷恩、温斯洛和弗里德(Stone, Crain, Winslow, Fried, 1994)征召了一批大学生，这批大学生在征召前的三个月里都曾有过性行为，而且被要求去写一个关于艾滋病和更安全的性行为的说服性消息(每人都被给予一些标准信息去准备这个消息)。然后一半的参与者在一个摄影机前发表他们的消息，美其名曰是为了使实验者能使用这些演讲制成一张关于大学生对更安全性行为看法的录像带，让高中生来看。其余的参与者并不需要在摄影机面前读他们的消息。然后在上述两组中的每一组内，一半的参与者需要完成一个问卷，该问卷被设计来使他们意识到他们在过去更安全的性行为实践中个人的失败(留心的操纵)。该问卷罗列出10个人们不用避孕套的一般原因，参与者被要求写出对他们自己过去没有使用避孕套的情况原因分析表(可以是上述10个原因或者其他他们能想到的因素)。剩余的参与者并不用完成该问卷。

于是，四种情境被设计出来。在“伪善”情境下的参与者做了公开的承诺，然后被提醒其以前在使用避孕套上的失败经历；在“只有承诺”的情境下，参与者做了公开的承诺，但没有念念不忘他们以往的失败；在“只有牢记”情境下，参与者没有做公开的承诺，但却对他们以往的失败念念不忘；在“控制”情境下，参与者既没有做公开的承诺也没有要求要牢记他们过去的行为。

然后，所有的参与者要在访谈中回答一些问题，并被告知这个阶段已经结束了。作为参与的报酬他们被给予了4美元。然后实验者解释道：当校园健康中心听说了这个关于更健康性行为的研究后，它提供了大量的避孕套，每只10美分。

实验者指了指房间中的一个桌子，一个透明的塑料容器装着140只避孕套，14个品牌各10只，一碗零钱和一个用来装1美元钞票的信封在这个塑料容器的旁边。实验者说道：如果任何一位参与者想去买任何一个避孕套的话，他们可以把钱放到信封里，从碗中拿出需要找的零钱。然后实验者对参与者的参与表示了感谢，离开到另外的一个房间去为下一个访谈对象做准备。这样，参与者认为他们买不买避孕套是个人隐私，是没有他人知道的。

续 表

如果这个父亲曾记起他不断地在其儿子面前谴责吸烟行为时，由此产生的伪善感可能会使他停止吸烟。

下图显示了每种情境下参与者买避孕套的比例。结果支持了创始者的假设：在伪善情境下的参与者将会比其他情境下的参与者买更多的避孕套。当参与者做出了公开的承诺并被提醒需要牢记他们过去并未做到他们所提倡的标准时，他们

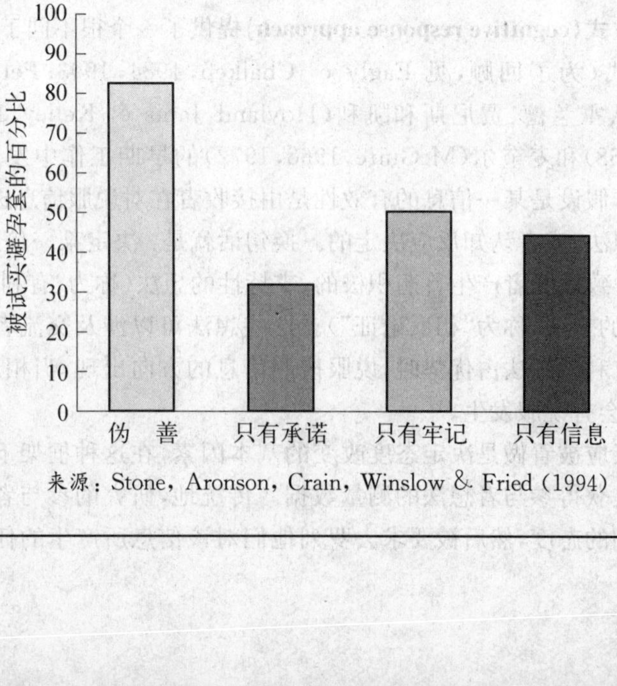

来源：Stone，Aronson，Crain，Winslow & Fried (1994)

续 表

中有83%的个体至少买了一个避孕套,而与之相比,其他三组中只有50%或更少的个体做出该行为。需要注意的是仅仅做出公开承诺或仅仅记起过去没有使用避孕套并不会导致比控制组更多的买避孕套行为。为了增强买避孕套的倾向,人们不仅需要提倡使用避孕套而且还要考虑到他们过去的失败。 斯通和同事们(1994)认为伪善诱导可能提供了一个有效的方式来鼓励适当的但却经常被忽视的行为。如果人们公开讨论为什么某一行为是适当的,然后考虑到了他们以往的无为,他们将会被驱动去改变他们的行为以与他们的公开立场相一致。这种技术可被应用到大量的适当行为上,如有规律的锻炼,抵制高脂肪食物和使用遮光剂等。

结论:认知失调理论

失调理论有一个多争论但却多产的历史。它是第一个全面地描述了行为是如何改变态度的。研究者们已经确定了失调效应的限制状态,并且一些资料表明除了认知失调外,对自我概念的威胁也实质地卷入其中。不过,失调理论仍有很强的说服力,而且能解释一些有趣却在其他方面很难理解的现象。甚至今天,失调理论可能仍是对态度改变的动机模型的最清楚范式。

认知反应方式:基于思考的态度改变

认知反应方式(cognitive response approach)提供了一个很不同于失调理论的说服观点。这种方式(为了回顾,见 Eagly & Chaiken,1984,1993;Petty & Cacioppo,1981,1986)是从霍兰德、贾尼斯和凯利(Hovland,Janis & Kelley,1953)、格林伍德(Greenwald,1968)和麦奎尔(McGuire,1968,1972)的早期工作中发展而来的。认知反应方式的基本假设是某一信息的有效性是由接收者在对说服信息进行预期、接收或反应时产生的想法,或者认知反应决定的。换句话就是:决定某一信息成功的主要因素为是否它会导致接收者产生普遍积极的、支持性的想法(称为“有利论证”)或者普遍负性的、批判性的想法(称为“相反论证”)。这些想法可以涉及交流者、争论主题或者信息本身。当有利的想法占优势时,说服按照信息的方向出现,当相反的想法占优势时,很少或者不会有说服发生。

因为认知反应被看做是决定态度改变的基本因素,在这种框架下的大量研究中,一个普遍程序是获得参与者想法的测量数据。传统地,研究的参与者面对一个信息,要求去简述他们的态度,然后被要求去罗列他们对该信息所产生的任何想法,接着从这些想法罗列的反应中，对有利论证和相反论证的数量进行统计。做出的假设是对有利论证的测量表明了同态度改变测量一样的结果模式（因为有利论证有利于说服），而对相反论证的测量显示了同态度改变测量相反（镜像）的结果模式（因为相反论证阻止了说服）。

认知反应方式的测验已经支持了影响说服的许多变量，包括信息源的可信性、预先警告以及单面与双面信息。如，佩蒂、威尔斯和布洛克（Petty, Wells & Brock, 1976）设计了两个实验来验证说服的“分心”效应。直观看来，分心可能被认为会降低信息的说服力；毕竟，如果接收者从信息的内容中分心，这个信息怎会有说服力呢？佩蒂和他的同事们认为，分心的抑制效应的确会在信息包括常见的有力证据的情况下发挥作用。对有力证据的分心将会降低它们的影响。但是，对于无力的证据情况又如何呢？在这种情况下，无分心的接收者很可能会产生大量无利的想法，而这些想法会降低说服效果。于是，很荒谬的是从无力证据中分心可能会减少相反论证而促进态度改变。这样，分心会对信息的优势反应——要么接受一个强有力的信息要么拒绝一个无力的信息——产生干扰。

在一个研究中，佩蒂和他的同事们让学生通过耳机听一个口头的关于讨论减收学费的信息（对大多说学生来说是一个亲态度立场）。这个信息要么包括一些对减收学费的强有力证据，要么包括对该事件的无力证据。并且，参与者在听这个信息时，需要完成另一个任务。这个分心任务要求参与者在一张纸上记录下 Xs 出现在参与者面前屏幕上的次数。在低分心情境下，Xs 每隔 15 秒出现一次，而在中等分心情境下，Xs 每隔 5 秒出现一次。在通过耳机听完该信息后，参与者报告他们对减收学费的态度，然后列出在听信息的过程中他们头脑出所出现的任何想法。

图 6.6 显示了态度测量的结果。在低分心和中等分心的情境下，无力的信息比强有力的信息更少有说服力，这是可以理解的。但是对于强有力的信息，中等分心有利于降低说服力，而对于无力信息，中等的分心实际上增加了说服力。而且，对参与者想法的分析表明对于强有力的信息，中等分心产生了比低分心状态更少的有利论证，而对于无力的信息，中等分心比低分心状态产生了更少的相反论证。这样，态度和想法罗列测量都支持了认知反应方式。

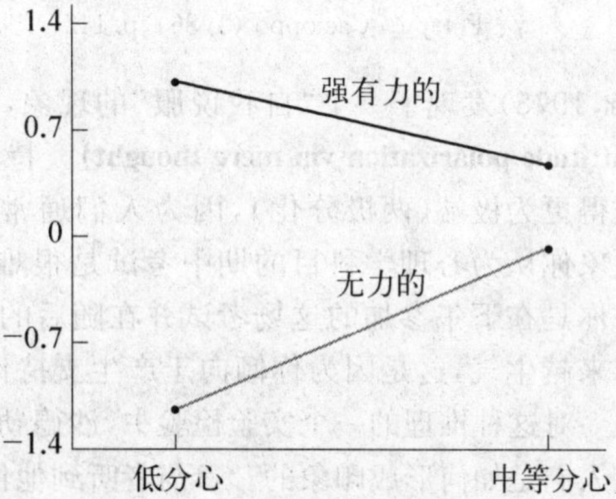

图 6.6 对减收学费的态度

来源：Petty, Well & Brock (1976)

如果分心有效地干扰了对信息的优势反应，那么“重复”应该有利于增强该优势反应。重复地听一个强有力的信息给予接收者更多的机会来认可该证据的可说服性，从而产生更为有利的论证和更强的说服力。相比较，重复地听一个无力的信息给接收者更多的机会识别该证据的无说服力，并产生更多的相反论证和更少的说服力。

在验证重复效果的一个实验中，卡斯泊(Cacioppo)和佩蒂(1985)给学生一个信息，该信息认为将要求他们学校的高年级学生通过一门他们各自所修专业领域的综合考试作为毕业的条件。自然，这个观点是同大多数的参与者的态度不相一致的。一半的参与者听到一个对考试制度有利论证的信息(如，雇主们招收参加综合考试的大学毕业生的比例越来越大)，而另一半的参与者听到了一个包括无力论证的信息(如，综合考试沿袭了古希腊的传统)。而且，参与者要么听到一次要么听到3次相同的信息。听完这些消息后，参与者简要说明他们对毕业前综合考试的态度，以及他们对测验信息的回忆。

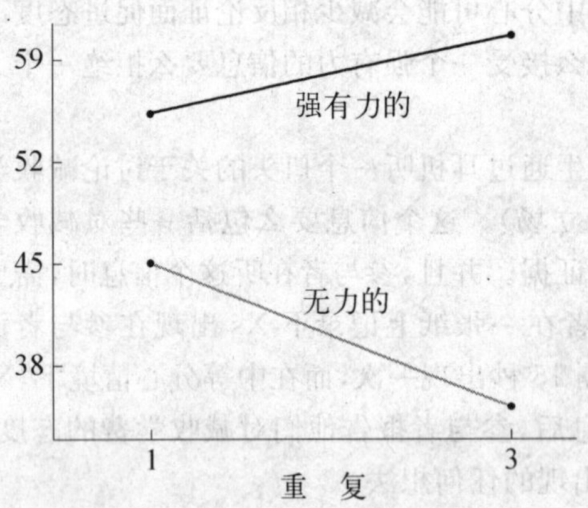

图6.7 对综合考试的态度

来源：Petty & Cacioppo (1986), p. 142

图6.7显示了态度测量的结果。在两种重复情境下，无力信息再一次产生了比有利信息更少的说服效果。更为重要的是，重复有利于增强有利信息情境下的态度改变，而减少了无力信息的说服力。参与者也显示了当他们听了3遍信息而非一遍时对信息的回忆效果更好。尽管认知反应并没有直接被评估，回忆的数据表明重复使参与者能更为彻底地分析信息。

认知反应方式也提供了一个很好框架来理解自我说服的情况，即人们说服自己某一立场是正确的。如，特塞(Tesser，1978)发现了一个"自我说服"的现象，他将其称为**通过单纯思考的态度两极化(attitude polarization via mere thought)**。特塞指出仅仅考虑一个论点经常会使态度变得更为极端(两极分化)，因为人们通常会产生与他们最初的立场一致的想法。想象你认为心理学科目的期中考试是很难的而且不公平的。特塞的工作暗示了如果你是在下午参加的这场考试并在随后的晚上考虑它，你将会对考试的不公平感到越来越生气，这是因为你倾向于产生支持你最初立场的想法。

对这种推理的一个实验检验中，沙德勒(Sadler)和特塞(1973)征召了参与者来研究人们是如何形成印象的。参与者听到他们认为是另外一位参与者的两分钟自我描述。一半的参与者听到了一个招人喜欢的合作者的描述，该合作者赞扬了参与者并对他自己做出了积极的而没有任何明显自夸的评价。剩余的参与者听到一位不招人喜欢的合作者的描述，该合作者批评了参与者而且傲慢自大。然后要求一些参与者回想合作者几分钟，而其他的参与者则被给予了一个无关的任务来避免他们回想合作者。然后所有的参与者报告他们对合作者的印象。如所预期的，参与者报告更喜欢招人喜欢的而非不招人喜欢的合作者。更为重要的是，同对完成无关任务以防止回想合作者的参与者情境相比较，对招人喜欢的合作者的回想增加了喜欢感，而对不招人喜欢的合作者的回想却减少了喜欢感。这样，“仅仅思考”使参与者的态度极端化，使积极的态度更积极、消极的态度更消极。

态度改变的综合理论：系统——启发式和精加工似然模型

在过去的10年或15年中，社会心理学领域出现了大量概括性的、综合性的说服理论。其中有两个理论，即**系统——启发式模型(systematic-heuristic model)**(Chaiken，1980，1987)和**精加工似然模型(elaboration likelihood model)**(Petty & Cacioppo，1981，1986)，是特别有影响力的。这些模型假定有两种性质不同的方式可以使信息产生态度的改变。一方面，信息中的论证一定要强有力和有说服力，这样通过该立场的优点来促进态度改变。另一方面，仅仅是因为一些线索或特点暗示了所提倡立场很可能是正确的，人们就采纳了信息的建议而没有对证据做仔细地分析。第一类态度改变就是大多数人们所认为的说服的含义，认知反应方式代表了这种类型的理性、基于证据的说服。后种类型的态度改变在某种程度上是很难理解的，一个原型的例子应该是专注的运动迷们采纳了他们运动英雄的态度，而根本不会去仔细考虑该论点的利弊。

在系统——启发式模型中，柴肯(Chaiken，1980，1987)对**系统加工(systematic processing)**和**启发式加工(heuristic processing)**进行了区分。在说服背景下的系统加工反映了一个仔细的、深思熟虑的对相关信息进行的分析。启发式加工是发生在人们以认知启发策略——仅仅是凭经验的方法——而非仔细分析相关信息为基础而做出采纳或拒绝态度的立场。启发策略通过提供假定或规则来加快我们的决策，以此使我们的世界简单化。启发策略经常是精确的并且是有效的捷径，但是它们也会导致错误。在说服的领域，常见的启发策略包括“专家总是正确的”以及“我总是与我喜欢的人的观点一致”。

在精加工似然模型中，卡斯泊和佩蒂(1981，1986)对**说服的中心路线(central route to persuasion)**和**边缘路线(peripheral route to persuasion)**做了区分。中心路线发生在由理性的、基于信息的推理(与系统加工相一致)造成的态度改变，而边缘路线发生在由非认知因素(包括启发式线索和对一些如仅是宣传内容和经典条件作用的加工)造成的态度改变。显然，在系统——启发与精加工似然模型之间有很多的一致性，不过两种理论却是独立、同时得到发展的。尽管两者也有一些重要的不同(见 Eagly

& Chaiken，1993)，但是我们将两个理论放到一起讨论。

在两种理论中，系统/中心加工被假定为比启发/边缘加工更需要付出努力。因此，系统/中心加工被假定只有在人们不仅被强烈“驱动”去对论点进行仔细的加工，而且“能够”对论点进行仔细的加工的情况下才会发生。比如，仔细的信息加工会在该问题对觉察者很重要(高动机)而且该论点很简单，觉察者可以理解(高能力)的情况下出现。如果动机和能力有一个缺乏时，启发式/边缘加工将会出现，该加工就不会将焦点放在信息的论点上。

这些模型假设：不同因素在两个加工/路线上产生了态度改变。特别是，如果系统/中心加工发生，那么态度的改变将会只依赖于论点的力度，因为人们对该信息给予很大的关注。但是，如果启发/边缘加工发生，那么态度的改变将依赖于是否有启发策略或者**边缘线索(peripheral cues)**，因为人们并不对信息进行彻底的分析。常见的边缘线索包括专长、吸引力、对信息源的喜爱(更为接受专家的建议、有吸引力的和招人喜欢的信息源)以及在信息中论点的数量(更为接受长篇信息)。

很多的实验者已经指出当人们被高度驱动去仔细加工一个信息时，论点的有效性决定了说服效果，而当人们没有被高度驱动时，说服依赖于启发策略或者边缘线索。如，佩蒂和卡斯泊(1984)提供给学生一个信息，他们所在大学的高年级学生要想毕业必须要通过一门个人所学专业的综合考试(同前面讨论的一个研究主题相同)。一半的参与者被告知这种综合考试近年内很可能被他们学校采纳(这样该问题可能会影响到他们本身)，而形成高动机下仔细加工信息组；剩余的参与者被告知这个问题只会在10年左右的时间他们学校才会考虑采纳(低动机组)。高动机组被预期以系统/中心加工的方式行动，而低动机组被预期以启发/边缘加工的方式行动。参与者收到了四种信息中的一种：该信息要么是长的(9个论点)，要么是简短的(3个论点)，要么是强有力的(都是优秀的论点)，要么是无力的(都是无说服力的论点)。信息的长度(9个或3个论点)作为启发/边缘线索，被预期应该只有在以启发/边缘加工行动时才会有效果。读完信息后，参与者报告他们对综合考试制度的态度。

图6.8显示了研究结果。在低卷入(低动机)状态，也就是会出现启发/边缘加工的情况下，当不考虑论点的性质时，长篇信息要比短篇信息下的参与者报告对综合考试更为支持的态度。这些低动机参与者似乎采用了启发策略“当某一立场有很多的论点时，通常它是正确的。”相比较而言，在高卷入(高动机)状态下的参与者更易被强有力的论点而非无说服力的论说所说服，并且长论点仅仅加大了这种差异(9个有力论点要比3个有利论点更令人确信，而9个无力论点要比3个无力论点更没有说服力)。论点有效性的强有力影响暗示了这些高度卷入的参与者对信息的系统加工(中心路线

被激活)。

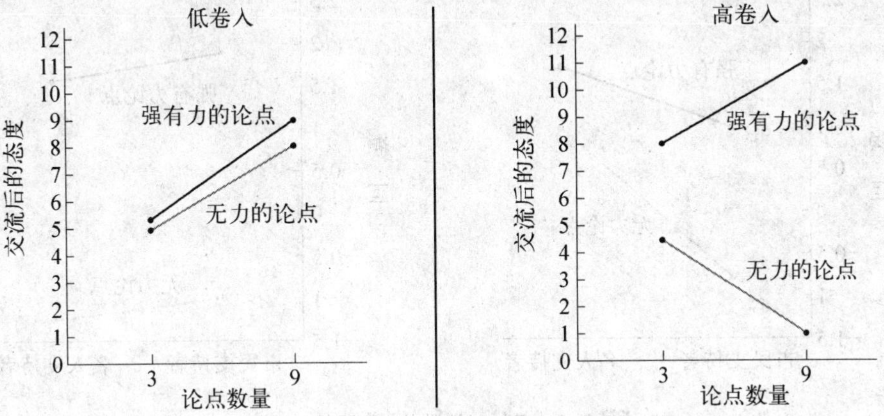

图 6.8 对综合测验的态度

来源:Petty & Cacioppo(1984)

在另一个研究中,佩蒂、卡斯泊和舒曼(Schumann,1983)要求大学生看几个杂志广告。一个广告是关于一种新品牌的一次性剃须刀。一半参与者通过告诉他们两件事而唤醒其对该信息进行仔细加工的高动机。首先,该产品不久就会在他们的城镇使用;其次,他们将随后会在几种一次性剃须刀中选择一个作为参加该研究的免费赠品。低动机状态的参与者被告知该产品很快会在一些边远的城市进行市场检验,而且他们将从几种不同品牌的牙膏中选择一个作为免费赠品。实验者假设高动机参与者会进行系统/中心加工,而低动机参与者会进行启发/边缘加工。四种不同版本的剃须刀广告被准备。两个广告使用了著名的运动名人作为倡导者,另外两个广告用不知名的中年市民作为倡导者。实验者假设著名的倡导者会被看成是启发/边缘线索,如果启发/边缘加工被激活的话,该线索将会发挥作用。其中一个运动名人和一个市民广告包括了 6 个拥护该剃须刀的强有力论点(如为防滑,它的手柄是有棱的),而其他的运动名人和市民广告包括了 6 个对该剃须刀的无力论点(如它是人们在浴室时浮现于头脑而发明的)。读完广告后,参与者报告他们对一次性剃须刀的态度。

图 6.9 显示了结果。在高卷入(高动机)状态下,决定说服的唯一因素是广告论点的性质。强有力的论点产生了比无力论点更为积极的态度,而支持者有名与否并没有很大的区别。这一结果的确与曾假设的高动机状态会激活系统/中心加工相一致。在低卷入(低动机)状态,不仅论点的有效性,而且更为重要的是,倡导者的名望也明显影响态度。强有力的论证导致比无力论证更为积极的态度,名人支持者要比无名支持者导致更为积极的态度。后一变量的影响(支持者的名望)暗示了在低动机状态启发/边缘加工被激活了。

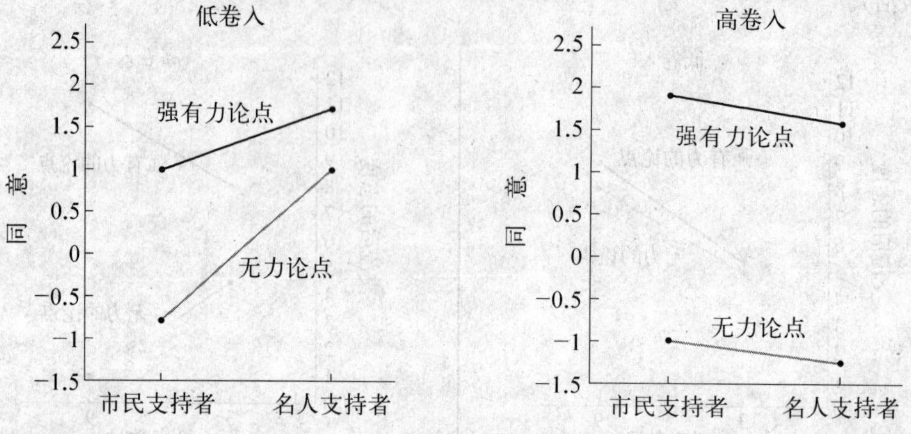

图6.9 对一次性剃须刀的态度

来源：Petty，Cacioppo & Schumann(1983)

很可能邪教最初是通过边缘路线来对新信徒们施加影响的。神赐超凡能力的领袖以及情感的吸引力提供了强有力的线索来接受所提倡的信仰，即使支持它们的论点既没有很强的说服力也不很有条理。邪教的一个很普遍的特点是他们阻碍了理性思考(Rudin & Rudin，1980；Swenson，1987)；取而代之的是成员被告知"跟着感觉走"并且反对批判性思维——该思维被邪教典型地归结为是有不良影响的。如果邪教诱导了边缘加工过程，那么他们论点的无说服力将不会影响他们的说服效果。

说服背景下的影响因素

在所有的说服背景下(也就是不管什么时候只要一个说服性交流在进行)，是可以确定"信息源"、"信息"和"接收者"的(目标或者听众)。上述任一成分的特征都会影响说服效果。也就是，一些人可能是个很有影响力的交流者，信息的某些特点会促进说服，一些人或听众更容易被说服。在该章剩下的部分，我们将对说服背景下几个特定因素的影响进行讨论，采用系统/中心与启发/边缘框架来理解研究发现。

信息源的特点

广告公司同意这一观点，即发送信息的人是很重要的：公司每年花费数百万美元雇佣产品代言人。大量的信息源特点通过说服的启发或者边缘路线发挥了它们的影响力。也就是说，它们作为线索暗示了推荐品牌可能是很好的。于是，当接收者没有被驱动或者不能仔细地对信息中的论点进行加工的话，信息源的特点将会特别有影响力。

喜爱、名望和有吸引力

被人喜爱的信息源要比不被人喜爱的信息源更有影响力。喜爱可以是基于信息源的名望、愉快的人格、生理吸引力或者其他的对接收者很有吸引力的任何方面。这种喜爱效应很可能是以一些过程为中介的，包括认同信息源，想去取悦提供信息者而且遵守启动规则"我总是与我喜欢的人的观点相一致"。

我们已经描述了佩蒂、卡斯泊和舒曼(1983)的一个实验，即只有在低动机状态下，有名的支持者才比无名的支持者在对一次性剃须刀的积极评价上更为有影响力(见图6.9)。于是，只有当启动加工被激活时，由名望而产生的积极反应(如喜爱或者崇拜)影响了接收者对产品的态度。在另一些研究中，柴肯(1980)的研究结果表明：对交流者的喜爱在低卷入状态下要比高卷入状态下更重要。

生理吸引力是另一个导致喜爱的因素。一些研究者们已经发现，即便是论点很无力，由很有吸引力的信息源表述信息时就很有说服力，而较少吸引力的信息源需要表述很有说服力的论点才可能被说服(Norman，1976；Pallak，1983)。这一模式再一次暗示招人喜欢的(有吸引力的)信息源可以通过非信息、边缘的方式来施加其影响。

"瘦子，我认为是你的帽子而使这头母牛没把你看在眼里！"

可信性

对信息源特点研究最多的是其**可信性(credibility)**。可信的信息源是那些能真诚地被接受的人，那些能被相信的人。可信性通常的含义包括了两个方面："专长"和"可靠性"。专长提供了对相关知识和经验的拥有。可靠性表示了没有隐藏动机——交流者是基于他所知道的证据来诚实表达他的看法。不管这种可信性是来自于专长、可靠性或者两方面都起作用，可信的信息源一般会比不可信的信息源产生更强的态度改变(见 Eagly，Wood & Chaiken，1978)。

不论接收者是系统还是启发式加工信息，可信性都可以增强说服力。对于系统/中心加工，人们更为关注来自可信信息源所提供的论点，这样论点更可能产生影响。对于启发/边缘加工，信息源提供了一个强有力的线索认为信息是正确的(如，我们听从医生给我们的建议)。

佩蒂、卡斯泊和高曼(Goldman，1981)很好地证明了信息来源的可信性所具有的可能的启动线索价值。学生收到一个信息认为一些综合考试将会在快毕业的学生中进行(前面曾出现过的一个主题)。一半的参与者被告知正考虑明年在他们学校实施这些考试的可能(仔细加工的"高动机"),剩下的参与者被告知这项政策只会在 10 年左右开始实施("低动机")。而且,一半的参与者听到了 8 个支持考试的强论点,一半的参与者听到 8 个弱论点。最后,一半的参与者被告知这个信息是由当地中学组准备的,而一半的参与者被告知该信息是由一位普林斯顿大学教授主持的卡内基高等教育委员会起草的。读完该信息后,参与者报告他们对综合考试的态度。

图 6.10 呈现了实验结果。在图的右边,当学生被高驱动去仔细加工信息时,论点的有效性是造成差别的唯一因素。不论信息来源在专长上是高还是低,接收者更容易被强论点而非弱论点说服。但是,从图的左边来看,当参与者不是被仔细加工信息所驱动时,信息来源的专长性却造成了很大的差异。不论是强论点还是弱论点,低动机的参与者都明显更同意高专长的信息而非低专长的信息(而且他们对强论点的认同也高于对弱论点的认同)。于是,信息来源的专长性成为一个启动或者边缘线索,对没有被高驱动进行仔细加工的接收者产生了影响。

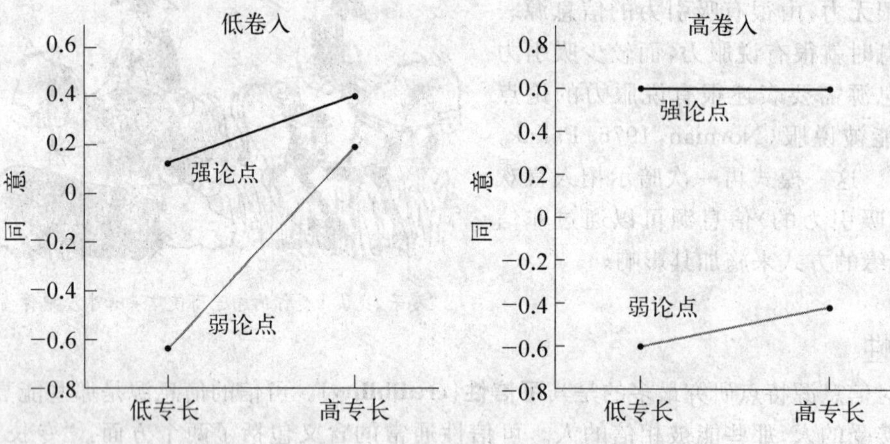

图 6.10 对综合考试的态度

来源:Petty,Cacioppo & Goldman(1981)

睡眠者效应

霍兰德和维斯(Weiss,1951)对信息来源可信性的一个早期实验发现了在信息来源可信性与测量态度改变的时间段之间的一个有趣的相互作用。特别是,这些研究者们发现读完信息后立即测量,态度出现了传统的效应,即高可信性要比低可信性做出更多的态度改变;而如果在读完信息间隔几周后再测量态度时,高可信性和低可信性来源对态度改变的影响几乎没有差别。更为重要的是:随着时间的推移,高可信的信息源所产生的态度改变量逐渐减少(如同我们所预期的遗忘的缘故),而由低可信信息源造成的态度改变量实际上随着时间的推移明显地增加。后一种由低可信信息源而产生的效应被称为**睡眠者效应(sleeper effect)**:当接收者在接收信息中“睡着”时,态度改变增加了。睡眠者效应是很有趣的,因为即使随着时间的推移,某一个信息我们已经记不起来了,但是对其内容的态度改变却增加了,这一观点听起来似乎是相互矛盾的。

已经提出的对睡眠者效应做出的解释卷入了三个过程:**打折扣(discounting)**、**分离(dissociation)**和**差异衰减(differential decay)**(Gruder, Cook, Hennigan, Flay, Alessis & Halamaj, 1978; Pratkanis, Greenwald, Leippe & Baumgardner, 1988)。最初,当信息来自低可信的信息源时,接收者会对其可信性打折扣,因此抑制任何由信息本身带来的任何态度改变。但是,随着时间的推移,该信息从记忆中信息源的信息中分离出来(成为单独的),也就是说接收者忘记了信息的来源。这样,因为信息不再被打折扣而开始影响态度。而且,关于信息和信息源的资料在记忆中会随着时间而衰减,而且关于信息源的资料通常要比信息资料衰减的更快(差异衰减)。于是,信息并没有因为信息源的不可信而再次抑制了其对态度的影响。当然,如果态度测量延迟的时间太长的话也不会出现睡眠者效应,因为信息资料本身也是会被遗忘的。发现睡眠者效应的多数实验者在提供信息和测量态度之间的时间延迟都不超过一个月。

信息的特点

说服背景中另外一个成分是信息。很显然,一个信息的内容会影响态度改变是否会发生。信息的特点既会影响系统加工也会影响启动加工。在接下来的部分将会对信息的三个特征所产生的有趣结果进行讨论。视窗 6.2 提供了一个详细的关于信息可理解性效应实验的例子。

视窗 6.2 信息可理解性和说服

在安大略湖,圣凯瑟琳市布罗克大学的一组研究者们最近检验了信息可理解性对说服的影响。海弗、雷纳德和奥伯汀斯基(Hafer, Reynolds, Obertynski, 1996)提供给学生一个信息认为辩诉交易是检举人应该使用的一个有效的工具。辩诉交易包括让被告为他的罪行辩护以减少指控(如用一般杀人罪代替一级谋杀),或者一些其他的特殊待遇(如减刑)。在进行研究的同时,一个公众高度关注的辩诉交易正在圣凯瑟琳市谈判——卡拉浩茉卡为性虐待杀人罪和谋杀两个当地少女的罪行进行辩护。浩茉卡因对她前夫的罪行作证而被判了12年,而她的前夫,保罗·贝纳多,最后证明是一级谋杀而被判终身监禁。因为对浩茉卡处理的公开,辩诉交易在加拿大是有争议的;在该处理刚刚结束后,发现了以录音带的形式出现的新证据,它显示了浩茉卡曾经的作证并不符合实际,而且图像显示她也参

续 表

与了谋杀。这样,大多数的人们认为她的辩诉交易是不公正的。海弗和他的同事们做了一个前测证明大部分的学生对辩诉交易持不赞成态度。

参与者听了一个关于拥护辩诉交易的录音讲话。该讲话要么是高度可理解性要么是低可理解性。容易理解的讲话使用了普通的单词和简单的语法结构。难于理解的讲话则使用了逻辑术语和复杂的语法结构。研究者们假设对圣凯瑟琳市布罗克大学的学生来说,辩诉交易应该是一个卷入性事件,参与者应该是高度驱动仔细加工该信息的,但是信息的可理解性被假定决定了参与者是否能进行仔细加工。当信息很容易理解时,参与者被预期会被驱动而进行系统加工。当信息很难理解时,参与者被预期不能进行系统的加工(即便他们被驱动这样做)。

另外两个信息因素也被操纵以证明和验证期待的加工效应的含义。一个因素是信息包括5个支持辩诉交易的强论点或是弱论点。强论点包括:"辩诉交易将使指控更为符合犯罪情境"(易于理解的状态)和"辩诉交易可以在一个可能会被宣布无罪、拖延审判的无有利证据的案例中通过有罪请求来定罪"(很难理解的状态)。弱论点包括:"辩诉交易对公众是有利的,因为可以对罪行定罪,而且记录下犯罪分子的罪行"(容易理解状态)和"在辩诉交易适当的结构化系统中的协商处理是很接近一场审判的可能结果的"(很难理解的状态)。另一个因素为提供该信息的讲话者,要么是处于较高地位要么是处于较低的地位。在高地位的信息源状态,参与者在听录音讲话之前,被告知讲话者是很优秀的法官威廉姆·格鲁维斯鹈德,享有最高荣誉的哈佛法学院的毕业生,他已经高据该席位长达15年,是辩诉交易上的专家,而且已经写了大量有关该主题的学术论文。在低地位信息源状态,讲话者被介绍是威廉姆·格鲁维斯鹈德,他是罗克威大学二年级法律专业的学生,他最近对辩诉交易很感兴趣。听完讲话后,参与者报告他们对辩诉交易的态度。下表显示了每一状态下所测量的态度。结果和所预期的十分相似,即系统加工发生在容易理解的状态,而启发加工发生在难理解的状态下。当信息很容易理解(表的上半部分)时,强论点状态下要比弱论点状态下的参与者明显表达出对辩诉交易更为积极的态度(4.69对3.65),而不考虑信息源的地位高低。事实上,当信息源处于低地位而非高地位时,容易的信息并没有明显产生更多的认同感的趋势(4.35对4.00)。当信息很难理解时(表的下半部分),高地位的信息源要比低地位的信息源状态下的参与者表达出更为明显的对辩诉交易的支持态度(4.96对3.27),而不考虑论点的强弱。事实上,当论点很弱而非很强时,难信息并没产生明显的认同感趋势(4.38对3.85)。

续 表

于是，当信息很简单时，参与者使用了系统加工的方式，而且论点的性质对其有较强的影响。但是，如果信息很复杂，参与者就会采取启动加工的方式，而且会受到信息源的地位的强烈影响。信息的可理解性通过影响接收者仔细加工说服信息的能力来影响加工的类型。另一个关于信息复杂性和信息源专长性的实验得出了相似的结果，见 Cooper，Bennett & Sukel(1996)。

对辩诉交易的态度

	信息源状态		
论点的有效性	强有力	无力的	*M*
		容易理解	
高地位	4.31	3.69	4.00
低地位	5.08	3.62	4.35
M	4.69	3.65	
		难理解	
高地位	4.69	5.23	4.96
低地位	3.00	3.54	3.27
M	3.85	4.38	

标注：态度是用 7 点量表测量的(1＝完全反对，7＝完全赞成)。
每格的 $N=13$(一共是 104)
来源：Hafer，Reynolds & Obertynski (1996)

论点的有效性

我们已经提及了一些对论点有效性进行操纵的实验（Petty & Cacioppo，1984；Petty，Cacioppo & Goldman，1981；Petty，Cacioppo & Schumann，1983）。在这些研究中，强论点比弱论点产生了更强的说服力，而且这一结果在接收者进行系统或者中心加工时（也就是，当动机和能力都很高时）表现得更为明显。

信息的长度

我们也已经提到过一个实验对某信息的论点数量（信息长度）进行了操纵（Petty & Cacioppo，1984）。“只有”在接收者进行启动加工时，长篇信息比短篇信息产生更多的态度改变（见图 6.8）。这样，当人们没有被驱动去关注论点的性质时，信息长度作为一个边缘线索被用来提供信息的有效性。

恐惧唤醒

说服人们停止不健康行为的媒体信息(如,吸烟、无保护措施的性行为)通常会出现一个唤醒恐惧的照片和统计数据,希望通过使人们害怕而改变他们的坏习惯。恐惧唤醒是改变态度和行为的一个有效方法吗?

在社会心理学领域,这个问题已经在很多的研究中接受检验。早期的研究结果是不一致的,一些研究者发现高度的恐惧导致更多的说服(Chu,1966),而其他的发现却是无影响甚至是负效应(Janis & Feshbach,1953)。麦奎尔(1969)认为这种不一致结果可能是因为恐惧唤醒的信息有两个相互竞争的效应。首先,他们增加了听众接受演讲者建议的意愿,因为听众并不想遭受像信息中所描述的那种负性结果。但是他们也减少了听众关注该信息的愿望,因为恐惧唤醒的细节是令人厌恶或者是有威胁的。

古巴总统菲德尔·卡斯特罗许诺把欢迎教皇约翰·保罗的时间限制在不超过15分钟。可是,卡斯特罗仅演讲就持续了一个多小时,是否打算把他缩短的信息作为边缘线索?

在过去的二十多年间,对有威胁信息的研究结果已经比较一致,大多数的理论家可以得出结论:典型的恐惧唤醒"增加"了信息对态度和行为倾向的影响力(Eagly & Chaiken,1993;Perloff,1993)。这一结果在理论上也是很重要的进步,因为它确定了恐惧实施影响的机制。

恐惧唤醒最为全面的理论是罗杰斯(Rogers)和他的同事们提出的**保护动机理论(protection motivation theory)**(Maddux & Rogers,1983;Rogers,1983;Rogers & Mewborn,1976)。罗杰斯认为令人恐惧的信息通过驱动听众为保护自己免受信息所描述的危险而改变态度。罗杰斯提出了四种恐惧信息所唤醒的保护动机的方式。

1. "问题的严重性"。如果听众相信信息中所描述的问题很严重(如,肺癌,艾滋病),他们将会更为积极地去避免它。

2. "问题的敏感性"。如果听众相信问题会发生到他们自己身上时,他们将更可能去避免它。

3. "避免问题而做出行为改变的有效性"。如果听众相信通过改变他们的行为可以很大程度地减少出现该问题的概率，他们更可能去听从建议。

4. "自我效能感"。如果听众相信他们能很容易或有效地实施推荐的行为，他们会更乐意这么做。

罗杰斯认为：这些认知观点而不是害怕感本身决定了恐惧信息对态度和行为的影响。一些实验支持了这一模式。例如，罗杰斯和缪博恩(Mewborn,1976)给抽烟者一些关于吸烟的信息。分别对前三个害怕条件进行了操纵。这三种条件提供的信息分别为：第一，对抽烟影响的描述分为中等严重和很严重(在高严重状态下，使用了肺癌外科图片)；第二，提供先前的统计数据说明典型的抽烟者对肺癌是有点敏感或者很敏感；第三，认为戒烟会很少或者明显减少得肺癌的概率。然后，测量参与者对戒烟的意向。结果通常支持了保护动机理论，如当参与者认为戒烟能明显减少他们得肺癌的概率时，他们表达了很强的戒烟意向。

接收者的特点

说服背景中第三个成分是信息的接收者。一些人比其他人更容易被说服吗？该问题的证据很复杂。似乎比较清楚的就是当人们有很强有力的、可行的态度时，他们更难被说服(见 Bassili,1996)。也有证据表明一些人更喜欢系统加工信息而不是启发式加工，而其他人则正好相反。考虑到加工类型会对影响说服的变量产生影响(比如，论点的有效性与信息源特征)，加工的偏好是很重要的。下面我们将讨论对人们的加工类型有影响的三个接收者特征。

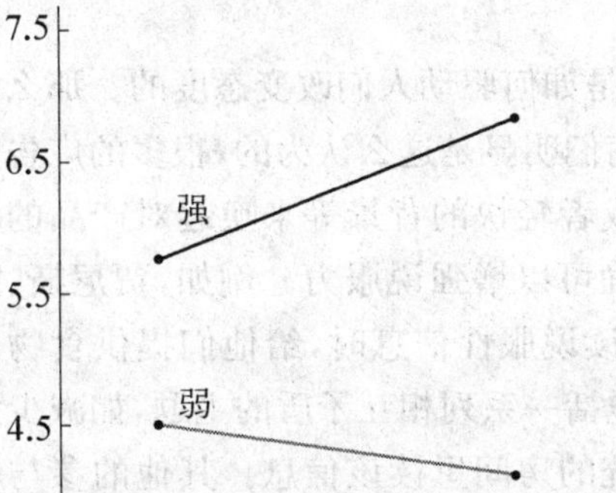

图 6.11 对强弱论点反应的个体差异

来源：Cacioppo, Petty & Morris(1983)

认知的需要

一些人很喜欢思考，于是比他人做了很多需付出努力的认知任务。卡斯泊、佩蒂和高(Kao,1984)设计了一个量表来对这种个体差异进行测量。他们将这种个体差异称为**认知的需要(need for cognition)**。有高认知需要的个体习惯从事需付出努力的思考，而且与低认知需要的个体相比，更为喜欢认知任务。从这种描述中可以预期高认知需要的个体应该比低认知需要的个体更可能使用系统/中心加工的方式。同这一推理结果相一致，卡斯泊、佩蒂和莫里斯(Morris,1983)提供给参与者一系列与态度相反的强或弱的问题论点。如图 6.11 所示，论点的有效性对高认知需要的参与者最终的态度有很大的影响，而高认知需要的参与者与低认知需要的参与者相比更容易被强信息所说服，而更少会被弱信息所说服。高认知需要的参与者似乎比低认知需要的参与者对信息的加工更为系统。其他的研究显示了低认知需要的个体比高认知需要的个体更易受启动线索的影响，而这支持了低认知需要的个体更经常使用启动/边缘加工方式的论点（Axsom，Yates & Chaiken，1987）。

定位的不确定性

说服的两个综合模型预测了当一个问题是很重要或者与个体本身相关时，他或者她更可能去进行系统/中心加工。这样，相关论点的有效性对与个人有关的重要主题更有影响力。但是，索伦提诺、鲍勃塞尔、吉塔、奥尔森和休伊特（Sorrentino，Bobocel，Gitta，Olson&Hewitt，1988）发现这种预测对所谓的"定位不确定性"的个体适用，而对明确定位的个体没有影响。这种维度是与个人对关于他们自己和他们周边环境新信息的兴趣相关。**定位不确定（uncertainty orientation）**的个体寻求新的信息以处理不确定的环境。而定位确定的个体努力去维持现存的观念并避免出现不确定（Sorrentino，Short & Raynor，1984）。和综合模型的预测相对比，当一个态度主题是与个人相关时，定位确定的个体实际上要比在无关主题情况下，做出更多的启动/边缘加工（Sorrentino，Bobocel，Gitta，Olson & Hewitt，1988）。在定位确定个体身上表现的趋势大概反映了当一个问题很重要时，他们依赖他人（如专家）的倾向。

积极的心态

前面我们谈论了面对一个恐怖的信息，害怕是如何驱动人们改变态度的。那么积极的情感又如何呢——他们会被说服吗？广告商们明显是这么认为的；很多的广告试图通过展示有吸引力的模特、愉悦的音乐、幽默或者轻快的背景等来唤起对产品的积极态度。一些早期的研究暗示了积极的心态的确可以增强说服力。例如，贾尼斯、凯叶和克尔斯勒（Kaye，Kirschner，1965）在参与者读说服性信息时，给他们提供食物以唤起其积极的心态。参与者读的说服性信息是包括一系列相互矛盾的主题，如减少武力规模的明智之举。一些参与者仅仅在一个传统的房间里读该信息。其他的参与者在读的同时，能获得一份快餐和苏打水。如图 6.12 所示，给予食物的参与者在一系列问题中表现出比没有食物的参与者更多的态度改变。沃斯和美奇（Worth，Mackie，1987）获得证据表明心情影响系统或者启动加工的出现。给一些参与者 1 美元而唤起了其积极的心态，而其他的参与者却没有得到钱。然后所有的参与者读一份关于酸雨的信息，该信息是由 9 个论点组成，这些论点或强或弱；而且信息源要么是一位专家要么是一个无名人士。与处于中性心态的参与者相比，处于积极心态的个体更少被论点的有效性影响，而更多的受到信息源的专长性的影响；也就是说，积极心态的参与者进行了启动/边缘加工。至少有两个原因可以说明为什么积极心态会导致启动加工(见Machie & Worth,1991)。首先,系统的加工是需要努力的,而且处于好心情的人们可能为了维持他们的心情而避免进行艰难的思考。其次,好心情可能会降低仔细加工的能力,因为它们激起了记忆中大量积极的正价资源。

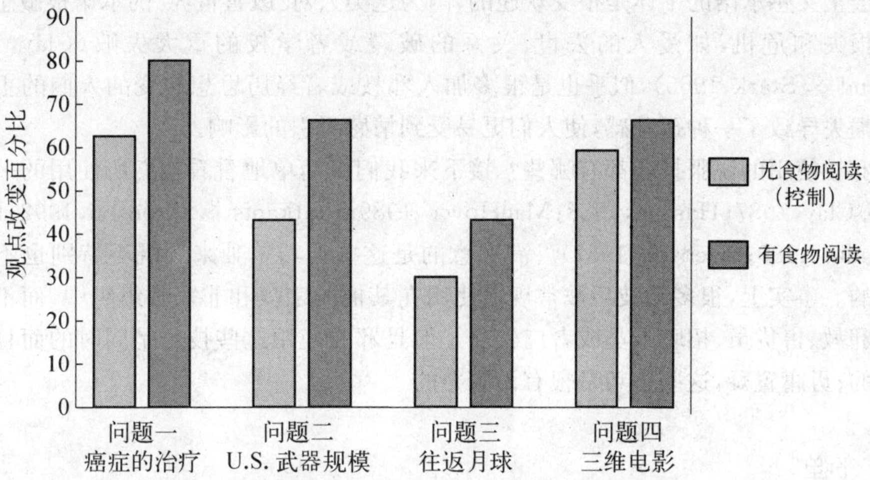

图6.12 食物在阅读说服性信息中的效应

来源:Kamos. Laue & Kirschner(1965)

对积极心态效应的这些研究目前提供了另一种途径说明邪教并不需要支持他们的强有力论点就可以影响新入教者。可能的成员经常在征召会议上面临着**“温柔炸弹”(love-bombing)**。感受到从周围的每一个人那里所提供的无条件的爱和关心。对于孤独的人们来说,这种策略是很有力量的,而且经常会产生一种愉快感。这样被唤起的积极心态将推动启动加工。于是,论点的有效性很大程度上与态度的改变无关了,取而代之的是如信息源的专长性等的启动线索。在这种情况下,一个具有超凡能力的领袖是很有影响力的。

附录:邪教是如何招募并保留其成员的

我们本章是从苏珊和史蒂文的故事开始的,这两个年轻人加入了统一教团,而他们的行为令他们的朋友和父母感到非常奇怪。邪教是如何招收这些并没有主动想去改变自己生活方式的正常的年轻人的呢?邪教使用的技巧有多大的效果?

据统计,统一教团成功地招收了大约10%曾参加过一次他们周末静修的个体(Galanter,1989)。当然,参与过一次周末静修的那些人们是由招收人员(那些瞄准他们的人)和他们本人(他们同意加入静修)共同选择的。可能1%或更少应该是对被随机选上、曾参加一次周末静修的年轻人加入邪教的较好估计数据。

邪教会选择谁作为可能的招收人员呢？他们寻找介于 18 到 30 岁之间的年轻人(Clay,1987)。他们避免招收那些有很大麻烦的人们，不管这些麻烦是属于心理问题还是与药物有关的：因这类人是不能给邪教带来很多好处的(Hassan,1988)。有强烈的社会正义感承诺的个体是很受欢迎的，因为这类人对“改善世界”的承诺很敏感。最近的损失和危机，如爱人的去世、关系的破裂或者学校的重大失败(Clay,1987；Lofland & Stark,1965)，似乎也是很多加入邪教或者经历思想转变的人们的主要特征。损失导致了一种孤独感，使人们更易受到情感吸引的影响。

邪教使用的说服技巧都有哪些？接下来我们来简单地看看他们所使用的一些技巧(见 Clay,1987；Hassan,1988；MacHovec,1989；Pratkanis & Aronson,1992；Rudin & Rudin,1980；Swenson,1987)。需注意的是这些技巧单独来看既不特别也不是很有效的。事实上，很多的技巧被常规地使用在其他的宗教和非宗教组织中，而不管他们是邪教、售货员、招聘人员或者广告商。但是邪教使用这些技巧是同时的而且是强有力的；毋庸置疑，这些技巧是很有说服力的。

温柔炸弹

可能的新成员被爱、奉承和感情所包围，而且总是无条件地提供(“因为你是你，所以我们爱你!”)。这对那些对自己的声望和吸引力很不确定的年轻人来说是很有力的强化。

登门槛效应

最初，只对新成员提出一些小的要求——来参加会议，听报告。然后，稍微更大一点的要求出现了——和成员们一起唱歌，谈论你的希望与愿望。紧接着是更大的要求——把钱交给组织，告诉其他人活动的情况。最后，要求极端化——辞去你的工作，搬进社区，为邪教奉献终身！当要求在程度上一点点增加时，个体发现他本人答应了在最初他根本不会同意的很大的要求，这被称为**登门槛效应(foot-in-the-door effect)**(见 Cialdini,1993；Freedman & Fraser,1966；Gorassini & Olson,1995)。对最初小要求的服从产生了对邪教的公开承诺，而这就增加了服从随后的更大要求的可能性。

重复性

新成员总是典型地暴露在重复宣传邪教教条的演讲之中。当信息被重复性地听时，它就产生了一种合理正确的气氛。通过这种仅仅是暴露的机制(见第五章)，熟悉导致了对信息和领袖、成员的积极态度。

意识的修改状态

在周末的招新静修时，邪教经常会使用一些技巧，这些技巧被设计以产生心理混乱和意识状态的改变。睡眠剥夺和提供最少的食物会降低心理警戒度。集体歌唱圣歌也会产生一种不现实感。目标是为了降低逻辑推论和反驳争论，以此来增加邪教提供信息的可感染性。而且，这些技巧会导致时间感的改变——过去感和未来感的逐渐减弱，现在感成了全部。当过去和将来被遗忘时，人们在做决定和承诺时就不会考虑是否会对他的朋友、家人和将来有什么影响了。

拒绝隐私

在招新会议上是反对可能的新成员有个人隐私的。当他们没有参与集体活动时，他们几乎总是至少由邪教中一位成员陪同着的。这样，他们没有任何机会可以安静地坐会儿，思考一下他们正在做什么，而且也没有机会可以和其他非成员谈话。相反，加入邪教的压力一直维持在一个持续的、强烈的水平。

有组织的活动

和拒绝隐私紧密相关的是对新成员严格的活动管辖。在统一教团的整个周末的静修中到处都是有组织的活动——演讲、讨论小组、歌唱。同样基本的目标是避免有任何对所发生的事情进行安静反思的机会。而且组织化有利于将决定权由个人转移到邪教。这样，新成员会感觉到是否要加入组织不应该由自己决定(这是上帝的意愿)。

互惠

在我们的社会，有一个强烈的互惠规则——我们对那些帮助过我们的人们给予回报。邪教利用这个规则去迫使那些可能的新成员加入其中。清楚和不太清楚记得自己是邪教客人的新成员，在静修期间被提供免费的食物和住宿，而且每个人对他们都很尊重和关爱。当可能的新成员在活动中不全身心加入时，邪教的成员就会表现出难过和受伤感(而不是生气)。这样有助于唤醒作为一个不知感激的客人的罪恶感。邪教很清楚地知道有理想、单纯的年轻人将会很想表达对“为他们做的每件事”的感激之情。

简单的解决方法

在他们的演讲中，邪教领袖总是提供对复杂问题简单、含糊的决定。贫穷归咎于对神的不信任，毒品归咎于资本主义。对于年轻人，面对威胁地球的一些问题时，简单的答案应该是很有吸引力的。

散布畏惧感

同提供简单的解决方法一样，邪教也喜欢采用对未来的畏惧感。如果无视邪教的建议的话，原子核战争、金融崩溃和社会混乱被认为是真的有可能发生的。政府被代表性地描述为总是迫害该组织和其领袖，社会被描述为丑恶的并且在撒旦的控制下。接受组织的教条有利于减少这些畏惧感。

邪教使用的 9 个技巧已经一一描述(而且还有很多其他的)。当然，并不是每个邪教都使用了所有的技巧。但是，大量策略的同时使用是很有效的，特别是当新成员的环境被完全控制时(如在周末静修)。邪教所作的并没有什么魔力。而是，从社会心理学的角度来看，他们的成功是可以理解的。邪教展示了协调、深奥运用说服规律的力量。

总结

失调理论认为人们被驱动去获得和维持认知间的平衡。认知是一些知识。两个认知之间可能是无关的、协调的或者不协调的，他们相互之间会是无关联的、相互支持的或者相互矛盾的。意识到失调认知的存在是令人讨厌的，人们也试图通过改变其中一个失调认知或者增加一个新协调认知来减少失调感。

社会心理学家们已经在几个方面对失调理论进行了检验。在自由选择模式中，人们在两个或者多个可选物中进行选择。选择物的负性特点和未选择物的正性特点会唤起失调感。这种决策后失调总是可以通过增加被选物品的吸引力并减少未选物品的吸引力而得到降低。在诱导服从模式中，个体被诱导而做出与他们最初的态度很不一致的行为。如果人们没有合适的原因来解释行为的不一致(如大量的金钱报酬)，他们将总是改变他们的态度以和他们的公众行为相一致。研究者们已经确认了几个由态度不一致行为唤起失调的必然因素。首先，人们必须相信他们是自由选择做还是不做该行为的。第二，必须有一些对该行为的公众承诺。第三，该行为必须产生了一些令人讨厌的结果。最后，人们必须感受到对其行为的个人责任感，这包括令人讨厌的结果是可以预见的。在努力合理化模式中，人们在追求某一目标时，被驱动去付出努力或一些代价。为了使他们的努力合理化，人们经常增加目的的重要性或者吸引力。

一些对失调发现做出其他解释的观点被提出。自我觉知理论认为诱导服从产生态度改变是因为个人用他们的行为来推断他们的态度。印象管理理论认为在失调情境中的态度改变仅仅是伪装，目的只是为了使自己的形象显得更为一致。自我确认理论认为与态度不一致行为威胁了个体对自己是好的、有能力的个体的概念。这样，只要是能够再次证明他们价值的任何行为都可以减少失调感，而不管是否它会涉及认知间的不一致。同样，自我概念理论认为失调情境产生态度改变是通过威胁了个体所谓好的、诚实个体的自我概念而造成的。这样,即使是与态度一致的行为也会唤起失调感,只要它威胁了行动者的自我概念。

认知的反应方式是以由信息产生的思想而造成的说服为基础的。亲论点是信息或者演讲者所赞成的思想,并导致了态度改变。反论点是信息或者演讲者所不赞成的思想并阻止态度的改变。在一个强信息中,分心降低了说服效果,而重复增加了说服力。对一个弱信息,分心增强了说服力而重复降低了说服效果。

认知反应方式提供了一个很好地理解自我说服的理论框架。如,对某一争端的考虑总是使人们处于更为极端的地步,这被称为仅仅通过思考的态度两极化。

系统——启发模式和精加工似然模型都假设态度可以通过两种途径得到改变。第一,仔细考虑某一立场的优点会导致说服。这种说服的理性形式被启发——系统模型称为系统加工,被精加工似然模型称为说服的中心路线。第二,有时人们采纳信息所推荐的立场仅仅是因为一个线索或特征暗示了这一拥护立场是正确有效的。这种相对无心的说服形式被启发——系统模型称为启发模型,而被精加工似然模型称为说服的边缘路线。

两个模型都认为系统/中心加工是需要付出努力的,而且仅发生在人们被驱动并能对信息进行仔细加工时。在这种情况下,说服将依赖于信息中论点的强度。但是,如果接收者既没有被驱动又不能进行详细的加工时,说服将依赖于对"该建议是有效的"这些启发或者边缘线索是否出现。

信息"来源"的几个特点影响说服。可爱的、著名的、有吸引力而且可信的信息源比不可爱、无名、无吸引力并且不可信的信息源更有效。睡眠者效应得出结论:低可信性信息源提供的信息有时会随着时间的推移而使态度改变增强。

信息的特征也会影响说服效果。例如,强论点和长篇论点一般比弱论点和短篇论点更有说服力。恐惧唤醒是已经被研究的另外一种信息特征。保护动机理论是恐惧唤醒的综合性模型。从该观点来看,一个令人恐惧的信息能有效产生态度和行为的改变需要满足以下条件:接收者相信某一问题是很严重的,接收者很容易受到该问题影响,行为改变能有效避免该问题发生,接收者有能力完成所建议的行为。

接收者的特征组成了说服情境中的第三个部分。有高认知需要的人们比低认知需要的人们更可能对信息进行系统/中心加工。当系统/中心加工可能发生时,不确定的定位激起了个人对关于自己、环境和影响的新信息的兴趣。还有证据显示心情影响信息加工,系统/中心加工在当人们处于积极而非中性心情时更不可能发生。

关键词

通过单纯思考的态度两极化	说服的中心路线	认知失调理论	认知反应方式
协调认知	可信性	破坏性异教	差异衰减

打折扣	分离	不协调认知	努力合理化范式
精加工似然模型	登门槛效应	禁止的玩具范式	自由选择范式
启发式加工	启发式	伪善	印象管理理论
诱导的服从范式	温柔炸弹	认知的需要	边缘线索
说服的边缘路线	决策后失调	保护动机理论	选择性表露假设
自我验证理论	自我概念理论	自我觉知理论	睡眠者效应
系统加工	定位不确定		

推荐读物

Chaiken, S. (1987). The heuristic model of persuasion. In M. P. Zanna, J. M. Olson, and C. P. Herman (Eds.), *Social influence: The Ontario symposium* (Vol. 5, pp. 3-39). Hillsdale, NJ: Erlbaum.

Cooper, J., and Fazio, R. H. (1984). A new look at dissonance theory. In L. Berkowitz (Ed.), *Advances in experimental social psychology* (Vol. 17, pp. 229-266). San Diego, CA: Academic Press.

Perloff, M. (1993). *The dynamics of persuasion*. Hillsdale, NJ: Erlbaum.

Petty, R. E., and Cacioppo, J. T. (1986). The elaboration likelihood model of persuasion. In L. Berkowitz (Ed.), *Advances in experimental social psychology* (Vol. 19, pp. 123-205). San Diego, CA: Academic Press.

Petty, R. E., Wegener, D. T., and Fabrigar, L. R. (1997). Attitudes and attitude change. *Annual Review of Psychology*, 48, pp. 609-647.

Pratkanis, A. R., and Aronson, E. (1991). Age of propaganda: *The everyday use and abuse of persuasion*. New York: Freeman.

Rogers, R. W. (1983). Cognitive and physiological processes in fear appeals and attitude change: A revised theory of protection motivation. In J. T. Cacioppo and R. E. Petty (Eds.), *Social psychology: A sourcebook* (pp. 153-176). New York: Guilford.

Steele, C. M. (1988). The psychology of self-affirmation: Sustaining the integrity of the self. In L. Berkowitz (Ed.), *Advances in experimental social psychology* (Vol. 21, pp. 261-302). San Diego, CA: Academic Press.

Zimbardo, P. G., and Leippe, M. R. (1991). *The psychology of attitude change and social influence*. New York: McGraw-Hill.

第七章 偏见和刻板印象

死一样的寂静——城里听不见一丝声响。街上的路灯，商店和房屋里的灯都熄灭了。现在是凌晨3：30分。突然街上的吵闹声把我吵醒了，疯狂的呼喊和尖叫声混合在一起。我听着，感到恐惧和惊慌，直到我听清他们的喊叫声："滚出去，犹太人！犹太人去死吧！"……一些人在用拳头砸门。窗板被砸破了……我跑出房间，下楼……我的眼睛直对着枪口……"我中枪了"，父亲倒在楼梯上结结巴巴地说。我被迫前进，但是我能看到楼梯上的血迹和我父亲背部的暗渍。(Bentwich，1981，p. 84)

这段话描述了德国爱登市的一名16岁的犹太男孩儿在1938年11月9日夜晚和10日凌晨的经历。那天晚上整个德国、奥地利和捷克斯洛伐克的部分地区都发生了类似对犹太人的袭击。人们开始把那个夜晚黑暗的几个小时称为反朱迪亚集会或碎玻璃之夜。那几个小时中，阿道夫·希特勒的纳粹党在整个德意志第三帝国发动了反对犹太人的暴乱。11月11日清晨以前袭击的统计数字已明确获得。"近100名犹太人被杀害，7 500个犹太人的商业公司倒闭，275个犹太教堂被夷为平地或烧毁，30 000名犹太人被逮捕"（英国屠杀纪念委员会，1989）。街道上堆满了公司、民居和教会这些地方的碎玻璃。被拘捕的大部分人最终都进了监狱。

尽管这种情况变得比较糟糕，但是反朱迪亚集会却是标志纳粹屠杀犹太人的一个关键转折点。它是广泛而有组织的用身体暴力反对犹太人的第一例——标志着政府赞成对守法公民实行非法行为，而这些守法公民碰巧是犹太人。它被计划看做是反犹太人情绪的一种自然爆发。实际上，袭击是由希特勒的两个高级官员约瑟夫·戈培尔和里恩哈德·海里奇精心组织的，由装扮成市民的纳粹士兵执行。

反朱迪亚集会为什么会发生？我们怎么能够理解那个夜晚的事件和发生在随后6年半中的大屠杀？我们需要认识到纳粹反犹太人的疯狂和希特勒对"犹太人问题"的困扰。阿道夫·希特勒控制了德国12年，从1933年到1945年。希特勒的暴动从开始到结束的时间几乎刚好和富兰克林·罗斯福当美国总统的就任期一样。希特勒在危机时期就职，而且就在德国最后在第二次世界大战投降之前自杀了。希特勒提出了反犹太主义的深刻思想，它已经成为几个世纪以来德国历史和文化的一部分。虽然犹太人不超过德国人口的百分之一，但他们经常因为德国的问题受到责难。他们的成就经常引起他人嫉妒，作为这样一个特殊群体，他们很容易成为人们发泄不满的目标。多年来"犹太人同谋"对从通货膨胀到第一次世界大战战败的一些问题负有责任。希特勒自己对犹太人也有着深深的仇恨，并通过在相当一部分德国人中煽动反对犹太人的情绪为他的纳粹党获得政治支持，这些德国人中有很多在危机期间受到挫折且对他们的财政困难恼羞成怒。虽然纳粹被很多德国人辱骂，且在任何选举中从来没有获得大多数人的投票，但是他们却能够在 1933 年掌权一个百废待兴、四分五裂的国家。

希特勒一成为德国的总理，就开始发动反对犹太人的行为。几个月内"非雅利安人"就被从国民服务系统中排除了出去。1935 年前，犹太人已经失去了他们的德国公民权，并且禁止犹太人和作为"国家主人"的德国人通婚。不久犹太人被禁止挥德国国旗。短时间内，他们在德国经济和文化生活的所有方面都受到排斥。他们建立了集中营，很多犹太人完全被封锁起来。紧接着，当一个 17 岁的犹太男孩儿击中了巴黎的一个纳粹官员时，希特勒和他的官员们就有了他们需要组织反朱迪亚集会的借口，不久紧跟着就发生了对犹太人教会、犹太人商业公司和犹太人民居的袭击事件。纳粹领导随后声称袭击反映了国家的"健康本能"。

7 年之后，很多犹太人自杀了，并且更多人尽力逃出德国。那些试图离开的人中仅约三分之一获得了成功。一个 10 岁的男孩在与他的父母双亲分离之后逃了出来。这是个典型的故事：他的母亲把他放在柏林一个朋友的家中，直到他可以被运出祖国。后来他回忆说："我的母亲不得不把我留在那儿，我最后一次见到她是在柏林的街上，在朋友家外面，她为看我最后一眼沿着人行横道步步后退，直到她在路口拐弯，我们就分开了。"(Eisenberg，1981)

世界对反朱迪亚集会的反应是迅速而残酷的。在美国，总统罗斯福说他"简直不能相信这样的事情会发生在 20 世纪的文明之下"。但是尽管很多国家对德国政府的行为表示悲痛，但是它们没有做任何事去惩罚德国或阻止对犹太人的进一步屠杀。在两天之内，内阁大臣赫尔曼·格瑞林宣布犹太人必须支付 4 亿美元以赔偿纳粹暴徒对他们物品的损坏。3 天后，禁止犹太人的孩子进德国的学校上学。一个月内，犹太公司的业主转为非犹太人。国际协会对这些发展变化没有任何反应。1939 年 1 月，反朱迪亚集会后不到 3 个月，希特勒预言了战争事件中欧洲犹太人的毁灭。

在随后不久的战争中，希特勒做尽坏事把他的预言都变成了现实。欧洲近乎 600 万的犹太人被纳粹杀害，波兰 350 万的犹太人被杀。男人、女人和儿童都被关在毒气室里，最终被残酷地杀害了。在一些集中营里，炉火一天要烧 24 小时来处理被杀害的犹太人的尸体。

大屠杀可能是历史上种族灭绝最极端的例子。但是今天反对犹太主义在很多国

反朱迪亚集会或碎玻璃之夜是偏见的一个异常表现。在1938年黑暗的几个钟头中，纳粹逮捕了第三帝国的犹太人并毁掉了他们的财物，在他们踏过的痕迹中留下了大量的破碎玻璃和生命。

家仍然是个问题。事实上，有时人类似乎在根除对很多不同群体的种族和宗教偏见方面没有取得丝毫的进步。如今种族冲突，种族主义和偏见在全世界范围内具有地方性，从波斯尼亚到北爱尔兰到俄罗斯再到美国。我们怎么能够理解群体之间的仇恨？我们能做些什么来解决问题？在这一章里，我们将讨论社会心理学家已经教给我们的偏见和刻板印象的知识。虽然这章开始举了个大屠杀的恐怖例子，但是我们的意思并不想暗示大家社会心理学家仅仅对偏见的极端形式感兴趣，也不是指只有像纳粹那样的坏人会有偏见，而"正常人"就没有偏见。实际上，我们大多数人都有一些群体偏见，并且社会心理学研究的重要一点就是偏见和刻板印象通常来源于自然发生的认知过程。

定义

首先，我们需要明确我们所指的偏见和相关概念的含义。偏见(prejudice)可以被定义为对一个群体成员的一种态度，通常是负性的。它是某人只根据另一群体中个体的种族、性别、宗教或成员资格而对其做出的评价。社会心理学家一直关注于了解负性的偏见(不喜欢一个群体)，尽管正面的偏见也存在(例如，大多数人对他们本群体的成员评价是正性的)。这一章中，我们的目标是要试图了解人们为什么会对他人有负性评价(通常非常消极)，仅仅因为他们属于一个群体而并不一定知道有关他们的其他事情。

偏见是一种态度，而**刻板印象(stereotypes)**是一些信念——具体来说，知觉者认为一个群体的成员共有一些特殊的特征：年龄大的人虚弱无力，非洲裔的美国人好斗，法国裔的加拿大人信奉宗教等等。刻板印象具有认知成分，而偏见中混有情绪情感成分。刻板印象同偏见一样，既可能是负性的也可能是正面的，虽然社会心理学家一直以来对负性刻板印象更感兴趣。刻板印象可以被认为与第二章讨论的图式概念在本质上类似——刻板印象是对于群体的图式。它们代表了我们对一些特殊群体的人们的认识（尽管我们的“了解”可能是错误的）。

刻板印象和偏见能够导致**歧视（discrimination）**，歧视是只基于他或她的群体成员资格而指向某人的行为。歧视和偏见、刻板印象一样可以是正面的（像对某人本群体成员的偏袒）。歧视不像偏见和刻板印象是不能直接观测的内部概念，它是可观察的——指人们对群体成员的公开行为。当歧视基于对一个种族群体的偏见时，就叫做**种族歧视（racism）**，执行它的人被称为“种族主义者”。当歧视是基于性别的，就称为**性别歧视（sexism）**，执行的人被称为“性别歧视主义者”。

现代种族歧视

几乎确定的是，如今北美存在的公开种族歧视和负性的歧视比 25 年前或 50 年前少。举些简单的例子，通过立法的种族隔离没有了，妇女获得了更多在商界发展的机会，同性恋至少在军队服务机构是可以忍受的（只要他们不公开他们的性倾向），而且调查显示人们对很多少数群体表达了比过去更赞许的看法。这样一来，我们似乎已经有了一些真正的进步。但是偏见和歧视是真正消失了，还是人们只是更注意他们在公共场合所说的话和做的事呢？是否我们减少了公众歧视而负性的刻板印象和偏见只不过被秘密的隐藏起来了？

一些研究者已经认为事实上，种族歧视一直到今天仍是个问题。这些理论学者认为表面显眼的“老式过时”的种族歧视已经被更精妙的歧视形式所代替。等同于这些观点说法认为美国白人知道偏见是非社会赞许的并试图控制它，尤其在公众场合，但是他们一直有负性的刻板印象。有关可接受性的种族观念的规范已经发生了改变，所以人们对这些看法的公众陈述也就相应变化。但是他们自己的信念实际上可能并没有改变很多。

麦克纳亥（McConahay，1986）认为已经有一些信念发生了变化，但是一直是用一种种族歧视的观念代替另一种。具体来说，像黑人没有白人聪明，街坊应该按种族划分以及歧视黑人是可以接受的这样一些过时的观念已经被黑人非常努力进取，进步很快，他们的需求和策略是不公平的，虽然他们进取，但结果却得到他们不应该得到的东西这样一些观念所代替了。图 7.1 显示了过时的和现代的种族歧视量表的一些项目。

图 7.1　过时的和现代的种族歧视量表的项目

过时的种族歧视项目

我赞成法律允许黑人租赁或购买住房，甚至当提供物品出售和出租的人不愿意把房子租赁或卖给黑人时。

一般来说，我赞成完全取消种族隔离。

续 表

我反对公平或公开的住房法案。
黑人和白人通婚是个坏想法。
黑人通常没有白人聪明。
如果和我的收入和教育水平相同的一个黑人家庭搬到我隔壁住,我会很介意。
美国最高法院在它1954年的决议中宣布种族隔离非法是错误的。
现代种族歧视项目
过去几年多,政府和新闻媒体已经对黑人表现出超乎他们应受到的尊敬。
美国黑人的愤怒是容易理解的。
对黑人的歧视在美国不再是个问题。
过去几年里,黑人在经济上得到的比他们应得的多。
黑人对学校废止种族歧视的计划产生的影响比他们应有的大。
黑人非常努力地奋力争取他们的同等权力。
黑人不应该在不需要他们的方面发愤图强。

来源:McConahay(1986)

同样的,金德和西尔斯(Kinder & Sears,1981)提出,很多美国白人虽然已经开始拒绝对非洲裔美国人那些过时的刻板印象,但是仍然认为黑人威胁到像个人主义、服从和新教的工作伦理这些传统的美国价值观。因为这种偏见是基于知觉到黑人对美国人的关键象征(也就是传统的价值观)形成了威胁,所以被称为**符号种族歧视(symbolic racism)**。凯兹和哈斯(Katz & Hass,1988)认为美国白人对黑人的看法是矛盾的——也就是说,他们对黑人同时持有正面和负性的观念和感情。一方面,很多美国人重视人道主义和平等主义;这些价值观使白人对黑人和其他受到压迫的群体产生同情。另一方面,很多美国人重视新教的工作伦理道德,它强调能够实现你所考虑的任何事。当人们感觉到非洲裔美国人违反或不遵守这个伦理达到一定程度时,就产生了负性的情感。这样一来,**矛盾(ambivalence)**心理——正面和负面情感混合在一起——代表了白人对美国黑人的感觉。

从过时的种族歧视到**现代种族歧视(modern racism)**的转变有什么意义呢?可能最明显的是它们表示歧视容易局限于特殊的情境。例如,当人们的行为可能被解释为种族歧视时,他们会注意控制他们的负性情感。麦克纳亥(1986)表明在现代种族歧视量表上得分高的人(见图7.1)在评价普通的白人和黑人工作申请者时会歧视黑人。但是当情境中引入他们可能被看做种族歧视主义者的可能性时,结果正好相反:现代种族歧视者实际上对一个普普通通的黑人申请者的评价比一个普通白人申请者更高。同样的,德奥维德和盖尔特娜(Dovidio & Gaertner,1993)认为当反对歧视的情境规范很明显时,歧视不太可能发生,但是当情境给人们提供负性对待的合法化时,少数群体成员将会受到歧视。例如,如果一个个体由于他或她自己的疏忽使自己惹上麻烦,人们就有借口不帮助他;如果需要帮助的目标是黑人而不是白人的话,他们更可能利用这个借口(Fery & Gaertner,1986)。

现代种族歧视的另一种观点认为人们会基于很多情境中的平等主义规范行动,但是如果他们处于压力之下,他们可能会退回到他们的过去并以歧视性的方式行为。这种形式的种族歧视——歧视行为引发处于压力或警觉状态——叫做**回归的种族歧视(regressive racism)**。基本的观点就是当人们感觉到压力或警觉时就回归——也就是回到——他们早期的交往模式。不幸的是,他们回归或返回的是个更老旧的歧视的历史模式。例如,罗杰和普林提斯·达恩(Roger & Prentice-Dunn,1981)表明没有被激怒的白人学生对黑人的攻击性比对白人少。另一方面,当被试被实验助手激怒时(侮辱他们的人),他们对黑人助手比对白人助手报复更多且表达出更多的敌意。简言之,未被激怒的白人对待黑人比对白人好,表现出新的平等主义。然而被侮辱和被激怒的白人表现出回归的种族歧视且对黑人比对白人更有敌意。这个实验结果见图 7.2。

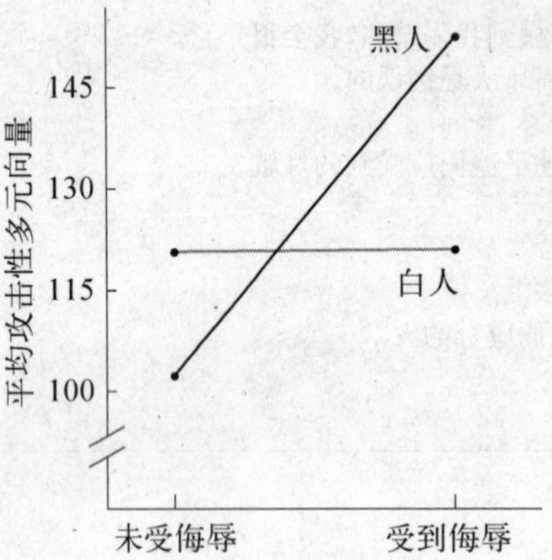

图 7.2 受到侮辱和未受侮辱条件下对白人和黑人目标的平均攻击水平

来源: Rogers & Prentice-Dunn (1981), p. 68

偏见中的动机因素

动机因素是在有关偏见的理论体系中已经确定的一种影响因素。从动机的角度来看,偏见可能来源于知觉者的压力、情绪、恐惧和根本需要。特别是,偏见和歧视可以用来减少负性情感状态和/或满足根本需要。我们将讨论动机因素的两个例子。

挫折和承担罪名

社会心理学家已经发现挫折和很多种攻击型行为之间有一定关系(见第十章)。干扰目标的实现(挫折)会产生情绪唤起(愤怒),情绪唤起能够导致攻击性(Berkowitz,1969)。那么可能假定挫折是偏见和歧视行为的原因就不足为奇了。

歧视的替罪羊理论(scapegoat theory of discrimination)认为日常生活中的各种挫折——工作上的,家庭中的,和朋友的——都可能导致替代性攻击,它可以发泄(减少)挫折。这样一来,攻击性就会减轻我们日常生活中产生的被压抑的愤怒情绪,对个体起一定作用。

情绪发泄最可能的目标是种族或宗教的"外群体"——知觉者不归属的群体。为什么外群体被选为目标？伯克维茨(Berkowitz,1962)提出外群体是方便的目标因为他们有代表性地具有以下的某些或全部特征：

1. 安全：目标群体很弱以至于它可能被袭击而不用害怕会有强大的报复。

2. 可见性：目标群体有一些特质使其显而易见并从其他群体中突显出来。肤色、生理特征或不同的习惯可以使一个群体看上去很显著。

3. 陌生性：伯克维茨认为人类对他们感到陌生的任何事情有种不信任的本能。外群体独特的习惯可能看上去有些陌生。

4. 以前不喜欢某群体：替代性攻击倾向于指向之前不被喜欢的群体。

这样一来，日常生活中发生的挫折可能被转移到弱小的"替罪羊"目标上。偏见和歧视可能会作为一种减轻被压抑的愤怒和敌意情绪的方式出现。

渴望优越：社会同一性理论

正如我们已经在第三章自我部分讨论过的，人们总想积极地看待自己。在知觉和归因方面的几个偏见似乎就是被这个保持积极自我概念(像能够控制自己生活中所发生的事件这样的一个好人)的需要所激发。保持积极自我形象的需要能够引发比其他个体和群体优越的渴望吗？肯定能回答这个问题的一个理论是**社会同一性理论(social identity theory)**(Tajfei & Turner,1986)。

根据社会同一性理论，人们会力求保持全面的积极自我评价，它由两部分决定——他们的个体同一性和他们的社会同一性。个体同一性决定一个人的成就以及他们如何与其他个体的成就进行比较。同社会比较理论一样(在第三章讨论过)，社会同一性理论把与他人的比较看做我们确定和评价自我的重要决定方式。如果你发现相比你的大多数同学，你是更好的写手，例如，你可能有几分认为自己是个作家，并且你可能把你对自己是名优秀作家的看法作为积极的个体同一性的一个重要来源。

社会同一性理论认为除了基于个体特征和成就形成个体同一性之外，你会基于你在一些群体中的成员资格形成一种社会同一性。也就是，群体成员资格组成了你的社会同一性。例如，你可能把自己定义为一个女性，一个足球运动员，一个大学生和一个心理学专业的人。你对这每一个群体的评价(你的"内群体")决定了你的社会同一性的整体价值观。如果心理学专业在你们学校很被重视的话，那么成为一个心理学专业的学生会有助于你形成积极的社会同一性。

我们怎么区分各种不同的社会群体呢？同很多其他心理学家一样，泰菲和特纳(Tajfei & Turner)认为我们几乎总是基于实际上能够划分出差别的任何显著特征，将包括我们自己在内的人们分为不同的群体，(Hamilton & Trollier,1986)。例如，男性和女性之间的差异以及成人和孩子之间的差异非常突出，所以我们把人们分为一个群体或另一个群体。在纳粹德国，犹太人和非犹太人之间的差异对很多人来说很明显，所以就建立了“雅利安人”和“犹太人”的社会分类。

对很多美国人来说，穆斯林礼拜的显著性和奇特性使它的信徒在这个国家属于一个外群体从而成为偏见的目标。

一旦我们建立了社会群体，我们如何评价他们？我们对他们进行相对的评价——也就是与另一个群体相比。然而，在进行这些比较中，我们是带有偏见的，并且几乎总是给予我们自己的群体最多的重视。这样一来，在德国雅利安人评价他们自己比犹太人好，而且犹太人倾向于把自己评价的比非犹太人好。这些偏见为什么会存在？一个人的内群体好到一定程度或外群体糟到一定程度时，个体的社会同一性会是积极的。这样，提高对内群体的知觉或贬损外群体都能改善个体的社会同一性。

但是人们并不只是感觉到外群体是低劣的。假如有机会，他们会与外群体竞争在真正意义上使其更差。关于社会同一性最一致的一个研究发现是人们在奖金分配上偏向内群体，他们有给自己群体比外群体更多金钱或资源的趋势。而且，在进行这些分配时，人们似乎主要关注的是看到他们自己的群体比外群体得到更多，甚至只要他们能为自己的内群体获得比外团体更多的资源，他们也会愿意让外群体的资源多一些。例如，如果被试在一个实验中面临两种选择，一个是给一个内群体成员 7 分，给外群体成员 1 分，另一个是给内群体成员 19 分，外群体成员 25 分，他们通常选择 7—1 点的组合，就是大家所知的**差异最大化策略(maximum differentiation)**(见 Bourhis，1994)。一个明显的趋势是被试给分更少，只要分数比外群体成员得到的多就行。社会同一性研究已经显示人们对他们的内群体比外群体给予得更多，因为他们认为内群体成员比外群体成员更好，从而更应该得到的多。把社交名流的份额分配给内群体成员证实了一种积极的社会同一性，并提高了自尊心(Oake & Turner，1980)。

难以置信的是，甚至在群体成员资格的基准很微弱而且很随意时，人们也表现出对内群体的偏向。例如，通过随机弹硬币来决定群体成员资格的做法仍然产生了内群体的偏向。这些类型的研究称为**最小限度的群体范式(minimal group paradigm)**(Tajfei & Turner，1986)，因为这些群体如此微不足道以至于在任何心理学意义上都是“最小限度”的。然而，人们似乎被引发认为他们的内群体成员在这些琐碎的特征上比外群体成员要好;某人想知道内群体偏向的动机对有深远影响和重大社会意义的群体差异的影响有多么强烈。

社会同一性理论对于理解偏见有什么意义?人们有获得和保持高水平自尊的需要。提高他们的社会同一性是他们能够达到这个目标的一种方式,并且他们能把内群体成员看得比外群体成员更好,而且在实际上也对他们更好,这样来提高他们的社会同一性。这样的话,人们会提高对内群体成员的知觉并主动贬损和误解外群体的成员。保持高水平自尊的需要可能导致人们对外群体成员产生偏见和歧视。在纳粹德国,多数非犹太人把人们分为雅利安人内群体和犹太人外群体。犹太人被人们看做比雅利安人的"优等民族"要低等。结果他们受到贬损和歧视,最终到了种族灭绝的地步。渴望优越可能导致这样的暴力和野蛮行为好像几乎令人难以置信。当然也有其他的因素使这个大屠杀持续了这么久。但是我们必须承认这样的事实,即其中的根本原因有充分的理由与自尊有关。

偏见中的社会文化因素

当希特勒赞成他的种族理论,把德国面对的所有问题都归为犹太人的责任时,他的敌意态度很容易地在第三帝国的灵魂中扎了根。反犹太主义已经成为德国几个世纪历史的一部分。希特勒自己也认识到了这个偏见并发现他的表达方式引起了德国社会的多方分割。作为一个孩子和年轻人,希特勒是对犹太人仇恨的学生。作为帝国的大臣,他则是老师。

大量的调查者认为偏见同其他态度(见第五章)一样是习得的(Allport,1954;Kelly,Ferson & Holtzman,1958)。一些孩子可能会看到他们的父母歧视黑人,听到他们的父母说蔑视黑人的话,并发现当黑人孩子出来玩时他们的父母会很快把他们赶走。伯德、蒙纳彻斯和博蒂科(Bird,Monachesi & Burdick,1952)发现早在20世纪50年代他们访谈的白人家庭中几乎一半的家庭规定他们的孩子不准和黑人孩子玩。随着孩子越长越大,他们从同伴那里得知黑人很坏,并且如果他们被看到和黑人一起玩的话就会被赶出同伴群体。他们的父母给他们指出媒体的报道讲述黑人如何参与非法行为。每一个事件都教导孩子对黑人产生偏见。孩子的父母塑造了偏见态度,他们的同伴奖励了对黑人的歧视行为,并且父母和同伴都惩罚与黑人交往的行为。这样一来,孩子被巧妙地教会了憎恨黑人。与这个观点一致的是,研究者已经发现父母和孩子的种族偏见水平有显著相关(Altemeyer,1994;Rohan & Zanna,1996)。很多孩子最终内化了他们父母和同伴建立的对内群体成员的刻板印象和行为的规范。

社会文化学习的方法可以解释在偏见的目标上为什么有如此广泛的变异。不同国家或同一国家不同地区的孩子可能被教导去憎恨不同的种族群体。事实上,这种学习的途径关系到孩子偏见的形成,即使他们从来没有见过他们开始产生偏见的那个群体的任何一个成员。父母能够给他们的孩子灌输他们应该憎恨黑人(或其他群体)的观念,并且给孩子们讲如果他们接触黑人会发生什么事的恐怖故事。这种教育的结果就是孩子会憎恨和害怕黑人,即使他或她从来没有接触过黑人。

刻板印象和偏见的另一个社会文化来源就是大众传媒。报纸和电视上的报道通常支持对一些群体的刻板印象。例如,在早期的电视节目中,黑人通常被描述为无知和懒惰的,再近些日子的节目继续表现出黑人和白人之间的交往是相对低比率的(Rajecki,1990;Weigel,Loomis & Soja,1980)。在电视广告中,女性比男性更多地被描述处于家庭的情境中,而对男性处于权威地位的描述比女性多(Craig,1992;Lovdal,1989)。

固然,我们已经试图"清理"媒体并消灭对明显的刻板印象的描述。而且,现今社会的价值观重视平等。歧视,尤其是种族歧视受到了几乎普遍的反对。然而,就像我们前面讨论的一样,可能就是表面显眼的过时的种族歧视已经完全被更精妙的现代种族歧视所代替了。从社会文化的角度来看,我们可能期望当父母表现出公开支持平等主义但是私下拒绝平等时,他们的孩子同样会学会区分公开和私人情境。

竞争、冲突和偏见

希特勒可能习得了偏见态度并使它在德国永存,但是这些态度最开始时来自哪里呢?为什么这么多个世纪以来犹太人在欧洲一直受到歧视呢?为什么黑人在美国一直是被人们如此憎恨的目标?一个答案就是在历史的各个时代中,像犹太人和黑人这样的少数人群体一直处于和多数人群体的冲突中并被人们视为一个威胁。通常,冲突以竞争像工作、住房、地产或钱财这样稀有的经济或自然资源的形式出现。竞争稀有资源对于理解偏见至关重要,这一观点成为**现实冲突理论(realistic conflict theory)**(Pettigrew,1978)的主要原则。根据这个观点,在稀有经济资源上的冲突经常产生社会群体间的歧视。男性感知到的威胁和竞争可能是对歧视妇女的一部分解释。一些男性可能对妇女平等运动感到惊慌,因为他们害怕妇女会直接与他们竞争曾经只为男性保留的工作。

群体之间的冲突和竞争已经显示出增加了对外群体成员抱有刻板印象和歧视的趋势。例如,贾德和帕克(Judd & Park,1988)发现当群体之间处于竞争时,**外群体同质效应(outgroup homogeneity effect)**——把外群体的所有成员看做类似或同质的倾向——被强化了。当人们提到与他们本群体有冲突的外群体成员时,他们更倾向于说"他们都一样"。这种倾向在德国早期的纳粹统治中非常突出。很多人在经济危机时代(大萧条)把犹太人视为竞争对象——犹太人是个威胁。结果就造成了负性的刻板印象和大范围的敌意和歧视。当德国经济改善了以后,已经表现出来的敌意还没有消失。然而,这说明群体冲突不是唯一的相关因素。事实上,它承认了是纳粹的整体失败和希特勒的死亡才停止了屠杀。

人格因素：权力主义和偏见

即使整个文化可能都充满了种族歧视和偏见，那一文化中的个体也可能在他们同意种族主义者的教条和参与歧视外群体的程度上有所不同。甚至在纳粹德国，人们在他们帮助或伤害犹太人的程度大小上也具多样化。尽管保护犹太人存在危险(人们可能会丧生)，但很多德国人都这么做了。很显然，我们必须试图理解为什么一些人接受并根据种族主义者的原则做事，而另一些人却不这样。

第二次世界大战之后，美国犹太人协会支持了在美国反犹太主义的一个大型而艰巨的研究。研究的设计要调查某些人为什么会接受法西斯主义和种族主义的观念，并且评估在北美法西斯主义思想和行为的潜在力量。那个研究的结果发表在社会心理学最著名的著作之一“独裁主义的人格”一书中(Adorno，Frenkel-Brunswick，Levinson & Sanford，1950)。

调查者接触了大量属于从大学互助会到圣昆丁监狱的室友这样一些群体的人，大多数应答者是中产阶级的美国白人，给他们做一套问卷，且其中很多人要接受关于对自己、家人和童年的情感问题的深度访谈。应答者填写一个反犹太主义的量表，一个民族优越感量表，和一个政治和经济保守主义量表。反犹太主义量表测量关于各种情况和环境下应答者对犹太人的态度。民族优越感量表测量对其他各种群体持有的负性的刻板化态度的程度。**种族中心主义(ethnocentrism)**是指拒绝在文化上不同于某人自己内群体的人，而盲目接受那些在文化上类似自己内群体的人的一种倾向(Sumner，1906)。

阿多诺(Adorno)和他的同事们发现反犹太主义的特殊态度和民族优越感的一般特质之间的相关相当高：那些反犹太主义的人通常对所有的种族、宗教和文化外群体都表现出类似的负性态度(也见 Altemeyer，1994)。有民族优越感的反犹太主义者有轻微的倾向在政治和经济保守主义的量表中表达出右派态度，但是在这方面的数据还没有最后确定。

最后，在访谈中对应答者的人格进行评价，并且用专门为此研究编制的测验方法：法西斯主义潜能量表或 F 量表。从把童年发展、成人的人格和态度看做不可避免的有相互关联的立场来看，主要的研究发现是相当有趣的。调查者发现有反犹太主义和民族优越感态度的人一般来自教养严格且具威胁性的家庭。偏见程度高的被试的父母倾向于对他们的孩子有较高期望并且根据他们自己的需要而不是孩子的需要去衡量孩子。在这种教养方式下成长起来的孩子在问卷和访谈中把他们的父母视为偶像；相比在不太严格的家庭中抚养长大的孩子，他们更容易把他们的父亲看做他们生命中最有影响力，令人喜爱的成功人士，把他们的母亲看做最乐于付出和帮助他人的人。有偏见态度的应答者看不到他们自己和父母的缺点，而没有偏见的应答者更容易承认一些人类的缺点。对有偏见态度的被试崇拜父母的一点讽刺就是发现他们的敌意很明显地隐藏在表面之下。虽然难以发现在有偏见态度的被试中有会内省和反思自己情感的,但是调查者报告说一般能够发现他们有很多直接指向父母和权威人物的敌意。

以"独裁主义的人格"为终结的研究对关于数据如何收集及如何解释进行了一些批评(见 Brown,1965)。然而,这些年来大量的研究已经明确地提出有**独裁主义人格(authoritarian personality)**这样一个概念,而且高独裁主义者容易成为高种族歧视者(见 Altemeyer,1988,1994)。这样一来,人格因素已经显示出能够预测偏见。

偏见中的认知因素

到这里我们已经讨论了偏见中的动机、社会文化和人格因素以及冲突和竞争的角色。在这一章,我们转向社会心理学家尤其在近 20 年来最为关注的解释部分:"认知因素"的作用。社会心理学家近来对这些因素很感兴趣,这样的事实并不意味着认知机制是引起偏见最重要的原因。事实上,我们在这一章涉及的所有解释可能在某些情况下或对某些人来说是重要的。令人遗憾的事实是偏见可能是"由多种因素决定的"——也就是说,偏见可能由很多不同的原因产生,每种原因对偏见是充分条件但没有一个是必要的。这样的话,消灭偏见需要针对所有这些过程——是个令人畏惧的任务。在这一章末我们将更多地谈论减少偏见的问题。

根据认知的观点,偏见的基本来源是负性的刻板印象;认为一个群体拥有负性特质的观念通常会导致不喜欢和歧视的行为。纳粹反犹太人运动的主体就是他们传播假设的犹太人特质的宣传活动。他们用这种宣传试图使逮捕和最终谋杀犹太人的行为变得合理化。在德国和很多其他国家,对犹太人的负性刻板印象也为这样的宣传提供了基础。1933 年,希特勒执政的那一年,美国普林斯顿的大学生把犹太人描述为精明的、唯利是图的、勤奋的、贪婪的(Katz & Braly,1933)。纳粹也赋予他们其他的特质:犹太人被描画为阴谋的、肮脏的、色情的,而且不仅是对和平和幸福的威胁,对年轻的雅利安妇女的健康和纯洁也是一种危险。

这样的刻板印象从何而来呢?并且一旦形成,它们如何保持?在这部分我们将试图回答这两个主要问题。

类别化:刻板印象的形成

导致刻板印象的第一个过程是**类别化(categorization)**的简单知觉行为。类别化的意思就是把一个物体、人物、动物、颜色或其他目标、或刺激放进一个群体——确定它是什么(它属于哪一类)。类别化是个基本的自动化的认知过程,对于我们努力应对复杂的世界非常具有适应作用。通过将物体类别化,我们能够假设刺激是什么样子的——火是热的,苹果是可以吃的等等。就像这些例子所显示的,对物体进行这样的假设对于快速有效的行为决策是非常准确和必要的。但是我们也根据性别、种族、年龄、职业和很多其他分类把人们分成各个群体。而且,像无生命物体的类别化一样,这个过程是自动的,并且我们假设群体中的每个人具有特殊的特征。不幸的是,这样的过度单纯化可能对多数人类群体是不准确的。

将人们类别化成群体会产生一些直接而且重要的认知结果(见 Hamilton & Sherman,1994)。一个是我们放大或过于强调了属于不同群体的人们之间的差异。也就是我们把属于两个群体的人看做是互有差异的。第二,我们缩小了属于同一群体的个体之间的差异。然而只不过我们缩小同一群体内个体之间差异的多少取决于群体的类型。我们对自己所属群体——内群体的知觉比对我们不属于的群体——外群体的知觉的同质性更小(差异更大)。这个差异主要归于这样的事实,即相比内群体成员的差异来说,我们在更大程度上缩小外群体成员之间的差异。我们一般把"他们"看做都一样,而把"我们自己"看成相当不同的。我们尤其容易把"同意我们观念的人"(一个可能的内群体)看做是多样而异质的;这使我们认为我们的意见是考虑成熟的,并不只是狭窄偏见的反映(Goethals,Allison & Frost,1979;Goethals,1986)。

我们从何处获得对某些群体的具体的刻板印象?我们对内群体和外群体成员的特征的看法来源是什么?我们可以回头看看已经讨论过的一些过程和因素,至少能部分地回答这个问题。我们从父母、同伴和制度——刻板印象的社会文化来源那里习得了很多刻板印象。我们也根据与一些群体成员的个人经历形成刻板印象——我们遇到对人友好的售货员和害羞的图书管理员并把我们的经历推广到群体的所有成员上。当然,我们的个人经历可能会被从父母那里内化的刻板印象所歪曲;一个被教导憎恨和害怕黑人的孩子可能会发现与黑人的任何交往都是不愉快的,这应该能完全证实他或她的期望。

历史事件给我们提供与不同群体成员交往的另一种经历。例如,在第二次世界大战期间,美国人与德国人和日本人的交往经历明显改变了他们对这些国家人民的知觉。在第二次世界大战以前,多数美国人把德国人看成是有科学思想,勤奋的和聪明的。在经历战争和他们与希特勒的交往之后,美国人也把德国人看做是有民族主义的,野心勃勃和狂妄自大的。没有忽视他们在第三帝国期间的纳粹行为。同样的,日本人在二战以前被看成是聪明,勤奋和进取的,但在珍珠港事件之后他们就被认为是狡猾,虚伪和奸诈的(Karlin,Coffman & Waters,1969)。最后,我们可以部分地根据使我们的印象存有偏见的动机因素来形成刻板印象。例如,渴望积极的社会同一性可以激发我们去贬损外群体——也就是给外群体赋予以负性为主的特质。

选择性信息加工:刻板印象的保持

我们已经谈论了刻板化的期望可能起源何处,如社会文化学习和个体经历。但是假定他们通常是错误的或太极端的话，那么如何保持刻板印象呢？似乎很可能有刻板印象的人会遇到不符合他们的刻板印象的人。当然在 20 世纪 30 年代长大的德国人会发现并不是所有的犹太人是色情和肮脏的。那么他们如何保持他们的刻板印象呢？

如果知觉者在遇到驳斥例子时改变了他们的刻板印象，那刻板印象就不会有大问题。如果知觉者是无偏见的信息加工者，他准确地感知到驳斥的证据并在新信息的基础上修改了他们的刻板印象，那么基于群体的期望就会少些麻烦。

不幸的是，正如我们以前已经说过的，人类并不是无偏见的信息加工者。回忆我们在第五章对态度影响信息处理的讨论；我们认为人们是“选择性”的信息加工者——在感觉上具有选择性，与态度一致的信息比与态度不一致的信息更容易被加工。这样的话，甚至当人们面临混合的信息时，态度可能会变得更极端。同样的，刻板印象使我们的信息加工受到偏见。而且，这种偏见就是“一致”的信息更容易被加工——在这个例子中是与刻板印象一致而不是与态度一致。从而，即使当环境中含有客观性的驳斥刻板印象的证据时，个体可能会错误地感知这个证据并得出他们的刻板印象准确无误的结论。遇到驳斥刻板印象证据的人不一定会改变刻板印象（见 Kunda & Oleson，1997）。在随后的小节中，我们将简要讨论和第五章一样的选择性分类，但是这次是针对刻板印象而不是态度。

选择性注意

知觉者倾向于看到他们期望看到的事情。他们可能关注证实他们期望（他们的刻板印象）的信息并忽略驳斥他们期望的信息。例如，虚假相关的现象（在第二章讨论）表明我们有时候感觉到实际上并不相关的两个变量之间存在共变关系。虚假相关的一个重要来源就是我们的期望。例如，如果某人期望一个群体的成员是不友好的，他或她就比没有同样期望的知觉者更可能注意到那个群体成员的不友好行为（感觉到群体成员资格和不友好之间的虚假相关）（对虚假相关与刻板印象之间关系的讨论，见 Hamilton & Sherman，1992）。

选择性知觉

刻板印象似乎差不多有他们自己的存在方式。真实的驳斥证据通常被忽略了，而虚构的证实证据有时会支持它们。但是刻板印象对我们对个体的知觉有什么影响呢？研究显示刻板印象确实会影响我们的知觉，通常在我们无意识的情况下微妙地发生作用。偏见效应就是如此，人们通常依据刻板印象来解释不确定的行为。

在一个研究中（Duncan，1976），让白人被试看关于一个白人或一个黑人个体与另一个白人交往的一个录像带，随着他们的谈话变得愉快，第一个人“不确定的猛推”第二个人一下。当第一个人是白人时，这一推就被解释为开玩笑或戏剧性的一种表示。

当第一个人是黑人时，猛推就被解释为敌对或暴力行为。在与这个研究类似的研究中，塞杰和斯科菲尔德(Sagar & Schofield, 1980)给白人和黑人学生都呈现了参与攻击性行为的白人和黑人模型的图片。如表 7.1 显示，每个人都把黑人模型的行为看做比白人模型表现出的同样行为更具威胁和卑鄙——白人观察者的分值是 8.99 比 8.28，黑人观察者的分值是 8.40 比 7.38。对于玩笑的比率则发现了相反的模式，两组被试都感觉到白人模型的行为比黑人模型的行为更像是在开玩笑。

表 7.1 白人和黑人被试对白人和黑人表演者的行为评价平均数

		评定量表	
被试组[a]	表演者种族[b]	卑鄙/威胁	玩笑/友好
白人	白人	8.28	6.43
	黑人	8.99	6.24
黑人	白人	7.38	7.19
	黑人	8.40	6.74

注解：平均数基于配对 7 点量表的总分，7 点量表指明给定形容词在多大程度上描述了行为，从 1(一点也不)到 7(完全)。

a. 每组 $n=40$。

b. 每个被试评价两个白人和两个黑人表演者以及两个白人和两个黑人目标。平均数没有按目标种族分别呈现，因为在这一变量上没有发现主效应和交互作用在统计上显著。

来源：根据 Sagar & Schofield (1980)

社会阶层刻板印象的另一个研究认为我们可以把偏见的影响中和到某一点上(Darley & Gross, 1983)。研究者给被试看一些幻灯片，片子呈现小女孩居住和玩耍的地方、她父母的背景等等。这些信息很明显地告诉被试这个女孩有更低或更高阶层的背景。当让被试预测这个女孩在学校的表现如何时，应答者坚持他们的刻板印象并且没有根据社会阶层的信息做出不同的预测。但是当给被试看女孩在学校参加考试的录像带时，那些认为她是更低社会阶层的人比那些认为她是高阶层的人感觉她的实际成绩更差。这样一来，有时我们可能会坚持从刻板印象对一个人进行总体推论，但是要一直坚持从我们的刻板印象的角度认识和解释人们的实际行为却是相当困难的。

迪瓦恩(Devine, 1989)的一个研究表明有时候一种我们甚至认为并不真实的刻板印象可以影响我们在不了解的情况下对一个个体的知觉。在这个研究中，让有偏见和无偏见的白人学生都看屏幕上闪现的一些词，呈现速度极快以至于被试们不知道这些词是什么。然而，在其他的研究中已经表明这些快速的潜意识暴露刺激会被下意识的感知。在一种条件下，闪现的大多数词是白人学生知道和黑人明显有关的词语，像“蓝调、节奏、犹太人区、黑人、用校车送孩子上学和福利”。在第二种条件下，大多数词和黑人无关。用这样的方式使一半的被试对与黑人的普遍刻板印象有关的词语有启动效应(见第二章)而另一半被试没有。接着让所有的被试阅读材料并对一个名叫唐纳德的人形成印象,他可能被看做是敌对和攻击性的也可能不是如此(注意"敌对"和"攻击"的具体概念在两种情况下都没有启动)。材料中也没有提到唐纳德的种族。表7.2中的结果显示对黑人刻板印象有启动的被试比起那些没有启动的人把唐纳德的行为看得更加敌对,与黑人普遍的刻板印象一致,而两种条件在与敌对无关的特质评定中没有差异。偏见和非偏见的被试的结果一样。简言之,刻板印象是无意识的进入知觉者的头脑中的,甚至在他们并非有意识地表现出刻板印象时(无偏见的被试)也会影响他们对唐纳德的知觉。

表7.2 对唐纳德行为的评价

	评定维度	
启动条件	与敌对相关	与敌对无关
黑人刻板印象的启动	7.52	6.00
无启动	6.87	5.89

来源:Devine(1989),p.11

在有关刻板印象的研究文献中,最近的研究兴趣开始关注于确定在什么条件下知觉者尤其可能依赖他们的刻板印象来形成印象。人们何时使用他们的刻板印象?菲斯克和纽玻格(Finke & Newberg,1990)提出了从基于分类的加工(根据刻板印象)到个性化加工(只根据具体目标的信息形成印象)的印象形成是一个连续体。这些理论学者假设知觉者对目标进行初步的或代表性的基于分类的判断,但是如果对知觉者来说形成一个准确的印象很重要,而且如果可利用的信息与刻板印象不一致的话,那么基于目标特殊属性的逐步加工就可能会发生。

一些研究者已经证明了知觉者在他们的加工容量减少时——也就是当他们缺乏时间或能力进行更努力的个性化判断时,他们就更多地依赖刻板印象。例如,普拉特和巴夫(Pratt & Burgh,1991)操纵了给被试呈现信息的速度。当个性化的信息呈现太快以至于被试没有足够的时间去处理这些信息时得到的印象更具刻板化。吉尔伯特和希克森(Gilbert & Hixon,1991)表明"认知忙碌"——给被试一个需要注意资源的次要任务——会导致对引入忙碌任务的控制之前已经被激发的刻板印象有更多的依赖。简言之,加工能力的减少会导致更多依赖于被激发的刻板印象。注意认知忙碌可能是在当今紧张而高速的世界上人们精神的一种普遍状况。这样的话,对刻板印象的依赖可能比在不太忙乱的生活中更大。视窗7.1 描述了一个研究,其观点与这些实验的结论相似;博登豪森(Bodenhausen,1990)表明"早起的人"和"夜猫子"在一天的不同时间里对刻板印象的依赖程度不同。

视窗 7.1 刻板印象使用中的生理周期变化

人们何时根据他们的刻板印象对他人做判断？已经显示出比较重要的一个因素是知觉者是否能够另外考虑到有必要在判断任务中加入使用“个性化(个人的，特殊的)”信息。例如，如果个性化信息呈现得太快，那么人们就无法利用它(因为他们不能被利用)并且会转而依赖刻板印象(Pratto & Bargh，1991)。

西北大学的伽林·博登豪森(Galen Bodenhausen，1990)提出知觉者在生理唤起水平上自然变化的这种引人兴趣的可能事件可以影响刻板印象的使用。它得出人们的警戒状态在一天的不同时间内有所不同，并且警戒状态的这些变化与工作记忆的能量和效率有关(Folkard，Wever & Wildgruber，1983)。而且，人们在一天中警戒的高峰期不同：一些人是“早起的人”而另一些人是“夜猫子”(是的，这些标签描述了真正的差异)。实际上，有个测量这一个体差异的问卷；叫“早—晚问卷，或 MEQ”(Home & Ostberg，1976)。

博登豪森(1990)预期“早起的人”，在早上特别精神的人，在早晨更看重个性化信息但是在一天的后来时间里则更多地依靠刻板印象。相反，夜猫子，在晚上更精神的人，我们预期他们在早晨更依赖刻板印象并且在后来的时间里更看重个性化信息。

为了检验这个推理，研究者让学生们阅读 3 例大学生干的所谓的坏事，并做出一个犯罪概率的判断。例如，被试读一个被告考试作弊的学生和另一个称其贩毒的学生案例。在所有的案例中，证据都是间接的且不是决定性的。而且，在每个案例里，一半的被试知道被告的学生属于与焦点行为典型相关的一个特殊群体。在案例中称为作弊者的有时候被确定为运动员(预试显示运动员被看做更有可能作弊)，称为毒品交易者的有时候被确定为非洲裔美国人(预试也显示非洲裔的美国人被看做更有可能贩卖毒品)；这些是有刻板印象的条件。其他被试阅读有关同样的罪行，但是被告的学生没有被确定为运动员或非洲裔的美国人(无刻板印象条件)。被试在早上 9 点或者下午 3 点或者晚上 8 点参加实验(随机决定)。他们也完成 MEQ 测验且根据 MEQ 分数的中点被分为早晨类型和晚上类型。博登豪森推断说如果在刻板印象条件下罪行判断的概率分数比非刻板印象条件下更高，那么可以推断被试是依靠他们的刻板印象来做判断的，至少部分如此。

表里呈现了早晨和晚上的人在每种条件下的罪行评定平均数。结果正好证明了预期。在刻板印象条件下早起的人在白天晚些时候(下午3点和晚上8点)比

续 表

在早上(早上9点)评定的罪行概率更高。也就是,这些人在一天晚些时候更多受到对被告学生的群体成员资格有关信息的影响。相反,在刻板印象条件下的夜猫子在早上比在下午或傍晚评定的罪行概率更高;他们在早上更多的依靠群体成员资格的信息。当没有刻板印象被激发时,一天的时间对早起的人和夜猫子的罪行判断都不会有显著影响。

这样一来,人们在一天里他们最不清醒的时间里更多受到刻板印象的影响。大概是关注个性化信息稍微有些困难或是需要努力的原因。在人们缺乏能量的时候(在一天中他们"消沉"的时间),他们更加依赖非个性化的"群体"信息。

早上活动的人和晚上活动的人在一天的不同时间当刻板印象被激发 或未被激发时对罪行的评价平均数

	一天的时间		
	早上9点	下午3点	晚上8点
早类型			
刻板印象	4.92(13)	6.67(18)	6.50(16)
无刻板印象	5.39(13)	5.61(18)	5.79(14)
晚类型			
刻板印象	6.79(19)	5.13(16)	5.60(15)
无刻板印象	5.05(19)	5.67(15)	6.45(13)

注:括号中表明的是单元格数量。

来源:Bodenhausen (1990),p.321

也有证据表明人们在心情不好的时候更多地表达出刻板印象(或至少表达出负性的刻板印象)。当人们感到消极的时候(抑郁、愤怒、焦虑),他们可能更容易从记忆中找回负性的想法(所谓的情绪一致效应)。负性的刻板印象是一种负性的想法,所以心情不好可能会增加负性刻板印象的形成和表达。埃塞斯(Esses)和她的同事们已经进行了一些研究,其中通过阅读愉快或悲伤的陈述或听愉快或悲伤的音乐把被试分配到好心情组和坏心情组中;相比在愉快(或中立)心情条件下的被试,在负性心情条件下的被试对特定群体很明显地表达出更加负性的刻板印象。当人们心情悲痛的时候,他们似乎以特别消极的方式看待外群体。

选择性记忆

刻板印象产生的选择性的最后一种形式就是与刻板印象一致的信息被记忆的更

好。在一个研究中(Cohen,1981),让被试看一个妇女与她的丈夫共进生日晚餐的录像带。当告诉知觉者这个妇女是个服务员时,他们倾向于记得她喝了啤酒而且有电视。当把她的职业说成是个图书管理员时,他们则记得她带着眼镜并且在听古典音乐。

斯奈德和尤兰诺维奇(Snyder & Uranowitz, 1978)给被试一篇短文读,短文描述了一个年轻女子的背景和十几年的生活。在他们读完描述之后,研究者告诉被试这个女子现在是异性恋或者同性恋。不让被试回头看描述,测查其对材料的记忆。结果显示被告知那个女子是异性恋的被试比被告知女子是同性恋的被试更好地回忆出与此刻板印象一致的行为(例如,她在高中化妆,她在高中约会)。另一方面,后者比前者更好地回忆出与人们对女同性恋的刻板印象相一致的信息(例如,她觉得与母亲比与父亲关系更亲密,她不喜欢在高中约会)。这样一来,应答者表现出与由了解这个女子的性取向情况被引发的刻板印象一致的任何信息的回忆加深了。大概是被试把刻板印象作为一个检索的线索,以一种偏见的方式查找记忆。

总之,前面部分描述的信息加工偏见可以用来加强刻板印象,甚至当刻板印象是错误的时候也是如此。通过关注证实的事例而不是驳斥的事例,通过把含糊的行为解释为与刻板印象一致,且通过回忆更多与刻板印象一致而非不一致的事件,很多知觉者逐渐开始认为证据的分量会支持他们刻板化的信念,即使在客观事实并不支持他们的观点时。如果我们要应对复杂世界的需要,选择性的信息加工是非常必要的,但是会有一些代价,如对刻板印象和其他期望要比应有的给予更多的信任。

自我实现预言:刻板印象的行为证据

到选择性信息加工这里故事并没有结束。当我们对某人有刻板印象时,我们的期望会使我们对目标对象的行为表现与在没有刻板印象的情况下应有的行为表现有所不同。有时候这些不同的行为会引发目标对象做出一些证实我们期望的行为。这个恶性循环,一种称为**自我实现预言(self-fulfilling prophecy)**的现象,能够产生证明我们的期望的“实际的”行为(与源于偏见的信息加工的只是“感知”到的证明相反)。

我们在第二章简要地讨论了自我实现预言,那时我们指出,我们对他人的印象能够以像更可能证实我们的印象这样一种方式来影响我们的行为。当然刻板印象构成了印象的一个重要来源。刻板印象可以刺激知觉者表现出一些行为,这些行为能引发目标对象做出证实知觉者期望的行为。例如,如果一个年轻男子认为西班牙人是好斗的,那么他可能以一种防御、逃避的态度对待西班牙人。这种防御、逃避的行为可能会侮辱或激怒目标对象(能够判断这个男子不喜欢他们的人),这可能会使他们比他们已有的行为表现得更有攻击性,从而证实那个男子对西班牙人的刻板印象!甚至这个交往过程的中立观察者(开始没有刻板印象的知觉者)可能会得出西班牙人是好斗的结论，从而潜在地开始进行另一个恶性循环。

已经有几个实验在刻板印象领域证明了自我实现预言。沃德、佐娜和库珀(Word，Zanna & Cooper，1974)设计了两个研究来调查种族在面试过程中的作用。在第一个研究里，白人被试担任工作面试者的角色。他们对白人和黑人应聘者都进行了面试。被试不知道的是，应聘者是经过精心培训的助手，他们已经对面试中所有要问的问题如何回答进行了练习。所以当面试开始的时候，在黑人和白人应聘者的口头和非口头表现之间没有客观差异。

研究者实际上就在观察面试者的行为。发现被试对白人应聘者的面试比对黑人应聘者的面试持续的时间更长。而且，在对白人应聘者的面试中，在麦洛宾(Mehrabian，1968)称为“接近”的行为上有明显的增加。也就是，白人应聘者比黑人应聘者受到了更多的眼神接触，更多的身体倾斜和通常与积极交往有关的其他行为反应。

在第二个研究中，白人被试充当应聘者，且安排经过精心培训的助手充当面试者。培训过的面试者对一半的应聘者正好表现出在第一个研究中指向黑人应聘者的行为；也就是面试者表现出接近程度低的行为。另一半的应聘者接受到面试者接近程度高的行为，这在第一个研究中是指向白人应聘者的。

面试过程进行了录像，不知情的评判者随后评价了每个被试的表现。那些在第一个研究中已经被作为黑人应聘者对待的应聘者比那些在第一个研究中被作为白人应聘者对待的应聘者表现得明显更差些。而且，在低接近程度条件下的应聘者报告在面试结束时对自己感觉明显更差。

总之，这些研究者在第一个研究中表明面试者对黑人和白人应聘者的行为表现有所不同，且在第二个研究中对黑人表现出的行为则引发了他们更差的表现。这样，当面试者评价黑人和白人应聘者的时候就发生了自我实现预言的情况。

在另一个研究中，斯奈德、坦克和柏斯切德(Snyder，Tanke & Berscheid，1977)告诉男性和女性被试他们将用对讲机交流(被试在不同的房间互相看不到对方)。男性得到一张照片，据说照片上呈现的是他们的同伴。事实上，照片并没有呈现实际的女性被试而呈现的是一个有身体吸引力或没有身体吸引力的女性(女性被试不知道他们的同伴得到了一张照片)。接着男性和女性被试进行一场同步谈话。研究者对两种被试在不同通道的谈话进行了录音。

人们对具有身体吸引力的女性的一部分刻板印象是她们的社交能力强(友善、对人友好的、热情；见 Dion，Berscheid & Walster，1972)。不知情的评判者听女性被试的录音并对每人的社交能力打分。令人不可置信的是，与“认为”她们有身体吸引力的男性接触的女性比与认为她们没有身体吸引力的男性接触的女性表现得更善于交际。不知何故，男性对他们的同伴是好交际的还是不善交际的期望(根据照片)促使他们以某种方式对待女性同伴，这些方式引发了女性同伴表现出他们所期望的行为类型。有可能与一个据说有吸引力的女性接触的男性可能本身就更外向，那么这就产生了他们的同伴表现出更大的社交性。

当然，预言并不总会实现——刻板印象并非不可避免的产生证实期望的行为证据(见 Olson，Roese & Zanna，1996)。希尔顿和达利(Hilton & Darley，1991)发现在目标个体没有意识到知觉者的期望时，自我实现预言更可能发生；当目标个体知道知觉者期望他们如何行为时，他们通常小心谨慎地去驳斥错误的期望。米勒和特恩布尔(Miller & Turnbull，1986)认为当知觉者具有形成准确印象的清晰目标时，自我实现预言不太可能发生。朱山姆(Jussim，1991)提出知觉者对他人的信念通常能预测行为是因为这些信念是准确的，而不是因为信念“创造了现实”。

尽管存在这些局限，但自我实现预言在日常生活中大概也很普遍(形成准确印象的清晰目标的情况可能很少见，而且目标个体通常并不知道别人对他们的期望)。与之前谈过的偏见的信息加工一起，自我实现预言能够用来加强对一些群体的错误刻板印象。

性别歧视：对女性的歧视

女性组成了一个不同于很多其他类似群体(例如，黑人和犹太人)的弱势群体。第一，女性占总人口的一半，所有优势群体(男性)的所有成员已经有与女性交往的广泛经历。而且，大多数男性喜爱一些女性，包括他们的妻子或女朋友，母亲和女儿。不幸的是，这样的关系并不一定意味着男性会以积极的态度对待女性这个群体。事实上，他们甚至憎恨女性这个群体都是可能的。马克·雷皮那的杀人行为就提供了一个吓人的例子，1989 年 11 月，他闯入了蒙特利尔巴黎理工大学的一个工程学的班级。雷皮那首先特意把女学生从男生里分出来，接着继续射击女生，导致 13 人死亡。

幸运的是这样的憎恨相当罕见。然而，歧视对多数女性来说是一种普遍的经历。歧视既可以是暴力的也可以是非暴力的，既可以是性别的也可以是非性别的。暴力强奸事件一直在增加，而且约会强奸行为持续蔓延大学校园。据估计在所有强奸中70%到 80%是由约会的同伴、同事或其他熟人发起的(Chollar，1989)。婚姻虐待是很多女性经历的另一种暴力形式。每年，约有 150 万美国丈夫用拳头、刀子或枪支对待他们的妻子(Satrauss & Gelles，1986)。

非暴力歧视是女性生活中更普遍的事实。尽管现代的劳动就业市场有 44%是女性，但是在更高权威的位置上却在很大程度上没有足够的女性代表。在美国，女性工人的平均薪水大约是男性的 60%。就提升而言，女性似乎被罗伯逊(Robertson，1989)所描述的“玻璃天花板”或“不可见的天花板”所阻碍——女性可以提升到达组织的一定水平，但是接着就突然碰到一个天花板就不再前进了。同时，女性肩负着繁重的家务活和养育孩子的任务(Hughes & Galinsky，1994)。虽然多数女性现在有工作，但她们继续承担是丈夫两倍的家务活——且这不包括养育孩子(也主要是女性的工作)。职业女性的丈夫比非职业女性的丈夫在家里承担家务活的比例更高，但是这个比例更高并不是因为职业女性的丈夫在家务上花费更多的时间；相反，作为职业女性的妻子用于家务的时间更少，所以总体上干的家务活更少(Antill & Cotton，1988；Robinson，1988)。

性别刻板印象

性别刻板印象是关于男性和女性的典型特征和行为的观念。通常，男性被认为是独立的、统治的、有野心的、武断的、自信的和智力高的，而女性被认为是情绪化的、富于同情心的、家庭取向的、顺从和温柔的(Bergen & Williams，1991；Eagly & Kite，1987)。虽然温柔或一些其他的所谓女性特质没有什么错，但是这些特质明显不是带来权力和领导地位的特征。这样一来，性别刻板印象与在劳动就业市场上对男性和女性的不同待遇是一致的。

“我们不能建立联系。他一直在滔滔不绝地胡言乱语，当然我一直在回头进行心理分析。”

性别刻板印象是准确的吗?

如刚才所述，性别刻板印象包括很多特征。这些刻板印象反映两性之间的实际差异吗？男性和女性在性别刻板印象中的特质上真正存在差异吗？

我们应该进行的第一个观察就是有大量的证据显示男性和女性的相似之处比差异更多。男性和女性同样可能表现出多种人格特质，多种生理和心理能力和很多希望、恐惧和愿望。简单地说，就是多数人具有标志我们物种特点的大部分特征。

然而，前20多年来研究者们已经确实获得了两性之间的一些差异，尽管甚至这些差异在绝对意义上非常小(Ruble，1987)。例如，男生比女生在数学和空间能力测验上的平均得分更高，而在语言能力测验上就产生了反方向的差异(Hyde，Fennema & Lamon，1990；Maccoby & Jacklin，1974)。

记录最完好的一个性别差异是男性比女性更有攻击性，尤其在产生疼痛和身体伤害的攻击方面(Eagly & Steffen，1986)。有一些证据表明攻击性的性别差异随着年龄的增长而减少(Hyde，1984)，尽管像婚姻虐待这样的成人现象一般是男性充当攻击者，而女性充当受害者(Strauss & Gelles，1986)。

伊格利和约翰逊(Eagly & Johnson，1990)回顾了领导风格的文献并总结出女性领导者比男性领导者更喜欢民主或参与的方式而不太可能采用专制或命令的方式。

也有一些——但不是权威性的——证据表明女性比男性更容易采用人际关系导向的方式，男性比女性更容易采用任务导向的方式。在对领导力研究的另一个文献综述中，伊格利和卡拉厄(Eagly & Karau, 1991)发现男性比女性更容易在最初无领导的群体中充当领导，尤其当群体是短期的而且他们参与的任务不需要复杂的社会交往时(女性可能会比男性协调的更好)。

与性别有微弱关联的另一些社会行为包括帮助行为、服从和"影响能力"。男性有时候比女性更可能在与陌生人的短时间交往中表现出帮助行为，但是帮助中的性别差异在亲密和长期的关系这些领域中还没有得到证明(Eagly & Crowly,1986)。女性有时候在有群体压力的情况下而非其他条件下比男性有更多的服从行为(Eagly & Carli,1981)。女性也显示出在公开群体的情况下同意他人意见的次数比男性稍微更多些，可能因为女性重视群体和谐而男性看重表现出独立(Eagly, Wood & Fishbaugh,1981)。

所以性别刻板印象一定准确吗？在对性别的某些期望上可能存在"核心真理"，包括那些上面提到的。例如，毫无疑问男性比女性更具有生理上的攻击性。但是也毫无疑问男性和女性之间的真正差异并"没有"证明大多数人对两性所持有的强烈的多方面的刻板印象。男性和女性没有我们多数人认为的差异那么大或者那么一致。这点在范库弗峰的英国哥伦比亚大学所进行的一对研究中得到了很好的证明(Martin,1987)。男性和女性被试在各种特质上评价自己或者评估男人和女人中相同特质的普遍性。男性和女性的自我评定表现出一些相当大的差异(如攻击型、任性，被伤害感情的抚慰和好发牢骚)和一些方面的微小差异。相反，刻板印象则更加极端：知觉者判断得出男性和女性在被测量的每个实质特质上都存在相当大的差异(例如，在一个研究中，40 个被测量的特质中有 34 个都显示观测到的性别差异比实际的性别差异明显更大)。

性别差异的起源

既然性别刻板印象有核心真理(在某种意义上，一些刻板化的信念和实际上更小的性别差异相似)，所以了解男性和女性之间的差异从何起源是很重要的。两性之间的差异是由如荷尔蒙和肌肉组织这些生物因素引起的吗？还是差异是男孩和女孩的社会化经历比较的结果？

一些理论学者在这个问题上有不同的立场。从生物学的角度来看，一些研究者认为基因因素是性别差异的基础(Benbow & Stanley,1980)，且另一些人提出进化的压力导致了像配偶偏爱的性别特征这样的很多特征上的先天性别差异(Buss,1988；Feingold,1992)。女性比男性更可能寻找(并且看重)对方性别上反映出像财富、地位和权力这样一些物质资源的线索，而男性比女性更可能寻找(并且看重)对方性别上反映出像健康、青春和身体吸引力这样一些生殖能力的线索。进化论的观点认为这些差异之所以出现是因为女性在每个孩子身上投入很多，因此需要能够为他们的后代提供生理和心理资源的配偶。男性在每个孩子上的投入相对比女性少，相比他们的配偶提供资源的潜力，他们更关心配偶的生育能力。

社会角色理论(social role theory)提供了一个有关性别差异的非同一般的观点(Eagly，1987；Eagly & Wood，1991)。根据这个理论，性别差异来源于男性和女性对"适当行为"的社会期望。伊格利(Eagly)认为性别期望的主要核心是人们期望男性比女性更加"强有力"(独立，工具性成就导向)，而女性比男性更"公众化"(无私、关心他人)。而且，伊格利认为这些期望来源于历史上给两性分配的社会角色，即男人在外工作(是争取面包的人)，女人承担养育孩子和其他家庭责任。性别差异的产生是因为人们以不同的方式对待男人和女人而且多数人尽力遵从社会的期望(这样，男人表现出"在事业上强有力"的行为和女人表现公众化的行为)。

当然社会对男性和女性的期望是不同的。从一个婴儿来到这个世界上的时候，父母的期望就取决于孩子是男性还是女性。在父母对婴儿出生后24小时内的态度的一个研究中，让父母对一个亲密的朋友描述他们的婴儿。客观来说，这些婴儿的大小和健康状况相似，但是男孩被描述得比女孩协调能力更好，更强壮，更敏捷并且身形更大。女孩被描述得更小、更柔弱并且更俊秀(Rubin，Provenzano & Luria，1974)。

在4岁以前，儿童对他们的性别有了合理的理解并且开始形成概念什么样的行为对男孩和女孩是适合的(Etaugh & Liss，1992)。随着孩子逐渐长大，父母和环境中其他人的期望变得更加强烈。男生玩玩具小车，女生玩洋娃娃，并且研究显示两性都被鼓励这样做(Maccoby，1990)。父亲倾向于更多地和他们的儿子逗着玩，而且父母一般都要求儿子比女儿更独立。

7岁以前，男孩和女孩有了清晰而稳定的性别同一性——也就是，不管他们穿什么衣服或别人叫他们什么，他们对自己是男人或女人的知觉不会再发生变化了。一些书籍、机构和媒体继续这种社会化过程，证实和强化社会对每种性别的期望(Clark，Lennon & Morris，1993；Craig，1992)。

这样一来，社会角色理论把性别差异归为社会对男性和女性的不同期望——文化因素。霍夫曼和赫斯特(Hoffman & Hurst，1990)进一步提出性别期望和刻板印象的产生可能是为了使分配给男性和女性的不同社会角色合理并有意义。也就是人们可以通过对适合角色的人格特质进行归因使特定性别的社会角色合理化：因为男性是要争取面包的人，所以他们必须是独立和竞争的；因为女性养育孩子，所以她们必须温柔和热情。为了支持这个推理，霍夫曼和赫斯特让被试对居住在遥远行星上的两个虚构群体奥瑞塞安斯和埃克麦安斯形成印象。一个群体被描述成主要由孩子养育者组成，而另一个群体被描述为主要由城市工人组成。当被试后来评定每个群体时，他们把主要是孩子养育者的群体评价为具有很多女性特质并把主要是城市工人的群体评价为具有很多男性特质。更重要的是,甚至在被试评价担任他们群体中稀有角色的个体时,这个效应也会发生(例如,来自主要是孩子养育者群体的养育孩子的人被评价为比来自主要是城市工人群体的养育孩子的人更女性化)。看来被试是从群体的主要社会角色来推断人格特征的。

修自行车的这些少年代表我们的社会期望认为男孩是机械性思维的。

性别刻板印象的后果

性别刻板印象的模式就像我们在前面讨论过的种族刻板印象——刻板印象由对男性和女性的期望组成,这些期望可以使人们对与性别相关的信息的知觉、解释和回忆产生偏见。例如,如果知觉者相信女性是情绪化的,他们会更容易注意女性情绪化的行为,把一些含糊的行为解释为女性是情绪化的,并且回忆女性情绪化的事例。与性别相关的选择性知觉和解释的一个例子就是知觉者有时候会对男性和女性所做出的相同行为进行不同的因果归因。甚至在面对一个任务上的相似表现时,相比女性的成功,人们更容易把男性的成功归因于能力,而相比男性的成功,他们更容易把女性的成功归因于运气(Burgner & Hewstone,1993;Eagly,1987)。

在期望以引发两性期望行为的方式改变知觉者的行为时,自我实现预言也能发生。斯特莱菲克和斯奈德(Stryphek & Snyder,1982)让男性被试完成一个劳动力划分的任务,其中他们要对自己和同伴所进行的任务类型做出决策。当被试认为他们的同伴是女性而非男性时,他们倾向于给她分配更"女性化"的任务。

在课堂上，老师对男生和女生的期望会影响老师的行为。例如，男生比女生受到老师更多的关注——积极的和消极的，并且比起女生，老师花更多的时间指导男生和倾听他们的想法(Sadker & Sadker，1994)。

当然性别刻板印象也影响我们对自己的期望。如果一个女孩认为一般女生在数学上更差，她就更容易形成自己的数学会出问题的期望，把她在数学上的成功归为运气，在遇到数学问题时很快就放弃了等等。当我们以证实性别刻板印象的方式看待自己时，很难怀疑它们的正确性。在下一章，我们将进一步阐述成为刻板印象和偏见目标的心理影响因素。

性别刻板印象不同于很多种族刻板印象的是人们想要去证明它们。很多男性想表现出“男子气概”(武断和支配)；很多女性想要表现出“女人味”(温柔和无私)。人们不仅经常内化、重视并同意性别角色和性别刻板印象，而且他们也感受到遵从刻板印象的社会压力。布朗和杰斯(Brown & Geis，1984)表明表现出“男性”特质的男性和表现出“女性”特质的女性比那些没有的人得到人们更积极的评价并且被人们认为心理更健康。

总之，尽管性别刻板印象对女性成就获得的干预多于男性，但其对男性和女性都有限制。偏见的信息加工和自我实现预言能够以同样的方式强化性别刻板印象，种族刻板印象即使在错误的时候也能够变得更强。

成为偏见的目标：受害者的社会心理学

在本章中对于这点，我们已经关注刻板印象和偏见在知觉者中如何发展，确认这样的过程是渴望积极的社会同一性，偏见的社会文化教化，稀有资源的竞争和偏见的信息加工。无疑，我们的讨论集中于多数人和优势群体的成员——那些不喜欢少数人成员的个体或表现出对弱势个体歧视的人。可能这个关注点在一部分上反映了民族主义——通常白人男性研究者为了理解这个题目花费他的大多数时间去研究其他的白人男性。

那少数人群体的成员呢？他们的现实生活状况如何？偏见和歧视怎样改变了他们的生活？在这一部分，我们将讨论成为偏见和刻板印象的目标的一些社会心理学意义。

客观上的劣势

少数人群体的地位对一个人人生形成的第一个无疑最重要的影响就是客观上的劣势。少数人群体的成员的实际表现比他们在刻板印象和偏见不存在的条件下来得更糟。他们受到心理上、经济上和生理上的损失。知道你仅仅因为你的群体成员资格而不被喜欢在心理上是非常痛苦的——每个人都想得到喜爱和尊重。黑人报告说歧视的经历令人情绪烦躁而且有时候是羞辱性的(Schuman & Hatchett,1974)。实际上在北美人的所有经济和社会地位指标方面,黑人和其他少数民族的人处于白人之后,而且女性在男性之后(见 Braddock & McPartland,1987;Jaynes & Williams,1989;Russo & Denmark,1984)。少数人群体的成员比多数人群体的成员得到的工作机会更少,工作的声誉更差并且收入更低。就像我们已经讨论过的,这样的职业劣势对女性也是实际存在的。少数人群体的成员和女性也受到生理上的伤害:他们的健康状况比多数人的群体成员更差(可能因为他们经济上的不足),并且他们比统治性群体的成员更容易成为暴力的受害者。

简而言之,很多少数人群体成员的生活有客观上存在劣势的特点。他们在这样的一种环境中生活,在那里他们是憎恨和猜疑的目标,他们对自己的成果几乎没有控制能力,并且他们难以为家人提供基本的生活必需品。在纳粹德国的犹太人是历史上少数人劣势的一个最极端的例子:他们为他们的群体成员资格——他们的生活付出了最终的代价。

莫霍克族的战士和他们的朋友在1990年坚持反对魁北克政府武装斗争中聚集在一起,欧卡是个对莫霍克族有特殊意义的地区,被指定为发展地区。全面了解很多非本国人对他们的偏见,对鼓励群体的自尊起到了帮助作用。

少数群体成员的归因意义

关于少数人群体的一个有趣的研究思路是考察他们的自尊。一些实证研究已经指出很多少数人群体成员的自尊水平与多数人群体成员一样高或更高。例如,一些研究者发现，在美国，黑人报告他们的自尊水平与白人一样高（Hoelter，Rosenberg，1979）。如果他们成功的经历越来越少的话这怎么可能？如果黑人被一些职业机会所拒绝，社会地位受到否定，并且处于贫民区的生活条件，他们如何形成积极的自我概念呢？

一些研究者认为少数人群体成员的自尊并没有降低是因为他们能够把失败和负性的结果归因于偏见（Dion，1986；Crocker & Major，1989，1994）。少数人群体成员能够通过把负性的结果归因于（通常准确地）他们属于一个不被喜欢的群体这样的事实来保护他们的自我概念。就像我们在第三章中讨论的，因成功而受到好评能够提高自尊而否定失败的责任可以保护自尊（见 McFarland & Ross，1982）。例如，如果黑人重新看待偏见的作用并把负性的结果归为歧视的话，那么他们就不太可能因为失败而贬低自己，这样即使在面对客观上的劣势时也能保持积极的自尊。

少数人群体的身份地位赋予失败归因上的考虑这一观点已经得到了一些研究者的检验。狄翁和厄恩（Dion & Earn，1975）招募了一些男性犹太大学生，他们和另外 3 个青年男子一同参与一个任务，其中每个被试要在几次试验中以点数的形式对其他的被试提供积极或消极的反馈。实验引导所有的被试都认为他们在任务中的表现很差，完成的点数低。一半的被试相信另外 3 个同伴是基督徒并且知道他们自己犹太人的地位。剩余的被试从来没有得到有关其他被试种族的任何信息，并且他们相信其他人同样也不知道他们犹太人的身份。能够把他们的失败归为其他同伴的反犹太主义的那些被试，比那些不能利用他们的宗教地位作为借口的被试更赞成评价自己犹太人身份的积极方面，而且在总体的好—坏量表上对自己的评价较好。

克罗克、沃克、泰斯塔和梅杰（Crocker，Voelkl，Testa & Major，1991）的研究让黑人和白人学生相信他们参加的是一个与白人伙伴发展友谊的研究。一半的被试（知道条件）认为他们的白人伙伴知道他们的种族地位（黑人或白人），且另一半的被试（未知条件）认为他们的伙伴不知道他们的种族情况。被试与他们的伙伴交换信息，同伴会给他们提供有关他们成为朋友可能性的非常积极或非常消极的评价。研究者让被试对这个反馈进行归因并完成自尊的测量。表 7.3 呈现了黑人和白人被试的歧视归因和施测前到施测后自尊水平变化的结果。黑人被试比白人被试更容易把消极的反馈归为歧视，尤其当他们认为他们的伙伴知道他们的种族地位时。而且，在黑人中，当他们的同伴声称了解他们的种族情况时，消极的反馈并没有导致更低的自尊。正如我们所预测的，只在黑人学生没有用歧视作借口的时候，消极的反馈会导致更低的自尊——也就是，在他们的同伴不知道他们的种族情况时。黑人学生当受到来自了解他们种族情况的同伴的积极反馈时表现出自尊降低；可能这些个体把积极的反馈归因于错误的平等主义（相反的偏见），他们发现自己受到了侮辱或贬低了身份。

表 7.3 知道和未知条件下黑人和白人被试对受到的积极和消极反馈的歧视归因平均数与相比前测的自尊水平变化

	种族			
	黑人		白人	
	显著程度			
反馈	知道	未知	知道	未知
积极				
归因	5.62	3.40	4.70	4.40
自尊	−0.50	0.40	0.38	0.04
消极				
归因	9.58	7.70	5.63	4.81
自尊	0.06	−0.47	0.07	−0.03

注释：归因的平均数所对应的量表从 3(一点也不归于偏见)到 15(非常大的归于偏见)。自尊的平均数在前后测是标准化的，而且报告的平均数代表这些标准化平均数的差异。

来源：Crocker & Major(1994), p. 293

在最近的一个试验中，奎因和奥尔森(Quinn & Olson，1998)采用了克罗克、沃克、泰斯塔和梅杰(1991)的程序以一种新的方法来考察知觉到的歧视。以前研究的一个问题是被试不是随机分配到“劣势”或“优势”地位组的——他们来到实验室就已经是黑人或白人，犹太人或基督徒，男性或女性。奎因和奥尔森告诉白人被试，此研究是考察友谊发展的并且他们会与同伴交换自我描述。他们还被告知实验者想研究种族信息对友谊的影响，而且他们的同伴将被告知他们是加拿大本国人(北美印第安人)。一些被试被告知他们的同伴在预测被试中被选中是因为他或她对加拿大本国人有偏见，而另一些被告知他们的同伴被选择是因为他或她对加拿大本国人没有偏见。所有的被试随后接受了对他们友谊发展潜力非常赞成或非常不赞成的评价(克罗克等 1991 年用了同样的反馈)。结果显示：相比受到消极反馈但是知道他们的同伴没有偏见的被试，认为他们的同伴对加拿大本国人有偏见的被试更多地把消极反馈归因于歧视。而且，前者被试比后者表现出更高的自尊，说明把失败归因于歧视有自我保护的作用。

这样一来，研究者已经发现一些证据证明少数人群体的成员并未报告出他们比多数人群体的成员有更低的自尊，因为少数人群体地位为失败提供了一个外部归因。当然，偏见和歧视导致少数人群体成员在事实上比多数人群体成员更失败，所以少数人群体成员当然不是一个“优势”；它只不过引入了归因的不确定性，能够保护自尊。

个体—群体歧视差异

有关受害的研究中另一个有趣的发现就是弱势群体的成员一致地报告他们比群体中的其他成员个人经历到的歧视更少。也就是，弱势的个体报告个人歧视（指向他们个体）比群体歧视（一半指向他们的群体）更少。这样的话，弱势群体的大多数成员认为他们自己的经历并不能代表其他群体成员的经历。

在很多弱势群体中已经观察到了这个差异（综述，见 Olson & Hafer，1996；Taylor，Wright & Porter，1994）。泰勒、赖特和波特（Taylor，Wright & Porter，1994）的图 7.3 说明了在其中发现差异的一些不同群体：南亚和海地的女移民，贫民区的男性黑人（在就业和住房歧视方面），大学生和非大学生女性，因纽特人。

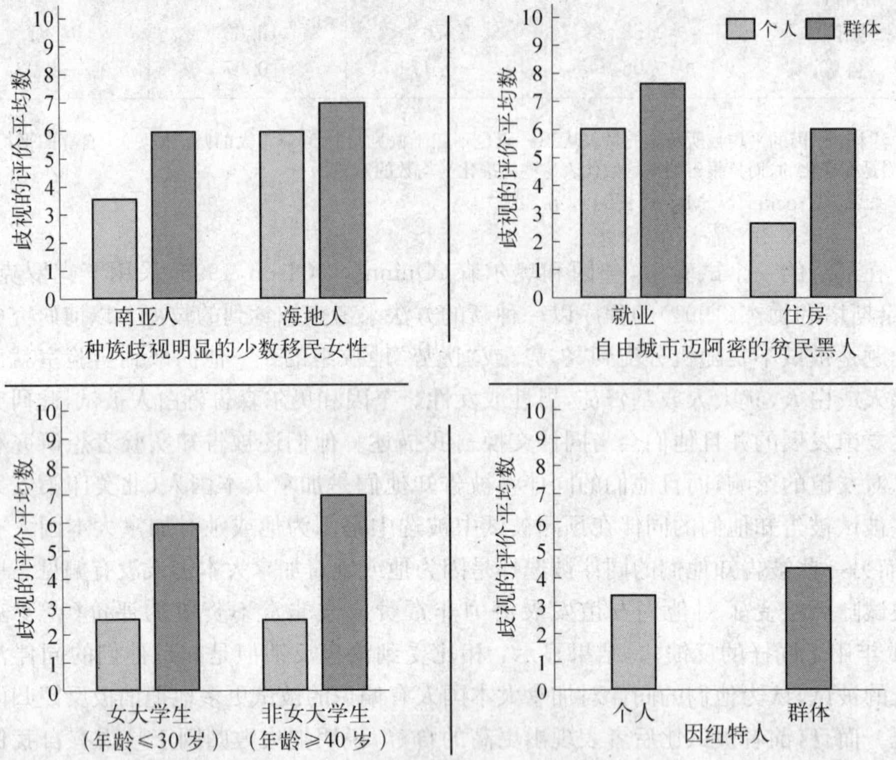

图 7.3 个体—群体歧视差异的例子

来源：Taylor，Wright & Porter（1994），p. 235

这个差异可能看上去与前面的部分不一致，之前我们指出在失败面前将其归因于歧视能够保护弱势个体的自尊。但是实际上这些观点并不一定是相互矛盾的。歧视没有为弱势群体的成员提供一个自我保护的归因，但是同一个体也可能会认为他们群体的其他成员比他们自己甚至受到了更多的歧视。

个体—群体歧视差异(personal-group discrimination discrepancy)为什么会发生?隐藏在其中的心理机制是什么?一些实证研究中已经有两种解释得到了最多的支持,并且可能两种过程都起一定作用。首先,克罗斯拜(Crosby,1982,1984)认为弱势个体可能被激发否定个体歧视或将其最小化。她认为个体歧视的否定在心理方面是有益的可能有几点原因。一方面,弱势个体可能会尽力保持能够控制他们生活的感觉;如果他们认为对自身一直存在的歧视是不可避免的,他们可能会对未来失望。而且,否定个体歧视为没有坚决采取行动反对歧视者的行为提供合理化解释;人们通常不想试图通过强有力的他人来改变歧视,因为这么做是代价很高或是危险的。

个体—群体歧视差异的第二个解释集中于群体水平而不是个体水平的偏见。弱势个体可能会夸大群体歧视。这种夸大为什么会发生?可能媒体报道的有关歧视的一些戏剧性故事使人们过高地估计了指向少数人群体成员的歧视程度(而个体歧视的知觉可能更准确)。弱势个体也可能为了证明或刺激一些用来提高他们地位的有效计划(像肯定行动计划)而夸大群体歧视。

刻板印象威胁和测验成绩

非洲裔美国人比美国白人拥有更差的教育和职业成就历史(Steele,1992)。一般来讲,我们把这个问题归因于学业准备不足,源于历史和目前的社会经济和教育歧视。黑人进入资金贫乏的贫民学校且又因老师和同伴的消极期望而处于弱势。

然而这些解释可能不能完全解释成就中的种族代沟。近来,斯蒂尔和艾洛森(Steele & Aronson,1995)提出**刻板印象威胁(stereotype threat)**也会破坏少数人群体成员的表现。当某人的行为或成绩可能证明对一个群体不利的刻板印象时,刻板印象威胁就发生了。对证实刻板印象的恐惧可以产生消极的后果。例如,对非洲裔美国人的社会刻板印象包括预期他们比白人的智力和成绩更低。这样的话,不论何时黑人学生在明确执行程序化任务或是高智力的创造性任务时,他们都会面临证实刻板印象的冒险(通过表现拙劣)。因而产生的刻板印象威胁会通过分心、焦虑、任务困难时放弃等等这样一些机制来干扰他们的表现。非洲裔的美国人想要他们能"代表"他们的群体,必须好好表现使人们对刻板印象产生怀疑。美国白人没有面临这种压力,所以他们的表现不受影响。

斯蒂尔和艾洛森(1995)进行了几个实验验证刻板印象威胁会影响非洲裔美国人在明确的高智力任务上的表现这一观点。在一个实验中,让白人和黑人学生完成一个测验,其中包括美国研究生入学考试词汇部分的一些难题。一半被试被告知研究是在考察"在需要阅读和词汇推理能力的问题上的成绩表现中的各种个体因素"并且他们在测试后会收到对他们能力的反馈;这个条件是"诊断"条件且实验者期望它能引发黑人学生中的刻板印象威胁。对剩下一些被试的任务描述并没有提到词汇能力，而且不让他们获得对自己技能的反馈；这个条件是“非诊断”条件且不期望它引发刻板印象威胁。

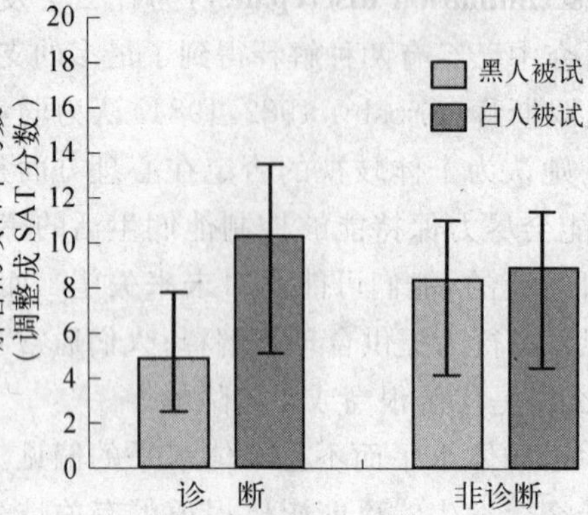

图7.4 黑人和白人被试在诊断和非诊断条件下的平均成绩

来源：Steele & Aronson(1995)，p.802

图7.4呈现了在诊断和非诊断条件下白人和黑人被试的平均成绩，转化为被试的SAT分数。如图所示，诊断条件下的黑人被试比非诊断条件下的成绩更差，而白人被试的成绩不受诊断控制的影响。而且，在刻板印象威胁被引发时黑人比白人表现更差，但刚好和无威胁条件下的白人差不多。

在另一个实验中，斯蒂尔和艾洛森(1995)让黑人和白人被试产生来自前面的实验中诊断性测验（刻板印象威胁）或者非诊断性测验的期待。然而，他们没有测量实际的成绩，而让被试完成了一个单词填充的任务。在这个任务中，给被试一个至少缺两个字母的不完整单词，让他们把单词填完。一些单词能形成与种族有关的概念(_ _ ACK for black；CO_ _ _for color；WEL _ _ _ _for welfare)，另一些单词构成反映出自我怀疑或失败的概念(DU _ _for dumb；SHA _ _for shame；FL _ _ _for flunk)。有诊断性测验期待的黑人被试比其他群体（非诊断条件下的黑人，诊断或非诊断条件下的白人）更容易以种族相关和失败相关的方式填充不完整的单词。这样的话，种族和失败对这些黑人被试是很熟悉而且非常突出的，大概是因为他们一直感受到刻板印象的威胁。

在第三个实验中，斯蒂尔和艾洛森(1995)让黑人和白人学生从前面的任务中选择非诊断性任务（无刻板印象威胁）。让一半被试在完成测验之前在表中填写他们的种族，对另一半没有要求指明种族。实验者期望即使测验没有明确标明有能力预测性，仅仅确认某人的种族（种族启动效应）就可以引发黑人被试的刻板印象威胁，而控制组（无种族启动）不会引发黑人或白人被试的焦虑情绪。

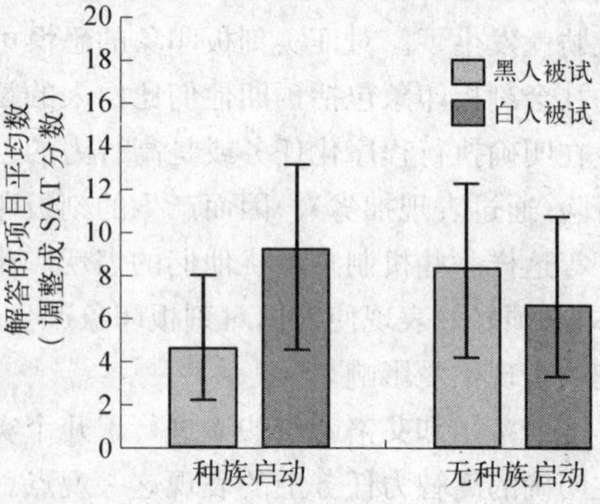

图7.5 黑人和白人被试在种族启动和无种族启动条件下的平均成绩

来源：Steele & Aronson(1995)，p.807

图7.5呈现了种族启动和非种族启动

条件下的黑人和白人被试的成绩平均分，转化为 SAT 分数。结果恰好证实了预期。在种族启动的条件下，黑人被试比白人被试的成绩更差，而非种族启动条件下黑人和白人被试没有差异（事实上，黑人被试并没有比白人被试明显表现得更好）。从另一个角度看，黑人在种族启动条件下比非种族启动条件下表现更差，而白人的表现不受到启动控制的影响。

总之，刻板印象威胁可能会影响非洲裔美国人在程序化和高智力任务上的表现。似乎反对客观劣势观点的工作做得还不够，黑人在完成智力任务时也能有效代表他们的群体。对证实刻板印象担心的是，因为分心和焦虑情绪干扰了清晰的思考，成绩变差了。这个现象形成了一个恶性循环，使人联想到自我实现预言。在最近的一个论文中，斯蒂尔（1997）的数据表明刻板印象威胁也能干扰女性在数学测验上的成绩。

减少偏见和歧视

偏见是一个"由多种因素决定"的现象——它可能源于一些不同的原因。从而消除偏见和歧视也许不可能。但是我们能够显著地提高各个种族之间的关系吗？社会心理学家确定有任何至少能够减少偏见和歧视的技术吗？答案是有的，并且我们将讨论几种技术来总结这章（一些技术在我们的群体内关系的章节中还会出现）。

有意识控制刻板印象

之前，我们描述了迪瓦恩（1989）的研究，研究表明甚至没有偏见的个体也可能受到被无意识激发的刻板印象的影响。这些结果似乎令人郁闷，因为它们暗示着每个人在一定的情况下都可能做出刻板化的判断。但是在迪瓦恩的结果中还有另一方面我们之前没有讨论，它给我们提供了一个更乐观的消息。在匿名的条件下，让被试列出他们对"黑人"种族群体的看法。在现代种族歧视量表上得分高的人表达出并多次表现了文化的刻板印象。但是在现代种族歧视量表上得分低的人不愿意把这些特质归因于群体总体，他们几乎没有写对黑人不利的看法，却常常评论平等的重要性，并频繁地表达出不同意文化刻板印象的看法。

迪瓦恩对这些结果的解释是这表明没有偏见的人有意识地控制了他们对黑人的看法；尽管他们意识到了对少数人群体成员的消极刻板印象，但没有偏见的人不相信它们并且有意识不考虑它们。迪瓦恩认为丢弃或转移根深蒂固的刻板印象就像改正一个坏习惯一样。它需要付出有意识的而且坚持不懈的努力（或者像迪瓦恩所说，"目的、注意和时间"）。它不会自动发生。我们每个人可以有意识地控制刻板印象对我们对少数人群体做出的个人判断所产生的影响。

立法反对歧视

现在很多国家都有立法反对基于种族、性别、宗教、年龄和其他因素的歧视。这些法律要求人们的工作、住房等机会平等。这样的立法好吗？我们有理由认为这个问题的答案应该是肯定的。

首先，歧视立法化减少了偏见对少数人群体成员生活的影响。偏见和刻板印象最坏的事就是它们会导致对不喜欢的群体成员的消极行为。这样的行为否定了他们的机会，造成心理和生理的伤害，并且干扰目标的实现。用立法反对偏见的刻板印象是不可能的——我们不能使人们相信或感觉我们想要他们做什么。但是我们能尽力确保少数人群体的成员不受到区别对待。立法从来不能消除歧视，但是毫无疑问反对歧视的法律会减少这些行为的频率和严重性。

第二，法律可以建立社会的规范——它们在确定可接受和不可接受的行为种类方面起一定作用。在这个意义上，法律有教育的功能——它们教导人们如何行为。在一定程度上受到偏见的个体认为歧视行为是反社会规范的并视其为社会不可接受的，他们将不太可能从事这样的行为。事实上，如果他们想遵守社会规范，他们可能甚至公开表达人们所希望的态度。在纳粹德国，要求对犹太人实施歧视行为被写入法律；德国公众了解到他们的纳粹领导人认为反犹太主义的行为既合法又值得。美国和加拿大反对歧视的联邦法律反例反映了法律更普遍（而且更合乎人意）的教育作用。

第三，促使人们遵从非歧视行为可能最终会减少无偏见态度的内化。非歧视行为成为惯例（一种"习惯"）到了一定程度，法律制裁作为非歧视行为的一种原因的突出程度可能就减退了。结果，人们可能开始把自己看做是自动的避免歧视。通过自我知觉或减少不一致（见第三章和第六章）或者以上两者过程，态度可能会转向变得与公开的行为更一致。这种过程的最近一个例子就是要求使用安全带的法律。当开始提出的时候，安全带法律经常引起不使用者的阵阵抗议声，他们感到他们的自由受到了限制。最初，这些抗议者用安全带只为了避免罚款但仍坚决反对使用安全带。然而过了一段时间后，安全带使用成为了习惯性的，而且态度转向了积极的一面。几年之后，同样这些抗议者感到没有安全带就没有受到保护并且诚恳的同意安全带应该定期使用的观点。

接触

社会心理学中关于减少偏见最具研究性的技术就是群体内接触。社会心理学家一直是赞成学校内的种族歧视废除和社会群体间接触的科学先锋人物（见 Stephan，1978）。**接触假说（contact hypothesis）**提出不同群体成员之间的接触导致更积极的社会群体间的态度（Pettigrew，1986）。这个观点符合人们的直觉，也与已经建立的社会心理学原则一致。例如，就直觉来说，似乎有理由预期与不喜欢的群体成员接触会教导使有偏见的人认为他们的刻板印象是错误的。从社会心理学原则的立场来看，我们在第五章讨论过支持纯粹接触效应的证据，它指出熟悉刺激会导致对刺激更有利的态度；那么我们就可以假设逐渐熟悉一个群体的成员应该能导致对这个群体更积极的态度。

接触假说提出不同群体成员之间的接触能导致更为积极的群体间态度。

一些证据支持接触假说。研究者已经发现与一个群体的接触和对这个群体的态度之间存在正相关。例如，与同性恋接触就关系到异性恋的人中对这个群体更有利的观念和态度(Whitely，1990)。奥特梅耶(Altemeyer，1994)发现高权威主义、民族主义的人报告他们在童年与外群体的成员接触更少。不幸的是，这些相关很模糊因为它们可能反映出积极的态度引起接触而非反过来的情况。

在美国对教室废止种族歧视所产生影响的评价并非总是发现有积极的影响。实际上，有时候随着种族歧视的废除，发现在白人儿童中对少数人群体成员的态度变得更消极(见 Stephan，1986)。接触为什么无效或者甚至对减少偏见反而不利呢?

基于接触假说的一个假设是与一个群体的个体成员交往的经历会推广到整个群体中。然而有大量的证据表明对他们群体的刻板印象进行驳斥的那些个体通常作为规则的例外而被开除，从而保护了原有的刻板印象(Hewstone，1994；Kunda & Oleson，1997；Maurer，Park & Rothbart，1995)。**次典型化(subtyping)**的这个过程大概把驳斥群体刻板印象的人标记为群体的非典型；因为他们不具有代表性，所以他们的存在并不意味着刻板印象需要修改。

基于接触假说的第二个假设是不同群体成员之间的经历在数值方向上是积极的(或者至少是中立的)而不是不愉快或敌对的。当然，事实通常是不同群体的成员对另一个群体有消极的行为表现，导致不信任和憎恨逐步增加的恶性循环。

用接触法减少偏见，必须满足一定的先决条件。首先，群体之间必须有合作行为。社会心理学中的一个著名研究，大家熟悉的里伯(Ribber)的山洞实验，证明了群体之间的合作行为在减少偏见中的重要性。谢里夫、哈维、怀特、胡德和谢里夫(Sherif，

Harvey,White,Hood & Sherif,1961)在俄克拉荷马州的里伯州立山洞公园中研究了参加夏令营的男生。男生被分为两组——鹰队和响尾蛇队。最初,活动包括两个群体在运动和营地活动中互相竞争试图击败另一方。群体之间的关系随着竞争活动的发生逐渐恶化。接着调查者筹备了需要两个团队成员之间合作行为的一些活动(如到营地的水线断了)。这些活动使群体间的敌意显著降低;实际上,两个群体成员之间自发的积极互动开始产生。

除了合作,为了通过接触偏见能有所减少,这些群体必须有同样的地位(Amir,1969)。也就是,两个群体的成员必须大致同样处于社会中的某种特殊情境下(如在教室里)。通常,现实生活中废止种族歧视包括把贫民区的非洲裔美国人用公车运到郊外,主要是白人、学生。黑人和白人儿童不太可能在这个情况下拥有同样的社会地位。

斯图尔特·库克(Stuart Cook,1969,1990)进行了一个研究,其中让有高度偏见的白人女性和一个黑人女性助手(和另一个白人女性,也是助手)交往 20 天,一天 2 个小时。这 3 个女性在交往中有同样的地位,并且交往活动需要合作行为(这些女性要模拟一个管理培训)。黑人助手表现得既有能力又友好。20 天后,约 40%的有偏见的女性显示出对黑人有相当大的积极的态度改变。这个结果既鼓舞人心又令人气馁,这取决于我们的角度。与控制条件仅有 12%的女性表现出种族态度的显著改善相比,实验条件是非常成功的。另一方面,这个程序很深入而且花费大,但是即使如此也只能影响少数有偏见的女性。

在真实情境中群体间的接触有希望能够减少偏见吗?我们认为是这样的。不可否认,接触必须满足合作和同等身份的需要,但是这些特征可以成为程序的组成部分。偏见态度在孩子中比在成人中更容易降低,成人已经长时间形成了自己的观点。视窗 7.2 描述了艾略特·艾洛森 (Eliot Aronson,1990)提出的鼓励孩子形成积极的种族态度的一种教育方法——**组合式方法(jigsaw method)**。我们在十三章谈论群体内关系的时候会回来讲接触的作用。

视窗 7.2　合作学习的组合式方法

谢里夫、哈维、怀特、胡德、谢里夫(1961)、库克(1969)和其他人的研究都显示要使种族群体之间的接触对种族间的态度产生积极的影响,必须采取合作性行为并且必须基于平等的身份而产生。艾略特·艾洛森和他的同事们(Aronson,1990;Aronson,Stephan,Sikes,Blaney & Snapp,1978)设计了一种技术把它用于相信这些发现的小学中。他们把他们的技术称为"组合式"教室。这个方法使合作成为被试成功表现所必不可少的,并把所有的被试放在"专家"或知识的同等水平上。

续 表

在这个程序的一个最初测验中，小学生被处于一个 6 个人的多种族学习群体中。给群体中的每个学生六分之一有关特殊题目的材料去学习。例如，在介绍约瑟夫·普利策生平的一课中，每个学生阅读描述普利策生活某一方面的一段话(他的祖先，他的早年生活，他的中年等等)。没有学生看到除了他或她自己要学的任何一段，所以所有群体成员要依靠其他群体的所有成员去了解普利策生活的其他方面。 六周以后，组合式教学和传统式教学的比较显示在前者环境中的那些学生更喜欢其他人，更喜欢学校，有更高的自尊心并且在目标测验中成绩最好！在组合式教学中实现的合作式学习策略这一积极影响已经被大量的其他研究者所证实。 在组合式方法的一种变体中，戴福士、洛德、拉姆齐、梅森、凡列文、韦斯特和列普(Desforges，Lord，Ramsey，Mason，Vanleeuwen，West & Lepper，1991)让大学生和另一些他们认为是前精神病患者的学生(助手)搭档工作。交往持续了一个小时，包括研究静脉治疗的效果。给每个被试(真正被试和助手)一半相关题目的材料，让其为另一个被试总结材料的内容，而且不允许看到给另一被试的材料(这样就依靠那个人传递信息)。相比被试单独学习材料的控制组，合作式方法并没有产生更好的学习效果。但是当评价被试对前精神病患者的态度时，合作式方法表现出明显有更积极的评价，尤其对于最初态度非常消极的那些人。在合作式条件下的被试似乎把对助手的积极印象概化推广到所有的前精神疾病患者中了。 总之，合作式方法已经显示出对小学生和大学生都有效。通过结构化交往过程以至于需要合作并保证身份相同，这个程序可以导致更积极的群体间的态度。合作式教学是应用社会心理学中正在运用的一个鲜明例子。

总结

偏见是一种通常消极的，针对一个群体成员的态度。刻板印象是一个群体的成员共有一些特定特征的信念。歧视是基于某人的群体成员资格而对他产生的行为。当歧视是在对种族群体的偏见基础上产生时，叫做种族歧视，在基于性别的时候，叫做性别歧视。目前，在北美公开的种族主义和歧视比 25 年或 50 年以前更少见了，但是一些研究者认为过时的种族歧视已经完全被更精细的现代种族歧视类型所代替，如黑人进步太困难这样的观念。符号种族歧视是基于对黑人威胁传统价值观的知觉。很多白人对黑人的感情是矛盾的——他们既有积极的情感又有消极的情感。当歧视行为在压力或唤起的条件下被引发的时候就产生了回归的种族歧视。

很多因素能够导致偏见。偏见的动机性解释基于一种观点，即偏见可能源于知觉者的紧张、情绪、恐惧和潜在的需要。例如，歧视的替罪羊理论认为日常生活的挫折导致对弱势外群体成员的替代性攻击，发泄被压抑的情绪。社会同一性理论提出人们渴望积极的社会同一性，能够通过把某人的内群体看得比外群体更好而实现。为了实现这个目标，人们通常对内群体成员给予偏向对待甚至当群体成员资格的基础是微弱而武断的——最小化群体范式。

偏见的社会文化解释集中于社会化的过程，为何父母、同伴、媒体和机构给儿童传授刻板印象，儿童把种族偏见看做是替代性的，并且他们能根据对少数人群体成员的行为进行自我强化和惩罚。现实冲突理论提出群体间偏见和歧视通常来源于在稀有资源上的实际冲突(像工作、住房)。竞争会增加外群体同质性效应，就是倾向把外群体的所有成员看做是相似的。关于偏见的人格解释关注于权力主义人格，可能源于严厉的养育方式以及追求完美和顺从的需要。高权力主义者明显表现出种族歧视，倾向于拒绝在文化上与他的内群体相异的人而盲目接受那些在文化上与他的内群体相似的人。

偏见的认知解释强调消极刻板印象在偏见发展中的作用。类别化的过程就是把物体、人或其他刺激放入不同的群体中；类别化是一个基本的自动的高功能性过程，使我们能够应付复杂的世界。不幸的是，把人们分类到一些群体中就要形成刻板印象(有关共有特征的观念)。刻板印象最初来自父母、同伴、媒体、个体经历和其他来源。刻板印象一旦形成，信息加工就受到偏见，刻板印象就更容易被证实。具体来说，与刻板印象一致的例子更容易受到关注；含糊不清的事件容易被解释为与刻板印象一致；而且与刻板印象一致的信息更容易从记忆中唤回。这样一来，即使刻板印象是错误的，它们也可能随着时间的流逝而变得强烈起来。

当知觉者对另一个人的期望使其对目标个体的行为能够引发出现证实刻板印象的行为时，就发生了自我实现预言。通过自我实现预言再次呈现的恶性循环能够在选择性信息加工的影响之上强化刻板印象。

性别刻板印象是对男性和女性的典型特征和行为的观念。男性一般被认为更多的具有像决断和智力这样的工具性特质，而女性一般被认为更多的具有像热情和情绪化这样的公共特质。虽然男性和女性之间确实存在一些差异，既有生物上的也有心理上的，但是性别刻板印象比记载中被证明的两性差异更加详细和极端。一些理论学者把性别差异归为生物因素，如基因或源于进化压力的先天差异。另一些理论学者关注于用社会和文化因素来理解性别差异。例如，社会角色理论把性别差异归为对男性和女性“适当行为”的社会期望，这种期望反过来被认为来源于历史上给两性分配的社会角色(工作与养育孩子)。

弱势群体成员的现实生活被剥夺——他们比多数人的优势群体成员受到心理、生理和经济上的损失。然而，弱势群体的成员一般报告他们与多数群体成员的自尊水平相当。这一发现的一种可能解释是少数人群体成员能够通过把消极结果归因于歧视来保护他们的自尊。关于受害研究的另一个有趣的发现就是个体—群体歧视差异，指的是弱势群体的成员一般报告他们受到的个体歧视比群体歧视更少。这个现象可以反映出个体歧视的最小化和/或对某一群体歧视的夸大。当某人的行为或表现可能证实了对其群体不利的刻板印象时，就出现了刻板印象威胁。刻板印象威胁能干扰在智力任务上的成绩。

偏见和歧视能够通过有意识的控制刻板印象而减少。歧视立法也能减少偏见对弱势群体成员生活的影响。接触假说表明不同群体成员之间的接触能导致更积极的群体之间的态度。不幸的是，驳斥群体的刻板印象的个体通常不具典型性，意思就是他们被排除了不能代表他们的群体。要通过接触来成功的减少偏见，必须有合作性行为，而且被试必须身份地位同等。组合式方法是满足了这些先决条件的一种教育方法，并且已经显示出对于在孩子中引发积极的种族态度是有效的。

关键词

矛盾	独裁主义人格	类别化	接触假说
歧视	种族中心主义	性别刻板印象	组合式方法
差异最大化策略	最小限度的群体范式	现代种族歧视	外群体同质性效应
偏见	个体—群体歧视差异	种族歧视	现实冲突理论
回归的种族歧视	歧视的替罪羊理论	自我实现预言	性别歧视
社会同一性理论	社会角色理论	刻板印象	刻板印象威胁
次典型化	符号种族歧视		

推荐读物

Allport, G. W. (1954). *The nature of prejudice*. Reading, MA: Addison-Wesley.

Altemeyer, B (1988). *Enemies of freedom: Understanding right-wing authoritarianism*. San Francisco: Jossey-Bass.

Basow, S. (1986). *Gerder stereotypes: Traditions and alternatives* . Pacific Grove, CA: Brooks/Cole.

Dovidio, J. F., and Gaertner, S. L. (Eds.). (1986) . *Prejudice, discrimination, and racism: Theory and research*. New York: Academic Press.

Eagly, A. H. (1987). *Sex differences in social behavior: A social-role interpretation*. Mahwah, NJ: Erlbaum.

Katz. P. A., and Taylor, D. A(1988). *Eliminating racism : Profiles in controversy*. New York: Plenum.

Mackie, D. M., and Hamilton, D. L. (Eds.). (1993). *Affect, cognition, and stereotyping: Interactive processes in group perception*. New York: Academic Press.

Shaver, P., and Hendrick, C. (Eds.)(1987). *Sex and gender*. Newbury Park, CA: Sage.

Taylor, D. M., and Moghaddam, F. M. (1994). *Theories of intergroup relations: International social psychological perspectives* (2nd ed.). New York: Praeger.

Zanna, M. P., and Olson, J. M. (Eds.). (1994). *The psychology of prejudice: The Ontario symposium* (Vol. 7). Mahwah, NJ: Erlbaum.

第八章 爱、喜欢及各种亲密关系

"名字意味着什么?"凯普莱特亲王之女朱丽叶哀叹,"无论怎样命名玫瑰花,它都依然芬芳美丽","其实名字没有任何意义"。

在英国文学中,朱丽叶的故事曾是一种讽喻。因为她疯狂地爱上了自己的家族世仇,不顾一切地投入到了这场惊天动地的爱情中。两天的时间,她与罗密欧——蒙太古亲王之子,携手走向婚姻,证明彼此之间浓浓的爱。然而,婚后幸福的时光却完全消磨于家族仇恨的纷争之中。最终作者莎士比亚以两人悲凉凄迷的陨灭,来和解交恶的双亲,结束了这场生生死死的爱恋,将爱情悲剧推向高潮。

罗密欧和朋友在一次盛大的化妆舞会上,戴着面具混进了凯普莱特家,对朱丽叶一见钟情,被她的美貌深深地吸引。

啊!火炬远不及她的明亮!
她皎然悬在暮天的颊上,
像黑奴耳边璀璨的珠环;
她是天上明珠降落人间!
美貌如仙,无与伦比。
(第一幕,第五场)

罗密欧对朱丽叶难以忘怀,舞会结束后,他偷偷跳进凯普莱特家的花园,想再看看朱丽叶。而朱丽叶此时正好站在阳台上,他非常高兴。

那边窗子里亮起来的是什么光?
那就是东方,朱丽叶就是太阳!
啊!那是我的爱;唉,但愿她知道
天上两颗最灿烂的星,
因为有事他走了,请求她的眼睛替代它们在空中闪耀。
要是她的眼睛变成了天上的星,天上的星变成了她的眼睛,那便怎样呢?
瞧!她用纤手托住了脸,那姿态是多么美妙!
啊,但愿我是那一只手上的手套,好让我亲吻她脸上的香泽!
(第二幕,第二场)

与此同时,朱丽叶也深深地爱上了英俊的罗密欧。

来吧,柔和的黑夜!
来吧,可爱的黑颜的夜,把我的罗密欧给我!
等他死了以后,你再把他带去,分散成无数的星星,
把天空装饰得如此美丽,使全世界都爱恋着黑夜,不再崇拜炫目的太阳。
(第三幕,第二场)

在爱的驱使下,两个年轻人私自定下婚约,并祈求神父劳伦斯主持婚礼,而朱丽叶的父亲全然不知情,正准备将其许配给帕里思伯爵。

我心底一往深情,已经完全倾注在凯普莱特那美丽的女儿身上了。
她也同样爱着我;一切都完全定当了。
只求神圣的婚礼:
(第二幕,第三场)

神父被他们的真情所打动,决定为其主持婚礼,也希望通过两人的结合使两家释嫌修好。而后来的事实证明,神父的期望错了。

婚礼之后,罗密欧曾经在路上碰到朱丽叶的堂哥——年轻冲动的提伯而特。虽然罗密欧一再避免与提伯而特发生冲突,但终因其挑衅过度,罗密欧一怒之下刺杀了提伯而特。维罗那的君主在震怒之中将罗密欧驱逐出境。临走前,罗密欧与自己心爱的

妻子作别，两人“缠绵于恋爱的黑夜”，然而这却是他们最后一次见面。

父母并不知道女儿已私定终身，决意将其嫁给帕里斯伯爵。朱丽叶无法说服其父母，便向劳伦斯神父求助。神父给了她一瓶药水，这种神奇的药水将能使她昏睡几天，并让旁人相信已经死去。

罗密欧得知朱丽叶死去的消息悲痛万分，但他不知道这是神父所为他们安排的逃生计划。他打算冒着生命危险回去见朱丽叶最后一面，并在途中买好了毒药。罗密欧来到朱丽叶的墓室，望着死去的爱妻，吞服了毒药，临终哽咽：“我将吻别爱妻，结束自己的生命”。

朱丽叶从昏睡中醒来，发现爱人已经死去，悲痛至极，拔剑自刎。

积极的人际关系“喜欢和被喜欢”

人与人之间的关系是多种多样的。开篇所讲述的罗密欧与朱丽叶之间的关系是爱情，而一对15年的夫妻之间的感情更多的是亲情和感激。此外，一名小男孩对俱乐部教练的喜欢又是另外一种关系，而这种喜欢与他对糖果店阿姨的喜欢性质却又是不一样的。在以上我们所描述的关系中，有的是一种短暂的喜欢之情，有的则是持久专注的爱，有的感情是炽热深沉的，有的则趋于平淡。

在1996年拍摄的现代激情版《罗密欧与朱丽叶》影片中，著名影星莱昂纳多·迪卡普里奥饰演罗密欧，克莱尔·丹丝饰演朱丽叶。该剧所表现的爱情悲剧穿越了时空的界限，双方家族对立，而年轻的主人公对待爱情坚贞不渝，该剧所表现的主题已经不是某个时代的专利话题了，它所表达的深刻思想为各个时代的人们所喜爱。

当我们说一个人喜欢另外一个人时，它意味着，对于当事人来说，他或她对另外一方持有积极的态度。**积极的人际关系(positive personal relationship)**中，双方对他人都持有积极的态度。爱情，从某一角度来讲，包含有许多错综复杂的成分，难于进行精确定义。因此我们将从一个广阔的视角入手，对积极的人际关系进行讨论，随后会集中介绍有关爱情的心理学研究。

为什么我们会喜欢别人，为什么别人会喜欢我们？认真地思考你生命中所拥有的不同类型的人际关系。哪些因素会使你对自己的朋友或者搭档产生喜欢之情呢？或许你会得到很有趣的发现。一些人是因为与自己有很多相似之处而产生吸引。如，当你离家去上学，在学校中一定会碰到与自己有着相同爱好，来自同一个地方，喜欢同样的音乐等等有着很多相似之处的朋友。但是你会发现有些时候与自己有着很大不同的人也会对我们产生吸引力。如你喜欢摇滚乐，他喜欢古典音乐。你喜欢看喜剧，他却喜欢基调严肃、富有启迪性的影片。正是因为彼此的差异，增进了两者的吸引力。当然你也可能因为一个人很喜欢你、赏识你而喜欢他。你也可能会被对方的真诚所动产生喜欢之情。

现在，让我们一同进入下一节，看看学者提出了哪些理论来解释"为什么我们会喜欢或讨厌一个人呢"。

认知的观点：平衡理论

在社会心理学的众多领域中，**平衡理论(balance theory)**都扮演着重要的角色。它对于形成态度和解释态度改变中的需求一致性现象有着重要的作用。当然它也可以有效地解释人们为什么对另一方产生喜欢和厌恶之情。

本节我们将介绍一种平衡理论的模型，它已被广泛地用于对人际吸引现象的研究中。即西奥多·纽科姆(Theodore Newcomb)的**对称或A—B—X吸引模式(symmetry or A— B—X model of attraction)**。

纽科姆认为，本理论体系中，人物A、B以及客体X组成了一个三角形的单元系统。在这个系统中，认知主体、态度的另一个人以及客体通过正向或负向的情感联结，在系统中发生相互作用。其中态度客体X可以是一件物品，如一棵树、一个菠萝、一管牙膏；也可以是一个事件主题，如预算平衡，电视暴力或另外一个人。

三者形成的三角形关系系统可能是对称(平衡)或不对称(非平衡)的。如图8.1(A)，就是一个对称关系的模型。罗密欧喜欢朱丽叶，并且也希望通过婚姻继续两人的爱，而且他得知其实朱丽叶也十分愿意嫁给他，那么在这个单元系统，所有成分协同存在，两两之间的情感联结是正向的，处于平衡状态。我们可以运用一般常识来判断模式是否是对称的，也可以通过代数中的乘法运算，将模型中的关系符号相乘，若乘积为正则该模型是对称的，若乘积为负则该模型不对称。以图8.1(A)为例，罗密欧与朱丽叶的情感联结是正向的，他对婚姻的态度也是正向的，而且他相信朱丽叶对婚姻的态度也是积极正性的，所以三者关系符号的乘积是正的，这个模型为对称模型。

图 8.1(B)所示当三者关系的符号并非全是正向时，模型也可以是平衡的。如，罗密欧爱他的父亲(蒙太古亲王)；凯普莱特亲王(朱丽叶的父亲)憎恶蒙太古；但罗密欧并不在乎朱丽叶父亲对他态度，所以三者关系符号的乘积仍是正的。而图 8.1(C)中，罗密欧喜欢朱丽叶，朱丽叶也喜欢罗密欧。但是罗密欧和凯普莱特是仇人，所以三个关系符号相乘为负，即两条正向的情感联系和一条负向的情感联系构成一个非对称的模型。

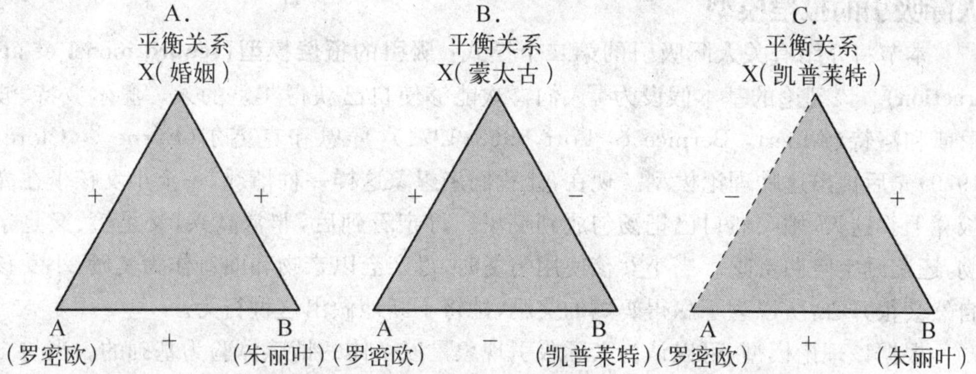

图 8.1 运用平衡理论表征《罗密欧与朱丽叶》中的核心关系

注：实线代表正向情感——吸引，虚线代表负向情感——厌恶

那么保持关系系统平衡很重要吗，它意味着什么呢？根据纽科姆的观点，对称的人际关系模式会令人感到更愉快。如果单元内各成分不能协同存在，则单元就会处于不平衡状态，人们就会受到一种迫于趋衡的心理压力，并期望通过认知情感活动的卷入使认知组织发生变化，达到平衡状态。

我们怎样能够推动单元或系统由不平衡向平衡运动呢？如，当你的好朋友不喜欢你的未婚妻；当你的妻子或丈夫不想过早组建家庭；你的一个好朋友不喜欢自己的另一个好朋友。以上所举的这些情况都是处于失衡状态的。根据 A—B—X 模式，人们会努力使这种失衡的关系状态向平衡状态推进。在图 8.1(C)中，罗密欧爱朱丽叶，朱丽叶爱罗密欧—而朱丽叶对父亲的心向也是积极的，但罗密欧并不是，当遇到这种困境时，罗密欧(A)可以：

1. 说服朱丽叶(B)改变对其父的态度；
2. 改变自己对朱丽叶(B)的态度；
3. 改变自己对凯普莱特(X)的态度。

通过以上几种方法可以使关系恢复平衡，缓解失衡造成的压力。我们也可以从另

一方面入手,采取以下两种方法减轻压力。如罗密欧可以:

1. 降低使其与朱丽叶产生冲突的事件的重要性;

2. 降低不一致事件与两者的关联程度。

在前三种方法中,罗密欧会发现他对朱丽叶其父的顾虑是多余的。在后两种方法中,他虽然很在乎朱丽叶和他的父亲,但认为其父在这件事上的反对立场并不妨碍他们的结合。当降低相关事件的重要性,就会增强彼此对分歧观点的接受程度,自然可以维持平衡。

人际吸引的报偿模型

本节将介绍有关人际吸引的第二个模式:**吸引的报偿模型(reward model of attraction)**。该理论的基本假设为:人们喜欢能够使自己获得奖赏的人。奥尔波特、波尼斯和洛特(Albert, Bernice & Lott, 1968; 1974),拜恩和克劳尔(Byrne & Clore, 1970)先后提出这种理论模型。现在,让我们来想象这样一种情况,一个小女孩坐在高板凳上。这天,她突然自己把汤勺放到嘴里。母亲看到后,非常高兴,又是笑、又是亲吻,还奖励宝宝曲奇吃。当小女孩使用勺羹时,母亲会以亲吻和曲奇作为奖励,小女孩自然会很开心,所以为了赢得妈妈的奖励,她将不断地做出这种行为。

根据该理论模型,可以认为人际吸引现象是以个体的情感体验为基础的。当与交往对象的接触伴随着奖励时,就会引起人们愉悦的情绪体验,并增强人们对其的喜爱程度。当然奖励可以是过去的或即时的,也可以是延迟的将来的(Clore & Kerber, 1981; Tedeschi, 1974)。有时我们会受到不是很熟悉的人的吸引与喜爱,道理也在此。

事实上的确如此,人们喜欢给予自己奖赏并能引起愉悦体验的对象,而不喜欢导致我们产生不快体验的对象。生活中的例子屡见不鲜。如侍者将汤泼在我们的袖子上,收银员误操作,坚持将 10 美元钞票当 1 美元,这些行为中的交往对象均引起我们的反感和厌恶。同样我们也可想到许多积极情绪体验的例子。

进一步的研究结果还表明:在交往过程中,与愉快体验相联系的人通常比与不快体验相连的人更受到人们的喜欢,且不论他是否为情绪的直接来源。在格莱(Guay, 1969)的研究中,他设置了两种实验情景,第一种情景中被试会得到奖赏,第二种情景中被试会受到惩罚,实验助手会以过路者的身份分别在这两种情景中出现,之后使人们评定自己对助手的喜欢程度。结果发现:当被试受到奖励时,人们对助手的喜欢程度高于受到惩罚时的喜爱程度。后来格里菲特(Griffitt, 1970)通过操纵实验室的温度和湿度,使人们产生愉悦或不快的感受,探讨人际吸引现象。他发现当房间的温度和湿度适宜时,人们对陌生人的态度要好于房间过热过湿令人不适时的态度。同样地,维治和格里菲特(Veitch & Griffitt, 1976)的研究也发现,实验者听到好消息后对陌生人做出的评价要高于听罢坏消息时所做出的评价。显而易见,这是因为消息的本身的性质与陌生人发生了联结，从而导致个体评价出现差异。

公平理论：权衡双方的得与失

在这部分，我们将开始把注意力指向人际关系中交往的双方。前面曾经讨论过奖赏对建立、维持人际关系的作用。这里我们会从关系双方对于交往中得与失的重要性方面展开讨论。每一个个体都会从周围的人际关系取得相应的奖酬，获得一定的情感依靠，满足自己的适当的心理需要，或者收获其他实质性的利益。当然有得有失。我们为了维持、巩固关系同样也要付出努力，而且会失去建立关系之前的很多自由，你的同伴会对你提出一定的要求，同时你也期望在关系中对方能满足自己的需要。

公平理论(equity theory)：(Hatfield & Traupmann，1980；Walster，Berscheid，1978)认为：人们对人际关系的满意程度是以交往中双方的报酬和代价之比的大小来衡量的。在下面这个等式中：

$$\frac{\text{你的报酬}}{\text{你的付出}}=\frac{\text{同伴的报酬}}{\text{同伴的付出}}$$

当交往双方的收益与付出比率相等时，人们对关系的评价是最满意的。这是一个非常有趣的概念。譬如拿我们自己来说，我们对关系的满意程度并不单单取决于从关系中所获得的收益，也不仅仅取决于你为建立关系所付出的代价。应该说，当双方为建立关系所付出的代价和得到的报酬保持平衡时，交往最有吸引力。当在交往中你的报酬和代价之比高于同伴时，你会感到内疚；而比率低于同伴时，你也会感到失衡。

这是一个很有争议的假设。实际是否如此呢？为了验证这个假说，一些学者进行了研究。结果发现：在交往中，感到双方关系平等的要比有不平等感的关系更令人愉悦(Sabatelli & Cecil-Pigo，1985)。还有研究发现，在婚姻关系中，双方感到投入与付出平等的较少出现婚外情(Hatifield，Traupmann，Sprecher，Utne & Hay，1985；Prins，Buunk & Van Yperson，1993)。另外普林斯(Prins)的研究却发现，事实上感到自己在婚姻中付出少而得到多的妇女尝试婚外情的倾向很高。

另一方面，博格和麦奎(Berg & McQuinn，1986)对处于热恋关系中的情侣进行了追踪研究，将他们最初交往情况和4个月之后的情况进行对比。发现：4个月之后，关系仍然亲密的情侣对关系的评价是非常满意，而且表现出了彼此深厚的爱，并愿意为维持、巩固关系做出努力。然而两人对关系平等性的权衡没有成为预测关系发展的指标。博格(1984)对同性交往中的平等现象进行了研究。以一个寝室的同学为例，让他们在室友关系建立初和一年之后对关系的满意程度进行评定。结果发现：对关系中双方平等的感知并不能有效地预测其对关系的满意程度。而每一个人从关系中的收益却是最佳的关系满意度的评价指标。

公平理论所提出的假说还有待进一步详细的验证。显然它并不能解释所有的问题。但是它却为我们提供了一个评估人际交往双方对关系满意度的重要视角：即以各自对建立、维持关系所做的贡献和从关系中的所获得收益之比为指标。

持久的关系

趋向共同收益

随着时间的推移，人与人之间的关系会发生改变。因为人们从关系中感受到的快乐和对关系的满意程度因时境迁。社会心理学中的某些理论指出，一些重要的因素可以成为预测关系持久性的指标。如从公平理论的观点来看，双方对一段关系的满意程度取决各自对关系的付出和收益之比的平衡。凯利和西鲍特(Kelley & Thibaut)两位理论家一直致力于对两人关系中收益与成本关系的研究，他们于 1978 年提出：要建立持久的亲密的关系，双方的注意指向会从一开始关注自己在关系中的收益(发展这段关系是否对我有利)或相对收益(双方为发展关系做出自己的贡献后，收益是否相等)转为对两人共同收益(它对我们意味着什么)的关注。

凯利和西鲍特认为：在持久的人际关系中，双方关注的不应是通过努力使各自的收益最大化，而是企图通力合作，使共享价值最大化。如两个人相约去看球，其中一个是绝对球迷，而另一个人对球赛索然无趣，所以全场一直无精打采，哈欠不断。虽然一个人当时得到了极大的精神享受，但是另一个人却不然，所以他们没有在关系中达成最大的价值共享，最终对两个人来说，不是一种理想的关系。更加持久坚固的关系的建立则需要双方达成共识，接纳对方，使每个人都能在交往中体验到快乐。如，这个星期去看足球，下个星期去看芭蕾或者滑雪，或是去剧院。

一个有趣的现象是，在两人建立、发展亲密关系的过程中，双方能意识到彼此由一开始关注个人满足转向体恤对方、关注同伴需要，逐渐形成默契。佛莱娜和凯利(Fleiner & Kelley，1978)对 96 个人进行了一次调查研究，请他们对各自的人际关系满意程度进行评定。结果显示：成功的人际关系中，双方的相处之道为两人努力使共同的收益最大化。

追踪自己在关系中的付出与收获

你是不是很在意自己在一段关系中的付出和收益呢？当我们从一段关系中得到的少于对方时，会有被利用的感觉；而当得到的多于对方时是不是又会内疚呢？你是否也经常反思，希望自己付出与收益平衡。佩格·克拉克和他的同事(Peggy Clark，Clark，1984；Mills，1979)提出：一个人是否追踪自己在关系中的付出与收获取决于这种关系的类型，它介绍了两种关系，即交换关系和共有关系。

交换关系(exchange relationship)通常发生在你和普通朋友、陌生人或是与自己有生意来往的人之间。在这些关系中，人们都期望有一种相对利益的收支平衡，即你期望你的付出能够得到相等的回报。克拉克指出人们会非常重视自己在这段关系中的投入，以便评估自己可能得到的报酬。

共有关系(commual relationship)则是一种持久的深厚的感情联系，如恋人、好朋友或亲属关系。在这类关系中，我们不会计较自己的付出是否与对方相等。大家会努力付出，来维持、发展稳定的关系，甚至明知根本不会从对方那里得到回报也要付出(Clark, Mills & Powell, 1986)。

那么设想当你正置身于一段**共有关系(communal relationship)**中时，你会是什么样的行为表现呢？克拉克(1984)以喀麦隆大学的学生为样本进行了一次研究。将学生进行分组，使他们与实验安排的助手——一位富有吸引力的年轻女士，分别发展交换关系或共有关系，从而进行对比研究。在实验中，一半被试被告知这位年轻貌美的女士独身，期望参与者与之建立一种共有关系。而另一半被试被告知这位女士已经结婚，期望参与者与之建立一种交换关系，已婚表明彼此不可能成为一段浪漫关系的拍档。此后要求两人合作完成一项任务，就是对一个方格中出现的一系列数字进行圈定。最后按完成任务的情况决定两人的奖酬。克拉克预测在交换关系中，双方会时刻关注各自对获得奖酬的贡献，从而决定最后的酬劳如何分配；而在共有关系中，双方不会很在意各自为最后成功做出贡献的大小，每一个人会尽最大的努力投入，赢得两人合作的成功。

在实验中，通常我们安排年轻漂亮女士首先使用彩色笔进行数字圈定，而后男性被试在她的基础上进行圈定。他可以使用与其搭档同色的笔也可以换用另外的颜色。是什么决定他们最后的选择呢？通过分析可以得知，如果对方关注的是各自对最后奖酬的贡献的话，那么毫无疑问他会选择不同颜色的笔，如果对方关注的是两人通力合作取得成功的过程的话，他并不在乎各自贡献的大小，所以不会刻意选择其他颜色的笔。结果表明：90%的交换关系的搭档都选择了不同颜色的笔圈定，而只有12.5%的共有关系的搭档选择了不同颜色的笔。正如克拉克所预言，在交换关系中人们感兴趣的是个体收支的相等，在共有关系中人们注意的焦点则是团体合作的成功——集体的荣誉，并不计较个人的得失。

现在让我们从另外一个角度来比较这两种关系的不同。设想班上一位同学，你对他一直很有好感，这天他向你借笔记来弥补自己遗漏的一些功课。对你来说这将是一个接近他的好机会，所以你欣然借给了他。第二天当笔记本还回来时，同时还附带一个信封。信封里一份热情的感谢信和一张5美元的钞票。那么你是否希望得到额外的5美元报酬呢？

克拉克和米尔斯(Clark & Mills, 1979)的研究证明：个体对5美元的反应取决于他与借笔记的同学的关系的性质。如果他认为自己与该同学应是一种共有关系的话，他宁愿信封里没有5美元。克拉克和米尔斯后来设计了一个严谨的实验来验证这

一段长期、亲密关系的维系依赖于双方所能共享的快乐的最大化,而不在于单纯的利益交换。

一点。在正式实验之前,安排男性被试一次特别的机会来帮助一位年轻貌美的女士,而这位女士就是在正式实验中将要与男士合作的搭档。女士会写一封热情洋溢的感谢信来感谢男士。一半被试除感谢信之外还会得到额外的报酬。另外为了控制男性被试与该女士建立关系的方向,一半被试会被告知这位女士单身,另一半则被告知这位女士已婚。结果表明:当女士以单身身份出现时,男性更倾向于不用额外报酬答谢他;而当女士以已婚身份出现时,则有额外的报酬时,男性会更满意。由此可以看出,关系双方通过彼此互惠可以增强交换关系的联系,却对长期的亲密关系有弱化作用。

总之,一系列人际关系的研究提示我们,在人与人之间交往时,不应仅考虑从关系中得到的报酬,也应考虑在关系中双方收支的平衡。在长期的亲密关系中,双方所关注是两人作为一个整体的收益,所以对各自付出多少关注的重要性已经降低,而是共同努力,将共享收益最大化。

相似性和人际吸引:我喜欢你,因为你与我相似

人们通常会对与自己有同样观点、态度和特质的人产生好感。虽然在现实中也存在一些例外。大量研究表明:态度和观点的相似性与人际吸引的联系是相当大的。拜恩(Byrne)和他的同事进行了一系列实证研究来考查态度的相似性和人际吸引的关系(Byrne,1971;Byrne,Clore & Smeateon,1986)。研究者对实验步骤进行了严格的控制:被试首先会填写一个包含12个项目的态度量表;然后请他们进入实验室,在指导语的提示下,使其利用相关信息形成对材料中假设对象的认知;接下来他们将会看到该假设人物所填写的态度量表。其实这个态度量表是实验者自己填的,并控制两者在态度上相似性上的变化。最后被试将完成一个包含两个项目的量表,来测量其对假设对象的喜爱程度。研究结果显示:当该人物与被试态度的相似程度越高时,被试就越喜欢他(Byrne & Nelson,1965)。这些态度可以是政治方面的,宗教方面的或是经济方面的。

那么是什么因素影响**相似性吸引效应(similarity-attraction effect)**的强度呢?其

中一个因素是相似的重要性(Clare & Baldridge,1968)。就是说,如果你和某人在你认为重要的问题上的观点越相似,这个人就越吸引你。图伊(Touhey,1972)的研究获得一个有趣的发现,即其实男士与女士在所认为重要性课题方面存在着一定的性别差异。他以大学生志愿者为样本收集数据,并以其在宗教和性的态度上的相似性进行配对,然后安排两人交往,并测量彼此之间吸引程度的大小。态度的相似性可以预测人际吸引力,但是存在性别差异。对女生来说,她们最喜欢与自己有着相同宗教态度的男生,最不喜欢宗教态度不同的男生;对男生来说,与自己在性的态度上一致的女生对他们最有吸引力,反之则最没有吸引力。因此通过以上结果可以得出:态度的相似性能够引起人际吸引效应,尤其是当两者在重要态度上相似时。

最近的研究又发现了一个新的因素,当个体在该因素上相似时,可以引起强烈的人际吸引效应。学者格林伯格·皮萨克金斯基和所罗门(Greenberg Pyszczynski & Solomon,1997)的研究表明:当个体对"死亡"进行价值探讨时,与自己持有相似的对死亡的态度和观点的人,会产生相互的人际吸引。他们在**"恐惧管理理论"(terror management theory)**中指出,当人们面对能唤起自己死亡意识的事物时,其应对方式通常是通过接近与自己有着相似死亡观点、表现出类似行为、归属于相似群体等等特质的人们,以寻求精神的永生。研究者进一步发现安排个体回答一系列与死亡信念有关的问题后,具有相似文化认同的人们之间的喜欢程度增加。

实验室情景之外的相似性吸引效应

从前面的篇章中,我们可以看到精心设计的实验室情景下,**相似性吸引效应(similarity-attraction effect)**是非常明显的。但实验情景毕竟进行了严格的人工控制,所以他的现实推广性还值得进一步探讨。那么在现实生活中,相似性效应的表现到底是怎样的呢?目前对于这个问题还存在很多争议(Rosenbaum,1986;Wright & Crawford,1971),但有证据表明实际场景中相似性效应仍会发生。苏珊·斯普莱彻和斯蒂夫·达克(Susan Sprecher & Steve Duck,1994)招募了166名学生被试,其中男女各半,然后在联谊会上对他们进行随机配对,并追踪是否在联谊会上的熟识能够使他们产生建立长期关系的意愿。结果显示:外表吸引力是建立情侣关系的最敏感的指标,而紧跟其后的就是约会对象之间的相似性。

很久以前,当核战争的威胁日渐凸显,一些研究者借此机会,对居住在地下避难所的人们的相似性—吸引效应进行了研究。格里菲特和维治(Griffit & Veitch,1974)对于居住在地下避难所的人们进行了研究。在进入避难所之前,所有选中的被试需要填写一张态度量表;几天之后,要求他们完成如下任务:即对两个目标人物进行选择,他们更愿意与谁住在避难所,他们更愿意把谁逐出避难所。结果表明:人们更愿意选择与自己具有相似态度的个体留在避难所。

效应的局限：与谁相似?

显而易见，与他人保持观点一致能够使我们感到身心愉悦，而我们通常倾向于喜欢与自己观点一致的人。但其实这个论述有着更深的含义，并不能作为普适的情况。设想一下是不是有些时候即使对方的观点与我们一致，我们仍然会对这个人感到不舒服？如《罗密欧与朱丽叶》中的蒙太古亲王可能因为与凯普莱特亲王在某些方面态度一致而懊恼，但如果他知道自己和普莱特亲王在税收，政治事件等议题上态度都一致，那么他最后会喜欢普莱特亲王吗?

诺瓦克和勒纳(Novak & Lerner, 1968)针对这个问题进行了一次研究。他们告诉实验组被试自己的态度和一般背景与一个精神疾病患者相似或不相似，对照组则将目标人物换为正常的陌生人，结果发现，被告知与精神病患者在态度和背景方面相似的被试要比其他被试更喜欢这个精神病患者。库珀和琼斯(Cooper & Jones, 1969)发现当目标人物与被试观点相似，但并不讨人喜欢时，被试会主动与他割断联系。卡如扎和布里克曼(Karuza & Brickman, 1981)通过操纵目标对象的社会背景因素，发现人们倾向于喜欢与自己相似的社会地位高的对象，社会地位低的被试尽管与被试观点一致，却不能引起他们的喜欢。综上我们可以得出如下结论：态度的相似性并不总能引起人际吸引，目标人物的身份也是一个重要的影响因素。

虽然相似性的人际吸引效应存在着局限，但是综合上文所述：在大多数典型的情况下，相似性是人际吸引和亲密人际关系最佳的预测指标。总的来说，相似性能够有效预测实验室内外情境的人际吸引现象，如是否选择为约会的对象和婚姻伴侣(Johnson & Ogasawara, 1988)。当然，的确在某些情形下存在"互补吸引"的情况。如需要的互相满足(Winch, 1958)，或行为表现的不同(Strong, Hills, Kilmartin, DeVries, Lanier, Nelson, Strickland & Meyer, 1988)，都能引起双方的吸引。总而言之，根据目前的研究结论，我们仍可以说，相似性对于两人的喜欢程度和吸引力具有较强的预测性。

视窗 8.1 相似性以及动物界中吸血蝙蝠和地下松鼠的生存共享现象

本章所提及的人们之间彼此相似的特质，对人们的人际交互作用产生着潜移默化的影响，如在重要事件方面态度一致的人们彼此吸引。具有相同外形特质的人们更喜欢与自己相似的人。

而在动物王国中，相似性在某种程度上具有更广泛和深远的意义，但测量却成为一个大问题。类人猿之类的生物无法填答问卷，同时人类观察者也很难对动物间的吸引力进行评定。然而基因的相似性是可以进行严密和精确测定的。我们发现基因的相似性决定着动物间一些有趣的社会行为，如彼此之间珍贵资源的分享。

续表

现在让我们来一同认识吸血蝙蝠。它栖息在美洲的中部和南部,通过锐利的门齿,靠吸食哺乳和鸟类动物的血液生存。它们通常在夜间觅食,偷袭睡着失去警觉状态的动物,刺入动物皮肤表面的血管吸食血液,而其唾液中的抗凝结剂能够防止血液凝固,保持新鲜流态很长时间。而这一功能正是吸血蝙蝠所具有的独特优势,因为它们贪食的特质使得它们需要每晚吸食其体重50%到100%的血液。 血蝙蝠的社会组织非常复杂,引起了人类极大的兴趣。威尔金森(Wilkinson,1990)以哥斯达黎加的吸血蝙蝠为样本,进行了系统地观察研究,发现通常8—12只雌性吸血蝙蝠聚集在一起形成一个群体,这个群体由一只雄性吸血蝙蝠领导和庇护。这样的一个群体最长可以存在12年。 吸血蝙蝠对血液的贪食需要必须不断地得到满足。如果一只吸血蝙蝠两天之内没有吸食充分的血液就足以致死。有些时候,碰到一群动物时血液来源非常充足,有些时候只能碰见一只动物或小鸟血液来源几乎为零。而它们并不能储存血液,所以只能是在幸运的时候大量吸食从而熬过缺食的夜晚。 吸血蝙蝠通过特殊的腺体能够与其他吸血蝙蝠进行血液共享,但这种共享必须是有选择性的。因为它们对血液的需求量实在太大了,如果与任何吸血蝙蝠群落或其他群落都共享,很容易导致自己的死亡。 威尔金森发现吸血蝙蝠只与其有亲密关系的群落进行共享,而对血液资源共享起决定作用的就是基因的相似性。 生活在加利福尼亚州内华达山脉的地下松鼠对与自己基因相似的同类种族会表现出特惠行为,如当松鼠们准备进入冬眠期时,一只地下松鼠发现附近有危险性食肉动物出没时,它或者发出警告,或者不予理睬。而这时对松鼠来说最安全的措施其实是保持安静。沙曼(Shrman)通过观察发现地下松鼠只对与自己有相似基因的同类发出警报。基因相似性的程度决定了警报发出可能性的大小。两只松鼠基因相似程度越高,就越能导致其中一只松鼠冒着生命危险,对另一只松鼠发出警报。 通过以上例子,可以得出如下结论:松鼠和吸血蝙蝠与同类之间交往的吸引性取决于彼此的相似程度,虽然这个结论具有较大的价值,但却存在着一定的冒险性。不过,我们仍可以认为,群落之间的相似性,影响彼此的吸引程度。我们应该从这些例子中得出多大的意义,这是许多争论的起因,但是,这与人类社会心理的潜在相似性是引人感兴趣的。

进化的观点

为什么相似性与人际吸引存在一定的关联呢?社会心理学中的一些理论可以有

效地解释相似性—吸引效应，如纽科姆提出的对称理论(Newcomb,1956;1968)认为：当两个人对同一态度客体持有积极的态度时，彼此之间就会产生一种趋向平衡的拉力，使两人产生相互吸引从而喜欢对方。此外，当彼此互相吸引喜欢时，这种吸引力会促使他们对特殊的客体也产生相似的态度。他们通常期望通过与对方态度一致获得积极的赏酬。

从生物社会学或是进化论的观点来看，相似性—吸引效应其实一点也不令人惊讶。这种解释社会行为的方法(见 Buss，Larsen & Westen，1996)以查尔斯·达尔文(Charles Darwin)的种族进化论为基础，认为人类某一社会行为机制的形成是人类世代繁衍，通过自然选择保留的适合种族生存的行为模式。这些适合个体生存的行为模式，通过基因遗传给下一代，而那些不适应个体生存的模式则逐渐在本代退化消逝。肯里克和特洛斯特(Kenrick & Trost，1987)也指出具有相似特质和态度的人们互相吸引可以从进化论的角度获得解释的。对整个人类种族来说，具有相似基因特质而非同一基因特质的人们聚集、交往、生存，是最有利的人类配对方式。

正如在第七章我们曾经讨论过的，男人、女人在寻找伴侣时，更愿意展现自己具有对方所喜好的特质的一面来吸引对方。巴斯(Buss，1994)指出年轻貌美的女性通常对男性最有吸引力。从进化论的角度解释，因为这些特质正是女子生殖能力强的最简捷、直观的线索。而对女性来说，在选择伴侣时，他们则更看重男性的物质资源、经济基础和权利地位，因为这些因素将决定男人是否能够承担抚养下一代的责任。所以，根据巴斯(1994)的研究结果，在性别选择时，女性通常会通过增强外表的吸引力，如佩戴假眼睫毛，使胸部隆起，来吸引男性；而男性则一般会通过展示自己财富的象征，如金表、跑车等来吸引女性。

显而易见，相似性—吸引效应并不只是在选择异性交往对象时发生，它适用于更广阔的人际交往情境。一个无可争辩的事实就是，男人和女人选择约会和婚姻伴侣时的不同策略根本上是由于其社会角色差异造成的。简言之，从生物社会学的角度来说，具有相似特质的人们互相吸引，以及男人和女人在选择伴侣时不同的偏好，最终与生物进化论中适者生存的目的都是一致的。

喜欢的互逆效应：如果你喜欢我，我将会喜欢你

在人际交往中，当我们发现别人喜欢自己时，会非常高兴，同时也感到一种回报喜欢之情的压力。假设在其他条件不确定的情况下，如果某人向你表达他对你的喜欢之情，你就会无条件地产生对他的喜爱之情。现实中，大家的确都遵守了这一**准则**：喜欢的互逆效应。我们喜欢那些同样喜欢自己的人，当知道或预知别人喜欢自己时，也会竭尽努力使自己喜欢对方。

这一准则同样可以用来解释相似性—吸引效应。艾洛森和沃查尔(Aronson &

Worchel,1996)提出,如果我们与另外一个人具有相似的特质,会倾向于在内心假定对方喜欢我们。那么根据喜欢的互逆效应,我们应该回报这种喜欢之情,从而开始喜欢与自己有相似特质的人。

为了检验这一结论的正确性,艾洛森和沃查尔进行了一项实验研究。实验中,实验者安排两名助手与被试分别具有一定的相似性和不相似之处,让其报告是否喜欢被试。换言之,实验者期望分离人们之间的相似性和对方对自己的评价两因素所造成的影响。结果发现,被试对实验助手喜欢与否只取决于助手对自己的情感取向,而与两人的相似性无关。所以,可以看出,当我们被明确地告知他人喜欢自己时,我们很容易开始喜欢对方,这时相似性对人际吸引的影响几乎降低为零。

实际上,如果我们知道对方喜欢自己,而其在某些重要的方面与自己存在差异的话,这时我们感知的情感体验要比对方与自己相似的情形下更愉悦,我们会形成这样的认知:虽然我们存在分歧,但是他喜欢我。如琼斯、贝尔和艾洛森(Jones, Bell & Aronson,1972)通过这样一项实验进行检验。实验中安排一名实验助手与被试们进行几分钟的谈话会面。在谈话过程中,助手对被试的反应有两种情形:即赞成或否定对方的观点。然后,容许被试偷听助手与实验者谈论对自己的评价。实验中将有一半被试听到助手对自己具有积极评价,另一半被试听到被试对自己具有消极评价。接着让被试报告他们对助手的喜欢程度。结果表明,实验助手与自己观点存在**分歧**但发现对方仍**喜欢**自己的被试群给实验助手以最积极的评价。所以我们可以这样来看待这个问题,虽然人们通常会被与自己具有相似特质的人所吸引,但当得知与自己存在着很大差异的人却十分喜欢自己时,会感到特别高兴。因为我们认为这时的喜欢超越了某些态度和观点的分歧,是一种更深刻更积极的情感。

这里我们还要提到,喜欢的互逆效应可能只是在人际交往的最初阶段发生作用。它并不能用于解释一段长期的人际关系,如罗密欧与朱丽叶的炽热的爱,同寝室一年的友谊关系。佰克曼和塞考德(Backman & Secord, 1959)在一群陌生人中进行了一项研究来证明喜欢互逆效应的消减现象。实验首先安排每名被试完成一项人格测验,告知测验结果可以有效提示小组中谁会对自己有喜欢的倾向,并反馈结果。其实这只是实验者用以控制实验条件的迷惑信息。然后安排被试在非正式的讨论小组中交流见面,总共有6次。与此同时,告知他们将要重新进行两人配对组成一组,并询问他们愿意与谁组合。结果表明:被试们倾向于选择那些喜欢自己的成员作为搭档。但是这种情形并没有持续很久。小组成员合作一段时间后,要求他们重新组合,结果发现在合作过程中实际的反馈信息成为被试选择合作对象的主要影响信息。而实验者所告知的有关喜欢倾向的信息不再起作用。所以,显然,"如果你喜欢我,我也会喜欢你"的效应是短暂的,它只是在人们交往之初发生作用,而长期关系的建立还将受到很多其他因素的影响。

恭维与奉承：一个特殊的例子

通常我们都喜欢受到别人的赞扬，并且会对他人的赞赏报以积极的反馈，但在有些时候却往往不是这样的(Skolnick，1971)。当我们受到别人的赞美时，我们倾向于将其归因于自己的天生特质、实际优势等自身能力，而不愿认为是因为对方别有用心，巴结讨好。一般习惯于通过赞美对方达到自己目的的人，会增强在对方心目中的负面印象，而被评定为热衷于**阿谀奉承(ingratiation)**。爱德华 · E. 约翰(Edward E. Jones，1964；Jones & Wortmanm 1973)和他的同事们对这个问题进行了深入的探讨。讨好者希望通过恭维博得他人的好感。那么这种手段，或者称之为策略有效吗？

问题的答案：策略的有效性依赖于人们所感知到的讨好者对恭维的依赖程度。换言之，当你判断他人对自己的赞赏是出于真心，而非另有所图时，你会因此喜欢对方。1961年，迪克夫(Dickoff)通过实验证明了这一点。实验中安排一名实验助手对女学生被试进行单向观察，而后对其行为做出评价。实验助手根据实验的要求将分别对每组被试进行(1) 过度赞扬；(2) 与先前对被试自尊测量结果相符的赞扬；(3) 给予中性反馈。

迪克夫同时操纵实验情境，一种情形下使女学生相信实验助手是发自真心的赞扬；另一种情形下使女学生相信实验助手赞扬是另有所图，即邀请她参加后续实验。

实验证明：被试得到的反馈强烈影响其对实验助手的评价。如图 8.2 所示：起初，被试对实验助手的喜爱程度随着对方对自己评价的积极程度的增强而增大，当到达某一点后，积极评价转向恭维，那么被试对助手的喜爱程度将受到其对助手行为动机的感知的影响。可以发现当被试感知实验助手对自己的赞赏是另有所图时，那么对实验助手的喜爱程度随着评价积极程度的升高而降低。

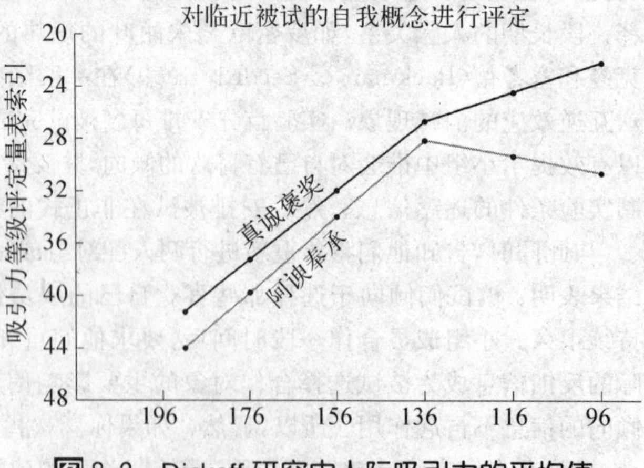

图 8.2 Dickoff 研究中人际吸引力的平均值

来源：Jones(1964)

研究结论揭示：积极的赞扬产生的影响也是具有两面性的。对于奉承者，如果想赢得别人的尊重，就应该注意掩饰自己真实的动机，要不就要避免对他人进行夸张的赞扬；另一面，如果是出于真心对他人进行赞美，也要注意不能过分夸大，否则就会起到反作用，被另一方认为是故意奉承。

某些时候邻近性会产生人际吸引

综观每个人的生活，你会发现自己最熟识的朋友往往是住在周围的邻居，你很可能会选择与自己时空距离近的对象做伴侣，工作中的同事多半也与自己住得很近。博斯(Boss，1932)通过对维多利亚州 5 000 对结婚证申请者进行调查，来验证空间距离对人们选择婚姻伴侣的重要性。结果发现：空间距离的远近与结婚证申请数目成反比，即当空间距离增大时，彼此之间申请结婚的人群数目下降。

1950 年，费斯汀格、撒切尔和佰克(Festinger，Schachter & Back)对空间距离的邻近性和人际吸引的关系进行了更为深入系统的研究。他们以西维斯特哥特(Westgate West)住宅小区的住户为研究对象。这个住宅小区是专为已婚学生所建造的两层花园式公寓小区。每一座楼有 10 户居民。新的住户被随机安排到空的公寓中，他们不能够自己选择公寓单元。因此只有少数人在搬进来之前彼此认识。一段时间后，实验者调查住户，请他们回答在住宅小区中，与自己来往最密切的邻居。调查结果如图 8.3 所示：因为住在同一层和不同层楼而造成的空间距离的差异对人们结交成朋友的可能性有显著的影响——人们住得越近，越容易成为朋友。住在不同层的人成为朋友的可能性减少了(见底线)，因为两者物理距离增大了。由图易知，41%的邻近住户(图

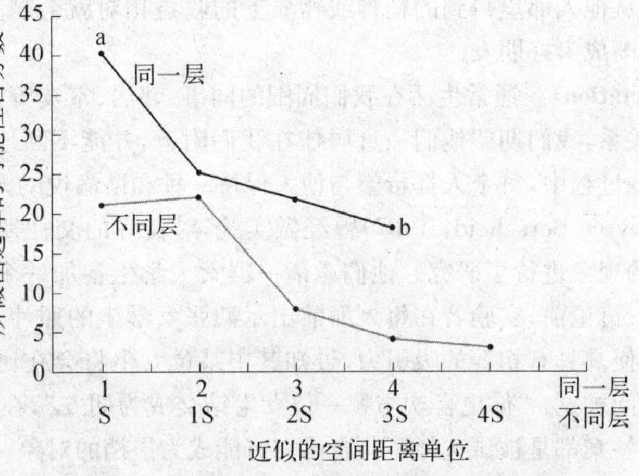

图 8.3 空间距离与人际吸引的函数关系

来源：Festinger，Schachter & Back(1950)

8.3a)报告他们彼此之间经常有交往聚会的机会。而居住在同一层两端的住户中,只有10%的居民报告彼此交往机会较多,而其实居住在同一层最远的两端的居民其相隔也仅69英尺。

纳赫莫和劳顿(Nahemow & Lawton, 1975)对一所旧城区住宅小区居民接触交友情况进行了研究。调查结果与费斯廷格与其同事的研究结果一致,不论任何年龄和种族的人们都倾向于与住在同一座大楼里的邻居成为好朋友(大约93%)。不过在同一幢大楼里,人们的交友选择却出现了很有趣的情形。同一幢楼里,年龄和种族的相似性成为人际吸引的决定因素,人们倾向于选择与自己年龄和种族相似的邻居成为好朋友,而无论其楼层是否相同;然而如果当年龄和种族不同的人是好朋友时,他们一定居住在同一层楼。显而易见,当相似性在一定情境下成为决定人际吸引的重要因素时,空间距离吸引力的作用将显著下降。在相似性不存在的情况下,空间距离才会上升为重要的影响因素。

对邻近性—吸引效应现象的解释

收益(reward)。为什么邻近性能产生喜欢?为什么大家更愿意选择生活和工作在自己附近的人做朋友?其中一种解释是因为空间距离的邻近性使得人们接触交往的机会增多,在相互作用的过程中彼此受益(Davis & Perkowitz, 1979; Werner & Latané, 1974)。纽科姆曾经指出"在人们交往的过程中,奖—惩比率是不断加强的(1956, p. 576)"。正如我们在每天的交往中,愿意与朋友分享自己的快乐并从朋友那里得到积极的反馈,而不会想听到和讲述令人不开心的事情。所以当我们与他人接触的机会越多时,从他人那里得到的精神或物质上的收益相对就会越多,从而越来越喜欢与其交往,逐渐成为好朋友。

期待(expectation)。通常生活在我们周围的同事、邻居、室友等,因为空间距离的邻近和特殊的关系,我们期望他们一直居住在我们附近,并能不断地见面来往。而在这种频繁的交往过程中,每个人都希望与他人保持一种和谐愉悦的人际关系。达利和柏斯切德(Darley & Berscheid, 1967)曾经做实验,对良好的交往期待会促使你产生喜欢他人倾向的现象进行了研究。他们邀请一群女大学生参加一个有关大学女生性感标准的讨论。讨论前,实验者在每人面前出示两张女学生的照片,并对两者的信息进行客观匹配,使其具有相等的吸引力,告知其中某位女生将会在讨论中成为该被试的搭档,随后询问被试:"你更喜欢与哪一位女生结交成为朋友",在整个实验70%的时间内,得到的答案都是被试选择了与自己有可能成为搭档的对象。

对邻近性现象的反思

邻近性导致人际吸引的原因是多方面的。我们可以归为以下三类:(1)邻近性使彼此接触的机会增多,从而从交往中获得快乐的机会增多;(2) 与周围人保持交往的期待;(3) 简单的呈现所导致的吸引。然而柏斯切德和瓦兹特尔(1978)指出其实人与人之间通过邻近性交往产生的结果不只是人际吸引。他们引用美国联邦调查局的报告,指出三分之一谋杀案的凶手其实是来自受害者的家庭。另外,美国联邦调查局的报告还显示"大部分攻击性案件发生在家庭或邻里之间"。底特律警方统计结果也显示:抢劫案的对象多是自己的家庭成员和邻居。最近纽约城市发布统计报告指出:凶手多半倾向于在邻里地区作案抢劫而不倾向于在邻里之外作案。社会心理学对此现象做出的解释是:在相关邻近性的研究中,研究设计本身的导向会提升收益/惩罚比率。例如,住在同一小区的人们,由于邻近性的缘故,有很多机会接触打交道,平时大家见面点头打招呼、互相赞美并在看报纸的时候就某些政治话题达成共识。在相互作用的过程中,逐渐认识到对方的好处,从与其交往中感受到快乐,当然也不可避免有时会出现一些不愉快的情况。而邻近性所导致的可能性就是不断地加强邻里之间关系的强度,不论关系的方向是正向的还是负向的。埃比森、克宙斯和克奈克奇(Ebbesen, Kjos & Konecni, 1976)指出一个人的朋友和敌人多半是自己附近地区的人。所以其实邻近性对于增强人与人之间的喜欢和厌恶程度具有等同效应,而结果走向则取决于情境因素。找出其他的影响因素则是科学家开展研究的下一步走向。

"纯粹接触"和喜欢

你是否想过你为什么会对周围熟悉的物品产生喜欢之情呢,如我们喜爱的毛衣?你是否想过为什么我们喜欢自己熟悉的地方、面孔。罗伯特·扎琼克(Robet Zajonc, 1968)提出,我们对事物的熟悉程度越高,即事物出现在我们视野中的机会越多,我们就越喜欢它。其实这同时也是邻近性吸引效应的一个例证。居住在附近的人们,与我们接触的机会相对而言要多,自然接触越多越熟悉,越了解对方,就越容易产生人际吸引。不过这里,我们已经将纯粹接触—吸引效应的研究从邻近性—吸引的研究中分离,因为考虑到纯粹接触—吸引效应的研究一旦涉及邻近性因素时,将是在更广的范围上探讨为什么我们变得开始喜欢一个人。

现在让我们来看一些证据。在扎琼克早期开展的关于**"纯粹接触"(mere exposure)**现象的一项研究中,实验者给被试呈现许多人物照片,其中一部分照片重复呈现,而另一部分照片重复呈现频率很低。随后询问被试对照片中人物的喜爱程度。结果发现被试对重复呈现的照片上的人物的喜爱程度明显高于只呈现一两次的照片中的人物。

熟悉性并不只影响人们对事物的喜爱程度,在扎琼克的研究中证实,它同时影响人们对外表吸引力的感知。如图 8.4 所示,朗格诺瓦和罗格曼(Langlois & Roggman, 1990)使用现代计算技术对 22 名妇女的面部照片进行数字化编码,然后根据这些妇女面部五官数据的平均值合成了一副新的女性面孔图像。接着要求志愿者对这些面孔进行等级评定，结果显示：合成面孔要比未合成前的面孔更具吸引力。几年之后，罗格曼和穆塞尔曼(Musselman)重新对该研究的原始数据进行了更进一步的处理和分析，正如我们在开篇所欲得到的结论，合成面孔评定为更具吸引力是因为感知到对她的熟悉性。

1 号脸　　2 号脸　　1 号和 2 号脸部五官均值合成

图 8.4　对面部指标进行均值计算

对每个个体的面部各部分指标进行数值测算，然后根据均值进行五官组合，拼合成一张新的面部。

来源：Langlois & Roggman (1990)

重复呈现的刺激并不需要进入个体意识之中，也会增强个体对刺激的喜爱程度。这一过程在我们以前所描述的研究中是内隐的，而庆幸的是，1980 年库恩特—威尔逊(Kunst-Wilson)和扎琼克的研究却使该过程外显化了。这项研究要求被试完成一项双耳分听的实验任务。在实验中，被试通过耳机，一边耳朵将会听到一系列词语，被试需要将这些词与一段文本所呈现的文章中的单词进行配对，同时另一只耳朵会听到一连串的曲子，而在实验开始前主试并没有预先告知被试会听到这些曲子，并且它们听起来与实验任务没有任何关系。该任务完成后实验者会要求被试去听一连串的曲子并询问其对这些曲子的熟悉程度和喜爱程度。虽然其中一些曲子在先前的任务中曾经在耳机中播放过，但被试并没有意识到他们曾经听过。然而实验结果仍证明先前播放过的曲子更受到被试的喜欢。因此仅仅是单纯音乐刺激的呈现而无需意识它的呈现就可以使被试对它产生更大的喜欢。博恩斯坦和他的同事(Bornstein & D'Agostino, 1992)采用与扎琼克"图片—观察"实验相似的程序，只是将图片改用快速呈现仪呈现，使被试根本感知不到图片的呈现。我们说它只是一种潜意识或者下意识的感知。结果发现，被试对潜意识中感知到的图片的喜爱程度要明显大于意识层面感知到的图片。

综上，通过双耳分听任务，或是利用快速呈现仪呈现刺激、人工控制图片呈现频率的实验，为解释纯粹接触—吸引效应提供了有利的实验室证据，同时也为学者将研究视角转向现实情境中刺激呈现频率和人际吸引关系的研究奠定了基础。于是1992年，理查德、莫兰德和斯科特·比奇(Richard、Moreland & Scott Beach)在匹兹堡大学进行了一次现场追踪研究，对探索先前结论在现实中的推广价值提供了有利线索。这个实验选择在200人的公选社会心理学课堂上进行。实验者安排4名女性实验助手在开课的不同时段插入课堂。其中一名女助手上课出勤率为15次，设定为经常出现的水平。上课时她会坐在第一排，要求她不向老师和同学进行提问或聊天，下课后立即离开教室。第二名女助手上课出勤率是10次，第三名的出勤率为5次。第四名只是出示照片但未参加过课堂学习。在学期末，实验者以开展关于“社会认知技能”的研究为目的招募了150个学生被试参加本次研究。研究中被试将看到四名女助手的照片，并让他们根据实验所提供的“吸引要素索引”对照片中人物进行等级评定：(1) 你与她成为朋友的可能性；(2) 你是否愿意与她们在一起；(3) 是否愿意与她合作完成任务。

在完成任务的过程中，所有学生报告自己在课堂从来没有见过这四名女助手。在回答上述问题时，被试倾向于选择上课频率最多的女助手做搭档合作完成任务或是愿意成为朋友，更愿意与其在一起相处。结果如图8.5所示，上课出勤率最高的女助手被认为是最有吸引力的，排在第二位的则是出勤率为10次的女助手，而从来没有上过课的女助手在吸引力各项要素评定中得分最低。

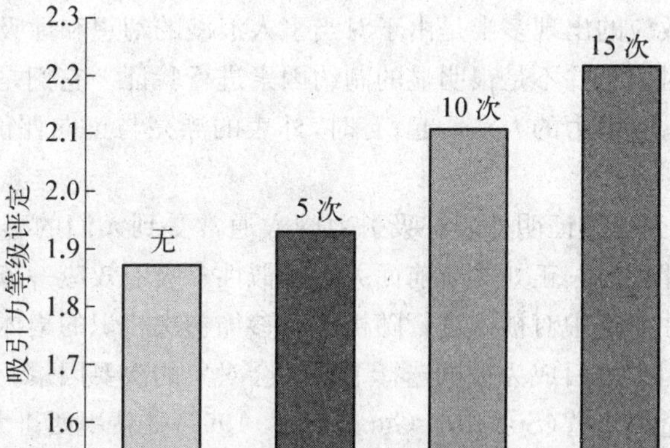

图8.5 参加课程的次数和人际吸引力的关系

来源：改编自 Moreland & Beach(1992)，表2

现在让我们再来看关于纯粹接触效应的一个有趣研究。该研究表明重复呈现也会影响我们对自己的吸引力。想象一下每天你在镜子中多次看到英俊或漂亮的脸孔，其实自己感知到自己的面孔与其他人看到的是不一样的。拿朱丽叶为例，她在镜子里看到的自己的面孔与罗密欧所感知到的其实是有些不同的。米塔、德莫和奈特(Mita, Dermer & Knight, 1977)在威斯康星大学做研究时发现了这一有意思的现象。实验中给被试呈现两张被试自己的相片，一张是自己通过镜子透视到的镜像，另一张是别人眼中所观察到的自己的形象；同时将相同的刺激材料呈现给被试的好朋友，结果发现被试更喜欢自己镜像中的照片，而好友则更喜欢实际观察到的照片。显而易见，我们受到了纯粹接触的影响。最熟悉的刺激对我们来说是最具吸引力的。

外表的吸引和喜欢

她美丽惊艳，无与伦比。

啊，在天上的她的眼睛，发射耀眼的光芒，鸟儿误以为黑夜已经过去，放声地欢歌！

[罗密欧与朱丽叶，第二幕，第二场]

莎士比亚笔下的朱丽叶美丽绝伦，姿色超群。我们可以确定罗密欧对朱丽叶的喜欢部分是由于她出众的外表。社会心理学家对外表吸引—人际吸引的效应进行了广泛的研究。大量结果表明：相对于简朴的人来说，人们更喜欢外表有吸引力的人。当然我们相信这种效应的出现多半是由于对当事人浪漫的幻想和性吸引造成的，在后面的章节中我们会对两个并不是很明显的制约因素进行验证。它们是：一般而言，我们喜欢与不如自己有吸引力的人在一起；有时，外表的漂亮与正向评价的相关并不是性吸引力所致。

首先，大量研究已经证明外表有吸引力的人通常受到人们的喜欢，尤其是在选择令人憧憬的约会伴侣时。正如本章前面关于相似性—吸引效应一节中提到的，斯普莱彻和达克(1994)在研究中对被试进行随机配对参加初次相识的集体聚会，结果发现相似性排在外表吸引力之后成为被试选择下次约会对象的次要因素。

斯皮德和甘奇斯塔德(Speed & Gangested, 1997)在新墨西哥大学男女生联谊会中开展了一项关于外表吸引力的研究。他们请联谊会的同学对该会成员浪漫潜质和心理、生理，以及经济特质进行等级评定。研究结果显示：外表吸引力是浪漫潜质最佳的预测源。

在较早的一些研究中，伊莱恩·瓦兹特尔(Elaine Walster[Hatfield])和他的同事(Walster, Aronson, Abrahams & Rottman, 1996)曾经组织了一次"迎新"舞会，对外表吸引力的影响进行研究。舞会上对被试随机配对，并安排了一个评判团对每一位参与者外表吸引力进行评定。舞会中间休息时，询问每一位参与者对自己舞伴的喜欢程度。研究人员发现对自己舞伴的喜爱程度和与对方进一步约会的欲望与对方的外表吸引力有直接关系——外貌越有吸引力的同伴，越受到对方的喜欢。

当然，外貌吸引力对人际吸引的影响并不是绝对的，在某些情况下也是不成立的。实际上并不是所有的实验证据都显示人们愿意选择最有吸引力的异性作为约会对象。如当一个相貌平平的男士期望与该镇上最迷人的女士约会时，"你们不般配"的评论将会直指男士。实际上，瓦兹特尔和他的同事也并不认为对下一次约会的期待是吸引力的函数。相反他们提出了一个"匹配假说"。人们通常倾向于选择与自己具有同等外表吸引力的对象作为伴侣。然而研究者也意识到在舞会这样的场合安排的约会并不能使被试真实地表现自己。因此在接下来的研究中，实验者告知被试他们将在舞会前找到自己最适合的舞伴，并询问他们对自己所期望的舞伴的要求。在可能被拒绝的恐惧的强化下，被试报告愿意选择与自己具有同等外表吸引力的异性作为约会对象。后来，柏斯切德(Berscheid)和他的同事以及休斯顿(Huston，1973)也通过实验证明了这一点。

与外表迷人的伴侣约会，是令人向往的，但同时也伴随着被对方拒绝的恐惧。汉密尔顿(Hamilton，1981)提出并承认自己曾有过被拒绝的经历。还有研究表明当你与非常有吸引力的人在一起时，你会对自己的吸引力丧失些许信心(Thornton & Moore，1993)，反过来会降低对自己的评价(Kenrick，Montello，Gutierres & Trost，1993；Gregory White，1980)指出与自己外貌吸引力程度相当的人进行约会才是彼此最有益的选择。他在加利福尼亚大学洛杉矶分校进行了研究，结果显示：彼此外貌吸引力相匹配的约会伴侣最容易在9个月的时间里发展成为情侣。

一般而言，人们容易将外貌的吸引力对人际吸引的影响归为两性吸引所致，但其实不能完全这样说。狄翁、柏斯切德和瓦兹特尔[Dion，Berscheid & Walster，1972]的研究结果表明：人们倾向于认为与外表有吸引力的人相处更愉悦，他们在事业上更能取得成功，会自动赋予其很多优秀的个性品质，而不论评价对方是同性还是异性。在朗格诺瓦和斯蒂芬(Langlois & Stephan，1981)对儿童同伴吸引力的研究中也发现了同样的结果，但我们认为这时是没有性吸引的因素发生作用的。

美丽与能力：对行为表现认知的改变

很多时候，人们由于受到对方外貌的吸引会表现出一定的非理性行为。不论年龄、性别，漂亮的人都会带给人们愉悦的情绪体验，人们总是喜欢有魅力的人，并且倾向于对其行为进行正向的评价，通常认为有魅力的人表现要好于没有魅力的人。如，克利福德和瓦兹特尔[Clifford & Walster(Hatfield)，1973]曾经以一组五年级教研组教师为研究对象，以卡片的形式向其呈现学生的信息，所有教师看到的有关学生情况的文字介绍是一样的，只是对学生附照的吸引力程度进行了控制。实验要求教师对学生的智力和预期的学业成就进行评估。结果发现：教师普遍认为外貌有吸引力的学生要比没有吸引力的学生更聪明，成就预期要高。

兰迪和西格尔(Landy & Sigall,1974)进行了一项研究。他们让一组大学生被试评价一篇学生论文。论文的客观质量有好坏两种。而实验分有魅力组、无魅力组和控制组。有魅力组论文附有一张外貌富有吸引力的作者的照片，无魅力组所附照片则是一张外貌不富吸引力的作者的照片，控制组所读的论文没有照片。结果显示：客观质量好的论文得分明显高于质量差的论文的得分，而有魅力的作者的论文的质量通常被评价为好于没有魅力的作者的论文。正如表 8.1 所示，这种外貌吸引力导致论文评价高的效应在论文客观质量差时更突出。

艾丽丝·艾格丽(Alice Eagly) 和她的同事(Eagly, Ashmore, Makhijiani & Longo,1991)在总结前人研究的基础上，提出造成人们以貌取人的现象实际上是由于人们思维中**"美就是好的"的刻板印象(beautiful-is-good stereotype)**所致。其实人们在做出外貌富有吸引力比没有吸引力的人行为绩效优良，意图明确和成功率高的判断时，并没有意识到自己的思维习惯左右了判断。

表 8.1 不同实验条件下被试论文得到的评价

	论文作者的外表吸引力			
论文客观质量	富有吸引力	控制组	没有吸引力	均值
好	6.7	6.6	5.9	6.4
坏	5.2	4.7	2.7	4.2
总计	6.0	5.5	4.3	

注：数值越大，代表论文得到的评价越高。
来源：改编自 Landy & Sigall(1974)

后来保罗·洛奇(Paul Locher) 和他的同事又提出假设：即人们做出美貌的人是有价值的这一判断的思维过程是自动化的，不需经过长时的思考(Locher, Unger, Sociedade & Wahl,1993)。在研究中，实验者以 0.1 秒的速度向男女被试呈现图片刺激，这些图片中的人物事先已由一组大学毕业生对其进行吸引力的综合评定，分为美、一般、丑三个等级，后请被试对其进行吸引力的等级评定。结果发现在如此之快的呈现速度下，被试仍能对目标人物的吸引力程度做出正确判定，并且没有发生性别、年龄效应。在后续试验中，实验者告诉被试，图片中的所呈现的人物刺激为管理职位的一些应聘者，请他们根据现有信息，选出该职位合适的候选人，结果发现美貌的人被一致认同适合这个职位。可见"美就是好的刻板印象"的引发过程是极其迅速的，并达到了自动化的程度。

法庭中的审判偏见

可能最令人感到惧怕的就是，在法庭上，被告的外貌吸引力对陪审团审理案件所产生的干扰。因为被告的外表可以说是法庭中一项与审讯主题无关的线索。如果美貌的确影响我们对一个人的喜爱程度和优秀品质、出色行为的判断的话，那么同理类推，法庭的审讯也会受到影响。一位著名的律师克拉伦斯·戴若(Clarence Darrow)曾经于1993年发表文字讲道："陪审员很少会宣判自己喜欢的人有罪，也很少宣判自己讨厌的人无罪……相对而言，与案件有关的事实并不重要(引自 Southerland and Cressey，1996，p. 442)。"

在早期的探索研究中，兰迪和艾洛森(Landy & Aronson，1969)曾经设计实验，让学生被试在模拟法庭上审讯一起过失杀人案件。案件的内容是被告在圣诞前夜将一个过路行人撞倒致死。实验控制在一半案件诉讼中对被告的描述是较为积极的(即一个保险代理员在将要回家过圣诞前夜的路上)，在另一半案件诉讼中对被告的描述是比较消极的(即一个门卫在将要去与情人过圣诞前夜的路上)。虽然案情是一样的，只是被告的身份不一样，但结果证明，门卫最后的监禁年限要明显高于保险代理员。

在兰迪和艾洛森的研究中，其实并没有涉及外貌吸引力的影响。后来，伊夫然(Efran，1974)进一步对此进行了研究。他让一组学生对大学考试中作弊的考生应受到的处罚提供备选方案。每位学生收到一份有关该考生的文字材料并附有照片。实验在保持接收文字信息一致的情况下，将考生的照片控制为有吸引力和没有吸引力两个水平。结果发现：外表有吸引力的考生比没有吸引力的考生受到的惩罚方案更轻，更能被学生大众所原谅。

为什么模拟法庭会对外表富有吸引力的被告判定的处罚程度比无吸引力的要轻呢？西格尔和奥斯特夫(Sigall & Ostrove，1975)提出，这可能是因为陪审员通常假定认为，有魅力的被告有更大的潜力，并且在将来作案的可能性更小。因为早在1972年，狄翁(Dion)的研究中曾经由证据显示：法官通常对没有吸引力的人群的违法行为归因为稳定的人格特质，而对有吸引力的人群的违法行为归因为短暂的情境行为。

后来西格尔和奥斯特夫又进一步指出，前文所提到的假设其实只是在被告没有利用美貌作案时才成立。反言之，当被告利用美貌进行诈骗时，法官不会对外表富有吸引力的人减轻惩罚。西格尔和奥斯特夫设计模拟法庭实验来对这种现象进行研究。实验控制被告变量分为三种条件：富有吸引力、没有吸引力、不提供被告吸引力线索；案件变量为两种条件：一种是入户抢劫2 200美元，一种是通过引诱、奉承骗取中年单身汉给假冒公司投资2 200美元。

如图8.2显示陪审团建议被告入狱的平均年限。结论与实验者最初的假设完全一致。外表有吸引力的入户抢劫被告的惩罚年限明显少于没有吸引力和未提供线索的被告,而相反在通过引诱、奉承骗取钱财的案件中,富有吸引力的被告所判年限高于其他任何一种情形。

表 8.2 被告得到的平均处罚年限(每一种情况下被试人数为 20 人)

罪 行	被告的外表吸引力		
	富有吸引力	没有吸引力	控 制 组
诈 骗	5.45	4.35	4.35
入室行窃	2.80	5.20	5.10

来源:Sigall & Ostrove(1975)

为什么人们喜欢外表有吸引力的人

在多数情境下,外表的吸引力已成为决定人们对一个人是否喜欢的重要因素,虽然不可否认它在一些场合下作用并不是很明显。但通常来讲,人们习惯认为外表富有吸引力的人具有良好的个性品质,会大加褒奖其行为,并且在他们犯错时,能够在很大程度上包容他们的错误,倾向于轻度惩罚。那么为什么会导致这样的结果呢?为什么理智的人们会倾向于赋予外表有吸引力的人如此肯定的评价呢?

第一,人们喜欢与有吸引力的人在一起的感觉,因为这样能够赢得别人的羡慕,提升自己的地位,从而获得一定的心理满足。西格尔和林德(1973)开展了研究。他们请被试观察一名男士并进行评价。实验控制在两种情境下,一种情境为男士与一名相貌出众的女士并排而坐,另一种情境为男士与一名相貌丑陋的女士并排而坐,结果表明当与相貌出众的女士在一起时比与相貌丑陋的女士在一起时,男士会赢得更积极的评价。荷尼斯和惠勒(Kernis & Wheeler,1981)进一步控制实验条件,即分别改变目标人物和实验助手的关系,实验助手外貌的吸引力程度,结果发现:当告知被试两者是朋友关系时而不是一般的偶遇时,目标人物会更受到被试的喜欢,也被评价为更有吸引力。所以当与有吸引力的人发生关联时,我们自己也会变得更有吸引力,这就是对方吸引力的赏酬效应。所以可以这样下结论:人们倾向于对外貌具有吸引力的人做出较高的评价。

第二,人们对富有吸引力的人会进行积极热情的关注。马克斯、米勒和马瑞雅玛(Marks,Miller & Maruyama,1981)曾经做过这样一个研究,请人们评价自己与实验出示的目标人物的相似性。结果发现参与者无一例外地选择报告自己与富有吸引力的人相似。所以可以认为人们对有魅力的人进行积极的关注不一定出于外表的吸引力,而是因为人们预先假定自己与有魅力的人相似。

第三,人们之所以喜欢外表有吸引力的人,也许正是因为他们具有公众赋予的积极评价，如外表有吸引力的人性格乐观，开朗，交友广泛。或许他们实现目标和执行任务的能力与外表不具吸引力的人的确有很大不同。里斯、纳兹利克和惠勒(Reis，Nezlek & Wheeler，1980)对有吸引力和无吸引力人群的社交方式进行对比研究。研究表明两者在朋友数量、社会交往主动性和社交谈话的数目和质量上的确存在重要的差异。而具有吸引力和不具有吸引力的人在生活方式的很多方面也表现出明显的差异。是否正是这种差异导致人们对外表具有吸引力的人赋予积极的评价，这还需要在进一步的研究中得到证实。

最后，我们应该意识到，其实有些时候完全是人们自己的主观期望赋予外表有吸引力的人以正面的品质。现在让我们共同来回顾第七章关于自我实现预言部分的讨论，尤其是其中斯奈德、坦克和柏斯切德(Snyder，Tanke & Berscheid，1977)所做的一个有趣的实验。在这个实验中，首先实验者邀请男性被试进入实验室，并告知他们将参加一个"让我走近你"的电话访谈活动。每一位被试同时会收到自己通话对象的照片。实验控制照片上的人物一半是年轻貌美的女士，另一半是长相平平的女士。与预期一致，被试对年轻貌美的女士做出了更为积极的评价。接下来所有的被试和一名女士进行连线通话，而女士是不知道男士已经看到自己的照片的。结果通过对电话通话实况的观察和分析，我们发现已知连线对方是一位年轻貌美的女性的男士在通话时表现地更加开朗、自如、热情主动，而同样在这一情境中的女士也表现得更加活泼、自如、健谈。当然其实男士所看到的照片并不是连线女士的真实照片。所以其实男性被试行为表现的实质是他们的期望，反过来也影响女士的行为，女士在期望中也表现出与人们定势相一致的行为。

外貌的吸引力对谁来说重要呢——个体自我监控性的作用

人们看重的是一个人的外貌，还是个性品质、宗教信仰、人际交往的风格等其他方面，这随着交往对象的不同而发生变化。那么当人们在寻找恋爱对象时，对伴侣外貌的看重程度是否存在着系统的差异呢？斯奈德、柏斯切德和吉尔克(Syder，Berscheid & Gilck，1985)曾经进行研究来验证这个问题，并提出引入**自我监控(self-monitoring)**的概念来解释这种系统性差异。

从"自我监控"这个维度上，我们可以把人区分为高自我监控性和低自我监控性。有些人根据情境需要来选择自己的行为方式，他们对情境线索非常敏感，并及时根据情境调整自己的行为来适应环境。我们将这类人称为具有高自我监控性。而相反另一些人他们对情境的线索并不十分敏感，其行为方式烙印着自己性格、态度等个体特征的印记，所以他们一般很容易表现态度—行为的一致性。我们把这类人称为具有低自我监控性。他们清楚地了解自己真实的态度和想法，很少关注外界因素及如何才能给别人留下好印象呢？

既然高自我监控性人的行为更多地受到社会情境的影响，斯奈德和他的同事据此推理：高自我监控性的人更倾向于将外表吸引力作为选择因素，而低自我监控性的人则应更看重对方的真实态度和个性特质。

在最早的一项研究中，斯奈德、柏斯切德和吉尔(1985)在明尼苏达大学招募男学生做被试进行研究。实验者告知被试他们可在手中五十多份女生资料中挑选一位作为约会对象。约会地点就在附近的咖啡厅，约会的性质定位为“一般朋友关系的建立”，并不涉及要与对方建立长期的情侣关系。

男学生收到的关于女生的资料是由三页组成。第一页是有关女生背景、态度和爱好等方面的资料；第二页是一些难以读懂的资料原件；第三页则是女生的一张照片。男性被试有足够的时间来阅读材料，他们可以根据自己的偏好，对女生的信息资料进行选择性关注。在此期间实验者将通过单面镜对被试进行观察，记录其关注资料第一页(女生个人信息)和资料第三页(女生外貌信息)的频率，随后在约会前请被试报告他们选择约会对象是基于对方的外貌还是对方的个人信息。

结果显而易见。高自我监控性的人相对于低自我监控性的人对约会对象的外貌信息更加关注，而低自我监控性的人则更关注对方的个人背景信息。如表 8.3 显示，各类约会原因统计表，可以看出高自我监控性的人报告他们在选择对象时更多地受对方外貌的吸引，而低自我监控性的人报告他们更多地是受到对方个人背景的吸引。

表 8.3 选择约会对象的原因调查

	个体自我监控分类	
原因陈述	低	高
个性特质	15	3
照　片	5	10

注：表格中的数字为选择不同约会原因的被试数目。

来源：Snyder，Berscheid & Glick(1985)

在接下来的实验中，斯奈德、柏斯切德和吉尔克(1985)对男性被试约会的对象进行有条件地控制。其中一位是外表富有吸引力，但有许多不良的个性品质；而另一位外表虽没有吸引力，但身上有许多优良的个性品质。男性被试会选择谁作为晚餐约会的对象呢？结果发现，81％的低自我监控性的被试选择具有积极个性品质的但外貌没有吸引力的为约会对象，而相反，只有 31％的高自我监控性的被试做出这样的选择；69％的高自我监控性的被试选择外貌富有吸引力但是有不良个性品质的女性作为约会对象，只有 19％的低自我监控性的被试做出这样的选择。

这个结论同样适用于人们在评价群体内部成员和谐共存性时的情境。吉尔克、狄摩瑞斯和贺特兹(Glick，Demorest & Hotze，1988)在研究中，请男女被试根据所提供的有关 5 名男士和女士个人信息和外貌信息进行最佳配对，随后照片中的人物会根据实验的结果开始约会。结果与斯奈德、柏斯切德和吉尔克(1985)的研究结论相一致：高自我监控性的个体在进行匹配时更看重的是外表因素，而低自我监控性的人更看重的是个人特质因素。由此我们可以看出外表吸引力对高低自我监控性的人在选择约会伴侣时是具有不同意义的，

总之，一般而言，人们更偏好与外表有吸引力的对象进行约会。高自我监控性的人尤其注重对象的外貌。他们期望在约会时出现在自己面前的对象风度翩翩，当然他们同时认为别人也是这样，并且在对他人派对时也更多地依据外貌线索。而低自我监控性的人更多关注个体的个性品质，他们愿意用内在美换取外在美。

风中摇曳的蜡烛：美丽的负面后果

著名的歌手兼作曲家艾尔顿·约翰(Elton John)曾以“风中摇曳的蜡烛”来比喻人类生命中非常脆弱易感的一面，虽然只是风中之烛，而这微弱的光却给他人生活道路于启迪。约翰这首抒情诗最初用来悼念著名影星玛丽莲·梦露英年早逝的悲剧，而对英国黛安娜王妃如凋零的玫瑰般的人生悲剧的展现亦收到了异曲同工的效果。

> 你主宰着自己的生命。
> 像风中摇曳的蜡烛，
> 在暴风雨来临时，
> 却找不到避风的港湾。

颂读这首充满悲剧色彩的抒情诗，使人不禁在感叹令人艳羡的美貌往往却是悲剧的制造者。

通常，人们的期待是外貌出众的人比别人更快乐，社会适应能力更强，能更好地进行情绪调控(Archer & Cash，1985)。相对于他人，他们会收到更多的积极反馈。然

而这些积极的期待在现实中会有负面影响吗？美貌的人必须在社会舆论的压力下扮演人们期待的理想角色吗？更进一步我们不禁疑惑，当外貌出众和外貌中等的人受到同样的积极评价时，两者对评价的认同程度一样吗？回顾我们前面所述的折扣效应。当个体外貌出众，姿色超群，并且受到积极社会反馈时，他们通常对积极反馈打折后再接受。因为有时真的不明白这正向评价是出于客观事实，还是基于其因外表而产生的“光环效应”。而对其他人而言，积极的社会反馈却能使其树立体面的自尊。所以积极的反馈对外表出众的人的影响是有限的，如玛丽莲·梦露之类姿色超群的美女可能就不会太在意别人的奉承了。人们对其所做的积极评价的动机的不确定性，会引起她的焦虑甚至自尊的不稳定(Summers，1986)。

针对这一现象，梅杰、卡林顿和卡那维尔(Major，Carrington & Carnevale，1984)曾经开展研究验证这一结论。实验者招募两组被试，分为外貌有吸引力组和外貌无吸引力组；实验任务是写一篇立意新颖的论文。论文将有专门的考官进行评分，实验控制考官的评价都是对文章高度认可。只是在被试完成任务的过程中，一半被试在单面镜观察室可以被考官观察，另一半被试在封闭房间不能从外被观察到。那么哪组被试将会对自己文章所得到的高度赞许更加认同呢？实验者预期：外貌有吸引力且能被考官观察到的被试对高分的认同将低于其他组。结果表明预言是正确的，而外貌有吸引力但不能被考官观察到的被试则完全相信自己论文的质量确实很高。

外表富有吸引力的人对积极反馈的认同度其实并不高，因为这里面通常掺杂着外貌的“光环效应”，因而导致外貌出众的人很难形成一个清晰、确定的自我体象，往往会伴随焦虑和不确定感。其实，外貌超群的人在幸运的背后同时伴有潜在的危机。虽然他们在社交中会更加受欢迎，得到积极的反馈，但是却不能完全相信这些评价的真实程度。所以“当暴风雨来临时，却不知道避风的港湾到底在哪里”。

另外，当别人拿我们与外貌出众的人做比较时，会使自己置于一种尴尬的境地中。在前面我们曾提到过，与外貌富有吸引力的朋友在一起时，会提升他人对自己的吸引力评价并更多地受到人们的喜欢(Kernis & Wheeler，1981)。那么当与外貌有吸引力的人只是暂时物理位置的邻近，并不是朋友关系，又会是怎样的情形呢？肯里克和格塔瑞斯(Kenrick & Gutierres，1980)在研究中让被试观察一组照片后对中等外貌的目标对象进行评定。实验控制图片刺激为两种情形：一种情形中人物高度富有吸引力，另一种情形中人物非常丑陋；结果发现了“对比效应”，将目标人物与高度富有吸引力的被试对比后做出的评价明显低于将被试与丑陋的人物对比后。

所以综观以上的结论，我们就不难理解为什么大众媒体刊物总是喜欢选择美丽出众，身材惹火的模特作封面人物。“封面美女充斥着人们的生活”，这会不会降低我们对周围相貌平平的人的评价呢？答案是肯定的。道格·肯里克和他的大学同事(Kenrick，Gutierres & Goldberg，1989；Kenrick，Neuberg，Zierk & Krones，1993)向被试展示美丽的裸体模特(选自《花花公子》和《花花公主》)、长相一般的裸体模特和抽象艺术作品。结果出现了“对比效应”：被试对相貌一般的模特的评价为“看上去更丑了”。还有研究表明，当男性过多接触美丽信息刺激后，对自己目前的伴侣会表现出一定程度的不满。我们应该注意的是这种效应并没有牵涉到性唤起，因为性唤起引起的情绪应是两面的，或是加强吸引，或是增强厌恶之感。这种效应的确在大众媒介中产生了影响，所以大多杂志模特多是时尚人物或健身教练等等类似的明星人物。

“侮辱性”和“笨拙”行为的魔力——赢得友谊并影响他人；“完美”的负面代价

在《如何赢得友谊和影响他人》一书中，作者戴尔·卡耐基(Dale Carnegie)努力教人们如何去使自己博得别人的喜欢，但他只是从一般情境中影响人际吸引的因素入手，没有涉及特殊情形下的影响因素。令人可喜的是，艾略特·艾洛森(Elliot Aronson)和他的同事对这类有趣的人际吸引现象进行了研究，并得出非常有价值的结论。

侮辱至上

早期的有关人际吸引的研究指出：对他人赞美者更能受到对方的喜欢(见 Skolnik, 1971; Sigall & Aronson, 1969; Tagiuri, Blake & Bruner, 1953)。然而在实际生活中，很多情况下不一定是这样的。人们听多了赞美之辞也会变得厌倦，没有任何感觉。如一位丈夫总是夸奖妻子的发型好看、衣服漂亮和化妆自然。起初妻子可能会高兴，但时间一长就不得不怀疑他的真诚度，好像习惯化的反应，从而失去了真正的意义。

艾洛森和林德(Aronson & Linder, 1965)研究了人们接受肯定和否定评价之词的顺序效应。如果要想很好地理解这个精巧但又复杂的实验设计，最好的方法就是把自己假想成实验中的参与者。那么现在实验就要开始了，首先进入实验室中，实验者告诉你，将会有另一名被试与你一同进行实验。因为你先到了，所以邀请你做实验助手，在“语词控制”环节中，帮助实验者统计另一名被试谈话中使用“嗯”、“好”等语气名词的频率。当然在这之前，你将会与另一名被试有一个短暂的接触。之后，他将会与实验者会面谈话。其间，实验者会询问他对你的看法。这时你在另外一个房间，将通过传声设备，完成实验者安排的统计任务，但真正目的是让你听到另外一名被试对你的评价，这就是实验的巧妙所在。

实际上，实验者并没有将全部的实验安排告诉你。另外一名被试才是真正的实验助手，为了能够保证你是在很自然的情形下，听到对方的评价，所以实验者只能假装告诉你，“你是实验助手”，使你不会怀疑评价的可信性。在本实验中，真正的实验变量是对方用以评价你的肯定、否定词语的数目和顺序，实验助手将会在七段时间间隔中有序地调整用以反馈的肯定、否定词语和顺序。如图 8.6 所示，在肯定—肯定这种实验条件下，七段实验间隔中，被试都会听到对自己的赞美之辞；在否定—否定的实验条件下，被试听到的评价则全是贬损和辱骂(他看上去浅薄，没有内涵)；在否定—肯定(又称收益条件)的实验条件下,实验助手一开始会讲你很枯燥、乏味、相貌普通等等之类,从第四个时间段开始,逐渐改变对你的评价,直到最后对你高度称赞;在肯定—否定(又称损失条件)的实验条件下,最初你将听到助手对你大加褒奖,从第四个时间段开始由褒奖变为贬损,直到最后完全进行负性攻击评价。

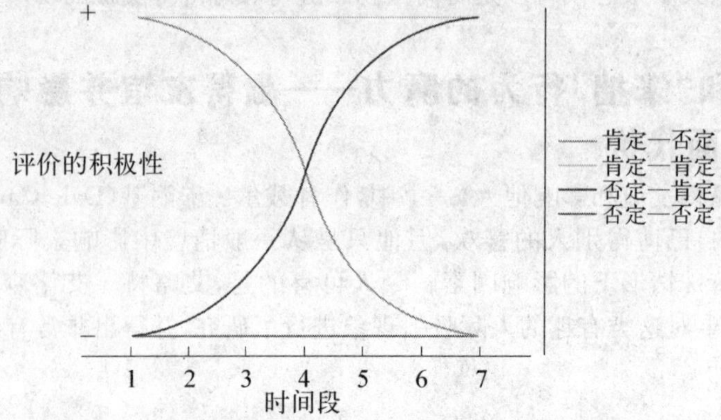

图 8.6 在 AronsonhelLinderyan 研究中,四种实验情境下出现不同评价

注:肯定和否定评价在七段时间间隔里有序地出现。
来源:Aronson & Linder(1965)

接下来,实验者将会询问你对另一名被试(即实验助手)的喜爱程度。从表 8.4 中,我们发现,在否定—肯定条件下,被试对实验助手的喜欢程度最高,而并不是我们通常以为的肯定—肯定条件。虽然在肯定—肯定条件下,实验助手共有 28 次做出积极评价,而在否定—肯定条件下,你在接收到 8 次消极评价后,才听到 14 次实验助手对你的积极评价。反过来,另外两种条件下的情形也是如此。被试对一直对他持负性评价的助手的喜欢程度高于由 14 次褒奖转为 8 次贬低评价的助手。但是统计学上差异并不显著。

表 8.4 不同实验条件下被试对助手喜爱程度的评分

实验条件	均值
1. 否定—肯定(收益)	+7.67
2. 肯定—肯定	+6.42
3. 否定—否定	+2.52
4. 肯定—否定(损失)	+0.87

注:数值越大意味着喜欢程度越高
来源:改编自 Aronson & Linder(1965)

艾洛森和林德以及后来麦提(Mettee,1971)所做的相似的研究,都为我们理解"随时间推移,人际吸引变化的现象"提供了潜在的证据。一个表现出色、总是对妻子称赞的丈夫可能会疑惑,一个一直对妻子不敬又好斗的男性,妻子竟然因为他偶尔一次赞许的眼光表现出激动和热情。其实溺爱型丈夫已经走进了盲区。而面对这种情况,他其实是无助的,他现在根本不可能通过转变评价来引起妻子的注意,因为根据以上的实验结果,他使自己处于了一种最糟糕的情境中,比一直都对妻子保持负性评价的丈夫还要受到排斥。

为什么会出现这种现象呢?可以想象,在实验中的收益情形下,评价者受到评价对象的喜欢,是因为评价方这时被认为是有鉴别力的。他善于思考、敢于否定评价对象,但是又能辨证地看问题,对其进行夸奖,所以能够受到这样的人的夸奖,是很有分量的,说明自己的确在这方面有优势。另一种解释是最初的否定性评价会使自己产生某种焦虑、自我怀疑等消极的情感;但当评价逐渐转向肯定时,先前的消极情感随之消除。艾洛森(1969)指出否定评价增加了对肯定评价的需要,使后来的肯定评价更具有奖励的性质,令人倍感愉悦和温暖,从而会产生更强的人际吸引。

笨拙行为会导致人际吸引:可爱的笨蛋

肯尼迪总统执政早期,受到民众的广泛拥护和支持。但在1961年由于美国援助入侵古巴,造成了轰动一时的丑闻。最后的关键时刻,肯尼迪总统发布命令取消援助,同时向美国民众公开宣布决定并承担全部责任。后来局势分析家曾指出:其实肯尼迪总统完全可以将整个事件的主要责任归为前任总统的失职。1964总统大选在即,支持者纷纷希望他能继续留任。他的反对党认为通过这起事件,肯尼迪总统的民众支持度会较低,他们对民意测验抱有很大希望。可事实上,肯尼迪总统在民意调查中,获得了前所未有的民众支持度。

为什么会产生这样一个令人惊讶的结果呢?艾洛森、威尔玛和佛洛伊(Aronson, Willerman & Floyd,1966)指出,具有非凡才能的人偶尔一次决策失误或判断偏差,不仅不会降低人们对他的评价,反而会增强人们对他的喜爱程度。如一个男子,出生于财富和声望显赫的家族,才能超群,性格惹人喜欢,英俊潇洒,其妻也美貌出众,也许他会受到众人的艳羡,但这样不一定受到人们的喜爱。因为他给人的感觉太完美了,高高在上,令人无法接近他。偶尔他犯了一次小小的错误,或者表现得愚笨一些,反而会增强他的亲和性,增加人们对他的喜爱程度,因为这样让人觉得他也是和我们一样的常人,从而拉近了与大家的距离。

艾洛森、威尔玛和佛洛伊(1966)针对这种现象进行了研究。在该项研究中,被试会收听关于目标人物的一段节目录音。目标人物被邀请来参加现场学术问答测验("学院碗"电视节目)并接受简短的采访。实验的条件分两种:一种条件下,目标人物在节目中出色地完成了测验，达到92%的正确率，显示出较高的能力。通过采访录音得知其在高中时成绩优异，获得多项荣誉，并担任高年级年报的编辑，也曾是田径队的队员，定义为胜任力组。第二种条件下，目标人物完成测验的正确率仅达到30%。通过采访录音得知其在高中时成绩中等，担任高年级年报的审稿人，曾经申请参加校田径队但并没有被接收，定义为非胜任力组。

实验设计在一半的录音带中，胜任力组和非胜任力组被试会发生尴尬事件，如节目尾声，我们会听见录音中出现慌乱，并听到目标人物叫道"天哪，我怎么把咖啡撒到我的衣服上了"。在另一半录音带中，尴尬情形并没发生。最后让被试对目标人物的喜爱程度进行评分。那么会出现什么结果呢？通常，人们对笨拙的人的喜欢程度要低于灵巧的人，对高胜任力的目标人物喜欢程度要高于低胜任力的目标人物。但当把两种因素综合起来考虑时，情况变得复杂起来。实验者预期人们对高胜任力被试的喜欢程度要高，尤其是当无意间犯了很尴尬的错误时。而对中等绩效的被试来说，偶尔的笨拙并不会增加他的人际吸引程度。因为从一开始人们对他的评价就是他是不完美，不出色的，犯错是正常的，连续的错误反而可能降低评价。

实验结果如表8.5所示，与研究预期相一致。具有卓越能力的人，偶尔的笨拙行为会提升他的人际吸引度，相反对于普通能力的人来说，笨拙行为降低了人们对他的喜欢程度。

表8.5 采访人的魅力得分

	笨拙行为	没有笨拙行为
优等能力	30.2	20.8
中等能力	−2.5	17.8

注：分数越高，代表魅力越大。

来源：Aronson, Willerman & Floyd(1966)

社会心理学与爱情

爱情是人类永恒的主题之一。那么爱的体验应当是怎样的呢？古今中外，文学著作中不乏对爱的涵义的诠释和爱的情感的抒怀。莎士比亚曾经在《罗密欧与朱丽叶》一剧中，通过主角罗密欧来表达自己对爱的理解：

爱情是叹息吹起的一阵烟；
恋人的眼中有它净化了的火星；
恋人的眼泪是它激起的波涛。

它又是最智慧的疯狂,哽喉的苦味,吃不到嘴的蜜糖。
(第一幕,第一场)

"最智慧的疯狂"点燃了罗密欧与朱丽叶心中炽烈的激情和火花,最终双双为爱殉情。正如我们所知道的,爱,像钻石,它是多棱多面的。是激情的迸发,也是烈焰的燃烧,还是一种理性的沦陷。爱之切,爱之深;爱之忠贞持久,如同爱之炽热激烈一样永恒。

我们可以想象到研究"爱情"这种情绪的难度,研究者很难对其做一个全面而深层的定义,以及进行适当的测量。杰克·鲁宾(Zick Rubin,1973)是社会心理学界首次尝试对爱进行定义和测量的学者,他提出爱情是三种要素的联合体,即(1) 关怀——对方的高兴与幸福的体验会影响自己的体验,恋爱中,双方高度关注对方,并无私地为对方奉献;(2) 依恋——有强烈地与对方相处的需要,愿意与其发生身体接触,希望得到对方的情感支持和温情慰藉;(3) 亲密——恋人之间感情的纽带,体现在情侣之间私密地交往相会。

后来鲁宾制定了一个量表用来测量爱情。量表以自陈问卷的方式呈现,被试需要对诸如此类的项目做出反应:"如果我再也不能和________在一起,我将会感到很痛苦",同时它也发展了一个与爱情量表类似的喜欢量表,项目如"我对________的正确判断很有自信"。通过在恋人和群体间施测,检验两个量表,结果显示两者相互独立,不相关。进一步结果表明:情侣在爱情和喜欢量表上的得分都很高,而朋友关系的被试只在喜欢量表上有较高的得分。

鲁宾还招募了志愿夫妻被试进行实验研究。他邀请夫妇来到实验室,安排两人面对面相坐,等待实验开始。与此同时,实验者在另外一间房间通过单面镜观察夫妇的行为举止。结果发现:在整个过程中,双方互相注视,一直保持密切的眼神交会。与鲁宾最初的假设相符,在爱情量表上得分高的伴侣彼此注视的频率高于爱情量表得分低于平均数的伴侣。

德莫和皮萨克金斯基(Dermer & Pyszczynski,1978)将爱情和喜欢量表应用到对性吸引和浪漫爱情的研究中,获得了有价值的结论。实验中首先给男性被试出示一组实验材料,分两种水平,一种材料包含性刺激,另一种材料是中性刺激。之后让其以对自己最有吸引力的女士为目标对象,完成喜欢量表和爱情量表。结果发现:接受有关性刺激材料的一组被试在爱情量表上的得分显著高于中性刺激对照组,而两者在喜欢量表上的得分不存在明显差异。

基思·戴维斯(Keith Davis,1985)对错综复杂的爱进行成分提炼,将各元素重新整合以织锦的形式,生动地向人们展现爱的结构。爱情如同亲密的朋友之情一样,包含彼此的喜欢、接纳、信任、尊重,互相扶助,互相理解,倾吐心声,无私奉献。如图8.7,除此之外,爱情还包含自身独特的两个元素族:激情和关怀。激情意味着痴迷,即彼此被强烈地吸引:当两人在做其他事情时,仍情不自禁地想念对方。举一个例子来说:一个陷入爱河中的青年可能出于对另一方的思念而无法专注于自己的工作;激情意味着关系的排他性：即在一生中，置爱人于第一位；激情意味着强烈的性欲，希望与对方发生亲密的身体接触。但在实际生活中，人们会因道德、宗教观念或惧怕怀孕而控制自己的行为，但其实对性的渴望仍然存在。

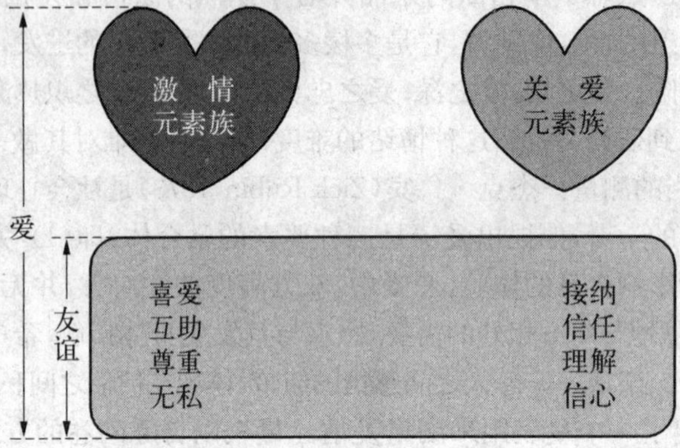

图8.7 爱与友谊

最初的模式：爱由友谊、"激情元素族"和"关爱元素族"组成。

来源：Davis(1985)

根据戴维斯的分析，爱情还包含另一个元素族：关怀。关怀意味着最大的奉献与给予。戴维斯希通过望欧亨利的著名短篇小说《麦琪的礼物》能帮助人们理解恋人间无私的给予。故事中，丈夫为了送给妻子一套精致的梳具让她能梳洗美丽的长发，不惜将心爱的金表典当；而妻子没有告诉丈夫，将自己美丽的长发剪掉卖钱，只为给丈夫买一条金表链。这就是爱——双方无私的奉献。关怀还意味着积极的支持、维护，即无论何时，始终站在伴侣的一方，给予无条件的支持。

有研究表明，在全部的爱的经历中，关怀一族扮演着重要的角色(Davis & Todd, 1982)。费尔(Fehr,1988)让被试对六十八种爱这种情感体验的特质进行重要性评定。结果表明：被试评定信任、关怀、真诚和友谊这四种是最重要的爱的特质，而激情则属于次要的边缘特质。Shaver 和他的同事报告了同样的结论(Shaver, Schwartz, Krison & O'Connor, 1987)。Berscheid(1988)提出研究者应该致力于探究激情、情欲和关怀、尊重之间的相互作用机制，从而描绘出完整的爱的图景。

浪漫爱情的感觉

学术界关于爱情的研究和讨论从多个方面向人们展示了爱情的特性，同时我们也欣慰地看到对爱的情绪体验的测量不断取得显著进步。从前人的研究中，我们获得了许多关于爱情的定义，这些定义通过发掘和整合爱情的必要元素，向人们描述完美的爱。另外我们也得知激情、浪漫的感觉在爱情中扮演着重要的角色。伊莱恩·瓦兹特尔和·G. 威廉·沃斯特(Elaine Walster & G. William Walster,1978)提出将**浪漫式爱情(passionate love)**定义为强烈的、持久的与对方结合的渴望,同时表现出**伴侣式爱情(companionate love)**的特征,从而在两人之间发展成为一种长期的、深厚的情感维系和依恋(见 Hatifield & Sprecher,1986)。另外还有许多关于其他组成爱情体验的必要元素的讨论,在学术界尚未达成统一。

现在让我们将注意力转向本节讨论的主题:如何解释激情和浪漫的体验呢?我们知道浪漫式爱情以强烈的情绪卷入为标志,并伴有情感的、行为的、化学成分的唤醒(Liebowitz,1983)。处于浪漫爱情中的人,被对方完全吸引,并在与之相处的过程中伴随着柔情与性趣,高兴与痛苦,焦虑与轻松,利他与嫉妒等复杂情绪的交替。

瓦兹特尔(Walster, 1978)引入两因素情绪理论(Schachter & Singer,1962),从社会—心理因素的角度研究爱的情绪体验。根据两因素情绪理论,情绪是由生理唤醒和认知加工两个必要的过程共同作用产生的。情绪的发生伴随身心状态的变化:个体会体验到高度的生理唤醒,并对生理唤醒进行认知加工,产生适当的情绪体验。所以我们认为浪漫爱情的产生也是由于生理状态的唤醒和对生理唤醒的认知加工:告知个体这是爱的体验。

如果浪漫爱情的体验确实依赖于生理唤醒和认知标签,那么我们有理由认为如果改变影响生理唤醒和认知标签的因素,那么情绪体验必定随之发生变化。但目前基于这个假设的研究,大都只是建议性的提示:爱的情绪体验在一定程度上受到这两个因素的影响。首先,让我们来看看改变唤醒时情绪所发生的变化。沙赫特和辛格(Schachter & Singer,1962),多尔弗·齐曼(Dolf Zilmann,1978)以及他的同事通过研究发现,虽然恋爱中的人们会体验到高度的生理唤醒,但在无法进行适当的认知加工时,唤醒会被转换或错误归因,导致如生气、幽默、攻击等情绪体验的产生。怀特、费仕贝恩和拉特斯坦(White,Fishbein & Rutstein,1981)首先让男被试与女实验助手进行交往互动,实验对女助手进行控制,一组为魅力组,另一组为无魅力组。之后利用三种不同寻常的方式来改变男性被试的生理唤醒状态。第一组被试将进行原地跑步运动,第二组被试安排观看喜剧片《史蒂夫·马丁》的片断,第三组被试安排观看一部带有血腥色彩的恐怖片片断。在每一种条件下,生理唤醒状态的改变与影响女助手吸引力的因素都没有发生直接关联。接下来要求被试对女助手的吸引力进行等级评定。研究结果发现:无论任何条件下,生理唤醒组被试对魅力组女助手的吸引力评定均高于非生理唤醒组。那么无魅力组女助手吸引程度又是怎样呢?实验结果指出,被试在改变生理唤醒状态后,对无魅力组女助手的评价显著降低。由此可见,提高生理唤醒水平可以增强人际的吸引程度或是对负性体验的感受。综上,虽然在本次研究中,并没有专门去测量爱的情绪体验,但是得到生理唤醒水平(无论唤醒来源如何)可以对人们的人际吸引程度(它的反面)产生影响的研究结论,仍具有鼓舞性,证实了两因素理论的假设。

达顿和阿荣(Dutton & Aron,1974)进行了两个有趣的研究,为进一步验证两因素情绪理论的假设提供了更为有力的证据。第一个研究是在实验室中进行中的。最初男性被试将会与一名富有吸引力的女助手会面。接下来把被试安排到两种实验情境中,一种情境中,男性将会在正式实验中受到电击,因此会产生焦虑的情绪。我们称之为焦虑组,另一种情境中,男性被试不会受到电击。我们称之为正常组。参加完实验后,请被试报告自己期望与女助手约会和接吻的程度。结果表明:生理唤醒即焦虑组被试,与女助手约会和亲吻的欲望强度显著强于正常组,即没有焦虑体验组被试。

第二个实验是在自然场景中进行的。达顿和阿荣来到了位于不列颠哥伦比亚省著名的卡布兰诺吊桥公园。卡布兰诺吊桥长约450英寸,高230尺,是世界上最长最高的吊桥。实验安排一位富有吸引力的女助手将与男性被试在吊桥上会面,女助手请被试帮忙填写问卷,之后将自己的名字与电话号码留给被试,并表示希望取得联系。在高空吊桥体验的生理唤醒会导致被试产生与女助手接近的欲望吗?实验还设计了另一种对比场景,此时男被试与女助手发生同样的会面,只不过是在一座邻近地面的固定的桥上。实验结果表明,相对于邻近地面稳固桥上的作业组被试,高空吊桥作业组的被试更倾向于打电话与女助手取得联系,并把当时的生理唤醒解释为浪漫的情绪体验。

贯穿一生的爱和不同类型的依恋

新近的研究取向主要是从发展心理学的视角,对浪漫式爱情和伴侣式爱情进行对比性的研究。心理学家越来越倾向于认为:成年人相互交往以及表达爱的方式其实是童年经验的折射。我们成年以后,爱别人的方式和对爱人的选择都深深地烙印着童年与最初看护者(通常是父母)依恋经验的痕迹。

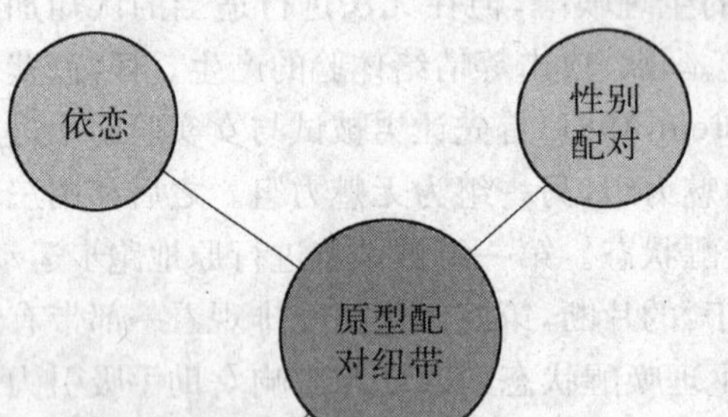

图8.8 Hazan & Shaver的依恋模式元素

来源:Hazan & Shaver(1994)

英国的发展心理学家约翰·鲍尔比(John Bowlby),曾经受聘国际卫生组织,对伦敦流浪儿童的心理问题进行研究,该研究的观察结果为**依恋理论(attachment theory)**的建立奠定了扎实的基础(Bowlby,1973)。鲍尔比认为,人们不能简单、僵化地将依恋理解为儿童和父母早期相互作用的方式,它伴随着人的一生,并在不断发生变化(Bowlby,1973)。辛迪·哈扎和菲利普·沙沃(Cindy Hazan & Philip Shaver,1994)对鲍尔比的假定进行修改,运用到对爱情的研究中。在他们的研究中,童年期儿童与父母之间的依恋是成人形成有意义的人际关系的三个核心要素之一。如图8.8所示，两个成人之间亲密关系受到三个因素的影响：一个是性别配对机制，即伴随发生的持续的兴奋和身体的满足；另外一个是关爱，对他人的保护欲望，并期望对方生活的幸福舒适。最后一个因素就是依恋机制，也是哈扎和沙沃的模型区别于其他模型的独特之处。

依恋的发展

依恋是一种情感的联结，它使两人在身体和情感上保持亲密的接触。鲍尔比曾经在依恋的定义中提到，依恋具有一定的进化论基础。对婴儿来说，由于对看护人依赖性增强，所以与看护人保持亲密邻近性的婴儿的存活率高于没有保持亲密邻近性的婴儿。看护人突然消失，会导致婴儿产生本能性恐惧，而看护人再次出现才能使这种迷离的恐惧消失。仅仅是与父母和看护人身体上的接触也会对婴儿起到安抚作用。当看护者在自己身边时，婴儿会有一种安全感、信任感和被爱的感觉。婴儿会逐渐建立起对看护者的信任，并能适应其短暂的离开，因为他知道看护人很快就会回到自己身边。所以婴儿能够放松自如地在周围的环境中观察、发现事物，它在与看护人的关系中感知到了相当的安全感。

但是，实际生活中，看护人与婴儿的关系并不总是令人满意的。一些看护者不能对婴儿做出及时反馈，一些是过于粗心，还有一些则是对婴儿过于担心和溺爱。而这些都是不良的看护关系，会阻碍婴儿与他人建立信任和安全的关系。

玛丽·爱因斯沃斯(Mary Ainsworth)和她的同事(Ainsworth, Biehar, Waters & Wall, 1978)提出依恋类型说，来描述婴儿与看护者早期相互作用的机制。婴儿在"摇篮"中发展起来的依恋风格将带入成年，并会影响成人之间建立"爱"的关系。一项研究中，对12对婴儿与父母的相互作用的方式进行了研究。研究分为两组场景，一组在家里，一组在实验室中。在研究中应用了一种特殊的技术——"陌生情境"，即研究者观察母亲在场、陌生人出现、母亲离开现场几分钟后又回来这三个不同时段里孩子的反应。最终归纳总结出了三种依恋类型：

1. 安全型。对安全型婴儿来说，母亲的离开只能引起它短暂的害怕与恐惧，当母亲回来时很快转为平静，变得开心起来，充满好奇和乐趣地去探索周围的世界。

2. 回避型。回避型婴儿避免与母亲的接触，他们大都将注意力集中在玩具身上。当母亲离开房间时，回避型婴儿并不会感到惊恐。在观察中发现，这类婴儿的父母在与孩子相处的过程中，通常会很明显地忽略或错误地理解孩子与其身体接触的欲望。

3. 焦虑型。在家中，焦虑型婴儿看护者的典型行为方式是对婴儿不能保持一致的反馈。有时会对婴儿进行积极的拥抱等身体接触或给予适时的反馈，有时却完全忽视。在实验室中，焦虑型婴儿会表现出生气和焦急。他们不再饶有兴趣地探索周围的世界，而将注意力完全集中在让看护人回到自己的身边上。

早期的“依恋”经验带入成年

由图 8.8——爱的依恋模式图可知：持久的爱的关系的建立并不仅仅依赖于彼此之间性的吸引和积极的关爱，双方的“依恋”也是一种重要的决定因素。哈扎和沙沃(1994)对三种因素的作用机制进行了研究。最初，性吸引的因素发挥着强烈但短暂的影响，紧接着彼此间的关爱在两人关系的营造中越来越发挥着重要的作用。随着时间的推移，夫妇希望双方能够成为彼此安全和舒适感的来源，即能够在心理上满足各自的需要并获得持久的安全。这就是我们所说的情感纽带——依恋，它将会日益在恒久的“爱”的关系中扮演最重要、最核心的角色。在一个发展良好的关系中，彼此在互动、关爱和信任中获得最大的安全感，而建立起来的信任反过来进一步促进了双方的交流、沟通、自我暴露，使双方更加亲密。

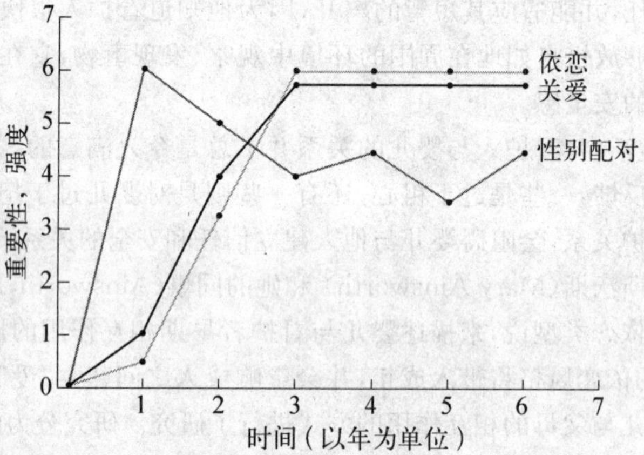

图 8.9 成人原型依恋关系中，三种行为机制的发展过程

但其实并不是每个人在童年时都能够幸运地发展为安全型依恋的。坎坡斯(Campos)和他的同事以北美地区的人群为对象进行了一次研究(Campos, Barrett, Lamb, Goldsmith & Sternberg, 1983)。研究结果显示：安全型依恋人数约为 60%，焦虑型接近 25%，剩下的 15%的人为回避型依恋风格。结果指出：安全型依恋类型人群是典型的稳定的高自尊群体(Mikulincer, 1995)，他们能够在与伴侣相处的过程中感受到最强烈的幸福、**伴侣式爱情(companionate love)**和信任(Hazan & Shaver, 1994)；回避型对爱持有积极乐观的态度，但缺乏持久性；而焦虑型则表现为很容易爱上对方和很快对对方失去兴趣，他们易产生嫉妒并在关系中时冷时热。

那么你自己是哪种类型的依恋风格呢？哈扎和沙沃(1987)编制了一个简明式自

陈问卷来评断人们的依恋风格。反应者需要阅读一系列有关三种依恋风格的描述，然后选择一种最符合自己的选项。如果你有兴趣的话，可以阅读下面三段描述，来评估一下自己的依恋风格：

1. 在交往中，我很容易与他人发展一种亲切和谐的关系，并不会因为对方的离开或对方突然的亲近感到焦虑或担心。

2. 在交往中，我发现对方愿意与我发展一种我所期望的亲密程度的关系。我十分担心爱人不再爱我或不愿和我在一起。我想和爱人单独相处，但时常因此疏远他人。

3. 在交往中，当与他人亲近时，我就会浑身不适；我发现我很难建立起对他人的完全信任并表现出依赖行为；当某人与我亲近时，我会紧张；通常爱人所要求的亲密度，令我不舒适。

如果你选择的是第一段陈述，那么你属于安全型；如果你选择的是第二段陈述，那么你属于焦虑型；如果你选择的是第三段陈述，那么你属于回避型。

提德威尔、里斯和沙沃（Tidwell, Reis & Shaver, 1996）招募学生志愿者做被试，进行研究。他首先让被试填写依恋风格问卷，以便根据依恋类型对其进行分组，然后在接下来的一星期中对他们的社交表现进行追踪。结果发现：安全型被试在同伴关系中表现出了高度的亲切和喜悦之感。与依恋理论相一致，回避型被试报告了最低程度的亲密和愉快的感觉。相对而言，焦虑型被试情绪多变一些，对关系的感知在积极和消极两端间摇摆。

无论看护人是否在身边，建立起安全感的儿童都能够轻松自在地适应环境，充满好奇地探索周遭的新鲜事物。

因此，寻找伴侣，建立关系，并维持、巩固感情是由多种因素决定的，其中之一就是依恋风格。依恋风格也会因为生命中的重要事件发生改变(Reis & Patrick,1996)。然而，成人的依恋通常是与童年一致的(Elicker,England & Stroufe,1994)，甚至在家族中的各代也表现出一致性(Benoit & Parker,1994)。在每个人童年早期形成的依恋经验将持续作用于成年生活，并在寻找伴侣，建立爱巢时产生重要影响。

当关系面临解体：爱的感觉的消逝

现在来设想一下，如果罗密欧与朱丽叶没有被棒打鸳鸯而幸福成婚，那么他们是不是会永远相爱如初呢？彼此的爱会随时间而逐渐褪色吗，会不会因为其他事件的发生，最终以离婚告终，就像今天在美国离婚率已高达 50%，而在加拿大离婚率已达 40%了？

那么如何能够预测一段关系的走向：是会持久稳固，还是逐渐走向解体呢？学者认为，预测双方感情强度的指标同样可以有效地预测一段关系的持久程度和满意程度。持久的关系应该能够最大限度地满足双方的需要。正如我们前面所讨论的，这些需求包括性欲、依恋、和关爱以及最大程度地亲密和信任。建立关系之初，最重要的影响因素可能是性需求的满足(见前面图 8.9)，但是随着时间的推移，它会逐渐降低到次要位置(Acker & Davis,1992;Tucker & Aron,1993)，依恋、关爱、亲密和信任将成为保持关系的坚实基础。在实际生活中，许多情侣往往只是由于外表的吸引而坠入爱河，并陶醉其中，忽视了对于“依恋”和“关爱”等情感纽带的发展，关系很快就会变得紧张，并面临解体的危机。反过来结果也是一样的，如果一段关系只靠“依恋”和“关爱”来维系而没有激情，同样会走向瓦解。

忌妒——危机关系的情绪信号

忌妒(Jealousy)是植根于关系中的情绪隐患。通常，当个体失去知心伴侣，或者面临失去的威胁时，都会引发一系列复杂的情绪反应、想法以及破坏性的行为表现。忌妒是一种特异性情绪，它所产生的负面效应远远大于激情的消逝。可以说它与生气是堂兄弟，但是它的起因、结果都与生气不一样，是非常独特的。怀特(1981)提出：由浪漫而引发的忌妒大多基于如下两个方面：第一，在关系中失去酬赏，对方不再喜欢自己；第二，当遭到对方的拒绝时，自尊心大大受挫。

为了验证这一假说，马西斯、亚当斯和戴卫斯(Mathes, Adams & Davies,1985)在西伊利诺斯大学招募学生被试开展研究。研究者要求被试设想自己正处于实验所假设的情形中，将被试分为五组。第一组被试因为情敌而失去了男朋友或女朋友；第二组被试因为简单的理由，爱的感觉消逝而失去了爱人；第三组因为空间的隔断，对方将要迁移到很远的一座城市而失去爱人；第四组被试因为偶然的意外事故，爱人死于摩托车事故中；

第五组被试则为控制组，在该情境中被试没有失去爱人。马西斯和他的同事认为：所有处于失去情境中的被试都受到一个共同的威胁：从此失去爱与被爱的机会。然而相对而言，情敌和拒绝组被试自尊心的伤害可能要大一些。因为工作调动，造成距离阻隔组的被试忌妒情绪的强度与自尊心中度相关，而因意外丧失爱人组的被试不会引发自尊心受损。结果显示：当被试因为情敌而丧失爱人时，此刻的忌妒情绪强度最大；当被试因为意外事故丧失爱人时，此刻的忌妒情绪强度最小。总之，忌妒情绪的产生似乎不仅依赖于害怕失去爱人的感情，还依赖于自尊心受到打击的程度。

视窗 8.2　性忌妒和情感嫉妒：能够从进化论中找到解释吗？

每天都有众多的妇女拨打紧急求救热线 911 寻求帮助，她们中间大多数是家庭暴力的受害者。在这些暴力事件中，女性受到了配偶或恋人的虐待、辱骂。身体的暴力、持久的伤痛以及潜在的丧命威胁着女性的正常生活。研究表明：与性相关的问题而引发的忌妒是男性采取暴力的重要原因(Daly & Wilson，1989)。虽然女性也会因此而引发忌妒情绪，但往往不会表现出暴力。

男人和女人在忌妒情绪上的表现方式是不同的，引发他们产生忌妒的原因也是存在着差异。忌妒通常会在个体受到以下威胁时产生：失去心爱的伴侣，由于对方的背叛(真实的或假想的)而导致生气，对自尊的伤害(Mathes，Adams & Davies，1985)。但是在诱发忌妒的威胁和损失的种类上，男性和女性存在着有趣的差异，这种现象引起了学术界的广泛注意。那么关于这一现象，我们是否能够从人类种族进化的角度找到合理的生物学的解释呢？

进化论指出：因为受精是在女性体内发生的，所以父亲在亲子关系中并不是很自信。这种持续的不确定性可以从婴儿的发音中找到线索，如“妈妈的宝宝，爸爸的可能(mama’s baby, papa’s maybe)”(Buunk，Angleitner，Oubaid & Buss，1996)。因此，男性会因女性的性背叛而感受到莫大的压力。进化论的观点还认为，女性对自己的母亲身份持有绝对自信和极大的认同感，因此，她们在婚姻中将要承担更多的抚养责任。孩子的全面成长还需要大量物质资源的供给、情感的承诺和男人全身心的亲子投资。因此，女性会努力保持男人对自己的兴趣，并确保男人的物质供养，所以在发现男人对其他女人产生感情时，会异常恼火。巴斯、拉尔森、韦斯顿和塞莫罗斯(Buss，Larsen，Westen & Semmelroth，1992)进行了研究，邀请男女被试想象自己伴侣出现了不忠行为，同时对其生理指标进行测量，得到其情绪反应的数据。结果表明：女性的性背叛会引起男性的焦躁不安，而相反，男性的情感背叛才会引起女性的焦躁。相关的跨文化研究也显示：这种性别差异只是广泛存在于西方文化的国家中(Buunk，et al.，1996)。

续 表

虽然，进化论能够提供相关的解释，但我们认为或许还有其他更好的解释指标。如有人认为，男女对性背叛和情感背叛行为的关系的认知将会导致忌妒唤起的性别差异。情感背叛能够暗示性背叛，性背叛或许就是情感背叛的信号。近些年来的研究也表明：女性通常认为伴随着情感背叛行为而来的就是性的背叛。因为她们相信男人会与一名没有感情的女子发生性关系；而当男人与女人一旦有了感情的话，那么发生性关系更是必然的。所以女性会因男性的情感背叛而产生焦虑紧张，因为情感背叛其实包含着性的背叛，而男人则不然，他们只会因女人的性背叛而焦躁，因为男人认为女人不会与没有感情的男人发生性关系。所以对男人来说，性背叛包含着情感背叛。哈里斯、克里斯丁菲尔德(Harris & Christenfeld, 1996)和得斯迪诺、萨洛韦(Desteno & Salovey, 1996)也开展研究并得出了一致的结论：男人为性而爱，女人为爱而性。相应的学者认为这种差异从文化的角度探寻原因要比从进化论的解释较为合理一些。

巴斯、拉尔森和韦斯顿(Buss, Larsen & Westen 1996)进一步对这种现象进行了研究。他们认为男人和女人之所以对感情背叛和性背叛有不同的认识，根本原因是事实本质的差异。从进化论的角度来看，婚姻的目的就是为了使种族得以延续，集中表现为生育和抚养下一代。因此男性通常关注的是伴侣的数目和性交的频率，这是由于前面所谈到的其生理特质导致的亲子关系的不确定性造成的。而女人承担了更多的哺育下一代的职责(从受精、怀孕到分娩)，所以注重的是伴侣的适合性和忠诚度。汤森特(Townsend, 1995)开展调查发现：76%的男性报告自己有长期固定的性伙伴，只有37%的女性报告自己有长期稳定的性伙伴。

克拉克和海特菲尔德(Clark & Hatfield, 1989)开展了一项有趣的现场研究，来调查性诉求的性别差异。研究者安排一名富有魅力的男性和一名富有魅力的女性作为实验助手。他们先在酒吧里与异性客人进行简短地聊天。之后，对客人进行如下几种请求：“我今晚可以与您约会吗?”“你今晚愿意去我的公寓吗?”“您愿意今晚与我做爱吗?”结果50%的男性和女性都答应约会的请求。而对于另外两个请求，男女的回答表现出了巨大的差异。只有6%的女性和69%的男性同意去助手的公寓。而对于做爱，女性均予以回绝，相反，有75%的男性对与富有魅力的女性发生性关系做出了积极回馈。

因此，大量的资料显示男性和女性在性忌妒和情感嫉妒上是存在着本质的差异的，这种差异同样也体现在对待临时性伴侣和感情付出的问题上。那么这种差异到底意味着什么呢？这也是我们今天所讨论的问题的核心所在。目前还没有足够资料证实这种性别差异是人类进化的原生动力所致还是文化学习导致的。虽然我们可以从进化论中找到解释，但是不能证明这种忌妒的性别差异完全是由于生物差异所致。所以我们期待进一步的研究提供更为确凿的证据。

应对不满意的关系

当一段关系越来越令人不满意时，你会怎样处理这段关系呢？歌唱家兼作曲家保罗・西蒙(Paul Simon)曾这样写道："15 种必要的方法可以帮你逃离关系。"事实上，在研究中，我们只验证了两种。

卡尔・拉斯伯特和他的大学同事(Caryl Rusboldt，Rusboldt & Zembrot，1983)对人们处理潜在的关系危机的方式进行了一系列的研究。第一个研究，研究者邀请肯塔基大学男女学生各 25 名，让他们讲述自己从一段不满意恋爱关系中走出来的故事。第二个研究，同样的要求，只不过被试是肯塔基州雷客星顿的 18 名市民，年龄介于 20—67 岁之间。通过对描述结果进行分析，归纳出 4 种反应方式：其中两种取向是选择离开，另外两种取向是选择维持。

面对一段不和谐的关系时，人们的一种选择是"逃离"。这是一种破坏性强的反应方式。如，调查中有人这样讲道，"我告诉他我再也不能忍受了，我们的关系到此结束吧，""我轻轻地拍了拍她，并很抱歉地说分手"。

面对一段不和谐的关系，另一种选择是继续维持，它同样是一种具有破坏性的方式。只不过相对于主动离开的方式而言，这种方式比较被动。拉斯伯特和扎布鲁特(Rusboldt & Zembrot)称之为"忽视缄默"。如，我们从调查中得到的反应方式："我想这是一种责任的逃脱——我没有努力拯救我们的关系——我不知道该怎么做"和"大多数时候，我对他所说的保持缄默"。

另外，还有很多人在关系面临危机时，他们会积极地化解危机，而不是像前面所讲的那样消极地逃避。在拉斯伯特和扎布鲁特所调查的人群中，有人采取了"表露心声"的应对方式。如"我们在一起交谈讨论，并最终达成了一致"，这是比较典型的方法。还有一些人报告采取了不同程度的"忠诚行为"。通常，我们尽全力推进关系朝着积极的方向发展而不是消极地维持表象。如，"我是真的很爱她，"一名学生说道，"我原谅了她的过错。""我向主祈祷，"另一名学生这样讲，"就当一切都是天意吧。"

为什么人们愿意继续留在一段令人不愉快、形如空壳的关系中呢？原因之一是双方对关系改善仍抱有希望。仅仅是希望也足以使关系起死回生。当关系出现危机时，人们会将注意力转向工作，在工作中麻醉自己，从而获得心灵的满足。有研究表明：对婚姻承诺程度越高的夫妇，婚姻成功概率就越高(Acker & Davis，1992；Whitely，1993)。所以通过拉斯伯特和扎布鲁特"表露心声"的方法，夫妻两人在交流中重新达成默契，建立起新的承诺，推进关系迈出崭新的一步。

那么，或许大家有一个疑问，在美国和加拿大，50%的没有离婚的夫妻是否和结婚初一样相爱呢？格伦(Glenn)对 1972 年结婚的夫妇进行了大规模的调查，结果发现只有 25%的夫妇报告仍然保持着新婚初的快乐和最大的满意感。为什么人们会愿意维持一段没有感情依附的婚姻呢？有研究显示：尽管婚姻已经名存实亡，离婚造成的不良舆论、对孩子成长的负面影响以及宗教、社会、经济压力都会阻止双方做出结束婚姻的决定(Stanley，1986)。人们不愿结束一段没有感情的婚姻还有一个原因是新的感情的替代还没有出现，或是想着等找到新的依靠再结束也不迟(Drigotas & Rusbult，1992)。

对婚姻的低度期望也是一段不和谐的婚姻得以维持的原因之一。个体在自己的成长过程中，如果曾有过不信任关系的创伤，那么会降低他对以后关系的期望水平，低度满意就能满足自己的需求。而其实在尝试逃离令人不悦的婚姻过程中，人们会预感到令人窒息的焦虑。根据哈扎和沙沃(1994)的研究结论，焦虑可以激发一个人表现出依恋行为，从而驱使人们不得不回到关系中找到可靠的依恋对象，也得以使一段低满意度的婚姻幸存。这一点在焦虑型依恋风格的人身上淋漓尽致地体现了出来。他们往往在童年期与看护人的关系中就缺乏安全感，到成年以后，对婚姻的稳定性也时刻存有不安。

另外研究者还发现了一个有趣的效应分离现象。个体会因害怕离婚而产生焦虑，但其作用机制会随依恋类型的不同而发生变化，在不同的人群身上有不同的表现。有关研究人员设想：如果人们的焦虑是由于害怕关系的完结而激发的，那么伴侣的出现是不是可以缓和个体的焦虑呢？布鲁克·芬尼和李·柯克帕特里克(Brooke Feeney & Lee Kirkpatrick，1996)在威廉·玛丽学院进行过一项研究，结果显示：这种效应只对安全型依恋人格的个体适用。研究招募35名女性被试，要求应与现任男友交往在3个月以上。研究者要求被试与男友一起来图书馆参加研究。首先被试将填写一份"依恋风格问卷"，研究者依照其依恋风格进行分组。在被试身上安装好测量血压以及其他焦虑生理指标的仪器后，就进入了正式实验阶段。在正式实验中，每一名被试需要完成一项算术作业，即从随机选取的一位数字倒数到13。研究为重复测量设计，分为当男友在场时和当男友离开时两种实验情境。根据生理指标所反映的焦虑指标，结果发现：仅仅对安全型依恋的个体来说，男友的出现有助于焦虑情绪的缓解；而对于安全感缺失的个体来说，男友的陪伴对焦虑情绪没有任何缓解作用，在实验过程中，焦虑的情绪唤起仍会增强。

对于依恋动机的讽喻

个体为了满足自身依恋的需求，会寻找心仪的对象发展关系。而依恋无疑是关系中最为持久的情感纽带。然而，令人可笑的是，在实际生活中，很多人贪于依恋的满足而盲目地陷入错误的感情漩涡中，最后痛苦而难以自拔。如焦虑型依恋风格的个体一向害怕自己找不到合适的伴侣和安全的依靠。童年时期，当母亲从视野中消失时，他们就会变得异常焦躁不安；只有母亲再次出现时，情绪才会恢复平静，但会对母亲的行踪将时刻保持警惕。这样一来,他们根本不能完全投入到自己所玩的游戏中,充分感受其中的乐趣,或是带着好奇,去探索周围的新鲜事物,只是过多地把注意力集中在母亲身上,担心她会离开。成年以后,焦虑型个体同样对亲密关系的建立和既有情感的丧失充满着恐惧。所以他们往往会选择易得和便捷的对象来发展感情,却并不十分在意对方是否适合自己。一旦开始一段感情,还未等时机成熟,就急于进入婚姻的"保险箱",企图为感情上保,因此也就不难理解为什么焦虑型个体在面对一段令人不悦的关系时会选择继续留在其中。

对罗密欧与朱丽叶悲剧的反思

> 没有任何故事比朱丽叶和罗密欧的故事更令人悲怆和心酸。
> (第四幕,第三场)

莎士比亚以其细腻的笔触向世人展现了一部凄美的爱情悲剧。剧中主人公罗密欧与朱丽叶一见钟情,双方迅速坠入爱河,然而这炽烈的爱仅仅存活了短暂时间后,两人被迫殉情。悲剧之悲,惊天地,泣鬼神。也许人们会相信若不是家族世仇和意外事件的造弄,两人的爱必将海枯石烂,天长地久。

现在,让我们假设故事的结局是罗密欧和朱丽叶幸福地走进了婚姻的殿堂。可以想象得到,婚后的生活中,双方肯定会因为一些猜忌、利益的冲突,或者爱恋、依恋以及关爱感情的交织、畸形发展,从而产生不同程度的摩擦。至少蒙太古和凯普赖特亲王必须极力化解彼此的恩怨,才能较好地维系亲情。简言之,美满幸福的婚姻并没有统一的模式可以遵循,我们无法预知任何关系的结局。也许有时看似最不可能成功的关系,却恰恰是最能经得起时间考验,或最适合的,而反之亦然。如黛安娜王妃和查尔斯王子令人艳羡的婚姻,最终却以悲剧收场。然而我们始终相信,只要双方共同努力,在经历爱恋、承诺后必然走向辉煌的金婚。

爱情没有保险可上,感情会随着时间发生变化的,但是我们相信不论面对冲突、猜疑,艰难与困苦,真爱将永恒。

总之,现实生活中,人与人之间的关系是多元化的,每个人所经历的关系都有着鲜明的个性特征。在本章中,各种不同类型的研究为我们理解长期稳定的人际关系的本质提供了理论依据和工具,并帮助我们在生活中,积极地去爱对方、去结交朋友、拥抱生活。

小结

本章中,我们详细介绍了对人际吸引、持久关系的发展以及人类永恒的主题——"爱情"产生重要影响的因素。通常认为,在积极的人际关系中,双方对他人会持有正向肯定的态度,每一个人都努力维持关系的平衡与对称。如,纽科姆在 A—B—X 的对称模式中提出"趋衡的压力"这一概念,即在一个关系单元中,如果对象 A 和对象 B 同时喜欢客体 X,那么为了保持平衡,最终 A 会喜欢 B,B 也会喜欢上 A。

人际吸引的奖酬模型认为,人际关系中的奖酬是决定人际吸引的重要基础。一段关系的愉悦程度取决于双方对它的付出和收益之比。在长期关系的建立过程中,人们期望各自的付出与收益趋衡,即每个人为关系的付出和从关系中的收益之比是相等的。研究同时揭示:在短期的交换关系中,人们关注的焦点是各自对关系的付出和应取得的收益;而在长期的、有意义的关系中,人们关注的焦点是共同的、集体的报酬,并不在意各自贡献的份额。

在人际吸引现象的研究中,相似性与人际吸引的关系是学术界广为探讨的。研究结果表明,现实生活中,相似性会导致人际吸引,特别是双方共同认为的重要事件上的相似性可以增强彼此的人际喜欢程度。进化论和生物社会学界都给出了相似性—吸引效应的解释。

人际关系中的确存在着喜欢的互逆性。喜欢我们的人同时会赢得我们的喜欢。另外空间的邻近性也是影响人际吸引的一个因素,虽然在某些情况下它也会导致某些负面行为。

外表是影响人际吸引力的一个重要因素,外表富有吸引力的人通常更受到人们的喜欢。这一现象在选择恋人时尤为突出。同时美貌在其他情境中也会发生一些特殊的效应。如在法庭中,相对外表没有吸引力的人而言,外表富有吸引力的人判罚程度较轻,并会认为他们能从事更有价值的工作。还有研究表明:"漂亮的人一切都是好的"的思维习惯的产生是自动化的过程。然而任何事物都是两面的,美貌也会导致一定的负面效应。外貌富有吸引力的人对他人的积极评价会进行折扣式归因。

一些研究者对特殊的人际吸引因素也进行了深入的研究。虽然人们喜欢褒奖自己的人,但是当对方由批评转向后来的赞赏时,人们对他的喜欢程度更强烈;优秀人物偶尔的笨拙表现会增加他的人际亲和度,因为这样让他"完美"的一面更富人性化。

目前，心理学界关于爱情的研究已取得了较大的进展。研究者将激情与其他一些成分结合起来，提出了爱的定义。鲁宾曾经提出：依恋和关爱也应是爱的结构中的组成元素，另外戴维斯还引入了关怀和友爱两个元素族。沙沃和哈扎从发展心理学的视角出发，将依恋的概念引入到对爱的研究中。研究认为：人们的依恋风格受到童年早期经验的影响，通常有安全型、焦虑型和逃避型三种。人们进入成年后，选择伴侣的类型、婚姻的持久性以及应对关系危机的方式都烙印着依恋风格的痕迹。

情绪的两因素理论认为人们爱的情绪的唤起取决于两个条件：即生理唤起和认知加工。当认知加工提示个体当前刺激为爱的体验时，人们就感觉到爱了。

关系的解体也受到心理学家的广泛关注。当关系面临危机时，人们会以忽视缄默或离开的方式来结束一段令人不满意的关系，也可能会以忠诚行为和表露心声的方式来修复维持关系。忌妒是一种负性的情绪体验，人们面临关系中既得利益的丧失和自尊受损时，会产生忌妒的情绪体验。从情绪进化论的角度来解释忌妒的性别差异目前已成为心理学界新的研究趋向。

关键词

依恋理论	平衡理论	“美就是好”的刻板印象	共有关系
伴侣式爱情	公平理论	交换关系	阿谀奉承
忌妒	纯粹接触	浪漫式爱情	积极的人际关系
吸引的报偿模型	自我监控	相似性吸引效应	对称或 A—B—X 吸引模式
恐惧管理理论			

推荐读物

Berscheid, E., and Reis, H. T. (1997) Attraction and close relationships. In D. T. Gilbert, S. T. Fiske and G. Lindzy (Eds), *Handbook of social psychology*. (*4tb ed.*). New York: Oxford University Press and McGraw-Hill.

Berscheid, E., and Walster, E. (1978). *Interpersonal attraction*. Reading, MA: Addison-Wesley.

Davis, K. E. (1985). Near and dear: Friendship and love compared. *Psychology Today*, February, pp. 22－30.

Hazan, C., and Shaver, P. R. (1994). Attachment as an organizational framework for research in close relationship. *Psychological Inquiry*, 5, 1－22.

Kelly, H. H. (1979). *Personal relationships: Their structure and processes*. Hillsdale, NJ: Erlbaum.

Jones, E. E., and Wortman, C. B. (1973). *Ingratiation: An attributional approach*. Morristown, NJ: General Learning Press.

第九章
利他主义：助人的心理

在1995年一个炎夏的晚上，16岁的黛莉萨·伍德在美国密歇根州底特律市一个繁华的美丽岛尽情狂欢后，开始驱车回家。在经过连接美丽岛与底特律的大桥时，黛莉萨的车突然转向，不小心擦边碰到了另一辆车。两辆车都有些小损伤。在黛莉萨还没有来得及将她的车调转方向时，她的车已经被交通堵在桥上。突然，她的挡风玻璃和驾驶位旁的玻璃被人用拳头击得粉碎。这是马特卡尔·韦尔奇——刚刚相碰的那辆车的主人干的。他已经折回并开始向她发起攻击！在盛怒之下，身高6英尺2英寸，体重200磅的韦尔奇将黛莉萨从车中拉了出来，几乎将她的衣服剥光，并开始打她，掐她的脖子，不断地将她摔倒在地。尽管只有4英尺11英寸高，115磅重，黛莉萨仍顽强地与韦尔奇展开搏斗并且有两次差点逃跑，但是都被韦尔奇抓了回去，然后遭受了更残忍的暴打。最后，当韦尔奇从他的汽车尾箱取来一个铁橇的时候，黛莉萨趁机逃跑并爬到了桥的栏杆上。看着韦尔奇挥舞着武器向自己逼近，已是遍体鳞伤、无处可逃的黛莉萨松开了紧握桥栏的手，跳到了桥下冰冷的水中。两个目睹事件全过程的旁观者，立即爬上栏杆，跳入水中试图去救出黛莉萨。但是一切都太晚了！黛莉萨已经消失在水中。第二天，在距黛莉萨跳入水中的地点一米远处发现了她的尸体。她的家人后来透露，黛莉萨是在不会游泳的情况下从桥上跳下的。

韦尔奇为自己辩护，认为对于黛莉萨的死，他是无罪的。

但陪审团却不这么认为。在 1996 年 3 月 3 日，陪审团宣判韦尔奇犯了谋杀罪。现在韦尔奇正在密歇根监狱服刑。正如黛莉萨的母亲在谈论这个判决时说："韦尔奇的家人可以到监狱来看他，而我却不得不去墓地看黛莉萨。"

黛莉萨的故事是很悲惨的。如果我们知道黛莉萨受到攻击的时候并不是孤立无援，而是还有五十多名摩托手在桥上目击了对她的攻击，她的死就显得更为悲惨。一些记录显示：路过的摩托手比仅仅漠不关心的旁观者要多得多；很多路过者走下汽车，旁观了这一事件。在整个过程中，韦尔奇曾将黛莉萨带到旁观的人群中，并问是否有人乐意和他一起打她。尽管事实上很多的旁观者都有手机，而且在桥的尽头就有一个警察局，只需举手之劳就可以阻止黛莉萨的死，但没有一个目击者有所行动。

为什么那天晚上没有一个目击者帮助黛莉萨？是因为他们害怕吗？他们是否意识到她有生命危险？底特律警察局负责黛莉萨案件的警官告诉《底特律自由报》报社，在他的记忆里还从没有见过这么多的人有机会旁观一个野蛮的罪行，却没有一个人有所行动。不幸的是，那天晚上在桥上发生在黛莉萨身上的事情并不是一个个别事件。也就是说它并不是仅仅发生在底特律，或者仅仅是发生在那个时代的独一无二的事件。它与 20 年前发生在一个叫凯特·吉纳维斯女士身上的事件有着极其相似之处。那个事件是发生在纽约皇后区奥斯汀街，时间是早晨 3：20。

当时凯特·吉纳维斯正走在回家的路上，突然，一个男人出现在她面前。他抓住她并用刀向她刺去。凯特·吉纳维斯的尖叫惊醒了她的邻居们。她努力挣脱并设法来到一个能被更多邻居看到、听到的街角。她大声喊叫着："他用刀刺到我了，救命！"几个房间的灯开了，照亮了下面的街道。从上面的窗户里，邻居们看到吉纳维斯再一次地逃走了，但是她一直在流血。走不了多远。随后，攻击者很快找到了她，再次向她刺去。吉纳维斯尖叫道："我快要死了！我快不行了！"这一次的攻击是致命的，再也听不到尖叫了，再也不用逃跑了。凯特·吉纳维斯躺在血泊中，死于刀伤。整个事件持续了几乎 45 分钟。

那天晚上醒着的邻居在干什么呢？《纽约时报》的记者着手了解了窗户正对着出事地点的人们在听到尖叫之后所做出的反应。他们发现最少有 38 人听到了呼叫声。最少有 38 人曾走到他们的窗户前，但没有一个人给予这位女士以帮助。甚至没有一个人给警察打电话(Rosenthal, 1964)。如果有一个人那样做了，凯特·吉纳维斯就能得救。

在这一章里，我们将了解人们不去帮助他人的原因。我们也将考察在何种情况下，人们会对明显需要帮助的陌生人给予帮助。我们知道世上有很多的英雄，为了人类的幸福而无私奉献。我们知道有很多人甚至冒着生命危险去挽救别人的生命。我们也将看到，在很多和发生在黛莉萨·伍德和凯特·吉纳维斯身上的事件一样，不是一个人而是许多人拒绝给予哪怕是最低限度的帮助，而正是这种微不足道的帮助可能挽救他人的生命。

为什么我们不提供帮助？无动于衷的旁观者

在吉纳维斯谋杀事件发生及《纽约时报》编辑 A. M. 罗森塔尔对此所做的调查报

告发表后的一段时期里，对该事件的恐惧成了人们谈论的焦点。两位社会心理学家约翰·达利(John Darley)和贝伯·拉丁(Bibb Latané)开始着手研究妨碍人们帮助他人的社会心理因素。他们对无动于衷的旁观者的研究最终推动了对有责任心的旁观者或者说是对无私的利他行为产生原因的研究。就让我们先介绍这一领域最早开始研究的课题——即在一些很明显的紧急情况下，旁观者不介入其中提供帮助的现象。

旁观者介入与决策树

许多因素可以被用来解释旁观者的不帮助行为，如：他们的人格特点、他们生活于大都市中、当前技术社会下人性化的缺失等等。尽管旁观者的气质因素对理解一些情况下他们不去做出助人行为有所帮助，但对旁观者在某一情况下因提供帮助而需做出的各种反应进行考虑也是很有帮助的。

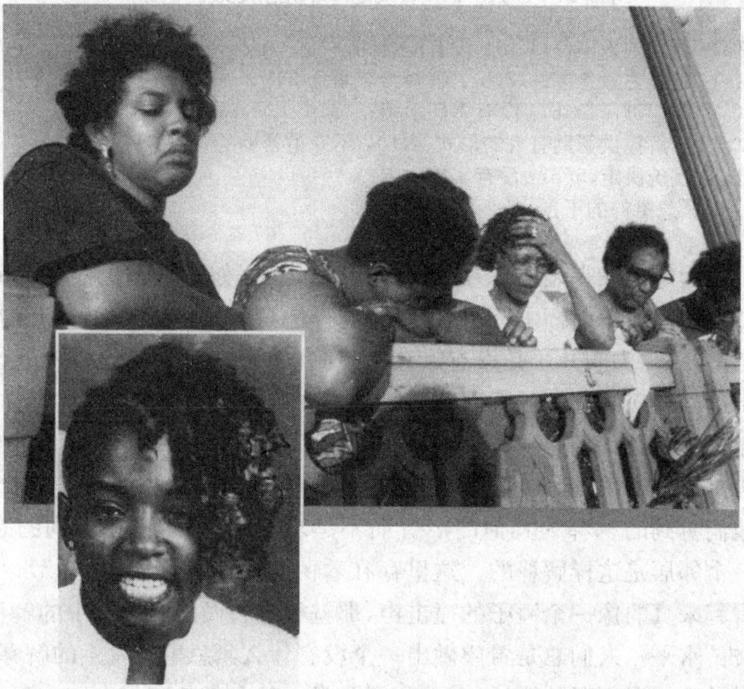

亲人和朋友在黛莉萨·伍德(左)遭到殴打后跳水并最终导致其死亡的桥上(上图)祈祷。旁观者没有采取任何行动，使得悲剧最终发生。我们不禁要问：为什么没有一个人站出来提供帮助？

贝伯·拉丁和约翰·达利(1970)指出，当某人意识到他(或她)正目睹一件紧急事件时，是否做出助人行为并不是只涉及一个决策，而是一系列的决策。只有个人在每一个决策点上都做出了比较适合的决策时，他(或她)才会介入到紧急事件中。图 9.1 描述了这些决策点。这些决策点组成的图就叫做**决策树**(**decision tree**)。每一点上的分支代表了旁观者可能去忙他自己的事情，而不会介入此事做出助人行为的原因。

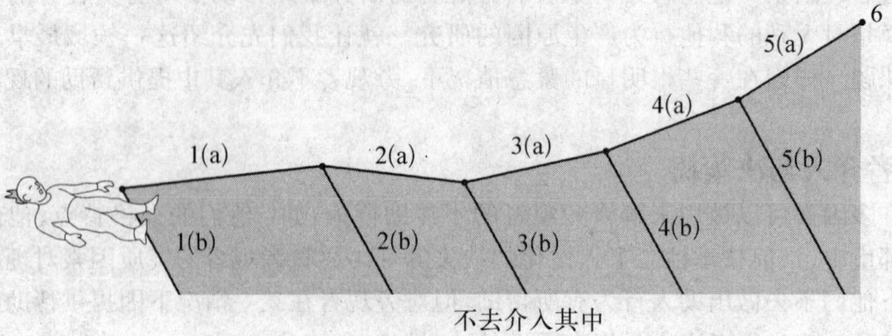

图9.1　介入一个紧急事件的决策树分析

1(a)：注意到该事件，1(b)：没有注意到；
2(a)：解释为紧急事件，2(b)：解释为非紧急事件；
3(a)：承担责任，3(b)：没有责任承担；
4(a)：了解提供帮助有效的形式，4(b)：不知道帮助的有效方式；
5(a)：实施决定，5(b)：没有实施决定；
6：对紧急事件的干预

第一个关键的决策点是能否"注意"到该事件。假如一个人摇摇晃晃的从路的另一边走来并且在你的车前挥了挥手，你毫无选择地只能是注意到他。但是在一个拥挤的快餐酒吧里，一声尖叫几乎是没有人会注意到的，旁观者的任何介入就这样被阻断了。而介于这两种极端之间的大部分环境是提醒着我们介入的。

第二个决策点是我们必须将这个事件"解释"为一件紧急事件。下面的分析将证明这个决策是多么的关键。我们可以想象在奥斯汀街道听到凯特·吉纳维斯尖叫的邻居们将他们听到的解释为其他的声音而不是求救。"我认为我听到的是锤打的噪音。"其中一个邻居是这样解释的。这里存在着两个因素。一是"感知"水平。如果这个喊叫声听起来真的像一个锤子的撞击声，那就很难去做出介入其中的解释。第二个因素是"动机"水平。人们总是希望做出一个没有什么紧急事件发生的解释，这样他们就无需面对做出错误判断的尴尬，也无需冒险卷入某个紧急事件中。

第三个决策点是作为旁观者，我们是否有提供帮助的"责任"。假设我们看到两兄弟在打架而且看到其中一个受了伤。如果此时他们的父亲就在旁边的话，我们就会认为自己根本没有责任去介入此事。是否有一个能够介入其中的适当权威在场，以及目睹此事的人数多少都会影响这个决策的做出。

第四，我们需要选择"合适地提供帮助的方式"。我们将会对一个情境是需要直接的还是间接的介入做出判断。目睹黛莉萨·伍德事件的人们可能不愿意直接介入，尽管他们可能曾想去和一些人取得联系，但是和谁联系呢？在焦虑中，他们可能不知道该如何去做。总之，没有人介入可能是因为旁观者无法决定采取何种方式提供帮助是恰当的，于是他们倾向于各干各的事。

最后，当人们注意到一个事件，并将其解释为一件紧急事件，而且选择了恰当的介入方式后，人们还需要决定是否"实施其决策"。当人们看到正在进行的暴行时，可能知道自己应该做什么，但是出于害怕，他们将会决定不去实施他们的决策。这可能就是在底特律，看到伍德被暴力攻击的人们所做出的反应。那些只是在窗前观望的纽约城居民可能在向警察描述吉纳维斯受袭击的过程时会感到比较尴尬，或者如果攻击者没有被逮捕的话，他们会对报告该事件的后果有所担心。

从对决策树的分析中，可以很清楚地看到紧急情况下的介入是个很复杂的行为。尽管最终的决定是在几秒内完成的，但这一系列相互嵌扣的决策还是必须做的。想去将这些快速决策过程加以划分是很困难的，但社会心理学家们却已经发现了影响是否介入这一最终决策的大量因素。

对情境的解释：需要帮助或仅仅是家庭内纷争

在对需要帮助的人提供帮助之前，我们必须将这个人描述为确实需要帮助。观察者可能曾将黛莉萨·伍德和凯特·吉纳维斯的袭击事件看成是一场家庭纷争或者两个恋人之间的争吵。如果这样解释的话，当时的情境就具有不同的含义，人们所选择的合适的行为方式也就会发生相应的改变。人们认为去帮助一个悲痛欲绝的妇女是合适的，而卷入到恋人间的冲突里是不合适的。在宾州州立大学的校内，肖特兰德和斯图(Shotland，Stau，1976)设计了一场很明显的打斗情境：一名女子正在遭受一名男人的袭击。研究的参与者曾被告知来实验室只是为了做一份人格问卷。他们来之后实验者留话说他会晚点过来。在参与者等实验者期间，一个男士和一个女士从离参与者所在房间只有50英尺的电梯上下来，他们正激烈地争吵着，参与者能够很清晰地听到。他们的语言争吵很快就转化为身体攻击。这个男士向该女士发起攻击并且开始围着走廊打她并将她摔倒在地。参与者并不知道，其实这个男士和这个女士都是演员，他们是被雇来表演这场打斗情境的(肖特兰德和斯图曾介绍说这场打斗是很真实的，尽管事先已经告知教员们这里将会发生一场打斗，不过只是演员扮演的不用担心，但仍有一些教员从他们的办公室出来试图制止它)。

在肖特兰德和斯图的研究中，一种情境是在这场打斗还没有上升为身体攻击时，实验的参与者听到这个女士大喊"我并不认识你！"，另一种情境是这个女士大喊"为什么我要嫁给你！"。在第一种情景下，65%的旁观者介入其中提供了帮助，但是当这个女士暗示了他们是、或曾经是夫妻关系时，介入率下降到19%。中立的旁观者对这次身体攻击的录像带进行了等级评定。如果不考虑实验情境的话，打斗的强度和对身体的伤害程度是一样的。但对于受试者而言却并非如此：相同的身体攻击，会由于打斗双方的相识，而使对攻击强度和事件危险性的评价大大降低。

紧急事件发生的情境会影响我们解释事件的方式，这一点是很普遍的。人们总是倾向于将各种情境解释成是无需他们介入或给予帮助的。

德乔恩、玛伯和沙沃(DeJong, Marber & Shaver, 1980)从另一个角度研究了受助者对紧急事件的反应在助人行为中的作用。研究地点是达特茅斯大学的经济——商业图书分馆。图书阅览者看见一位实验者掉了10美元，另一个人迅速地把钱拾走。然后实验者装作并没有意识到钱已经丢了，开始四处寻找他的钱包。当实验者明显发觉他自己丢了10美元时，阅读者更可能会告诉他整个实情。这个调查说明：受助者找不到他那10美元的反应帮助旁观者将"这种情景看成"是明确的而非模糊的，需要帮助的情境。

为什么旁观者不介入其中？责任扩散

即使是我们将一件事情解释为紧急事件，我们也必须做出其他的决策——是否我们有提供帮助的责任。研究表明我们对责任的感知很大程度上是由当时情境中其他旁观者的数量决定的。在详细研读了凯特·吉纳维斯事件之后，达利和拉丁(1968)做出推论，旁观者的"人数"是人们不采取行动的主要的原因：

> 当只有一个人在场时，如果需要帮助的话，这种帮助只能来自于他自己。尽管他也可能会选择漠视……介入这件紧急事件的压力只集中在他一个人的身上。但是，如果现场有几个观察者的话，介入其中的压力就不会集中在某一个人身上；这样，介入的责任就被分摊到所有的旁观者身上，而不是仅指向某一个人。作为分摊的结果，没有人提供帮助。(pp. 377 - 78)

为了验证**责任扩散(diffusion of responsibility)**阻碍帮助行为这一假设。达利和拉丁要求纽约大学的学生参加一个诚实讨论，主要讨论他们在适应大学生活过程中所遇到的一些问题。为了避免面对面交流可能带来的尴尬，每个学生被安排在一个小隔间，隔间之间用声音系统连接。实验者还要声明他不会听这些讨论的，以保证学生有更大的评价自由性。

实际上，每次实验只有一个被试参与，他听到的其他声音都是录音模拟。根本就没有其他的讨论者在现场。这种安排能够使实验者对每个被试的操作标准化，而且有利于安排"紧急事件"出现的步骤。

在讨论过程中，未来的受助者总是首先发言，他会谈论自己在适应大学生活中的一些困难，然后，很犹豫地提到，在他紧张的时候很容易出现癫痫。接着另一个提前已经录过音的讨论者开始他的发言。真正的被试最后发言。当再次轮到未来的受助者发言时，突发事件出现了。在谈论了一些较为温和的评价之后，受助者出现了明显的癫痫发作症状。从被试的扬声器中传出"我……呃……喔……我想我……我……需要……呃……可否……可否……呃……呃……呃……帮帮我……因为……我……我……”(呼吸困难的声音，然后一切又变得很安静)(p. 379)。

实验者坐在被试房间的外面，记录被试需要多长时间才会走出房间为求助者寻求帮助。由于达利和拉丁感兴趣的是在场人数的影响，因此，他们系统地改变了所谓的讨论小组的规模。在一些场景下，他们引导被试相信这个小组是由 6 个人组成的。即他本人、一位受助者和其他 4 位旁观者。另外一些场景下，被试认为小组是由 3 个人组成的。剩下的场景中，让被试认为只有他和受助者两个人在讨论。

表 9.1 列出了不同场景下对紧急状况作出反应的被试所占比例及其反应速度。那些认为自己是唯一目击者的被试，从受助者开始癫痫发作到他们推门而出，寻求帮助平均只用了 52 秒的时间。但是，随着小组人员的增多，所需的平均时间不断延长，直至最终的 166 秒。此外，在大组中仅有 31%的被试试图提供帮助。而当被试认为提供帮助的责任直接落到他们肩上时，也就是说当其认为自己是唯一的旁观者时，绝大多数被试(85%)都会做出帮助行为。这样，通过对紧急情境中一个因素的系统操纵，达利和拉丁得出结论：在场目击者的数量是决定目击者是否会采取干预行动的一个主要因素。

表 9.1 小组规模在反应可能性和速度上的影响

小组规模	被试人数	截至癫痫结束做出反应的百分比	平均时间(秒)
2(被试和受助者)	13	85%	52
3(被试，受助者，一个其他人)	26	62%	93
6(被试，受助者，四个他人)	13	31%	166

来源：改编自 Darley & Latané(1968)

在场的目击者越多，人们提供帮助的可能性越低，这一发现已经被很多的研究所证实，无论这些研究设计的情境是发生在实验室之中还是发生在实验室之外。例如达利和拉丁(1970)在纽约的一个折扣商店设计了一系列偷盗行为。当着一、两个顾客的面，数箱啤酒被偷走。而作为唯一目击者的顾客更可能将偷窃行为告诉商店的职员。

史瓦茨和戈特莱伯(Schwartz, Gottlieb, 1980)第一次提供了直接证据证明旁观者的数量是通过对旁观者个人责任感的影响而进一步影响其助人行为的。被试分别在两种情境下——独自一人或他人在场——注意到了某一紧急事件。他人的在场抑制了被试的帮助行为。之后询问被试对帮助行为的决策。在独自一人的情境下，80%的人都特别提到他们认为提供帮助是他们的责任。而在他人在场的情况下，仅有 17%的人认为提供帮助是他们的责任。显然，人越多并不一定越安全；旁观者越少，我们及时获得帮助的机会就越大。

一项由拉丁和达利(1970,pp. 81－85)所做的很有趣的研究表明,一个人对自身责任的理解不仅会影响紧急状况下他(她)所采取的行动,而且会影响他(她)解释事件的方式。前一部分里,我们介绍了如果旁观者将情境解释为非紧急事件时,他们就不会介入其中。拉丁和达利想知道人们在面对紧急情境又无法责任扩散时,是否会改变他们对事件的解释,以此来逃避介入其中。被试独自来到实验室,表面上是来做一项市场调查研究,安排每个被试在一个房间里填写一些问卷。在他独自待在房间的期间,被试无意中听到有两个孩子在隔壁的房间里玩,不久玩耍变成了一场打斗。可以听到一个年纪大的开始欺负另一个年轻的孩子,即很残忍地对其拳打脚踢。一种实验情境是被试认为只有他意识到隔壁房间里正在发生的事情。因此,制止这场打架事件是被试的责任。在另一个无责任情境下,被试认为在打架期间有一个成年的监护者在场。

在无责任情境中,8 名被试中只有一位企图提供帮助,考虑到有一位成人和孩子们在一起,这个结果并不奇怪。但是在有责任的情境下,成年被试仍然不会去制止这场打斗吗?答案是肯定的。12 名被试中只有一位试图去提供帮助。在没有机会责任扩散的情况下,为什么会出现这种结果呢?显然是由于被试对正在发生的事件的"解释"改变了。如同表 9.2 中显示的:在这种情境下,四分之三的被试认为这场打斗并不是真的。一些被试认为"孩子是不可能打成这样的"。当然,他们是正确的,这并不是一场真的打斗。可能实验者对打斗的处理确实很糟糕。但是,在拉丁和达利的研究中却惊奇地发现,在无责任情境下 8 个被试中只有一位对打斗的真实性做出了怀疑。绝大多数的被试都认为孩子们确实是在打架。这样,能得出的唯一结论就是那些有责任提供帮助的被试总是倾向于将当时的情境看成是不真实的。

表 9.2　相信这场格斗是真实的频率

情　　境	N	相　　信	不 相 信
有责任(只有孩子们在场)	12	25%	75%
无责任(孩子们被监管着)	8	88%	12%

来源：Latane & Darley (1970)

代价的分析

我们现在已经知道,如果人们能够避免负责任,而且如果他们能重新对情境做出解释的话,他们将会产生避免提供帮助的动机。为什么人们不愿意提供帮助呢?为什么人们不想去卷入其中呢?对于这些问题还没有十分满意的答案,但是皮利亚温和罗丁(Piliavin & Rodin,1975)提出的一个模型却能让我们对其有所了解。这些研究者认为：目睹一场紧急事件会使人处于唤醒状态。一般来说，这种唤醒使人有一种很不舒服的紧张感。人们总是力图去减少这种感觉。在很多情况下，旁观者就会选择能最快最彻底地降低这种唤醒强度的反应来应对紧急事件。

介入到紧急事件中并不是减少唤醒的唯一行为。将情境解释为不需要帮助的、离开现场、不再关注此事是另一些可能的反应。何种行为会发生是由对提供帮助的净代价的分析决定的。一般来说，根据**助人代价模型**(**cost model of helping**)，随着帮助代价的上升，即时的介入变得越来越不可能。代价有两种类型。第一种是"旁观者介入的代价"。如果黛莉萨·伍德的攻击者是一个极端凶残的人，那么企图提供帮助的旁观者将会付出直接的身体代价。还有就是旁观者反应过度时所带来的潜在尴尬的代价。也就是说，如果一个受助者并没有真的处于麻烦中，旁观者的介入无疑是很愚蠢的。于是，旁观者身体和心理上的代价将阻止他提供帮助。

第二类代价是如果旁观者不提供帮助的话，"受助者的代价"。受助者的麻烦有多大？旁观者能提供多少潜在的帮助？被一群暴徒袭击的人可能是处在一个真正的危险之中，但是因为旁观者不能够提供更多的有效帮助，所以即使旁观者直接介入其中，受助者所要付出的代价也是不会有所减少的。表 9.3 显示了皮利亚温和他的同事们的研究图式。当旁观者的帮助行为不需要付出很高代价，而且如果他不提供帮助则可能会给受助者带来很大伤害时，旁观者就会立即介入。当旁观者需付出很高的代价时，他就倾向于选择其他手段，从而减少自己的唤醒水平。表 9.3 最右边的纵栏中列出了其他的可选行为。最普遍的替代手段是重新界定当时情境，将其看成是非紧急的，或者并不需要旁观者做反应的。而后者的界定与达利和拉丁所提出的责任扩散概念相类似。如果不是只有一个旁观者而是有很多人在场的话，当介入的代价很高时，旁观者更可能感到没有什么责任要提供帮助。

表 9.3 旁观者代价与求助者代价在不同组合下，中等唤醒水平的观察者的预期反应模式

不提供帮助时求助者所付出的代价	直接帮助所付出的代价	
	低	高[a]
高	(a) 直接介入	(c) 间接介入或者对环境重新解释，对求助者的蔑视等[b]
低	(b) 不定的(很大程度上是由在情境中所感知到的规范决定)	(d) 离开该情境，视而不见，否认等

a. 有一些情境，如严重的火灾、爆炸、坍塌以及船只失事等，求助者很可能会丧生。在此情境下，救助的代价变得如此之高以至于无法估量。这种限制性情境会使旁观者的行动和反应偏离此处所预测的内容。

b. 这些反应降低了不提供帮助时求助者所付出的代价，就会导致(d)

来源：Piliavin, Piliavin & Rodin(1975)

代价模式的验证

旁观者介入的潜在代价可能来自于很多方面。作为一位旁观者，你可能会付出代价，这种代价可能来自于你在帮助他人时所付出的努力，来自于你跑去帮助时所冒的危险，来自于你没有提供帮助而造成的内在奖赏的缺失。如我们在前面指出的，在与黛莉萨·伍德事件类似的情境下，提供帮助所面临的身体伤害是一个很明显的代价。根据皮利亚温和他的同事们提出的模式，这一事实将会减少人们做出直接帮助的次数。

来看一下艾伦(Allen)所设计的情境实验(由 Latané & Darley 描述，1970，pp. 21－24)。在纽约的一个地下铁中，一个睁大双眼，看起来好像迷失方向的人询问一位地铁乘客某一特定地方是在闹市区还是在郊区。当着第二位乘客的面，被问的那个人给问路者提供了错误信息。在这个研究中，第二位乘客是真被试，而问路者和第一位乘客都是实验的同谋者。

这个研究的自变量是问路前出现的情境。一种情境是提供错误信息的人坐在座位上，他的脚跷在另一个座位上。当一个无辜的旁观者(另一个同谋者)绊到他的脚时，他从"MUSCLE"杂志中抬起头，恐吓该旁观者要对他施以暴力。第二种情境是他抬起头，开始大骂旁观者。第三种情境是旁观者既没有被威胁也没有被谩骂。

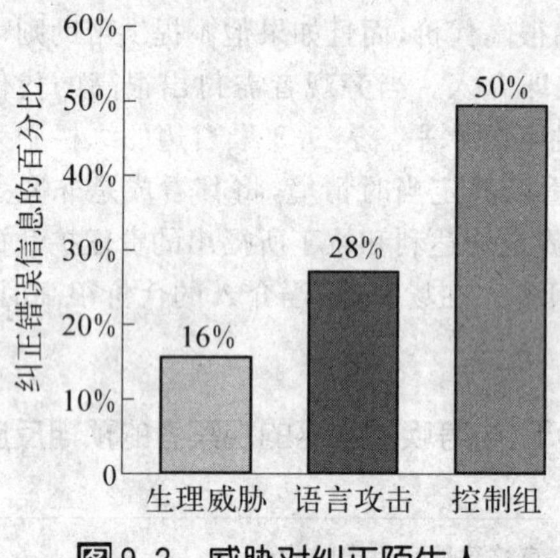

图9.2　威胁对纠正陌生人错误的影响

来源：改编自 Latané & Darley(1970)

目击这些事件的被试意识到身强体壮的回答者给陌生人一个错误的信息。纠正回答者而告诉询问者正确信息应该是很容易的一件事，但是，这需要的代价是什么呢？如图9.2所示：当代价很小时，即当陌生者既没有被恐吓也没有被谩骂时，50%的被试纠正了回答者。当回答者对陌生人进行言语攻击时，只有28%的被试做出了纠正，而当回答者对旁观者施以身体威胁时，只有16%的被试敢去纠正他。

斯特林和戈特纳(Sterling, Gaertner, 1984)对代价模式的一个重要假设进行了验证。回忆一下刚刚的结论：唤醒经验是助人行为的基础，唤醒激励人们对受助者提供帮助。斯特林和戈特纳认为如果唤醒真是做出帮助反应的基础的话，那么在一个情境很明确的事件中，唤醒水平的增加会增加帮助率。他们让男性被试做俯卧撑作为实验的一部分，骗他们说是为了调查生理分心现象。一些被试做了很多的俯卧撑(10个)，这样就会体验到高强度的生理唤醒水平；一些被试做了适量的俯卧撑(5个)；另一些被试一个也不做。然后这些被试观察到了一个明确的紧急事件。他们听到隔壁的房间里有一个女学生跌倒了，而且被压在了一个很重的金属梯子下面。同达利和拉丁的实验(1968)一样，本实验通过被试离开房间的时间长短来反映其帮助该女生的可能性。结果是很清楚的：当这个突发事件情境很明确时，因做了10个俯卧撑而体验高唤醒水平的被试比另外两组被试表现出更多帮助实验女同谋者的行为。很显然，助人行为似乎“的确”是以目击者的唤醒水平为基础的。

根据帮助者和受助者的代价对助人行为的分析不仅引发了大量的研究，而且也有利于理解不去助人的动机。但是，任何单一的分析不能全面解释妨碍人们做出助人行为的复杂原因。格拉德、罗默和考斯(Gruder, Romer & Korth, 1978)的一项研究就曾提出了一个限制条件。他们认为存在于某一情境中的社会规则和道德将以一种戏剧性的方式改变由受助者的代价变量所产生的影响。

格拉德和他的同事们安排一位女同谋者打电话到可能的帮助者家中。使用在先前的几个研究中设计的“错误号码”技术(Gaertner, 1970; Kriss, Indenbaum & Tesch, 1974)，同谋者要求找拉尔夫修车厂。当然，同谋者并没有真的和拉尔夫修车厂取得联系，被试总是会告诉她打错电话了。然后，她就会请求道：“哦，请原谅，请不要挂电话，我是从高速公路上的一个收费电话打来的……”

在半数电话中，同谋者指出她十分需要被试的帮助。她继续说到：“我已没有更多的钱打电话了。你可以帮我吗？可以帮我打电话到拉尔夫修车厂？”对于这些被试来说，很显然如果他们不提供帮助的话会使受助者付出更大的代价。在既没有钱又被困在高速公路的情况下，并不清楚她还能做什么。在另一半电话中，被试认为他们不提供帮助，受助者需付出的代价并不高。因为没有提及缺钱，被试认为打电话者是可以再打给拉尔夫修车厂的。

根据皮利亚温和她的同事们(1975)提出的代价分析推断：如果被试不提供帮助会造成求助者更大的损失时，被试更可能提供帮助。但是，事实并非如此。除了对代价进行系统操纵之外，格拉德和他的助手们将请求者对事件所负的责任作为变量进行了操纵。在半数电话中，请求者补充道：“我曾打算在上周六将车送到店铺去维修的，但是我忘了。现在它出毛病了。”另一半电话里，请求者是这样补充的：“我上周才修的车，但是现在它却出毛病了。”

格拉德和他的同事们认为：至少有一个受助者所要付出的代价以外的会对规范可能的帮助者的决定有影响，并认为：人们认为应该照顾好自己，应该采取一些合理的预防措施，应该避免由疏忽而造成的过失行为。而这些想法已经深深地根植于我们的社会规范之中。他们将这些观念称之为“自给自足规范”。很显然，忘记将自己的车送去维修的人违反了这些规范。因此，研究者认为这些规范将会妨碍对违反者的帮助，除非她是处于非常需要帮助的情境下。在事件不是由于打电话者的疏忽造成的情境下，接到低依赖性电话的被试可能会更多地给予帮助；另一方面，当不提供帮助会给求助者造成很高的潜在代价时，打电话者的疏忽行为将会被看成是无能为力和需要帮助的证据。这种情境下，打电话者的疏忽行为会促使被试做出帮助的决定。

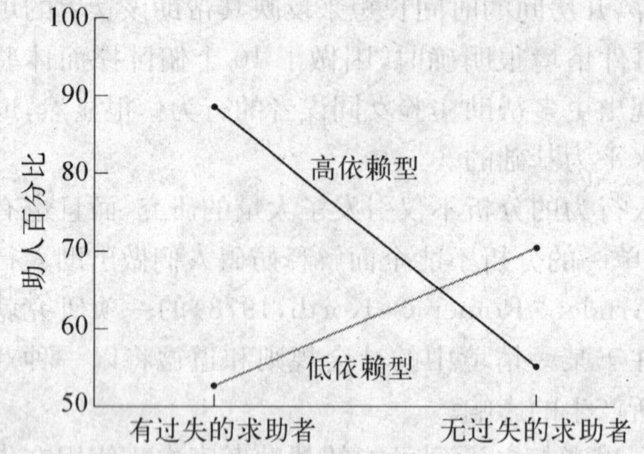

图9.3　实验情境下被试助人行为的百分比

来源：Gruder，Romer & Korth (1978)

结果见图9.3。当不提供帮助的代价很高时（即高依赖性），与无过失的求助者相比，被试将会为有过失的求助者打更多的求救电话。但是，当求助者的依赖性比较低时，很显然被试的自给自足规范会促使被试帮助无过失求助者打出比帮助有过失求助者更多的电话。值得注意的是，单纯地根据被试拒绝帮助而给求助者造成的净代价来做出分析是不能对结果做出预测的——求助者的代价和求助者的过错决定了帮助行为。这说明人们不去卷入某事件的动机仍是很复杂的。代价毫无疑问是一个重要的因素，但是当人们决定提供帮助时，他们也会考虑其他一些因素。

我们也要意识到每个人对某一情境代价的解释是不同的。一些目击者可能认为救黛莉萨·伍德所需要付出的代价太高——企图去制止这场攻击可能会让他陷入到生理安全受到威胁的地步。另一些目击者可能会考虑"不去"介入其中的代价。他们可能会考虑如果其他人能提供帮助的话，不去介入而造成的代价是很低的（例如："我并不是没有良心，只是因为我知道受害者将会得到帮助。"）。克伯（Kerber，1984）提供了一些研究资料来支持这一观点。他发现在圣十字学院，那些给需要帮助者提供帮助的学生比那些没有提供帮助的学生更加认为帮助他人而付出的代价是值得的。从这个研究中我们很难弄清，究竟是因为人们有关"提供帮助的代价低，而不提供帮助的代价高"的观点影响了他们实施帮助行为，还是因为他们已经决定实施帮助行为，所以才支持上述观点。不过，克伯的证据表明，人们对某一情境所带来的代价和报酬的看法是不同的，他们的观念推动了他们决定是否要给予需要帮助的人以帮助。

视窗9.1　在助人行为上存在着性别差异吗？事实还是虚构？

男性和女性在助人反应上有差异吗？对相关资料的大致浏览显示，答案是肯定的。男人显然比女人做出更多的助人行为。回顾有关旁观者介入的文献，在美国和其他文化环境下，男人比女人更可能提供帮助（Eagly，Crwley，1986；Johnson etc，1989；Piliavin，Unger，1985）。

续 表

一些观测结果与上述的回顾结果相反，例如当考虑到某些需要进行助人行为的职业，如护理专业和社会服务业时，结论并一不致。在这些专业领域里，女性占了很大的比例(Johnson 等，1989；Schroeder，Penner，Doviodio 与 Piliavin，1995)。与男性相比，女性更可能为她们的朋友提供社会支持和帮助(Eisenberg & Fabes，1991；Eagly & Crowley，1986)。尽管男性和女性在对直接的求助需求的反应上没有明显的差别，但与男性相比，当求助的需要是通过非言语或者是暗示的方式表达时，女性更容易察觉(Hall，1984；Eagly & Crowley，1986)。

除此之外，男性和女性提供帮助的类型是不同的。例如，男性更可能为一位车子出问题的人提供帮助(Pomazal & Clore，1973)，而女性更可能对陷于情感问题(Smith，Wheller 与 Diener，1975)或者个人问题(Schwartz & Ames，1977)的人提供帮助。另外，求助者的性别也会影响不同性别帮助者的助人行为。特别是，女性更乐于帮助女性朋友和理想中的男性朋友，而不太乐于对比较浪漫风流的男性伴侣提供帮助(Barbee 等，1993)。很显然，求助者和帮助者的性别差异是存在交互作用的，而且，环境决定了不同性别个体的恰当反应。

为什么男性和女性在提供帮助的情境和方式上存在不同？一种可能是他们生理上的差别。一般来说，男性比女性更高、更重，身体也更强壮。因此，如果助人需要使用威逼或力量，比如需要制止一场暴力或救助在冰面上跌倒的人，男性比女性更能提供有效的帮助(Huston 等，1981)。艾丽丝・艾格丽和莫林・克罗利(Alice Eagly，Maureen Crowley，1986)运用元分析方法，验证了在一系列帮助情境中，当某情境被认为更危险时，女性比男性会更少地作出助人行为。这说明男性和女性对助人行为所需代价的看法是不同的(Piliavin & Unger，1985)。

这种性别上的不同表现也许和性别角色有关。艾格丽和克罗利(1986)在对助人相关文献进行回顾的基础上，认为助人行为的不同反应可能是由于不同性别的个体在社会化进程中形成的不同行为方式造成的。女性的性别角色包括一系列的鼓励女性要先人后己，尤其是对自己的家庭成员更要如此的规范。而且，如上面的研究所反映的，艾格丽和克罗利注意到女性被期望只对某些人提供某种类型的帮助。所以，女性的性别角色规定了女性应该主要是关心、照顾他人，特别是在亲密的关系中。或许是作为履行此类角色的后果，女性被认为是更加典型的爱助人的、善良的、有同情心的、有奉献精神的，而且在自我报告测量中，女性自己也报告更倾向于同情、可怜他人。

相对而言，男性性别角色强调两种不同形式的助人行为：英雄主义和骑士精神。英雄主义强调为了他人的利益而不惜牺牲自己，而骑士精神则强调保护弱者

续 表

和无依靠者。这样，男性性别角色详细地解释了男性的助人行为是与众不同（非凡）的，是为了救助他人而卷入冒险行为的，以及为包括女性在内的弱势群体提供周全的、保护性的帮助。 另外，作为典型化社会性别角色的拥有者，男性和女性一般都会获得关于助人的不同技能。如，男性更可能拥有机械或技能服务的职位，而且经常拥有帮助某人修理汽车所必需的技能。而女性更可能占有需要护理能力的职务，因此拥有帮助人们解决个人问题的技能。每个群体都会在与性别角色相关的特定助人情境中感受到更强的自信心和效能感。 艾格丽和克罗利根据他们的回顾推断道：在大部分的自然情境中，特别是有很多的旁观者和可能的帮助者在场，而且没有直接的帮助请求下，人们是按照其性别类型行动的，即当需要男性化的技能而且当潜在的危险会危及女性时，男性会比女性做出更多助人行为。但是，他们也指出，当在需要帮助的情境下，只有他或她一个人在场时，他或她就会倾向于忽略性别典型化技能的限制，而冒着危险去帮助处于困境的受助者。

代价模式的扩展

如同我们所看到的，根据受助者和帮助者的代价而对助人行为所进行的分析引起了人们的大量关注。还有很多的研究致力于发展该理论以使其更为全面（Lynch & Cohen，1978）。最具挑战性的模式或许是由简·皮利亚温和她的同事们提出的（1982），他们认为有三个因素影响旁观者是否介入紧急事件，代价仅仅是其中之一。首先，需要考虑旁观者和受助者之间的**共情（empathy）**。可能的帮助者对受助者的认同感程度如何？影响共情的因素包括：（1）情境特点，如事件的不明确性，旁观者的数量等；（2）旁观者的特征，如年纪、性别、提供帮助的能力等；（3）受助者的特征，如性别、种族、吸引力等；（4）亲缘关系，如我们即使会冒很大的危险或付出很大的代价也会帮助我们自己的孩子等。

旁观者对受助者的共情决定了帮助过程中的第二个影响因素：心理唤醒。旁观者不仅必须经历唤醒，而且还需要将其解释为是由于受助者的困境而造成的。最后，一旦唤醒出现，而且被解释为是由于受助者的困境造成的，第三个因素——感知到的代价就开始发挥作用，即如我们在前面模式中详细说明的那样，决定如何行动：是提供直接的帮助、间接的帮助还是根本不提供帮助。

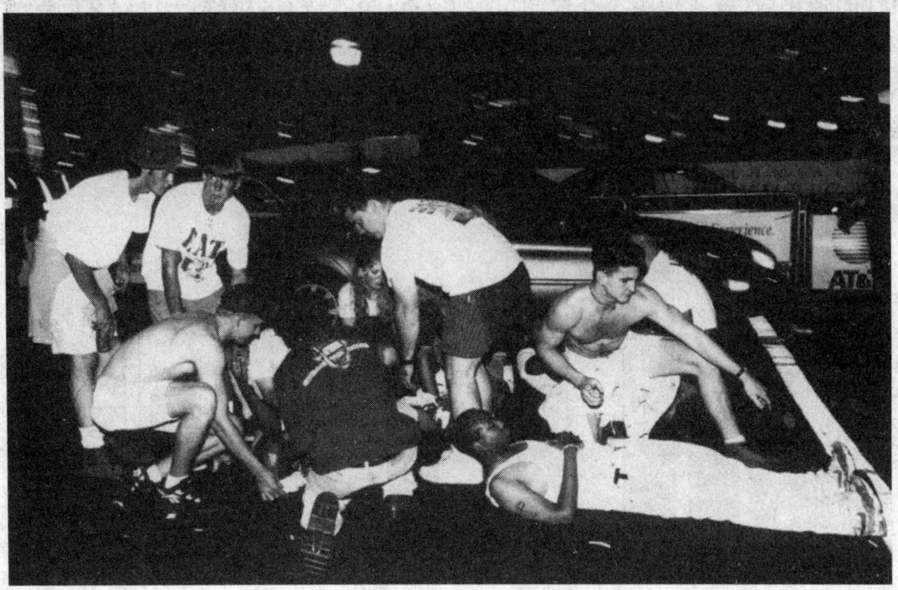

在 1996 年亚特兰大奥运会的百年纪念公园，共情是导致对爆炸事件中的受害者提供帮助的一个很重要因素。年龄的相似性以及相同的危险经历使旁观者对受伤者产生了认同感。

我们何时会提供帮助？促进帮助行为产生的情境

先前的助人行为受到了奖赏

如助人行为的代价分析中所述，我们的行为、价值观和目标在很大程度上已经被我们曾受到的奖励与惩罚所定型和模式化了。助人行为的概括化模式很可能在童年时期就已经通过一系列卷入父母、兄弟姐妹和同伴的事件而形成(Eisenberg，1981)。在一些特定的例子中，助人的倾向可能仅仅是因为从最近相似的助人行为中得到了回报。假如我试着去帮助一位中年人过马路，可是我的尝试却造成我的小腿被踢，那我将不可能再去这样做。另一方面，如果受助者对我的行为反应很热情而且很高兴，即使只是给我一块茶饼作为回报，我都很可能更乐意今后在相似的事件中提供帮助。

莫斯和佩奇(Moss，Page，1972)在代顿和俄亥俄州的一些街道上设计了与上述相似的情境，来探讨得到回报的助人行为与随后表现出的助人行为之间的关系。一个陌生人主动走到一个过路者面前，询问到一个城镇的某个地方该怎么走。过路者总会直接指给陌生人怎么走。实际上这个陌生人是实验的同谋者，他会对过路者的行为做出不同的反应，如积极的反应说："谢谢"，或者消极的反应如埋怨："真不知道你在说什么！算了，还是去问一下别人得了。"或者做出中性的反应如"好的"。在受到正性的或者负性的强化后（或者根本不在控制情境下），过路者接着会看到一位妇女的一个小袋子掉到了地上，而且她并未觉察。在此情境里，谁会停下来帮助这个妇女呢？图 9.4 显示：与先前对陌生人做出的助人行为得到了负性强化的人们相比，先前行为受到正性强化的人们更可能去帮助这个妇女取回她的包。

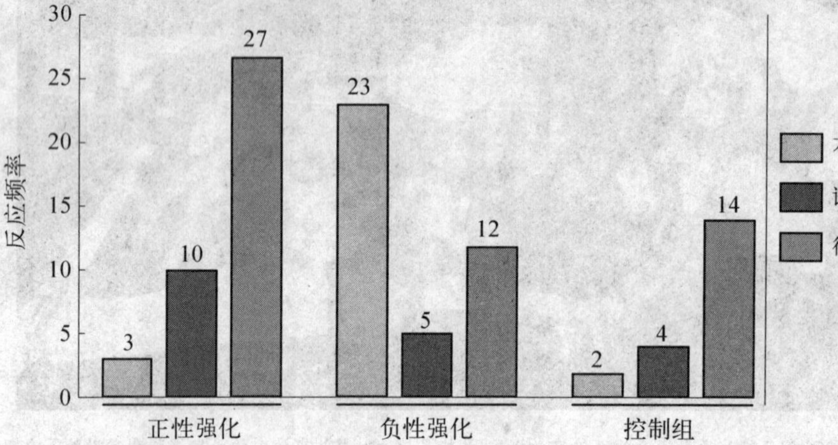

图 9.4　受到正性或负性强化后助人行为的频率与类型

标注：行动帮助是指帮助他人拾起掉的袋子；语言帮助是指提醒他人袋子掉了
来源：Moss & Page(1972)

这种现象被称为是“相互依存”，它可以和从帮助“获取型”的父母那里所获得的回报相联系。根据黛博拉·里昂和杰弗·格林伯格的研究（Deborah Lyon，Jeff Greenberg，1991），在成长过程中通过服从于有机能障碍、有依赖性的父母而获得赞扬和自尊的孩子会在将来寻找机会去帮助与父母相似的人。这些孩子就形成了相互依存，因为他们关于能力和自我价值的感觉是和帮助依赖他们的父母相连的，而他们的父母则是由于酒精或物质滥用等原因而造成了机能障碍。因此，与那些未曾在一种相互依存的关系下成长起来的人们相比，他们长大后更可能会给予那些获取性的人们以帮助。

为了检验该假设，一批女大学生被征召做为一项关于心理与个人观念研究的参与者，研究之前，一半的参与者在调查中显示父母中有一位有酒精滥用问题。在研究开始时，所有的参与者都会遇到一位男性实验者；实验者的同事会告知一半的参与者，实验者和他女朋友之间是一种获取型关系；而告知另一半参与者，实验者与他女朋友之间的关系是给予型的。在参与者完成心理测验之前，男性的实验者会询问参与者是否愿意腾点时间参与他的另外一个研究，因为那项研究的经费很低。结果，如表 9.4 所示，曾报告父母中有酒精问题的女性腾出了明显更多的时间去帮助获取型而非给予型男性实验者，而未曾报告父母中有酒精问题的女性则腾出了更多的时间去帮助给予型而非获取型的男性实验者。这项研究的结果表明：从帮助获取型父母那里获得的心理回报会一直持续到成年期并且影响他将来的助人行为。如果他们的自我价值感是和帮助有机能障碍的他人相互依存的话，儿童将学会在成年期寻找与此相似的助人机会。

表9.4 测量期间所腾出的平均时间

	实验者的状况			
	获取型		给予型	
组	M	SD	M	SD
相互依存	133.84_1	54.24	12.50_2	29.88
非相互依存	0.00_1	0.00	60.00_2	70.06

标注：需要的时间范围为0—180秒，没有共同下标的平均数差异在$P<0.05$显著
来源：Lyon & Greenberg(1991)

好心情

当我们心情很好的时候，一些奇怪的事情出现了：我们会在路上哼唱，在公共汽车上为他人让座，甚至可能去为那些需要帮助的人们提供帮助。艾丽丝·伊森(Alice Isen, 1970)让在某一郊区学校系统的教师们相信他们在一个任务中做得很好或者很差，然后，一位实验室同事进入房间，要求为学校捐钱买空调。认为自己曾做得很好的教师，大概因为很开心而且很有成就感，会比认为曾做的差的教师捐出更多的钱。同样地，伊森和列文(Levin, 1972)暗中进入电话厅并且放置了一些硬币在硬币出口处，让被试能偶尔发现。当这个被试从电话厅里出来时，一个女性实验同谋者会正好在被试面前掉了一些马尼拉纸币。在幸运感的鼓舞下，在电话厅发现硬币的被试会比没有此运气的被试更可能做出助人行为(比较 Isen, Clark & Schwartz, 1976)。

在随后的自然实验中，从当地电影院出来的人们被请求去为生理营养失调基金捐钱，如果人们曾经看的是一场悲剧而非喜剧的话，会更少去捐钱给福利机构(Underwood 等, 1977)。

最后，在一些特别的情境中，好心情并非都会导致更多的助人行为，坏心情也未必会导致更少的助人行为。伊森和西蒙兹(Simmonds, 1978)发现好心情的人们并不希望因提供令人不快乐的助人行为而破坏自己的好心情。罗森汉、萨洛韦和哈基斯(Rosenhan, Salovey, Hargis, 1981)的研究表明导致助人行为的快乐是与“自己的”快乐有关的。他们发现如果人们的好心情来自他人的而不是自己的好运气，那么这种好心情并不会导致更多的助人行为。另一方面，由于一些事情发生在自己身上而产生

坏心情的人们，会更不可能做出利他行为。但是如果坏心情是因为一些事情发生在别人(如朋友)身上造成的，他们似乎会因为更同情受害者而增加助人行为(Thompson, Cowan & Rosenhan, 1980)。

其他人提供了帮助

模仿的概念已经在心理学中被广泛的使用。我们学的很多事情都是来自于我们对某一榜样(如父母、教师、朋友)的行为的观察(Bandura & Walters, 1963)。如果我们观察到榜样以某种方式行动的话，我们很可能会自己去尝试这种行为。布赖恩和特斯特(Bryan, Test, 1967)想了解是否男性摩托车手会在一个高速路上停下来帮助一位正试图修理轮胎的女士。他们发现如果摩托车手刚刚看到一个男性摩托车手停下来帮一位女士换胎的情境，他们更可能停下来提供帮助。也就是说，人们更可能在有一位助人榜样存在的前提下提供帮助。麦考利(Macaulay, 1970)的研究进一步支持了布赖恩和特斯特的榜样假设。她发现当看到一位榜样捐钱给救世军捐款箱时，人们的捐款行为增加了。对慈善行为的模仿可能在电视连续节目中最为常见，一方面是因为慈善机构需要钱，另一方面既然我们在提尼克、西雅图、哥伦布或者维奇托的邻居们都已经捐了，那么我们也应该捐一些。

时间允许

可能你对善良的撒马利亚人这则寓言故事比较熟悉。

某人正从耶路撒冷去耶利哥，碰到了一群强盗，他们抢劫了他的东西，并打得他只剩下半条命后离开了。偶然间，一名牧师从该路走过，牧师看到了他，但是却从路的另一边走过。同样一个利未人走过……但是当撒马利亚人周游到此，看到了这位可怜人后很同情他，帮他把伤口包扎……然后让他坐着自己的牲畜，把他带到了一个酒馆。(Luke 10: 29 - 37)

在这则寓言中，高尚的流浪者——撒马利亚人，比匆忙离开去耶利哥的牧师和利未人更有善心。达利和巴特森(Batson, 1973)用耶稣寓言来探讨一些可能会影响人们对需要帮助的人提供帮助的因素。他们设置了一种情境去证明(1) 正在做道德或者伦理思考的人们会比思考其他问题的人们更少给予受助者以帮助；(2) 急于解决个人事务的人们会比不着急去做自己事情的人们更少地为需要帮助者提供帮助。

某一神学院的学生自愿去做一简短发言。要求一半的学生去谈论善良的撒马利亚人这一故事的伦理、道德和社会的意义，而要求另一半去谈论撒马利亚人有趣的雇佣机会。演讲需要被录音，而有录音设备的房间在另一个建筑物内。而一半的被试在他们去的途中被告知他们已经晚于预定时间；另一半被告知他们还有足够的时间。

在两个建筑物之间的路上，每一位被试都会遇到一位男士，坐在门口，头低垂着，眼睛紧闭，一动不动。当被试走过时，这个男士不停地咳嗽着，呻吟着。

被试会停下来看看出了什么事或者提供帮助吗？在经过这位需要帮助的人身边时，被试是否正在思考“善良的撒马利亚人”的寓言故事？被试是否如同寓言中的利未人和牧师一样匆忙赶路？受助者仔细地在一个六点量表上对被试的反应进行了打分，范围从根本没有注意受助者到坚持要带受助者去某地方医治。

结果支持了达利和巴特森的假定(1973)。用他们的话说：

> 并不匆忙的人会停下来并给予在困境中的人以帮助。身处匆忙中的人很可能继续做自己的事情——即使他只是为了赶着去做一个关于善良的撒马利亚人寓言的报告，这无意中正验证了寓言的主题。的确，在一些情境下，一位神学院的学生会为了做关于这则寓言的报告而如同寓言字面上所描述的那样，匆匆忙忙地从受助者身边走过(p. 107)。

对“善良的撒马利亚人”这则寓言故事是否还可以作其他解释呢？巴特森和他的同事们(1978)认为，也许牧师和利未人考虑到他们现在去耶利哥要做的是更有价值的、更慈善的事情，从而没有给需要帮助者以帮助。总之，不去给予帮助的人认为帮助的代价要远低于不能到达耶利哥而造成的代价。巴特森和他的同事们重复了达利和巴特森的研究程序。一半的被试是时间紧迫的，一半被试是时间宽余的。而且，使一些被试相信他们的任务是很重要的，使另一些被试认为他们的任务并不重要。这次，“善良的撒马利亚人”中的内容只在被试认为他的任务十分重要，而且时间很紧急的情况下重现。

在对“善良的撒马利亚人”所做的研究中应该加一个注释。之前，我们曾讨论过一系列决策过程链，它们被人们用来决定是否要对受助者提供帮助。决策链开始于注意到正在发生的事情。达利和巴特森报道说，许多迫于时间压力而匆忙行事的被试甚至没有向呻吟的受助者方向看一眼，并且根本没有听到受助者的咳嗽和呻吟。日常生活中的时间压力会使我们对在一般心态下能明显注意的事情视而不见。

做出利他的归因

认为自己是乐于助人的人更可能以利他的方式来行动。我们曾在前面提到，人们是通过举实际事例和情境提供的线索来对自己和他人的行为进行归因的。因此，如果人们将自己最初的助人行为解释为是因为本身的利他心理倾向，他们将会更可能在下次相似的情境中做出利他行为。

保赫斯、沙佛和唐宁(Paulhus，Shaffer，Downing，1977)证实，如果人们去献血是出于献血的利他成分(即人道主义和无私)，而不是其所提供的个人利益(如捐献者可以免费使用血库的储存)，那么他们会更愿意今后再次献血。这对于第一次献血的人来说更是如此，因为对他们来说，他们对自己行为的归因还不是特别明确。

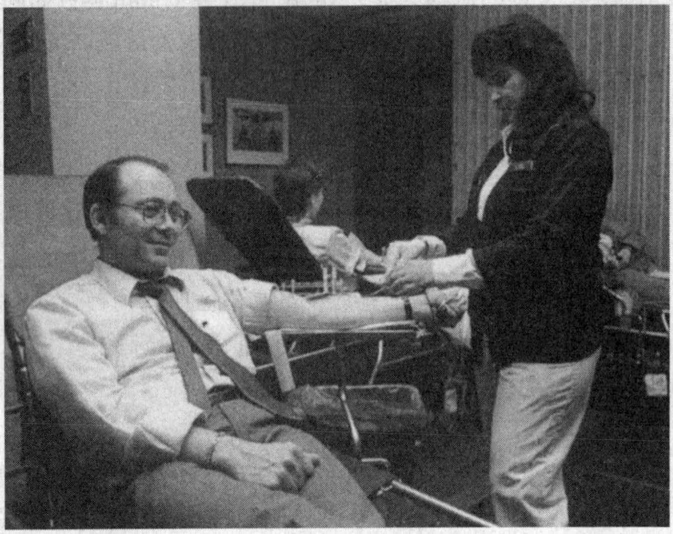

反复献血者的行为似乎更倾向是被人道主义和捐献的无私所驱动。

在一个相关情境中，巴特森和他的同事们(1978)证实：在存在可能的外在原因的情况下，做出利他行为的人们可能会对自己的行为做出很低程度的利他主义归因。进入堪萨斯州大学行政楼的学生们遇到了实验的同谋者，并被要求帮忙填写一份问卷。一些学生的帮忙并没有得到报酬，另一些学生则在他们提供帮助后得到了报酬。这种情境和列普与他的同事们的“过度理由”研究(Lepper，Greene & Nisbett，1973)十分相似。即内在动机因被许诺的丰厚报酬而削弱。在这些研究中，堪萨斯州大学的学生如果在知道有报酬的情况下做出了助人行为，就认为自己并不是很乐于助人。即便报酬只有 25 美分，知道有报酬并做出了利他行为的被试，很少能够使自己相信他们助人是因为他们是很乐于助人的。在事后才知道有报酬和根本没有得到报酬的被试认为他们是乐于助人的。如保赫斯、沙佛和唐宁(1977)的研究所显示的，这些人更可能在未来表现出更多的助人行为。

规范指引我们提供帮助

我们已经知道有几种规范是对利他行为进行描述的。一般我们把给予需要帮助的人以帮助这种观点称为是一种**社会责任规范(social responsibility norm)**。我们也看到，在评价朋友时，我们把助人行为作为了规范行为的一部分。但是，很显然我们并不总是做出利他行为，事实上，我们是能容忍存在于我们所持的规范和实际行为之间的不一致的。

互惠规范(reciprocity norm)提供了一个可能途径去理解利他行为发生的情境。人们总是倾向于根据对方对其内心的自我暴露程度来做出相应的自我暴露。古尔迪纳(Gouldner，1960)认为互惠规范是更为普遍存在的，而且体现了一种观点：即我们将会帮助那些曾经帮助过我们的人，而且不会伤害他们。他认为互惠规范并不包括老弱病残人群，而这些人正是社会责任规范要求人们给予帮助的对象。

如果你希望你认识的人能给你以帮助，你就需要让他记起你曾给予他很多帮助："记得上次你要我帮你……"这种民间智慧通常是很有效的，正如高兰森和伯克维茨(Goranson，Berkowitz，1966)所演示的实验。一位实验者或者是出于自愿或者是被迫无奈给被试以帮助，然后，被试有个机会可以帮助该实验者。即便是被试认为他们不会再见到实验者，只要实验者曾帮助过他，他都会提供给实验者以帮助。这一效果在实验者曾是自愿提供帮助的情况下更为明显(见 Kahn & Tice,1973)。

我们帮助谁

喜欢的人

一些人如果需要帮助的话，会比其他人更可能得到帮助。很明显，家庭一员如果陷入困境的话，我们会迅速提供帮助。尽管特塞和史密斯(Tesser，Smith，1980)研究表明如果助人意味着助人者将处于尴尬地位的话，朋友并不会比陌生人得到更多的帮助，但在大部分情境下，朋友会比陌生人更容易得到帮助。

尽管陌生人的需要很急迫，但是如我们所看到的，他可能会、也可能不会得到帮助。所以并不奇怪一些研究结果得出人们会给予喜欢的而非不喜欢的人以更多的帮助(Goodstadt,1971)。本森、卡拉贝尼克和勒纳(Benson，Karabenick，Lerner，1976)在某机场做了一个自然实验，以了解外表上的吸引力对可能获得的帮助的影响。选择的被试是那些使用一个特定电话厅的人，这个电话厅里有一个已完成的研究所申请表、一张照片和一个贴过邮票的信封。很明显这个申请表是应该被邮寄出的，但是申请者却忘在了电话厅里。被试是否会给予帮助将申请表放入信封然后寄出呢？对被试的观察表明他们的反应依赖于照片上申请者的吸引力。即如果照片是很漂亮、很有吸引力而不是没有吸引力的话，被试更可能将申请表寄出。

相似性：种族与观念

种族的相似是否会影响助人行为？人们更可能去帮助同一种族的求助者吗，还是助人的决定是不受肤色影响的？研究表明该问题的答案并不简单。在塞缪尔·戈特纳和约翰·德奥维德(Samuel Gaertner，John Dovidio，1986)的一系列研究中，只有在作为旁观者的白种人能责任扩散(也就是当其他旁观者在场)时，他才会歧视黑肤色求助者。而当他是唯一的旁观者时，白种人帮助黑人求助者和白人求助者的程度是相同的。随后的实验也观察到了种族相似效应。当白人将他们的唤醒错误的归因成是安慰剂的原因——即当白人旁观者的紧张可以有其他的模棱两可的解释时，黑人是受到歧视的。这些研究的结果都说明当一个人很明显是需要帮助时，明显的种族歧视是不存在的，但是，如果当时的紧急情境是不明确的，旁观者将根据种族相似来决定他们去帮助谁。

“不，很抱歉，我没有多余的一角硬币，但是，我的确看见在不到两个街区后的水沟里有一枚。”

很显然，我们也倾向于去帮助那些和我们思想相似的人。埃姆斯维勒、迪克斯和威利特斯（Emswiller，Deaux，Willits，1971）曾让学生装扮成嬉皮士，或者打扮得很保守，然后让他们请求路过者给他一角硬币打电话。在 20 世纪 70 年代早期，着装风格经常代表着政治和社会意识形态（Darley & Cooper，1972）。结果显示人们会更可能去满足有着相似着装风格的人的请求。嬉皮士总是明显地对另一位嬉皮士很大方，保守型着装的个体对看起来比较正统的请求者更大方。可能人们更倾向于帮助和自己观点比较一致的人，而不是和自己的观念很不同的人。

值得帮助的人

假如在超市收款柜台前排队时，站在你前面的人转向你说：“抱歉，我拿的现金好像不够，你可以给我一些钱吗？”如果此时你注意到这个人买了一些非必需品时，你会做出不同的反应吗？贝克曼和卡姆赞（Bickman，Kamzan，1973）的一项研究表明在此情况下，所做出的反应会有很大的差别。在该研究中，如果该女性购物者买的是一箱牛奶，而不是一袋甜饼圈的话，被试更可能给她一角硬币。不到一半的被试给予买甜饼圈的女性以帮助，却有三分之二的被试帮助女性购物者买牛奶。在这项研究中，种族也是影响因素之一。但是，研究者发现该女性想要购买的物品性质（以此衡量该女性是否是值得帮助的）比她的种族更能影响被试的慷慨行为。

他人求助的方式也会影响我们对其是否值得帮助所做的判断。如果一位乞丐向你乞讨些零钱，你会如何反应？如果该乞丐向你要 17 美分，你又会如何反应？你的反应是否不同？在一项对不同请求方式进行的研究中，迈克尔·桑托斯、克雷格·里夫和安东尼·帕特坎尼斯（Michael Santos，Craig Leve & Anthony Pratkanis，1994）训练大学生在加利福尼亚的圣克鲁斯海港的木板路上行乞。一些学生乞丐请求购物者随便给一些零钱或者两角五分钱；一些请求 17 分或者 37 分。结果见表 9.5。当乞丐提出的请求很具体时（17 分或 37 分），提供帮助的购物者的数量是请求很模糊（有零钱吗？）时提供帮助的购物者的两倍。桑托斯和他的同事们得出结论：具体的钱数会提示我们请求者已经在头脑中对钱的使用有明确规划。这样也就使帮助的请求合理化了。

表 9.5 实验 1 中不同处理方式下的顺从和请求率

	奇怪的请求		一般的请求	
	低 17 分	高 37 分	低 25 分	高 未知
顺从的百分比	42.5	30.6	30.6	15.3
赠送的平均值	0.32 美元	0.41 美元	0.41 美元	0.63 美元
人 数	73	72	72	72

来源：Santos, Leve & Pratkanis(1994)

在第二章，我们分析了一些理论，用以描述对我们所处环境中的他人进行归因的方式。不奇怪，如同我们对人们的特征作出推断一样，我们是否会满足一个人的请求而去帮助他也会受到归因类型的影响。根据伯纳德·韦纳(Bernard Weiner，1986)的研究，当某人的帮助需要被归因为可控因素如努力不够，我们更可能会感到很生气而不提供帮助；但是，如果帮助需要被归因为不可控因素，如坏运气，我们更可能会同情他而提供帮助。在一项研究中，施密特和韦纳(1988)证明如果学生声称他有视觉缺陷（不可控因素）而不是因为去海滩而缺课（可控因素），他更可能从同学那里借到讲稿。因此，相对于由不可控因素而需要帮助的求助者来说，当他是出于可控原因求助时似乎更不值得给予帮助。

施密特和韦纳(1988)研究的一个重要发现是：尽管对学生求助的归因会影响对是否值得的评价，但这些归因引发的情感因素在做出助人决定时也起关键性作用。尤其是当参与者做出了不可控归因后，他的同情感越强，则越可能提供帮助。正如下一段将讨论的，对求助者需求的情感反应对我们助人的决定起十分重要的作用。而驾御我们动机的情绪本质在利他行为研究中却是长期争论的根源之一。

什么激励人们助人

利他主义与利己主义

到目前为止，我们已经讨论了助人行为前的一系列情境。很明显，事件发生的环境在我们做出助人决定方面起到很重要的作用。但是，你可能会质疑，情境因素，如旁观者的数量、或者助人的报酬等如何去完全解释一个士兵为了救他所在的排而拉开身上的手榴弹冲入敌军中。也许我们会怀疑，如何用情境因素来解释某些人，如救火员和救生员，每天冒着生命危险去救助他人的生命。这些人的行为是由什么所驱动的呢，是做英雄或得到赞赏的利己心理，还是完全出于他人的利益，从而无私地奉献？

我们先来回顾一下杰瑞·舍梅尔的故事。他的行为体现了利他主义和无私奉献的人类品格。1989年7月19日，美国中西部是一个很不错的星期三，联合航空公司的232航班已经从丹佛起飞，像往常一样在万里无云的天空中飞向芝加哥。但是对于在巨大的DC10喷气飞机中的290名乘客和机务人员来说，这一天将要发生一些不寻常的事情。经过一个半小时的飞行后，飞机在爱荷华州上空行进。午饭开始供应，杰瑞·舍梅尔和其他的一些乘客正在看一部战争片。突然，他们听到一声巨响，然后飞机开始抖动。飞机尾部的两个发动机爆炸了，锯齿状的碎片在机尾四散。处在37 000英尺高度的232航班突然失去了控制。

飞行员和机务人员花了30分钟的时间努力去调整飞机的方向以能在苏城的飞机跑道上降落。但是离跑道还差500英尺，飞机的右翼已经倾斜而且撞到了地面。飞机颠簸着并开始着火。看到飞机的碰撞和紧接着产生的巨大火球的人们都认为不会有人能生还。

奇迹般地，尽管飞机发生了如此严重的碰撞和爆炸，却有一半以上的乘客幸免于这次碰撞和最初的爆炸。一些人从飞机的出口爬了出来，从容地走到了安全地点。但是，象杰瑞·舍梅尔这样的人脑中却还有其他的想法。尽管通向安全的道路已向他敞开，舍梅尔却没有选择它。一个婴儿在哭啼！舍梅尔决定要找到他。烟雾笼罩着飞机，似乎仅有一分钟，剩下的油箱就会着火，还在飞机中未出去的乘客将会全部在爆炸中毁灭。但是，舍梅尔仍在寻找。他接近了哭声，开始用手在地板上摸索，最终找到了仅一岁大的塞布丽娜·米切尔森。他迅速抱起这个婴儿并把她带到了安全地点。随后更好的消息传来，塞布丽娜的父母亲也幸免于难，一家三口在晚上又相聚在一起。

1989年，杰瑞·舍梅尔冒着生命的危险返回喷气客机救出一个一岁的孩子，这种行为是利他主义的最完美代表，具有无私的气概。

最后，共有170人在联合232航班的爆炸中幸免，这些幸免者中有些是由那些曾经是陌生人的乘客冒着生命的危险救出的。

是什么促使象杰瑞·舍梅尔这样的人做出助人行为的？关于这个问题存在两种观点。这些观点涉及哲学家们争吵了几个世纪的、关于人性的基本问题。我们为了他人的利益而行动是因为人性本善吗？或者我们明显的助人行为仅仅是由于一些比较隐含的利己倾向造成的？让我们来验证一下这些观念。什么是助人行为的利己动机？很显然，当路人皆知某个绅士会给予帮助他的人很多报酬时，那么有人帮他过马路我们就不会觉得奇怪。而且如果目睹了这一行为，我们就会猜想这个助人行为是利己的。显然，当研究者对上述猜想进行讨论时，助人者获得的报酬将解释他的行为。而如果没有报酬的话，我们很可能将行为看成是无私的——真正考虑到他人的困境而提供帮助。但是在这里，我们提出一个既富有吸引力却又很敏感的话题：助人行为真的是利他吗？

回想一下你曾见到的助人行为。可能一位学生知道他的室友生病了，就自愿代她去听一节很重要的课并做了笔记。你可能会认为这个学生的行为是利他的：她纯粹是出于对她朋友感受的考虑，而没有想过个人需要或者报酬。或许你也会认为，在某种意义上，这个学生是为了让自己快乐。例如：这个学生可能由于她朋友有病而感觉比较痛苦，离开她的朋友，不把重要课的笔记记好，可能会使这个学生更为痛苦，所以她自愿去听课是为了减少她的痛苦。也就是说，代她朋友去听课对她来说是有回报的。这样，人们就不会再认为她是在助人，而且也不会认为她的室友会从她的行为中获得好处。在这个例子中，这个学生并没有试图获得回报（尽管这种想法有时是助人行为的原因之一）。但是，问题依然是：助人者满足了谁的需要？她是为了满足室友的需要呢？还是为了减少自己的痛苦感？

19世纪的哲学家奥格斯特·孔德（Auguste Comte）是第一个对上述的区别进行解释的。他认为一些助人行为是以个人的自我满足感为基础的。他将其称为**利己主义（egoism）**。同时，他认为人们也会被为他人而活着的想法而驱动。为了描述这种基本的无私愿望，孔德造了一个词——**利他主义（altruism）**。那么助人者为什么助人？杰瑞·舍梅尔为什么助人？如果我们比较关注利己主义，我们就会寻找该行为的报酬，如自我奖赏（"我是一位很大方的人，因为做了我应该做的事"）、避免有犯罪感或感到羞愧（"如果我不提供帮助，我将不能原谅我自己"）、减少痛苦感（"当我看到一个人需要帮助时，我会觉得很尴尬；而我提供帮助后就会觉得好多了"）。认为舍梅尔是出于利己主义而冒着生命危险发现了婴儿米切尔森，这一观点绝非是在贬低助人行为。认为人们因为帮助了需要帮助的人而自我感觉很好，这也不是对助人行为的轻视和否认。

但是，利他主义唯一的终极目标是为了其他人的利益。即只关注于他人，而没有意识到自己的利益。丹尼尔·巴特森和他的同事们（Daniel Batson，1987；Batson，Duncan，Ackerman，Buckley & Birch，1981；Batson，Fultz，Schoenrade，1987；Batson，Dyck，Brandt，Batson，Powell，McMaster & Griffith，1988；Batson，Sager，Garst，Kang，Rubchinsky & Dawson，1997）提出，真正的利他主义来自于共情——能感知他人的情感和幸福（Batson & Oleson，1990）。当某人需要帮助时，共情将会引起同情、怜悯和温情。根据巴特森的研究，共情产生了利他主义的动机。而这种利他主义是以需要帮助的人们的利益为最根本的目标的。

共情——利他假设(empathy-altruism hypothesis)认为共情产生了利他，而且这只是人们助人的一个原因。共情——利他假设并没有排除做出利他行为的其他动机。如图 9.5 所示，巴特森和他的同事们认为：个人痛苦感的减少——也就是利己主义——是助人的一个动机，但我们称之为利他的是另一种更为无私的、关心他人的动机。根据共情——利他观点：如果任何其他的助人原因都不存在，有利他主义的个人仍然会给需要帮助的人以帮助。

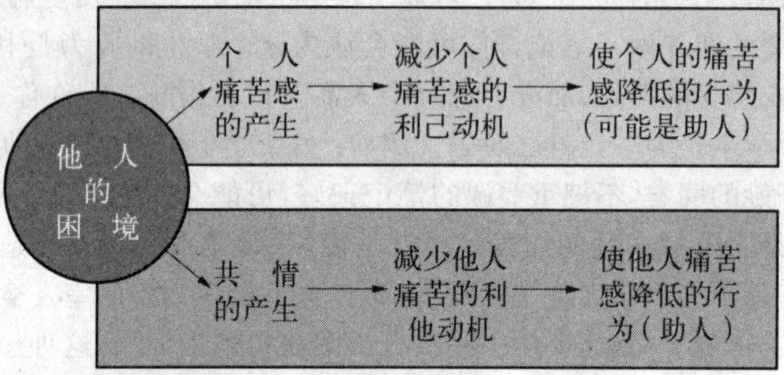

图 9.5 痛苦(distress)与共情

根据 Batson 等(1987)，亲自感知到他人的痛苦会导致个人的痛苦感或者是共情。不同的感情产生了不同的动机和行为目标。
来源：Batson，Fultz & Schoenrade(1987)

为了用实验去验证共情——利他假设，巴特森和他的同事们设计出一些有关让被试看到某人的困境，然后决定是否提供帮助的标准化情节。其中一个情节(Batson，Duncan，Ackerman，Buckley & Birch，1981)如下：女学生被介绍给一位叫爱拉的人认识。研究者在一个爱拉为受试的实验中观察被试。爱拉的工作是完成 2 分钟的回忆任务。在任务中，爱拉受到了一系列随机性电击。实际上，被试是通过录像带观察到了这一过程，但却让她们相信她们是通过闭路电视观看的现场实况。录像带很清楚地显示了爱拉被电击所造成的痛苦。然后告知被试爱拉曾经有过一次被电击的经历，而那次电击对被试来说是很难忍受的。无疑，被试感到很烦恼。实验者对被试做出的情感归因进行了控制。在先前的时候，爱拉和参与者曾填写了一张问卷，以帮助被试形成对爱拉的印象。爱拉的问卷是由实验者的一位同伴填写的，于是出现了所填的内容和被试所填的相似或者完全不同两种情境。一半的被试读了与他回答相似的问卷，这样就将他们的唤醒归因为共情，另一半的被试读了不同的问卷，就将其唤醒归因为个人的痛苦。

然后，被试有一个机会可以通过和爱拉换位置，替爱拉承受电击来帮助她。哪些被试会提供帮助呢？巴特森和他的同事们预期：感到痛苦和有共情感的被试都会提供帮助。有共情感的被试提供帮助是因为他们真正关心爱拉。而痛苦的被试是为了使个人的、内心的痛苦感受减轻而提供帮助的。因此，巴特森和他的同事们引入了一个可区分两种情境的实验处理设计。一半的被试被告知他们可以在实验的任何时候离开。对爱拉进行了每组10个序列的多组实验，在这些序列中爱拉会受到电击。这些容易逃脱的被试被告知，他们可以决定与爱拉交换位置，待在这里继续观看，或者离开。于是在这种状况下，被试很容易选择一种方法来减轻自己的痛苦。如果看到爱拉受苦让他们感到很不舒服的话，他们可以选择离开。另外一半被试则处于很难逃脱的状况。他们不得不坐在那里，看着爱拉忍受10个序列的实验。如果这些被试感到很痛苦，那么他们只有一种选择来减少不适，那就是与爱拉交换位置。

结果证实了巴特森和他的同事们的假设。不管是很容易或是很难逃脱，有共情感的被试都倾向于帮助爱拉。他们的这种行为似乎是由于爱拉的，而不是自己的痛苦而做出的。另一方面，感到痛苦的被试只在当助人是唯一能减少个人不适的途径时才帮助爱拉。如果感到痛苦的被试能很容易地离开这种情境，那么他就不会做出助人行为。

巴特森、奥奎因、瓦德普勒斯和伊森(O'Quinn, Fultz, Vanderplas, 1983)重复了该实验，进一步支持了在共情感和自我的痛苦唤醒之间区别的重要性。所不同的是，实验者代替了在被试观看爱拉的困境之后，对被试经历的感受进行操纵，他们要求被试去描述在看到爱拉的遭遇后的感受。根据回答，被试被分为个人困扰型和共情感型。再次地，被归类为共情感型的被试不管逃脱是否容易，都会选择助人；而个人困扰型的被试只在很难离开的情境下做出助人行为。所得数据资料见图9.6。

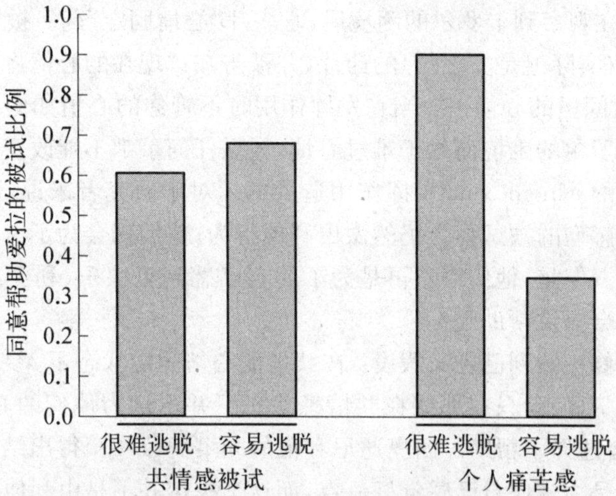

图9.6　共情感和痛苦感的比较研究以及易逃脱状况下给予帮助的概率结果

来源：Batson, O'Quinn, Fultz, Vanderplas & Isen(1983)

改进后的利己主义假设

从上面描述的那些研究里是否可以推论出，人们纯粹是出于利他的原因而助人的呢？罗伯特·西奥迪尼和他的同事们(Robert Cialdini，Schaller，Houlihan，Arpps，Flutz & Beaman，1987；Cialdini，Brown，Lewis，Luce & Neuberg，1997)却不这么认为。西奥迪尼和他的同事们认为，巴特森和他的合作者对利己主义的理解是错误的。当人们看到他人处于需要帮助情境时，体会到的并不是如紧张、焦虑等的痛苦感，而是难过感。他们觉得很难过、压抑。他们需要去减少这种感觉，而使他们的心情变好。帮助需要帮助的人在某种情况下改变了当时的情境而使难过感减少。这其实是对利己主义概念的一种有趣扭曲。利己主义认为我们帮助他人是为了控制我们自己的心情。看到他人处于困境使我们感到很难受，助人被看成是为了满足自己开心需要的一种方式。因此，西奥迪尼和他的同事们认为有共情感的被试在可以逃离该情境的情况下依然做出助人行为并不奇怪，因为逃离并不能实现目标，不能提升心情，因此，这些被试仍然需要助人。

在对上述观点进行论证的一个研究中，西奥迪尼和他的合作者(1987)推断：将自己的情感解释为有共情感的被试将会在大部分情境下都做出助人行为，除非助人并不能使他获得快乐。为了去验证该假设，研究者让参与者遇到了一个需要帮助者(在此研究中叫卡罗尔)，然后给他们一个机会帮助她。研究者指导参与者在参与过程中要客观(低共情感)，或者去想象一下他人的感受(高共情感)。这次研究的创新之处在于：一半的被试在观察到卡罗尔的困境后，吃一片"心情固定"药。被试吞下一个标签为"Mnemoxine"(实际上是安慰剂)的药片，并被告知："现在的心情将是你在接下来的30分钟左右的时间里的心情……当它发挥作用时不管你的心情如何都会保持不变。"如果被试听了卡罗尔的困境而处于难过心情，他做任何事都不能改变自己的心情——因为这是由所谓的Mnemoxine发挥作用造成的。对于研究者来说，该设计正是本试验的核心。共情感型的被试将会仍然做出利他行为；他们仍会为了卡罗尔的缘故而帮助她(利他主义)。但是，他们将不再是为了使自己感到更快乐(利己)而帮助卡罗尔。那么他们是否仍会提供帮助呢？

结果支持了修正的利己主义假设：在共情的心情固定状态下，参与者选择不去帮助卡罗尔。图9.7显示，只有那些在共情感状态下并不认为他们的心情被Mnemoxine固定的参与者选择了帮助。西奥迪尼和他的同事们(1987)得出结论：决定去帮助卡罗尔的参与者是为了使自己感觉好一点，而这个决定并不是由利他驱动的。

巴特森和奥莱森(Oleson，1990)曾对西奥迪尼和他的同事们使用的控制因素Mnemoxine提出质疑：药片可能会使被试从求助者的困境中分心。使用一个类似的程序(这次，心情固定药叫做"Memorin")，不同的研究群体(Schroeder，Dovidio，

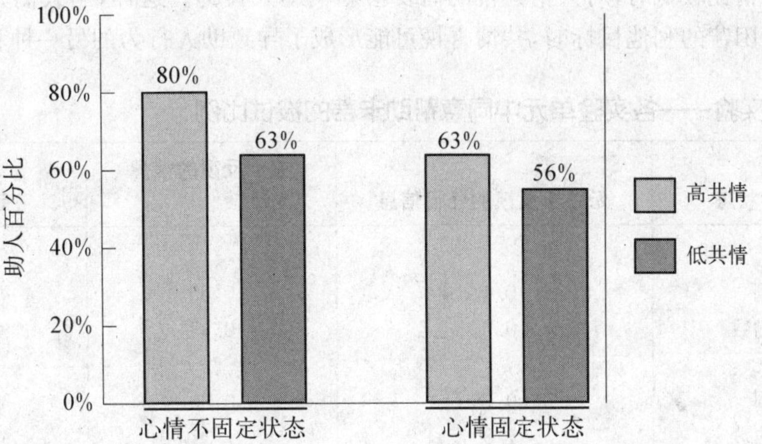

图9.7 不同共情和不同的心情固定状况下帮助卡罗尔的被试比例

来源：Cialdini 等(1987)

Sibicky，Matthews & Allen，1988)发现尽管使用了心情固定药，如果被试正经历共情，他们仍会帮助他人。

其他的研究者(Smith，Keating & Stotland，1989)对这个争论热点进行了研究，并得出结论：可能有一个中间状态便于对一些相互矛盾的证据进行澄清。他们认为人们在对他人提供帮助的时候需要从求助者那里获得反馈；也就是说，要有一些迹象表明通过他的干预求助者得到了帮助。这些反馈给他们一种**共情喜悦(empathic joy)**的感觉。尽管这种感觉在某种意义上是利己的，即我们都喜欢感觉良好；但是当我们与曾帮助过的人一起分享快乐时，在这种意义上，这种感觉也是感情移入的。

巴特森和他的同事们并不相信共情喜悦能够充分地替代真正利他。为了检验共情喜悦假设，巴特森、辛斯贝、哈勒尔，皮克纳和托德(Singlsby，Harrell，Peekna，Todd，1991，研究一)设计了一个实验，参与者被要求去帮助一位叫卡蒂的同龄学生，他的父母刚刚在一个车祸中丧生。一半的被试被要求替卡蒂考虑一下这场车祸会对她的生活有何影响(高情感移入)，要求另一半的被试对卡蒂的遭遇做出客观的评价(低情感移入)。共情喜悦的参与者能够预期其帮助行为的结果，本实验对参与者的数量进行操纵，一些参与者会被告知，卡蒂将会让他们知道她正在如何做(高共情喜悦)；一些会被告知他们将无法从卡蒂那里获得任何消息(低共情喜悦)；还有一些则不提供关于他们的帮助将会如何影响卡蒂的任何信息(无共情喜悦)。表 9.6 显示：当共情高时，更多的参与者会提供帮助，而不考虑他们期待从助人行为中获得的共情喜悦的多少。巴特森和他的合作者曾推论道：即使在可能得到很低的共情喜悦的情况下，有很强共情感的人们也会提供帮助。但是，所获得的低共情状态下的数据却表明当他人指向的共情比较低时，对共情喜悦的需要会影响助人行为。这样，当人们并没有为了减少他人困苦的利他目标时，共情喜悦可能形成了导致助人行为的另一种利己动机。

表9.6 实验——各实验单元中同意帮助卡蒂的被试比例

共情状态	无关于反馈的任何信息	关于反馈的信息 无反馈	有反馈
低			
比例	0.42	0.33	0.67
平均数	0.67	0.33	0.92
高			
比例	0.75	0.83	0.58
平均数	1.00	1.17	0.75

注释：每个单元的人数(n)＝12，平均数是对助人行为的等级测量数，等级范围为无帮助(0)，3—5 小时(1)，6—8 小时(2)，9—10 小时(3)。

来源：Batson，Batson，Singlsby，Harrell，Peekna & Todd(1991)

理论争论新前沿："同一性"研究的兴起

对利他观点的一个新的挑战出现了，而且产生了另一个很有吸引力的争论。西奥迪尼、布朗、刘易斯、卢斯和纽玻格(Brown，Lewis，Luce，Neuberg，1997)认为，对他人的感同身受可能会造成个人自我与他人自我相融合。在对融合"同一性"进行描述时，西奥迪尼和他的合作者(1997)认为：当获得同一性，帮助他人就相当于做一些对自己有价值的事情。如同梅尔文·勒纳(Melvin Lerner)几年前曾在一个很不同的情境下强调："实际上，当我以共情感去做出反应时，我们正在以想到我们自己在那种情境中的方式做出反应。而且，当然，由于愉快的、单纯的本我，我们心中充满了'人类的仁慈液'"(Lerner，1980，p. 77)。这样，即使没有难过、共情喜悦或者罪恶感的减轻，帮助另外一位你已经变成了他的人是利己的，因为通过帮助需要帮助的他人，你也帮助了你自己。

为了证实该假设，西奥迪尼和他的同事们(Cialdini 等，1997；Neuberg，Cialdini，Brown，Luce，Sagarin & Lewis，1997)呈现给参与者一些假想的关于人们需要帮助的情节。他们虚构了一些需要卷入某一求助者的情境，并通过要求参与者去想象这个求助者是一位陌生人、熟人、好朋友或者关系很近的家庭成员，对参与者与求助者间的关系进行了操纵。结果发现：当被试被指示去用共情感来想象求助者时，他们想象他们将会给关系较亲近的人(如家庭成员)而不是关系较疏远的人(如陌生人)以更多的帮助。此外，研究者询问了参与者几个关于助人行为原因的问题。如同他们预期的、助人的决定是以同一性感觉为中介的。只有那些认为自己的自我界限同求助者的自我界限相互融合的人们才会乐意帮助求助者。

巴特森(1997)既不同意西奥迪尼和他的合作者的解释，也不赞成纽玻格和他的同事们(1997)的观点。巴特森、撒根、伽斯特、康，卢布汀斯克和道森(Sagen, Garst, Kang, Rubchinsky, Dawson, 1997)进行了两项新的实验去检验同一性的重要性。代替让参与者想象他们是否会提供帮助，研究者让参与者主动地卷入到另外一位学生(实际上是研究的同谋者)的情境中，这个学生很需要钱去维持她的家庭。巴特森发现当参与者同情这个学生时，他们为了她的家庭而帮助她筹集金钱的决定依赖于他们的利他动机，而根本不是依赖于他们同她的同一性感觉。

那么，人们为什么帮助他人？一方认为人们助人——至少有时——是利他驱动的，另一方则认为助人总是由自我利益(包括统一感)而驱动的。双方的争论一直令人着迷。一个明确的答案仍然是无法达成的。形成助人的利他观点的巴特森(1997)并不赞同人们的助人行为是由于他们想去收获报酬、免除罪恶感或者帮助同自己的自我界限相融合的他人。争论的焦点仅在于是否对他人的共情感产生了利他的动机，而这，至少有时已足够让我们做出助人行为。不过有一点可以确信，就是这个争论将会由于进一步的实验研究而更为明朗化。

助人品格：一些人比其他人更可能去助人吗

尽管关于利己动机和利他动机之间的争论仍持续着，一些心理学家开始从另一个不同的角度来检验利他主义：存在利他人格品质吗？我们知道有些人似乎比其他人更热衷于助人，自愿将他们的大量时间用在慈善事业或其他的组织上。真的存在某些特殊的人格品质或特征，能够用于区分出这些乐于助人的人吗？

一种研究助人人格影响的方法就是对在特殊情境下的助人者的人格特征进行分析，并将其与在相同情境下没有做出助人行为的个体的人格特征进行比较。塞缪尔和珀尔·奥利纳(Samuel, Pearl Oliner, 1988)做了一项这样的研究。研究对象是在二战纳粹占领欧洲对犹太人进行种族屠杀时，冒着生命危险救助犹太人的群体。塞缪尔·奥利纳在波兰长大，他是大屠杀的一个幸免者。在1940年德国占领期间，他的家庭成员被纳粹分子杀害。奥利纳藏了起来而得以逃脱，后来被一个基督教家庭所救，这家的农场就在他家附近。当战争结束时，塞缪尔·奥利纳移居到美国，在那里获得了社会学博士学位，成为洪保德州立大学的教授。然后他开始将注意力转向对救助者的系统研究中。这些救助者在欧洲时曾冒着生命危险藏匿并照顾那些曾是屠杀对象的犹太人和其他弱势人群。

奥利纳夫妇找到了231名曾救过犹太人和其他人的欧洲人，并对其进行了访谈，然后将他们的人格特征与另外126名在战争期间并没有去救任何人的个体进行比较。

访谈之前，两个组在年龄、性别、教育程度和所在地域方面是匹配的。对结果进行分析发现：救助者和非救助者在人格特征上存在差异。特别是那些曾救助过屠杀对象的人们，他们都感受到了一种很强的责任感，即要对他人的利益负责，和一种无法抗拒的、按照这种责任感行动的需要。而且他们能感受到受害者的痛苦和遭遇，这暗示情感上的共情是人们做出助人行为的重要动力之一。但是，尽管救助者和非救助者都可能对自己所属群体的成员表现出同样的共情感和责任感，但是，救助者更可能对那些和他们不同的人们产生共情和责任感。这样，救助者和非救助者可以通过奥利纳夫妇命名的"外延性"来区分。外延性指对非自身所属群体成员产生共情和责任感的能力。

区分救助者和非救助者的另一个因素是他们的社会化过程和教养方式。救助者更可能是由没有使用体罚来控制其子女行为的父母养育成人的。救助者的父母更可能使用说理——他们会向他们的孩子说明哪些行为是不对的，然后明确地告诉孩子们应该做的行为是什么。这样，救助者是通过解释说明而非打屁股受到了处罚。而且，救助者的父母中更可能有一位曾举例和示范过道德行为。总之，这样养育的孩子会慢慢地形成一种他人定位的倾向，当他人寻找逃离纳粹漩涡的避难所时，这种倾向更利于做出助人的决定。

另一项泰科(Tec，1986)对救助者和非救助者的研究发现了其他令人关注的区别。首先，相对于非救助者，救助者总是属于当地社区的边缘成员——他们感觉并没有和当地的社会系统融为一体。其次，相对于非救助者，救助者报告了更高水平的独立性和自信。也就是，救助者将自己看做外人，而且在完成个人目标时是偏离当地的规范的。而且最后，救助者报告说在战争前他们就有过助人的经历。这暗示了救助者并不是因为纳粹的侵略而变得利他的；对他们来说，那仅仅是提供了另一个帮助需要帮助的人的机会。

如果说，对纳粹入侵欧洲期间的救助者和非救助者之间人格特征差异的研究提供了一些有趣的证据，说明了人格特征对助人行为的影响，那么需要注意的是调查这些群体所使用的档案法有很大的局限性。例如：大量的人格测量使用了奥利纳夫妇曾使用过的问卷(1988)，但是只有少数研究中出现了差异(见，举例，Piliavin & Charng，1990)；而且这些不同可能是因为随机因素而造成的。此外，在研究者会见救助者前的数年中，救助者被认为是"英雄"和"真正的利他者"(Schroeder，Penner，Dovidio & Piliavin，1995)。因此，他们可能按照自己所认为的一名利他者可能的反应方式回答问题，或者他们可能会对战争前和战争期间记忆的事件进行重构，以期符合一个利他者的形象。很难知道在这次研究中，人格差异是否可靠，而且我们也不能确定它们是导致人们将他人从困境中救出的原因而非结果。

利他的自愿者：人格与动机的融合

对欧洲受侵略时的救助者的研究突出了真正非凡的人在非寻常的环境下的助人

典范。在较为一般的情境里，如某社区的志愿者，向某医院或血库献血等，利他人格的证据是哪些呢？社会心理学对各种人格特征和志愿者间的关系进行了大量的研究。例如，已有研究表明：共情倾向与学生捐献给杰瑞·勒温斯肌肉萎缩症慈善节目的钱数多少有关(Davis，1983)。同样，研究表明，与奥利纳家庭研究救助者时所认为的外延性特征相似，他人指向的共情维度是可以预测助人行为的。在他人导向的共情维度上得分高的个体报告为更同情和关心处于危难中的他人，对助人代价的估计更低，且更有可能无偿地将自己的时间花在当地的一个收容所(Schroeder，Penner，Dovidio & Piliavin，1995)。这样，即使没有恐怖的纳粹侵略，对他人有强烈共情感的人们仍更有可能在本地社区无偿奉献他们的时间和精力。

从实用主义的角度看，助人的一般人格特征并不如某些特定的动机重要，这种动机可以通过志愿的行为得到满足。根据这种观点，在旧金山"伸出援助之手"(Open Hand)项目中照顾艾滋病患者的帮助者可能是由于各种原因而参与的，这些原因包括好奇、有义务、自我感觉会好点等。

艾兰·欧蒙托和马克·斯奈德(Alan Omoto & Mark Snyder，1990；Snyder，1993)曾提出了"实用性志愿"的概念。他们认为志愿可能在不同的时间里满足不同人的不同需要。如：对于那些自愿在艾滋病诊所内工作的人，提供帮助的动机可能是对艾滋病病人的好奇心；也可能是为了让自己感觉更好，还有一些人的动机是认为自己有义务帮助这一群体等等。于是，志愿起到了满足某人特定动机的作用。从实用主义方面来看，助人的一般人格特征并不如某人特定的动机那么重要，这种动机是可以通过志愿的行为而得以满足的。欧蒙托和斯奈德(1995)调查了600多个帮助艾滋病人的志愿者，发现对特定动机的测量比对他们的人格进行评估更能预测人们在某个自愿职位上工作时间的长短。

动机和人格或许是理解自愿主义的两个重要因素。也许助人的一般性格倾向可以预测自愿的可能性，而自愿所持续的时间和强度则可以由这种行动满足某人特定动机的程度进行预测。

重新回顾助人行为：人格还是情境

人格与情境哪个对助人行为的影响更大一些？关于这个问题的答案，应该去问那些在助人情境中将情境影响和人格类型作为变量进行操纵的研究者们。回顾一下本章初始部分，巴特森和达利关于"善良的撒马利亚人"的研究：当参与者急匆匆地经过校园时，即使他们有着强烈的宗教信仰，也不会停下来去帮助求助者。这暗示了最乐于助人的人也可能被情境的力量征服，而不去帮助那些需要帮助的人。但是，如果情境很一般，又会发生什么呢？如果情境没有对我们的行动加以限制，人格上的差异会造成不同的结果吗？

视窗9.2　真正英勇的助人行为：奥斯卡·辛德勒的故事

在1993年的电影《辛德勒的名单》中，导演史蒂文·斯皮尔伯格讲述了奥斯卡·辛德勒的真实故事。奥斯卡·辛德勒，一个德国商人，在1939年到1945年期间从位于波兰的克拉科夫城外的阿芒·歌特集中营的野蛮屠杀中救出了1200多位犹太人的生命。辛德勒冒着极大的健康和安全的危险，先雇佣犹太移民作为他的一个生产壶和罐子的艾马里亚工厂的工人，然后将他的工人们转移到他的家乡——德国Zwittau——的一个假工厂，以此方法来救助犹太移民。到二次世界大战结束时，辛德勒已经牺牲了他所拥有的一切，只是为了确保他所雇佣的犹太人的安全。

这部电影是依据托马斯·肯尼利的小说(1982)改编而成的。该书的第一章详细描述了辛德勒的背景："在他的家族历史上很难找到任何救助倾向的源头"(p. 31)。按肯尼利的说法，尽管辛德勒出生于一个天主教家庭，却并没有很强的宗教信仰，他的父母也不是平等主义信仰的典范，而这却是奥利纳夫妇(1985)和泰科(1986)的研究中的救助者们所普遍拥有的信仰。辛德勒并没有明显的助人历史，他本人最初也不认为自己是一位乐于助人的人。他将自己描述为一位资本家，且热衷于金钱与利益。但是，他的奥地利血统使他长期居住于责维特社区的周边。根据肯尼利的研究，很少有证据表明，二战期间辛德勒的人格或教养在对犹太人实施帮助的决定上发挥了关键性作用。

续 表

肯尼利也很谨慎地指出，最初，辛德勒帮助犹太人的动机主要是利己的。也就是说，在德国入侵之后，辛德勒到克拉科夫购买已经被德国政府所禁止的犹太人贸易。因为犹太人的权力和公民权已经被剥夺，所以辛德勒将他们看成是他的搪瓷器工厂的廉价劳动力源。因此，辛德勒最初救犹太人不是因为对犹太人的困苦遭遇产生的共情感，而是因为他们能通过生产黑市和德国海陆空三军所需要的厨房用具，帮助他获得财富。 但是，肯尼利(1982)的故事中也出现了大量的事件，这些事件可能在辛德勒由利己向利他动机的转变中发挥重要的中介作用。首先，辛德勒被德国警察局逮捕过两次，一次是由于进行黑市交易，一次是因为向一名犹太女孩表达爱意。尽管很明显在监狱里辛德勒受到的待遇不错，但是囚禁可能使他对其犹太雇员在克拉科夫犹太区的居住情况有所了解。其次，在他第二次被捕不久后的一个早晨，他的一些工人，包括他的簿记员被驱集到火车站，装入牲畜车厢运往奥斯维辛集中营。根据肯尼利的叙述，当辛德勒赶到并发现时，他很是震惊，而且对自己所目睹的这种非人性做法感到十分生气。最后，辛德勒本人亲眼目睹了对犹太居住区进行的屠杀，包括对大量的男人、妇女和儿童的残忍处决。按肯尼利所说，辛德勒在看了纳粹党卫军的残暴行为后，就不再将发生在克拉科夫的事件当成是暂时的精神错乱——而是将其解释为一个官方认可的种族灭绝计划。这一认识可能使辛德勒产生了共情感和利他动机，按巴特森和他的同事们的观点，这是一个人把他人的利益放到自己的健康、财富和个人自由之前所必需的。

为了回答这个问题，古斯塔沃·卡洛和他的同事们(Gustavo Carlo, Eisenberg, Troyer, Switzer & Speer, 1991)在大学生们参与一个关于助人的实验之前，对其进行了一系列与利他相关的人格量表调查。当参与者回来做实验时，他们观察到一名女性(实际上是实验者的同谋者)正试图完成一个很难的任务。在一些参与者看来，这个女性在做这个任务时显然变得很沮丧；而对另一些参与者来说，她并没有表现出明显的沮丧。在努力了一会儿后，为了能引出助人行为，这个女性转向参与者，询问是否乐意代她完成任务。对一些参与者来说，不提供帮助的代价是很高的——如果他们拒绝，他们将不得不继续留在那里，看着一个高度沮丧的人完成任务。对另一半被试来说，不提供帮助的代价相对很低——如果他们拒绝，则随时可以离开该情境。结果显示，当该女性的沮丧感很强，且参与者离开情境的可能性很低时，79%的参与者会去替她完成任务，而不考虑参与者他人指向的共情水平。但是，当情境的限制力很低时，人格测验中的高分能明显预测助人行为——即在他人指向共情和对求助者的同情问卷上得分高的参与者比起在这些人格测验上得分低的被试更可能帮助该女性。于是，拥有

某种人格特征的人们在情境并未要求如此时，更可能去提供帮助；但是，当时的情境会有力地影响对什么才是恰当的行动过程的理解。

接受者的反应：他们总是很喜欢帮助者吗

在对助人行为进行集中研究的第一个10年中，研究的重心几乎都集中于助人者。他们付出的代价、他们的报酬、他们的唤醒度、他们的责任感等都是研究的焦点。受助者的反应，如同简单强化理论所预示的那样，被认为是积极的。毕竟，对于接受者来说，寻找和接受帮助通常能给其带来物质利益（Gross，Wallston & Piliavin，1975）。尽管如此，最近研究者开始关注接受帮助的心理活动。一些社会心理学理论预测了在一些情境下，接受帮助的人们会做出拒绝反应。让我们将目光转向这些理论（一些在前面的章节已经出现过，另外的一些将在以下章节中详细讨论）在助人情境中的运用。

公平理论：给予与接受是大体相等的吗

公平理论（equity theory）的核心思想是：个体不仅仅希望能在一种人际关系中使自己的获得最大化，而且他们也尽力去获得一种公平关系。公平性是指某人的收获/付出比率要和他的同伴的收获/付出比率大体相当。发现自己处于一个不公平关系中的个体会感到很痛苦。助人的情境总是一种不公平关系，接受帮助的个体会感觉他或者她欠了帮助者的情。一些调查已经证明当接受帮助的个体没有机会报答帮助者时，他就会对帮助者产生负性的看法（Castro，1974；Gross & Latané，1974；Clark，Gotay & Mills，1974）。

公平理论认为在一个不公平关系中，付出多的和付出少的个体都会感到很痛苦。但是，在助人情境中的研究表明只有接受帮助的个体会感到不舒服，助人者经常对他们的行为感到很开心。

社会交换理论：帮助他人就是能力的表现

社会交换理论（social exchange theory）认为：只要个体间发生互动，就必须有所付出，有所收获。沃查尔（Worchel，1984）认为在互动中，帮助者所获得的一个报酬就是一种能力意识的增加。这种意识来自于助人者所表现出的有用的能力和潜力以及对他人的影响。这种增长的能力意识并非来自于接受者对助人者的回报，而且沃查尔主张通常这种意识补偿了助人付出的代价，从助人者的角度来看，这种意识使得互动很有意义。但是，相对而言，接受者却体会到一种增强的无能为力感，这种感觉成为互动中接受者付出的代价，他不得不承认自己是不独立的，是需要他人的帮助的。

接受者的自我威胁理论：对帮助的反应

接受他人的帮助也会威胁接受者的自尊。阿耶·纳德勒和杰弗里·费舍(Arie Nadler, Jeffrey Fisher, 1986)认为，当帮助被看成是自给的和对接受者的关心时，会产生一些正性的反应，如自我价值感的增强，对助人者的感激等。但是，在下述情境中，提供帮助却会降低接受者的自我价值感，而且会产生对助人者和助人行为的负性评价。首先，当帮助传达了这样的信息，即接受者是无能的，而且只能依赖于别人的帮助才能避免失败时，接受帮助是对自我的威胁；其次，偏离重要社会价值观(如独立、自立和公平)的帮助也会对接受者的自我价值形成威胁；最后，如果帮助并不能增加未来成功的可能，或者并不能减少未来对帮助的需要，接受者就将会做出拒绝反应。符合上述三原则中任何一点的帮助行为都将导致接受者暂时减少寻求帮助的行为，更为独立以及希望取得进步。

从前面对人格和助人行为关系的讨论中，我们可以推断，对获得帮助的反应应该是由个体差异决定的。纳德勒和费舍认为，高自尊的个体更可能比低自尊的个体对有威胁的帮助做出拒绝反应。很显然，拥有较强的自我效能感和能力的个体更有可能拒绝他人的帮助，因为他人的帮助暗示了他没有能力取得成功，不能自立，而且在将来很可能失败。

接受者的反应：附言

上述的讨论并不意味着助人得不到赞赏。相反，真正需要帮助的个体是十分感激给予他帮助的那个人的。助人领域的研究已经识别出所谓的“助人者两难境地”。提供的帮助越是远远超出需要(Schwartz，1977)，帮助者越是特别主动地提出帮忙，或者回报的机会越少，那么接受者越有可能拒绝该帮助。这一观点对于国家和个体来说都是真理。强势国家很奇怪，为什么它们给许多国家以物质上的帮助，而那些国家的人民却对自己如此敌视？因此，当人际交往中的一方提供给另一方以帮助，他既是为了对方的利益，也是希望对方能同样的给予自己帮助，但是实际的反应可能和他的愿望正好相反。帮助可能并不被看做带来了好处，而是被看成对自由的限制、不公平关系的体现、对权力的侵犯或者是认为接受者是无能的，需要依赖他人的帮助才能成功这一印象的表现。

小结

这一章探讨了那些造成人们目睹到他人需要帮助，自己却袖手旁观的因素。旁观者拒绝向凯特·吉纳维斯提供帮助的事件促使拉丁和达利开始研究旁观者的漠不关心现象。在他们的决策树模型中，旁观者必须(1) 注意到该事件，(2) 将其解释为一件紧急事件，(3) 确定行动的责任，(4) 知道帮助的合适的方式，(5) 在紧急事件中实施他们做出帮助的决定。

对旁观者介入的大量研究都是围绕着责任问题展开的。达利和拉丁认为在一个紧急情境中，行动的可能性是同目击者的数量相关的：目击者越多，做出行动的可能性越小。出现的旁观者越多，每一位旁观者所感到的介入责任越小，因此越不可能做出利他行为。

助人的代价模型是为了说明情境对助人的影响而发展起来的。根据该模型的扩展版，当共情和心理唤醒度提高时，助人行为随之增多。如果经历了上述情境，旁观者介入的可能性就会增加，因为付出的代价降低了。如果旁观者不提供帮助会造成受助者的付出增加时，介入行为也会增加。另外，人们对卷入到助人中的各种代价的不同感受也是需要考虑的因素。

哪些人会得到他人的帮助？研究表明：我们更可能去帮助那些我们喜欢的人、那些与我们相似的人以及那些需要似乎是最合理的人。对可能产生助人行为的情境研究显示，以下情境会增长助人行为：(1) 我们已经从先前的助人行为中获得了积极的评价，(2) 我们心情很好时，(3) 我们观察到他人的助人行为时，(4) 我们并没有关注于其他的事情或者没有匆匆忙忙时，(5) 我们自认为有利他动机时，(6) 规范要求我们提供帮助时。导致我们提供帮助的规范有互惠原则和社会责任规范。我们也会帮助那些似乎很值得帮助的人。这依赖于他们请求帮助的方式和需要帮助的原因。

人们可能出于利他或者利己的原因帮助他人。共情——利他假设认为，共情感是做出利他行为的动机。共情是分享他人感受的能力。利他是一种帮助他人的无私愿望，它最根本的目标就是为了他人的利益。另一方面，利己主义是一种关注自己满足的倾向。利己的助人行为可能是由减轻自己的痛苦和难过驱动的。巴特森和他的同事们提出的共情——利他假设并没有否认利己的助人行为的可能性，而是认为纯粹的利他行为是助人的一个动机。西奥迪尼和他的同事们提出的利己主义假设认为，所有的助人实质上都是利己的。共情喜悦也被提出以解释人们选择助人的原因，但是在对该争论确定一个明确的答案之前，该领域仍需要进行很多的研究。

有证据显示，存在利他的人格特征。对欧洲被侵占时期，从纳粹手中拯救受迫害群体的基督教徒和其他人的研究提出，外延性(他人指向的共情和责任感)与独立性的人格特征是和助人行为有关的。而且，社会化变量如父母的风格和社区的相容性倾向也可用于区分救助者和非救助者。社区自愿行为也显然是同他人指向的共情和责任感相关的。

接受帮助的个体的反应也并不总是肯定的。良好的反应依赖于接受者对助人行为意义的归因。对助人行为的反应也是由提供助人行为的方式决定的。如果将其解释为有贬低意思的、不公平的或者被看做是无能的，助人将会导致接受者对助人者和助人行为本身的负性评价，而且会降低未来可能取得成功的可能性。拥有高自尊的个

这位独立的妇人，尽管有残疾，显然有能力处理她个人的日常事务，而且很可能会拒绝他人提供的帮助。

体将尤其易于对拙劣的帮助产生不愉快的印象。

关键词

利他主义	利己主义	公平理论	助人代价模型
共情喜悦	互惠原则	决策树	共情
社会交换理论	责任扩散	共情——利他假设	社会责任规范

推荐读物

Batson，C. D.（1987）. Prosocial motivation：Is it ever truly altruistic? In L. erkowitz（Ed.），*Advances in experimental social psychology*（Vol. 20，pp. 65 - 122）. Orlando，FL：Academic Press.

Batson，C. D.（1997）. Altruism and prosocial behavior. In D. T. Gilbert，S. T. Fiske，and G. Lindzey（Eds.）*Handbook of Social Psychology*（4th ed）. New York：Oxford University Press and McGraw Hill.

Cialdini，R. B.（1990）. Altruism or egoism? That is（still）the question. *Psychological Inquiry* 2,124 - 126

Keneally，T.（1982）. *Schindler's list*. New York：Simon and Schuster.

Latané，B.，And Darley，J. M.（1970）. *The unresponsive bystander：Why doesn't he help?* Englewood Cliffs，NJ：Prentice-Hall.

Oliner，S. P.，and Oliner，P. M.（1988）. *The altruistic personality: Resuers of Jews in Nazi Europe*. New York：Free Press

Piliavin，J. A.，Dovidio，J.，Gaertner，S.，and Clark，R. D.，Ⅲ.（1981）. *Emergency interventions*. New York：Plenum.

第十章 侵犯：伤害他人

除了电视机的嗡嗡声外，沉寂的屋内只偶尔响起轻轻的啜泣声。几乎有半个小时，6 位男同事一动不动地看着电视画面。最后，其中一人忍无可忍，从椅子上跳起来，关掉了电视机，然后用嘶哑的声音道歉说："这个节目我再也看不下去了！"这句话正说出了许多人在观看审判斯坦伯格实况转播时的感受。实际上，当我们讲起这件事的时候，悲伤、怀疑、沮丧、愤怒和空虚等种种体验不禁再次油然而生。

约珥·斯坦伯格似乎事事一帆风顺。他生长在纽约州扬克斯市的一个小康家庭里，父亲是一个成功的公司律师。约珥本人英俊、聪明、充满自信。他在纽约市开业当了律师，生意很好，而且已经拥有一批富有的常客。1975 年，在一次聚会里他遇到了海达·诺斯宝姆，一位身材高挑、充满魅力的女人。她在纽约的一家大出版社工作，是一位儿童书籍的编辑。虽然海达非常聪明和富有天分，但她对自己的能力并不自信。

约珥不断地支持并鼓励海达。随着海达自尊心的增强，她的工作有了起色，还得到好几次晋升。1976 年，海达和约珥走到了一起。此刻，这对夫妇似乎正朝着美国人梦想的生活迈进。然而事情却出乎意料地出现了转折。约珥开始责备海达。他的批评常常冷酷而粗暴，但他还是让她相信，这样做实际上是为了她好。在共同生活了三年后的某一天，约珥第一次挥拳打在了她的脸上。这一举动不止惊呆了海达，也惊呆了约珥自己。事后海达说，她当时太震惊了，甚至都忘了生气。他们认定这种事情再也不会发生。

然而恰恰相反，这种事很快就成了"家常便饭"。美梦变成梦魇。殴打变得更加频繁，而且带有虐待性。海达说，约珥变着法子虐待她，踢她的眼睛，掐她的脖子，好几次把她的鼻子打破，甚至铐住她的双手吊在单杠上。有一次打得非常狠，海达的脾脏破裂，不得不去做手术。

当生活变得极度绝望时，发生了一连串的事情，给这对夫妇的生活带来了希望的契机。一位未婚妈妈为了找一户好人家收养她的孩子，付钱给斯坦伯格，让海达和斯坦伯格担负起监护人的责任。他们给孩子起名叫利萨。诺斯宝姆说，那段时间里，她和约珥全心全意地照顾利萨，生活中充满了喜悦。这情形大约维持了 6 个月。之后，殴打又开始了，变得更为严酷和频繁。

海达的伤使得她经常耽误工作，1982 年她被解雇了。她变得越来越瘦，从 125 磅掉到了 100 磅，看上去像一个总被打败的拳击手。她几乎很少与约珥出席公开场合。从 1978 年开始，约珥和海达开始吸食可卡因，而且变得越来越频繁、无节制。约珥的业务受到了影响，还被取消了律师资格。

1986 年，在一位医生朋友的帮助下，这对夫妇有了一个小男孩。几乎没人会想到他们的生活出了问题。米切尔的出生使他暂时停止了殴打，但不久又一切照旧。殴打的目标不仅仅是海达，还包括利萨：利萨因为总盯着约珥看而遭到毒打。

到了 1987 年十月下旬，约珥已经几乎每天都吸食可卡因。在肃静的法庭上，海达诉说道：11 月 1 日晚，约珥抱怨利萨又盯着他，他认为利萨在试图催眠他，于是跑到她的房间里去阻止她这样做。后来，当海达看到她时，她已经神志不清了。利萨躺在床上处于昏迷状态，而约珥和海达则继续吸食可卡因直到凌晨 4 点。海达查阅了一本医学字典，想看看有没有什么可以为利萨做的，但她觉得利萨伤得并不严重。大约凌晨 6 时，约珥发现利萨已经停止呼吸。于是他们急忙叫了一辆救护车送利萨去医院。4 天后她死于脑出血。

约珥·斯坦伯格和海达·诺斯宝姆在 1987 年都被起诉蓄意伤害和谋杀其养女利萨。但在诺斯宝姆出示了她被斯坦伯格严重殴打的证据后，检察官撤销了对她的指控，由于她同样是暴力虐待的受害者，因此可以认定她既没有能力谋杀利萨，也没有能力拯救她。

起初海达·诺斯宝姆和约珥·斯坦伯格都被起诉谋杀罪。后来法院撤销了对海达的控罪，原因是她同样遭到了严重殴打，所以既没有能力谋杀利萨，也没有能力拯救她。约珥得到了审判。当这个悲剧在电视上播出时，世人为之震惊。按照8.5号法律条款，约珥·斯坦伯格被判一级谋杀罪，处以25年的徒刑。

什么是侵犯？给它下个定义

利萨·斯坦伯格的故事既是悲剧性的，却又富有戏剧性：一个男人杀死了一个无辜的孩子，同时毁了一个深爱他的女人，而自己却对这种暴力行为无动于衷。是什么使约珥·斯坦伯格如此残忍呢？

可能我们会马上对斯坦伯格的异常行为做出简单的解释，即约珥·斯坦伯格是个疯子，并且能为这种解释找到理由。的确，许多更广为人知的极端暴力案件都有一个共同因素：犯罪者本身极为疯狂。例如，杰弗里·达莫杀死了至少11个人，并且将他们碎尸，然后吃掉尸体。1986年，查尔斯·惠特曼爬上田纳西大学的钟楼，在校园里射杀了钟楼下13个无辜的人。然而，我们如何解释美国每年平均发生的大约20 000起谋杀案和1 000 000起强奸案呢？难道仅仅用“疯狂”两个字就可以解释所有的侵犯行为，或是天天出现在街头的暴力冲突吗？

看来我们有点操之过急。在我们开始考察侵犯的原因之前，应该先花点时间对侵犯的含义作一下界定。你可能像学生准备即将来临的考试一样，正在拿着笔，想要划出一个简明扼要的定义。然而，尽管在看到侵犯行为时，我们会认为自己知道什么是侵犯，但是它却有一些难以界定的要素。

不过别着急，我们马上就给它下个定义。在查字典前我们需要先思考一下。可能我们都同意斯坦伯格对利萨和海达的行为带有侵犯性。但是，在利萨躺在床上处于昏迷状态的那天晚上，海达的行为应该如何被评价呢？海达没有抢救那个濒死的孩子，是她的“不作为”加速了孩子的死亡。这是一种侵犯吗？起初检察官认为应该指控她犯有谋杀罪。但后来他们撤销了起诉。

我们一致认为约珥·斯坦伯格的行为具有侵犯性。但这种看法正确吗？约珥本人可不这么认为，而且他还使海达相信，他打她的目的是为了“帮她”。这听起来像是父母在教训孩子，为的是让孩子学好——“打在你身，痛在我心”。

现在我们处于定义“侵犯”的第一个关键点。我们能否仅仅关心行为本身，而说任何危害到他人的行为都是侵犯呢(Buss，1961)？或者我们着眼于行为意图，而把侵犯定义为任何意欲伤害他人的行为(Dollard，Droob，Miller，Mower，Seas，1939；Baron，1977)？我们的司法机构和许多研究者认为，要对侵犯下一个全面的定义，就必须包括行为意图。如果你的邻居意图伤害你而用枪射中你，那么他的行为构成了侵犯。但如果他只是在擦枪时走火，这就只能说是一个不幸的意外。虽然我们可能认为他犯了疏忽罪，但是决不会认为这是侵犯。

在定义中包括行为意图似乎很有道理，但这也给我们带来了新的问题。我们如何确定行为的意图？姆门迪和奥滕(Mummenday，Otten，1989)做了一项有趣的研究，他们让被试观看两个男孩互相打斗的录像片段，并告诉一部分被试从打人者的角度观察，而另一部分则从被打者的角度观察。从被打者角度观察的被试更倾向于认为行为太过暴力，并且会在更大程度上作出侵犯者怀有恶意的归因。这表明，确定行为背后的意图是非常困难的。

我们之所以说明这些难点，是因为对一个显而易见、容易识别出来的概念来说，能认识到其本质深奥难懂是非常重要的。我们也可以看出，侵犯行为不仅仅是为了伤害而伤害。一些人蓄意伤害他人是为了威胁对方、得到权力、发泄愤怒或其他目的。在了解作出确切定义的困难之后，我们提出这样的一个操作性定义："侵犯是一种有意伤害他人的行为。"

由于侵犯行为多种多样，所以有许多理论试图阐释其成因。没有一种理论能解释所有的侵犯行为，但是有些理论在解释某些特定的侵犯行为上最为合适。带着这样的观点，让我们审视这些理论。

侵犯理论

为了提出一种侵犯理论，我们可以从两个不同的角度出发探讨侵犯问题。一是考察一个人(或机体)的内部状况，认为他或她是在内部力量的"推动"下做出侵犯。于是，研究的目标就变成识别这种"力量"，或者说侵犯的内部基础所在。二是寻求促使个体做出侵犯行为的外部因素。从这一分析角度上看，我们试图鉴别出诱发侵犯行为的环境或者社会条件。本能理论和生物学理论正是从前一角度来研究侵犯的，而侵犯一挫折理论和社会学习理论则关注后一角度。

本能理论

许多传统的、引起诸多争议的侵犯理论认为，侵犯是一种"本能"。这种观点暗示，行为是靠遗传获得而非习得的。而且对于所有物种来说，这种行为模式非常普遍。在目睹一战带来的摧毁和死亡后，西格蒙德·弗洛伊德(Sigmund Freud)提出，人生来就有侵犯本能。他认为人的攻击力是由内而发，而且人类的侵犯行为不会消失。因此，重要的是应该让人们有机会以非破坏性的方式将侵犯性发泄出来。

研究动物行为的生态学家们提出了另一种本能理论。诺贝尔奖得主康拉德·洛伦斯(Konrad Lorenz，1968)指出，侵犯本能在动物身上非常普遍。然而，与弗洛伊德不同的是，洛伦斯认为如果没有外部线索的触发，侵犯行为不会发生。弗洛伊德认为侵犯具有破坏性，会引起混乱。而洛伦斯认为同种系内的侵犯是一种适应行为，对物种的延续非常重要。动物通过攻击来犯的其他动物保护自己的领地和食物。侵犯有助于动物的繁衍，并控制过度增长。而且，动物为交配而相互争斗，最强壮的才能赢得伴侣从而得以繁衍后代。因此，种群中只有适应能力强的才能生存下来，弱者则遭到淘汰。

本能理论(instinct theory)遭到许多批评。一类批评是质疑到底有没有与生俱来的释放机制。许多本能理论认为，一些动物具有在特定情况下出现侵犯行为的内在释放机制，尽管这类机制并没有在很多动物及人类身上出现。郭任远(Zing Yang Kuo, 1930)在研究中喂养了三组小猫，一组随着母猫生活，一组独自生活，一组和老鼠一起生活。一段时间以后，把长大的小猫放在老鼠面前。与母猫一起生活的小猫之中，有85%能抓老鼠；而与老鼠一起生活的小猫之中，只有17%能抓老鼠。

另一类对本能理论的批评更为直接地关注了人类的侵犯性。如果人们具有侵犯本能，那么他们表现出的侵犯行为在种类和数量上应该有许多相似之处。然而，人类侵犯行为的最显著特征之一就是其多样性。某些人常常出现侵犯行为，而另一些人很少出现；有的人使用武器，有的人则口诛笔伐；有的人直接公开地侵犯，而有的人被动地进行侵犯。

人们表现出来的侵犯行为在数量和方式上存在较大的文化差异。1990年，美国的杀人犯比率是被调查的20个国家中最高的。至于人数上，美国被谋杀的人数是杀人犯比率排第二的苏格兰的四倍还多。杀人犯比率最低的国家是澳大利亚和日本(Fingerhut & Kleinman, 1990)。在美国，杀人犯更喜欢使用手枪。1987年，美国有4223起谋杀案使用了手枪，而加拿大为62例，澳大利亚为34例，以色列3例，丹麦只有4例(为了更好了解侵犯行为的文化差异，可参见视窗10.1中关于美国南部"荣誉感文化"的讨论)。如果侵犯纯粹是一种人类本能而不受环境影响的话，我们应该会发现不同国家在杀人案的种类和数量上有惊人的相似。

视窗 10.1 暴力与美国的南部文化

一个多世纪之前，拉菲尔德(Redfield, 1880)观察到美国南北部之间存在一个显著的差异。南部地区杀人犯的比率比北部高10倍。最初我们把这种差异归因于内战战败的老兵或战后其他因素。但是自从那时起，南北部地区杀人犯的比率一直保持类似的差异。20世纪初，研究者发现这种差异正在逐渐缩小。但1932年，Brearly报告南部地区与其他地区比较，杀人犯的比率仍高于2.5∶1。20世纪后半叶，研究者发现与北部或整个国家相比，南部的犯罪率仍然很高(Goldstein, 1994)。

在这100年里，为什么生活在梅森——狄克森线以南的人更可能犯谋杀罪呢？对此有两种解释。一种是认为南北部的文化差别导致这种差异。研究者提出，南部

续 表

之所以出现大量侵犯行为，是因为其文化规范非常独特(Cash，1941；Cohen，1996；Hackney，1969；Nisbett，1993；作为回顾，参见 Goldstein，1994)。其中一条准则是“荣誉感文化”，这条准则描绘出南部典型的生活作风。这种观点认为暴力是一种维护个人财产和个人荣誉的、合法而且必要的手段。南部的发展历史促使人们更为认同特殊情况下使用合法暴力这一社会准则。因为与建立较早的东北地区之间的对抗，南部变为一个保护个人财产、维护奴隶制度、宣扬个人荣誉乃至于暴力合法的“乡下地”，以至于杀人犯的比率如此显著。

另一类理论则反对这种南部文化导致了南部犯罪率高的解释(如 Bailey，1976；Smith & Parker，1980)。他们则把犯罪归咎于贫困，认为在任何地域、城市和社区，暴力谋杀案出现的比率和富裕程度呈负相关。越富裕的地区，暴力犯罪越少；越贫困的地区，暴力犯罪越多。作为一个地区来说，由于南部比北部穷，因此南部地区犯罪率要高一些。而且像本章中提到的那样，南部比北部热，一些社会心理学家由此认为暴力行为与炎热的天气有关。一般来说，此类理论不同意文化因素作用的观点，认为社会因素(如贫困)和环境因素(如炎热)才是杀人犯比率高的原因。

这方面的许多研究相互关联。而最近的研究则采用实验法来探究现象背后的原因。科恩、尼斯比特、鲍德尔和史瓦茨(Cohen，Nisbett，Bowdle，Schwartz，1996)在密歇根大学里作了一个实验：设计一个男性实验助手与来自北部或南部的男性学生相撞，并且出言侮辱他。实验助手和被试均是白种人。在被撞并受侮辱后，南部长大的被试身体会分泌更多的肾上腺素和男性荷尔蒙，而且更容易用暴力来解决问题。与北方人相比，他们更加认为被撞并受侮辱这种行为会损害自己在他人眼中的男子汉形象。科恩和其同事对此结果作出解释，认为在受到侮辱后，南方人生理和心理上对侵犯的唤醒水平都更高。尽管如此，但与北方人相比，南方人在受侮辱之后却并没有报告更为生气，实际上也没有对随后遇到的人做出更具攻击性的行为。然而，他们不能很快从这种被人骗进“小鸡”游戏(chicken game)的感觉中挣脱出来。实验的另一部分是：当被试从图书馆的一头走向另一头时，另一位实验助手迎面走上去。由于实验助手是正对着被试走过去的，所以如果被试不向左或向右移的话，他们就会撞上。刚刚受到侮辱的南方人比其他各类被试径直走下去的距离更长。

这是因为南部存在荣誉感文化，还是把杀人犯比率高归因于其他因素呢？研究这一问题时，实验法是可行的方法，但现有的资料仍留下很多疑问。在科恩和其同事 1996 年所做的研究中，南方人与北方人除了从前居住的地方不同外，在其他方面也有许多不同。该研究是在密歇根大学进行的。在这所庞大的、位于中西部的北方大学里，南方人作为一个群体比北方人离家更远，而且在人口上占少数。

续 表

是南部的文化，还是其他因素（如离家远近，在人口上占少数）导致被试出现那样的反应呢？虽然研究结果与人们从文化荣誉感假设中所得到的预期一致，但我们并不能从这个具体的实验中将这两种因素区分开来。 新近的关于文化荣誉感的研究向我们说明：至少可以设想，文化中含有鼓励或抑制暴力的准则，而且，在一个社会中的亚文化群之间，采用实验研究的方法是可行的。很显然，这个有趣的领域仍有许多工作要做。首先需要解决的是概念性问题，如给具体的文化下个定义。比如说，纽约州纽约市和佛蒙特州蒙皮里市之间存在什么相似之处或不同之处，使我们认为它们都属于北方地区，而非简单地认为它们只是处于某一纬度线上呢？同样，亚拉巴马州的塞尔玛和北卡罗来纳州的查普尔山都处于同一亚文化群，这是由于它们都位于梅森——狄克森线以南吗？像我们上面指出的那样，方法论问题也需要被解决。文化准则和其他因素（如贫穷）可能对暴力行为造成不同程度的影响。事实上，科瑞恩和穆尔（Corrine & Moore，1986）收集到的相关数据表明，是否属于南部地区（以在该地区生活的、祖籍南部的人口所占的比率作为划分指标）和贫困水平都是预测一个州杀人犯比率的重要指标。 不管结论如何，两个地区的谋杀率的差异似乎正在缩小，可能不久将会消失（Goldstein，1994）。不幸的是，这似乎是由于北部各州的谋杀案比率有所上升所致（Harries，1990）。文化是不断发展变化的，但我们只希望文化能向好的方向发展。

但是，我们并不是要忽视本能在侵犯中占有的位置。所有的动物饲养员都知道，选择性喂食可被用来使动物更具侵犯性，并且某些动物的侵犯性比另一些动物更强，但不能由此得出人类具有侵犯本能的结论。那么，如何应用本能理论来解释约珥·斯坦伯格的暴力行为呢？斯坦伯格并非每时每刻都有侵犯性，也不会攻击他遇到的每一个人。虽然本能在人类侵犯行为中起一定作用，但更多关于人类侵犯性的研究指向了其他方面。

生物学理论

生物学理论（biological theories）同样认为，侵犯归于个体内部。然而，该理论试图发现诱发侵犯行为的具体生物学机制，因此不同于早期的本能理论。

生物学取向的拥护者试图找到与侵犯行为有关的特定脑区与神经机制。影响我们的驱力与情绪的边缘系统已被证实是这样的区域。一些研究者还发现海马（边缘系统的一部分）与侵犯性有密切关系（Hitchcock，1979；Moyer，1971）。其他研究者还发现大脑皮层（cerebral cortex）也起重要作用。皮层负责更高级的思维过程，如决定什么时候应该出现什么样的行为(Weiger & Bear,1988)。当皮层受损时，人们会表现出更激烈的侵犯行为(Hein Richs,1989;Silver & Yodofsky,1987)。虽然神经系统的这些部分被证实与侵犯有关，但是仍需更多研究来搞清楚它们在侵犯行为中所起的具体作用。

另一个角度的研究探究了侵犯与性别之间的关系。对这类研究的最新回顾发现，大量事实表明男性比女性更具有侵犯性(Bettencourt Miller,1996;Knight,Fables & Higgins,1996)。那么，为什么会存在这种性别差异呢？一些研究者，如麦科伊和杰克林(McCoy, Jacking, 1980)等人认为，这种差异是受激素影响产生的，而且是先天的。这个观点受到其他研究者如莱特·戴尔(Light dale)和普林提斯(Prentice, 1994)的猛烈抨击。他们认为侵犯的性别差异应归因于学习和社会化过程，而非激素水平的差异。而且有证据表明，男性出现的身体攻击多于女性，而对于口头攻击来说，性别差异会减小甚至消失(Early & Steffen,1986 & Sanders,1986)。当男性和女性被他人直接激怒时，性别差异也会缩小(Bettencourt & Miller,1996)。生物诱因理论的支持者和反对者之间争论的主要战场之一是，在幼童身上是否也发现侵犯的性别差异？假如只在成年人身上发现了性别差异，那么就是学习，而非生物因素在侵犯行为形成中起重要作用。研究表明侵犯行为有随年龄增长而增长的趋势，但是儿童在不同年龄阶段的增长趋势并不相同。目前此问题还未寻找到最终答案(Knight,Fables & Higgins,1996)。

于是，我们被置于与本能理论相似的处境。即使是生物学机制在引发暴力行为中起重要作用，我们也必须解释是什么东西诱发了这些机制。为了全面了解侵犯，我们还必须从外部来找原因，并且发现这些外部条件如何影响侵犯出现的时机和方式。

挫折—侵犯理论

为了分析约珥·斯坦伯格的暴力行为，让我们重新审视他在开始责备海达之前的生活。斯坦伯格在 20 世纪 70 年代初着手开创律师事业，但是万事开头难，他与同事在诸如办公室空间、逾期租金等问题上麻烦重重。70 年代里他的办公室至少搬了三次。当他需要钱来满足越来越大的毒瘾时，他的律师事业开始萎缩，雄心壮志逐渐湮灭，压力也越来越大。但是，能否说是这种状况诱使其做出了暴力行为呢？

挫折—侵犯理论(frustration-aggression theory)是最早把目光投向外部条件的理论之一(多拉德等,1939)。这种理论主张“侵犯行为总是挫折的结果”以及“挫折总会导致某种形式的侵犯行为”(p. 1)。根据这种理论，侵犯性随挫折强度的增强而升高。多拉德(Dollard)和其同事从这些看似简单的假设出发，试图预测人们什么时候会做出侵犯行为，以及他们会对谁实施侵犯。然而，挫折总会导致侵犯这一观点并不像它看起来那样全面。

挫折

在其理论中，多拉德和同事对一些概念下了明确的定义。**挫折(frustration)**被定义为“对行为后果的阻碍”(p. 7)，也可以解释为“当我们想要什么东西却又得不到的时候，我们就会遭受挫折”。戴维兹(Davitz，1952)的研究给出一个极好的例子。他给孩子们一些棒棒糖，并给他们看了一部非常有趣的电影。在剧情达到高潮之前，他把棒棒糖拿走了，并把孩子们送出了放映室。毫无疑问，孩子们受到了挫折。

这种理论还假定挫折感越大，引发的侵犯行为越强。哈里斯(Harris，1974)的研究支持了这一假设。他让一名实验助手插队，插到第二个人或者第十二个人的前面。观察表明，第二个人对插队者的反应比第十二个人更具有侵犯性(言语攻击)。这可能是由于第二个人比第十二个人能更快地达成目标，所以体验到更多的挫折感。

我们的自我意识会影响到我们对挫折的反应。调查者发现高自尊但自尊水平不稳定的人更容易发怒，更容易表现出敌意(Kernis，Gannenmann & Barday，1989)。这种人常常为了维护自我形象而处于防卫状态，把小挫折也看做是对自尊的严重威胁。

虽然挫折的定义很清晰，但是我们对挫折本身仍存在疑问。挫折是一种内部状态，还是一种外部状态？在戴维兹的研究中，挫折是指实验者拿走孩子的棒棒糖并把孩子带出放映室这一行为，还是指孩子们被这些行为所引起的感受呢？多拉德和其同事(1939)把挫折看做这整个过程。

侵犯

根据多拉德和其同事提出的理论，**侵犯(aggression)**是一种目的在于“对指向的个体造成伤害”的行为。侵犯可以是身体上或言语上的。

“替代性侵犯”。研究者发现，人们由于担心遭到攻击对象或是他人的报复，因而并不总表现出侵犯性。大点的孩子明白这个道理，因为他在欺负小孩子时，父母会惩罚他。多拉德和其同事认为虽然挫折会引发侵犯行为，但如果个体可以预见到随之而来的惩罚，那么侵犯行为可能会被抑制。根据挫折—侵犯理论，“由挫折引起的、最激烈的反应是直接攻击个体所认定的挫折来源，比较弱但常见的反应是间接的‘侵犯’行为”。有时，受挫者想直接攻击挫折源，但是，如果个体无法找到挫折源，或是害怕攻击挫折源后会受罚，那么他/她就会转向其他目标。运用这种理论，我们不由地想，是不是斯坦伯格在工作和经济上的困境导致了他对海达和利萨的暴力行为呢？

怎样识别**替代性侵犯(displaced aggression)**的目标物呢？这个问题引发了一些争议。米勒(Miller，1948)认为，替代性的目标和挫折源应该有某些相似之处。因此如果挫折源是父亲，那么侵犯可能指向母亲，因为他们是一个人的双亲。但是，米勒的假定并没有给出定义“相似性”的明确方法。伯克维茨和奈若克(Berkowitz & Knurek，1967)认为，侵犯可能替代性地指向与挫折源名字相同的目标。在这个研究中，相较于与挫折源异名的旁观者来说，不能赢钱的被试给予挫折源同名的旁观者更多的负面评价。

挫折—侵犯理论也探讨了由挫折所引起的侵犯的不同类型。多拉德及其同事认为，直接的身体攻击和口头攻击是最常见的侵犯类型。尽管这样，如果直接的侵犯受阻，个体就会采用替代性的侵犯方式（如散播挫折源的谣言或是开玩笑嘲讽他）。替代性侵犯可能存在侵犯目标和侵犯类型上的替代。

“减少侵犯行为”。只了解侵犯出现的原因仍是不够的，还要了解减少侵犯行为的方法。多拉德及其同事认为，如果受挫后不表现出侵犯行为，受挫者就会留下受挫的残留能量(residue)，并处于侵犯的准备状态。任何没有诱发侵犯的挫折都会使残留能量增加。最终这些残留能量升至某一高度，再有任何增量都会引发非常强烈的侵犯行为。工作中经常受挫的人回家后，会为孩子的一点错误而大发雷霆，而平常这点小事并不会让他如此恼怒。这种情况和吹气球类似：一口气不足以吹爆气球，但如果气球充满的时候再吹一口气，就会引起爆炸。

挫折—侵犯理论提出，有两条途径可以减少受挫后做出侵犯行为的驱力。第一种方法是消除挫折感，消除侵犯的动机。实验助手使被试在任务中失败的那个实验就是一个极好的例子(Ohbubhi，Kameda & Agarie，1989)。当助手道歉并撤销测验结果的时候，被试的愤怒和侵犯性减弱。当信任感丧失后，道歉和撤销消极后果是重建信任的必要步骤。第二种方法是允许个体做出侵犯行为。**精神宣泄假说(catharsis)**适用于侵犯行为出现后减少再次侵犯动机的这种情况。挫折—侵犯理论认为，作出侵犯后，再次侵犯的驱力会减少，就像打开气球口放出一些空气以使气球免于爆炸一样。

根据精神宣泄假说，侵犯行为有两个作用。首先，侵犯行为会减少个体的唤醒状态；再者，由于唤醒水平的降低，个体在短期内不会做出侵犯行为。之后侵犯行为的减少是因为唤醒水平的降低，而非出于惧怕惩罚或报复。精神宣泄学说极其重要，是因为挫折—侵犯理论认为，精神宣泄是减少再次出现侵犯行为的主要途径之一。尽管关于精神宣泄作用的证据远少于关于抑制作用的证据。

一些研究者已经发现一些支持精神宣泄观点的证据。霍根森及其同事(Hokanson，Burgess & Cohen，1963；Hokanson & Shetter，1961)证明，在某些情况下，侵犯可减少生理唤醒（收缩压和心率）。而吉恩和匡提(Geen，Quanty，1977)强调该作用只在某些情况下发生。在回顾有关精神宣泄的文献之后，他们指出，当侵犯指向的目标物太强大或地位太高时，或是侵犯者觉得他的侵犯行为太愚蠢或强度不够时，以及有可能得到很强的反击时，侵犯就不能使唤醒水平降低。另一项有趣的研究着眼于表达愤怒的个人风格。恩格布赖特森、马修和席勒(Enggebretson，Matthews，Scheier，1989)认为某些人喜欢表达出愤怒，而另一些人倾向于将其埋藏在心里。他们的研究表明，如果允许个体以自己喜好的方式（公开表示或是藏在心里）表达愤怒，那么由挫折引起的唤醒状态会有所降低。侵犯行为并不能总使人的唤醒水平降低。所以，有些时候，做出侵犯行为确实能使人一时痛快，但在大多数情况下，它会导致不舒服和罪恶感。

当我们回头看这个问题"允许个体宣泄出侵犯性，这是否能减少以后侵犯行为的发生"时，我们会发现问题变得更加复杂了。一些研究发现，允许人们有限度地在实际或想象中表现出侵犯性能减少进一步的侵犯（Nosanchuk，1981；Doob & Wood，1972；Tedeschi，1979）。虽然这些研究发现，侵犯能减少将来的侵犯性，但是仍有研究并未发现这种"精神宣泄"作用。例如，瑞安（Ryan，1971）允许愤怒的被试用锤子连续敲击盒子，其中一些人与之前惹恼他们的人比赛，另一些则没有。控制组则不允许敲击盒子。所有的被试都有机会恐吓那些之前惹恼他们的人。结果表明，重击盒子的被试与控制组被试具有同样的侵犯性，而精神宣泄说不能解释这一结果。

在讨论社会学习理论和媒体上的暴力时，我们将会回顾那些主张侵犯会导致未来更多侵犯行为的研究。总的来看，研究表明人们直接表露敌意的情况非常有限。宣泄出怒意的最低条件是攻击者非常愤怒，而且可直接攻击对方。即使这些条件得到满足，个体也不一定会表现出侵犯。在后面我们可以看到，侵犯行为常常导致侵犯行为的增加而非减少。斯坦伯格案例就很难说明精神宣泄的作用。约珥在他第一次打了海达之后，他的暴力行为不是减少而是增加了。他不仅对海达更为暴力，而且当利萨成为家庭成员之后，他也打利萨。因此，鼓励侵犯并非解决侵犯问题的良方。

革命：挫折—侵犯理论的应用和拓展

在我们结束关于挫折的讨论之前，让我们把关注的焦点从个体投向团体。心理学家、政治学家和社会学家们运用挫折和侵犯间的关系，对人们为何反对他们的领导政权做出了解释。

特德·古尔（Ted Gurr，1970）把"相对剥夺"定义为"一种知觉到的价值期望与价值获得间的差异"（p. 21）。他认为，粗略地讲，"相对剥夺"和"挫折"含义相当。古尔描述了一些有关政治暴力成因的模型，相对剥夺正是这些模型的关键概念。根据古尔理论，剥夺有三种不同的模式。

减缩剥夺（decremental deprivation）指人们认为自己应得到的没有得到。他们由于过去经验而体验到剥夺感（参见图 10. 1A）。许多情况会导致减缩剥夺：经济的萧条、外国强加的控制、特殊人群（如科技时代下的非技术劳工）就业机会的减少。哈德利·康特利尔（Hadley Cantril，1941）对纳粹主义的核心内容进行了心理学的分析，归纳出它之所以能盛极一时，是因为"旧的秩序和文化规则不能再为处于文化中的个体提供让人适应良好的框架体系"（p. 266）。出现减缩剥夺的原因有几种：一战后，由于社会结构和标准体系的崩溃，许多人都面临着社会地位下降、经济萧条以及人身安全上的危机。另一个例子则可以在阿根廷出现的暴动中看到，当时阿根廷政府为偿还外国贷款不得不作巨大的经济调整。比起其他类型的相对剥夺而言，缩减剥夺更多地被看做历史上大规模暴动的导火索。

第二种的剥夺类型是**意向剥夺**(**aspirational deprivation**)。这种状况下人们没有失去感,但是他们对于无法实现新的、更强烈的期望感到恼火。他们的期望有三种形式。一种是对数量有限的某种东西的渴望增强;这种东西可能是实在的物品、个人自由、政策法令或是公正。人们还可能追求他们之前从未有过的某种新价值,如参与政治或各阶层平等。此外,人们也可能开始关注那些之前很少想到过的东西(见图10.1B)。

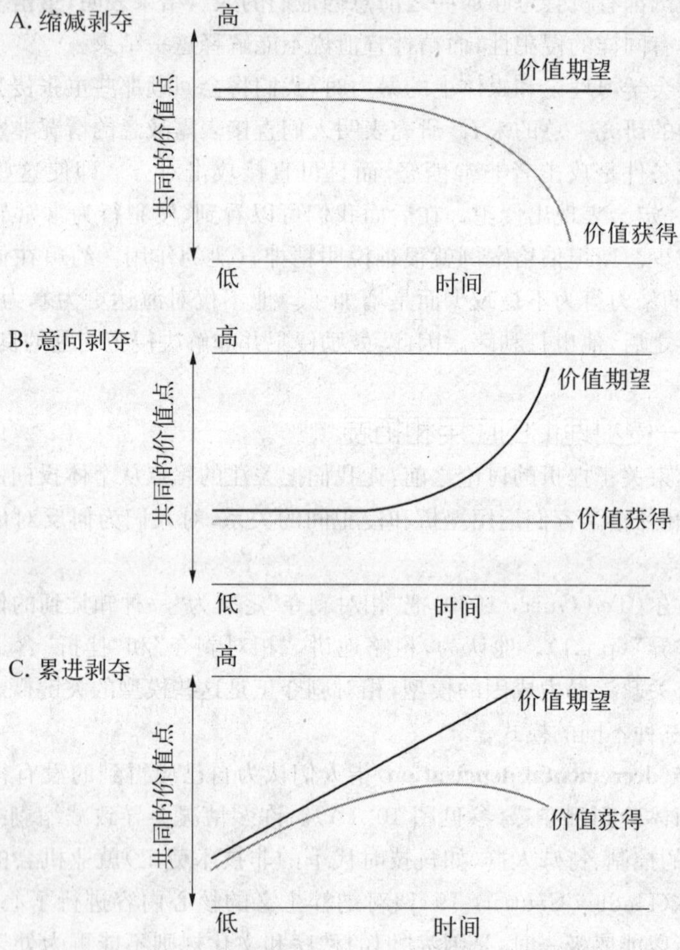

图 10.1　缩减剥夺,意向剥夺和累进剥夺

来源：Gurr(1970)。

相对剥夺的第三种类型是**累进剥夺**(**progressive deprivation**)或 J——曲线学说。

J——曲线学说是戴卫斯(Davies，1962)提出的一种概化的解释模型。在这个以历史学研究方法为主导的领域里，此成果在引进系统经验法上面起到了基础性的作用。J——曲线学说预测，当长时间经济、社会稳定的发展之后突然出现短时间的急剧倒退时，革命就很可能出现。长时期一定程度的、在生活条件上的稳定改善使人们产生了继续改善的期望。在经历了这样一段时间后，如果人们获得的价值不变或是倒退，以至于没能够继续改善生活状况而使生活条件停滞或者恶化的话，戴卫斯认为会出现累进剥夺(见图10.1C)。他发现这在经历大量变革的社会中最为普遍；关键因素是对失去长久以来的稳定的清晰或隐约的恐慌。人们惊讶于激进的革命是如何改变东德的。在埃根·克伦茨掌权的短短三星期内，它开放了边界，开放了恐怖的秘密警察司令部供人参观，还允许人民进行自由选举。更激动人心的是柏林墙也被推倒。尽管出现了如此迅速的改善，但是人们仍不满意，还要求成立新的政府。由于现实的改善并不能满足人们日益增高的心理期望，所以导致了不满意感的出现。

拓展，修正和新视角

从其优点来看，侵犯—挫折理论非常清晰而直白。这种理论认为挫折总会导致侵犯，每个侵犯事件都会伴随有精神宣泄。不幸的是，我们可以看到这种理论并不正确。我们并不是在每次受挫后都会做出暴力反应。侵犯也并不总是伴随着精神宣泄。那么，我们就应该抛弃这种理论，从而另辟蹊径，去寻找侵犯的原因吗？或许不用。看起来确实是约珥·斯坦伯格在生活中所遭受的接连不断的挫折导致他变得越来越暴力的。如果你回顾一下自己的生活，你可能会回忆起在面对挫折时你感到非常恼火；你可能为赶着参加一个重要会议而对开车非常慢而堵路的司机大喊大叫。由于我们想到了这个理论，可能意识到“如果他们不是经常故意那样做的话，那么当时他们可能是遇到什么麻烦了”。我们可能更愿意接受挫折有时候会引发侵犯的观点。事实上，许多研究者也采纳了这样的观点。然而当我们开始沿着这条路往前行进时，一个明显的问题跃入了脑海：什么时候，或者在什么条件下挫折会导致侵犯？

侵犯线索(aggression cues)。有一位研究者是这样回答这个问题的：他认为当环境中出现促进侵犯的线索时，那么人们受到挫折后就会出现侵犯。一个常见的侵犯线索是武器，如一支枪或是一把刀。根据伯克维茨(Berkowitz，1965)的观点，武器的出现可能会引发侵犯。事实上，他指出可能是“扳机拉动了手指”。伯克维茨还争论说，挫折导致侵犯行为的准备状态和被标定为“愤怒”的情绪状态。只有当环境中出现能引发侵犯的适当线索时，侵犯才会出现。侵犯线索被定义为常伴随着挫折源和侵犯行为出现的刺激物。它可以是任何事物，从武器、讨厌的人到与挫折源有关的名称。只有当个体将某个器械、环境或他人与侵犯联系起来时，线索才具有引发侵犯的功能。而且由于学习起着重要作用，所以对某个人来说构成侵犯线索的事物，对另一个人来说可能就不是侵犯线索。为了预测侵犯的出现，我们需要知道个体是否受到了挫折，或者现有的环境中是否存在侵犯线索。

为证明侵犯线索在诱发侵犯时所起的作用，伯克维茨及其同事做了大量关于武器效应的研究。他们推断，某些诸如刀枪之类的武器可能是诱发侵犯的线索，因此武器的出现应该能引发愤怒的人做出侵犯行为。在一项研究中，伯克维茨和李·佩奇(Le Page，1967)让实验助手激怒某些被试，而不去激怒另一些被试。然后给所有被试以机会对实验助手实施电击。一类情形是，桌子上除了放有电击设备外，还有一杆 0.12 口径的猎枪和一支 0.38 口径的左轮手枪(武器条件)。另一类情形是，在电击设备旁边放有两副羽毛球拍。结果表明当被试愤怒时，他们在武器条件下，比在羽毛球拍条件下对实验助手实施了更多电击(更多侵犯)。伯克维茨认为这些结果支持了武器能促使愤怒的被试做出侵犯这一假设。

虽然伯克维茨和李·佩奇的研究得出的结论给出了重要的启示，但是此研究也没有逃脱批评。一些研究者(Page & Scheidt，1971；Buss，Booker，Buss，1972)认为，被试可能猜测这种条件下的要求特征，并对此做相应的反应。武器条件下的被试可能并不将武器的出现看做伯克维茨所说的引发侵犯的线索，而是把它看做是来自实验者的线索，它表明可以做出侵犯，或者实验者想让被试在这种条件下做出侵犯。后来人们做了大量尝试，试图重复这一研究，有成功也有失败。因此确切地说，武器所起的作用仍存在争议(是侵犯线索还是要求特征)。

在较近的研究中，伯克维茨(1989，1994)拓展了他的理论。他认为不仅仅是挫折或愤怒，任何的负面情绪都能引发侵犯。侵犯线索不是侵犯出现的必要条件，但是一旦人们感到愤怒或是沮丧，它们都能增加侵犯的强度。愤怒的个体可能更易注意到侵犯性的线索。综上所述，侵犯线索的出现可能会增加个体因愤怒而做出侵犯行为的可能，但在没有线索时，侵犯行为也可能出现。

挫折—侵犯：几点补充性的思考

在对挫折—侵犯理论进行了如此多的讨论之后，现在来看看我们所处的位置。可以清晰地看到，最初的理论有点言过其实。在一些条件下，挫折会导致人们做出侵犯行为。但是，对于侵犯行为是不是总伴随着精神宣泄，以及为什么会出现精神宣泄，我们仍不是很清楚。替代性侵犯的观点非常有趣，但是没有得到充分证实。

虽然这种理论或许是不正确的，但它引发了大量关于侵犯的研究。像我们看到的那样，这类研究中的一些试图去探求哪些条件下挫折会导致侵犯，以及什么条件下，个体受挫后不出现侵犯。

还有一些研究试图重新审视侵犯的概念，认为导致人们经常出现侵犯的原因并不是挫折本身。一些研究者认为，侵犯行为旨在证明我们有能力掌控自己的行为和周遭的环境（Allen & Greenberger，1989）。他们认为，像暴力行为这样的无意义行为是一种形成控制感的手段；我们破坏事物以表明我们能控制它们。因此，任何威胁到我们控制感的情形都会增加我们做出侵犯回应的可能性。有点类似的是，有的研究者认为侵犯的目的在于印象管理（Tedeschi，Smith & Brown，1974；Melburg & Tedeschi，1989）。任何威胁到我们自尊或是轻视我们的事物，无论它是不是挫折，都会促使我们做出侵犯。还有另外一种观点是，侵犯是对我们人身自由威胁的回应（Worchel，1974）。正如你所看到的，虽然上述各种观点都着眼于挫折—侵犯关系的不同要点进行争辩，但是每一种都认为，侵犯是由对自我的攻击或威胁引发的。

在芝加哥，人们竖起了一座孩子们的祭坛，以纪念在暴力事件中丧生的青少年，这或许可以成为在这个社区中一个能抵消侵犯情绪的有力标志。

这些研究都关注侵犯的原因，而它们并没有告诉我们个体可能采用哪种侵犯方式。我们会想到侵犯有多种方式，从出言侮辱到使用刀、枪、炸药进行暴力攻击。事实上，就像我们前面提到的那样，从某种角度来说，要求或促使他人参与破坏活动，或者无视正在遭受痛苦的人的需求都可看做是侵犯。为了更全面地了解侵犯行为，我们不仅要知道哪些原因能引发侵犯，还要了解是什么决定了侵犯的方式。

社会学习理论

为了能找到一种原理，以便我们能在其基础上更好地预测侵犯行为出现的情形和方式，我们转向了另一种理论。这种理论认为侵犯行为与学习有关。**社会学习理论（social learning theory）**的主要倡导者（Bandura & Walter，1963；Bandura，1973）提出，儿童是通过学习获得什么时候、怎么样以及对谁做出侵犯行为的。虽然大部分靠观察父母的行为习得，但是还有一部分是通过同伴和宣扬暴力侵犯行为的大众媒体获得的。在极端的情况下，孩子是在父母或老师的训练下，掌握这些侵犯技能的。

侵犯的习得：强化

人们通过两种主要机制来习得侵犯行为。一种是**强化（reinforcement）**。孩子们常会因为做出侵犯行为而得到奖励。奖励可能是来自父亲的表扬，当儿子打倒比他大的孩子或者在足球比赛中恶意铲球时可能会得到父亲的夸奖。此外，孩子由于侵犯而受到大家额外的关注，其行为也会被强化。甚至当父母或老师批评孩子的侵犯行为时，他们往往会责备他或是试图改变其行为，这会导致孩子成为关注的焦点。渴望大人关注的孩子非常愿意付出这样的代价来换取侵犯带来的关注。当侵犯者尝到侵犯带来的甜头时，他的行为就得到了积极强化。例如约翰尼为抢吉姆的足球而打伤他，“得到了球”就是对约翰尼的奖励。孩子可以从这样的事例中学到侵犯是有利可图的。

大量的事实表明，个体是通过强化来习得侵犯行为的。吉恩和斯托纳（Geen & Stoner，1973）发现，当暴力行为得到口头强化时，被试会增加这种行为的强度。科文和沃尔特斯（Cowan，Walters，1963）提出，强化的模式对将来的侵犯行为起决定作用。例如，如果小孩子击打洋娃娃就会受到奖励，而其中一些孩子每击打一下都会得到奖励（连续强化），其他孩子则间断受到奖励（间歇强化）。那么当孩子们受到奖励时，他们击打洋娃娃的行为增加。一段时间后，实验者停止对侵犯行为的奖励，再来研究孩子的行为。非常有趣的是，间歇强化模式下的孩子比连续强化模式下的孩子击打洋娃娃的时间要长。科文和沃尔特斯的研究有重要意义，因为人们在做出侵犯行为时并不是总会得到奖励——他们的侵犯并不是总能成功。研究的结果表明，间歇强化模式在撤销奖励后能维持更长时间的侵犯行为。

侵犯的习得：模仿

班杜拉（Bandura）和沃尔特斯还提出，侵犯行为可通过**榜样（modeling）**或仿效习得。人们有模仿他人行为的倾向——尤其是他们喜欢或是崇拜的人。当儿子目睹父亲做出侵犯行为，或者男孩目睹他喜爱的电视英雄消灭 25 个凶手时，他们会认为暴力是正确的，因为“好”人也使用暴力。沃尔夫冈和费娜卡特（Wolfgang，Fenacuti，1967）指出，孩子身边充斥着“暴力是正确的”的教导。他们从小被教育，如果我们受到侵犯，国家的安全就依赖于我们使用暴力武器的能力。暴力充斥着我们的广告业——英雄克服了艰难险阻，带着啤酒回家庆祝。

除了学会侵犯是一种“正确”行为，因为“好”人也会侵犯以外，孩子们还从榜样那里学到了如何侵犯。阿诺德·施瓦辛格教会他们怎么使用拳头和舌头去侵犯他人；矫健的突击队员教会了他们战斗技巧；比维斯和巴斯亥德教会他们怎样放火。一些孩子则模仿他们喜爱的人物和动作明星，并且跃跃欲试。

有关模仿学习的研究表明，人们并非以相同的程度模仿所有的榜样。班杜拉、罗斯和罗斯(Ross, Ross, 1961, 1963a, 1963b)做过大量研究。他们让幼儿园的小朋友观察一个成年人攻击一个充气塑料小丑(“波波”玩具)。这个榜样打玩具，用锤子砸它，踢它并坐在它上面。在看过榜样的行为后，孩子们被带到放有很多玩具的房间里——其中就有“波波”玩具。研究者细心观察他们的反应。班杜拉及其同事通过改变榜样特征来研究榜样类型的影响作用。在一项研究中，他们证明孩子们更倾向于模仿同性别的被试，即男孩子更多模仿男性榜样，女孩子恰好相反。而且，相对于地位较低的榜样来说，人们更倾向于模仿地位较高的榜样(Turner & Berkowitz, 1972)。

在另一项研究中，班杜拉和其同事(1963a)发现孩子们会模仿真实生活中、电影中的成年人或者卡通人物攻击波波玩具的行为。因此，即使是卡通也能教会侵犯。迈尔(Myer, 1972)发现，成年人也会模仿榜样所做出的真实或虚假的侵犯行为。在另一个关于成年人模仿的研究中，阿姆斯、拉塞尔和桑迪兰兹(Arms, Russell, Sandilands, 1979)发现，观看含有侵犯意味的体育节目(摔跤和冰球)的观众，比起观看富有竞技性但不带侵犯意味体育节目(游泳)的观众而言，更容易感到敌意和表现出侵犯行为。研究发现，并非竞争教人侵犯，而是侵犯行为本身教人以侵犯。

其他研究则着眼于榜样所做出的行为。结果表明，与侵犯后榜样受罚相比，被试更可能模仿榜样侵犯后受奖的侵犯行为(Bandura, Ross & Ross, 1963b; Bandura, 1965; Walters & Willows, 1968)；与不合理的侵犯行为相比，被试更可能模仿合理的侵犯行为(Geen & Stoner, 1973)。班杜拉(1965)让孩子们观察榜样攻击“波波”玩具，其中一种条件是孩子们看到榜样不因侵犯行为受到奖励，但也不受惩罚；第二种条件是孩子们看到榜样被另一个成年人称赞并奖励；第三种条件是孩子们看到榜样受惩罚：因其侵犯行为挨打。随后，实验者让孩子们玩“波波”玩具。看到榜样受惩罚的孩子与看到榜样受奖励和无任何结果的孩子相比，出现了更少的侵犯行为。

实施侵犯：行为

社会学习理论在学会侵犯和实际出现的侵犯行为间作了重要区分。个体可以通过由行为得到奖励或者对榜样进行观察来习得侵犯行为。然而，一般说来，人们只有在特定情况下，做出侵犯行为会受到奖励的时候，才会表现出侵犯性。例如在班杜拉(1965)的研究里，我们看到，孩子们在观察到榜样因其侵犯行为而受到惩罚后，就不会做出侵犯行为。

虽然这些结果似乎表明，如果侵犯性的榜样受到惩罚，那么个体观察到这个榜样后侵犯行为不会增加；但是班杜拉对于惩罚在侵犯行为的习得和表现上所起的作用仍存有疑问。这是说观察到受罚榜样的孩子没有学会侵犯行为呢，还是说孩子已经学会了侵犯行为，但是抑制了这种行为呢？为了找出答案，只要孩子能模仿出先前观察到的榜样行为，班杜拉就都给予奖励。结果所有被试，包括观察到受罚榜样的被试，都能以相同的精确程度重新做出侵犯行为。此结果表明，观察到榜样受罚的孩子其实同样学会了侵犯行为，他们只是抑制了它。而当环境允许时，他们同样会表现出这种行为。这个发现非常重要，因为它表明榜样受罚并不能阻止观察者学习侵犯行为。而为了预测人们什么时候做出侵犯行为，我们需要考虑到他们过去的学习机会和现在的状况。

减少侵犯

社会学习理论关于侵犯的论述非常重要，因为首先，它解决了挫折—侵犯理论所不能回答的问题。例如，挫折—侵犯理论不能解释为什么在相同的挫折情景下一个人挥拳相向，而另一个人却扣动扳机，而第三个人根本不会攻击。根据社会学习理论，先前的经验和学习决定个体表现侵犯的方式。因此，我们推断第一个人可能是在常见到拳脚相向或是这种行为被奖励的环境里长大；第二个人可能生活在常出现枪支或是喜爱看“打打杀杀”的枪战片的家庭里；第三个人可能生活在一个侵犯行为受到斥责而并不是奖励的环境里。

除了解释为什么人们会以自己的方式施加侵犯以外，社会学习理论还为提出减少侵犯的方法找到了根据。班杜拉和沃尔特斯(1963)指出，事实上，父母因孩子的恶劣行为而体罚他们反而可能导致孩子侵犯行为的增加。在这种情形下，父母成为孩子模仿的对象。孩子观察到父母借助侵犯行为(惩罚)达到他们的目的(孩子侵犯行为的减少)。虽然孩子因害怕报复而不敢在家里做出侵犯行为，但他们可能在其他情况下表现出在家中习得的侵犯行为。西尔斯及其同事(Sears, 1953)发现，在家里因其侵犯行为而倍受惩罚的孩子比起受罚较轻的孩子，在外面更容易做出侵犯行为。

根据社会学习理论，可以通过撤销大家的关爱或取消一些喜欢的活动来作为对侵犯行为的惩罚，从而减少侵犯行为。在这种条件下，孩子没有得到任何对侵犯行为的强化或关注，也没有看到可以仿效的侵犯榜样。因此，社会学习理论认为，当我们教孩子不要侵犯时，不要用暴力来吓唬孩子。布朗和艾莉特(Brown, Elliott, 1965)证实了这条原则。他们让幼儿园老师奖励孩子们的合作行为和不打架行为，并忽视他们的侵犯行为。两周后，孩子们出现的侵犯行为明显减少。三周后老师继续奖励时，孩子们的侵犯行为进一步减少。

自负感受到威胁：人格、社会取向对暴力的联合解释

自我感觉良好的人还是自我价值感低的人更为容易做出暴力行为呢？长久以来，

人们认为低自尊和急于证明自己的人容易做出侵犯行为(Staub, 1989)。然而,保梅斯特、斯马特和伯顿(Baumeister, Smart, Boden, 1996)提出,侵犯行为主要是由高自尊的人做出的。在某些情况下,对自己有很高积极评价的人比起有更谦和的(或负面的)自我评价的人来说,更容易出现侵犯行为。

必须注意的是,这里出现了两个问题。首先,保梅斯特和他的同事的观点看上去与众不同,这是因为通常我们把高、低自尊看做是 B 级电影中"好人"与"坏人"的区分。也就是说,高自尊是值得拥有的优点,而低自尊则是一种缺点。这可能有时是正确的,但是保梅斯特和他的同事提醒我们,自尊更应该被看做是一个中性的概念。在一些情形下,高自尊的人是称职的、骄傲的而且心理健康。但是他们也会被认为是傲慢自负的,或许还有点自恋。在这种理论里,高自尊是指"总体上对自己有满意的评价"。高自尊的人也许是自信、有能力、朋友很多的人,但也有可能自负、不友好且对自己存有不切实际的看法。

第二个问题与我们先前在本能理论和生物学理论中关于侵犯的讨论一致。高自尊的人并非时时刻刻都出现暴力行为。于是,社会心理学家们继续提出疑问:"什么样的情境会引发人们的侵犯行为呢?"保梅斯特及其同事试图对此做出回答:当人们的高自尊感或"自负感"受到威胁时,就会出现暴力。从这个角度看,当人们对自己的良好看法"受到打击、遭人嘲笑、遭到挑衅,或者处于其他形式的危险之中时",就可能表现出侵犯行为(Baumeister Smart & Boden,1996,p. 8)。而且,侵犯行为极有可能指向所认定的威胁源,而不管这种威胁源是个人、种族还是国家。由此,这些研究者给我们提供了一个视角:高自尊人格特质是如何与社会因素相互作用的,即自尊受到威胁,从而导致侵犯行为。

为什么自尊受到威胁之后会引发侵犯呢?试想,你的一个朋友坚信自己是一位杰出的钢琴演奏家,那么至少她在这一领域内有着极强的自尊感并对自己的能力深信不疑。而你的另一位朋友在一次晚会上听了她的演奏后,做出了与其自我评价相抵触的评论。最初,那个演奏者听到这一评论的反应可能是生气或是难过。接下来,这种情绪或许会导致她对朋友口唇相讥、破口大骂甚至挥拳相向。

图 10.2 标定了"受威胁的自负感"所在的位置。图的最上方代表可能做出侵犯行为的人所面临的两难境地。也就是说,一个自我感觉良好的人面临着他人评价与自我评价相冲突的困境。受威胁的自负感会导致保梅斯特及其同事(1996)所说的"抉择点"的出现。个体可能接受批评,意识到自己并不是很好的演奏家,从而感到伤心,并可能因此放弃今后从事与钢琴演奏有关的工作。另一方面,如果处于抉择点的个体想维持很高的自我评价,就可能出现侵犯行为。这些个体不是感到伤心,而是会感到恼怒,而这种恼怒导致对威胁源的侵犯或暴力。

约珥·斯坦伯格是一个极度自负的人。不管他人对他的评价多么中肯,他始终认为自己在许多方面很杰出。他拥有财富、女人和声望。1975 年伊始,他拥有了一位充

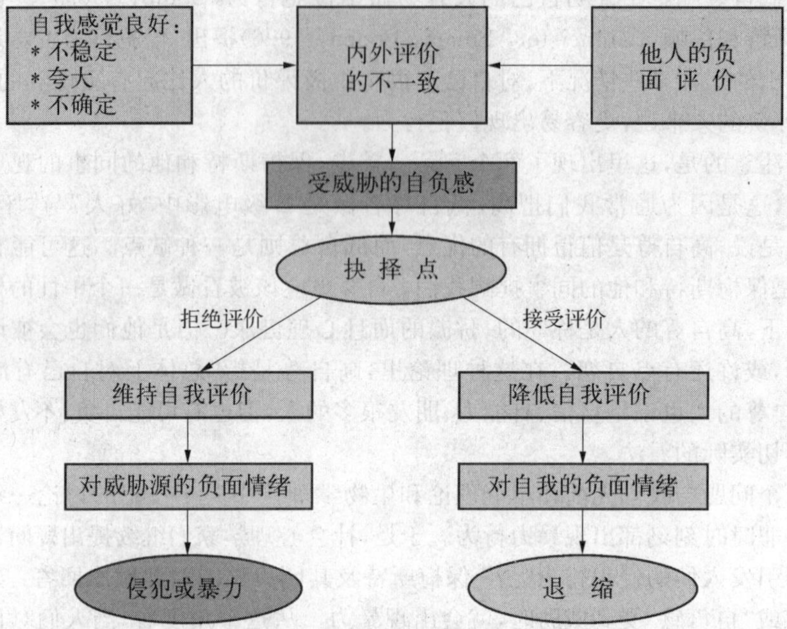

图 10.2 受威胁的自负感和暴力行为之间关系的示意图

来源：Baumeister，Smart，Boden（1996）

满魅力而且有能力的女人。开始，这个女人由于他的帮助而事事依赖他。但随着海达重拾自尊和自信，她不再事事依赖约珥。她开始有自己的想法和观点，而斯坦伯格的那些自负的看法受到了威胁。约珥在面临"抉择点"时做出的选择显而易见。他非常愤怒，对海达拳打脚踢，最后拳头还落在了幼小的利萨身上。

保梅斯特及其同事也注意到，有时候人们在自我受到威胁时，其暴力行为的强度往往远高于与受威胁程度相对应的合理水平。自我观念受到批驳，这会令人感到不舒服；而对自我概念进行改变，同样令人不愉快。所以侵犯也具有一定的预见性，也就是说，侵犯除了是对具体威胁的反应的同时，也预见到了将来可能出现的威胁，并且起到了阻止其发生的作用。那位钢琴演奏家在音乐技巧受到置疑时非常愤怒，但她会发现，她不太可能再次使自己处于受置疑时的愤怒境地。

保梅斯特、斯马特和伯顿（1996）分析了多个领域的研究资料，结果支持了受到威胁的自我意识这一观点。例如，波尔克（Polk，1993）报告说，杀人案常常是由人们开始互相侮辱、谩骂，致使争吵不断升级而引发的，觉得自己理亏的人常常会大打出手。同样，斯卡利（Scully，1990）在监狱对暴力强奸犯进行了采访。她报告说，犯人常常说他们喜欢让受害者"规矩些"。似乎强奸并不主要是为了满足性需要，而是更多地为了显示权力和优越感，并让自己更自负。有时女人构成了对男人自尊感的直接威胁。而尽管有时威胁是由其他事件引发的，但女人仍成了暴力强奸犯重拾自负感的工具。

侵犯与社会两难

侵犯和暴力行为在个人、家庭和社会层面上都引发了种种问题。社会心理学家对社会中若干个出现过暴力的领域进行了探索，试图寻找答案以帮助制定、解释社会政策。现在我们看到的是其中一些领域中的研究。注意，某些研究中使用的理论是为了解决某个特定问题而设计的，而这些理论与我们讨论的一般理论间的联系较为模糊。在另一些情况里，侵犯的一般化理论被用作有目的性的研究指导。

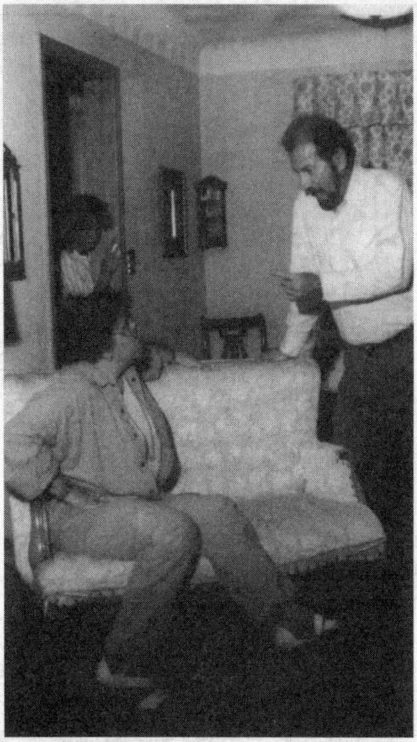

家庭暴力的肇端：一位家庭成员感受到挫折或威胁，而且对另一位家庭成员进行言语上的攻击，这可能会进一步导致身体上的侵犯。

家庭暴力

很显然，几乎每个读过利萨·斯坦伯格悲惨故事的人都会为其中无意义的暴力行为感到震惊。在对谋杀犯辛普森（O. J. Simpson）的公开审判里，他的口供将“婚姻中的虐待”这一问题展现在世人面前。但对于很多人来说，了解家庭虐待并不需要通过报纸新闻或是电视上的故事，因为这就发生在他们自己的家中。据估计，在美国每年仅因家庭暴力死亡的妇女就有七百多名（Steinmetz，1980）。此外每年还有一千多名孩子因家庭暴力而丧生。而且近20%的谋杀案的受害者是被自己的家人杀死的。在所有的种族、阶层和宗教团体中都发现过家庭暴力现象。由于那些极端的案例只是冰山一角，所以我们估计每年的家庭暴力案例大约是5 000 000～25 000 000例。因此，你们中的某些人很可能就是家庭暴力的受害者或是目击者。

如何解释人与人之间这种残暴的对待方式呢？侵犯理论能够让我们洞悉这一问题吗？为了回答这些问题，让我们先看看家庭暴力发生的典型条件。首先，我们知道家庭暴力不是什么。家庭暴力并不是那种可以典型地归咎于心理疾病的东西。罗伯特·埃默里（Robert Emery，1989）写道：“如果要对虐待孩子的研究做个总结的话，……那么心理病理学的模型并不适用于大部分有虐待行为的家长。”（p. 322）对婚姻中的虐待来说也是一样。第二，令人略感惊讶的是，尽管男人对女人做出的暴力行

为更具破坏性，而且常常被报告到警察局，但实际上男女实施虐待的可能性是相等的(Straus，1980)。第三，虐待常常伴随着压力事件，比如说失业。第四，暴力行为会一代代地继承下去(Malinosky — Rummell & Hansen，1993；Simon，1993)。第五，许多虐待案的起因是父母试图约束孩子的行为(Parker & Collmer，1975)，或者夫妻中的一方想控制另一方。

你看到了家庭暴力和侵犯理论之间的联系了吗？我们可以看到，受威胁的自负感、挫折—侵犯、社会学习在家庭暴力悲剧中所各自占有的地位。一些令人厌恶的事件出现——引发挫折感的事情或者构成了对个人自尊的挑战。这些因素诱发的侵犯直接指向某一位家人，这可能是因为这个家人被认为是威胁源或是挫折源，也可能是因为施虐者在小时候就习得了这种模式。这种虐待行为之所以得到了强化，是因为个体发现它在影响其他家庭成员的行为以及掌握家中的权力上很有效(Walker，1989)。

这种模式与我们的理论框架相吻合，但我们必须谨慎。虽然许多家庭暴力的实施者曾经受过虐待，或者孩童时期目睹过虐待行为，但是这话反过来说就不正确了：从虐待家庭长大的许多人并不是施虐者(Emery，1989)。卡尔姆斯(Kalmuss，1984)提出，在报告曾目睹父母打架的人中，有94%的人在婚后并不会出现身体上的虐待行为。理论有助于我们了解家庭暴力，但它们并不能完全解释这种悲剧性的现象。

要制止家庭暴力非常难，因为人们并不愿意报告这类案件。很多时候，受害者在威胁将至时报案，之后却又销案或不再继续报告。受害者常常觉得他们受到侵犯是事出有因的，或者假定暴力事件纯属偶然，以后不会再发生。这种假定往往是错误的，暴力常常会变本加厉，侵犯行为仍会继续。处理家庭暴力的步骤一般包括：为了保护受害者，暂时让他从家庭环境中脱离出来，再对所有家庭成员进行治疗，并且减少导致暴力的压力源（Emery，1989；Walker，1989）。尽早进行干预也非常重要。家庭虐待常常先以温和的侵犯形式（如口头攻击）出现，继而逐步升级直至严重的身体侵犯。舒格曼、阿道伦多和博尼麦科伊（Sugarman，Aldarondo，BoneyMcCoy，1996）研究了虐待的不同形式。他们认为，当虐待形式较为温和时对家庭暴力进行治疗，效果要好于出现严重的身体侵犯时再进行治疗。

药物和侵犯

以海达·诺斯宝姆为例，1978年她和约珥开始服用可卡因，当他们开始增加剂量时，约珥开始出现暴力行为。这一系列事件不只是相关的（回忆一下在第一章中的讨论），而且会让我们产生这样的疑问：药物的使用是否影响侵犯行为？事实上，我们将会看到，这一问题牵扯到许多其他问题。首先，使用药物本身是否会使人更具有侵犯性呢？第二，当人们受挫或是生气时，药物会不会增加人的侵犯性呢？最后，是不是所有的药物都会对侵犯性产生同样的作用？你可以想象，有关这一主题的研究会触及道德的雷区。我们想要研究的许多药物都是非法的。即使是合法的药物（如酒精、尼古丁），它们的使用也是受国家法律限制的，仅售给成年人。即使存在种种困难，我们也只能勉为其难，寻找这些问题的答案。

泰勒及其同事（Taylor & Gammon，1975；Taylor，Gammon & Capasso，1976）研究了酒精和大麻对侵犯的影响。他们给被试服用大剂量或小剂量的酒精或大麻。然后，实验助手激怒其中一些被试，而不去激怒另一些被试。之后所有的被试都有机会攻击实验助手。结果显示，即便是超大剂量的酒精，就其本身而言也并不会诱发侵犯行为。但是如果被试处于被激怒或是被威胁的状态下，那么大剂量的酒精会引发更多的侵犯行为。

另一方面，大麻的作用与酒精并不相同。在服用大剂量的大麻后受到威胁的被试，比起服用小剂量的和没有服药的来说，表现出较少的侵犯性。而且，服用大剂量大麻后受威胁的被试，比起服用大剂量酒精的被试来说，表现出较少的侵犯性。

伊藤、米勒和波洛克（Ito，Miller，Pollock，1996）所作的关于酒精与侵犯性研究的最新回顾表明，喝得大醉的个体更容易受挫折—侵犯的影响。相较于那些没喝醉的人来说，喝醉的人在受挫时更可能表现出侵犯。斯姆特和泰勒（Schmutte，Taylor，1980）揭示出酒精的另一个有趣的效果。他们让喝醉的人和没喝醉的人完成一项反应时任务。在任务中，他们能电击对手，同时，对手也能电击他们。在一些条件下，被试听不到对手疼痛的叫声；另一些情况下他们能听到对手非常难受地发出惨叫声。结果显示，喝醉的被试比没喝醉的被试更具有侵犯性，他们的侵犯行为不会受到对手惨叫声的影响。另一方面，没喝醉的被试在听到疼痛的反馈后，减少了他们的侵犯行为。总的来说，研究结果表明大剂量的酒精会使人们对周围环境以及侵犯后果的意识程度或者说关心程度降低。研究者还发现，用于治疗亢奋的镇静剂(苯甲二氮草)，也会影响到侵犯性，具有与酒精相似的作用(Gantnot & Taylor，1988)。这个发现引发人们开始讨论治疗心理不适的药物所具有的广泛影响作用。因此，药物对侵犯行为的影响非常显著，但是其作用的方向取决于药物的种类、剂量的大小以及被试是否受到威胁。

情色信息、暴力色情材料和侵犯

色情材料会引发侵犯行为吗？它尤其会引发男人对女人做出更强烈的侵犯行为吗？X级色情电影和色情图片、书籍随处可得。一些人足不出户，就可通过电视或是因特网获取色情材料。一项研究显示，在被调查的男性中，81%的人报告最近看过色情材料，38%的人报告最近看过暴力色情材料(Demare，Briere & Lips，1988)。另一方面，罗伯特·贝苏曼(Robert Basuerman，1996)对犯罪统计数据的分析并未证实，暴力犯或是色情暴力犯比起非犯罪者来说，看过更多的色情材料。社会心理学理论能告诉我们色情材料与侵犯之间的关联吗？

兴奋转移(excitation transfer)：预测色情材料的影响作用

色情材料的唤醒作用达到一定程度时，这种唤醒会促使人们做出侵犯。在第三章中我们讨论过撒切尔(Schacher)对情绪的研究(Schacher，1964；Schacher & Singer，1962)。撒切尔认为情绪以一般、非具体的唤醒状态和认知标定为特征。具体来说，个体体验到生理唤醒，于是在周围环境中找原因，寻找解释。这个解释就是认知标定，它能使我们把唤醒状态标定为高兴、害怕、愤怒等等。

道尔夫·齐尔曼及其同事(Dolf Zillmann，1971，1978，1994；Tannenbaum & Zillmann，1975；Zillmann & Bryant，1998)把撒切尔的标定理论应用于侵犯的模式中。他们推断，被其他原因唤醒的愤怒的个体可能会把这种唤醒状态标定为愤怒。由于知觉错误，个体会感到更生气，因而有可能做出侵犯行为。根据这种**兴奋转移理论(excitation transfer theory)**，重要的不是唤醒的真正来源，而是人们对这种唤醒状态的知觉。

“热度：从室内温度到明确的两性材料”。为了说明兴奋转移怎样导致侵犯，首先我们看一个研究。这个研究并非关于性行为时的体温，而是指真正的华氏温度/摄氏温度。研究者发现当天气炎热时，暴力犯罪会增多(Anderson，1989；Anderson & Anderson，1984)。由于气温的关系，谋杀、殴打、强奸和家庭暴力都会增多。安德森、戴厄舍和德勒维(Anderson，Deuser，deNeve，1995)设计了一个实验来探究出现热度效应的原因。在研究的第一阶段，被试在一个可调温度的房间内玩电视游戏。房间内可调为适宜温度(大约72℉)或是非常高的温度(94℉)。结果发现，由于气温的作用，被试体验到更多敌意和攻击情绪，并出现更多的侵犯念头。温度越高，人们会出现越多的侵犯念头。

从兴奋转移理论的观点出发，更有趣的是安德森、戴厄舍和德勒维(1995)进行的干预，使被试处于真实的或是感觉中的生理唤醒状态。随着室温的升高，被试的心率加快。尽管这样，高温房间内的被试认为他们的唤醒水平很低。综合来看，结果指出兴奋转移是热度效应的原因。随着室温的升高，生理的唤醒水平也升高。但是，气温效应也可能是由于被试并未意识到自己的唤醒状态。当有人激怒被试或使被试受挫的时候，被试很可能把由温度高引起的唤醒状态错误地归结是由自己对那个人的愤怒感受和愤怒想法所引起的。兴奋转移的结果是导致了更多的侵犯。

像是把唤醒归结为温度高一样，色情材料也符合齐尔曼的兴奋转移模型。而且有些研究确实支持了这一学说。例如，齐尔曼(1971)研究了性唤醒状态对侵犯行为的影响。一些被试观看一部能引起性唤醒状态的影片(《躺椅》)，另一些被试观看一部暴力拳击片(《灵与肉》)，还有一些被试观看有趣但不会引起唤醒的资料片(《马可·波罗游记》)。之后，实验助手激怒其中一些被试，而不激怒另一些被试。最后，让被试充当老师，对实验助手进行电击。结果表明，观看能引起性唤醒影片的被试表现出最强的侵犯性(即指他们实施的电击强度最强)，而观看不会引起唤醒的资料片的被试表现出最弱的侵犯性。这一结果正与下述观点相吻合：被试把由色情电影引起的性唤醒状态解释为愤怒，这导致更强的侵犯性。

视窗 10.2　公路上的愤怒：把社会心理学的观点应用于恶性驾驶的研究

如今，我们都听过公路上的愤怒。公路上的愤怒会导致追车，撞车，乃至死亡。“他堵了我的路。”“她开得太快。”“他的收音机开得太大声。”这些都是在公路上故意撞死或撞伤他人的司机给出的解释。事实上，在 1990 年到 1996 年间，上述每条理由都在至少 25 个无关联的“公路上的愤怒”事件中出现过(Mizell，1997)。

1997 年下半年，一辆满载驾驶学校学生的汽车直接从“公路愤怒事件”得到了直接教训。驾车的是一位年轻女性。当她正要转弯时，另一辆汽车突然挡住她的去路。教官命令她追上那辆车。她照做了。当那辆车最终停下时，教官跳下车，走向那位司机，(毫不犹豫)挥拳打在他的鼻子上。虽然驾车的女性没有获罪，但是后来那个教官被捕了。

公路上的愤怒可能会导致更严重的后果。举一个更为人知的例子，在华盛顿哥伦比亚特区，两个男性为争夺干道而疯狂追逐。最终两辆车撞到一起，继而冲进车流，引起连环撞击，造成 3 人死亡。一项关于主要报纸、警局记录以及保险单记录的研究表明，6 年间出现 10 000 余例恶性驾驶事件(Mizell，1997)。如同美国汽车协会大卫·威尔斯所证实的一样，这只不过是当今发生在美国的恶性驾驶事件的一个缩影。心理学家从公路上的侵犯行为获得了怎样的信息呢？传统上，心理

续 表

学家为了研究汽车问题上的侵犯行为，是通过创设挫折情境然后测查人们的侵犯反应。例如，在绿灯时研究者设置一辆汽车停在那儿，堵塞交通。然后观察其他司机过了多久开始鸣笛，鸣笛的次数以及鸣笛的时间。

这项研究发现了促使被抛锚车堵路的人们出现侵犯反应的影响因素。通过兴奋转移的作用，气温常常会增加侵犯性。炎热引发的唤醒状态会给人们火上加油，使其表现出更强的侵犯性。克布瑞克(Kebrick)和麦克法兰(Macfarlane)(1986)在绿灯前设置一辆车，发现气温越高，鸣笛的人越多。摇下车窗(可能是车内没有装空调)的司机鸣笛的次数更多一些。抛锚车的档次也影响着人们在公路上的好斗行为。研究者注意到，当司机被堵在一辆低档车后面，要比在一辆昂贵的高档车后面，更快地按喇叭(Doob & Gross，1968)。人们所开的车型也会影响到人们鸣笛。德国的一项研究发现开高档车的人对抛锚车会最先按喇叭，而开低档车的人最后按喇叭(Diekmann，Jungbaver — Gans，Krassnig & Lorenz，1996)。

匿名性也会影响到公路上的侵犯行为。人们常常难以看清司机的面孔，所以在驾车时人们会觉得不会被认出来。的确，一项比较敞篷车与封闭车司机的研究发现，比较容易看清面孔的敞篷车司机鸣笛要迟缓一些(Ellison，Govern，Petri & Figler，1995)。

虽然很多时候人们驾车行驶时碰到事情会发火，但是只有一些愤怒最终转变成侵犯行为。试想一位女性，她在工作上对老板很恼火。她很清楚她不能对老板发火，否则就会被辞退。下班后她开车走在路上。这时候她可能会超速或是在路上横冲直撞，来发泄心中的不满。比如说，对在快车道开慢车的人发泄一下心中的挫折感，这样你就拥有了解决麻烦的秘诀。

怎样解决公路上的愤怒呢？在公路结构上做出调整，比如说，修新公路或是拓宽道路，加长并道线，多修建停车场，以此来减少频繁发生公路上愤怒的契机。但是，即使改善了条件，驾驶过程中也难免会受挫，有些司机还是会做出侵犯性反应。米泽尔(Mizell，1997)给出简单忠告：不要做激怒其他司机的事。不要斜插过来挡住别人的车，不要紧贴前面的车行驶，不要在快车道开慢车。如果你遇到一位争强好胜的司机，就给他让行。当你发火或是压力大时，也不要在非机动车道行驶。记住人们在行车时常会犯错误。不要把这种错误看做是对自己的冒犯。鸣笛、手势、超速追车，你可能将会面临犯有指控谋杀罪。或者，你也许根本不在乎面对任何控罪。

那么我们可以说，情色材料或色情材料会诱发侵犯吗？第二组研究证明这并不成立。伯罗恩及其同事(Baron，1974；Baron & Bell，1973；Frodi，1977)指出，色情材料实际上会减少随后的侵犯行为。他们辩称侵犯性和性欲本质上并不相容。他们推断唤起的性欲可能会抑制侵犯。齐尔曼和约翰逊(Johnson，1973)认为，令人陶醉的性唤醒状态会使人分心。所以受煽动而想做出侵犯行为的人由于升起的性欲会减少对做出侵犯行为的关注。

很显然，我们需要对上述相矛盾的两种结论做出合理的解释。齐尔曼、布赖恩特和卡维斯(Zillmann，Bryant，Carveth，1981)继续了唐纳斯坦和埃文斯(Donnerstein & Evans，1975)的早期研究，提出一个关于色情材料对侵犯影响作用的"激发效价模型"。他们在研究中发现，接触过令人不愉快的色情材料的学生会增加对同伴的侵犯行为。而接触过愉悦色情材料的学生会减少其侵犯行为。齐尔曼及其同事(1981)提出侵犯出现的可能性依赖于色情材料引起唤醒的程度和其是否愉悦的效价。例如，人们会对表现兽欲和虐待的影片产生非常消极的反应(Zillmann，Bryant & Carveth，1981)。这类影片会有增加侵犯性的作用。而令人愉悦的色情影片会减少侵犯行为。因此，这个理论模型就能解释侵犯行为增加和减少这两种情形。

暴力色情材料

在过去的几年里，研究者越来越关注暴力色情电影，是由于它把性唤醒与暴力结合起来。诸如强暴、枪口下性行为的镜头在X级电影中很常见。马拉姆斯(Malamuth)及其同事认为这类影片对男性观众的态度产生令人不安的影响。他们证明观看此类影片的男性会对强奸产生更多的幻想(Malamuth，1984)，对强奸的敏感度降低，并且更强烈地认为自己也可能犯强奸罪(Malamuth，Haber & Feshbach，1980)。

在圣巴巴拉的加利福尼亚大学，林茨、唐纳斯坦和亚当(Linz，Donnerstein，Adam，1989)让大学生们观看男性向女性施暴的电影片段，同时监测他们的心率。在观看此电影片段前，一些被试观看了一部含有暴力和明显色情镜头的影片，而其他被试观看了一部会引起性唤醒但没有暴力情节的电影。随后心率和态度的测查结果表明，第一部电影中含有的暴力镜头，致使被试对第二部中男性攻击女性的暴力的敏感程度降低。而且，那些在第一部电影里观看暴力色情的被试会认为第二部影片中的受害者所受的伤害并不严重。相较于开始看非暴力影片的被试来说，他们认为第一部影片中的男性施暴者要负较少的责任。这个研究为"色情暴力会给观众带来心理和认知上的双重影响"这一观点提供了深层的证据。

为什么暴力色情会诱发侵犯呢？唐纳斯坦(1980，1983)认同伯克维茨的"侵犯线索"概念。当看到一个女性成为性侵犯的受害者时，这会引发男性的唤醒状态，并且把女性也和侵犯行为联系起来。因此，女性很可能成为以后诱发观众侵犯的侵犯线索。

唐纳斯坦(1980)找了一些男性被试，让实验助手激怒他们或是以不礼貌的方式对待他们，然后让他们分别看一部影片。一类是既无色情又无暴力的电影，即为控制组；

其他两部是色情片，一部完全不带有侵犯性，另一部是一个男性闯入一个女性的房间里，用枪口指着她实施强奸。看完电影后，被试在所谓的"学习任务"中有机会对实验助手实施电击。被试想施加电击的强度作为衡量侵犯行为的因变量。

结果如图 10.3 所示。色情影片对电击增量的影响相对较小，而暴力色情片则有很大的影响。暴力色情片引发被试实施很大强度的电击，尤其是在被试被激怒时和实验助手是女性时。唐纳斯坦(1983)总结了许多文献，得出结论：观看暴力色情片与对女性实施侵犯之间有直接的因果性关联。

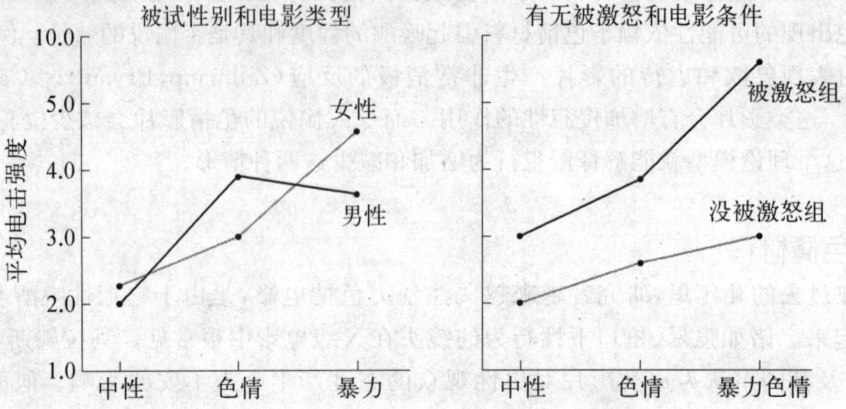

图 10.3 受害者的性别、电影类型和是否激怒与平均电击强度的关系

来源：Donnerstein(1980)

最近，穆林(Mullin)和林茨(1995)让学生观看三部非常暴力但略带色情的影片。被试在一星期的时间内观看三部 R 级的暴力影片(slasher film)(《十三号的星期五》(第二部))。然后，让被试看一部 20 分钟的录像，并假装这是个单独的知觉试验。录像是一位女性受到家庭暴力，还呈现了她受侵犯时的环境和伤势严重的程度这些细节。如同林茨、唐纳斯坦和亚当(1989)研究中的被试一样，与没有看过暴力影片的控制组被试相比，看完三部暴力影片的被试表现出对暴力的不敏感，并且对受害者所处困境的估计不足。这只是看完暴力影片三天以后，再看家庭暴力片时的情况。如果观看暴力影片和家庭暴力片的时间间隔延长到五天或者是一星期，穆林和林茨(1995)发现被试对家庭暴力受害者的反应和对其伤势的估计，恢复到与没有看过暴力影片的被试同等的水平。显然，较长的时间间隔能使被试重新恢复对暴力和受害者的敏感。我们不知道这种不敏感现象只是发生在略带色情的 R 级暴力片中，或是也发生在林茨、唐纳斯坦和亚当(1989)研究的 X 级影片里。

"旁观者和对象的反应"。暴力色情片很可能导致对女性的侵犯行为(Hui，1986)，但伦纳德和泰勒(Leonard，Taylor，1983)认为被侵犯的女性对象赞成还是不赞成色情，是不同的。他们发现，当男性被试与女性实验助手一同观看有明显色情内容的电影片段的时候，男性被试在女性实验助手表现出赞成或是愉快时，实施的电击强度比在她表现出不赞成时要大。

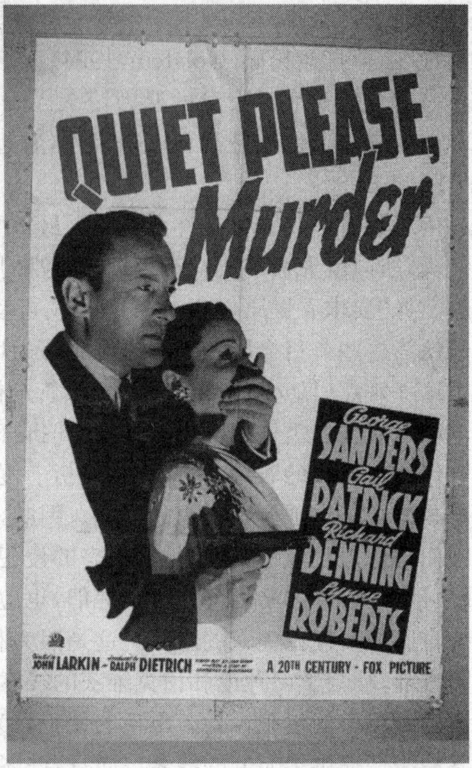

安静，谋杀！1943 年的一份电影海报包含与侵犯相关联的性和暴力的暗示。

现在我们来思考一下被侵犯的对象。侵犯的强度是取决于他或她对色情暴力片的反应吗？唐纳斯坦和伯克维茨(1981)做了一项研究，让实验助手激怒一些被试，而不激怒另一些被试。所有被试都是男性，但实验助手男女各半。随后，一个被试和一个实验助手共同观看一部电影，接下来，被试有机会对实验助手实施电击。被试观看的影片类型和实验助手对影片的反应是不同的。研究表明，当被试被男性实验助手激怒时，对其实施的电击并不取决于被试所看的影片种类，也不取决于实验助手对影片的反应。另一方面，被女性实验助手激怒的被试，由于所看影片的作用，表现出不同程度的侵犯性。他们在观看一部暴力色情片时，相对于看一部非暴力影片来说，实施了更强的电击。很显然，这种条件下，很强的侵犯性是由于观看暴力色情片引发了男性的高度唤醒状态所激起的。但在被试事先没有被激怒的情况下会怎样呢？他们会由于影片的作用侵犯她吗？当电影含有暴力色情内容并且女性实验助手持积极态度时，被试实施了很强的电击。当她表现得对电影饶有兴趣时，被试认为电影不那么暴力，并认为电影中的受害者应该对所受的侵犯负更多责任。因此女性实验助手就受到更多的电击。

这些研究的结果指出暴力色情材料所具的危害性(Donnerstein & Linz，1986)，尤其当女性受害者(或是其他女性观众)表现出任何愉悦暗示的时候。这些信息可能会减少个体对性侵犯严重性的认识，使其认为侵犯是合理的，从而减弱对侵犯行为的抑制。

暴力电视和侵犯

每晚打开你家的电视机，你几乎都会看到暴力镜头。例如在 1992 年，黄金时段的电视节目平均每小时出现9.5个暴力事件。星期六早上的卡通片更为暴力，平均每小时出现32个打斗场面(Golstein，1994)。十多岁的孩子平均每周看电视约35小时，几乎不可避免地要面对大量的暴力镜头。研究者估计平均16岁的孩子在电视上看过33 000起谋杀事件或是蓄意谋杀事件，看过超过200 000件的暴力事件(全国反电视暴力联盟，1990)。

由于观看电视节目是许多美国人最重要的消遣方式之一，暴力又是电视上最常见的镜头，所以就无怪乎公众和心理学家都对暴力电视在侵犯行为上的影响作用如此感兴趣。像"要求看健康电视节目的公民行动"这样的团体就号召减少媒体上的暴力。他们认为这些节目会导致观众的侵犯行为增加。就像我们认为的那样，研究大体上支持了这一观点(Huesmann，1982)。尽管这样，情况并不如有时候想的那么清晰。

两种有关人类侵犯的主要理论(挫折—侵犯理论和社会学习理论)对电视暴力的影响作用有不同的看法。一方面，挫折—侵犯理论的精神宣泄假说认为，实施侵犯行为会减少将来出现侵犯行为的可能。因此，如果让人们模拟侵犯性或者通过观看暴力电视而替代地发泄侵犯性，他们将来的侵犯行为就可能会减少。从这个角度看，电视(或其他媒体)上的暴力即使不被提倡，也应该被默许。目击暴力行为之后，观众就会减少自己想要侵犯他人的念头。这是因为替代地体验暴力，可以导致精神上的宣泄。另一方面，社会学习理论和伯克维茨的线索理论提出，目睹暴力行为并不是一种宣泄，而会导致更多的侵犯行为。出现的侵犯行为被观众当做榜样来模仿，而它也为观众宣泄其侵犯性提供了充分的线索。而且，许多情况下观众还会看到荧屏上的侵犯者因其行为受到奖励，这使得侵犯者更加成为观众想仿效的榜样。

试图解决这个问题的研究可分为两类。第一类是相关性研究。在这些研究中(参见 Huesmann，1982)，侵犯行为和观看电视在自然条件下出现时，对这两个指标进行测量，并将其联系起来，看两者之间是否存在相关。研究始终发现，观看暴力电视和侵犯行为之间存在轻度正相关。换句话说，一个人越喜欢看暴力电视，其侵犯性越强。这不只在美国，而且在芬兰、波兰和澳大利亚都得到了证实。这项研究对暴力电视的精神宣泄作用提出了质疑，它和社会学习理论更为相符。尽管如此，但是相关并不意味着因果关系。比如说，或许侵犯性强的人喜欢看暴力电视节目是因为觉得它非常有趣，或者认为这是一种发泄其侵犯性的正当手段。如果这种猜测是正确的，那么观看暴力电视和侵犯行为之间存在正相关，但并不能由此认为暴力电视引发了侵犯行为。

为了更清楚地解释"孰因孰果"的问题，研究者转向了第二种研究途径——实验法。在那些最早也最有影响的研究中，有一些是我们先前叙述过的班杜拉和其同事(Bandura，Ross & Ross，1961，1963a)所作的研究。然而，正如斯戴恩和佛芮德瑞什(Stein，Friedrich，1975)评述的，我们能在多大程度上把这些研究得出的结论推广到商业电视中的暴力，还是非常不清晰的。班杜拉及其同事使用了为实验专门拍摄的影片。这些影片时间短，而且内容单一：榜样的侵犯行为贯穿始终。但商业电视上的暴力远比想象的复杂：影片的时间更长，内容也更为复杂。人们的注意力可能因此被分散，暴力行为也可能显得不那么突出。而且我们并不能从班杜拉的研究中知道，从被试身上观察到的侵犯性会不会持续下去，还是这种情况更具有普遍性。典型的做法是在被试看完榜样的行为后，立刻测查其侵犯性；并使被试有机会在相似的情形下做出与榜样同样的侵犯行为。如果情形发生了改变，侵犯行为仍会发生吗？更重要的是，在不同情境下，是否会观察到不同的、更具侵犯性的行为呢？

更为深入的研究稍微与此有些矛盾。有的研究报告，观看暴力电视之后侵犯行为将有所减少。费斯贝奇(Feshbach，1961)证实，观看暴力电影后观众的侵犯行为会减少。他让生气或不生气的被试观看暴力(如职业拳击赛)或非暴力的电影。费斯贝奇发现当给被试以侵犯机会时，在生气的被试中，观看暴力电影的人比观看非暴力电影的人表现出更弱的侵犯性。然而对于不生气的被试而言，观看暴力电影的人比起观看非暴力电影的人报告感到了更强的敌意。结果表明，在电影里观看到侵犯行为，这会降低生气观众的侵犯动机。

在一项涉及625名10—17岁男孩的研究中，费斯贝奇和辛格(Singer，1971)发现，观看暴力电影会减少侵犯行为。被试包括来自上层家庭的私立学校男生，以及来自流浪者救助社区中心的男孩。研究者安排他们连续6天(每天1小时)观看暴力节目或非暴力节目。然后，社区中心的工作人员为他们行为的侵犯性作等级评定。结果表明，观看暴力电影的、来自社区中心的男孩比起那些观看非暴力电影的男孩来说，参与打斗事件的数量是后者的一半，而且被评价的侵犯性也比后者低。研究还发现，节目类型对私立学校男孩的行为并没有什么影响。费斯贝奇和辛格的研究被认为支持了精神宣泄假说。但是该研究仍在方法上遭到了批评。比如说，可能是因为来自社区中心的男孩更喜欢看暴力节目。因此当这些男孩因为被安排收看非暴力节目而受到了挫折，从而对不能看喜欢的节目心存怨恨，继而导致他们出现较多的侵犯行为。

第二类研究认为，暴力电影会增加侵犯行为。费斯贝奇和斯坦(1973)让幼儿园的孩子分别观看三类节目：暴力的、中性的和亲社会的电视节目，共为期4周(见图10.4)。在看电视的四周之前、之中、之后分别观测孩子们的行为。非常有趣的是，在观看节目前侵犯性被评定为低于平均值的孩子，在看完节目后未受到影响。而对于那些四周前就显示出较高侵犯性的孩子来说，结果则有些复杂。其中，随着时间的推移，观看了中性和亲社会性节目的孩子的侵犯性有所减少；那些观看暴力节目的孩子的侵犯性也有所减少，只是减少量更少。费斯贝奇和斯坦认为，这意味着暴力节目是另一种减少侵犯性的形式，因此电视节目鼓励侵犯行为。但需要牢记，暴力节目并不会增加被试的侵犯性。很可能是暴力节目没有影响力或影响力很小，中性或是亲社会性的节目可能会减少侵犯性。实际上，赫尔洛德(Hearold，1986)发现，弘扬模范人物的亲社会电视节目比反社会电视节目对儿童行为的影响更大。

帕克、伯克维茨、莱因斯、韦斯特和塞巴斯蒂安(Parke，Berkowitz，Leyens，

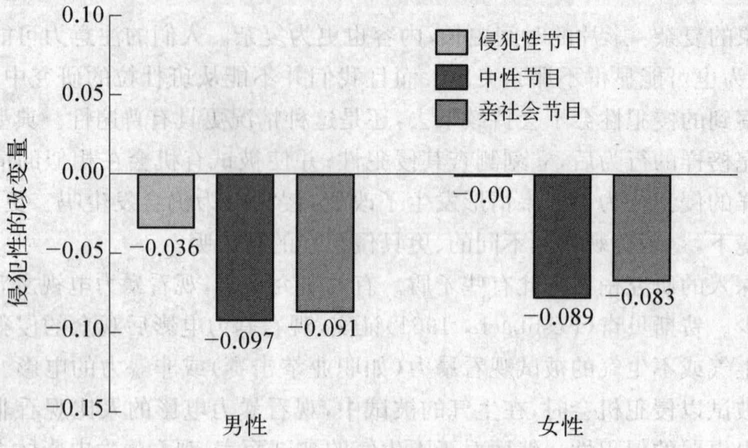

图 10.4 人际间侵犯性的平均改变量

注：分数越低，观看节目后侵犯性的减少量越显著
分数来自于最初表现出高侵犯性的被试
来源：Feshbach & Stein(1973)

West，Sebastian，1977)所做的一个实验表明，被试在看完暴力电影后侵犯行为会增加。后来，他们又在最低监护中心对少年犯实施了3项拓展研究(两项在美国，一项在比利时)。首先连续3星期观察被试的行为，以得到侵犯行为的基线水平，之后将被试随机分成两组。在接下来的一个星期内，一半被试每晚看暴力电影，而另一半被试看非暴力电影。在最后的三星期内，再对他们的日常生活进行观察，并在"侵犯性"纬度上评定他们的行为。图10.5呈现的是第一个研究的结果。在每种情况下，观看暴力

图 10.5 观看暴力电影和中性电影后的侵犯行为

注："高"和"低"代表了最初的侵犯性
来源：Parke 等 (1977)

电影的被试都比观看中性电影的被试表现出更多的侵犯行为。这与社会学习理论相一致。但是，这项研究在理解电视暴力对典型个体的影响上的启示仍是不明确的。实验所采用的电影材料是未经剪接的、与正式影片长度相同的影片，比现实中的电视更为暴力。而且，被试来自看管少年犯的监管中心。因此，对此研究至少可以提出一点质疑，正如对费斯贝奇和辛格研究提出的质疑一样，它选用了过于暴力、没有代表性的被试。此类被试的反应可能与大多数人不同。

约瑟夫森(Josephson，1987)做了一项有趣的研究，为"观看暴力电视会增强侵犯性"的观点提供了进一步证据。它也证实了侵犯线索的重要性，此概念是伯克维茨侵犯线索理论的基石。来自曼尼托巴省温尼伯市的二、三年级学生观看了暴力或非暴力的动作影片。非暴力的动作片是一场激动人心的摩托车赛，而暴力节目则是警察行动系列的选段，它一开始就是冷血的杀戮——一群狙击手残忍地杀死了一位刚下班的警官。14 分钟后，警察局 SWAT 组的成员成功打倒或击昏这帮狙击手。SWAT 组的成员互相用步话机交谈，而暴力行为经常是由步话机内的指令引起的。

看完暴力节目后，男孩们开始玩室内曲棍球，同时 4 个观察者评估他们的表现。侵犯性的评价指标包括：推倒别人、用胳膊肘推搡别人、辱骂他人或者用球棒打人等等。在比赛开始前，广播员就像真的在播报正式的曲棍球比赛一样采访这些男孩子。广播员用麦克风采访一半男孩子，而对另一半男孩子则通过步话机采访。这里步话机起到了侵犯线索的作用。

约瑟夫森在那些观看了暴力节目、并接触了侵犯线索的男孩身上发现了最多的侵犯行为。玩曲棍球时，这些孩子比研究中的其他孩子更为暴力。观看了 SWAT 节目，但没有接触侵犯线索的男孩表现出的侵犯性弱一些，而那些观看了摩托车比赛的男孩在曲棍球比赛中表现的侵犯性最弱。虽然这些结果为侵犯行为的线索理论提供了支持，但是作解释时仍需谨慎，因为支持线索理论的结果仅在老师评定的侵犯性高的孩子身上发现。因此，侵犯性线索可能会引发那些本来侵犯性就高的孩子的侵犯行为。

电视游戏

电视游戏是创造数亿美元财富的行业。据有关人士评估，街机游戏每年大约消耗 80 亿美元的财富，而花在家庭电视游戏和电脑游戏上的钱就更为可观。即使是早期的电视游戏，如《星际侵略者》、《使命》这类的游戏，都带有暴力想象因素；游戏的目的在于炸死人类、太空飞船或是星球。在后来流行的游戏如《真人快打》中，人物更加生动，会杀人，也能被电死、撕裂心脏或是斩首(用一根颤动着的、布满尖刺的绳索)。《致命杀手》的成功促使了其他暴力游戏的涌现，如《真人快打 2》、《毁灭公爵》、和《Quake》。这些游戏会影响孩子们吗？会导致他们的行为更具有侵犯性吗？答案似乎是肯定的。

鲍拉德和维斯特(Ballard，Wiest，1996)、库珀和美奇(Cooper，Mackie)(1986)以及斯奥维恩和威廉森(Silvern，Williamson，1987)采用了在电视——侵犯性研究中常用的实验范式。斯奥维恩和威廉森(1987)研究了28位4—6岁的孩子。他们观察了两人一组的孩子在自由活动时的表现，得到了侵犯性的基线水平。然后，半数的小组观看卡通片《公路上的奔跑者》，而其余的小组玩游戏《星际侵略者》。两个人中的一个打游戏，而另一个只能在一边观战。在看完电影或玩完游戏之后，继续观察孩子们在自由活动时的情形。暴力卡通片和电视游戏都使得游戏中的侵犯性水平高于基线水平，而它们对男孩的影响要比对女孩的影响大得多。有趣的是，只观看电视游戏的人和玩电视游戏的人受到同样程度的影响。

库珀和美奇(1986)的研究呈现出单一结果：所有10—11岁的被试在玩完《导弹命令》的游戏之后，行为都更具侵犯性。这些研究者还发现，电视游戏的观战者和真正玩游戏的孩子行为一样具有侵犯性。然而，与斯奥维恩和威廉森(1987)的研究不同的是，库珀和美奇发现不仅男生，女生也受到了影响。

玛丽·鲍拉德和J·罗斯·维斯特(Mary Ballard，J. Rose Wiest，1996)的研究测量了暴力电视游戏对男性大学生而不是儿童在生理方面和态度方面上的影响。分别让学生们玩极为暴力的《真人快打》和更为暴力的《真人快打2》，或者是非暴力的电视桌球游戏。暴力游戏不仅增加了学生的生理唤起(心率和血压)，而且还增加了他们用测量敌意的标准化量表测得的敌对态度：游戏越暴力，玩家体验到的敌对情绪越多。

我们能得出什么样的结论

政策制定者总想得到重要问题的明确答案。电视和电视游戏是否会引发年轻人的侵犯性就是重大问题之一。我们已经找到支持“电视上的暴力会增加观众的侵犯行为”这一观点的研究依据。但是，我们也看到有些研究支持了相反的观点。许多研究发现电视暴力对男性有影响，但对女性却没有影响；还有一些研究表明，女性比男性更容易受暴力媒体的影响。但是有没有更为清晰、确切的答案呢？

国家精神健康中心(NIMH)的一份报告承认，任何单一的研究都不能得出电视——侵犯之间的联系(Pearl & Bouthilet，1982)。但是，这份报告总结说，有“充分证据”表明暴力电视节目会增加观众后续的侵犯性。康斯托克和佩克(Comstock，Paik，1991)分析了185个不同的实验，总结认为研究显示观看暴力电视和反社会行为之间有高相关。在另一个类似的分析中，伍德、翁和蔡敕亚(Wood，Wong，Chachere，1991)也发现侵犯性和暴力媒介之间的联系，虽然在他们看到的许多研究中暴力电视的影响并未出现。

这些结论并不是不可辩驳的。乔纳森·弗里曼(Jonathan Freeman，1984，1986)回顾了“能找到的所有公开发表的研究”，认为根本没有足够的证据去得出最后的结论——现有的证据仍不足以证明这一假设。

弗里曼提出了几条理由支持“不足以作结论”的观点。他认为，在实验室环境里，暴力电视确实倾向导致侵犯行为。但是在非实验室环境里，“看电视”这一行为必须被放在有许多其他行为和影响因素的复杂环境中进行考虑。即使是对观看了大量暴力电视节目的个人而言，也需要将看到的非侵犯性电视节目考虑进来。因此，现实条件里有许多影响因素，足以掩盖观看电视引起的效应。

弗里曼的回顾(Freeman，1986；Friedrich — Cofer & Huston，1986)造成的争论，又引发了另一个有趣的观点。如果我们能注意到“双向性假设”，那么或许可以获得更多的证据(Gunter，1983；Huesmann，Logerspetz & Eron，1984)。根据这一假设，观看暴力电视的观众可能本身侵犯性就比较高，而且观看这类节目能诱发他们更强的侵犯性。换句话说，与其试图从一个方向证明电视和侵犯性之间的因果联系，不如将观看电视和侵犯行为看做是一条双向行车道，两个因素之间相互影响。

我们花了很多时间来强调电视—侵犯的问题和色情—侵犯的问题，是因为：(1) 它们具有很强的社会意义；(2) 它们将社会心理学的许多理论联系起来，其中的每一条理论在实验室都已得到了大量的支持；(3) 这些领域证明，用基础性研究解释具有重大社会意义的问题时，既有优势也有劣势。我们同意 NIMH 的结论和美国心理学会对暴力和青少年关系的最新分析(Eron，Gentry & Schlegel，1994)，认为现有证据足够表明观看暴力电视和做出侵犯行为之间存在因果联系。然而，心理科学仍必须改进它在这些领域里的假设，并提出更为确切的证据。

总结

侵犯被定义为是一种有意伤害他人的行为。我们需要注意到在侵犯的不同定义中的其他要素，以及在采用单一理解时所遇到的困难。侵犯行为可能有本能或是生物学的根源。然而，我们认为，如果我们想要了解侵犯行为发生的时间和原因的话，还是要求助于社会心理学理论。

一个著名的侵犯理论把挫折看做是所有侵犯行为的根源。正如挫折—侵犯理论的支持者所说，参与或是目睹侵犯事件就是通过精神宣泄从而减少个人的挫折感。挫折—侵犯理论还认为如果侵犯性不能直接发泄到挫折源身上，它会转移到另一目标上。最可能的替代目标是那些与挫折源非常相似的目标物。批评者则认为挫折并不总是导致侵犯，而且侵犯也并不总是挫折的直接结果。不过，挫折—侵犯假设引出了大量的关于“什么条件下挫折会导致侵犯行为”的研究。

侵犯—挫折的观点引出了革命的概念。当一个大型团体由于领导者的行为而遭受到挫折或是相对剥夺时，人们可能会奋起反抗。他们认为的剥夺可能来自于失去了自由或是失去曾经拥有的东西(缩减剥夺)，因为他们看不到实现梦想的希望(意向剥

凯普兰德·肯兰德，15岁，是俄勒冈州斯普林菲尔德市瑟斯顿高中的一名中学生。1998年5月份，他因枪杀两名同学和自己的父母而被判刑。那是8个月内的第六起高中枪杀案，这一事件引起了媒体的广泛关注。难道是对校园枪杀案的过度报道导致它们一而再、再而三的发生吗？

夺），因为先前经济、社会条件上的改善突然削减（累进剥夺）。

另一个关于侵犯的理论取向认为挫折只产生侵犯的准备状态；是否有侵犯线索，决定了人们会不会真的出现侵犯行为。其他研究者认为侵犯行为是表达对状况或是他人的控制欲的一种方式。他们还认为印象管理和维护自尊的需要也对侵犯起作用。

社会学习理论认为侵犯行为是通过强化从他人那里习得的，尤其是从榜样身上。即使个体学会怎么样去侵犯，除非会被奖励或者至少不被惩罚，他（或她）才会做出侵犯行为。研究也表明人们会模仿侵犯性的榜样。因此，社会学习理论指出，通过不提供侵犯性榜样和不奖励侵犯行为，可以减少侵犯行为的出现。

把人格与社会取向结合起来解释暴力的模型是受威胁的自负感的理论。这种理论认为那些很自负，但自负感受到他人或者社会事件威胁的人们很可能做出侵犯行为。

侵犯理论让我们深入了解了为什么人们会做出侵犯行为，还提供了一些减少侵犯性的方法。然而，我们可以看到，理论在解释影响社会的两难问题时，解释的程度并不同。即使这些理论和研究在家庭暴力和药物滥用方面的应用有限，我们也对出现侵犯行为的色情和暴力电视节目对人们的影响渐渐有了清晰的认识。

运用兴奋转移理论有助于了解色情材料对侵犯性的影响。根据这种理论，唤醒——不论它的真正来源是什么，如果人们把它解释为是愤怒的话，会增加侵犯行为出现的可能性。因此，由色情材料引起的唤醒状态可能会转换成愤怒，会增强侵犯性。激发效价模型则采取一种较为谨慎的观点，认为暴力和不愉快的色情材料会激怒人们，诱使他们做出侵犯，虽然愉悦的色情材料事实上会减少侵犯。另一些理论则关注具有唤醒作用的暴力色情行为所指向的对象的反应。侵犯线索理论认为，对女性实施暴力性行为的男性会把相似情境下出现的女性看做是侵犯线索，而且这会导致他们做出侵犯。

虽然在过去的几十年内人们对这类研究的价值总是有争议，有关观看暴力电视的研究大体认为观看暴力节目与侵犯行为增多有关。观众的性别和年龄是影响观看暴力节目和出现侵犯行为的重要变量。一些研究表明，观看电视上的暴力行为使观众对侵犯的敏感度降低，对受害者的同情减弱。电视游戏也证明了暴力画面和侵犯行为之间有类似的联系——不仅是对游戏的玩家，还有旁观者。总的来说，尽管在实验研究和相关研究中存在严重的分歧，但是似乎已有足够的证据显示，媒体上的暴力和侵犯行为之间存在因果关系。

关键词

侵犯	侵犯线索	意向剥夺	生物学理论
精神宣泄	缩减剥夺	替代性侵犯	兴奋转移理论
挫折	挫折—侵犯理论	本能理论	榜样
累进剥夺	强化	社会学习理论	

推荐读物

Bandura, A., and Walters, R. H. (1963). *Social learning and personality development*. New York: Holt, Rhinehart and Winston.

Baumeister, R. F., Smart, L and Boden, J. M. (1996). Relation of threatened egoism to violence and aggression: The dark side of high self-esteem. *Psychological Review*, *103*, 5 - 33.

Dollard, J., Doob, L., Miller, N. E., Mowrer, O. H., and Sears, R. R. (1939). *Frustration and aggression*. New Haven, CT: Yale University Press.

Eron, L. D., Gentry, J. H., and Schlegel, P. (1994). *Reason to hope: A psychosocial perspective on violence and youth*. Washington, DC: American Psychological Association.

Geen, R. R. (1997). Aggression and antisocial behavior. In D. T. Gibert. S. T. Fiske, and G. Lindzey (Eds). *Handbook of social psychology* (4th ed.). New York: Oxford University Press and McGraw-Hill.

Gurr, T. R. (1970). *Why men rebel*. Princeton, NJ: Princeton. University Press.

Lorenz, K. (1968). *On aggression*. New York: Bantam Books.

第十一章
社会影响

1963年8月23日，一个有些矮小、但却很结实的34岁男人走上了位于美国首都的一个讲台。他看向台下，那里有25 000名民众等待着他发表演讲。他开始时讲得很慢，但声音随着讲话的进行逐渐变得洪亮而充满自信：

> 朋友们，今天我要对你们说，尽管眼下困难重重，但我依然怀有一个梦。这个梦深深植根于美国梦之中。我有一个梦想，有一天这个国家将会奋起，实现其立国信条的真谛："我们认为这些真理不言而喻：人人生而平等。"
>
> 我有一个梦想，有一天在佐治亚州的红色山冈上，昔日奴隶的儿子能够同昔日奴隶主的儿子同席而坐，亲如手足。我有一个梦想，有一天甚至连密西西比州——一个非正义和压迫的热浪逼人的荒漠之州，也会改造成为自由和公正的青青绿洲。
>
> 我有一个梦想，有一天我的4个小女儿将生活在一个不是以皮肤的颜色，而是以品格的优劣作为评判标准的国家里。
>
> 我有一个梦想，有一天深谷弥合，高山夷平，歧路化坦途，曲径成通衢，上帝的光华再现，普天下生灵共谒。这是我们的希望。这是我将带回南方去的信念。有了这个信念，我们就能从绝望之山开采出希望之石。有了这个信念，我们就能把这个国家的嘈杂刺耳的争吵声，变为充满手足之情的悦耳交响曲。有了这个信念，我们就能一同工作，一同祈祷，一同斗争，一同入狱，一同维护自由，因为我们知道，我们终有一天会获得自由。（引自 King, 1969, pp. 239-40）

当演讲结束时，听众们都心怀敬畏地坐着，继而爆发出雷鸣般的喝彩。"我有一个梦想"成为在促进美国黑人平等权利道路上的一句战斗口号。演讲人马丁·路德·金（Martin Luther King Jr.）是人权运动的中坚力量。他曾被冠以"民族精神领袖"的称号。因为在黑人自由运动中所表现出的勇敢的领导能力,他被授予诺贝尔和平奖,他的意见还曾先后得到两任总统的采纳。

马丁·路德·金,1929 年出生在佐治亚州的亚特兰大。他在一个中产阶级黑人家庭里成长起来,周围的世界相对而言安全无事。他的父亲,一个浸礼会的牧师,回忆道:"我们从没有租过房子住,也从不会长期开分期付款的汽车。"(Bennett,1968)与哥哥姐姐不一样,年少的马丁是一个早熟的孩子,他学习努力而且关心同伴。在跳过了九年级和十二年级后,15 岁的马丁进入莫浩斯学院就读。他也曾进入克罗泽神学院,后来在波士顿大学取得哲学博士学位。在莫浩斯学院时,金就决心成为一名牧师,后来在 18 岁那年被授予神职。1954 年 9 月,他成为阿拉巴马州蒙哥马利市德克斯特大街浸礼会教堂的主管牧师。正是在那里,他开始了追求自由的斗争。

马丁·路德·金是在恰当的时间、出现在恰当的地点的恰当的人。第二次世界大战使得黑人和白人得以在一个平等程度高于这个国家历史上任何时期的基础上进行更为亲密的交往(Bishop,1971)。而在世界各地——印度、非洲、东南亚以及东/西印度群岛,非白种人正取得独立运动的胜利。1954 年 5 月 7 日,美国最高法院在布朗起诉堪萨斯州托皮卡市教育委员会的案子上作出了以下裁决:"隔离式教育的程序在本质上是不平等的。"1955 年 5 月 31 日,法院命令学校开始用"最谨慎的速度"解除隔离。

接下来,在 1955 年的 11 月 1 日,蒙哥马利发生的一件事促成了金成为人权运动的领导者。罗莎·帕克斯,一个黑人裁缝,登上了一辆拥挤的公共汽车,买了票,然后在车厢后部的"黑人区"坐下。下一站 6 个白人上了车,于是汽车司机走到车厢后面,命令黑人们让出他们的座位。3 个黑人遵从了这一约定俗成的习惯,立刻站了起来,但罗莎·帕克斯却坐着不动。汽车司机重复了他的命令,但她再次拒绝了。她因为她的不服从行为而被捕。此事件为黑人自由运动最终统一到金的领导之下提供了催化剂。

蒙哥马利的黑人领袖们觉得采取行动——站出来反抗罗莎·帕克斯及所有的南方黑人所遭到的对待——的时候已到。马丁·路德·金极力主张抵抗运动应是非暴力的,于是一个号召黑人们"抵制公车一天"的计划出炉了。马丁·路德·金和其他领导者预计大约将有 60%的黑人予以合作,但实际情况让他们感到惊讶:参与率几乎达到了 100%。尽管没有任何直接的力量使人们支持该运动,但是运动所具备的"无声的力量"为它提供了动力。乘坐公车的黑人被投以敌对的眼光,并遭到运动拥护者们的鄙夷,这些行动足以让最顽固的人也加入抵抗的阵营。

受到此次事件的鼓舞,黑人领导者们聚在一起计划长远行动。他们推举马丁·路德·金为蒙哥马利自由运动的领导者,并决定将抵制公车运动继续下去,直到政府满足下列要求:1)公车司机对黑人乘客礼貌相待;2)乘客的就座遵循先到先坐的原则,3)在大部分是黑人乘坐的公车路线上安排黑人司机(King,1960)。

事实证明，马丁·路德·金是一个强有力的领袖。他多次在黑人们面前宣讲抵抗运动的目的和非暴力的必要性；他还与蒙哥马利市的市长、城市官员以及公车公司的代表进行交涉。抵抗运动坚持了下去。尽管自己的家遭到炸弹袭击，马丁·路德·金仍然坚持宣扬非暴力。1956 年 2 月 21 日，蒙哥马利法院的大陪审团裁定抵抗运动非法，马丁·路德·金和其他领导者因此被捕入狱。但抵抗依旧坚持了下去，而马丁·路德·金的追随队伍日益壮大。原本仅一天的抵抗升级为一场持续 328 天的斗争——直到 1956 年 10 月 14 日，最高法院宣判阿拉巴马州要求公车上实行种族隔离的法令非法时才宣告停止。这无论是对于黑人自由运动，还是对于它的新领袖——马丁·路德·金牧师以及马丁·路德·金所宣扬的非暴力不抵抗原则来说都是一场胜利。

在蒙哥马利抵抗运动后的一年内，马丁·路德·金发表演讲 208 次，行程达 780 000公里。接下来的几年里，在乔治亚州、阿拉巴马州、伊利诺伊州和密西西比州，他领导黑人们追求自身的自由与平等。伴随着他的行动的总是这样一个目标：通过文明的不合作和非暴力手段争取自由。与许多暗杀性的尝试不同，他坚持在自由游行、静坐和不合作运动中推行非暴力，成千上万的人以他为榜样并听从他的指示。他在白人和黑人那里获得了同样的尊敬，并成为肯尼迪总统、约翰逊总统以及首席检察官 R. F. 肯尼迪的重要顾问。超过 250 000 人参加了马丁·路德·金组织的、旨在促进肯尼迪人权法案通过的“华盛顿游行”，此法案最终被签署为法律时金也出现在了现场。

1964 年人权法案通过后的几年里，马丁·路德·金开始积极参与反越战运动，还积极动员抵抗美国境内的贫困。1968 年 4 月 4 日，他在田纳西州的孟菲斯市被一名刺客的子弹所击中，当时他正组织一个呼吁改善环卫工人工作环境的游行。去世时他年仅 39 岁。

社会影响的范围

马丁·路德·金和人权运动的故事揭示了许多类型的社会行为。而这些行为的核心正是社会影响。人们要参与运动，就必须被影响；整个民族要接纳运动的目标，也必须被影响。从最广泛的意义来说，社会影响囊括了几乎整个社会心理学，因为它可被用来描述所有发生在个体身上的，由真实的、暗示的和想象中的他人所引发的（精神、态度、情绪或行为上的）变化（Latané，1981）。

但是在有限的运用层面上，**社会影响（social influence）**包括个人或群体使用权力影响他人行为的过程。与态度或情绪的改变相比，社会影响更多地关注行为上的变化。金非常清楚前后两者之间的差别，因为他经常说当他希望改变人们的态度时，他的主要目标会是让人们能够以平等、公正的方式对待他人并忽略对方的种族。

对于社会心理学而言，社会影响的领域是广泛而重要的。在日常生活中，我们不断地遭遇社会影响；其中一些是直接的且可被清晰地识别的，而另一些则更为间接且难以识别。在研究社会影响在人权运动中所起的作用时，我们也同样能将它在日常生活中的角色认识得更清楚。

马丁·路德·金(中)，在1968年于田纳西州的孟菲斯城举行的一场游行上被拉尔夫·埃伯那斯(右)和主教朱利安·史密斯(左)夹在中间。马丁·路德·金在人权运动中的领导证明，社会影响有能力以和平的方式改变人们的行为与态度。

对社会影响的反应

如果从一开始我们就能将对社会影响所产生压力的反应清晰地归为三类，那么将会大有帮助(Kelman, 1961)。正如你将看到的，不同种类的个体或群体权力能导致不同形式的观点和行为变化。第一种对社会影响的反应是**服从(compliance)**。当人们服从时，他们对特定的社会影响仅仅公开地表示跟从；在服从的情况下，个体私下或内部的观点没有发生真正的改变。比如说，由于同伴的压力，一个学生可能参加一个呼吁所在学校增加雇用少数族裔教师的集会。但如果她实际上认为学院不应该在雇用少数族裔教师上作更多努力，那么她就是在表现出服从。

服从是公开的，也就是说，它不包括私下的观点改变。但两种对社会影响的反应却是以真正的观点变化为标记的。一种称作**认同(identification)**。认同发生在个体采纳他或她所喜欢、羡慕并想与之建立联系的个体或群体的标准时。个体私下接受了这些新标准，但仅能保持在他们仍喜欢这个人或群体的期限内。例如，一个学生可能很愿意参加呼吁增加少数族裔教师的集会，因为她喜欢抗议团体里的一名学生领袖。但是一旦这种爱慕消失，这个学生就会惊奇地发现自己对雇用更多少数族裔教师已经没什么兴趣了。

第三种对社会影响的反应，是在新观点与个体的整体价值观系统吻合的基础上发生的长期的、实质性的观点改变，这种反应被称为**内化**（**internalization**）。如果该学生不仅参加了支持少数民族教师的集会，而且也因为这一观点符合她的价值观而相信它，那么她就已经将抗议团体的目标内化了。

服从与内化之间的区别是很重要的，因为它使得我们能够预测社会影响的压力被撤除后，个体将如何行动。如果个体仅仅是简单地服从于他人或群体，但却在私下保持着与这种压力相反的观点，那么我们就不会指望他或她的行为在社会压力消除后能保持不变。因此，那些仅仅为了表现服从而去参加集会的人在其他行为上将不会跟随到底。

而在另一方面，服从与内化之间的区别同样对我们提出了警告。也就是说存在这样的事实：社会影响常常导致个体私下里接受，但却不公开地表现服从。例如，有时人们会公开排斥社会中的少数族裔，但在私下却能够接受他们的观点(Nemeth, 1986)。

社会权力

正如我们所见，权力构成了个人或群体影响他人的能力基础。实际上，**权力**（**power**）被普遍定义为影响他人或抵制他人影响的能力或潜力(Michener & Suchner, 1972)。影响和权力之间的根本区别在于，影响实际地改变了他人的行为，而权力是带来这种改变的能力。父母可能对孩子有很大的权力（改变行为的潜力），但是某些父母会更为频繁地使用这种能力（影响）。

克雷特拉特和詹德(Cratwright, Zander)(1968)对权力的概念作了一次重要的澄清。他们指出，通常，使用权力在给行动者带来回报的同时也会让其承担一定的付出。例如，你也许能影响他人为你洗车；但是尽管洗车为你带来回报（一辆干净的车），它也会让你有所付出（钱）。尽管你有能力付钱让人为你洗车（权力），但价钱可能会比你想出的要高。因此，克雷特拉特和詹德使用了“有效权力”的概念，描述那些产生的回报大于付出的权力。马丁·路德·金或许有权力去说服得克萨斯州瑞欧·本州市的某团体去开展一次和平示威。但是这可能并非有效权力，因为金可能需要花两天的时间坐飞机、开汽车甚至骑马，以便能实际会见并影响这个团体。这样一次旅行的耗费与所获得的好处相比可能就显得不太值得了。

权力的种类和运用

人们能通过许多途径获得影响他人的潜力。一个医生和一个警察都可能影响你，使你戒除某种药物。但他们权力的基础却完全不同。弗伦奇和雷文(French, Raven, 1959)区分出了五种个体权力的获得基础。他们和其他研究者都曾(Aries, 1976; Michener & Burt, 1974; Bonoma, 1976)指出,大部分情况下,个体能够从多个来源获得权力,但他们也必须决定在具体的某个情境下应使用何种权力。进一步说,权力的来源经常决定它能够在哪些情境下被使用。

强制权力

强制权力(coercive power)是通过施加威胁和惩罚的方式强迫他人改变他或她的行为的潜在能力。当父母威胁孩子,如果不表现出某种行为就打他或她的屁股,这就是在使用强制权力。强制权力被用来阻止金在人权运动中的活动:他的房子被炸,他多次被逮捕,在他的一生中曾经发生过多次这样的尝试。

强制权力建立在拥有武器,或其他能够增加威胁强度与可信度的资源的基础上。两个重要缺陷妨碍了强制权力的使用。首先,在强迫性的关系中,一旦有机会出现,低权力的一方就会被促使着去结束这种关系。那些依赖强制权力的独裁政府必须花很大的力气才能防止本国人民逃往外国。其次,强制权力的基本成分要求对低权力的一方进行监视(Shaw, Condelli, 1986)。威压所产生的权力仅仅和监视系统一样有效。很少会有孩子冲进来告诉自己的妈妈:"我刚才从饼干罐子里偷了三块饼干。"

既然使用强迫既需要付出监控的努力,又得冒遭人怨恨的风险,那么你就会问:为什么人们还会把强迫作为一种行使权力的工具?原因之一是它使用起来相对容易:施加一次威胁几乎无需付出努力。另一个原因是使用强迫能增强使用者的自尊感(Raven, Kruglanski, 1970; Kipnis, 1974)。能迫使他人以规定的方式行动会带来控制感和优越感。因此,基普尼斯(Kipnis)报告说那些缺乏自信和自尊的管理者常常依赖强制权力。但是,强制权力是权力中最难以承受变化,也是最难持久的一种。它通常被用作一种迫不得已的手段。

奖励权力

通过施加正强化引起改变的能力是**奖励权力(reward power)**。强化可能采取实体利益的方式,如金钱,或采取一种更为无形的方式,如表扬。奖励权力是基于能够得到他人认为有价值的利益。所以一个人可能对某个人具有奖励性权力,但对其他人却没有,这取决于人们对某种利益的价值衡量。

与强制权力不同,奖励权力促使低权力的个体留在某种关系内。尽管有效使用奖励权力需要进行监控,但监控的程度无需达到强制权力的要求。一个孩子宣布"看,我刚把我的房间打扫干净"并不是很少见的事。一旦表现出需要的行为,行动者就可能主动地引起高权力个体对其表现的注意。喀纳皖·伽坡特(Canavan-Gumpert, 1977)发现,在提高儿童的表现上,奖励权力(表扬)比强制权力(批评)更为有效。因此,奖励权力应该优先于强制权力。

但是,奖励权力对其使用者来说也是消耗性的,尤其当奖励基于实体利益,如金钱时。此外,因为奖励可能为行为提供了充分的理由,所以使用奖励权力可能不会引起内化或态度改变。回想一下失调理论(见第6章),里面的行动者可能会说:"我这样做是为了得到奖励,而不是因为我相信我所做的。"由此可见,奖励权力仅在奖励发放的期限内有效。

合法权力

个体从特定的角色或职位中获得的权力是**合法权力(legitimate power)**。合法权力是一种权威,而且它一般都被局限于某个特定的范围内。例如,你的老板可能对于你在工作中的表现具有合法权力,但他或她没有合法权力去决定你对待伴侣的方式,或者你在闲暇时干些什么。普鲁伊特(Pruitt, 1976)指出,合法权力的基础是代表"应该做什么"的规范;社会化使我们相信,应该服从处于某些特定地位的人的命令。例如,儿童被教导"按照父母说的做,因为他们是你的父母"。马丁·路德·金也是因为自己是黑人运动领袖和南方基督教领导委员会主席这一事实而获得了合法权力。

合法权力的使用者无须解释为什么要别人以某种特定方式行动。拥有合法权力的人之所以具有权力,并非因为他们说的是对的,而是因为他们有正当的、施加影响的权力。法律可被用来将合法权力赋予某些人。但也经常会出现这样的情况:拥有其他权力的人可能会让某些法律得以通过,从而保证他们能够具有合法权力。这样,一个使用强制权力推翻政府的独裁者就可能"通过某些法案",以使自己能够拥有合法权力。

专家权力

许多人拥有权力,是因为别人认为他们在特定的领域里拥有丰富的知识。例如,外科大夫常常具有**专家权力(expert power)**,他们被认为在医学问题上具备专业知识和见解。如果他们建议你去动手术,你很可能照办,尽管你并不理解为什么动手术是合适的。与合法权力一样,专家权力通常仅限定在某个特定领域内。因此,你的医生也许能在与健康有关的问题上影响你,但买新车时你或许就不会听从他或她的意见了。人们常常试图用证明自己在某特定领域内有完备知识的证书或奖励来提升自己的专家权力。走进一个医生的办公室里,你经常能看到墙上挂满了证明该医生在特定领域内知识的证书和奖励。修车房的技师同样可以通过展示他们在课程中得到的证书和奖励来增强其专家权力。

专家权力具有合法权力的一些优点和缺点。它不要求进行监视,它被清晰地授予某一个体，它通常只能覆盖一个有限的领域。但是它也具有额外的优点：使用后可能伴随着观点的内化。简单地说，人们服从某个专家不仅是因为他们敬畏专家持有的证明，而且还因为他们同样相信他或她能够提供正确的信息。

参照权力

有些人有能力影响我们，是因为我们喜欢和仰慕他们。我们想和自己所仰慕的人相似，因此我们常常模仿他们，并试图按我们认为他们将采用的方式行动。**参照权力(referent power)**是金的权力的最重要来源之一。因为他的勇气、远见和人格魅力被千百万民众仰慕，所以有许多人想变得像他，在行为上也想同他一样。

如果给出能找到的证据，那么参照权力似乎是最"便于使用"的一种。它不要求进行监视，而且它使得使用者和目标间的关系变得更亲密，而不是更疏远。它同样可能导致态度的内化，而不仅仅是简单的行为变化。相信参照权力的有效性，是小组心理咨询，以及诸如体重监督者、匿名戒酒者之类的行为改变团体背后的动力之一。在这些小组里，成为影响施加者的是那些具有相似背景的同伴，而不是什么专家。

知识权力

雷文和克鲁格兰斯基(Raven，Kruglanski，1970)在弗伦奇和雷文(1959)所提出的理论上增加了第六种权力的基础。我们所讨论的前五类权力都依赖于它的源头：权力的基础存在于特定的人身上。那个人的权力或许受到特定的情境限制，但它却独立于此人实际拥有的信息。而另一方面，罪案的证人对于陪审团具有绝对的权力，完全是由于他们所拥有的信息而不是个人特征。这种独立的权力被定义为**知识权力(informational power)**。就如普鲁伊特(1976)提出的，"知识就是权力"。但是需要注意的是，一旦拥有知识权力的人将信息扩散，那么权力就会被减弱。比如说当某个证人已经被传唤完毕，那么他或她就不再具有影响陪审团行为的能力了。

权力如何影响我们的思考

可能仅仅是拥有对他人的权力就会影响我们考虑他人——至少是那些我们能够影响的人——的方式。苏珊·费斯克(Susan Fiske)和她的同事提出，权力的使用削弱了我们准确处理下属信息的能力和需要。因为有权力的人控制了资源，所以他们不会依赖下属。此外，一般来说下属的数目会超过经理或总监，这使得有权力的个体可能没有时间去关注每个人。减少关注所引发的连锁后果，就是有权力者倾向于依靠使用刻板印象去形成对下属的看法(见 Fiske，1993)。使用刻板的印象，而不是可靠的个人信息会导致处理过程中出现错误，进而引起有害的后果，例如工作场所中的种族和性别歧视(Fiske，Glick，1995)。

视窗 11.1 工作场所中的性骚扰和权力滥用

在权力的使用乃至滥用中存在一种极为有害的性别差异，那就是性骚扰。按照美国均等就业机会委员会(EEOC)在 1980 年提出的法律定义，性骚扰是通过使用与工作相关的后果进行的、隐蔽或者明显的威胁，和令人不快或具有侵犯性的、含有性意味的言语或身体行为，强迫对方在性方面予以合作。按照路易斯·菲茨杰拉德(Louise Fitzgerald, 1993)对在政府职员、商业团体及大学内收集的调查数据的回顾，大部分的性骚扰行为不是身体上的，也就是说，它并不涉及令人讨厌的身体触摸。相反，菲茨杰拉德警告说，大部分性骚扰本质上是心理性的，可被体验为“冒昧、讨厌、强行的和经常无法摆脱的性关注”(Fitzgerald, 1993, p. 1071)。有证据表明，女性更容易成为性骚扰的对象(cf., Gutek, 1985)，而菲茨杰拉德根据文献回顾的结果预测，每两名在组织中工作的女性里就会有一名将会在职业生涯里的某个时候遭遇性骚扰。

在性别、权力和性骚扰之间建立联系始于对埃里克·德普赖特和苏珊·费斯克(Eric Depret, Susan Fiske, 1993)命名为“权力不对称”现象的再认识：在商业及其他组织中，男性比女性对资源与产品拥有更强的控制力。男性骚扰者通常身处能影响女性受害者奖惩的地位，而后者则没有相应的控制能力。因此，如果女性对骚扰提出上诉，甚至仅仅是抵制男经理或顾问的性别优势，都可能遭受毁灭性的经济后果，如失去现有收入(她可能被解雇)或生涯机会(无法升迁或骚扰者写出糟糕的推荐信)。因此，男性更可能进行性骚扰的部分原因，是他们更有可能从中脱身。

本章中曾经暗示，当对权力的占有促使个体使用刻板印象来形成对女性下属的看法时，就有可能引发性骚扰。费斯克和格莱克(Fiske, Glick, 1995)提出，文化上对女性所做的传统、非传统或者“性感”的分类可能影响她们在工作场所中被对待的方式。尤其是那些被贴上性感标签的女性，她们对自身外表的关注会被看成是为了吸引男人的注意(Six & Eckes, 1991)。这种关于女性的刻板印象唤起了男性的性动机，因此对“性感”女性实施的性骚扰可能反映出某种对持续的性关系的需要，或者对男性支配权的渴望。相反，那些被划归“非传统”类的女性被看做拥有男性的特质和渴望承担男性的角色。以此类女性为目标的性骚扰可能是在同时声张男性的支配权和传统的性别角色。在每一种情况下，对权力的占有都直接影响了个体对女性下属的印象形成，而这种印象又继而影响她们如何遭到对待。

但研究者们很快指出，只有少数在各种组织里身处高权力地位的男性会对女下属进行性骚扰(Fizgerald,1993)。如果男性在组织里普遍比女性拥有更高的权

续　表

力，那么为何仅有少数人实施了性骚扰呢？最近的社会心理学研究提出一个因素：在特定的工作环境下，性骚扰行为必须被看成是正常的或被社会允许的。 例如，约翰·普赖尔(John Pryor)(1995)对两次大型全国范围调查中关于性骚扰的报告数据进行了分析。他检验了这样的假设：那些被认为在管理上宽恕或忽视性骚扰的组织里，女性反映被骚扰的可能性更高。每一个调查的结果都显示，在男性雇员认为在管理上宽恕性骚扰或者忽视性骚扰投诉者的组织中，女性雇员所报告的性骚扰程度最高。尽管有自然相关，但这些数据与下面的观点仍然具有一致性：对于滥用权力骚扰女性的男性，他们必须相信工作场所中的规范是支持他们的性别优势的。 普赖尔和他的同事已在实验研究中进一步揭示，当男性认为环境将宽容其行为时，只有那些在内心将权力和性别概念建立联系的人才有可能骚扰女性。为了识别出那些事先有骚扰倾向的男性，普赖尔开发了一套被称作“性骚扰可能性”(Likelihood to Sexually Harass，LSH)的自陈量表。LSH 包括 10 个不同的情景，每个情景都描述了一个男人对一个有吸引力的女性拥有某种权力上的优势。在其中一个场景里，男餐厅经理目睹了一个漂亮的女服务员故意漏收了她朋友的一顿饭钱。男性被要求想象身处该场景中，然后评定自己使用权力优势(如威胁解雇该服务员)获得来自女性目标的性满足的可能性。在所有情景里，一个男性使用权力获得性满足的整体可能性越高，那么他心中权力和性别间的联系就越强。可以假设，当情境被认为支持骚扰行为时，在 LSH 中获得高分的男性就会事先做好利用女下属的准备。 普赖尔和他的同事做的许多研究支持了这一推断(Pryor，1995)。在普赖尔，拉·维特和斯托勒(Pryor，La Vite，Stoller，1993)做的一个实验中，高一低 LSH 得分的男性被要求帮助一名有吸引力的女性(实验助手)完成某计算机文字处理任务。在他们提供帮助前，有一半被试目睹了某个男性权威形象(实验助手)通过具有性暗示意味的身体接触和言语对该女性进行了性骚扰。另一半则看到了“经理”以一种友好而职业的方式对待她。当被试接下来被要求帮助这个女性目标时，目睹了男性权威形象的高 LSH 得分男性比低 LSH 得分男性更有可能在谈话中涉及性，也更可能实施不必要的身体接触。但在目睹了职业型权威形象后，高、低 LSH 得分的男性都没有骚扰女性目标。这一结果和其他类似的结果都表明，当那些在权力与性之间建立紧密联系的男性认为规范支持公开的性骚扰行为时，他们将更有可能利用某个女性。 普赖尔的研究给出了一个暗示：那些准备实施骚扰的男人就像鲨鱼，他们潜伏在黑暗中，监视着海水的波动，等待着机会去袭击一个脆弱的、毫无防备的游泳

续 表

者。但是骚扰者们是否能意识到自己的行为，并把它看成是一种骚扰？他们是否主动寻找能让他们滥用权力的情境呢？约翰·伯夫和保拉·雷蒙德(John Bargh, Paula Raymond, 1995)提出，实际上大多数男骚扰者可能并未意识到自己的行为给女性受害者带来了苦恼。与前面讨论过的工作一样，伯夫和他的同事们假定性别和权力之间有很强的关联，但是在他们的研究里，这种关联表现为通过无意识的、自动化的方式作用于行为(如 Bargh, Raymond, Pryor, Stack, 1995)。一旦权力变得显著，那么高 LSH 男性的性意向就会被激活。但这一激活过程在男性的意识层面之下进行，而且不受其意识控制。因此，权力让高 LSH 得分的男性感觉到性意向，但他们无法意识到他们的性意向是被权力激活的。高 LSH 得分的男性会将他们的性意向归因于其注意力的主要焦点：某个女性目标上。他们可能进而认为，目标表现出的友好、礼貌和恭顺都是为了换取他们的性关注，这可能有助于解释为什么按照路易斯·菲茨杰拉德(1993)所说，许多因性骚扰遭到控告的男性经常感到惊讶与困惑。他们会倾向低估自身行为的重要性以及可能带来的伤害，否认他们是故意的，并对其行为作出一种不同的解释(例如，这是一种恭维)。 在最高法院大法官克拉伦斯·托马斯举行的听证会中，妇女们的一句战斗口号或许准确地总结了这些发现：那些骚扰者"根本就不明白！"

劳拉·史蒂文斯(Laura Stevens)和苏珊·费斯克(见 Fiske, Morling, Stevens, 1996)对双人互动情境里的权力进行了操作。她们发现，被授予权力的个体对于了解他们搭档的特征信息更为缺乏兴趣，并且对他们的低权力搭档更有可能作出带有刻板印象和偏见的归因。

正如你可能预期的那样，缺少权力对人们如何处理那些与上级有关的信息会产生积极的影响。因为他们的工作取决于经理或总监的行为，所以低权力的个体会被促使着仔细观察上级的特征和行动。低权力者会更密切地关注掌控其命运的人的个人信息，这可能增强他们的控制感和预见重大后果的能力。

因此，要理解权力的使用，就不能只研究人际互动的情境下个体的相关行为后果。更重要的是，权力如何改变了我们对与他人有关信息的处理，并且使高权力者在看待下属的方式上存在潜在的重大错误。

权力使用中的性别差异

尽管权力的种类决定了它何时、如何被使用，但目标的很多特征同样能影响使用权力的方式。其中一个因素是性别。

在一个关于已婚夫妇权力的有趣研究中，雷文、森特斯和罗得里格斯(Raven,

Centers，Rodrigues，1975)在洛杉矶地区采访了776名夫妇。他们列举出各种典型行为，并询问受访者他们的伴侣会使用何种权力来影响这些行为。他们发现，使用得最多的是参照权力和专家权力，而最少使用的是强制权力。妻子们最有可能将专家权力归于她们的丈夫("知道某种场合下怎样做最合适")，而丈夫认为妻子使用最多的是参照权力("同为家庭的一部分")。此外，年轻夫妇比年长夫妇更多地使用专家权力，而参照权力的使用也随着年龄增长而增加。最后，如表11.1所示，权力的使用同样依赖于受影响行为的类型。

表 11.1　不同作用范围内配偶权力来源的百分比

权力作用范围	配偶权力的主要来源					
	数量	奖励	强制	专家	合法	参照
拜访朋友或亲戚	768	7%	8%	15%	43%	27%
改变一些个人习惯	758	6	9	35	30	20
修理或清理房子周围的东西	766	5	13	28	35	19
更换电视或收音频道	766	14	13	8	30	35
外出办事或度假	760	10	3	10	37	40
去看医生	768	1	2	55	22	20

来源：Ravens，Centers，Rodrigues(1975)

为了将性别差异探究到底，福尔伯和佩普洛(Falbo，Peplau，1980)让被试们写了一篇短文描述"我如何让我亲密的伴侣做我希望(他们做)的事"。然后他们对这些短文进行了分析，看看有哪些影响策略被使用。结果表明，(异性恋的)男性倾向于使用直接和互动式的策略(讨价还价、谈话、讲道理、坚持己见)，而(异性恋的)女性倾向于使用间接和单方面的策略(放弃、表达负面情感)。他们同样发现，男性所使用的策略(直接——互动的)更可能促成一个令人满意的关系。除了表明男性比女性具有更高的社会敏感性外，福尔伯和佩普洛提出，因为在某个关系里，男性总是期望对方能够顺从，所以依赖于这些方法成为了他们的"特权"。而另一方面，女性在某个关系中常常将自己定位在弱者的位置。结果，当目标很重要但又不能期望对方会顺从时，她们就只能使用单方面的策略达到目的。

领导力

任何团体，无论大小，其中都有一些人比其他人拥有更多的权力，并发挥更大的影响。产生最大影响的人经常在团体中占据显要位置，并被视作领导者。事实上，我们可以将**领导者(leader)**定义为在团体内发挥最大影响的人(Hollander，1985；Shaw，

1981)。有许多不同的领导者和领导力。马丁·路德·金是一个杰出的领导,他明确地符合了我们的定义。在南方基督教领导委员会的内部和外部,他都拥有极高的权力。很多次,他仅凭几句话就阻止了黑人自由运动转变为一场暴力起义。例如,1956年6月30日有人向他在蒙哥马利的家里扔了一枚炸弹。爆炸后不久,大批警察以及市长和警署专员都来到了现场。与此同时,约一千名愤怒的黑人群众带着枪、石头、刀子和砖头集合了起来,并做好了与警方开战的准备。金走上阳台,要求黑人们恪守非暴力原则,并提醒他们"那些靠刀剑活着的,必死于刀剑之下"。于是人群平静地疏散了。克罗塔·金(Coretta King)回忆当时曾听见人群中的一个白人警察说:"如果不是因为那个黑鬼牧师,或许我们都已经死了。"(King,1969,p. 130)

有几任前美国总统也是强有力的领导者。心理学家和政治学家们曾就不同的总统领导类型进行讨论,从中提取出**变革型领导(transformational leader)**的概念用以描述能够洞察公众未公开表达的内心需要,并且出于改变政治体系的目的,试图使这些需要得以表达的领导者(Burns,1984)。弗兰克林·罗斯福(Franklin Roosevelt)符合变革型领导的定义,里根和克林顿也是。前苏联的最后一任领袖戈尔巴乔夫(Gorbachev)可能同其他任何近代领导者一样,可被看做此概念的典范。通过强调开放和重建,戈尔巴乔夫明确表示,他希望苏联和东欧人民的需要可以被明确地描绘出来,并被用来重建他们的社会。与此相仿,埃及的安沃·萨达特(Anwar Sadat)和以色列的迈那克姆·贝京(Menachem Begin)努力寻求手段结束两国之间近千年的敌对状态,这反映了埃及和以色列人民都渴望长久的和平。

对领导者的认知

领导的概念衍生了许多复杂的问题。近年来心理学家积极探讨的一个核心问题是:领导者如何被他人所感知(Hogg,1966;Kinder & Fiske,1986)。一些有关领导力感知的研究提出,人们拥有一个概化的**领导力图式(leadership schema)**(Simonton,1986a,1987):一个关于领导是什么和做什么的整体形象。关于总统领导力的研究显示,我们关于伟大领导者或"理想总统"的一般概念是一个拥有这三种重要特征的人:强有力、积极和仁慈。简单地说,任何团体中的理想领袖或被仰慕的领导者都具备胜任力,而且值得信赖(Kinder,Peters,Ableson & Fiske,1980;Simonton,1986a)。按照这种观点,当人们判断领导者时,与其行为有关的显著信息会在不同程度上激活这个强有力的、积极的和仁慈的整体图象。我们与金那篇激动人心的"我有一个梦想"演讲有关的知识唤醒了整个领导力图式,因此我们倾向于将他视作强有力的、积极的和仁慈的。

领导图式说同样提出,人们在判断领导时会表现出对应性偏差(在第二章中曾讨论过)。也就是说,他们将领导的行为看做反映了个人特质,而不是情境的作用。举例来说，当克林顿总统在某个公众关注的领域表现出强有力的领导行为，如为保护环境采取大胆措施时，美国公民就会将其行为归因于领导品质，而不是来自国会或环保团体的压力。

领导行为

领导图式说表明，对领导的知觉可能以几种重要的方式发生偏差。因此，清楚地界定领导究竟应该做什么很重要。幸运的是，我们对此已经了解很多。心理学家已经在领导行为和作用上开展了几十年的研究，试图发现领导究竟在群体内做什么、为群体做什么。

领导研究里，被最广泛引用的一篇研究是20世纪40年代末在俄亥俄州立大学进行的。在该研究的一个阶段中，哈尔平和温纳(Halpin & Winer)(1952)让被试记录他们觉得最重要的领导特性。被试提起最多的两个特质落在了“关怀”和“预设型建构”这两个主题之上。“关怀”范畴下所包含的特质有：(1) 发起沟通，(2) 对行动做出解释，(3) 促进信任。“预设型建构”的维度包括指引群体行动、进行群体规划的行为。他们还发现了两个次要因素：“结果强调”(施加“完成工作”的压力)和“社会敏感性”(计划的变通性与灵活性、倾听他人的意见)。利博曼、雅茏和迈尔斯(Lieberman, Yalom & Miles)(1973)指出，这些领导职责之间经常发生冲突。例如，对于一个关注于如何完成工作或如何开始新任务的人来说，与他人开展深入交往，甚至仅仅“入会”都将是困难的。与之类似，在评价某个成员时还要考虑对方的感受同样困难。

领导的二元性，以及与这种既要关注工作进度，又要关心工作人员感受的需要伴随而来的冲突性压力似乎注定一个人无法成为有效的领导：同时执行这两种职责在理论上几乎不可能。但是，贝丽丝和斯莱特(Bales, Slater, 1955)发现，通常两种职责并不是由一个人来执行；而是由一个人主管与工作有关的问题，另一个人负责与人有关的活动。这几个研究者研究了3—6名成员所组成的讨论任务团体，发现了一种随时间的推移而渐增的趋势：最受人喜欢的成员却不会被评价为能提出最佳想法的人。而趋势是将能提出最佳想法的人看做领导者，因为他/她能够为群体如何解决问题提出建议。贝丽丝和斯莱特将领导命名为“任务型专家”——主要关注于如何完成工作。最受欢迎的人被贝丽丝和斯莱特称为“社会情感专家”，西鲍特和凯利（Thibaut, Kelly, 1959）称之为“维持型专家”；此类专家主要关注于在团体内营造良好的社会氛围。责尔德驰（Zelditch, 1955）研究了 56 个社会中的家庭并发现大多数家庭都有一名任务型专家和一名维持型专家。一般来说，父亲就是那个任务型专家，而母亲则是社会情感型领导。

因此许多群体都可能有两个领导：一个领导促进群体成员完成工作，而另一个领导让成员们保持快乐。同样有可能的是，两种领导在自身角色下使用了不同的权力。任务型领导使用合法的、专家的和强制的权力使成员们工作；而如果社会情感型领导使用参照和奖励权力，那么将最为有效。

最新的由保梅斯特、赫顿和提斯（Baumeister, Hutton, Tice, 1988）进行的领导研究提出，除了表现关怀和初始建构外，还有一种重要而普遍的领导行为，那就是对团体内所发生的事情承担完全的责任。你可以回顾第 10 章，在达利和拉塔涅（Darley, Latané, 1968）的癫痫—痉挛研究里，群体中的被试实施帮助的可能性比单独的被试低很多。群体中的那些人有代表性地扩散了责任，假设其他人应该或者可能进行帮助，结果是在他们中间几乎无人行动，从而大大降低了受害人获得所需帮助的可能性。但是，在罗伊·鲍米斯特（Roy Baumeister）及其同事所进行的研究中，那些被指定的群体的领导者们却没有分散责任。事实上，80%的领导者走出他们的房间，去救助正在咳嗽或呼吸困难的群体成员，而不顾此行为将破坏这次实验，并让他们失去领导的地位。80%的帮助率与其他实验下独立被试的身上所得到的相近，而此研究中，下属们 35%的帮助率与其他实验里群体内被试的帮助率相近。身为领导者的个体发现在群体内承担全部责任很重要，尽管他们的领导者位置并没有特别要求这样做。

什么构成领导者？领导理论

迄今为止，我们已经看到，领导是使用权力来左右群体行动方向的人。我们看到了各种领导行为和衡量领导力的手段。现在我们要问：为什么有的人脱颖而出，当上了领导，而其他人却没有？比如说，为什么是马丁·路德·金而不是别人成为人权运动的领导者？这是由马丁·路德·金的某些特征，特定的环境因素，还是两者的共同作用所导致的？霍兰德（Hollander, 1985）指出，以前有关领导的研究曾轮流提出过这些问题，结果，注意力先被集中在特质理论，然后是情境理论，最后落在领导的交互理论上。

特质理论

当观察像马丁·路德·金、戈尔巴乔夫、弗兰克林·罗斯福或戈尔德·梅尔这样强有力的领导时,我们会形成这样的印象:他们都不是普通人。他们肯定拥有某些特质,才能成为如此有权力的领导者。最早的领导力研究建立在这样的假设基础上:某些东西能将领导者与其追随者区分开——领导是天生的而不是塑造的。如果这一假设是正确的,那么就有可能识别出一些固定的、可被用来刻画领导者形象的特质。包含这些思想的理论被称做领导伟人理论,或者领导**特质理论**(**trait theory of leadership**)。在其最简单的形式中,该理论宣称,群体行为的历史和未来方向都是由领导位置上的个人来定型的,而如果由另一个人来担任这一位置,那么事情的过程就会完全不同(Jacobs, 1971)。在马丁·路德·金的例子中,此理论会强调这一事实——是金指引和决定了美国人权运动的走向,而如果由另外的人出任领导者,那么运动的面貌就会截然不同。

特质理论的关键假设未能得到实证研究的支持。首先,同一个人并非在所有情境和时间里都倾向于成为领导者。其次,领导者并非孤立的群体,有时他们与其追随者之间并没有很大区别,许多各式各样的人在不同的时间和地点里既能成为领导,又能成为追随者。至今,上百个领导特征的研究表明,领导者们确实倾向于拥有与众不同的特质(Stogdill, 1948)。一些主要的与领导力有关的身体、心理特质包括:体格和力量、智力、健谈性、动机,稍难捉摸的一个特质:感召力,以及性别。

多年以前,里奥·推孟(Leo Terman, 1904)曾指出,原始部落是根据体型、力量或者年龄来挑选他们的领导的。在某些部落中,领导是能举起最重的木头,并且扛着它能走得最远的那个人。在哥伦比亚一个部落里,一个人只有通过全身覆盖蜇人蚂蚁,或者其他部落成员鞭打的考验后才能成为领导。斯托格代尔(Stogdill)的数据显示,即使是在现代西方国家中,领导者也倾向于比团体平均水平略微更老、更高、更重、更健康和更有精力。如果是评价足球队、远征探险队或狩猎团这种看重身体能力的团队,那么关于身体特征的数据就会产生意义。但是,要说出某个辩论队为何要由最强壮的成员出任领导的理由就会很困难,因为其任务与身体力量无关。因为斯托格代尔未按团队的任务性质对数据进行区分,所以从这些数据中推导出一般结论就会有一定的风险。有趣的是,一些强有力的领导者如甘地、马丁·路德·金、拿破仑和希特勒,他们都不比他们的多数追随者更高、更重或者更强壮。

在这些特质中,与领导力联系最为紧密的是智力。大多数群体中的领导者都在一定程度上比追随者更聪明(Gibb, 1969; Mann, 1959; Stogdill, 1948)。西蒙顿(Simonton, 1986b)发现,智力出色是人格特质里极少数几个与最伟大美国总统的排名有稳定关联的因素之一,其中托马斯·杰斐逊、约翰·肯尼迪和伍德罗·威尔逊被认为是最聪明的。但是,智力和领导力之间的相关并不高。曼恩(Mann)报告了 0.25 左右的中等相关,而有的研究(如 Loretto & Williams, 1974)却发现智力和领导之间无相关。导致低相关的原因之一可能是一个比其他群体成员聪明太多的领导者将很难和他们建立起关系。

另一个特质也为个体成为领导者铺平了道路，那就是健谈性。许多调查者(Riecken, 1958; Bass, 1949; McGrath & Julian,1963)都发现了支持“大嘴”领导理论的证据，也就是说团体内最健谈的成员会被视作领导者。

健谈和领导力之间的联系得到了下面这个研究的证明(Bavelas, Hastorf, Gross & Kite, 1965)：在此研究里，所有被试(都是男性)组成每组四人的讨论小组，然后举行了初次小组讨论会，记录者记录了每个成员用来发言的总时间。第一次讨论后，被试们对每个人的领导力作评价。接下来，每个被试面前都放上一个盒子，里面有一个可以发出红光或绿光的灯。被试们被告知，他们将获得关于其表现好坏的反馈：绿灯将表示好的评价，红灯则代表差。第一阶段里，一名在健谈性上接近底线的被试被选出来，他将获得关于他发言的正反馈。于是在第二阶段里，他得到了比别人更多的绿灯。这个因为发言而得到的正反馈使他的言语表达增加到了原来的两倍以上，而小组也因此开始将他视作领导者。第三阶段时取消了灯的使用。先前得到强化的被试话依旧很多，并且在领导力上也获得了很高的评价。这一研究令人惊奇地证实了健谈性作为一种决定领导力的因素的重要性。为支持这些发现，索伦提诺和博特雷尔(Sorrentino, Boutillier, 1975)操控了一个实验助手在小组讨论中发言的质量和数量。尽管发言质量对该助手所获得的领导力评价几乎没有影响，但是当他发言越多时，他在领导能力上获得其他组员的评价就越高。

动机在领导中同样重要。最近的研究显示，取得成功以及与他人建立关系的动机导向对于在一个长远团体里成为领导者而言都很重要(Sorrentino, Field, 1986)。其他的动机在一名领导者的成功中也可能是重要的。温特(Winter, 1987)有关美国总统的研究发现，那些渴望权力、精力充沛、独立性高、自我引导、一定程度上自恋、关注名望和能对他人施加影响的总统倾向于被评价为“伟大”的总统，并且在重大决策上能获得信任。按照温特对总统就职演说的主题所做的分析，权力动机最高的三个美国总统是杜鲁门、肯尼迪和里根。

另一个经常与领导力相联系，却很少得到实证研究的特质是**感召力(charisma)**：这个概念被用来描述特定的领导者所具有的“磁铁般的吸引力”。它适用的领导者有马丁·路德·金、约翰·肯尼迪、阿道夫·希特勒和胡志明等。有的领导者似乎具有感召力，而有的则没有。马克斯·韦伯(Max Weber,1946)用这一概念表示“天赋的魅力”。感召力具有几乎是超自然的性质，它很难被描述，而且或许无法研究。韦伯觉得一个领导者的感召力在危急的时刻表现得尤为明显，而情境性的事件似乎能将它引出。一个领导者的感召力也同样会部分由追随者的需要和情绪状态所决定。由于这一原因，并不是每个人都以同样的方式被领导者所感召。而结果是，一个具有感召力的领导者常常有一群热烈的拥护者和许多激烈的反对者。这正是马丁·路德·金当时的情况：黑人中既有他亲密的追随者也有公开的反对者。

“性别和领导力：性别能否预测更好的领导者?”性别被发现与领导力有关，尽管

在1996年的总统竞选活动中，个人感召力成为公众关注的焦点。倘若共和党候选人罗伯特·多尔能施加同样多的特定的社会影响，如同他施加同样多的政治影响一样，那么或许他能比总统克林顿表现得更好。

这种情况正在快速变化着。男性和女性都期望领导者会是男性，在早期的研究中，女性更少地将自己视作潜在的领导者(Megargee,1969)。这种认为男性比女性天生更适合做领导的刻板印象说明，女性领导者在试图表现自身能力并获得别人对她们能力的认同时，会遇到额外的障碍。她们必须"像黄金，才能被当做白银看待"(Hollander,1985)。

另一方面，一组有趣的研究显示与30年前相比，现在的女性在一些小团体内成为领导者的可能性增加了。梅加吉(Megargee)在1969年发表的研究表明，当一个男性的支配性较低，而其女搭档的支配性较高时，仅有22%的女性会成为领导者。而与之相对照，同性别的搭档内，高支配性的个体成为领导者的比率在当时约为70%；而在高支配性男性和低支配性女性组成的配对中，89%的男性成为了领导者。两个新近的研究表明，这些模式已有所变化，其中的一个比另一个更高。奈奎斯特和斯彭斯(Nyquist，Spence，1986)发现35%的女性在由高支配性的女性和低支配性的男性组成的搭档中成为领导者，而佛莱斯特和彻克考夫(Fleischer，Chertkoff，1986)发现，50%的女性在此类搭档中成为领导者。至于如何解释这两个同于1986年进行的研究结果上的分歧还不清楚。后一个研究是在中西部地区做的，而不是梅加吉和奈奎斯特的研究所在的西北部地区。或许中西部地区的人们较之传统的西北部地区的人们对女性领导者更为习惯。无论如何，两个研究都显示，20世纪80年代中期的女性比她们的前一代女性更有可能成为领导者，我们有理由相信这种趋势将继续。

两个对西点军校——最近经常有女性毕业并成为军队领导——的男女领导者进行的研究暗示了性别和领导的概念变化速度有多快。1980年的一项研究表明，当女性与男性的表现同样好，而且在团体内也获得同样的好评时，她们的成功却常被归因于运气，而男性的成功则会被归因于能力。而1984年的一个研究里并未发现这一消极态度，尽管女性下属仍会十分消极地评价女性领导者(Rice，Bender & Vitters，1980；Rice，Instone & Adams，1984)。

艾丽丝·艾格丽(Alice Eagly)和她的同事们查阅了与性别和领导有关的文献(Eaglyu，Karau & Makhijani，1995；Eagly，Makhijani & Klonsky，1992)。他们收

集了1980年以来在实验室和工作场所里进行的上百个研究，并使用了一种被称作事后分析的统计技术，来考察男性还是女性更能成为有效的领导者。他们总结认为，整体上男性和女性是同样有效的领导者。但对这些研究更为细致的一项分析结果发现，在那些鼓励刻板的男性领导风格——尤其是那种被定义为“控制和指引人们的能力”的、任务导向型的领导力——的情境下，男性是更为有效的领导者(Eaglyu, Karau, Makhijani, 1995; p. 137)。但是当所需的领导风格是人际关系型或者社会情感型的，被定义为“与他人相处和合作的能力”时，女性领导者更为有效。艾格丽和她的同事(1995)提出，基于这些发现，当男性或女性被要求去执行某种违反性别期待的领导职能时，他们的实际或被他人感知到的效能将下降。

时代精神理论：领导的情境说

心理学家发现，领导的特质说并不能让人满意，因为它自身无法预测谁将成为领导，或者解释某人为什么能成为领导。于是领导研究的重点从个体特质转移到了可能决定谁将成为领导的特定群体情境的特征上。这种**情境说(situational approach)**回避了某些人生来就是领导的假设。情境论者们采用了这样的视角：特定的时间或情境决定了谁将成为领导。

> 在特定的时期内，某一群人会有某些特定的需求，这就需要一个人来为他们服务，以帮助满足整个群体的需要。谁来扮演领导者的角色以满足这些需要则基本上是由机会决定的：也就是说，一个特定的人在关键的时间、关键的地点出现了。(Cooper & Mc Gaugh, 1969, p. 247)

也就是说，如果希特勒在美国而不是在德国宣扬他的教条的话，他将很可能被投入监狱或精神病院。但在第一次世界大战后的德国，时间和环境对于人们追随这样一个人的领导而言正好合适。

情境同样为金升到领导者的地位做出了很大一部分贡献。美国的黑人们已经在获得自己为自由和尊严而斗争的地位上取得了进步。第二次世界大战成为一股团结的力量，但它同样指出了所存在的不平等：一个黑人能够为他的国家而战，但却没有选举的自由，没有使用公用洗手间的自由，没有在公共汽车上坐在白人身边的自由。克罗塔·金对于1955年黑人状况的描述同样在一定程度上描述了领导的情境理论。

> 在每一次人类的伟大进步开始时，都会出现一股精神、一种需求和一个人。这其中的每一个因素都应该适合那个特定的历史时刻，否则什么都不会发生。在蒙哥马利，马丁称之为“时代思潮”，或者时代精神的东西，就隐藏在

黑人们表面的沉默和消极之下，时机一旦来到，那个人也将被找到。因此，如果没有各种力量的集结和苦难的积聚，那么人们在那里完成的事情可能就不会发生。(King，1969，p. 108)

一些情境因素会影响领导，而有的未知因素可能具有很高的权力。例如，豪威尔斯和贝克(Howells, Becker, 1962)提出**座次的排列**会影响领导力。他们认为沟通会自然倾向于越过桌子进行。他们使用了5个人的群体，其中两个人坐在桌子的一侧，三个人坐在另一侧。他们假设如果沟通对决定领导者来说是重要的，而且如果沟通是越过桌子进行的，那么坐在两个人一端的人将倾向于被看做领导，因为他们将与其他三个人交流。研究者让小组完成一些简单的任务，然后要求成员确定他们小组的领导。结果显示，坐在两个人那一侧的成员被选作领导的机会比坐在3个人那一侧的成员高两倍以上。还有研究发现，领导者会自然地选择矩形桌子的两头而不是两侧就座(Lexuyer，1976)。

资历在决定谁将成为领导上也是重要的因素之一。英斯柯(Insko)和他的同事(1980)对一段时期内的实验组进行了研究。在实验里，被试被逐个从某个小组中开除，并让新的成员加入。结果显示，处于沟通的中心的小组拥有最大的权力，而在小组内，资历最高的成员会被赋予领导者的角色。资历—领导力模型不仅出现在所有组中，而且在权力高的小组里的程度更高。正如你所能想到的，使用这种标准使得领导力能够有序地转变，这减少了组内冲突的发生。

群体所面临的情境同样会影响领导力。许多研究者(Worchel, Andreoli, Folger，1977)发现，正面临威胁或者竞争的群体比那些没有面临此类困难的群体更可能接受一个权威型的领导者。危机似乎会使人们支持和帮助他们的领导。在对荷兰被试所进行的一系列有趣的研究里，拉比和贝克斯(Rabbie, Bekkers, 1976)发现，领导地位正受到威胁的领导者们会试图将他们的群体置于一个充满竞争或者威胁的情境中。很明显，他们觉得，相对于没有此类威胁而言，如果能够使群体感知到来自外界的威胁，自己将更有可能保住领导者的位子。

此外，领导情境论者指出，特殊的**群体需求**决定了谁将成为领导。为什么马丁·路德·金的"我有一个梦想"的演讲能在黑人自由运动中产生如此大的影响？情境论者们会说，演讲迎合了当时黑人们的需要：它是希望，而不是愤怒或绝望的一个信号；它表达了对自由和平等的渴望，而那正是整个运动奋斗的目标。演讲同样符合金的追随者们对受到鼓励的需要，并且说明了他们的目标是可以企及的。

按照情境理论，群体的需要经常改变，而如果这发生了，那么群体的领导者同样会跟着改变。巴恩兰德(Barnlund, 1962)发现，当任务的要求改变时，领导的位子通常会落到一个各方面条件都更合适的人身上。某个特定时期里的领导者角色取决于群体正在进行的工作。因此，情境理论认为没有一般性的领导特质，某种特质在一种情境下可能使个体成为领导者，但或许在另一个情境下却无法使他/她合格。

交互理论

特质和情境理论都对领导的形成过程给出了一些的答案,但两者都不全面。很明显马丁·路德·金拥有某些帮助他获得权力的特质,但其他人同样拥有许多此类特质,他们却没有成为运动的领袖。另一方面,如果某种解释不把金考虑成一个独特的人物,那么接受起来又会很困难,他不会仅仅因为在合适的时间和地点出现就成为领袖。

一些理论家(Katz, Kahn, 1978; Hollander, 1958)认为,领导者的出现是领导者自身特征、追随者和情境的结果。特定的特质可以使某个人成为关注的焦点,但如果那个人的能力无法满足群体成员的需要,那么就不会产生领导力。情境影响追随者的需求和群体对一个领导者的需要。因此,领导者受追随者的影响,而追随者也会受领导者的影响(见图 11.1)。随着情境和追随者需要的变化,被接纳为领导者的人也会发生变化。但是领导者必须在他/她被提升到领导者的位置前就拥有特定的能力。正如我们将看到的,相互作用论的取向也会被用来预测谁将成为有效的领导者。

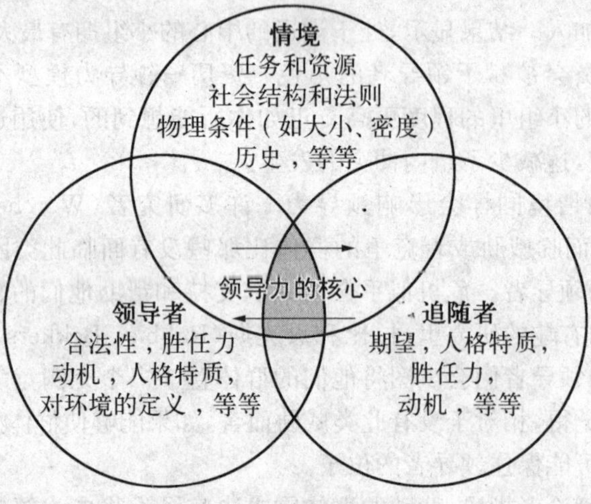

图 11.1 领导的元素

注:中间代表了三种领导元素交集的区域—环境、领导者和追随者—是领导的中心,箭头显示了发生在领导和追随者之间的社会交换。

来源:Hollander(1978)

有效的领导者

在回顾了有关群体内的领导者如何产生的研究后,我们可以考虑一下,什么样的领导者可能会是有效的影响有效性的因素是什么。领导有效性的问题与领导产生的问题有很大区别，尽管两者之间有一定关联。

民主和独裁的领导风格

一个早期的领导研究提出：怎样的领导者最为有效？勒温、利皮特和怀特(Lewin，Lippitt，White，1939)近距离观察了四个由10岁男孩组成的对比组，它们分别由独裁型、民主型和放任—自由型的成人领导者来领导。领导者被训练为能按照三种领导风格中的任何一种做反应，并且每六周轮换一次，以使得每个小组内所有风格的领导者都会出现。独裁型领导者决定团队的政策、规定完成团队目标的所有步骤和策略、分配任务和任务中的搭档并且和团队始终保持距离。民主型的领导者则允许团队自行决定政策、提供关于过程和任务的建议、允许成员选择他们自己的任务和搭档、在奖赏与惩罚上保持客观并参与团队任务。团队参与的都是一些业余性质的活动，例如制作面具或建造物体等。

结果表明，当团队处于独裁型领导者的领导下时，男孩们的敌对性是民主型领导时的30倍，而侵犯性是民主型领导时的8倍。独裁型领导者领导下的被试倾向于寻找替罪羊来作为他们的攻击对象(有两个这样的替罪羊真的离开了团队)。而这样的行为却没有发生在民主型领导者的领导下。团队在民主型领导下所表现出的团结性高于独裁型领导。尽管当独裁型的领导者离开房间时，团队工作的建设性会急剧降低，但在民主型的团队中它却能保持稳定。通过实验手段引发的挫折感对于独裁型领导团队来说非常具有破坏性，而民主型领导团队却能够用系统而积极的处理方式来面对这些困难。

在团队更换领导者时会发生一系列有趣的事件。图11.2展示了两个组里，领导

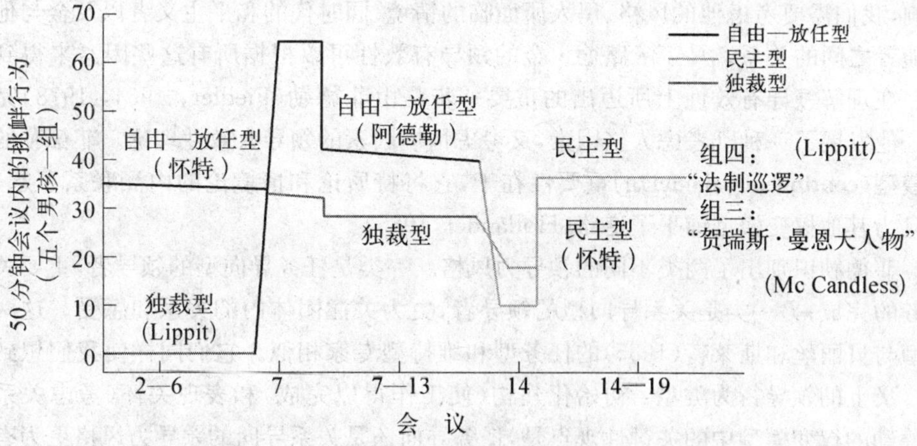

图11.2　不同领导风格对群体内侵犯性的影响

注：当一个独裁型领导者被一个自由放任型领导者所替换时，侵犯性大大增加了；
来源：Lewin，Lippitt & White(1939)

者更换所产生的效应。最值得注意的结果是，团队的领导者由独裁型转换到放任—自由型时侵犯性的急剧增加，这可能是独裁型领导者的监控下侵犯性受压制的结果。男孩们在独裁型领导者的领导下可能变得愤怒，但他们害怕领导者而且担心将愤怒表达出来会破坏整个团队。而自由—放任型的领导者给团队一种更宽松自由的气氛，这使得原本被压抑的侵犯性得以宣泄，这是一种经常在独裁者被推翻后发生的效应。在各民族的历史中，我们常常看到某个民族在经受多年独裁统治然后获得解放后，总是会用血洗的方式释放压抑许久的敌对情绪和挫折感，比如法国国王路易十五让位后发生的那次屠杀。

从群体内的心理气氛转移到生产效率的问题，勒温和他的同事发现，男孩们在独裁型的领导时会比民主型的领导时工作得更久，生产出的产品也更多。但是，在民主型的领导下他们倾向于生产出相对而言质量更好的产品。

但是我们再次发现，领导的有效性受情境的影响。研究（Rosenbaum，Rosenbaum，1971）发现在充满压力的环境下，拥有独裁型领导的团体生产效率更高。但是在低压力的环境中，拥有民主型领导者的团队生产率更高。所以，最有效的领导类型也部分是情境的函数。

领导有效性的权变理论

从早期的工作中可以清楚地看出，领导有效性不能简单地看做是领导风格的函数。正如交互理论所暗示的，情境的要求以及领导者与追随者之间的互动同样需要被考虑。例如，为了理解马丁·路德·金在人权运动和 20 世纪 60 年代的和平运动中的影响，我们需要考虑他的风格、黑人所面临的情境、同时代的和平主义者以及金与他的追随者之间的关系。马丁·路德·金的领导有效性可以根据所有这些因素来得到理解。在理解领导有效性上所迈出的重要一步是由菲德勒（Fiedler，1964，1978）完成的。他发展了一种既考虑人格因素，又考虑情境因素的领导有效性理论。菲德勒的**权变模型**（**contingency model**）的重要性在于，它将特质论和情境论的内涵联系了起来，并且为其他权变模型铺平了道路（Hollander，1985）。

菲德勒识别出了两类不同的领导力风格。一类是任务导向型的领导者，主要关注任务的完成；另一类是关系导向型的领导者，更为关注团体内的关系和感受。这两种类型与贝丽丝和斯莱特（1955）的任务型和维持型专家相似。它们同样使我们想到两种广义上的领导行为类型：初始化建构（使工作得以完成）和表现关怀（考虑关系）。菲德勒的权变模型中的关键性观点是，任务导向还是关系导向的领导力风格更为有效取决于领导者面临的情境。

我们可以按照情境对领导者的有利程度对其进行分类。某情境的有利程度取决于三个因素，一是**领导——团队关系**的质量好坏。如果这种关系是好的，或者他/她受到信任、羡慕和尊重，这种情境对领导者来说就是有利的。第二个因素是任务结构。如果任务是清晰的，每个人都知道谁该做些什么，那么情境也是对领导者有利的。第三个因素是领导的**位置权力**。如果领导者身居一个权力很大的位置（例如，一个没有立法机构的州的州长），那么情境对于这个领导者来说更为有利。

菲德勒假设，任务导向型的领导会在情境对领导者高度有利或高度不利时最为有效。在前一种情况里，领导者—群体间的关系和谐、任务明确、地位有权力，于是作为领导者，做指示或者使用任务导向就会比较简单；他们不用太担心对每件事的感觉是否都好，也无需过分注意人们的感受。后一种情况下，情境是混乱、不愉快而模糊的，一种满载任务的、任务导向的领导风格将同样有效；而在这里，关系导向型的领导者可能陷入混乱的局面。另一方面，当环境对领导者的有利程度处于中等范围内、人们需要表现出关怀、存在一定的压力以及团体成员间的关系需要调整和澄清时，一个关系导向型的领导者将比一个任务导向型的领导者做得更好，而后者倾向于忽视人际关系。

菲德勒的理论很复杂，而且野心勃勃。它曾在大量的实验室和现场研究中，使用范围广泛的各种团体进行验证，如比利时的海军军官、邮电局长、篮球运动员、商店经理、开炉炼钢的工人们、B－29 轰炸机机组以及化学研究人员等。正如所预测的，普遍的发现表明，关系导向型的领导者在中等有利水平的情境里最有效，而任务导向型的领导者在有利水平很低或很高的情境里最为有效（Fiedler，1978；Chemers，Skrzypek，1972；Hardy，1976）。

领导有效性的权变模型引发了大量研究，同时正如你所能想象的，理论的复杂性也带来了大量的争论（Fiedler，1978；Schreisheim，Kerr，1977a，1977b）。对这一模型的研究回顾提出，尽管它通过许多途径得到了支持，但是对领导力效能的完全理解仍将需要考虑领导类型和情境外的因素（Rice，Kastenbaum，1983；Peters，Hartke，Pohlmann，1985）。

除了引发大量研究和关注人格变量与情境变量间的互动之外，权变模型对领导力领域还产生了实践上的影响。公司和组织通常用于选拔领导的手段是依靠人格测验鉴别出具有一般化的领导者潜力的人。一旦领导者的职位落在某人身上，那么公司和组织就会尝试将其训练为更好的领导者。成千上万的钱被花在了送他们参加有关领导力的研讨会和各种培训课程上。这种理念的本质是要重新塑造一个人，以使他能够适合某个情境。而按照菲德勒的观点，这种取向将不再有效。他认为，改变一个人的领导风格极其困难。我们应该代之以改变一个人的等级、工作或者权力，以适合他或她的人格或领导风格（Fiedler，1964），也就是说我们应该让环境适合个体，而不是试图去使个体适合环境。延续这些路线，菲德勒、彻莫斯和玛哈（Fiedler，Chemers，Mahar，1976）开发了**领导匹配**系统，旨在帮助领导者们认识并创造与自身领导风格最为匹配的情境。

领导有效性的社会同一性理论

社会心理学家马歇尔·霍格(Michael Hogg, 1996)最近提出,为了理解领导有效性,我们需要分析领导者从中诞生的群体特征。想象你是一个对你而言极其重要的群体的成员。你会想让它拥有一个怎样的领导者呢?在你们需要去和其他群体竞争、谈判时,你会将你的信任和忠诚交付给什么样的、能有效地领导你们的人呢?答案可能仅取决于此时此刻你的群体对你而言有多重要。与前面我们曾提到的西蒙顿的领导图式的概念相似,霍格也同意我们所有人都随身携带一个关于"有效的领导者是什么样子"的心理图像或图式。当我们没有完全卷入群体,或群体对于我们来说并不重要时,我们可能会认为一个包含了这些特征的人就将会是领导我们群体的合适人选。但如果我们的群体很重要,那么我们希望出任领导者的人就将不是具备了领导图式中各项特征的人,而是某个能够代表群体**原型(prototype)**的人。在前面的某章里,我们将原型定义为一个结合了某范畴内所有最独特的本质特征的一个标准。在我们自己的群体这个范畴内,我们需要这个人所拥有的特质正是我们所在群体最基本、最有代表性和最典型的特征。

莎拉·海恩斯、马歇尔·霍格和朱莉·达克(Sarah Hains, Michael Hogg & Julie Duck, 待出版)进行了一个实验室研究,被试或者充当某个非常重要和显眼的群体成员,或者被分派到一个很不起眼和不重要的群体内。实验者在每个群体里指定一个成员担任领导者,并描述了他们所选择该成员的所有特征。在一半时间内,海恩斯和她的同事将领导者描述为一个典型的群体成员,而另一半时间内他们将领导者描述为具有典型的、刻板印象化的领导特征。被试被问到对领导者的满意程度如何及他们对其成为有效领导者的信心。研究者发现,当群体的重要性高时,如果领导者符合群体的原型,那么群体成员对领导者有效性的信心最高。相反,当群体的重要性低时,成员们对符合领导图式的领导者最为满意。

让我们回到最初的问题:你希望谁来做你们群体的领导者?社会同一性理论的衍生点在于,在群体对你很重要时,群体同一性在预测领导者的有效性方面就会至关重要。霍格的理论做出了这样的预测,你们将需要一个能够代表你们群体的社会特征原型的人出任领导者。

服从

马丁·路德·金的号召力来自他的魅力、口才、精力甚至爱。他不像一个独裁的领导者那样使用强制或奖励权力去引导人际行为。相反,如果我们考虑一个权威者的形象去命令服从(obedience)时,我们会发现人们按照领导者或者权威者的要求行动的程度令人心寒。人们对权威到底愿意服从到什么程度?或许最生动的例子可以从二次世界大战期间纳粹对犹太人所犯下的罪行中看到：600万个男人、女人和孩子被折磨和杀害。在纽伦堡举行的战争审判中，那些曾经在集中营里担任刽子手的德国人坚持认为自己无需对死亡负责，因为他们仅是服从命令而已。这与他们的行动相比确实是一个无力的借口，受到审判的刽子手们最后也被处决或投入监狱。人们普遍的感觉是，没有人会简单地因为服从命令而杀害他人，任何有同情心的人都一定会反抗或拒绝这种命令。

尽管关于服从命令时盲从的最普遍的例子都发生在紧急或战争的情境下，但是，我们认为无法找到比斯坦利·米尔格伦(Stanley Milgram，1963，1965)所做的实证研究更为令人震惊和恐惧的例子，可被用来说明人在服从命令时的盲目程度能有多高。想象你自己身处这样的情境：你来到一个实验室里，坐下来，然后开始与一个登记参加同一实验的被试聊天。实验者走了进来，告诉你们俩该实验关注的是惩罚对学习的影响。你们将通过抽签决定谁做"学习者"，谁做"老师"，然后你抽到了老师的签。实验者告诉你们，由老师对学习者进行提问，学习者如果回答错误就会受到一次电击。然后学习者被带走了，看上去被绑在了一个小隔间内的电击器上。

实验者向你出示了"教学机"，它似乎能产生电击。你看到了控制杆和一排于15伏特开始于450伏特结束的数值，每一间隔为15伏特。数值较小的一端标有"轻度电击"，较高的一端被标以"危险：剧烈电击"；而450伏特则被标以"XXX"。实验者会告诉你，你将给学习者念一张清单上所开列的问题，如果他回答错了，你就要去电击他。你需要在每一次错误的回答之后将电击强度提升一级，如第一次电击是15伏特，第二次就是30伏特，以此类推。

你开始念出问题。学习者答错了一个，然后是另一个，又一个。每当听到错误的答案，你就会将电压调高15伏特，电击学习者，然后念下一个问题。在90伏特时，学习者大声抱怨疼痛。在150伏特时，他开始尖叫并要求让他离开实验。你向实验者看去，而他只说了句："继续下一个问题。"180伏特时，学习者大声喊叫说他无法忍受痛苦，并开始重重地捶打隔间的墙壁。你看着实验者，并请求他停止实验。实验者平静地告诉你："你没有别的选择，你必须继续。"在300伏特的时候，学习者拒绝回答任何问题，并哀求着让他离开实验。实验者告诉你继续。但是从这以后，学习者就没有任何反应了。

这种情景下你会怎么办？你会继续施加电击直到最强的450伏吗？你认为会有多大比例的人将持续实验直至最大电压？这正是米尔格伦想要回答的问题。他向14名耶鲁大学的心理学四年级学生和一组精神病医生描述了实验情境，并让他们预测会将电击持续到450伏的被试比例。他们预测最多不超过2%的被试会"走完全程"。

米尔格伦在耶鲁大学进行了此究。他的被试年龄从20岁到50岁，其中40%拥有不太需要技能的工作，40%拥有白领的销售工作，20%是某领域的专家。他发现，40名被试中的26人，或者说65%，将电击持续到了450伏！将近三分之二的被试服从了命令，使一个无辜的受害者直接遭受剧烈的痛苦。在现实里，“受害者”只是一个受过训练、在回答时故意犯错的实验助手，其实没有受到任何的电击。但是，被试却千真万确地相信他正处于痛苦中。

研究中表现出的服从程度甚至让米尔格伦也感到吃惊。这不是战时的纳粹德国而是1960年康涅狄格州的纽黑文。被试不是受过杀人训练的人，他们从事的只是日常职业。一些批评者(Baumrind，1964；Orne，1962；Orne & Holland，1968)认为，得到高服从率是因为该研究是在耶鲁进行的；而且被试相信实验者不会让任何坏事在受害者身上发生。于是，米尔格伦将该实验转移到康涅狄格州布里奇波特的一间破旧办公楼里进行。被试没有被告知此事与耶鲁有关，实验者也没有像他在第一次实验里那样身穿白大褂。尽管服从有所下降，但下降的程度并不显著，仍有48%的被试施加了最强电击。

由于没有盲目听从命令，三个人于1998年被授予英雄士兵奖章。30年前他们为拯救平民的生命阻止了在越南马莱发生的屠杀。在这幅图里，休·汤普森（左）和劳伦斯·克劳伯恩（右）向刻有死去战友格伦·安德烈特名字的纪念碑致敬，他被追授了此枚奖章。

米尔格伦觉得他已经生动地演示了服从，于是他进行了一系列附加研究以确定哪些因素将影响服从。在一个研究里他变换了权威人士的距离。三种条件被使用：在一种条件里，实验者在被试惩罚学习者时坐在被试几英尺之外；在第二种条件下，实验者发出指示后在学习者遭到电击时离开了房间；在第三种条件里，被试从一台磁带录音机里收到命令，而从未见到过实验者。当权威人士被移走时，服从行为马上急剧减少了。而实验者在场时，表示服从的被试是他不在场时的三倍多。在一个后续研究里，拉德和罗杰斯(Rada，Rogers，1973)在实验者亲自下命令然后离开房间的情境下发现了高水平的服从。

在另一个研究里，米尔格伦改变了学习者的距离。在远程反馈型情境里，学习者处在一个隔离的房间中，老师不能看到和听到他，只能偶尔听到捶打墙壁的声音。在第二种情境（言语反馈）里，老师能听到学习者，但无法看到他。在接近型情境里，学习者与老师同处一个房间里，这样他就能被后者看到和听到。最后，米尔格伦还使用了一种“可接触接近型”条件，其中学习者紧挨着坐在老师的右边，于是老师在实施电击时就必须抓住学习者的手，将其按在电击盘上。图11.3显示了实验的结果：学习者离得越近，服从的水平越低。

尽管这些研究都显示了令人震惊的服从水平，但米尔格伦报告说，他的被试在表现服从的同时也遭受了痛苦。许多被试变得紧张，有的爆发出近乎神经质的大笑，有的则不停地流汗并恳求实验者停止实验。

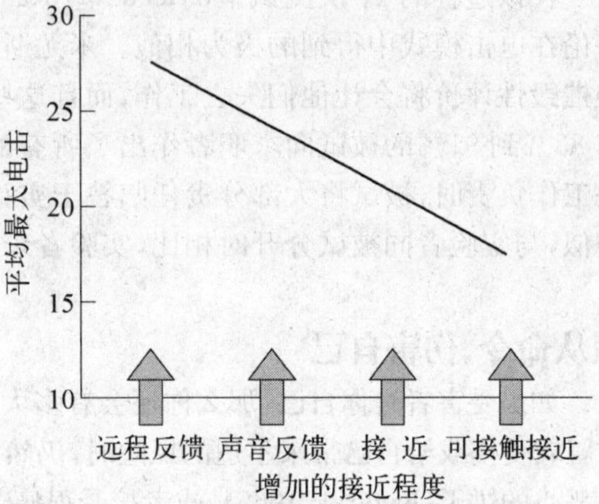

图 11.3 “受害者”的距离对所施加平均电击的影响

注：被试从被害者那里得到的反馈越多，他施加的电击越少

来源：Milgram(1965)

对其他权威的服从：电击模式以外的世界

尽管米尔格伦的实验是服从研究中被引用得最多的，但研究者在其他情境下同样发现了高水平的服从。例如，霍夫灵和他的同事(Hofling, 1966)研究了医院的护士是否会出于服从命令而在病人身上按构成潜在危险的异常剂量来使用药物。护士接到一个她们不认识的医生的电话，告诉他们使用药盒上所写最大剂量两倍的药物。结果在 22 名护士当中，有 21 名听从了命令，尽管在医生不知情的情况下这样做违反医院规定，而且可能给病人带来危险。

另一种观察到高水平服从的情境涵盖了荷兰乌得勒支大学的米尤斯和昆廷・拉扎玛克(Meeus, Quinten Raaijmakers, 1995)称作“执行性”的因素。他们认为，今天的人们在某权威人士的指导下所实施的暴力行为都是间接性的，因为这使得服从者能够在实施暴力时与受害者保持更远的心理距离。为了说明这一点，米尤斯和拉扎玛克基于米尔格伦的实验设计了一套程序：其中某个权威人士(实验者)和一个没有经验的被试在假的工作面试中对求职者(实验者的助手)实施一项测验。被试相信，求职者如果通过了测验就将被雇用；而如果不能通过就不会被雇用。然后实验者让被试在测验进行过程中制造一系列“压力性陈述”——一系列关于求职者表现的消极评价和贬损性的人格描述——以打扰和妨碍求职者。此外被试还被告知所应聘的职位本身没有压力，所以这些压力评价与此招聘测验并无联系。其实，干扰只是为实验者正在开展的一个有关压力后果的研究提供帮助。就像在米尔格伦的研究中的那样，被试被告知他们必须完成整个程序，也就是对求职者作 15 次消极评价。他们还被告知无论求职者如何抗议，都必须继续，而求职者的抗议会随着整个过程的进行而变得越来越激烈。如果被试在某些时候拒绝做出引起压力的评价，实验者会采用与米尔格伦的手段类似的 4 种连贯式的督促方式做反应。而如果被试在第四次督促后仍然拒绝继续下去，则整个实验被终止。

在该过程的17次测试里(Meeus & Raaijmakers, 1986;1987)所得的结果与米尔格伦在电击模式中得到的极为相似。米尤斯和拉扎玛克发现,尽管对求职者所作的这种摧毁性评价将会让他们失去工作,而且这些评价不是标准测验流程的一部分,但仍有83%到91%的被试向求职者作出了所有的15个评价。当被问及谁将为求职者失去工作负责时,被试将大部分责任归咎于实验者而不是他们自己。与米尔格伦的发现类似,与实验者同被试分开时相比,实验者亲身在场时服从水平最高。

服从命令,伤害自己

如果受害者是你自己,那么你还会有多大的可能去服从权威呢? 有证据表明,个体在冒着受伤或给自己带来不适的风险时,仍然会表现出很高水平的服从。当被要求吃下很恶心的饼干(Kudirka,1965),或者接受很痛苦的刺激(Scott,1980)时,在被试身上仍会得到较高的服从率。在一个令人震惊的案例里,马丁、洛布、查普曼和斯皮兰(Martin, Lobb, Chapman & Spillane, 1976)报告了一个研究的结果,该研究旨在验证青少年被试在对自身听力可能产生危害的情况下是否仍然愿意服从老师。42名13至14岁的男性青少年志愿参加了这个假装成是为了识别极少数拥有听到超高频声音能力的人而设计的实验。研究者告诉被试:实验对那些拥有这种能力的人而言没有危险,但现实生活中这种人只占5%。然后,被试们看到了一台能产生不同程度超高频声音的仪器。该仪器的表盘刻度由0标到10,水平4被标为"危险,2%—12%丧失听力的可能",而水平8被标为"极其危险,50%曾报告丧失听力",水平10没有标标签。被试被告知将表盘拨至每一档,然后报告是否能听到声音(实际上耳机里没有任何声音通过)。在这个案例里,实验者是被试所在学校的老师,参与实验是自愿的,这在研究中被反复强调,但是实验没有采用任何督促手段用来激发服从,这一点与米尔格伦所使用的程序不同。结果显示,至少95%的被试将表盘调到了水平6,而且有54%的被试将表盘一直调到水平10! 尽管被试是一群对成年权威人士做反应的孩子,但这么多人会被引导,直到承担起对自身听觉可能产生极大危害的风险,这仍然令人感到震惊。

但是,人们能够因为某个权威人士的缘故而承担的危险程度仍然是有限的。例如,奥恩和埃文斯(Orne, Evans, 1965)发现,没有多少被试会听从实验者的命令而去做如此危险的任务,如抓住一条毒蛇或者从装有酸性物质的罐子中取出一枚硬币。相似地,韦斯特、冈恩和彻尼克(West, Gunn & Chernicky, 1965)发现,几乎没有人会服从权威人士的命令,而使自己卷入某个非法闯入事件。最后,在米尤斯和拉扎玛克(1995)的管理型服从研究的一个版本中,被试在任务开始前就被警告说,最近有一个求职者拒绝接受他在研究中所遭到的对待,并且已经起诉了心理学系。然后,被试被要求在一张陈述他们将对可能产生的伤害承担法律责任的表格上签名。正如我们所能预测的那样,由于法律责任上的处理,进行言语攻击者的百分比显著降低了。这些发现表明服从仍是受到一定限制的,至少在关系到严重的人身伤害或者法律问题时如此。

为什么服从

米尔格伦实验和类似的一系列研究提出了许多关于服从的问题。一个关键问题是：为什么人们要服从？马丁·奥恩(Martin Orne，1962)提出，高服从水平的原因之一在于实验过程本身。在米尔格伦的研究中，被试被放置于一个他们完全不熟悉的情境里，他们对电击没有经验，在研究中也没有什么权力。而他们面对着一名看上去对整个过程十分熟悉，而在受害者遭受电击时也没有表现出任何关注的实验者。实验者的行为或许使被试确认没有关注的必要。产生高服从水平的第二个原因可能是被试没有觉得要对他们的行为负责(Milgram，1974)。实验者明确地告诉他们将由实验者来承担责任。大量研究表明，在米尔格伦的模式里如果使被试觉得应对他们的行为负责，服从就会急剧减少(Tilker，1970)。事实上，我们就是这样解释米尤斯和拉扎玛克(1995)的研究里法律责任所起的影响作用的。当要求被试们签署那份法律责任书时，他们不仅看到了潜在的财务问题，而且还知道了承担责任的将会是他们而不是某个心理学系或者其所在的大学。将责任推到他们头上的责任承担书或许正是降低服从水平的心理原因。最后我们应该指出米尔格伦在工作中的一个发现：当被试看到其他人抵抗时，他们的服从程度会降低。目睹别人的抵抗也可能起到视觉证据的作用，表明了参与者有责任决定是否应继续执行电击。

伦理道德与服从研究

斯坦利·米尔格伦在20世纪60年代的早期进行了开创性研究，他也花了许多年的时间回复那些关注其研究伦理的批评(见第一章里有关伦理的部分)。伦理问题大量存在于他的工作中。首先，研究让毫无防备的被试经受了大量心理伤害——他们被强迫着去做让他们感到极度不适的事。其次，被试学到了一些可能他们根本不想知道的、与自身有关的事情——他们可以被操纵着服从命令、使他人受到伤害甚至可能引起死亡。这在自我了解里肯定是痛苦的。批评者们同样指责米尔格伦没有在已观察到被试的极度不适时终止实验。米尔格伦对于他所遭受批评的程度感到了惊讶。他争辩说："我相信大部分批评，无论人们知不知道，都是由实验的结果所引起的。如果每个人都在轻微或中等强度的电击时就停了下来，那么这会是一个非常合乎常规的发现，那样谁还会抗议呢？"(Milgram，1977，p. 98)在一个米尔格伦寄给被试的跟踪问卷里，有一个问题问到他们对于参加此项研究的高兴程度，将近84%的被试回答说，他们对参加感到高兴。

伦理问题是棘手的，对米尔格伦的研究来说尤其如此。一方面，研究的结果很有价值，因为这些研究生动地展示了个体将如何有特点地服从命令伤害他人。如果米尔格伦当时使用了某个更为平常的任务，比如说让被试在纸上写随机数字，那么就会削弱结果的影响力。另一方面，研究中的被试显然遭受了心理上的痛苦，并且被强迫着学到了一件令人困扰而又与自己有关的事实(他们将服从命令去伤害另一个人)。这是一个解决起来很困难的两难问题,但是应该指出的是,如今,让某个系的学术伦理委员会同意让某个研究采用米尔格伦的方法将会非常困难。

从众

尽管大量的影响是由一个人向另一个人施加的,但是影响同样可以由群体引起,而且常常导致个体去遵守群体的规范。一般来说群体的影响并不像在权威人士的命令中所发现的那么直接。但是这种影响常常同样,甚至更为有力。想想在蒙哥马利的公车抵制事件中大多数黑人所面对的情况,许多人都没有其他交通工具可用,但他们仍然要上班。不乘公车意味着将增添许多辛苦,甚至可能让他们失业。尽管蒙哥马利的黑人可能是出于对金和其他人权运动领导者的仰慕参加公车抵制运动的,但这并不是他们行为的唯一影响源。许多人说自己是因为邻居和朋友才参加抵制的;他们关注的是,如果坐了公车,那么他们的朋友和其他黑人将会怎么看待他们。尽管在多数情况下他们没有受到明确威胁,但是这种关注依然存在。在这件事情里是群体,甚至是一个沉默的群体影响了他们的行为。

从众(conformity)指行为或信念受群体的影响变得符合群体规范。在某些情况下,从众产生于个体自身的同群体强迫他或她所采用的行动、思维方式间的冲突(Moscovici,1985)。例如,从众可能发生在群体迫使一个女孩在做好准备之前就尝试性行为时。在其他情况下,从众还可能来自**想象中**的群体压力(Kiesler & Kiesler,1969);正在考虑是否要发生性行为的少女可能会认为别人想要她服从,而事实并非如此。当个体无法确认什么是正确或合适的时候,就会采用群体的规范并将其视作可靠的指导。在这种情境下,少女可能不清楚发生性行为对她是否有好处,但她仍然会因为群体规范表明这是正确而且令人满意的行为方式而去这样做。

引发从众的群体权力会因情境的不同发生显著的变化。群体可能使用强制或奖励权力迫使某人做出特定行为。在这里从众变成了本章开始时我们定义的服从的一个例证。服从可能通过认知失调或自我知觉(见第6章和第3章)而产生内化,但是在开始时它仍然是一种服从。在其他一些场合下,尤其是当个体不确定什么是正确的时候,群体的参照或专家权力将有可能会产生内化。

为什么从众

一些早期的理论(Crutchfield, 1955)认为,特定的人格特质使个体倾向于从众。但这种说法的价值有限,因为没有人永远从众,每个人都只是在某些情况下才从众。因此,我们不能仅仅通过关注个人特质发展出一套合理的解释。出于这一原因,许多研究者开始研究群体以确定群体是如何影响其成员的。这种研究识别出了群体能产生的各种影响。一种是**信息性社会影响(informational social influence)**。我们经常依靠群体为我们提供关于问题答案、应该相信什么或者应该如何行动(Asch,1952;

Deutsch & Gerard，1955；Kelley，1952）的信息。而当我们怀疑自己的判断时，则会更加依赖群体所提供的信息（Campbell，Tesser & Fairey，1986）。你可能会采纳某个人给你的答案，但你更可能接受由许多人共同提供的答案。换句话说，一个群体能够通过提供影响个体的信念、态度或者行为的信息对他或她施加影响（Festinger，1950）。

尽管信息是一种权力，但我们同样知道，即使是在人们没有寻求信息的情况下群体也影响人们的行为。一个青少年可能知道吸烟有害他的健康，而他自己可能也讨厌香烟的味道，但每当他看到朋友们在吸烟，就会赶快点燃香烟。这种群体权力从哪里来？任何一个曾经身处某群体中，并有长期保持群体成员身份愿望的人都会了解由于害怕被群体排斥而产生的焦虑感。这并非无缘无故的害怕，这种排斥确实令人感到痛苦。此外，曾做过群体成员的人都知道，群体经常会排斥行为与其他成员不同、不能遵守群体规则和长期持有与表达的信念与群体表达的信念不同的成员。群体可以通过否认不妥协者投票权的方式剥夺其权力，也可能通过惩罚或宣布姓名的方式使其遭受身心伤害。从中可以看出，不妥协者无法分享群体所获得的任何奖励。

那些相信偏离群体将导致排斥的个体能感受到遵从群体规范的压力。这种压力（称作规范压力）能产生**规范性社会影响**（**normative social influence**）。我们从众是因为群体有奖励和惩罚我们的能力。当行为偏离了群体期望时，个体就会对群体可能的相应反应产生惧怕，群体正是从这种惧怕中获得了施加规范性影响的能力。群体可能从不明确表示“异类”会受到负面制裁，个体可能见过，也可能并未见过群体实际地执行这种制裁，甚至在现实中，对偏离的惩罚根本就不存在。但群体的规范权力却来自这样的事实：群体成员相信那些偏离常规者将会被排挤。

这两种群体压力将导致不同形式的从众行为。心理学家（见 Allen，1965）达成的一致意见是：规范压力可能导致公开的服从，而不会产生私下的接纳。个体对规范压力所做的反应其实是由恐惧或焦虑引起的，因此经常是公开服从而私下抗拒。这种现象在朝鲜战争和越南战争中的美国战俘身上曾普遍出现。他们在被俘虏后公开表达了反美国观点，但私下里，他们仍坚持亲美的信念，而且当机会出现时选择了返回美国。他们只是对俘虏者的规范压力做出反应，而他们的公开服从没有伴随着私下的接纳。

另一方面，服从于信息压力的个体更有可能在私下里接纳或服从群体标准，这种标准不是建立在恐惧之上，而是基于对正确的行动方式的渴望。因为群体决定了行动或信念的正确方向，所以公开的服从经常伴随着私下的接纳。尽管有这些差异，研究者（Shaw，1981）仍然指出，在大多数情况下群体会同时使用两种压力影响个体。

经典的从众研究

似动研究

有一个早期的从众研究，其最初的目的根本不是研究从众。确切地讲，谢里夫

(Sherif，1935)想研究群体如何形成规范。通过使用一种被称为**似动效应**(**autokinetic effect**)的现象，他向人们演示了群体如何建立规则，而个体如何予以服从。他在黑暗的房间里给单个被试看一个很小的光点，然后让他们判断光点的移动距离。事实上光点是静止的，但是对于那些在黑暗房间里注视着一个小亮点的被试而言，这个光点却似乎在动。不同个体观察到的移动总量可能会有所不同，但对具体的每一个人而言它是相对恒定的。

在个体报告了他对光点移动量的估计之后，他被带到和其他一两个未做过实验的被试一起。然后，被试被要求继续估计光点移动量，并将自己的估计值宣布给其他组员听。实验者没有主动促使被试达成一致，但是群体成员们的估计却开始会聚，于是一段时间后每个人都报告说他看到了与其他群体成员所见相似的移动量。(见图 11.4)

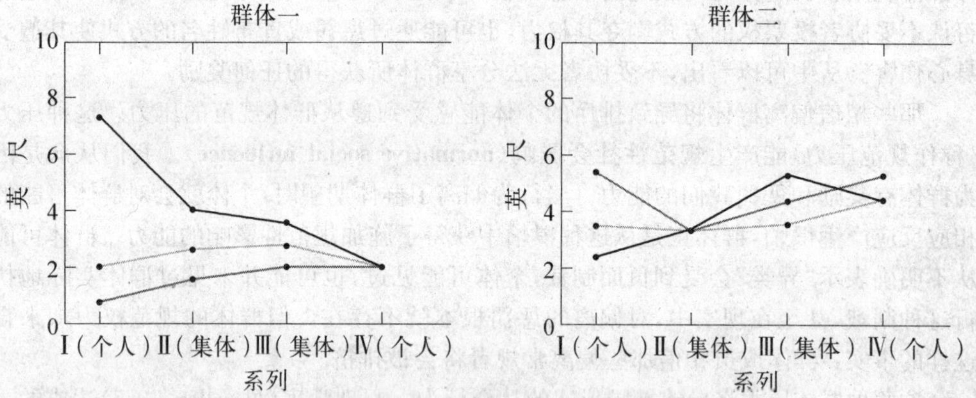

图 11.4　两个群体在似动判断上的会聚现象

在系列 1 中，被试单独作判断。在系列 2 和 3 里他们能听到其他群体成员的判断。在系列 4 中他们单独作判断。结果表明被试的判断服从了群体标准，这种从众甚至一直延续到系列 4，即被试们重新回到单独状态时。

来源：Sherif & Sherif(1969)

谢里夫同样发现，当某人被要求继续对光点的移动量作出单独估计时，所得的这些估计值与他们在集体估计中所给出的最终值非常相近。于是整个群体建立起一个标准，而群体里的个人成员则会开始让自己的判断符合此标准。

阿什范式

尽管谢里夫的研究目的并不在于要说明从众，但许多人仍然认为其结果说明了人是一个从众的物种。所罗门·阿什(Solomon Asch)并不认可这种说法。他觉得被试在谢里夫的研究里表现出从众的原因之一是判断的刺激对象过于模糊，于是阿什(1951)设计了一套独特的方法用于研究从众。现在，请你将自己想象成一个志愿参加某个实验的被试。你在约定的时间走进实验室，却看见其他 6 个被试已经到了。于是你在所有人围坐的桌子旁找了一个空位坐下。这时实验者走进来，告诉你和其他被试，此实验关注的是视觉及其准确性。他向你所在的小组展示了两张卡片(图 11.5)。一张卡片上有一条线段，而另一张卡片上则是标着 A、B、C 的 3 条线段。单独线段的实际长度是 10 英寸。而线段 A 长 8.75 英寸，线段 B 长 10 英寸，线段 C 长 8 英寸。实验者告诉所有人任务是从 A、B、C 三条线段中挑出与单独线段长度相同的，你将在倒数第二个作判断。

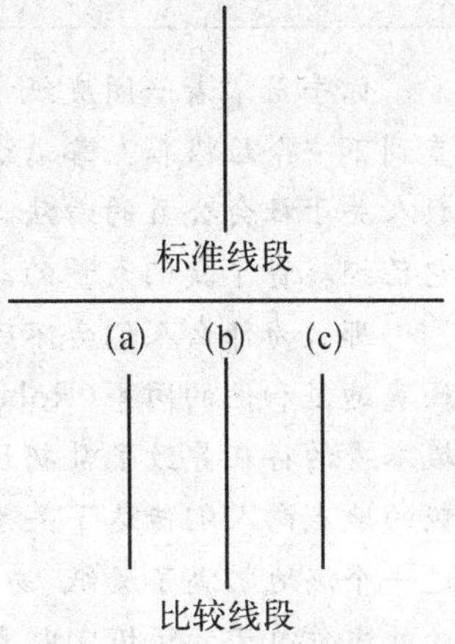

图 11.5 阿什在早期的从众研究中使用的刺激材料

来源：改编自 Asch(1951)

实验者要求每名被试依次大声说出匹配线段的编号。第一个被试说是 B，那正是你也觉得是正确答案的线段。接下来的 4 名被试也说是 B，而轮到你时，你同样指出了 B。下一轮的过程同第一轮一样。实验者展示了一条 2 英寸长的线段，你之前的所有人都将它和另一条 2 英寸线段做了匹配。你同样做到了，然后你等着下一轮开始。

在接下来的一轮里，实验者展示了一根 3 英寸长的线段，三条线段中 A 长 3.25 英寸，B 线段长 4.25 英寸，C 线段长 3 英寸。你看到 C 线段是正确答案，然后你等着第一个被试报出线段 C。你可能会想，这可真是一个头脑简单的实验。突然，你的整个世界开始崩溃！第一个被试回答是线段 A。你感到奇怪：他出什么毛病了，线段 C 明显才是正确答案。你甚至可能会嘲笑这个明显错误的回答。你等着第二个被试说出线段 C，可是他在仔细观察线段后报出："线段 A 是正确的"。你带着怀疑，无所事事，并听到你前面的每个人都自信地选择了线段 A，你会怎样做？

这正是阿什在设计这个从众研究程序时所提出的问题。实际上，前五个被试都是已经被教会如何做出反应的实验助手。在 18 轮中的 12 轮里，他们都会一致地选择某个错误的答案。倒数第二个被试——这里正是你——其实才是唯一的没有经验的被试。而实验者感兴趣的是，这个被试将服从群体意见还是坚持正确答案？

开始时，阿什是想向人们证明，当人们知道自身的行为正确，而群体的行为错误时，他们将不会服从群体意见。他之所以提出了这个线段判断的任务，是因为他发现在没有群体影响的情况下，人们单独进行判断时几乎不犯错误。但是阿什却发现，有多于三分之一的被试服从了群体的错误意见，尽管他们明白群体是错的。面对群体的一致错误意见，大部分被试至少从众过一次，仅有四分之一的被试做出了完全正确无误的判断。

视窗 11.2 乱扔垃圾：一个遵从常规的例子

你手里拿着一团废纸，从一幢楼走到另一幢。你会把它扔到地上，还是拿着它直到下一个垃圾箱？拿着这张纸让人苦恼，但扔掉它却是违法的，而且会触犯大多数人关于社会公益的看法。但是，乱扔垃圾却正在成为一个日益严重的环境问题，它已经耗费了我们大量的与美观、金钱和健康有关的代价。

那么为什么人们会不顾法律和社会规范乱扔垃圾呢？社会心理学家罗伯特·西奥迪尼和他的同事(Robert Cialdini, Reno & Kallgren, 1990)认为，可能正是垃圾本身的存在导致了乱扔垃圾的现象在社会中不断增加。简单地说，一个满地垃圾的地点向人们传达了关于他人在此处如何处理垃圾的信息。当你拿着那团纸走过一个满地扔满了废纸、易拉罐和其他废弃物的校园时，垃圾会告诉你大多数人将此处当作自己的垃圾回收点。这样，垃圾本身确立了一个支持乱扔垃圾的规范，于是你会更有可能将手上的废纸扔在这里。

西奥迪尼假设，如果一个干净或肮脏的环境所反映的规范因为吸引个体的注意力而变得更为明显，那么该环境所产生的影响就会增加。比方说，如果一个人走进一个明显扔满垃圾的环境，接着又看到另一个人走过时扔下一片垃圾，那么这里执行的规范就很清楚了——乱扔垃圾是得到接受的，因为大家都这么干。

而当我们走进一个干净的环境，却看见另一个人在一尘不染的地上扔下一团废纸时会怎么想呢？西奥迪尼给出了一种模糊的预测：在干净的环境中乱扔垃圾将会使得反对乱扔垃圾的规范更加有力。在这种情况下，尽管我们看到了路人的行为，也可能不会将废纸扔在地上。

为了研究垃圾的存在和规范的明显性如何决定乱扔垃圾行为，西奥迪尼和他的学生雷蒙德·里诺与卡尔·考格林(Raymond Reno, Carl Kallgren, 1990)走进了当地医院旁的一个停车库。为了操作关于乱扔垃圾的规范，他们清理掉了车库某层地面上的所有垃圾(反乱扔垃圾的规范)，而在另一层上，他们将颜色鲜艳的传单扔得满地都是(支持乱扔垃圾的规范)。在两层所停的每辆车的挡风玻璃上他们都放了一张类似的传单，还特地放在驾驶员的一侧，只有将它取掉才能开车。研究被试是从医院返回车库取车的人。为了对规范的明显性进行操作，一半被试回到车旁时会有一个研究助手经过他们身边走入电梯(低明显性)。而对于另一半被试，研究助手则一边走近一边装作在读一张传单，然后在经过被试身边前将传单扔到地上(高明显性)。因变量的指标是每一种条件下，被试将传单扔在他们的车外的比例(研究开始前，实验者把所有的垃圾箱都搬走了)。

如图1所示，当环境传达了一种支持乱扔垃圾的规范时，乱扔垃圾的被试比环

续 表

境传达反对乱扔垃圾的规范时更多。而且当实验助手的行为使乱扔垃圾的规范变得更为明显时,乱扔垃圾的行为也得到了增加。相反,如果环境干净而实验助手却乱扔垃圾,那么人们的注意力似乎被导向了反对乱扔垃圾的规范。从本质上来说,人们觉得实验助手的行为说明大部分人不会按同样方式处理挡风玻璃上的传单。

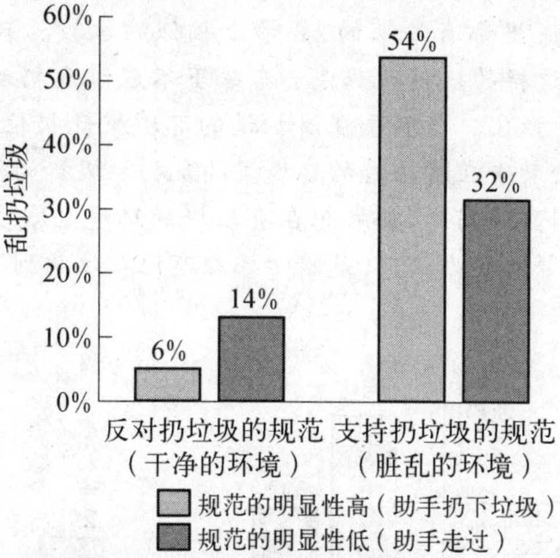

图1 规范的明显程度和有关扔垃圾的描述性规范的导向对被试乱扔垃圾比率的影响:研究1

来源:Cialdini, Reno & Kallgren(1990)

至少有两种方式可被用来思考车库中发生的事情。一种是有关他人行为的**描述**:大部分人没有把纸扔在车库的地上。而另一种规范则是**指令性的**:即一种有关人们应当如何处理垃圾的规范。这两个规范有可能在车库里同时发挥作用。当考虑如何分离这两种规范时,西奥迪尼和他的学生从车库研究的所得数据里发现了一些确实很特别的东西。在某一天里没有人乱扔垃圾,甚至在乱扔垃圾环境的条件下也是如此。为了知道为什么会这样,他们了解到那天起了很大的风,因此很难将传单散落在车库的地板上。传单被不停地被朝一面墙吹去,并在电梯边积成一堆。从这一观察中得到灵感,研究者立刻意识到,这堆传单看上去好像是被人有意扫起的。被试可能将这堆由风吹到一起的垃圾看成是人为造成的,这提供了一种创造性的、使反乱扔垃圾的指令性规范在有垃圾环境里变得明显的方式。

西奥迪尼和他的研究小组回到了研究一中使用的车库。这一次他们在两层楼的地上都扔了垃圾,但在其中的一层里将垃圾整齐地扫到电梯旁堆成几堆;在另一层,传单被随意丢撒在地板上。像研究一中一样,他们在每辆车的挡风玻璃上放了

续　表

一张传单，当一名潜在的研究被试从电梯里出现时，一个助手将走过他们身边。在一种条件下，为了让规范明显化，助手向车库的地上扔了一张传单。

在另一种条件下，助手在路过时手里并没有传单。因变量的指标是从挡风玻璃上取下传单并扔到有垃圾环境里的人数。

数据显示与垃圾未被扫起时相比，垃圾被扫起时乱扔垃圾的被试人数更少。在这两种情况下，车库里都有足够的、数量上相似的垃圾。只不过当垃圾被扫起时，被试们识别出了这样的规范化信息：车库里不应该乱扔垃圾。而这种影响得到助手行为的进一步强化。当助手在清扫过的环境里乱扔垃圾时，和他一样做的人最少，这表明，实验助手在清扫过的环境里的乱扔垃圾行为使反乱扔垃圾规范中的指示性成分更为明显。因此，如果想在有垃圾的环境里减少乱扔垃圾行为的发生，一种可能起很大帮助的办法，就是暗示已经有他人注意到了此处的垃圾并采取了相应的减少措施。

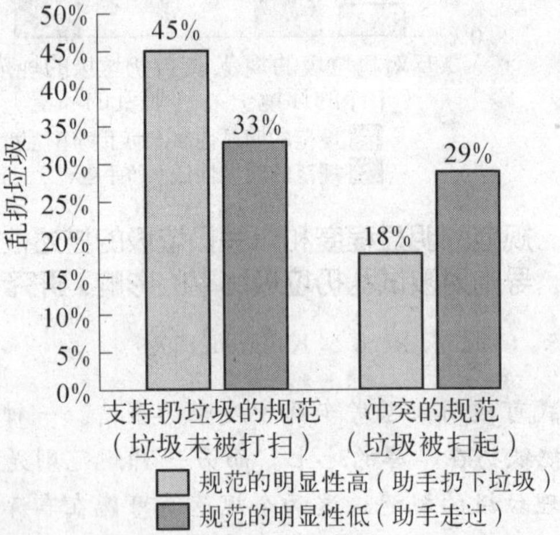

图2　规范的明显程度和环境中的垃圾形态对被试乱扔垃圾比率的影响：研究4

来源：Cialdini，Reno & Kallgren(1990)

罗斯、毕布罗尔和霍夫曼(Ross，Bierbrauer，Hoffman，1976)列举了阿什情境下被试面对的压力。首先，被试必须怀疑自己判断线条的能力，他们必须思考："为什么除了我每个人都那么看？我是不是出了什么问题？"此外，被试还会面对一个附加的压力。如果他按照看到的情况报告(与群体的反应相背)，那他岂不就是在对"其他群体成员的胜任力、智慧和神志清醒程度"提出挑战？如果在其他成员说出他们自己的判断后提出与群体意见相左的观点，那么被试就等于告诉其他成员，他们连判断线条长度这么简单的任务都无法完成。这是一种艰难的处境。尽管存在这些压力，但阿什所获得的结果仍让许多心理学家吃惊，并且引发了大量的从众研究。在接下来的几部分里，让我们看看这些研究的结果。

影响从众的因素

从众经常涉及个人的信念、爱好与群体规范之间的冲突。解决此类冲突的方式在很大程度上是因不同人、不同时间和不同情境而异的。决定从众还是抵抗的因素非常复杂：从情境特征到个体对自我表现的关注，各不相同。

判断的困难程度

首先考虑一下判断的困难程度如何影响从众。阿什预测，在模糊或困难的判断里会发生比简单的判断中更多的从众现象。在相对简单的判断任务中，阿什发现了远超出他预期的从众现象，但从众的程度会随判断的任务变简单而下降(Blake，Helson & Mouton，1956)。例如，阿什(1952)发现，从众的程度在线段间长度差别较小时高于差别较大时。在图 11.6 里，从 A 判断中挑选出正确的对比线段很困难，而在 B 判断中则较为容易。阿什发现，与容易的判断任务相比，在困难的判断任务中会有更多的从众发生。从此发现里我们可以推论，当面临困难或者模糊的任务时，人们会把群体当作一种信息源来使用。

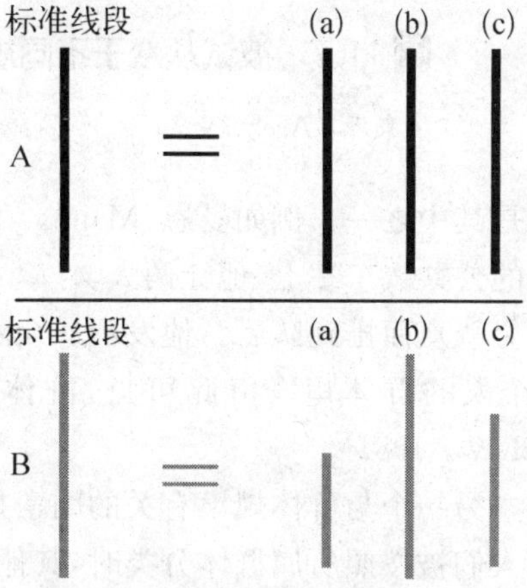

图 11.6　难(A)、易(B)线段判断任务举例

来源：Asch(1952)

群体规模

另一个重要的因素是施加压力的群体规模。阿什改变了实验被试所在群体的规模，分别使用 1、2、3、4、8 和 15 个实验助手构成群体。他发现，从众程度随群体规模的增加而升高直到当群体由 3 个助手组成时，然后保持稳定，所以 15 人的群体不会比 3 人群体引发更高水平的从众(见图 11.7)。更多的新近研究表明，将群体规模增加至 3 人以上会引起更多从众，但是增长的幅度很小(Gerard，Wilhelmy & Conolley，1968)。一般来说，3 到 4 个人已经足以产生很强的从众影响。

其他研究已表明，能引发最大限度从众的群体规模取决于许多因素，任务类型可

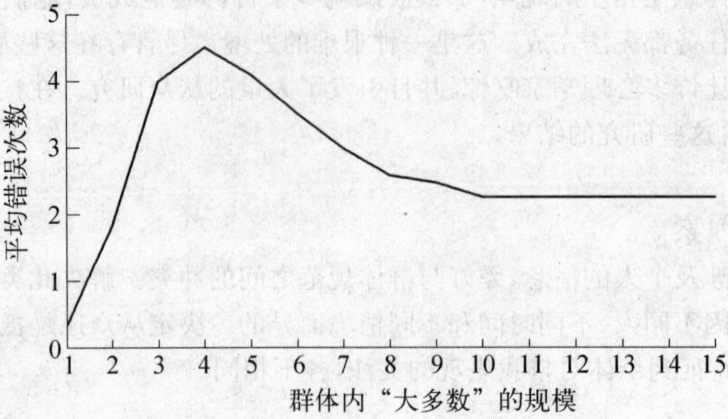

图 11.7 被试从众于不同规模的持一致意见的大多数人而犯的错误

来源：Asch(1951)

能是其中之一。例如曼恩(Mann，1977)对排队行为(在队中等待)的研究。在耶路撒冷的公共汽车站上，他让两人、4 人、6 人和 8 人一组进行排队，然后观察有多少后来的人会从众而排到队后。他发现从众随群体规模变大而增加，而最大限度的从众发生在 8 个人的群体里。由此可见，群体规模和从众间的关系似乎依赖于环境和任务(Shaw，1981)。

另一个与群体规模有关的因素是多数成员的结盟。怀尔德(Wilder，1977)认为，当人们被按照所属群体分类时，其他人做反应时就会将他们看做为一个群体，而不是许多个人。如果有 3 个美国红十字会的人来向你募捐，那么你将不会把这个请求看成来自 3 个独立个体，而是会将其看成来自“一个红十字会下的群体”。怀尔德提出，作为这种类属化过程的结果，群体可能会丧失部分对他人的权力。因此他认为，我们应该研究亚群体的数量以决定那些引发从众的压力，而不是计算群体中的“大多数”有多少人。为了证明这一点，怀尔德发现由 4 个彼此不相关的人所组成的多数比由两个 2 人组所构成的多数(总和仍为四人)更容易表现出从众，6 个不相关的人组成的多数群体比两个 3 人组构成的多数群体更容易引发从众。所以，数量和群体内的组别也是影响从众的重要因素。

群体一致性

阿什(1956)原先的研究也探讨了群体一致性的问题。他对某个体偏离群体内大多数的一致性意见所产生的影响进行了研究，并发现这名成员的偏离削弱了群体的从众程度。在一系列的条件下，阿什指导一名助手在所有的实验中都要给出正确的评价，即使其他成员都没有这样做。在其他条件下，所有的助手都被要求在反应上取得一致。当群体给出一致的错误答案时，从众在约35%的情况里发生。但是，当一个偏离成员给出了正确答案时，从众程度就降落至约9%。此外，群体规模是3个还是15个似乎不太重要——仅一个偏离者的出现就从根本上削减了从众程度。即使出轨者给出的仍然是**错误答案**，那些未做过实验的被试的从众程度仍然降低了。

为什么一个偏离成员就会对从众产生如此彻底的影响呢？艾伦和怀尔德（Allen, Wilder, 1980）认为，群体内大多数成员的一致可能迫使个体重新解释情境；而偏离成员的出现，即使只有一个，也向个体说明存在许多看待此情境的方式，从而不用重新对它做出解释。虽然这种解释可能适用于个体对情境的意义仍存有怀疑时，但另一种更为泛化的解释关注了偏离成员对规范性的社会影响力造成的影响。如果个体害怕因没有从众而遭到群体的排斥，那么看到一名成员没有因为偏离遭到排斥可能减轻这种恐惧，并显著降低规范性压力的强度。如果其他成员对偏离者进行了嘲笑或威胁，那么反对所带来的影响可能将会很不一样。这时，群体对偏离者的反应可能实际上增加了从众。群体必须保证出轨者没有"侥幸逃脱"，以免其他群体成员也决定朝与群体期望相反的方向行动。残忍地公开处决的一种作用就是展示偏离成员将遭到群体多么严重的对待，它使得其他成员在偏离群体规范前三思而行。

时间因素

时间对从众会产生一些有趣的影响。我们需要考虑的一个重要问题是：压力从何时开始影响群体内从众的发展。有理由认为，在互动的早期阶段产生从众比晚期阶段更为容易。在早期阶段，群体试图建立规范，而个体也会努力迅速地对他人做出反应——这个阶段可称为**形成期（forming stage）**（Tuckman, 1965）。而在群体互动的晚期，人们试着对自己在群体中的地位进行协商，因此较少地从众——群体发展的**风暴期（storming stage）**。与群体的形成——风暴期的观点一致的是以下发现：从众既可以由自我怀疑引发，也可以由早期互动阶段的高群体压力引起。

另一个时间因素是个体考虑其他成员立场时所消耗的时间。这可能有些令人吃惊，但如果人们知道即将交往的某个人在一个问题上持有和自己不同的看法，然后还被要求在陈述自身观点前先把自己的思考过程写在纸上，那么他们将会在这些看法上表现得更从众。在人们说出想法之前思考这个问题时，他们会倾向于强调群体的意见，而且对这些观点得表示接纳。如果仅要求他们陈述自身意见，然后再给他们思考的机会，那么他们就会表达出自己的观点，而较少地从众（Tetlock, Skitka & Boettger, 1989）。当交往对象与你意见相左时，如果你在宣布自己的看法前考虑一下他们的立场，那么你就将会更多地受到其观点的影响。

个人因素

许多个人因素会影响从众。其中一个因素是个体对自身在群体内位置或身份的关注，尤其是当个体被群体所吸引时。大体上，研究显示对自身位置感到不安全的人最有可能从众。汉考克和索伦提诺(Hancock, Sorrentino, 1980)在那些从过去的群体集会中未得到支持，但又期望今后与群体保持交往的被试身上发现了最高水平的从众。缺乏支持降低了被试的自信心，而对未来交往的期望使得被接纳为群体成员成为对他们来说至关重要的事。相关研究发现，当人们被群体吸引时，从众程度更高(Back, 1951; Brehm & Festinger, 1957)，而个体的地位相对其他群体成员而言较低时，从众的程度也更高(Raven & French, 1958; Stang, 1972)。在这些情况下，个体似乎是在对规范式的群体压力做出反应，并试图借从众为自己在群体中"买"到一个安全的位置。事实上，霍兰德(1958)提出，人们在服从于群体期望的同时也获得了特征型信用积分。这些信用积分给个体带来了群体中的地位，并使他们在偶尔偏离常规时也不至于遭到群体排斥。而群体成员每次偏离常规都会付出代价，即损失一些积分。因此，从众可能帮助个体在群体内买到一个更安全的位置。

尽管也有研究关注孤立状态下的个人特质，但大多数研究仍关注个体与情境变量如何相互作用并影响从众。两条路线可以表明这种研究取向的价值：第一条路线是性别差异。许多早期研究(Gerard, Wilhelmy & Conolley, 1968; Julian, Regula & Hollander, 1968)发现女性比男性更容易从众。对此类结果的解释通常牵扯到性别角色：人们希望男性独立，而希望女性"通情达理"、对他人保持敏感。这种解释与早期的许多研究结果一致，但是却无法解释一些后来的发现。例如，西斯川克和麦克戴维(Sistrunk, McDavid, 1971)发现，在那些男性应该担任专家角色的任务里，女性比男性表现出了更多地从众。但是当任务包含与女性有关的项目时，男性比女性从众的更厉害。艾格丽、伍德和费仕鲍姆(Eagly, Wood, Fishbaugh, 1981)发现，当自身的行为被观察时，女性比男性更多地从众，而在无监视时未发现性别差异。尽管监视未影响女性的从众程度，但是男性在有监视比无监视时的从众行为更少。研究者认为，监视增加了对自我表现的关注：男性在这一条件下的从众程度比女性低是因为他们比女性更关心是否能表现出独立性。所以，性别和性别角色并非从众的必要来源，更正确的说法是，它们使人们关注于如何在他人面前表现出特定的形象。尽管对从众中的性别差异仍存在争议，但这些研究仍然表明性别不会单独决定从众：性别与情境之间相互作用，从而决定从众。

桑地和梅斯拉齐(Santee, Maslach, 1982)同样运用了自我表现的理论来解释从众。他们认为，不同人在被他人看做独特和与众不同的需要(有许多量表能够测量这种需要)上是有程度差异的。但是，情境决定了这个人格变量何时能影响从众。例如，相对于反对某个内部不一致的群体而言，个体可以通过与某个内部一致的群体保持距离来更多地显示自己与众不同。如果其他人已经意见不合，那么一个同样持反对意见的个体看上去不会显得特别反常。桑地和梅斯拉齐发现，在群体一致时，"渴望与众不同"对从众所产生的影响比群体不一致时更大。这里再次强调，只有结合了情境变量，才能更好地理解个体特征的作用。

社会作用力理论有助于解释在1978年发生的吉姆·琼斯追随者集体自杀事件。丧失理智的领导命令与累积的、要求服从的同伴压力相结合,就足以引导每个人服下一剂液态氰化物。

社会作用力理论

服从和从众是社会影响的压力所导致的两种重要结果,它们所引发的一些行为如果不真的在实验室研究中演示的话,就很少能够被人所预料到。对这些现象的研究能帮我们理解各种社会影响的戏剧化例证:在希特勒的命令下,600万犹太人和1 400万其他族裔的人被夺去了生命;1978年,在狂热的牧师吉姆·琼斯指示下圭亚那琼斯镇发生的集体自杀;1997年,在马歇尔·艾坡怀特(也被称为Do)的领导下,圣达菲教堂内发生的被称为"天堂之门"的39人自杀事件。

视窗11.3 校园酗酒:一个关于误解行为准则的例子

美国大学校园内的酗酒行为已经到了令人警惕的程度。麻省理工学院、路易斯安那州立大学以及其他任何地方都曾出现过死于酒精滥用的学生。大学的医疗服务机构和当地医院定期收治那些因过度饮酒而身患重病的学生。酒精,尤其

续 表

是牵扯到交通事故时，已被人们看成导致年轻人死亡的头号杀手。调查表明，所有大学生中，有五分之一到四分之一表现出饮酒问题症状(Engs, Diebold & Hanson, 1996)。

什么导致了学生们如此严重地滥用酒精？戴博拉·普伦蒂斯和戴尔·米勒(Deborah Prentice, Dale Miller)提出，一种称为**多样性无知(Pluralistic Ignorance)**的社会心理过程在很大程度上能解释这一问题(Portion & Miller, 1996)。按照普伦蒂斯和米勒对多样性无知的定义，此概念“描述了这样一种情况：社会中的某个群体里，几乎所有成员都私下排斥某个信念、观点或行为，但却同时相信所有其他成员都私下接受它”(1996, p. 161)。在他们看来，学生进入大学后都相信，过度饮酒是一种得到大多数同伴认可的行为。事实上在进入校园的头几天里，学生们所讨论的都是关于喝酒、舞会和聚会这样的话题。为了能“融入校园”，学生们会使用大胆、夸张的言语描述自己对饮酒的渴望和英雄般的饮酒行为。他们在私下里可能对饮酒感到很不舒服，但却深信从他人那儿听到的描述真实可信地反映了同伴们对酒精的渴望。

想象理查德在入学第一周时参加了一个(假想的)聚会。在那里每个人都在喝酒，而且看上去很爽。但是，在他喝酒狂欢的一瞬间，理查德可能会觉得他的行为没有真实反映他内心的态度。他觉得不舒服，但他认为其他所有人的饮酒行为都反映了他们从狂饮中得到的快感。普伦蒂斯和米勒相信许多人都与理查德一样。每个人都向他/她的同伴看去，并相信他们的公开表现是迷恋酒精的真实反应。而在这一观点上，理查德和其他人毫无疑问错了。

普伦蒂斯和米勒(1993)让普林斯顿大学的学生评估自己与其他学生相比在饮酒时的舒适程度和普林斯顿大学在校大学生饮酒时的平均舒适程度。下图表明，对于男女性而言，个人饮酒的舒适感远低于他们认为的大部分学生的平均舒适感。当然，他们在估计“一般学生”的水平时必然要犯错误，因为真正的平均舒适度正是调查里所有学生自我评定的平均数。但学生们却虚构出了一种关于“一般学生”的看法，这种看法使他们相信校园内有一个**指令性规范(injunctive norm)**(一种有关个体面对酒精“应该”怎么做的规范)。

珀金斯和伯克维茨(Perkins, Berkowitz, 1986)在其他4所高校的校园里进行了调查，结果与普伦蒂斯和米勒提出的模式相符。他们让学生们从五种陈述中各选出一种最能反映自己的饮酒感受和“校园内对饮用酒精类饮料的一般态度”的陈述(p. 964)。压倒性比例的学生选择了一种中性态度的陈述用来代表自身的观点。但是60%以上的回答者却觉得校园里的一般态度可以用一个更宽容的陈述来反映，该陈述鼓励应该尽快喝醉，尽管这与学生的责任和身份相冲突。在普伦提

续　表

斯和米勒的研究中，人们私下对过度饮酒感到不适，但他们误解了群体规范，所感受到的群体规范对酒精的态度比实际情况宽容许多。

普伦提斯和米勒（1996）报告了一个实验：其中一些女学生在入大学的第一周参加一个讨论小组，讨论“酒精在校园生活中的角色”。在讨论会开始前，每个学生都私下写出酒精给她带来的舒适感，然后她们在该主题上进行10分钟的讨论。普伦提斯和米勒发现，学生们相信：1）与自己相比，小组中其他人在喝酒时的感觉显然更舒服；2）她们给小组其他成员带来的印象是对酒精感到很舒服，但这并不真实；3）其他成员对饮酒所表现出的舒适感是整个组真实态度的反应。于是当同普林斯顿大学的其他学生进行讨论时，参与者相信讨论提供了可靠的证据说明别人对饮酒感到更舒适。学生们意识到自己的讨论同样传达了一种支持酒精的态度，但同时也知道自身的行为并非态度的真实体现。每个成员都相信真的存在一个准则，支持甚至需要校园里存在饮酒行为。

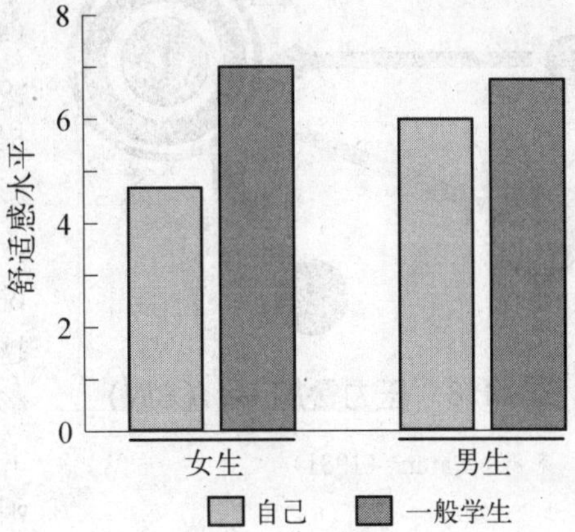

男女学生对校园饮酒给自己和一般学生所带来舒适感的平均评定等级

源自：Prentice & Miller (1996)

如果人们对参加这种校园里的毁坏性的饮酒方式感到不舒服，那么饮酒行为如何才能被引导向大多数人私下支持的中间水平呢？尽管相信此问题存在任何的单一答案都太过单纯，但普伦提斯和米勒的工作提出了一个解决问题的要素。在校园里引发此问题的部分原因是学生在关于同伴饮酒规范的看法上犯了简单的错误。他们相信自己了解同学的感受，但他们错了。一种直截了当的解决方式是纠正他们关于一般学生规范的知识。史罗德和普林提斯(Schroeder，Prentice，1998)曾走入普林斯顿大学的学生群体并参与了他们在开学第一周里举行的两个有关酒精使用的讨论。在“同伴导向”条件下，学生被展示以一些数据，它们揭示了对他人校园饮酒的舒适程度产生的系统性错误认知，并且被鼓励在会上讨论这一现象。在“个人导向”的条件下，学生们参与了一场有关如何在饮酒的情境下负责任地做决策的讨论。在讨论之后约4—6个月，研究者与学生们取得了联系，并要求他们填写一张关于酒精消费情况的自我陈述量表。参加同伴导向型讨论的学生报告平均每周喝3.5次，而参与个人导向型讨论的学生报告平均每周喝5.05次。在学校生活的最早期就向学生揭示他们的多样性无知，能显著减少大学里的饮酒行为。

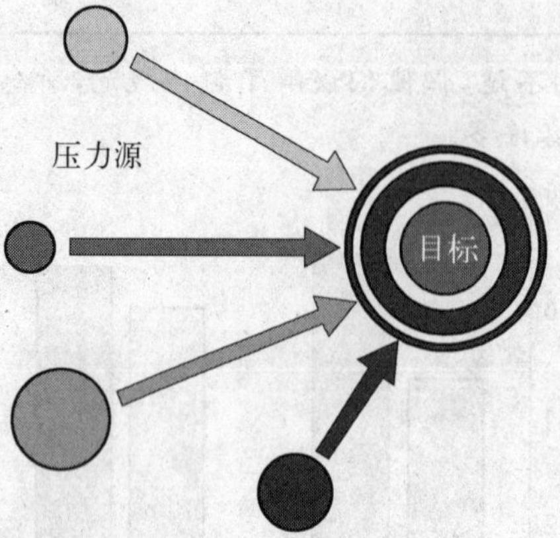

图 11.8 压力叠加 $I = f(SIN)$

来源：Latané (1981)

社会心理学家贝伯·拉塔涅（Bibb Latané）提出了一种一般化的社会影响理论，它能帮助我们理解和联系服从、从众和其他社会影响的一些作用因素。**社会作用力理论（social impact theory）**（Latané 1981；Jackson，1987；Nowak，Szamrej & Latané，1994）提出，某个体或目标感觉到的社会压力或者影响力是强度（strength）、即时性（immediacy）和影响源数量（number）的函数。也就是说，影响源的强度越大、物理距离越近、作用越及时或者数量越多时，个体就越容易受到影响。社会压力就像物理压力——比如桌面上的光照总量就是光源强度、距离和数目的函数。在图 11.8 中，拉塔涅提出了一种关于社会影响的强度、即时性和数量这三个成分的形象描述，它构成了一个精确的方程，其中压力是 S—I—N 因素的函数。

让我们想想这些基本原则，如强度、紧迫感和数量如何运用于本章已讨论过的一些问题中。社会作用力理论预测，当影响源很强时会有更多的压力产生，从而产生更多的影响。这个事实在米尔格伦的服从研究里已经得到了很好的论证。当提出服从要求的人象征某个强大的力量时，他就会产生更大的权力。这在米尔格伦的实验里体现为：实验者以某主要机构授予的权威的形象出现。被试不太可能会服从一个低权威人士的命令而执行电击。我们可以想象这样的情景：一个过路人或者看门人走进房间并命令被试电击受害者；在此我们将不会预计能产生很大的影响力。我们同样能回忆起，当研究者的权威是由某知名度相对较低的机构授予时，服从的程度也降低了（尽管不可能完全消失）。社会作用力理论同样预测，当影响源离目标较近时也会产生更多的压力和影响，这个预测在米尔格伦的服从实验中作了直接验证：当实验者（一个社会压力源）更接近被试时，出现了更多地服从，而当学习者（另一个社会压力源）更接近被试时，服从水平则降低了（Milgram，1974）。

现在让我们考虑数量因素。社会作用力理论告诉我们，影响源数量的增加会产生更多的影响，但其间关系并非如此简单。如果一名同学试图在某件事上说服你，你可能会，也可能不会听他的。第二个人会增加一点压力，而当第三个人告诉你同样的事情时，压力的影响可能就正在增加。但是，第二十个人在前十九人的基础上所增加的影响与第四个人在前三个人的基础上所增加的影响是否相等？或许不是。此时你已经听到了许多试图影响你的声音，你可能已经很好地被说服了。再增加一个人可能不会在你现有的感觉上产生同样的增量。社会作用力理论将影响力的增长看做随影响源的数量增加而呈现一条曲线(也被称为**指数函数**),而不是直线。每一个新的影响源都会在原有影响源的基础上产生一定的增量,但随影响源数目增加,每一个新加入的影响源与原有影响源相比,对整体影响力的贡献都更小。

数量在从众研究里肯定发挥了重要作用。当两个人已经对一个被试施加了压力之后,下一个影响源就会产生很大不同。而那以后,增加数量对从众的影响就不再那么显著了。我们应该指出,阿什的数据并不是很符合社会作用力理论的预测,因为将人数增加到 3 个以上之后仍然会产生一定的压力,尽管不会像增加第三个服从的助手所产生的压力那么强。后续的,如杰勒德、威廉和康纳里(Gerard, Wilhelmy, Conolley, 1968)所做从众研究的数据更好地符合了社会压力的预测。尽管仍体现出使用三个助手的重要性,但他们的数据显示助手数量的继续增加确实只能引起从众行为的小幅度增加。

想想马丁·路德·金是如何运用社会影响的原则来建立起他的优势的,我们会觉得有趣。他将他的斗争带到了种族隔离的核心地带(南方)和可以通过立法(即时性)的华盛顿特区。他努力工作,尽可能召集更多的人参加他的集会和游行(数量)。不像其他一些黑人领袖,他能够邀请有权力的白人政治领袖,如肯尼迪总统,来参加运动(强度)。

社会作用力理论提出的另一条法则是,来自任何社会影响源的压力都会随强度、即时性和目标数量的增加而被分散。例如,对抵制力强的目标产生的压力会比对抵制力弱的目标产生的压力小。我们刚才看到,群体里地位较低的人服从的更多。而随着他们的力量(由地位来衡量)增加,群体的压力也被减弱了,他们也会服从的更少。这个发现正好符合了社会作用力理论的预测。目标数量也在米尔格伦(1977)的研究中作为一个变量得到了研究。当两个助手装成被试时,实验者的命令给真正的被试带来的压力也变小了。这些助手同样扮演了对实验者命令的抵抗者角色,因此不能明确社会压力是否只因目标数量的增加而减少;目标的行为同样产生了一定影响,但也有可能目标数量是减少实验者所施加的压力的唯一因素(Brown, 1986)。

将你自己想象为在 1963 年站在华盛顿纪念碑的影子下听马丁·路德·金演讲的人群里的一员。拉塔涅的理论做出了一个不是很容易就能看出来的预测:尽管你有可能被感动,就像整个民族都被感动一样,但那些和你一起经历全过程的人们实际上减弱了演讲对你的影响。累积起来看,演讲产生了巨大的影响力。但是社会作用力理论对作为个体的你所承受压力的预测是:如果你是某个小团体的一员,应邀出席金博士在你所在大学的体育馆里的演讲,那么你将受到更多的影响。

社会作用力理论是有关从众、服从和影响的,但和其他理论相比,它采用了一种不同的、更细致、也更重要的方式提出。需要注意的是,它没有明确指出任何导致人们从众、服从或者被影响的机制或过程。更确切地说,它认为任何涉及社会影响范畴下各种主题的理论,都应该考虑强度、即时性和影响的数量。

杰克逊和拉塔涅(Jackson, Latané, 1981)做的一个有趣研究显示了社会压力变量和另一个完全不同的人类行为领域：怯场之间的关系。杰克逊和拉塔涅提出，在一群观众面前唱歌的人所体验到的焦虑水平会随着投来的目光数量的增加而升高。这种增加是一个指数函数：观众人数越多，焦虑越高。但是随着观众规模的增加，每一双新的眼睛不会和上一双眼睛产生同样的焦虑增量。此研究同样表明，舞台上和某人一起唱歌的歌手数量(也就是其他目标的数量)有降低焦虑总量的效果。在这种情况下，观众的压力被分散。在第 9 章中曾讨论过的拉塔涅和达利(Latané, Darly, 1970)所做的旁观者干涉研究同样表明：如果有许多的旁观者，那么某种压力源(如一个病人)产生的影响力就会被分散。

动态系统下的社会作用力

拉塔涅和他的同事最近开始更多地关注社会影响如何在动态的或者变化的系统里发生。想象你住在一幢比如说有 100 个人的宿舍楼里。你所在的大学里发现了一件事，导致你和宿舍楼里的其他人形成了一些意见。在意见形成时，你发现并非每个人都同意你的观点。你或许站在大多数一边，但也有不少人持少数派观点。所有人都在谈论这个问题。我们能预测你将会与那些距离最近的人交谈，你也会劝说那些与你意见相反的人转而相信你的观点。在社会作用力理论和其他影响理论的基础上，我们可以预测到当你所施加的影响是强度(可能是你的专业性)、交谈者数量以及沟通即时性的函数时，才会最为有效。

但是，在你和其他人的沟通过程中情境会以有趣的方式发生变化。你可能处于多数派一边，而你左右两边的人却属于少数派。如果这些人将沟通集中在你身上，那么 S—I—N 变量就可能使你发生改变。但是你在多数派里也会受到朋友的影响，所以你也将反过来对这些人施加影响力。这就是华沙大学的安德杰·纳瓦克、杰赛克·萨姆莱杰(Andrzej Nowak, Jacek Szamrej, 1990)和贝伯·拉塔涅(1990)所提出的动力系统。影响的谜题里的每一个部分都会与其他部分发生相互作用，而一旦部分发生变化，整个问题也会随之改变。

当那些大的系统正在经历社会影响的征服时，我们如何对它们进行研究并观察其变化呢？纳瓦克，萨姆莱杰和拉塔涅(1990)建议，电脑对社会系统的模拟将促进对真实情境下的人际互动可能产生结果的理解。他们这样推论：如果社会作用力理论中的 S—I—N 变量(强度、即时性和数目)能够被准确地构造在模拟程序中，那么程序运行的结果将揭示社会影响的发生方式以及系统如何对变化做反应。

拉塔涅、纳瓦克和刘(1994)曾经做过这样一个模拟实验。图 11.9 显示了一个由 400 个或支持(由空心圆代表)或反对(由实心圆表示)某观点的人组成的随机群体。大约 30%的人持少数派的观点，他们在系统中随机分散在这 400 个人里。拉塔涅和

在观众面前唱歌的人的例子说明随观众人数的增加,演唱者的焦虑也随之增加,但演唱者数量的增加又会减少他们的这种焦虑。

他的同事(1994)假设会发生沟通,而所产生的影响将会作为 S—I—N 变量的函数出现。当电脑完成了大量迭代过程后,两种可能的结果产生了,见图 11.10。每一种结果里,持少数派观点的人所占的比例从原来的 30%有所下降,而代表少数派的黑点表现出了明显的群聚。持相同立场的人可能在空间上聚成一个大群体,或者若干个小群

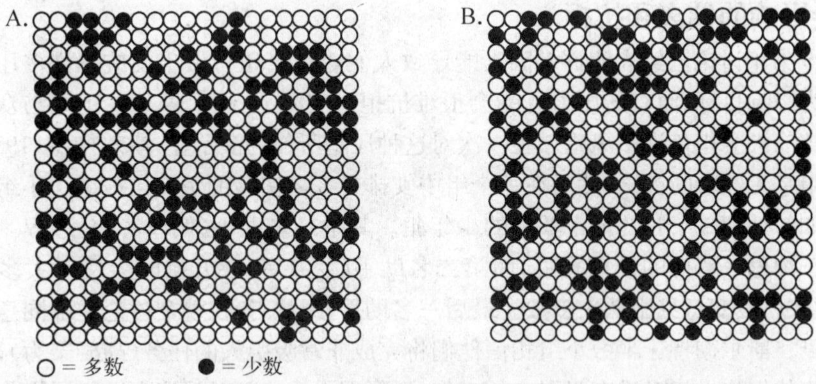

图 11.9 在两个 400 人的群体(每个群体中有 30%的少数派)中,态度的最初分布及随机分布

来源：Latané, Nowak & Liu(1994)

体。我们从使用真实被试的研究，如费斯汀格、斯尔彻特和佰克(Festinger，Sihachter，Back，1950)在维斯特哥特所做的住宅项目(见第八章)中可以知道，这种相似态度间的群聚可能会发生。

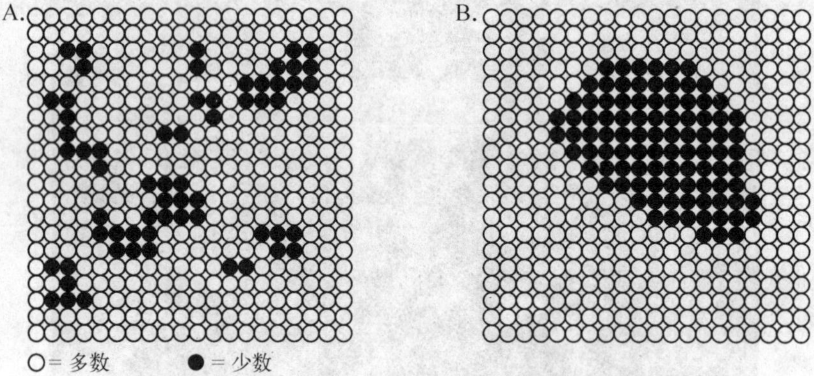

图11.10 经过多轮讨论后，态度的平衡分布

来源：Latané，Nowak & Liu(1994)

一些大的互动群体的特征经常会体现在社会影响中。电脑模拟则可能提供了一种观察这些特征的方法。在拉塔涅、纳瓦克和刘(1994)的电脑模拟里，空间上的群聚是出现的特征之一。但是，我们必须记住产生的仅仅是电脑程序的结果，被试不是真人，而仅仅是电脑代码而已。但是，使用社会作用力理论中的变量这种新的方法论使得研究者能够对大的、持续变化的动态群体里所发生社会影响的后果进行研究。

对社会影响的偏离和抗拒

迄今为止讨论已经表明许多因素能导致人们对社会压力做出反应。许多压力会将我们作为影响目标，而有的压力可能会很难抗拒。实际上，一个偏离并拒绝与众人保持行动一致的人会担负许多风险。在一次对这种风险所作的演示里，斯尔彻特(1951)招募了许多组毫无经验的被试，然后在每个组中安排了 3 名实验助手充当被试。小组的任务是讨论如何处理一个叫约尼・罗可的少年犯。其中一名助手(偏离者)全过程一直反对全组关于约尼・罗可的处理意见，而第二名助手(变卦者)在开始时会反对大多数的意见，但很快就改变意见服从大多数。最后一名助手(跟从者)在整个讨论中都同意了大多数的意见。斯尔彻特让半数小组相信他们将完成非常吸引人的任务(高凝聚力)；另一半小组认为他们将做相对没有吸引力的工作(低凝聚力)，从而对凝聚力进行了操作。在所有小组都完成了对约尼・罗可案例的讨论后，被试被要求评估他们对组内其他成员的喜欢程度，并提名一些小组成员来担任组内的不同职位。

开始时小组将大量的沟通和注意力都放在了偏离者身上，这显然是在尝试说服他服从群体意见。最后群体成员似乎放弃了:他们停止了同他的交谈。他们基本上排斥了他。而当分派小组内的工作时,偏离者总是得到最差的任务。这样他不仅遭到排斥,而且还因为没有与小组意见保持一致而遭到了惩罚。很有趣的是,对偏离者的排斥在高凝聚力的组里最强烈。斯尔彻特同样发现变卦者,也就是开始时偏离但后来却转变为服从小组意见的那个人和一直与小组保持一致的服从者同样受欢迎。变卦者经常被安排以受欢迎、吸引人的工作,他也受到了群体的大量关注。显然变卦者朝向从众的转变被群体解释为认识到自己的错误,并且已经能足够"成熟"地承认。所以说持续地与群体保持偏离会遭至排斥,而服从将被奖励。最近的研究认为,排斥偏离者的趋势,在群体觉得某件事情是集体目标而不是个人目标时、在所讨论的是现实问题而不是价值观问题时都最为强烈(Earle,1986)。最有可能抗拒偏离意见的群体,是那些需要在事实,而不是价值观层面上进行统一的群体。例如,一支冲突解决中的劳方或资方的谈判队伍都试图预测对方将会接受什么条件,这样一个群体就可能排斥反对意见。尽管这恰恰正是需要听到不同意见的团队,但它却最不可能容忍不同意见。

尽管存在如此多的服从压力,但不服从如果不比服从更常见的话,至少也同样常见。每个从众研究都发现了被试不肯从众的情况——事实上,阿什实验中不从众的被试比从众的更为普遍。历史上有许多伟大人物是拒绝服从主流的人。伽利略遭到嘲笑是因为在一个大多数人相信地球是平坦的时代里却提出世界是圆的。弗洛伊德的理论冒犯了他所在的时代,其作品也被禁止出版。为什么这些人要冒着受嘲笑与惩罚的危险偏离主流呢?

许多社会心理学工作都研究从众者,而不是偏离者或不从众者。但是部分理论确实涉及了为什么人们不肯服从的问题。其中一个是**抗拒论(reactance theory)**(Brehm,1966;West, Wicklund, 1980)。布莱姆假设当个体表现特定行为的自由受到威胁或者剥夺时,他们就会体验到一种目标在于重获自由的情绪唤起。这种情绪唤起被称为抗拒。当个体同样感到来自群体的服从压力时,那么无论压力是规范性的还是信息性的他们都会体验到抗拒,因为压力威胁到了他们的不服从自由。不服从因此而成为更吸引人的一个行为选项,而个体应该试图证明他们拥有不服从的自由。在抗拒论关于不服从的观点中,群体施加于个体的服从压力导致个体体验到了抗拒,并产生他/她的不服从。

保持独特的需要是人们抵制影响的另一原因(Noslach,1974;Synder & Franklin,1980)。我们中的大多数人都相信自己拥有和他人不同的特质或能力。此外在大多数社会中,价值都体现在与众不同和与大多数人所保持的距离中。一种体现独特性的方式就是对群体的不服从。桑地和梅斯拉齐(1982)发现,认为独特性有很高价值的人会抵制从众,当其他群体成员都站在多数派一边时尤其如此。此外,保持与众不同能吸引他人的注意。正如我们在斯尔彻特(1951)的研究中所看到的,在群体生活的初始阶段里,大部分沟通都指向那些持反对意见的人。因此,人们可能将不服从作为一种展示自身的独特性和吸引注意的方式。

来自汽车工人联合组织(左)和通用发动机公司的谈判者开始了1996年的合约谈判。当劳动力和管理者团队听到有分歧的观点时,尽管他们能从中获益,但他们仍很有可能不能容忍这种分歧。

小结

社会影响指个体或群体使用各种力量影响他人行为。权力可被看做是影响他人的潜力。权力有多种,如强制权力、合法权力、专家权力、参照权力和知识权力等等。

领导是在群体里施加最多影响的人。领导可能倾向于任务导向,也可能倾向于关系导向。通常,一个群体会有两个领导者,分别具有不同的导向。最早的领导理论之一认为领导者拥有使其成为领导的独特特征。但这种观点仅得到有限的支持。时代精神理论认为,环境决定了谁将成为群体领导。尽管一些情境因素,如上级、物理位置等可能影响领导力,但是研究同样证明情境取向的范围过于狭窄。最被广泛接受的观点是,情境、领导成员的个人特征与群体成员的个人特征相互作用决定谁将成为领导者。领导风格方面的研究表明,尽管专制型领导可能带出高生产力的团队,但团队成员仍然最喜欢民主型领导。领导权变模型认为,环境决定了哪一种领导风格最为有效。

服从是听从身处权威位置的人的直接命令。米尔格伦的研究发现人们服从的程度令人吃惊,原因之一在于他们觉得领导者会为其行为负责。

从众是对真实或想象中群体压力的屈服。群体使用信息化或规范化的社会影响来赢得追随者。从众同时受到情境和个体变量的影响。

社会作用力理论提出,一个或多个影响源施加于目标的压力会随着强度、即时性和影响源数量的增加而增加。社会压力会随强度、即时性的减少和目标数量的增加而被分散。如果个体意见与群体意见相偏离,可能会导致群体的排斥。不服从可能由抗拒引起,也可能由表现得与众不同的愿望引发,还可能是由于希望引起他人的关注而导致的。

关键词

似动效应	感召力	强制权力	服从
从众	权变模型	专家权力	形成期
认同	知识权力	信息性社会影响	指令性规范
内化	领导者	领导图式	合法权力
规范性社会影响	服从	多样性无知	权力
原型	抗拒论	参照权力	奖励权力
情境说	社会作用力理论	社会影响	风暴期
领导特质理论	变革型领导		

推荐读物

Asch, S. (1956). Studies of independence and conformity: I. A minority of one against a unanimous majority. *Psychological Monographs*, 70(9).

Cialdini, R. B., and Trost, M. R. (1997). Influence, social norms, conformity and compliance. In D. T. Gibert, S. T. Fiske, and G. Lindzey (Eds.), *Handbook of social psychology* (4th ed.). New York: Oxford University Press and McGrawHill.

Fiedler, F. E., and Chemers, M. M. (1974). *Leadership and effective management*. Glenview, IL: Scott, Foresman.

Latané, B. (1981). The psychology of social impact. *American Psychologist*, 36,343 - 356.

Milgram, S. (1975). *Obedience to authority*. New York: Harper and Row.

Moscovici, S. (1985). Social influence and conformity. In G. Lindzey and E. Aronson(Eds.), *The handbook of social psychology*(Vol. 2, pp. 347 - 412). New York: Random House.

第十二章
群际冲突

如果你从西弗吉尼亚州首府查尔斯顿驱车向西，汽车将行驶在一条蜿蜒曲折的山间公路上，穿过峰峦间道道关隘，周围起伏的乡间美景尽收眼底。当你到达肯塔基州和西弗吉尼亚州的边界——大沙河的塔戈浅滩，你会感到自己已经把喧嚣的现代文明抛在了身后，偏远僻静的秀丽风光使你流连忘返。但是，如果你懂历史的话，你或许会顿觉毛骨悚然，因为正是在这里曾发生过美国历史上最著名的家族争斗。

我们已经很难确定海特菲尔德和麦科伊两个家族间武装冲突的全部原因，但是却很容易知道使双方剑拔弩张的具体事件。大沙河不仅是两个州的边界，而且是海特菲尔德家族和麦科伊家族间的分界线，前者居住在西弗吉尼亚，后者住在肯塔基。1873 年秋天，弗劳伊德·海特菲尔德进入山里，聚拢起他的猪，把它们赶进他在肯塔基州斯准镇附近建造的猪舍里饲养。几天后，鲁道夫·麦科伊来探望他，看到了这些猪。两个人本来因为嫁娶姊妹而关系密切，但是当鲁道夫声称“弗劳伊德，这不是你的猪，它们是我的”(Jones，1948)之时，这种亲密关系刹那间被粉碎了。两个人为猪的所有权而大声争吵，最后鲁道夫跺脚离开，发誓要控告弗劳伊德偷了他的猪。

一场诉讼在传教士安斯·海特菲尔德的临时法庭上展开。法庭上挤满了旁听者，聆听双方证人的证词。由于认识到自南北战争以来两个家族间已经有了积怨，传教士安斯感觉自己很难做出让双方都信服的裁决。所以他任命了一个由 12 人组成的陪审团来共同审理这个案子，其中 6 人来自海特菲尔德家族，6 人来自麦科伊家族。正如所料，海特菲尔德家族的证人们都支持弗劳伊德的声明，而麦科伊家族的证人则支持鲁道夫。而当陪审团成员一个接一个地表达意见时，陪审团也开始根据家族界限分成两派。这种状况一直持续到塞尔科克·麦科伊出人意料地提出，拿走弗劳伊德·海特菲尔德的猪缺乏充足的证据。“曾经有过更大规模的诉讼、更大规模的法庭和更严重的罪行，但鲜有一次裁决让人如此耗费心力。这一结果已经投下了死亡的阴影。一直要等到许多年以后，由此酿成的仇恨才会消失。而一代代的人将会面临这样的事实，每当人们提起海特菲尔德和麦科伊两个姓氏时，就会

情不自禁地同时想到家族争斗和危险的山里人。”(Jones，1948)

仇恨开始沸腾，麦科伊家族发誓要报复那些偷走他们猪的强盗。在以后的几天中，双方开始互相叫骂，紧张气氛不断升级。很快，叫骂声被子弹所取代。在一次狩猎时两人不期而遇，萨姆·麦科伊杀死了曾经为弗劳伊德·海特菲尔德作证的比尔·斯坦顿。萨姆因涉嫌谋杀受到审判，但是被裁定为自我防卫而获得无罪释放。这一裁定激怒了海特菲尔德家族的人，他们誓言要用自己的方式进行报复。

每一方都把自己武装起来，寻找时机杀死对方家族的人。冲突趋于白热化。但是，从多种角度来看，两个家族的仇恨都令人难以理解，因为它们有太多的相似之处。两个家族的祖先都来自苏格兰，两个家族都以种植、伐木和酿酒为业。“无论体格还是性情，海特菲尔德和麦科伊两个家族间都有着惊人的相似。”(Rice，1978)两个家族间的通婚也非常普遍。然而一旦成为交战的双方，这些浪漫史反而使关系更加紧张。

激烈的争斗持续了 50 多年之久。有关的消息不胫而走，西弗吉尼亚和肯塔基两州的州长也卷入了这场冲突，各自支持自己一方的居民。不信任感在蔓延，而许多官司虽然打到法庭，但只能增加两个家族间的不信任感。最血腥的事件发生在 1888 年 1 月 1 日，一群海特菲尔德家族的人袭击了鲁道夫·麦科伊的家，杀死了他的儿子卡尔文和女儿艾丽法拉。据估计，这场旷日持久的家族冲突共夺去了近百人的生命。冲

传教士安斯·海特菲尔德和他的族人。海特菲尔德家族和麦科伊家族间长达半世纪的争斗，是这个国家中群际冲突的一个令人震惊而又富有传奇色彩的实例。

突直到1928年才结束,泰尼斯·海特菲尔德向吉姆·麦科伊叔叔伸出了求和之手,而"吉姆紧紧握住了它"。

本章将讨论群际冲突的社会心理学研究。我们将探讨影响群体间关系的因素,某些因素促使群际冲突发生,而某些因素则有利于群际冲突的解决。

群际关系的特性

海特菲尔德和麦科伊两个家族间关系的急剧恶化似乎令人惊讶。因为它们曾经世代毗邻而居,家族成员间的通婚也屡见不鲜。虽然有时两个家族会发生冲突,但也有很多时候它们曾密切合作。不幸的是,这两个群体间的关系模式并非罕见。人类历史上充满了这样的事例,仅仅因为属于两个不同的群体,邻居之间就会互相残杀,即使经历了长时期的和平相处、睦邻友好。最悲惨的事例曾在波斯尼亚和原属于前南斯拉夫的其他国家发生。在这些国家中,克罗地亚人、穆斯林与塞尔维亚人曾经和平共处,但是现在这些民族却互相仇视和不信任。在战争发生之前,克族人丹斯娥·桑德尔和塞族人乔万卡·西瑞克是小镇乌考瓦尔的好邻居。她们的孩子一起玩耍,丈夫一起工作,而且经常为对方烹调美食(Wall Street Journal, September 23,1994)。而现在,在经历了一场冲突之后,她们的家都已经变为废墟,两家人则成了不共戴天的仇敌。如何解释不同群体成员间的这类行为模式呢?

首先我们将一起思考英斯柯和斯科普拉(1987)关于**不连续性效应**(discontinuity effect)的研究发现(同时参考 Schopler, Insko, Drigotas & Graetz, 1993; Drigotas, Insko & Schopler, 1998)。Insko & Schopler 等人在一系列小群体实验室研究中,连续性地发现,与人们把相互作用看做是人际性质的情境相比,当人们处于群体成员身份突显的情境中相互作用时,会表现出更多的竞争性和更少的合作性。简言之,群际相互作用倾向于引发人们的竞争性。他们认为该效应有两个可能的原因:其一,与人际情境相比,群际关系更容易突显贪婪和自私。个体可能有过这样的经历,当他们从外群体"攫取所有能攫取"的东西时,会得到所属群体的支持,但是在纯粹的人际相互作用中,这种支持是得不到的;其二,人们可能怀有对外群体的"恐惧",认为这些人好争斗、好侵犯、不诚实。因此,一旦他们看到一种情境主要涉及群际关系而非人际关系,就会做出竞争性的反应。

对群体竞争性的另一种解释以**社会身份感理论**(**social identity theory**)为基础(Tajfel, 1970; Tajfel & Turner, 1986)。社会身份感理论指出,我们身份感的一部分(社会身份感)以我们所归属的群体为基础。由于大多数人希望尽可能建立最积极的身份感,所以他们会努力加入有吸引力的群体。而且,个体会尽最大努力提高其所属群体相对于外群体(他们不作为其成员的群体)的地位。提高自己群体的地位可以通过偏见性知觉(关注自己群体的优点和外群体的缺点)和对外群体的歧视(给予内群体更多的分数、钱和机会，对外群体的则加以扣除）来实现。因此，仅仅把人群划分为一个内群体和一个外群体，就足以激发起人们与外群体相竞争的动机（Turner，1987）。群际情境会发生更加激烈的竞争（不连续性效应），是因为对手显然不是内群体的成员。但在人际情境中，竞争会被减弱，因为卷入的双方可能把彼此都看做同一个群体的成员（都是学生，都是农夫，都是山里人，或都是乌考瓦尔镇的居民）。

尽管其背后的原因有待商榷，但非常清楚的是，在许多情况下，一旦人们把自己看做属于不同的群体，相互关系就会恶化。这时人们的知觉和行为都会受到影响。这或许不会带来严重的后果，但一个不容忽视的事实是，人们的关系太经常地被染上群际关系的色彩，即使在并没有两个实际群体存在的情况下。当鲁道夫·麦科伊在弗劳伊德·海特菲尔德的围栏中看到"自己的"猪时，他的反应不仅仅是把弗劳伊德看做贼；宁可说，他在大声喊叫，这是海特菲尔德家族"又一次做坏事"的一个例证。弗劳伊德的反应是基于这样的事实，他看到麦科伊家族试图欺负海特菲尔德家族。这样，人际关系迅速变为群际关系。与此相似，在我们自己的交往中，非常简单的因素就可以诱使我们把另一个人划归一个群体（妇女，学心理学专业，学生，民主党人），而且强调相互作用的"群体"色彩。

正如以上事例所示，群际关系可能涉及不同群体许多人之间的相互作用，也可能仅仅涉及被看做代表着不同群体的两个人。因为群际关系包括的范围非常广泛，所以理解所涉及的过程以及可用于改善群际关系的步骤是非常重要的。下面，我们将首先考察群体的形成是如何影响对内群体和外群体的知觉的。

设立战场：认知在创造群体中的作用

著名的"猪事件"可以用多种不同的方式加以呈现。最简单的一种方式，是把该事件看做两个人对弗劳伊德·海特菲尔德围栏中猪的所有权发生了争执。从我们作为旁观者的角度来说，这似乎是一种非常合理的方式。如果我们作为法官或陪审团成员，我们可能会仅仅关心到底哪个人能证明自己对猪的所有权。但是，这既不是弗劳伊德·海特菲尔德也不是鲁道夫·麦科伊看问题的角度。尽管他们是姻亲，但每一方都认为这场争执涉及两个群体：海特菲尔德家族和麦科伊家族。事实上，人类有把人际关系看做涉及群际关系的倾向（Moya，1998；Deschamps & Devos，1998）。该倾向更近的一个例子是对O·J·辛普森涉嫌杀人案的审判。对辛普森的指控是他涉嫌杀死了自己的前妻尼科尔·布劳恩·辛普森及其男友罗恩·戈德曼，但对案件的争论却主要集中在种族问题上，辛普森是黑人而受害者是白种人。

我们的社会景观过于纷繁复杂。在一天之中，我们就可能会接触数百人之多，所以很难把每个人都当做相互分离的单独实体来对待。因此，依据特纳（1987）的观点，我们会用类别化的方法来简化世界。我们把人们（包括我们自己）放在各种不同的类别之中，而这些类别是我们把人划分为群体的基础。所以，群体是被“开发”出来的，存在于我们的心灵之中，而非只是周围环境的产物。特纳指出，我们在三个水平上知觉我们的社会：把所有人包括在人类之中的超级水平，依据相互之间的相似性与差异性把人们区分为内群体和外群体的中间水平，以及把我们识别为单独个体的低级水平。

把群体看做心灵的产物有点令人费解，但却是极为重要的观点。尤其重要的是，它意味着，即使环境的物理特性保持不变，知觉到的“群体”可以在短时间里发生戏剧性的变化。欧克斯、哈斯拉姆和特纳（1994）指出，人们依据某时刻恰好突显出来的要素来构建群体，并依据适合律（rule of fit）把人们分配到这些群体之中。如果一个人拥有某群体核心性的共同特征，他就会被归入该类别或群体。例如，鲁道夫·麦科伊探望弗劳伊德·海特菲尔德，本来是为了讨论春天播种玉米的计划。这时，“农夫”是突显的类别，并且鲁道夫感觉自己和弗劳伊德同属该类别。然而，当鲁道夫看到了那些猪，他想起了海特菲尔德家族成员欺诈麦科伊家族成员的往事。突然间，海特菲尔德—麦科伊这一分类变得突显出来，并且鲁道夫和弗劳伊德分别属于不同的群体。

这些看起来像是单纯的心理游戏。创造这些认知群体能造成什么危害呢？事实上，把人们划分为群体具有极为深远的影响，因为我们是依据人们属于哪种群体来对他们做出反应的。汉密尔顿（Hamilton）和特罗列（Trollier）（1986）写道：“对群体的分化性知觉是所有刻板印象形成的基础。如果离开这种对群体的分化作用，刻板印象就不可能发生。”（p. 134）正如我们在第七章所指出的，类别化为刻板化搭建了舞台，因为我们会把各种特征分配给我们所构建的群体。在极大程度上，我们用各种积极特征给自己所属的群体（内群体）涂上神圣的色彩，而把各种消极特征倾卸到外群体身上（Hinkle & Schopler, 1986）。萨姆纳（Sumner）（1906）指出：“一个人自己的群体（成为）所有事物的核心，我们参照它来评定和衡量所有其他人。”换句话说，我们把自己的社会景观组织成群体，并用最积极的方式描绘自己的群体，把它作为宇宙的中心，而对所有的其他群体都依据它来判断。同时，我们通过联合运用几种选择性信息加工的方式来维持我们的刻板印象：选择性注意、选择性知觉和选择性记忆（见第七章）。

所有这些加工方式都倾向于保护我们自己群体的积极形象。但是也有其他效应与创建内群体和外群体相关联。虽然这些效应不一定影响我们在多大程度上把内群体和外群体看做积极的，但是它们却在不同群体成员的相互作用中发挥着相当重要的作用。下面我们将讨论几种这类效应，以阐明我们的观点。

他们都是相似的

“弗劳伊德和所有海特菲尔德家族的其他人是一样的。他们都是该死的坏蛋。”在这一声明中，鲁道夫把所有姓海特菲尔德的人都装进了同一个整洁的包装盒。但是，这种倾向不仅仅存在于鲁道夫·麦科伊身上。许多研究者（Linville and Jones, 1980;

Quattrone & Jones，1980；Park & Rothbart，1982)发现，我们倾向于注意自己群体内的变异性和外群体内的相似性。例如，琼斯(Jones)、伍德(Wood)和奎特龙(Quattrone)(1981)要求普林斯顿大学不同美食俱乐部的成员，在许多人格特质维度上描述自己俱乐部和其他俱乐部的成员。结果显示，受访者知觉到的自己俱乐部成员之间的变异性显著高于其他俱乐部成员之间。这即是所谓的**外群体同质效应**。另一个例子是，Park & Rothbart(1982)发现，与回忆区分外群体成员的信息相比，人们更容易回忆起区分自己群体成员的信息(即让自己群体的成员看起来相互有差别的信息)。

如果人们确实把外群体成员看做相似的，我们就可以预期，人们会把从一个外群体成员身上获得的一次经验推广到整个外群体："知道了一个，就知道了他们所有人。"奎特龙和琼斯(1980)的研究表明，实际情况正是这样。他们让大学生被试观察一位目标大学生的行为。有的被试被告知观察目标是他们同一所大学的，有的则被告知该目标来自一所邻近的大学(外群体)。与观察目标被假定为同一所大学的相比，当该目标被假定来自邻近大学时，被试更倾向于认为观察目标所在大学的"平常人"会与其行为表现相一致。

如何解释这种知觉上的差异呢？人们广泛接受的一种观点是，我们对自己群体成员的经验多于对外群体成员的经验(Quattrone，1986；Rothbart and Lewis，1994)。对于内群体来说，我们一般在各种不同场合与各种不同的成员频繁接触。但是，我们对外群体的经验通常只局限于少数情境和少数成员。因此，我们知道自己的群体由不同观点、不同特征和不同偏好的人组成，但由于我们知识经验的局限性，我们却愿意相信外群体的成员之间是相似的。

虽然人们倾向于把内群体知觉为比外群体变异性更大，但也存在例外的情况。布朗和史密斯(1989)发现，少数派群体成员比多数派群体成员更多地把自己的群体看做同质的。伍彻尔(Worchel)、康坦德-萨斯克(Coutant-Sassic)和格罗斯曼(Grossman)(1992)发现，新建立的群体的成员把自己的群体看做同质的，并且把自己描述为群体成员的"典型"。可能在这些情况下，群体的接纳对个体特别重要。把自己看做一个同质群体的典型成员可能增强了他们对群体的归属感。

把外群体看做同质群体的倾向对不同群体成员间的相互作用具有重要影响。回忆一下我们在第二章对人的知觉的讨论，我们曾说过，人们经常把他人的行为归因于内部倾向(特质)。如果把这一点同所有外群体成员都相似的信念结合起来，我们就会发现，观察者很可能依据很少的信息而形成对外群体的刻板印象。为了搞清楚这种因果链条，请想象一下这样的情景：一位将来的学生第一次访问你所在的大学，他刚下公交车就被一位匆忙去上课的学生撞了一下。这个人得出结论，这位冒犯自己的人笨拙、粗鲁(把行为归因于内部倾向)。进而他得出结论，这所大学的所有学生笨拙、粗鲁。这个结论是符合逻辑的，如果他认为你这所大学的所有学生都相似。带着这种看法，他在后几天的访问中会集中注意笨拙和粗鲁的事例(选择性信息加工)。

认为外群体成员都相似的另一种后果是，我们很可能会限制自己同外群体成员的交往。如果你认为所有姓海特菲尔德的人都相似，那么你只需要认识这个家族的一两个人，就能“知道”他们所有人怎么样。这种看法不仅降低了你同该群体许多不同成员交往的愿望，而且减少了你可能获得的改变对该群体印象的机会。因此，把外群体看做同质群体的倾向，结合把内群体看做好于外群体的动机，对群际行为具有广泛的影响，而且会增加群际冲突发生的可能性。

评价的极端性

作为一个群体的成员有一种效应，这就是影响我们对内群体其他成员和外群体成员评价的极端性。但是，这种极端性效应的方向问题却引发了一场争论。在一个早期研究中，林维尔和琼斯(1980)让白人大学生来评定一位黑人或白人法律学院申请者。该申请者或者被描述为一位有竞争力的候选人，或者被描述为缺乏竞争力。结果显示，被试对黑人(外群体)申请者的评定比对白人(内群体)申请者的评定更极端。换言之，如果描述是肯定性的，黑人申请者被评定得比白人申请者更积极。而如果描述显示申请者的履历缺乏竞争力，那么黑人申请者就会得到比白人申请者更消极的评定。林维尔(1982)指出，之所以我们对外群体成员的评价更加极端，是因为我们关于外群体的信息的复杂程度与关于内群体的相比一般较低，因而我们收到的关于一名外群体成员的信息会强烈地影响我们对他或她的评价。

虽然这种观点看起来很符合逻辑，但是马可士、伊哲比特(Yzerbyt)和莱茵斯(1988)的研究却带来了新的问题。他们要求比利时学生评定一位内群体(比利时学生)或外群体(北非学生)成员的可爱程度。给被试的材料中或者用讨人喜欢的词，或者用令人厌恶的词来描述被评价者。结果显示，对内群体成员的评定更加极端。如果信息是肯定性的，内群体成员得到的评价最积极；而如果信息是否定性的，内群体成员则会得到最消极的评价。研究者把后一种反应模式称为**害群马效应**(black sheep effect)。它显示，虽然我们通常倾向于偏爱内群体成员，但也有例外的情况。如果某成员威胁到内群体的良好形象，我们就会强烈排斥这位令人讨厌的内群体成员。

如何来解释这些看起来相互矛盾的研究成果呢？有一个研究小组提出，内群体对评定者的重要程度可能会影响其反应模式(Branscombe, Wann, Noel & Coleman, 1993)。他们认为，高度认同内群体的人会极力排斥令人不满的内群体成员，因而显示出害群马效应。但是，如果个体对内群体的认同程度低，关于群体的信息的复杂程度将会产生更大的影响，从而导致对外群体成员更加极端的评价。在他们的研究中，他们要求学生评价报纸上一篇橄榄球赛评论文章的作者。有时，该作者是被试所在大学的成员(内群体成员)，而有时，该作者来自对手的大学(外群体成员)。在该篇文章中，作者要么强烈支持被试大学的球队（忠诚的），要么不支持该球队（不忠诚的）。结果如图 12.1 所示，那些高度认同这支校队的被试对内群体作者比对外群体作者的评定更极端。与此相对照，那些对该校队认同程度低的被试则显示出相反的评定模式，对外群体作者的评定更极端。

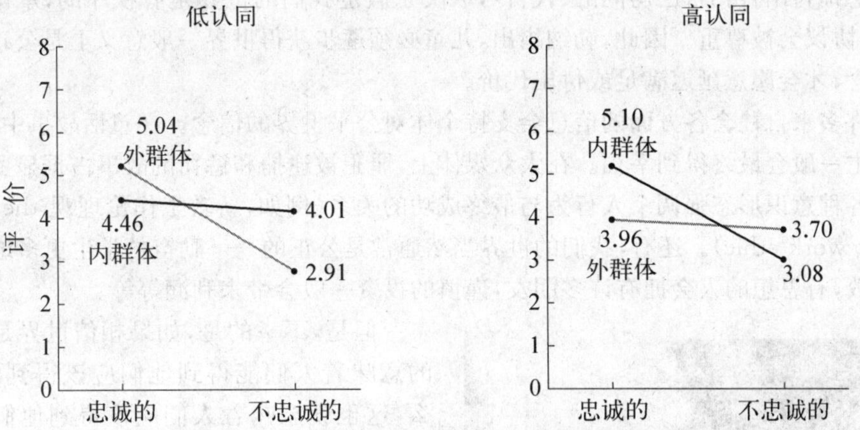

图 12.1 对内群体和外群体对象的评价

注：数字越大表示评价越积极

来源：Branscombe，Wann，Noel & Coleman(1993)

我们对他人的评价可能不仅受其所属群体的影响，而且会受我们对自己群体的认同程度和被评价者行为可称许性(favorability)的影响。琼斯(1948)在对海特菲尔德家族的研究中发现了同样的反应模式。在海特菲尔德家族中，积极参与家族冲突的人很喜欢对自己家族的人品头论足。那些表达对麦科伊家族极其蔑视的人得到高度赞赏，而那些不愿意一概而论地谴责麦科伊家族的人则受到排斥。然而，那些不太参与家族争斗的海特菲尔德家族成员，则更为自己家族成员所接受而不管其意见如何。另外，这些低参与者谴责那些袭击自己家族的麦科伊家族成员，而对该家族中不参与袭击的成员评价很好。

公平世界信念

勒纳的**公平世界理论(Just-world theory)**(1980；Lerner & Miller，1978)是社会心理学中最有影响力的理论之一。勒纳指出，人们愿意相信，而且通常确实相信世界是公正、公平的。有证据表明，这种公平世界信念可能会导致群际冲突的发生。

勒纳的所谓“公平”世界是指，在这里人们通常能得到他们应该得到的：勤劳和美德会受到奖赏，懒惰和罪恶会受到惩罚。勒纳指出，公平世界信念是适应性的(实际上，是必需的），是在儿童时期发展起来的。婴儿刚来到这个世界上，希望能立刻满足自己的所有冲动，避免所有的痛苦（**快乐原则**）。以后他们学会，如果他们能延迟获得满足，或者短时期内付出一定代价，他们将会在某些时候得到更大的报酬（**现实原则**）。例如，家长可能会向女儿许诺，如果她清理自己的房间，就会给她一种报酬。但是，心甘情愿地付出打扫自己房间的"代价"，取决于假定我们的世界是有秩序的，承诺会被遵守，协议会被尊重。因此，勒纳指出，儿童必须逐步获得世界一般意义上是公正的这一信念，才会愿意延迟满足或付出代价。

许多来自社会各方面的信息会支持个体对公平世界的信念。在童话故事中，王子和公主一般会最终得到幸福。在大众媒体上，罪犯被逮捕和惩罚的故事占据显要的位置。各种意识形态强调个人行为与最终成功的关系（例如，新教工作伦理观 the Protestant work ethic）。还有，我们的世界当然通常是公正的——勤奋的学生更多地得到高分数，有思想的人会拥有许多朋友，谨慎的投资一般会带来利润等等。

这位两个孩子的母亲年仅20岁。在丢掉了工作，又花光了钱之后，她被迫搬进了家庭庇护所。她希望能在福利机构批准之前住上公寓。但是她发现很难找到工作，也很难抚养两个孩子，一个刚出生，一个刚两岁。有些人贬损那些领救济金的人，认为他们是一群"不值得信任的"和"懒惰的"人。

但是，不幸的是，如果相信世界是公平的意味着人们能得到他们应该得到的，那么，这也就意味着人们应该得到他们所得到的。即是说，成功的人一定是"赢得"了他们的成功，而不成功的人一定是在某种程度上导致了自己的失败。总之，如果世界是公平的，那么胜利者肯定比失败者更好或更应该胜利。因而，这种信念会导致人们对受害者的贬损。该现象已经在大量的研究中得到证明（Furnham & Proctor, 1989; Lerner, 1980; Montada & Lerner, 1998）。

如果这种贬损失败者的倾向适用于群体，那么人们就会认为，通常情况下处于不利地位的少数派群体一定是自己造成了自己的困境。同样，各种不幸事件的受害者一定是应受谴责的。失业的人是"不可靠的员工"，领救济金的人"不想工作"，强奸案受害者"涉足险境"，而艾滋病患者则"为滥交的生活方式而自作自受"。这类**受害者责任归咎**（victim blaming）非常普遍，而且意味着救援或帮助他们可能缺乏足够的理由，因为受害者的不幸是自己引起的。因而，在群际关系中，公平世界信念会导致对外群体的贬损以及对救助计划的反对。

去合法化：类别化的一种极端形式

综上所述，我们有一种把人群划分为我们和他们、内群体和外群体的倾向。而且通常我们会用更赞许性的眼光看待自己的群体。在有些时候，该过程会被推向极致。巴-托(Bar-Tal)(1990)创造了一个新术语——**去合法化(delegitimization)**，用于描述"把一个或多个群体划归到极端否定性的社会类别，这些社会类别不被任何我们认可的规范和价值标准所接受"(p. 65)。换言之，去合法化把目标群体驱逐出了人性化的"世界"。图 12.2 列举了最常用的对某一群体去合法化的手段。可以看出，该过程涉及否认传统价值标准和行为准则与目标群体的联系，而这意味着目标群体不应该享受人道待遇。否定性类别化和否定性待遇之间的这种关联与公平世界信念有关。

1. 去人性化：把一个群体的成员描述为与人类不同的东西，从而给他贴上非人的标签。所使用的要么是低于人类的创造物类别，如"劣等种族"和动物，要么是高于人类但具有否定性价值的创造物类别，如魔鬼、怪物和撒旦。

2. 特质描述：把一个群体描述为具有极端否定性的、在一个特定社会中不被容许的特质，如侵犯者、白痴或寄生虫。

3. 逐出：把一个群体的成员划归到社会核心规范的违反者类别，如杀人犯、小偷、精神病人或疯子。因而使他们应该被排除在社会之外，以及/或者被送进专门机构。

4. 贴政治标签：把一个群体描述为威胁社会基本价值的政治实体和社会制度的危险因素，因而是完全不可接受的，如纳粹分子、法西斯主义者、共产主义者或帝国主义者。

5. 群体比拟：用一个被看做否定性群体的名字做标签，如"汪达尔人"或"匈奴人"。每个社会都有一组特定的群体作为邪恶、罪行的文化象征。

图 12.2 最常用的去合法化手段

来源：Bar-Tal(1990)，pp. 65－66

根据这一观点，当人们看到内群体面临巨大威胁，或当人们强烈认同于自己的群体时，去合法化最容易发生。在这两种情况下，个体希望社会具有清晰的结构，而且会体验到行动起来对付外群体的紧迫感。他们要为自己的行动寻找一种可靠的、单纯的和毫不含糊的依据。去合法化就提供了这种依据。它使人们把外群体视为危险性的，从而为对其实施暴力和残害提供了正当理由。这类标签，如"恐怖主义者"或"法西斯主义者"，会助长对外群体的极端形式的歧视和侵犯，并且把外群体看做内群体存在的一种威胁。

去合法化在群际关系中扮演着两种危险的角色。一方面，它招致对外群体的残害。给外群体贴上非人性或恶魔的标签会诱使人们歧视和侵犯它。"他们是恶魔，是威胁性的，所以我们必须残害他们。"另一方面，去合法化也可能出现在伤害事件发生之后。在这种情况下，否定性标签给施加于外群体的虐待行为提供了合理理由。"我们之所以伤害他们，是因为他们是一群恶魔，严重威胁着我们的群体。”

巴-托(1990)列举了几个在严重冲突中去合法化的事例。在冷战最激烈的年代，许多美国政治家前谴责苏联寻求世界霸权，把它说成是“魔鬼帝国”，对人权或人的生命缺乏起码的尊重(Bronfenbrenner, 1961; White, 1984)。早期的殖民者通过去合法化为自己对印第安人的残忍行径寻找理由：“没有宗教和政府，只有五花八门的迷信和一种类似于蚂蚁式的民主。”(Forbes, 1964, pp. 16－17)同样，通过把黑人描述为野蛮人，黑奴制度似乎得到了合理的辩解。去合法化也是以色列犹太人和巴勒斯坦人之间相互作用的一贯特征，它使冲突无休无止，使双方彼此隔离、互不信任。

煽动火焰：情绪与群际冲突

在前一部分，我们主要关注的是认知在群体知觉中的作用。我们讨论了把人划分为群体的倾向所造成的后果，如内群体偏好(ingroup favoritism)和外群体同质性知觉。但是群际冲突并不只是产生于认知因素。情绪对火焰起着煽动作用——愤怒、恐惧和其他类型的情绪可以使敌意和侵犯更强烈。

相对剥夺

相对剥夺(relative deprivation)是当个体认为他们自己或其群体所得到的结果不公平时产生的愤慨感。它是一种对不公平的情绪体验——人们感到一种报酬或结果被不公正地剥夺了。使人们感受到不公正待遇的因素是什么？这类情绪会带来什么样的后果？这正是相对剥夺的理论家们试图回答的问题。

相对剥夺的前因

或许费伊·克劳斯比(1976, 1982)是近年来最有影响力的相对剥夺理论家。她提出了一个关于相对剥夺产生原因的模型。在其中，她指出，只有当个体看到与其相似的其他人拥有某些值得要的东西，而且感到自己也应该得到时，才会对自己的结果感到愤慨。也就是说，当个体看到其他人有自己想要的物品或结果，而且认为自己也有权得到时，他们就会体验到愤怒或憎恨。例如，某个人对自己的薪金感到愤慨的程度将取决于：(1)想要或需要更高的薪金；(2)感到自己应该得到更高的薪金(其他干同样工作的人挣的钱更多)。“想要”和“应得”(或有权力)被看做引发愤慨感的关键因素，因为它们意味着没有很好的理由解释为什么个体自己不能拥有欲求的目标。

许多研究者对克劳斯比的相对剥夺模型进行了验证。奥森、罗伊斯，米恩和罗伯逊(1995)调查了62名职业妇女，她们的客观工作条件差异很大，包括低收入的秘书、护士、管理人员和大学教师。受访者完成一份问卷，评估其对自己工作境遇的愤慨感，以及对妇女作为一个劳动力群体状况的愤慨感。也就是说，她们报告了对自己的工作境遇感到愤怒(个人相对剥夺)的程度,以及对整个女性群体工作境遇感到愤怒(群体相对剥夺)的程度。另外,受访者还回答了一系列涉及可能是愤慨感前提条件(原因)的条目。结果显示,对想要和应得的知觉是愤慨感最重要的预测因素。例如,受访者想得到一份更好的工作,以及感到她们个人应该得到一份更好工作的程度,可以预测她们对自己工作境遇的不满意感(而不是她们对女性整个群体工作境遇的不满意感)。另一方面,受访者认为妇女在整体上想得到和应得到更好工作的程度,可以预测她们对女性整个群体工作境遇的不满意感(而不是她们对自己个人工作的不满意感)。因此,个人相对剥夺和群体相对剥夺是两个不同的概念:对女性整个群体的工作境遇最感愤怒的女性并不一定不满于自己的工作境遇。另外,个人相对剥夺和群体相对剥夺的决定因素是不同的,前者取决于个体在多大程度上想得到和感到自己有权力得到一份更好的工作,而后者取决于个体在多大程度上认为妇女作为一个群体想得到和应得到更好的结果。

相对剥夺的后果

相对剥夺对于理解群际冲突的重要性,取决于愤慨对行为具有重要影响的假设。理论家们认为,对自己群体的状况感到愤怒的人们将会采用建设性或破坏性的方式来改变现状。是否有证据支持这一假设呢?

对这一问题的回答是肯定的——相对剥夺确实对行为具有预测作用。在其中,情绪的强度特别重要。正如前面所说,相对剥夺是一种由于知觉到自己或自己的群体受到很差的待遇而产生的愤慨感。就对行为的重要性而言,愤慨感似乎超过单纯的受到很差待遇的知觉。例如,圭查德(Guimond)和杜伯-西马德(Dubé-Simard)(1983)对魁北克的操法语者作了调查,让他们评定在多大程度上受到好或坏的待遇,以及报告对这种待遇的愤怒感。受访者对操法语者境况的愤怒感可以预测对魁北克独立运动(使魁北克脱离加拿大而建立一个独立国家的运动)的支持程度,而单纯的对操法语者受好或坏的待遇的程度评

魁北克抗议1992年维持加拿大统一宪法改革一揽子方案行动中的操法语者。对独立运动的支持更多地基于对操法语者所受待遇的愤怒感,而不是对这种待遇的单纯的知觉。

定则不能。举例来说，如果某个人认为操法语者受到恶劣待遇，但没有为此而愤怒，他或她就倾向于不支持独立运动。而同时，即使某个人认为操法语者受到的待遇不好也不坏，但是却因受到这种待遇而愤怒，他或她也会倾向于强烈支持独立运动。与上面的研究结果相类似，图卡斯(Tougas)和维勒克斯(Veilleux)(1988)发现，与职业女性对她们客观境况的认识相比，她们对女性待遇的愤怒程度能更好地预测她们对反歧视坚定行动方案(affirmative action programs)的支持度。这再一次表明，相对剥夺情绪与对处理被剥夺问题的行动的支持相关联，而单纯的被剥夺知觉则不能预测这种支持。

关于相对剥夺对行为影响的另一个重要假设是，个人相对剥夺与群体相对剥夺具有不同的作用。具体地说，如果个体对自身的状况不满，他们可能会采取行动改进自身状况，如找一份新工作或获取新的资格证明。而如果个体对自己群体的境况不满，他们就可能会投入到改进群体境况的行动中，如游行示威或集体行动。因此，要了解群际行为(很显然，它们处于群体水平)，我们需要了解人们对其群体所受待遇的愤慨感，而不是其对个人待遇的满意或不满。这一假设与对历史事件的观察相一致：革命和抗议行动常常不是由受到最残酷压榨的人们来领导，而是由那些自己可能很富有但却强烈感到他们的群体受到不公正对待的人来领导(Gurr, 1970)。

为了检验这一推论，杜伯和圭孟德(1986)在一次支持魁北克国家主义的大规模校园抗议活动之后的3个月内，调查了蒙特利尔大学的146名学生。学生们报告了他们对自己在大学中个人境况的不满(个人相对剥夺)和对魁北克学生集体境况的不满(群体相对剥夺)。他们还报告了自己在10次抗议活动中的参与程度，从会见行政当局之类的温和活动到占据建筑物、罢课之类更加好战的活动。研究者把被调查对象划分为高或低的个人不满者和高或低的群体不满者，而且给每个人打了一个"激进主义"分数，以反映他或她对集体抗议活动的参与程度。表12.1呈现了各组学生的激进主义平均得分。群体不满对激进主义具有很强的预测作用，高群体不满的个体比低群体不满的个体更激进。个人不满感与激进主义不存在显著相关。

表12.1 激进主义作为个人不满感和群体不满感的函数

		个人不满感	
		低	高
群体不满感	低	21.0 (n=51)	27.6 (n=7)
	高	41.9 (n=30)	43.0 (n=35)

注：登记项(entries)为激进主义量表的平均分数，该量表得分从10(一点都不积极)到90(经常积极参与各种抗议活动)。

来源：Dubé & Guimond(1986), p. 209

圭孟德和杜伯-西马德的研究显示，是群体而非个人相对剥夺预示着集体性的、群体导向的行动。但是个体性的、自我导向的行动是如何产生的呢？个人不满感对这类行为可能具有比群体不满感更强的预测作用。在前面提到的一个对职业女性的研究中，奥森等人(1995)要求受访者回答愿意投入各类行为的程度。某些行为是自我导向和自我提高性的(如提高工作能力以获得更好的工作，接受培训以改进资格证明)，某些行为是群体导向和符合规范的(如加入一个妇女活动组织，给请愿书签名)，最后一类行为是群体导向和不符合规范的(如妨碍不同情妇女困境的人的工作，参与消极怠工)。结果显示，个人相对剥夺得分是自我改进行为的最好预测因素，而群体相对剥夺得分是群体导向行为(包括符合规范和不符合规范的)的最好预测因素。因此，每一种相对剥夺都对行为产生影响，但个人愤慨感和群体愤慨感所引起的特定行为不同。

视窗 12.1 描述了一个关于相对剥夺和公平世界信念关系的研究。研究者检验了这一假设：更强地认为世界公平的人倾向于报告更少的相对剥夺。

视窗 12.1 公平世界信念与相对剥夺

勒纳(1980)认为，人需要相信世界是公平、公正的，在其中他们通常能得到他们应该得到的。我们已经讨论了这一信念如何导致人们对受害者和少数派群体成员的谴责或贬损。一个很有趣的研究方向是鉴别人们在公平世界信念上强度的差别。鲁宾和佩普洛(Rubin & Peplau，1975)编制了一份量表来测量人们在公平世界信念上的个体差异。后继的研究者们发现，抱有强或弱的公平世界信念的个体对他人不幸的反应不同，强信念者比弱信念者更多地贬损受害人(Furnham & Proctor，1989)。

但是在我们自己遭受不幸、被剥夺或痛苦时又会如何呢？如果我们认为我们自己和我们的内群体是好的话，那么在我们或我们的内群体身上发生的不幸事件不是与公平世界信念相违背吗？假如这样，又假如我们要维持我们的信念，那么我们可能会把自己被剥夺的程度看得很轻微，甚至可能会因不幸事件而指责自己或自己的内群体。而且，这一倾向在坚定地相信世界公平的人身上应该比在不太相信这一点的人身上更强烈。

为了验证这一观点，海弗和奥尔森(Hafer & Olson，1993)招募了 70 名职业妇女进行研究。她们的职业类型和工资水平差异很大(从秘书到内科医生)。这些妇女首先完成了一份问卷，评定其对自己工资境况的愤慨感(个人相对剥夺)、对妇女整体上工作境况的愤慨感(群体相对剥夺)以及她们公平世界信念的强度。

续 表

一个月之后，这些妇女又完成了另一份问卷，测量多种与不满感可能有联系的行为。其中20个项目评估意在改进自身工作境遇的自我导向行为，如“找一份新工作”，“获取我可以参加的课程培训的信息，以便改进我的职业资格证明”，和“提高我的工作质量，以便自己能向前发展”。另外20个项目评定意在改善作为群体的职业妇女工作境遇的群体导向行为，如“为妇女争取特殊的工作机会而抗议”，“在对职业妇女表示关注的请愿书上签名”，“支持旨在主张职业妇女地位的罢工活动（或者积极地参与或者提供精神上的支持）”。被试被告知，如果其在过去的一个月内做出过某些行为，那么他们就要在行为的旁边做上记号。 被试所持公平世界信念的强度与其报告的群体相对剥夺存在显著的相关。具体来说，公平世界信念的作用正如人们所期待的那样，与信念微弱的人相比，持有强烈公平世界信念的人对职业妇女的地位更少表达怨恨。也许强烈信念持有者倾向于做出这样的假设，那就是工作场所中存在于的两性间的差异或者是微小的或者是正当的。公平世界信念并不能预测个人相对剥夺（参与者对自身的工作的不满）。 一个更有趣的发现是，公平世界信念能预测被试关于某些行为的报告，而这些行为与其不满存在潜在相关。公平世界信念能预测个体导向和群体导向的行为，但是与弱信念持有者相比，强烈信念持有者明显地较少表现出这两种行为。因此，持更强信念的人报告他们为改善自身工作环境或为改善职业妇女这一群体的工作环境而努力的可能性更小。他们似乎比持弱信念的人更满意自己的现状，这是以他们感到现状（目前的世界）通常来说是公平的这一假设为前提而成立的。 与我们本章前面的讨论一致的是，我们可以通过对怨恨的“适当的”测量来测量行为。就是说，被试的个人相对剥夺（但却不是其群体相对剥夺）预测其自我导向的行为；被试的群体相对剥夺（但却不是其个人相对剥夺）预测其群体导向的行为。所以，个体在公平世界信念和相对剥夺两方面的差异，可用来预测他们旨在改变现状的武断的行为。

相似性的威胁

知觉到的相似性在人际关系中和群际关系中发挥的作用是不同的。正如在第八章所讨论的，我们被与我们相似的人所吸引（Byrne，1971）。同样地，人与人之间的相似性促使把他们归入同样的类别。有许多形式的相似性，包括外貌的、态度的和信念的。霍维兹（Horwitz）和拉比（Rabbie）（1989）指出，共同命运和相似经历对于组成一个内群体来说是最重要的特征。但是，一旦不同的群体已经形成，群体之间的相似性反倒会煽动群际冲突的火苗。事实上，海特菲尔德和麦科伊两个家族间的相似性是如此惊人，以至于常常使历史学家对它们冥思苦想(Rice，1978)。正如我们前面指出的，我们倾向于与相似的人进行比较，但是，群体之间的相似性却会混淆我们自己群体独一无二的身份感。如果另一个群体比我们自己的群体做得更好，相似性也会具有威胁性。

为了搞清楚相似性在群际关系中的作用，罗斯格伯和伍彻尔(1997)研究了具有不同地位的群体之间的关系。结果表明，少数派群体经常会互相比较，而且看到一个劣势群体正在兴起对其他群体来说具有特别大的威胁性。在该研究中，被试被划分为三个群体。研究者告诉他们一个群体将在最好的条件下工作(优势群体)，而另外两个群体将不得不在不良的条件下工作(劣势群体)。这些群体完成一系列任务，而且在每个任务之后会得到自己群体和其他群体成绩的反馈信息。所有的被试都被告知处于劣势群体中，而且被告知他们的群体在每一项任务上成绩都相对较差，而优势群体则总是做得很好。但是，被试所接收到的关于另一个劣势群体成绩的反馈却是多样性的。一部分被试被告知另一个劣势群体的成绩比自己群体的好，一部分被试被告知另一个劣势群体的成绩与自己群体的相类似，另一部分被告知另一个劣势群体的成绩比自己群体的差。在接下来的研究程序中，研究者给被试机会帮助或伤害其中一个外群体。

结果显示，当另一个劣势群体做得比自己群体的好或相同时，被试会更多地伤害它；而当另一个劣势群体成绩差时，被试则会善意地对待它。图 12.3 呈现了该研究的结果。被试的口头报告显示，他们更倾向于把自己的群体与另一个劣势群体相比较。当另一个劣势群体与自己的群体相比做得更好或成绩相同时，这种比较是令人不满的，所以被试会厌恶该群体。但是，当该劣势群体做得差时，会带来令人满意的比较，因而被试会喜欢该外群体。被试报告说，他们很少把自己的群体与优势群体相比较，因为它是在不同的条件下工作的。

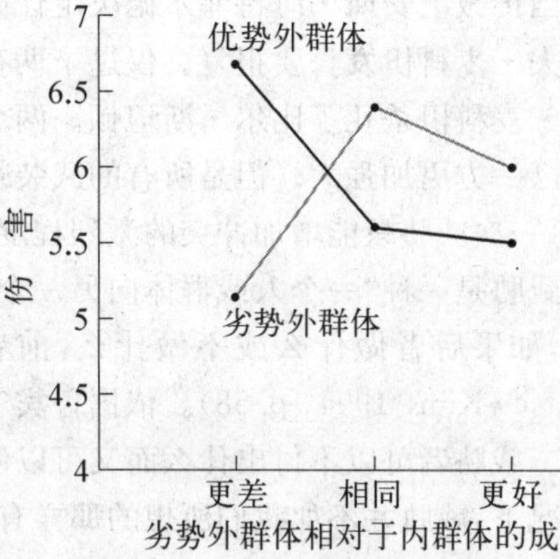

图 12.3 伤害作为劣势外群体成绩的函数

来源：Rothgerber & Worchel(1997)

可见，知觉到的群体之间的相似性会引发比较。而且，如果这种比较对内群体不利，会给内群体带来威胁，外群体就会受到厌恶。情绪可以煽动由群体划分点燃的火焰。

冲突逐步升级的方式

由对几头猪的所有权发生争议而逐步发展为持续50多年的家族争斗，夺走上百人的生命，使两个州（西弗吉尼亚和肯塔基）处于对抗状态，这看起来令人不可思议。而且实际上，在经过了多年之后，双方已经很少有人记得引起冲突的具体原因，但双方却都不准备停止冲突。这场冲突的剧烈程度的确很少见，但是，它逐步升级的方式却不是这样。尚未引起注意的冲突在经过一段时间后，常常不是自生自灭，而是激烈程度和卷入人数都会增加。多依奇（Deutsch）（1973）把这一过程称作**冲突恶化（conflict spiral）**。正如我们将看到的，冲突经常使双方互不信任，并停止沟通。个体陷入冲突的泥潭，感到自己除了冲突和争执别无选择（Brocker & Rubin, 1985）。每一方都试图威胁和引诱对方，胜利变得比解决不和更重要。

我们已经谈了可以产生群体知觉的认知因素和可以加剧冲突的情绪因素，如愤怒和威胁。实际上，还有许多因素共同维持冲突，或促使其不断升级。让我们来探讨一下这些因素，看一看为什么冲突一旦发生就会倾向于逐步增强。

使用威胁和反威胁

当传教士安斯·海特菲尔德决定让弗劳伊德·海特菲尔德保留对猪的所有权时，鲁道夫·麦科伊发誓要报复。仅过了两夜，子弹打进了弗劳伊德的家中。不久之后，萨姆·麦科伊杀死了比尔·斯坦顿。两个家族都把自己武装到了牙齿，试图向对方显示自己一方更加强大。但是所有的武装炫耀和威胁并不能加快解决方案的产生。相反，每一次威胁只能增加冲突的激烈程度。

威胁是一种“一个人或群体向另一个人或群体传达的关于其意图的讯息，该讯息显示，如果后者做什么或不做什么，前者就会做出有损于其利益的事情”（Rubin, Pruitt & Kim, 1994, p. 58）。依据鲁宾等人（1994）的观点，威胁是最常见的对冲突的反应。威胁者可以不付出什么而又可以使对方让步，特别是在对方弱小时。但是在多数情况下，威胁并不如我们所想的那样有效。

在一个有趣的实验中，罗斯巴特（Rothbart）和霍马克（Hallmark）（1988）要求被试扮演卷入冲突的一个国家的国防部长，而冲突的双方都在发展威胁性的武器。当被要求制定最可能解决冲突的战略时，被试报告，如果另一个国家做出妥协性的反应，那他们的国家会做出最积极的回应，如降低威胁性武器的级别。但是，他们却认为，只有提高威胁的强度，另一个国家才最有可能同意解决冲突。这样，我们认为自己最可能受到减少威胁的影响，但是却认为其他人最可能受增加威胁的影响！事实上，研究显示，我们关于别人如何对增加威胁做出反应的看法是不准确的；威胁最可能导致冲突恶化。

在关于威胁影响的一个早期研究中(Deutsch & Krauss,1960),被试把自己想象成相互竞争的卡车运输公司(艾克米和波尔特)的领导者,玩"货运游戏"。任务是尽可能快地把卡车从起点移向终点,完成得越快,挣的钱越多。研究者给被试展示一张路线图(见图12.4),这张图显示,每个玩游戏的人可以通过两条线路到达终点。最长的线路弯路太多,所以走这条路肯定会输钱。第二条路很直,但有一段路是单车道。如果游戏者的卡车在这段路上相遇,除非有一方退回,否则每一方都不能前进。这正是冲突之处:哪一方会退回让对方过去呢?

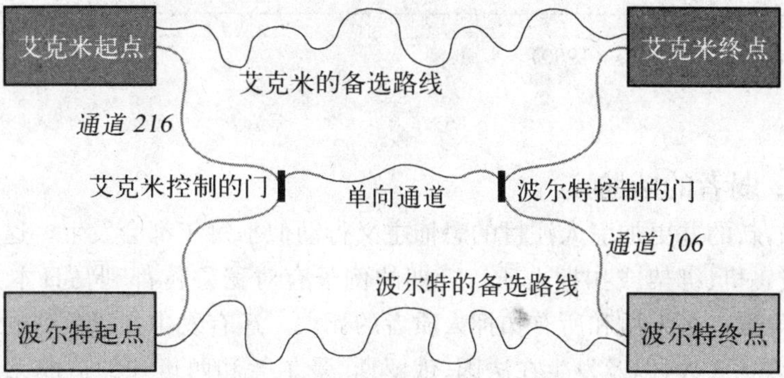

图12.4　Deutsch & Krauss 货运游戏的路线图

来源:Deutsch & Krauss(1960)

更有趣的是,多依奇和克劳斯还加入了一个"威胁"操作。在单车道的每一端都有一个门,由起点离它最近的游戏者控制。通过关上自己控制的门,一个游戏者可以阻止另一方的卡车通过单车道到达目的地。每一名游戏者的门都是一种威胁,因为游戏者可以关上它(由此阻止对方通过)而采用备选线路。多依奇和克劳斯安排了三种不同的获得门的条件:无威胁(没有门)、单边威胁(只有一个游戏者有一个门)和双边威胁(两个游戏者都有门)。在每一轮尝试之后,实验者都宣布每位游戏者赢了或输了多少。游戏总共玩20多轮。

结果颇具戏剧性:在双方都缺乏威胁手段时,游戏者获利最多;而在双方都能使用威胁时,他们获利最少。表12.2呈现了该研究结果。可以看到,只有在无威胁条件下游戏者才能实现盈利。无论在有单边威胁还是双边威胁的情况下,两个游戏者都会输钱。另外,单边威胁较双边威胁对游戏者双方(即使是权力小的游戏者)都更好。这些结果显示:冲突情境中的潜在性威胁越大,产生一个合作性解决方案就越困难。事实上,已有研究显示,威胁的使用可能本身就是一个信号,表示谈判正在走向破裂,而解决方案还离双方很遥远(Barner-Barry & Rosenwein, 1985)。

表 12.2　Deutsch & Krauss 货运游戏中的盈利状况

变　量	平　均　数		
	无 威 胁	单边威胁（艾克米有威胁）	双边威胁
盈利总和(艾克米和波尔特)	203.31	−405.88	−875.12
艾克米盈利	122.44	−118.56	−406.56
波尔特盈利	80.88	−287.31	−468.56

来源：Deutsch & Krauss(1960)

恐怖主义：弱者的威胁

近年来，新的并更加引人注目的恐怖主义行动似乎每年都会发生。这类行动涉及炸毁建筑或飞机、绑架或扣押人质。近期的例子有对秘鲁首都利马日本大使馆的占领，它最终导致一名人质和所有扣押人质者的死亡。还有发生在以色列的一次驱车扫射，杀死两名犹太人，以及发生在法国、俄罗斯、爱尔兰和西班牙的造成无辜者伤亡的恐怖主义爆炸事件。我们每一个人都会为此吃惊，“我会是下一个受害者吗？”

1997 年，在经过 4 个月的危机之后，秘鲁军人突袭了利马的日本大使馆，在这里，恐怖主义分子扣押着几十名人质。在这起事件中，恐怖主义者可能希望军人的反暴力行动会激起公共舆论对军方的反对，但是他们遭到了失败：秘鲁军人营救出除一人之外的所有人质，并把恐怖主义者全部击毙。

恐怖主义(Terrorism)是为达到某些政治目的而针对平民的暴力行动或暴力威胁(McCauley & Segal, 1987)。与我们所讨论的许多情况不同,恐怖主义的目的并不是冲突的立即解决,甚至不是指向短期目标。恐怖主义的主要目的是引起世界性的关注和带来大范围的恐慌(Friedland, 1988)。利用媒体宣传是恐怖主义者吸引注意的手段。一场夺走数条生命的可怕火灾可能仅仅只得到当地报纸的报道。但是,恐怖主义者对人质的扣押却很可能成为全世界报纸的头条新闻,直到事件结束。

除了引起恐惧,恐怖主义者还试图使卷入的政府内部产生冲突。政府被置于一种取胜无望的境地。如果政府采用强硬立场拒绝谈判,就会危及无辜民众的安全,并可能被看做冷酷无情和麻木不仁;如果政府进行谈判并向恐怖主义者让步,将被看成软弱无能,而且可能会招致新的恐怖主义行动。这样,恐怖主义者就在冲突内部创造了冲突。为了提高混乱和冲突的水平,恐怖主义者经常会选择最无辜的目标作为受害者,如儿童、妇女和老人。而且他们会提出很小的要求,如释放几名人犯或把他们的讯息向世界公布。通过这种方式,恐怖主义者利用公众的帮助向政府施压,迫使政府谈判(Merari & Friedland, 1988)。

恐怖主义者还经常依靠这样的事实:威胁和暴力会遇到来自目标的反威胁和反暴力,因而使冲突范围扩大(Worchel, in press)。例如,哈马斯在以色列实施的恐怖主义爆炸经常会遭到以色列人的迅即报复。报复可能包括向巴勒斯坦工人关闭边界,或炸毁黎巴嫩的一个怀疑住有恐怖主义者的村庄。这种反应不仅比最初的恐怖主义行动更强烈,而且经常涉及很多人,其中许多人与恐怖主义者并无关联。因为受到报复行动的影响,所以许多这类人会把以色列人看做侵犯者,而且将会更支持恐怖主义派别。

恐怖主义通常是拥有很少资源的弱势群体对冲突的反应。一次单独的恐怖主义行动本身通常不会实现政治目标或把政府推翻。但是,这类行动会产生广泛的影响,而且让恐怖目标付出沉重代价。例如,在1983年,恐怖主义行动导致了720人的死亡和963人的受伤(Cordes, Hoffman, Jenkins, Kellen, Moran & Slater, 1984)。在同一年,只在美国就有近45 000人死于交通事故。但是,恐怖主义却促使美国政府在航空上采用多种安全措施,而且大规模地增加对付恐怖主义的执法人员。这些方面的费用高达数百万美元(Merari & Friedland, 1985)。另外,数不尽的人因恐惧而改变或取消了航空旅行,许多其他人也为自己的生命安全而担惊受怕。总之,恐怖主义一旦被加入到群际冲突中,其影响将会极富戏剧性和广泛性,使冲突的程度和范围普遍加大。

要面子的重要性

在许多国家,通过法庭解决冲突似乎已成为越来越普遍的做法。无论冲突涉及办离婚的两个人，还是有边界或贸易争端的两个国家，法庭越来越成为受人欢迎的公开辩论的论坛。当弗劳伊德和鲁道夫为猪的所有权发生争议，他们就是把问题带到了安斯·海特菲尔德的法庭上。虽然我们不想讨论法庭制度的优点和缺点，但是把冲突提交法庭的一个后果是争议及其解决方案成为公开性的。在鲁道夫的案例中，安斯·海特菲尔德的决定不仅使他失去了猪，还使他在整个社区丢了面子。审判在他们居住的地区成为关注的焦点，法庭上挤满了人。在裁决之后，有些人窃笑麦科伊家族连"保住自己的猪"都做不到。

如果我们更认真地考察冲突，我们会发现，参与者有两个动机：一个是尽可能多地从冲突的最终解决中获益；第二个目标是看起来强大和坚定（见第四章对自我表现动机的讨论），而它经常比第一个目标更重要。群体外部形象在冲突中的重要性有许多原因。如果对立的群体看到一个群体是软弱的或不愿意采取强硬立场，它们可能会利用这一点而提出更极端的要求。第二，如我们已指出的，群体的存在取决于其留住现有成员和吸引新成员的能力。因此，群体积极的公众形象是非常重要的。正因为这样，当冲突呈现于公共法庭时，群体经常会采取更极端的立场，并通过毫不退缩而显示自己的力量（Moscovici & Doise，1994）。

在冲突情境中对外部形象的关注被称为**要面子（face-saving）**。许多研究者（Brockner & Rubin，1985；Streufert & Streufert，1986）指出，要面子的欲望经常会激发人们诉诸威胁手段。人们经常认为，退让等于承认自己软弱可欺。如果有其他目击者，退让不仅是对自尊的打击，而且会带来尴尬和痛苦。布朗（1968）在另一个货运游戏实验中让被试与一位实验助手相对抗。被试被告知其他被试正在通过一面单向镜观察他。在实验的前半段，实验助手权力很大，并对被试进行剥削。在实验的某一时刻，被试收到假定由旁观者写的评语。一半被试收到的评语是侮辱性的，说他们看起来像容易受骗的傻瓜；一半被试则收到更多逢迎性的评语。收到评语后，被试得到对门的控制权，而且可以向实验助手收取很高的通行费。这里，一个令人迟疑的地方是，如果使用对门的控制权及收取高通行费，被试自己赢钱的可能性也会减少。结果显示，与没有丢面子的被试相比，感觉自己在第一阶段丢了面子的被试（即收到旁观者侮辱性评语的被试）更可能使用代价高昂的威胁性手段。

除了被公开观察，其他条件也可以使人们在冲突中努力顾全面子。例如，一个人在一个冲突上投入越多，他或她就越会努力顾全面子，拒绝向对方的要求让步（Teger，1980）。这种投入可以体现在时间、努力、个人承诺或物质等方面。这种使投入（代价）合理化的需要类似于我们在第六章失调理论部分讨论的"为努力辩护"（effort justification）现象。

信任和不信任

即使在"争猪事件"发生之前，不信任的气氛已经笼罩在海特菲尔德家族和麦科伊家族的关系中。历史学家认为这可以回溯到南北战争时期,当时两个家族的成员分别为不同的一方作战(Rice, 1978)。无论它开始于何时,这种信任感的缺乏让即使是最善意的减少冲突的努力都难以奏效。海特菲尔德家族拒绝让自己的亲人、朋友到肯塔基的法庭上受审,因为他们认为不会得到公平的对待。麦科伊家族对他们的亲人到西弗吉尼亚的法庭也持同样看法。1886 年 12 月 26 日,海特菲尔德家族的领袖人物迪韦尔・安斯・海特菲尔德曾致信表示为家族争斗而伤心,并希望结束它。但麦科伊家族却拒绝他的这一努力,认为这不过是一场骗局,并发誓为杰夫・麦科伊的被杀复仇。这样看来,一旦不信任感在冲突中传播,似乎再没有什么力量可以使它减少。"认为另一个群体不值得信任,可能是引发冲突的紧张状态最主要的来源。劳资纠纷、种族暴力、战争和革命的历史充分展示了不信任感的巨大作用。"(Webb & Worchel, 1986, p. 213)

研究者们(例如,Schlenker, Helm & Tedeschi, 1973; Swinth, 1976)指出,为了建立信任感,一个人必须放松自己的防卫姿态,变得脆弱,观察另一个人是否会利用这种脆弱欺辱自己。这种试验必须进行多次,信任关系才能得以建立。

但是,尽管信任关系难以建立,而且在建立之前通常需要一系列积极的会面,韦布和伍彻尔(1986)指出,只有一次的背叛就可以建立不信任感,而且这种不信任感会非常稳定。不信任感难以改变,因为它会引起冲突的螺旋试上升:另一个人被看做一种威胁,这会导致冲突,而这又会造成更大的不信任感,等等。如果一个人曾经背叛过,那么他或她就会很难与其他人"和好",因为受伤害的人会认为这种背叛行为将来还会发生。

我们对不信任的描述似乎把它看做一种终极状态。即是说,它一旦形成,就会持续下去。这在许多情况下的确如此,但是有时如果犯错误的人承认自己的背叛行为,并且让受伤害的人相信他或她在真心悔恨,那么不信任感也可以消除。另外,如果犯错误的人曾经从背叛行为中获利,那么他或她必须设法偿还。几位最著名的美国总统(乔治・华盛顿、亚伯拉罕・林肯、亨利・杜鲁门)都曾为自己参与的事件公开道歉,并接受对自己的责备。杜鲁门因为放在他办公桌上的一个饰板而出名,上面写着:"该负责任不能再推诿了!"

沟通

沟通是暗含在信任概念之中的。信任建立在对意图和许诺进行沟通的基础上,而且在人们交流信息的过程中得到发展。沟通也是解决冲突的重要手段。然而,冲突各方的最初倾向经常是退出和停止沟通。这种反应被称为**自闭性敌视(autistic hostility)**(Newcomb, 1947),因为这种形式的敌意忽视在解决问题中沟通的必要性。

然而,各方很快就能意识到沟通在解决冲突中的必要性。这时就会产生一种很有趣的两难困境(McClintock, Stech & Keil, 1983)。一方面,每一方都不想告诉对方自身的长处、弱点和愿望,以免被对方所利用。而另一方面,如果各方要明确问题、找到答案,沟通又是至关重要的。

许多研究的结果表明,沟通总体上可以提高冲突得以积极解决的可能性(Grzelek, 1988)。但是冲突中的人们常常需要被强迫参加沟通,正如视窗 12.2 中所描述的那样。沟通的时间安排也很重要,例如,冲突后期的沟通比冲突早期的沟通更可能取得积极效果(Stech & McClintock, 1981)。后期的沟通可以把注意力集中于相互关系的合作方面及冲突的减少上,而早期的沟通却经常把注意力集中在冲突和威胁上。

视窗 12.2 沟通对解决冲突的重要性

本章前面所描述的多伊奇和克劳斯(1960)的实验是社会心理学中最著名的实验研究之一。两名研究者利用货运游戏考察了威胁对解决冲突的影响问题。该研究显示,无论哪种形式的威胁的存在(单边的或双边的),都会使游戏者挣的钱大大减少。情况似乎就是这样,如果威胁是等式的一部分,那么参与者就难以计算出一个合作性的答案。

两年之后,这两名研究者又利用货运游戏做了一个著名的研究(Deutsch & Krauss,1962)。和前面的研究一样,游戏者可以互相合作,利用经济有效的单车道来获得盈利;或者合作失败,被迫使用一条弯曲的、低效的路而遭受经济损失(见图 12.4)。潜在性威胁也同样是被操纵的。在双边威胁条件下,两名游戏者都有一个门可以用来关闭较直的、单车道的线路;在单边威胁条件下,只有一名游戏者有一个门可以关闭这条路;在无威胁条件下,两名游戏者都没有门。

重要的是,该研究增加了一个对潜在性沟通的操纵。在强制性沟通条件下,游戏者被告诉必须互相沟通,这样,这些游戏者被强迫与对手交流信息;在许可性沟通条件下,游戏者被告诉,如果他们愿意的话,可以互相沟通,这样,这些游戏者可以按照自己的愿望选择沟通或不沟通;最后,在无沟通条件下,不存在进行沟通或交流信息的可能性。

下表呈现了在各种条件下每轮中共同获利(即把两名游戏者的获利合并)的平均数。首先要注意的是,与上一个研究相同,无威胁条件是产生盈利(正值)的唯一条件。而且在该条件下,对沟通的操纵产生的影响很小。无论有无沟通,缺少威胁似乎都可以促进合作。然而,在其他条件下结果却非常不同。当一方或双方有门时,两名游戏者都会经历到损失(负值)。而且,在单边威胁条件下,损失的幅度极大地受对沟通操纵的影响。在此条件下,相对于许可性沟通或无沟通,强制性沟通

续 表

大大减少了损失量。就是说，当游戏者被迫与对手沟通时，他们就能够克服由单边威胁所设置的障碍。而另一方面，仅仅有机会交流信息并不足以避免损失。可能参与者认为，自愿与对手沟通会被当作软弱或希望妥协的信号，所以他们并没有利用这种机会作沟通。无论其原因是什么，在单边威胁条件下，只有强制性沟通产生了更好的结果。然而，即使是强制性沟通也不能克服双边威胁对获利的消极影响。当两名游戏者都可以控制一个门时，三种沟通条件下的被试都受到相当大的损失。看起来似乎是这样，当游戏者双方都可以造成僵局时，紧张或不信任是如此强烈，以至于无论什么样的沟通都不能使合作关系得以建立。

对于解决现实生活中的群际冲突，上述发现同时为乐观态度和悲观态度提供了理由。从积极的方面看，结果显示，沟通可以增进合作，提高参与者的收益。因此，保持沟通渠道的开放似乎能使冲突状况得到改善。从消极方面来看，参与者必须被强迫参与沟通，而这在现实生活的群际冲突中很少见。另外，无论在什么沟通条件下，双边威胁的存在(可能是现实生活冲突中最常见的情况)都会产生消极结果。虽然在强制性沟通/单边威胁条件下的研究结果为沟通的效益提供了证据，但是多伊奇和克劳斯(1962)发现令人气馁的程度至少与其鼓舞性是相等的。

在修改后的货运游戏中每一轮的共同盈利(艾克米和波尔特)

	无威胁	单边威胁	双边威胁
强制性沟通	6.09	−5.14	−41.73
许可性沟通	8.54	−34.58	−41.32
无沟通	10.41	−22.13	−47.44

来源：Deutsch & Krauss (1962)

减少冲突，改进群际关系

我们已经看到，群体之间的关系能很快转变为对抗性的。两个人的不和可以变成两个群体的争斗。我们已经考察了引起冲突的某些原因，鉴别出冲突发生后使之得以维持的因素。现在我们必须问的一个问题是，如何才能减少或控制群际冲突。如果在海特菲尔德与麦科伊家族冲突发生后的1880年，我们恰好去访问肯塔基的斯准镇，我们可以建议采取哪些措施来遏制当时的事态呢？

一般而言,我们解决这场冲突的方法以我们对群际冲突原因的认识为基础。例如,相信个体行为的重要性是佛教的基本信条。《杂阿含经》(Samyutta Nikaya)记载了一则国王考斯拉的故事。考斯拉王想让他的王后米丽卡表达对他的爱,他采用了迂回的方式,问米丽卡:"有人对你来说比你自己更珍贵吗?"米丽卡的回答让他大吃一惊,她说对她来说没有人比她自己更珍贵。烦恼的国王到佛那里寻求忠告。在听了他的故事后,佛回答道:"无论何处,你都不能找到对你来说比你自己更珍贵的东西。同样的道理,对其他人来说,自己也是最珍贵的。所以,一个爱自己的人不应该伤害其他人。"(Kraft, 1992, p. 75)从这一角度看,即使是解决最大群体之间的冲突,也必须从个体行为开始。因为正是在个体内部,我们可以找到群际冲突的根源。因此,如果我们采纳这一建议,我们就会致力于对个体实施教育,帮助每个人确立其自身的身份感。

然而,如果我们认为群际冲突是由个体过程和群体过程共同造成的,我们就会进一步扩大搜寻的范围,使之包括群体方面的因素。这方面有两种基本的取向,它们都对国家实施的有关方案起着指导作用,以便使生活在同一个国家的不同种族和文化群体和谐相处(Worchel, in press)。这两种观点有助于我们理解即将考察的具体措施所要实现的目标。

回忆一下本章前面对社会身份感理论和类别化的讨论。这些观点认为,把人划分为群体为群体间的冲突和歧视打下了基础。不管类别化是被一种共同命运所伴随,还是以共同特征为基础,它都会激励群体成员努力提高自己的群体相对于外群体的地位。而如果群体间的紧张状态是由把人们划归不同群体所造成的,那么消除群体界限,鼓励人们把自己看做同一个群体的成员,就可以减少群际冲突。这种**再类别化法**(recategorization)(Gaertner, Mann, Dovidio, Murrell & Pomare, 1990)提示我们,要降低海特菲尔德——麦科伊家族争斗的剧烈程度,我们可以通过减少家族身份感的突显性,引导双方的成员把自己看做属于同一个更大的群体——阿巴拉契亚山人。这正是美国和全球化社会的倡导者所采用的"熔炉"法("melting pot" approach)背后的推理(Featherstone, 1990)。该方法的倡导者提出,如果降低种族群体界限的突显性,就能减少种族群体间的冲突。个体被鼓励把自己和他人归入更大的公共类别,而不是强调其种族身份感。例如，强调用作为一名“美国人”或“行星地球的公民”的身份感来创造一个公共群体。

另一种取向认为，群际冲突是由群体体验到其集体身份感受到威胁而引起的。该取向在用于国家水平时常被称作**多元文化主义**(**multiculturalism**)(Worchel, Coutant-Sassic & Wong, 1993)。该取向的理论家们指出，群体具有建立稳定身份感的愿望，这种身份感可以使其在社会中居于独特的位置。对群体身份感的威胁会使其成员与其他群体的成员相冲突和对抗，以便重新建立内群体的身份感(Brewer, 1991)。安全的群体几乎没有与其他群体冲突的动机。依据这一观点，如果每个群体感到其身份感受他人尊重，是肯定性的，那么群际冲突就会减少。如果我们采取这一取向，要减少海特菲尔德和麦科伊家族间的冲突，我们就要努力增进各方的群体身份感，并强调每个家族的积极方面。例如，我们可以让每个家族的成员多学习自己家族的历史，并与另一个家族的成员交流这类信息。建立两个强有力而又组织良好的家族，能使其成员更有效地相互协商。新西兰、加拿大和瑞士都采用了这种多元文化的方法。在这些国家中，各民族的身份感都得到强调，个体被鼓励保持和分享他们的本土语言和习俗。国家采用多种语言，庆祝所有主要民族的节日，而且学龄儿童可以分别接受基于不同民族文化的教育。该取向的目的是在各自分离的、独特的群体之间建立起和谐与理解。

加拿大试图通过像范库弗峰太平洋民族博览会(Vancouver's Pacific National Exhibition)之类的多元文化活动，来维护其不同种族群体的身份感

在我们讨论为减少群际冲突而设计的各种具体方案时，要同时记住这两种不同的观点。在许多事例中，这两种观点所提出的方案是相同的，但是却分别强调不同的方

面。例如，我们会看到，不同群体成员间的接触在某些情况下可以减少冲突。从再类别化的观点看，接触的价值在于，它促使人们把自己重新类别化为属于一个相同的群体。然而，从多元文化的观点看，接触的作用在于，它可以维护不同群体的身份感，又提供了机会让每个群体熟悉和理解其他群体。因而，两种取向提出了相似的减少群际冲突的行动建议，但却分别关注不同的过程。

我们的讨论将会使我们明确，减少群体间的冲突绝非一项简单的任务。这一事实可以说明为什么我们的周围充斥着群际冲突。但是，我们可以从这样的认识中获得希望，这就是，群际冲突能够被解决，我们也能够鉴别出最可能解决它的某些步骤。

接触

家族冲突开始后，在多数时间里，海特菲尔德家族的人会让自己停留在大沙河的西弗吉尼亚一边，而麦科伊家族的人则停留在肯塔基一边。他们缺少机会来讨论相互间的差异，或看到共同的特征。缺乏接触可能延长了冲突的时间。这看起来是一种颇具吸引力的观点，但是这起家族冲突的历史显示，某些最激烈的对抗却正是发生在投票选举时两家人不得不接触的时候。在 1880 年春季选举时，约翰斯·海特菲尔德和罗斯·安娜·麦科伊参加布莱伯瑞—克里克选区的投票时双双坠入爱河，而这却引发了新一轮家族间的暴力冲突。1882 年，就在同一个投票地点，两个家族的成员爆发了一场战斗，它使艾利森·海特菲尔德丧生，最后又夺走了三名麦科伊家族成员的生命。这些事例使我们不得不质疑接触在解决冲突中的作用。

在第七章我们讨论了接触在减少歧视中的作用。请回想一下，接触必须满足特定的前提条件才能减少群体间的敌意。首先，它必须包括合作。这一点我们将在下一部分详细讨论。第二，群体成员必须具有相同的地位，才能使接触具有积极效果(Amir, 1969)。也就是说，群体成员相互接触的情境必须确保他们的地位和权力相等。举例来说，在整合学校的许多尝试中，曾受过良好学校教育的白人学生同受过不良学校教育的黑人学生被安排在同一所学校。这样，白人学生会因其以往的学校教育经历而对完成学习任务做了更好的准备。因此，这种接触反而突出了黑人与白人的差异，并常常增加冲突。

第三个增强接触积极效果的因素(未在第七章提过)是，在接触之前要给予关于外群体的积极信息。一项对在埃及的以色列游客态度的研究(Ben-Ari & Amir, 1988)显示，在旅游之前收到关于埃及人信息的以色列人具有最积极的态度。而只是有积极信息(不到埃及旅游)，或只是有接触(无积极信息)都对态度的影响甚微。由此看来，当人们具有关于外群体的积极信息时，接触有利于他们把外群体的成员当做个体来看待。

合作和相互依存

合作是减少群际冲突最有效的手段之一。为了使合作得以进行,不同群体的成员必须为一个**超常目标**(superordinate goal)而一起工作。超常目标是对两个群体的成员都有吸引力,但如果不进行群体间的合作就不能实现的目标。

在第七章讨论的阿龙森的合作学习**切块拼接法(jigsaw method)**中(见视窗 7.2),学习小组的每位成员分配到功课的一部分,由他或她讲给其他小组成员。在这种情况下,所有小组成员会在学习各自的部分时积极地互相帮助。阿龙森发现,当这些小组中包括不同种族或民族的学生时,切块拼接法减少了种族刻板印象,增加了不同种族群体成员的相互吸引。

合作可以有效减少敌意是有充分理由的。首先,它使群体成员不再关注相互间的冲突,而把注意力集中于努力解决所面临的问题。第二,合作降低了内群体与外群体区分的突显性(Miller & Davidson-Podgorny,1987; Worchel, 1986)。一同工作的群体更多关注手头的任务,更少把他们自己划分为内群体和外群体。在某种意义上,由于每个人都依赖于所有其他人,因而所有的成员现在都属于同一个群体,而且越来越用积极的眼光看待其他人。

值得注意的是,当一方给另一方提供帮助时,冲突并不会减少(Worchel, Wong & Skeltema,1989)。同样的道理,外国援助计划常常使受助方产生消极情感(Taormina & Messick, 1983)。与合作不同,帮助似乎在帮助者和受助者之间划了一条清晰的界限,而且使帮助者处于更有权力的位置。因而,群体界限仍然是突显的,而冲突还会继续。同时,虽然合作在群体的努力取得成功时可以减少冲突,但是如果合作完成的任务失败,就会导致寻找替罪羊(谴责另一个群体),增强群体间的敌意(Worchel, Andreoli & Folger,1977)。

减少威胁,从而减少冲突

本章在前面讨论了威胁对冲突解决的破坏性作用。威胁可以使冲突升级,而冲突又经常促使人使用威胁。奥斯古德(Osgood)(1962)就认识到了这一点,而且指出,美国和前苏联之间谈判所走的道路正好与冲突解决的方向相反。每一方都努力积聚潜在的威胁力量,而武器的大量增加又使发生意外战争的可能性也大大增加。奥斯古德提出了一个摆脱这种冲突螺旋式上升的方法。他把该计划称为**缓和紧张的分等级相互回报**(GRIT, graduated reciprocation in tension reduction)策略。第一阶段的目的在于获得公众支持。一方要公开宣布它试图缓和紧张,并明确声明它要单方面采取主动这样做。该方还应该敦请另一方也表现出主动性来做出回应。第二阶段的目的在于表明倡导者的可信性和真诚。在该阶段,倡导者要实施已宣布的缓和紧张的行动,而且要以非常明确并可公开查证的方式进行。即使在没有回报的情况下，这些行动步骤也必须实施。最后，GRIT 战略需要使倡导者保留足够的避免被对方压榨的能力。这些步骤详细说明，主动行动应该冒一定风险，使倡导者变得易受攻击；但是这些行动又不能太冒进，以至于使倡导者丧失保护自己或一旦对手做出侵犯性反应而采取报复的能力。GRIT 背后的观点是，一个国家或个人降低威胁能力的行动将很可能促使他人做出类似的行动(Lindskold, 1986)。

总体上说，研究表明 GRIT 非常有效。也就是说，单方面降低威胁性通常会让对手一方做出合作性的反应。研究发现，即使在竞争非常激烈而且已持续了一段时间的情况下，该效果仍然存在(Walters & Lindskold, 1982)。其他研究发现，当对手与倡导者力量相同或更弱时，GRIT 最可能获得成功(Lindskold & Aronoff, 1980)。因此，强力者(high power people)使用 GRIT 会特别有效。

我们知道，1980 年代后期和 1990 年代前期，美国和前苏联都采取了一系列削减常规武装和核武库的单边行动。几乎可以肯定地说，这些行动加速了两国之间冷战的结束。这就是一个现实生活中 GRIT 的近似形式在缓和紧张和冲突上发挥作用的具体事例。

使冲突去人格化：规范的运用

鲁道夫·麦科伊成为家族冲突的中心有几个原因。他的自尊在关于猪的事件中受到了伤害，而他却绝不愿意示弱。事态迅速变成麦科伊家族与海特菲尔德家族的对抗。虽然这是冲突的一般进程，但是它却使各方陷入这样一种境地："退却"或者"继续战斗"似乎成为仅有的选择。这种看法很显然使一方反对另一方。这种关于对抗的高度个人化的观点常常会妨碍问题的解决，因为在它看来，声誉正遭遇危险，而面子必须加以保护。

我们的分析认为，如果冲突的个人性质被削弱，它将更容易得到解决。逖鲍特(Thibaut)(1968)指出，援引一般规则或规范来寻求答案，通常会使冲突去人格化，并解冻双方的立场。这种方法可以消除"我们"与"他们"相对立的心态(mentality)，促使各方寻找适用于该情境的一般规则。

规范(norms)是决定行为应该如何合理进行的规则(见第十一章)。它们是非个人化的，因为它们涉及的是情况，而不是冲突中人们的人格。依赖于规范解决冲突的努力直接指向鉴别出一个公平公正的解决方案，而不是哪一方更强大或更有能力。

某些规范主要关注资源的分配。一个这类规范涉及双方的需要。简单地说，该规范宣称，一个人需要得越多，他或她应该得到越多。第二个规范基于**平等(equality)**。依据该规范，资源应该在某种社会关系中的人们之间平均分配。第三个规范(社会心理学家研究最多的一个)是**公正(equity)**。依据该规范，人们从一种关系中得到的数量应该取决于他们贡献了多少。例如，假如你工作了8小时油漆围墙，而你的一位朋友工作了2小时。你们因为该工作共得到100美元。如果你得到80美元（因为80%的工作而得到80%的报酬），而你的朋友得到20美元（因为20%的工作而得到20%的报酬），那么该关系就是公正的。

我们倾向于在特定的情境中使用或更喜欢使用特定的规范。例如，内聚性群体最可能使用需要规范和平等规范，因为它具有积极的情感氛围（朋友、家庭），而非内聚性群体则通常使用公正规范。多依奇（1975）指出，在最关心生产力的群体中会使用公正规范，而在主要关注发展积极社会关系的群体中，将会使用平等规范（请回忆第八章中对交换关系（exchange relationship）和公有关系（communal relationship）所作的区分，前者用公正指导资源分配，而后者则偏好平等分配）。

虽然规范可以使冲突去人格化，但是它并不一定能确保冲突的顺利解决。关于哪种规范最适合于一种情境，可能会出现争议（Austin，1986）。同时，对资源所有权之类根本性问题的争议，如海特菲尔德和麦科伊两家对猪所有权的争议，规范并不能提供清晰的可以使双方都满意的指导框架。毕竟，有争议的猪只能归一名所有者！

第三方的干预：仲裁与调解

有时可以求助于其他派别来解决冲突。请思考一下下面的故事，鲁宾（Rubin）、普鲁特（Pruitt）和金（Kim）（1994）认为它是由人类学家威廉-尤里（William Ury）写的。一位老人告诉他的三个儿子，在他死后要把他财产的一半分给大儿子，三分之一给二儿子，九分之一给最小的儿子。在老人死后，三个儿子为怎么按他的意思分配他的十七头骆驼而争吵起来。在他们激烈争吵时，村里的一位老人骑着骆驼来了。在听了问题后，老人提出，如果有用的话可以把他的骆驼加到他们父亲的财产中。而事实上这确实有用。大儿子分到九头骆驼（二分之一），二儿子得到六头（三分之一），三儿子得到两头（九分之一）。三兄弟得到的骆驼总共17头，而老人也正好把他的骆驼骑走。

这则故事说明，第三方的干预常常能提供一个新的视角，从而有助于争议的解决。“第三方是在两个或多个人发生争议之时，在这场争议之外但却试图帮助这些人达成协议的一个人或集体”（Rubin, Pruitt & Kim, 1994, p. 197）。第三方可以扮演多种角色。最常见的是**调解者**（mediator），通常是提供建议，帮助各方澄清问题并达成一个解决方案（Duffy，1991）。另一种常见的第三方是**仲裁者**（arbitrator），有权在听完双方的辩论后强加最终解决方案。最近，出现了一种混合的形式——**调解/仲裁者（mediator/arbitrator, Med/Arb）**，如果调解不成功可以强加一种方案（Pruitt, Fry, Castrianno, Zubek, Welton, McGillicuddy & Ippolito, 1989）。

第三方的存在本身就改变了争议各方互动的性质，通常会把各方的注意力从它们之间的直接争执，转向对第三方施加影响。这对冲突有积极影响，除了在有些情况下各方自己正在解决冲突方面取得进展(Hiltrop，1985)。

调解者可以用多种方式帮助解决冲突。他们可以鼓励各方进行沟通，而且教给它们有效沟通的方法(回忆我们对沟通重要性的讨论)。可以帮助各方把注意力集中在重要问题而非细枝末节上。还可以帮助各方认识到新的备选方案，提出对问题的不同观点。也还可以帮助平衡权力，使一方不至于被另一方压制(Carnevale and Pruitt，1992)。另外，调解者还可以帮助防止过早地结束解决冲突的努力。

普鲁特(Pruitt)及其合作者们(1989)报告，那些感到有平等的机会表达意见的派别对调解最满意。换言之，认为程序是公开的和公平的，可能是成功的、令人满意的协商最重要的成分之一(Lind and Tyler，1988)。

调解作为处理民事冲突的手段越来越受到欢迎，如离婚中的财产分割、房东和房客的纠纷，以及消费者投诉等(Duffy，Grosch & Olczak，1991)。这类努力防止了法庭系统被争执所阻塞，并给了当事人机会来寻求令他们满意的解决方案。许多州已经建立起培训调解者和颁发执照的制度。我们可以想象一下，在当时，一名调解者是否可以在解决"猪争端" 中有效地发挥作用，从而改变塔戈浅滩的历史进程。

硬币的另一面：冲突的积极价值

没有人能够否认海特菲尔德家族和麦科伊家族争端的悲剧性质。许多生命被夺走，家庭被破坏，痛苦和仇恨连续 50 年盘踞着该地区。大多数冲突没有带来如此严重的破坏和不幸。但是，即使如此悲惨的家族争斗仍可以说有某些积极的结果。争斗把国家的注意力吸引到这个偏僻的角落。西弗吉尼亚州和肯塔基州的州长给这一地区派来了最好的州法官和检察官，一个强有力的法庭体系建立了起来。两个家族都出了许多教师、商人、政治人物和医生。而且颇具讽刺意义的是，还出了许多律师。迪韦尔·安斯·海特菲尔德的侄子亨利·特鲁里·海特菲尔德成为一名受人尊敬的外科医生，在 1911 年当选为西弗吉尼亚州参议院的议长，1913 年成为西弗吉尼亚州的州长。因此，冲突在产生消极结果的同时，也可以产生积极的结果。

从群体的角度出发，伍彻尔(Worchel)、康坦德-萨斯克(Coutant-Sassic)和王(Wong)(1993)提出，群际冲突有助于确立群体的边界和身份感。事实上，当群体感受到对自身身份感的威胁时，它们就可能寻求与其他群体相冲突。这些研究者发现，新建立的群体更偏好与外群体的竞争关系，而不是合作关系。与外群体的竞争可能是作为一种建立清晰的群体身份感的手段。冲突迫使人们站在一方的立场上，使"我们"和"他们"的区分更清楚。群际冲突通常会加强每个群体内部成员的联系。

社会学家乔治(George)(1995)提出冲突的另一种积极作用——引发社会变革。美国黑人和白人的公开冲突导致了无数的社会变革，为增加我们社会的平等提供了机会。致使黑人重新团结起来的黑人权力运动(the black power movement)，是种族冲突的直接结果。

群际冲突也会有积极的作用。好战的黑豹党虽然加剧了黑人和白人之间以及黑人内部的冲突，但最终在争取权力的斗争中把黑人团结在了一起。

多依奇(Deutsch)(1973)总结了冲突的积极作用：

> 它(冲突)可以防止停滞；它可以激发兴趣和好奇；它是使问题得以公开并进而得到解决的媒介；它是个人和社会变革的根源。冲突经常是检验和评估自己的过程的一部分，而这样，当一个人体验到充分、积极使用自己能力的快乐时，冲突就会非常令人愉快。另外，冲突为群体划分了相互间的界限，因而有助于确立群体和个人身份感；外部的冲突还常常会培养出内部的凝聚力。(P. 9)

我们可以得出结论，群体之间的关系常常被染上冲突和竞争的色彩。这种情况本身并不必然是消极的。重要的问题是这些群体如何**管理**它们的冲突。一种方式可能会带来悲剧和破坏，而另一种方式可能会带来我们在本部分谈到的积极结果。在处理群际关系上，我们所面临的挑战是必须对冲突做出建设性的反应。

总结

相对于作为个体进行相互作用，人们在群体成员身份突显的情境中相互作用时，倾向于更具竞争性和更少合作性。该现象被称作不连续性效应。所以，群体之间的相互作用经常包含着冲突。该效应可能来自人们在群际背景中贪欲的增长，或者来自人们通过提高内群体相对于其他群体的地位而提高其社会身份感的欲望。

人们通过把自己和他人放置在各种类别之中而使其社会具有一定的结构。这些类别是个体创造其社会身份感和把他人放置在群体中的基础。类别是围绕突显的特征建立的，而人们在适合性的基础上被分配给它们。因此，群体在更大程度上源于我们的认知过程，而不只是物理环境的产物。

相对于内群体成员，我们通常把外群体成员知觉为更具相似性，此即外群体同质效应。由于这种倾向性的存在，我们常常把对一名外群体成员的体验推广到所有外群体成员身上。对外群体同质性的认识也会限制我们与外群体成员的相互作用。

在对内群体成员和外群体成员评定的极端性上，存在互相矛盾的研究发现。某些研究显示对内群体成员的评定更极端（害群马效应），而其他研究显示对外群体成员的评定更极端。一个研究小组指出，高度认同于其群体的人会表现出害群马效应，而很少认同于其群体的人则在评价外群体成员时比评价内群体成员时更极端。

公平世界理论认为，人们希望，而且需要相信世界基本上是一个公平的地方，人们可以得到他应该得到的东西。该信念使儿童从追求所有冲动的即刻满足（快乐原则），发展到延迟满足和付出代价，以便在将来获得更大的报酬（现实原则）。这种人们得到其应该得到的东西的信念有一个不良的后果，这就是受害者责任归咎，即不幸事件的受害者和处于不利地位的少数派群体的成员被认为应该对自身的困境负责。

去合法化涉及把人们或群体置于特别消极的社会类别中，这些类别在任何可接受的规范或价值标准范围之外。去合法化最可能在个体感受到巨大威胁时发生。

相对剥夺是当个体认为自己或其群体所得到的结果不公平时产生的愤慨感。这种不公平体验被认为依赖于对想要和应得的知觉。也就是说，当人们想得到一个欲求的目标并感到有权得到该目标时，他们就会感到自己相对性地被剥夺了。个人相对剥夺是指对个体自己结果的愤慨感，它倾向于引发用于改进自身结果的行为（自我改善行为）。群体相对剥夺指对内群体结果的愤慨感，它倾向于引发意在改进群体结果的行为（集体行动）。

少数派群体经常相互比较。因此，如果一个群体做得比其他群体好，那些情况更差的群体会感觉受到了威胁。这种威胁的一种后果是，情况更差群体的成员会厌恶正在兴盛起来的群体的成员。

冲突一旦开始，一般会越来越激烈，而且范围会不断扩大，这种模式被称做冲突恶化。威胁的使用往往会遇到反威胁，导致更激烈的冲突。对威胁让步，尤其在公开的场合，通常是丢面子的事，这是个体和群体所极力回避的。恐怖主义是针对平民的现实的或威胁性的暴力行动，以实现公开声明的政治目的。恐怖主义的目标是获得全世界的关注和引起大范围的恐惧。

不信任感也会维持或促使冲突的逐步升级。信任感很难建立，但很容易被破坏。沟通对解决冲突很关键，但冲突各方的最初倾向通常是退出和停止沟通，这种反应被称作自闭性敌视。虽然沟通增加了积极解决冲突的可能性，但是在参与者积极地解决他们的冲突之前，他们通常必须被强迫参与沟通。

有两种减少群际冲突的一般方式。一种方式称作再类别化，指鼓励对立群体的成员降低现有的身份感，而采用一个共同的身份。另一种方式在国家水平上称作多元文化主义，涉及加强和保护群体身份感，而与此同时鼓励不同群体的合作和互相学习。接触，特别是地位平等的接触，有利于减少群体间的冲突。如果群体间的接触包括为实现一个超常目标而互相合作，那么它的积极效果会得到增强。

正如使用威胁会加剧冲突，减少威胁也有利于减少冲突。缓和紧张的分等级相互回报策略(GRIT)正是基于这种观点，认为冲突中的一方减少威胁的单边行动很可能使对方做出相似的减少威胁的行动。使用规范，如公正，有助于利用一般的"规则"(rule)来解决争端，从而使冲突去人格化。调解者是给冲突各方提供咨询，帮助其澄清问题，并达成解决方案。仲裁者有权在听完双方的辩论后强加一个最终解决方案。而调解/仲裁者则结合了两种角色，能够在调解不成功的情况下强加解决方案。

虽然冲突通常具有消极的甚至悲剧性的后果，但是它也具有积极的结果。冲突可以使群体建立其身份感，可以导致社会变革，而且能够促进创造性思维。所以，冲突并不一定是需要避免的。但是，我们需要用建设性的方式来管理冲突，以便达到积极的目标。

关键词

仲裁者	自闭性敌视	害群马效应	冲突恶化
去合法化	不连续性效应	公正	要面子
缓和紧张的分等级相互回报	切块拼接法	公平世界理论	调解者
调解/仲裁者	多元文化主义	规范	外群体同质性效应
快乐原则	现实原则	再类别化	相对剥夺
社会同一性理论	超常目标	恐怖主义	受害者责任归咎

推荐读物

Abrams, D., and Hogg, M. A. (Eds.). (1990) *Social identity theory: Constructive and critical advances*. London, England: Harvester Wheatsheaf.

Bar-Tal, D. (1990). *Group beliefs: A conception for analyzing group structure, process, and behavior*. New York: Springer-Verlag.

Brown, R. J. (1988). *Group processes: Dynamics within and between groups*.

Oxford, England: Blackwell.

Hewstone, M., and Brown, R. J. (Eds.). (1986). *Contact and conflict in intergroup encounters*. London, England: Blackwell.

Hogg, M. A., and Abrams, D. (1988). *Social identifications: A social psychology of intergroup relations and group processes*. London, England: Routledge.

Messick, D. M., and Mackie, D. M. (1989). Intergroup relations. *Annual Review of Psychology*, 40, 45-81.

Stroebe, W., Kruglanski, A. W., Bar-Tal, D., and Hewstone, M. (Eds.). (1988). *The social psychology of intergroup conflict: Theory, research, and applications*. Berlin: Springer-Verlag.

Taylor, D. M., and Moghaddam, F. M. (1994). *Theories of intergroup relations: International social psychological perspectives* (2nd ed.). New York: Praeger.

Turner, J. C., (1987). *Rediscovering the social group: A self-Categorization theory*. Oxford, England: Blackwell.

Worchel, S., and Austin, W. G. (Eds.). (1986). *The psychology of intergroup relations*. Chicago: Nelson-Hall.

第十三章
群体动力学

博物馆的主管笑着对年轻人说："这是个有意思的理论，但是有一个重要的缺陷。驾着木筏从秘鲁去玻利尼西亚岛，对任何人来说都是不可能的。你意识这个路程已超过 4 300 公里了吗？"

索尔·海尔达(Thor Heyerdahl)说了他的观点："看这些在秘鲁和玻利尼西亚岛上发现的人造物的相似性，你如何解释古代的秘鲁人和玻利尼西亚人都有叫泰希(TiKi)的神的事实呢？一定是来自秘鲁的人首先在玻利尼西亚岛定居的。"

"人造物和神的相似性并不能充分证明你的观点，"主管说，"如果从秘鲁乘木筏去玻利尼西亚根本不可能，那么这些巧合什么也说明不了。所以你要注意，在你的理论提出前，必须先说明这个壮举是有可能被完成的。"

索尔离开会议，比以往更增加了证明他的理论的决心。他想证明，从秘鲁乘木筏到玻利尼西亚是可能的。他花了几周的时间在图书馆里学习这种公元 500 年至 1000 年印加人使用的木筏。索尔发现，他们先砍伐轻木树，然后把原木由大麻绳捆扎起来做成这种木筏。这种木筏能够承受得了在可能是世界上最疯狂的大海进行 4 300 英里的旅程吗？

显然，索尔一个人是不能完成这个旅行的，必须有一些人始终来掌舵和处理船上大量的杂务事。索尔没费很大力，便说服了其他 5 个人陪他一起完成这个旅行。赫尔曼(Herman)携带工具并测量水流和风向；艾利克(Erik)是补帆、接绳和驾驶的专家；克努特(Knut)和托斯腾(Torstein)在二战中积累了大量关于无线电的经验，他们负责联络；本特(Bengt)负责科学记录并作为舵手；索尔领导整个探险，并做航海日记。

在聚集好船员和确保了经济支持后，他们出发去秘鲁建造他们的木筏。他们必须首先进入丛林寻找大的轻木树。费了很大的劲，他们才将 9 棵巨大的原木拖到卡亚俄(Callao)岛。在那里他们把原木捆在一起，在甲板上建了一个小船舱，并进行了几次试航。他们按照描绘古印加人木筏的图画来建造自己的木筏。他们没有从好奇的观众那里接受任何帮助。当地天真的秘鲁人只是看着这个古怪的木筏一天天成型，并且观众的人数每天都在增加。

最终，木筏做好了，它有 45 英尺长。在一次大的出航之前，他们在船上面画了泰希的图像，还把它命名为"肯泰希(KonTiKi)"号。他们每个人都知道，这个木筏再好，也仅仅要成为整个冒险最差的环节。最后，终于在1947年4月27日，他们将食物和水带到了船上，"肯泰希"准备出发了。

第二天一大早，木筏缓缓向大海驶去。随着告别拖船，这些人知道他们将在至少3个月内看不到除彼此之外的任何人——如果一切进展顺利的话。

航行的第三天，他们开会讨论规则，虽然每个人都已经被分配了特定的任务，但所有日常事务如：掌舵、警戒、烹饪还需平均分配。每个人白天、夜晚各两个小时掌管控制方向的橹。所有食物必须在贮藏室之外吃，而且吃东西的"合适的地方"仅在船尾处木头最远的一端(Heyerdahl，1950)。每个岗位同样有自己的规定。例如，夜晚警戒必须始终在腰上系上绳子。

日子一星期、一星期、一个月、一个月地过去了，强壮的木筏被高浪和狂风破坏着，但它们总是能胜利。每天船员们都焦虑地检查绳子，确保他们的木筏捆得很结实。

要使航行成功，团结努力是非常重要的。每个人都必须坚守其职，并且在有如大暴风这样的危险时，必须要一起努力。在这样一个紧密的生活空间里是不容许为小事争吵的，所以当遇到麻烦时，他们会一起进行商议。

最后，在旅行的第93天，夜间警戒大声说："前面是陆地！"所有的船员都聚到了甲

在他们的越洋航行的第93天，肯泰希船员看到了陆地，玻利尼西亚岛的安咖托。为了这个冒险有个成功的结局，需要六个不同背景的人形成一个紧密联系的团体，能够协作和做出复杂的决定。

板上，遥望远方的普卡普卡(PuKaPuKa)岛。然而，风没有帮他们的忙，他们行过了这个岛。在接下来的几天中，他们也错过了很多小岛，有时可以听见当地的居民向小船呼喊。

在航行的第100天，大风把他们吹到一个远离玻利尼西亚岛的暗礁上。他们成功了！他们的成功表明，古代的秘鲁居民可能是玻利尼西亚的第一批居民。这6个人克服了大风、航海问题和人际口角等等，仅仅使用最原始的手段，便复制了1 000年前可能已经完成的航行。他们因此在全世界被人们唤做英雄，并获得杜鲁门(Truman)总统的接见。

"肯泰希"航行的成功在很多方面都是非常有意义的。首先是，6个不同背景的人可以被组成一个紧密联系的整体来完成这样一个历险。这些人能够在一起工作和做出复杂的决策来保证成功。他们的经历告诉我们很多群体动力的知识。

什么是群体

假如我们打算进一步研究"肯泰希"的船员来理解他们如何完成了这个令人难以置信的航行，那么在研究一开始，我们会考虑，我们是应该关注每个作为个体的成员，还是应该研究这个整体——群体。这似乎是个很简单的问题，但社会学家已经为此争论了近几十年且目前仍无定论。当我们进一步考察这个问题时，便能发现它非常复杂并且事实上引导着群体动力的研究。我们不禁要问，是否群体大于其各成员之和。

埃米尔·涂尔干(Emile Durkheim)是一位杰出的社会学家，他对这个问题有很直接的回答：群体是以其成员被组织的方式进行不同感觉和做出不同行为的。如果我们从个体开始，我们将对群体内部发生了什么一无所知(Durkheim，1898，p. 104)。

佛洛伊·奥尔伯特(FLoyd Allport，1924)对群体本质也有同样清晰的回答。但是他是站在相反的立场。他说，群体不会思考、感觉或行动——而个体却会。他通过对个体的深入观察来证明他的观点，并发现一个深刻的道理：个体不曾被群体所羁绊，群体怎么可能真正存在呢？

这个争论一直没有平息，在1952年所罗门·阿什(Solomon Asch)也提出了类似的观点。他指出，水(H_2O)由氢和氧组成。虽然知道这两个因素的特点是非常重要的，但是仅仅知道这些是不能很好地理解水的本质的。他建议说，群体就像水，它帮助我们理解个体成员，但是清楚地把握群体行为的本质需要对整个组合进行检验。近来的研究在很大程度上吸收了阿斯克的建议，他们同时研究个体成员和群体的行为。考虑到这些观点，我们便会提出这样的疑问：什么是群体呢？

今天，社会心理学家将群体看做是一个动态的整体。它不同于各部分之和：它既不比部分多也不比部分少，但是确实与个体成员的集合明显不同。虽然研究者提出了各种关于群体的不同定义，但很多都包含了这样一个令人信服的观点：**群体(group)**

包括两个或两个以上成员，他们以影响别人同时又被别人影响的方式相互作用(Shaw,1981,p.8)。群体成员总体上感觉他们是属于一起的，他们视自己形成了一个单独的联合。这种群体凝聚力的感觉通常引起一系列结果，因为群体成员分享共同的信念态度，接受该群体的共同准则，并且他们至少分享一个共同的目标。

"肯泰希"船员们便符合这个群体的定义。在航行期间，他们卷入不断的面对面的交互作用。他们认为他们形成了一个群体，并且感觉大家是属于一起的。当与别人谈话时，他们常称自己是"肯泰希号船员"。换句话说，意识到是一个群体已成为他们自我认同的一部分。最后，他们共同分享完成从秘鲁到玻利尼西亚旅行的目标。我们可以把这个群体同围观他们造木筏的人群进行比较。那些人相互之间没有交互作用，也没有对群体产生认同感。他们仅仅在同一时间，同一地点出现并进行了相似的活动。**集体(collective)**这个词用来描述那些没有面对面的相互作用，但卷入同样活动的个体(Milgram & Toch,1968)。

群体及其成员的发展

如果我们研究"肯泰希"船员，有一个特点就会立即变得很突出：船员们自身以及他们之间的关系一直在改变。当他们在一起工作时，各自的所想、所做、所感是不同的并且每个人起的作用也是不同的。换句话说，这个群体是个动态的组合，它在不断地改变。近来，人们越来越多地关注**群体发展(group development)**——随着群体内部及其成员本身的不断变化，群体形成、繁荣和衰落的过程。

首先，让我们来看个体。我们发现潜在的群体成员面临着一个比较紧迫的问题：即是否加入群体(Mackie & Geothals,1987;Montgomery,1989)。很明显，成为一个群体成员有一定好处：可以完成一个人不可能完成的任务；单独一个人是不能驾驶"肯泰希"的。和其他人在一起可以让一个个体从很多方面来评价自己。比如打网球时，如果仅仅对着墙打，你是不能知道自己究竟是个多好的网球手的。成为一名成员带来的受保护感和安全感可以使群体成员比孤独者更加健康快乐(Moreland,1987)。但是，这些好处可能会被所付出的代价抵消，成为一名群体成员要求你放弃一些自己的独立性。你可能会不得不改变你的态度和行为以使群体接受你。除了自己的愿望，你还必须也要考虑他人的愿望。因此，成为群体成员的第一步就是决定，你是否准备为了获得这些好处而接受成为其一员所付出的代价。

然而，矛盾并没有到此为止。在正式加入群体之前，个体进入了新成员一类。这时，群体试图改变个体以使他们对群体做出最大贡献(Moreland & Levine,1982,1988)。同时，新的成员也试图改变群体，使它更符合自己的需要。我们可以从肯泰希形成时的谈判中看到这一点。当一个新成员被招募，群体向他陈述对他的期望，同时每个新成员也试图要求群体做出承诺和认同。

一旦一个人完全成为群体的一员，商议的焦点就会发生一些改变。群体希望其每个成员拥有一定的角色和职位，如我们例子中的驾驶员和舵手。同时正式成员也会想担任有关的工作。在这个过程中，你属于一个群体，你会发现群体不能满足你所有的需要，你开始对作为群体中成员的价值提出疑问，寻找新的群体，并成为边缘成员（见图 13.1）。如果这时群体没有再度吸引你，你将离开该群体。其他的群体成员通常便会议论先前的成员，评价老同事的贡献。而离开群体的人也会回顾曾经的群体，回忆作为其成员的好处和代价。

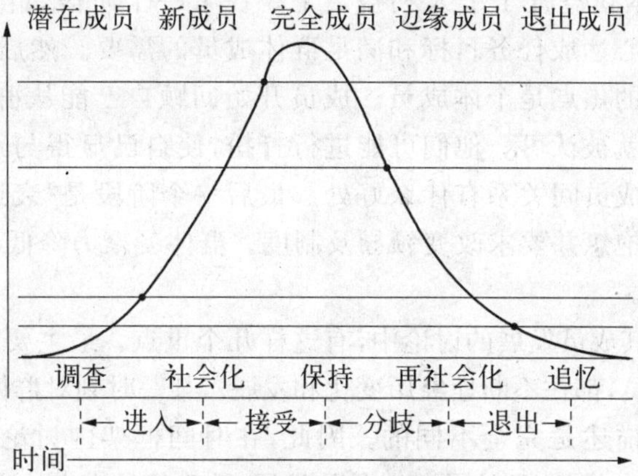

图 13.1　群体社会化模型

来源：Moreland & Levine (1982)

当你反思自己在群体中的经验时，有几点可能会进入你的头脑。第一，你可能看见你是如何经历这些阶段的，你可能也会看见你曾经是许多群体中的一员，并且可能是处于这些群体不同的成员阶段。你会发现每个群体都有处于这些不同阶段的成员。因此，一个群体好像是高速公路，成员们聚集在沿路的不同点。群体必须在不同时间处理处于不同阶段成员的问题。

虽然将群体想象成高速公路可以使我们观察个体"经过"群体的过程，这一图景却会误导我们将群体视为稳定不变的组织。实际上，群体像个体成员一样是处于不断的变动状态，它像个体一样改变和发展。一项分析表明，新的团体开始于"形成"阶段（Tuckman，1965）。在这一阶段中，群体成员确认一个领导，并讨论他们任务的本质。然后，群体进入"震荡"阶段。其中，成员开始改变群体，使其符合自己的需要。当每个成员都试图获取控制的时候，冲突便产生了。在"正规化"阶段，群体集中于减少冲突和发展规则，引导群体成员的行为。在第四阶段，"有所作为"，成员一起工作来获得共同的目标。

塔克曼（Tuckman）的分析大多关注于小的工作群体。为了消除这一局限，沃查尔·康特恩特·撒斯克(Worchall Coutant-Sasic)和格鲁斯曼(Grossman)(1991)研究了更大的群体和社会活动,如政党和波兰的团结联盟。他们发现新的群体常常是出于某一共同的原因,如在重要人物被暗杀,权力群体的镇压等重要事件发生时,将人们聚到一起而形成的。随后,新的群体进入“确认”阶段,类似于塔克曼提出的形成阶级。在这一阶段,群体关注于建立它的身份。它需要其成员的一致性,并惩罚背离的人。群体可能建立编码来定义它的成员,并常常招致同其他群体的冲突,而正是因为这些冲突的存在才确立了群体的界限。在这一阶段,群体成员将为群体利益而努力,常常将群体利益置于个人利益之上。在下一个阶段,群体焦点从确认转向“生产”。群体关心达成任务目标和满足群体成员的需要。然后群体进入“个体化”阶段。这一阶段的焦点是个体成员。成员开始回顾自己能从群体中获得什么。他们希望自己的成就被认可。他们可能进行打扮,使自己显得与众不同;也可能去探索其他群体中的成员间关系有什么好处。最后一个阶段是“衰退”。那些需要没有满足的个体开始抱怨并要求改变领导及制度。群体凝聚力降低,这一阶段为新群体的形成做了准备。

在对群体及其成员发展的讨论中,有这样几个重点。最主要的就是任何群体,如“肯泰希”全体船员,都在不断地经历变化和发展。某一时刻对群体的描述可能同另一个时刻对群体的描述是完全不同的。因此,在时间框架内讨论群体是非常重要的(McGrath,1988)。另外,群体及其成员的发展,的确像是遵守一个可预测的方式。这

圣经学习小组成员分享很多态度、信念和行为。

不等于说所有群体和所有的成员都有步骤地经历同样的过程，而是说大多数情况下是存在一个发展规律的。最后，群体成员经历的变化影响着群体，而群体的变化又影响其成员。为了理解这个观点，你可以审视一下自己的家庭。比如你上大学的事件可能改变了你家庭的性质，就像你的家从一处搬到另一处对你会产生影响一样。在头脑中有个动态的群体图景后，让我们进一步考察群体动力的两个方面：(1) 群体是如何影响个体的；(2) 群体过程是如何影响决策制定的。

群体对个体的影响

处于群体中，个体的成绩和行为会受到很多重要的影响。让我们首先探讨处于群体中是如何影响你的"个人"成绩的。从你的角度看，你可能想知道对于你的一些工作(学习、测验、长跑)在群体中完成或独自完成哪个会做得更好。

社会助长

社会学家在100年前开始对群体中的成绩问题感兴趣。在1897年，如我们在第一章看到的，诺曼·瑞普里特(Norman Triplett)进行了第一个社会心理学实验。他要求儿童在钓竿绕线轮上绕绳子，越快越好，并分别要求他们自己绕或与其他人一起竞争。瑞普里特发现，儿童在竞争的环境中绕得比独自一个人时要快。

很多继续瑞普里特实验的研究也发现，人们在群体或在观众面前的成绩要好于单独一个人时的(Travis，1925；Allport，1924)。这种他人的影响在动物和昆虫身上也有所发现。例如陈(Chen，1937)计算蚂蚁建造隧道时挖掘的土球数量。他让一些蚂蚁自己挖掘，另一些蚂蚁和另一个或两个蚂蚁一起挖。结果他发现，同其他蚂蚁一起工作的蚂蚁比单独工作的蚂蚁工作更努力(搬了更多的土球)。这些结果表明，其他人在场有利于提高成绩。但是，由于在很多的研究中，这些测试项目都是在被动的观众前进行的——一群没有任何活动的观众——因此，**社会助长(social facilitation)**似乎仅仅是由于他人的在场，而不是由于个体间的直接竞争。

鉴于这些结果，我们似乎可以做这样的结论，群体对人(或其他动物)是有好处的。但不幸的是，这一图景并非那么清晰，在社会助长的结果被报道的同时，很多研究者也报告了**社会阻抑(social inhibition)**效应。例如，佩森(Pessin)和赫斯本德(Husband，1933)发现，观众在场降低了一个学习迷宫的任务和一个学习无意义音节任务的效果。有趣的是，当被试学会迷宫和无意义音节任务后，他们在观众面前展现得更好。这些相反的结果提醒我们不要不加区分地使用群体来增加个体的绩效。

在扎琼克(Zajonc，1965)提出他的社会助长理论之前，已经有一些理论产生于相反的结果。扎琼克区分了任务的学习/获得阶段和实施/展现阶段。扎琼克(1965，1972)提出，单纯的他人在场增加了个体的唤醒水平和驱力。他认为，环境中的他人在场增加了警惕性。这一警惕性(或称唤醒)产生是因为他人的在场要求个体以新的或唯一的方式更快地行动。这种唤醒是很重要的,因为有研究表明,驱力的增长,增加了个体采取心理学家所谓的"优势反应"的可能性。优势反应是指个体在特定情境下最有可能产生的反应。因此扎琼克提出,单纯的他人在场助长了优势反应,因为它提高了驱力和唤醒水平。他进一步指出,当个体学习一个新的行为,正确的行为还没有变成优势反应。因此,根据扎琼克的理论,单纯的他人在场将抑制学习新的复杂的反应,但能助长已经学好的已成为优势反应行为的成绩。

总之,心理学家同意群体对个人成绩有影响的说法,但对为什么会发生这些影响(Berger, Carly, Circler & James 1982; Guerin & Innes 1982)的意见并不一致。另一种观点认为,观众能产生影响是由于表演者担心被评价(Cottrell, Wacky, Sekerak & Kittle 1968)。根据这种观点,人们知道他人是评价的潜在资源,他人的在场产生了一个积极或消极结果的预期。因此,社会助长仅当观众评价表演者表现时才会发生。为了坚持这观点,亨奇(Henchy)和克拉斯(Class,1968)发现,当观众被认为是某一任务的专家比被认为对任务一无所知时的社会助长作用明显。相对于非专家,专家被假设为处于评价表现的更重要地位。一些心理学家对这一主题提出了异议,他们认为,观众对个体成绩的影响取决于该个体是否担心对差绩效的负面评价或期待对好绩效的正面评价(Paulus,1983; Wilke & Vanknippenberg, 1988)。这一假设表明,关注正面结果将提高简单任务和复杂任务的成绩,而担心负面结果,将提高简单任务的成绩,但却抑制复杂任务的表现。这一理论也还需要进一步验证。

然而其他的研究表明,担心被评价并不一定会获得社会助长。例如,一个研究(Haas & Rober, 1975)发现,蒙上双眼不能评价表现的观众也提高了工作者的成绩,只是没有不蒙上双眼的观众引起的那么多。近来,保梅斯特(Baumeister)、汉密尔顿(Hamilton)和提斯(Tice,1985)发现,过多地关注评价可能会降低成绩。这些研究的结果表明,人们在期待成功的观众面前的表现不如在没有那么高期待的观众面前表现得好。

其他的解释(Sanders,1981)认为,观众是使表演者分心的事物。在这种情况下,表演者被置于一种需要决定是注意观众还是注意任务的矛盾情境中。这一冲突导致驱力增长,并助长简单任务的成绩。为了支持这一观点,很多研究发现(Sanders & Baron,1975)低水平的分心提高了简单任务的成绩。

最后,人们认为他人在场增强了个体的唤醒水平,这导致了注意超载和对环境线索注意的缺乏。如果任务比较简单,忽略的线索与任务无关,那么成绩可能就被提高。相反,如果任务比较复杂,注意狭窄将导致忽略与任务有关的信息并降低成绩(Green & Bushman,1987)。

似乎有许多因素,包括唤醒、对评价的担心、分心和注意超载,都加强了社会助长效应。事实上,所有这些过程可能在某些情况下是同时发生的。

社会惰化

对社会助长的发现"看上去"是非常直接和清晰的。但是,通常人们的行为总是给社会心理学家带来更有趣的创新和挑战。引起这些革新的其中一个启示就是由英格拉姆(Ringelmann)(1913)进行的拉绳实验。被试或者自己一个人拉或者两个人一组、3个人一组、8个人一组来拉绳。英格拉姆发现,两人一组拉绳用的力量是一个人的1.9倍,3个一组拉绳用的力量是一个人的2.5倍,8人一组则是4倍。因此,组越大,对绳子施加的力量越大,然而随着群体规模增长,每个人的输出却降低了。换句话说,人们在群体中工作时努力程度降低了,或惰化了。

类似地,这种效应被称为**社会惰化(social loafing)**,很多研究多次重复了这一现象。例如,人们在群体中拍手的响声比单独时要小。另外,一个令男招待和女招待感兴趣的结果是,在群体中人们给的小费要比一个人时付的小费少(Jackson,1987;Latané, 1981)。

让我们先来检查一下对惰化效应的解释。正如你回忆起来的,在社会助长的研究中,被试被要求单独表现或在他人面前表现。在每一种情况下,个体都知道,他/她的表现会被别人观察或鉴别。然而在社会惰化的研究中,个人同其他人一起工作,并相信只有群体的产品才被测量(Harkins & Szymanski, 1989)。而且,群体的成果对个人的影响很小。在这种情况下,个体认为他/她的付出不会被单独地鉴别出来。为了试图说明鉴别性的重要性,威廉姆斯(Williams)、哈克斯(Harkins)和拉特纳(Latane)(1981)让被试单独大喊或在群体中大喊。在一些情况下,让被试相信他们的表现一直在被监视(总是可以辨别的);在另一些情况下,则让他们相信只有当他们单独一个人时才能被辨别出来。在其他情况下,让他们相信他们的成绩永远不会被鉴别出来。如图13.2例示,当被试觉得他们的努力没有被辨别时,成绩更低。给这种观点进一步支持的研究表明,如果群体的成绩与群体成员个人相关,则社会惰化就不会发生(Brickner, Harkins & Ostrom;1986)。因此,对社会惰化的一个解释是当个体不能通过特定的结果被辨别出来且结果与个体关系不大时,社会惰化效应就会发生。

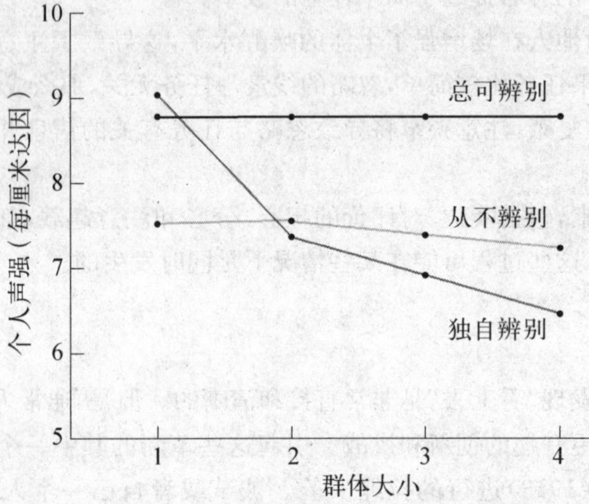

图 13.2 声强作为群体大小和可辨识性的函数

来源:After Williams, Harkins & Latané (1981)

第二个解释被称为**自由骑士效应**(**free-rider effect**)(Kerr & Brunn,1983)。为了理解这一效应,假设你是"肯泰希"的船员之一,并且你看到你们的航行进展顺利。因为一切良好,你可能感到在这种情况下,不需要太多的努力。因此,你减少了努力,变成了自由骑士。在这种情况下,社会惰化便产生了,因为群体成员相信努力是不必要的,团体没有他们也能成功。从群体的观点看,这是一种危险的情形,因为如果所有成员都变成自由骑士,任务的成绩就糟糕了。

视窗 13.1 使用非共享信息

在很多进行决策的群体中,同时存在诸多共享的和非共享的信息。一些信息会当人们参加讨论后被所有人都知道,但是一些信息只有一个人或群体中的少数人知道。许多研究表明,所有人都知道的信息会引起更多的注意,并且比非共享信息有更多的影响(Larson, Christensen Abbot & Franz,1996;Larson Foster-Fishman & Keys,1994;Stewart & Stasser,1993)。产生这种不平衡的主要原因似乎

续表

有三种。第一，共享信息更容易回忆，因为每个群体成员都能从外部获得它。而相反，非共享信息只有在大家讨论过程中才能被大多数人获得。第二，引起群体注意比较晚的信息比早获得的信息通常对群体决策影响更小。计划早就根据早期的信息形成了。第三，非共享信息看上去比共享信息更不可靠。群体成员可以修正共享信息使其正确，而对非共享信息则不可以。但是对当前问题给了真实的描述的也许正是非共享信息——也就是说，关键事实隐藏的轮廓可能存在于群体中，但没有广泛地共享(Stasser，1988；Larson Foster Fishman & Keys，1994)。这些非共享信息带来的不利如何才能被克服，以使群体做出决策可以建立在全面的信息上呢？

拉森(Larson)和他的同事提出了解决这些问题的两条途径，群体决策训练和有效领导。在一个研究中，群体经过了几个培训程序，包括构思行动方案，反思有效决策的障碍，观看强调合理决策练习的录像，如仔细考虑所有备选项，没有好的理由就不要改变立场，思考所有的重要信息。虽然培训不能完全消除共享信息的固有优势，但它的结果是很好的，决策训练增多了被讨论的非共享信息的数量。

领导的作用在一个关于一群外科医生进行一次医疗诊断的研究中被探讨。在这个群体中，年长者、更有经验的医护人员处于一个包括内部人员和医学院学生的群体的领导地位。他们控制着关于确切诊断的讨论，并对于确保非共享信息被重复和在群体商议中不被遗忘起着重要作用。通过这种方式，他们降低了通常上忽略非共享信息的趋势(Larson, et al. 1996)。

群体忽略和轻视非共享信息的趋势常常成为群体讨论和群体决策中的严重问题。对少数人影响和群体思维的研究表明了这个问题存在的广泛性。幸运的是，有很多方式可以缓解非共享信息问题。虽然要想使训练群体完全摆脱这个问题，需要做更多的工作，但至少我们已知道，群体决策训练和有效领导是个好的开始。

另一个对社会惰化的解释叫做**吸盘效应(sucker effect)**(Kerr，1983)。再设想你在“肯泰希”上努力完成这个航行，但是这次你做事十分卖力，却发现另一个船员做得非常少，你认识到是全体船员整体而不是你自己作为一个个体将从完成这个工作中得到好处。于是懒惰的成员把你当作了一个吸附对象。你做所有的工作，而他将获得和你一样多的好处。结果，你可能会减少自己的努力，并且没有你一个人工作时那样努力。在一项表明这种效应的研究中，被试与另一群体共同完成一个任务，这个群体工作得很糟糕(Kerr，1983)，让被试相信其他的成员有或者没有能力做得更好。当他们知道对方能够做得更好但不努力时，他们在最大限度上减少了自己的努力(惰化)。这似乎说明，我们尤其希望避免成为那些能够做好但故意懒惰的人的吸盘。

当你阅读关于社会惰化的实验时,可能会发现最后一点。虽然被试完成任务时能看到对方,但是他们没有形成群体的感觉。很多研究认为,当工作人员的群体感很少时,社会惰化最有可能发生(Petrovsky,1985)。例如,有一个研究发现,当群体成员被给予一个标准并被引导相信他们的群体将依标准被评价时,社会惰化没有产生(Harkins & Szynanski,1989)。在其他的研究中,通过让具有好绩效的群体获得群体奖励来加强成员相互依赖性后,被试的工作也更加努力了。事实上,他们为群体报酬工作时比为个体报酬工作时更努力(Worchel, Hart & Batter meger;1969)。因此,惰化可能会发生在集体中,但不会发生在感觉由共同命运联系的个体组成的群体中。

这些研究和近年来的一些其他研究总体上表明,当个体的结果能被明确辨别出来及评价、任务容易、强调群体感、群体成员感到任务很重要并且他们的努力很重要时,群体可以加强个体的绩效。但是,当结果不能在个体水平上被辨别,且人们对群体的归属感较小时,社会惰化便产生了。

去个性化:迷失在群体中

现在让我们转向群体对个体的最显著的效应——**去个性化(deindividuation)**。赫尔曼·瓦特辛格(Herman Watzinger),肯泰希船上的一名成员,参加了我们的讨论。他说航行开始时,他丧失了对自己的关注,而是关注全体船员,他感到他自己的身份成了整个群体的身份。对瓦特辛格来说,这一效应是令人高兴的,并加强了他在航行中的绩效。而在另一些情况下,效果并非总是积极的。如 1985 年在丹佛(Denver)和圣弗兰西斯科(San Fransisco)专业球队的一场如今已不盛行的雪球比赛中,当圣弗兰西斯科队准备打一个短场目标时,一个雪球从观众中投了过来,这个雪球分散了队员的注意力,结果圣弗兰西斯科没能击中,丹佛赢了两分。投雪球的青年说,他对自己的行为很抱歉,但他被观众的兴奋所驱使,并未在意行动的结果。

早在 1896 年,法国的社会学家古斯塔夫·勒邦(Gustave Le Bon)就发现,个体常常迷失在群体中,做一些他们独自一人时不会做的事情。他发现:不论组成它的个体是谁,不论是否像他们的生活模式、他们的职业、他们的性格或他们的智力,他们被卷入一个群体中这一事实使他们拥有一种群体思维(1895)。

除了有群体思维,集群还是不理智的,它的智力水平常常低于单独的个体。勒邦也描述了集群的情绪性。他说在集群中,个体便感到和表达一种原始状态的情绪。根据勒邦所说,三个机制对形成集群有贡献。第一,因为个体是匿名的,他们丢失了个体的责任感,并因此参与他们通常不会卷入的行为中。第二,传染性使集群中的个体以他们在别的场合中不会表现的方式行动。传染性减少了个体的抑制性,并容许他们按照榜样的行为活动。第三,人们在集群中变得更加易受影响。集群使个体催眠,他们会按其他的成员或群体领导的意见行事。

其他研究者扩展了去个性化过程的视角，并提出了三个模型。一个认为，一些条件，如大群体、匿名性和高水平的唤醒是去个性化的前提。这些条件导致个体淹没在群体中，丢失了自己的身份感(Zimbardo，1970；Taylor，O'Neal Langley & Butcher，1991)。当身份丢失发生，人们不再感觉对自己的行为负责，他们的注意力指向群体，并且行为开始由当时情境中短暂的线索指引。当人们丧失了对自己行为的责任感，他们不再受多数情境下的常规和抑制的控制。他们的行为变得冲动、情绪化并很难阻止。

最后，这个观点认为，去个性化减少了每个人心中的恐惧。当沃森(Watson，1973)研究200多个国家的武器类型时，发现被面具和涂料去个性化的战士相比那些不使用这些军备的文化中的战士更倾向于虐待战俘。沃查尔(Worchel)和安德烈奥利(Andreoli，1978)采取略有不同的方法发现，侵略者在迫害受害者之前，将他们去个性化。当侵略者选择性地回忆信息时，被害者的去个性化便发生了，他们消除了被害者的身份和唯一性。进攻一个去个性化的受害者比进攻一个个性化的受害者要容易得多。

后来迪纳尔(Diener)、费雷泽(Fraser)、比曼(Beaman)和凯乐姆(Kelem，1976)发现万圣节的化妆骗子，当他们戴着面具保持匿名时，比能被识别出来时更有可能偷东西。

第二个观点也认为，人们在群体中丧失了个人身份。但它认为这不是由不受限制和约束导致，而是人们采取了一个新的身份，这个身份由他在群体中的角色定义(Brown，1985；Reicher，1984；Kcicher & Levine，1994；Diener，1979)。根据后来的实验研究(Johnson & Downing，1979)中，被试由于穿着制服而被去个性化，他们认为这个新的身份引导被试的行为。但在一些情况下，实验者指出，他们的制服同库可勒斯可兰(KuKluxKlan)——一个暴力团伙的制服相似。在另一些情况下，实验者强调制服同护士的制服相似，他们是非暴力团体。然后被试有权力在一个习得的情境中攻击另一个人。制服与库可勒斯可兰相似的人攻击行为较多。而当制服与护士的相似时，进攻的强度明显"降低"。即当个体原有身份的显著性被降低时，被试的表现更像他们所代表的群体。

为了理解第三个观点，想象你在一个大群体时的自身感受。我们中的很多人可能会发现在群体中丧失自己的身份是令人烦恼和不快的。在很多大学，学生们抱怨迷失在群体中，他们像成员一样被对待，没有人了解或关心他们。感到迷失在群体中会促使人们为了获得身份并被识别出来，做出一些使自己在群体中突显的事。因此，激动、夸张、有时甚至是反社会行为可能表示人们希望获得识别(Maslach，Stapp & Santee，1985)。因此我们可以通过迷失个人责任感的角度解释雪球投掷者的行为。群体释放了他对不投掷雪球的抑制。另一方面，我们也可以认为，在群体中被淹没，促使他做出一些事以得到识别，将球投出去可以把他和其他人区别出来。

显然，去个性化是个复杂的过程，可能这三种假设都只能部分解释它。但是去个性化也有另一面。我们已经证明了去个性化会导致反社会行为，但其实去个性化也有其积极的一面。它常常导致人们降低对组织规范的顺从。有时，将个体从组织规范的束缚中释放出来能提高可能被抑制的创造性。例如，一些作家使用笔名是因为当他们这样写作时，会感受到更少的限制。最后，我们发现一些去个性化的专业领域，其中的个体必须打破社会常规来进行他们的工作。比如，外科医生必须处理和切割患者的身体。很多年以来，人们一直相信外科医生不应该和病人很熟，当手术开始时，外医科生从头裹到脚，而病人也被大衣裹起来，以至于仅仅让有些部位可见。我们也许推测，这里的去个性化会消除可能影响医生工作的担心和恐惧。但是许多患者和医生也抱怨说，这种没有感情的互动令人很不舒服。如今，许多医生在手术前要花一些时间了解他们的病人。可见，虽然去个性化有它不利的一面，但也有积极的一面。

群体和决策

群体在很多方面影响决策。首先，加入到群体中会影响个体的决策。其次，群体中的少数人和多数人通过不同的过程影响群体的整体决策。第三，群体动力能导致群体做出极端的决策。最后，群体动力能导致群体做出一些危险的决策。在这一章，我们将关注群体和决策的这些所有方面。

群体对个体决策的影响

"肯泰希"船员参加的一个重要活动便是制定决策。从一开始他们就面临很多麻烦的问题：如何建造木筏、携带补给品的种类和质量以及谁来负责什么任务。他们制定了各种航行过程中需遵守的行为规则。他们做的这些决策决定了航行的成败，并且其中的一些决策将影响他们切实的生活。他们总是集体讨论问题，但最终的决定和行动是由船员个人单独做出的。这种情况导致了人们对一些问题的关注，即成为一个群体成员如何影响我们个人的决策和行动。

这一领域中被研究的最早的问题是，在群体中做出决策如何影响个体的行为(Lewin，1943)。库尔特・勒温(Kurt Lewin)的兴趣来源于在二战期间美国面临的一个实际问题。食物的价格，尤其是肉的价格飞快增长，供给短缺，但牛腰子、大脑和甜面包并不短缺。然而美国的家庭主妇不习惯做这些东西给家人吃。于是政府对如何让主妇们做这些东西非常感兴趣。他们发动了一系列的媒体活动来劝导她们。勒温推理说，这种方法将不会有效。他相信家庭主妇所属的群体对不做这些东西的规则负有责任；宣传应该指向群体，而不是个体。

勒温认为改变群体对待这些食物的规则是很重要的。他设计了一个实验，来说明如何进行改变。他将作为红十字会志愿者的一些妇女分成 13 人至 17 人的群体。群体中的一半人听关于使用这些营养丰富但并不普及的动物内脏好处以及她们使用这些东西将如何有助于战争(报告条件)的报告。报告人告诉她们如何烹饪,甚至如何调制食谱。群体的另一部分人则处于群体决策条件下。一个经过训练的群体领导简要地总结了一下问题,然后让妇女们讨论使用这些东西的感受。讨论中的领导成功地让所有人同意了每周至少烹饪一次这些肉的提议。一周后,所有群体的妇女接受采访,看看谁真正地烹饪了它们。听报告组有10%的妇女采取了行动而做决策的小组中,52%的妇女采取了行动。

勒温的研究清楚地表明,群体讨论和决策的确能够改变群体规则和成员的行为,但问题是,有时使所有人参与到群体讨论和决策过程中是很困难的。因此如果能够发现可以通过使用代表群体而不是整个群体而实现同样的改变,那也是很好的。柯克和弗伦奇(Coch, French, 1948)有机会研究了这个问题。当时他们被要求检查哈伍德(Harwood)制造公司的生产,这是一个睡衣工厂。工厂常常要在生产过程中做出小的决策。虽然管理者希望在改变后,仅出现短暂的生产力下降,但是却总是发现,生产力的降低通常是大幅度的和长期的。虽然督导向雇员解释了工作决策,但这些解释并不能增加产量。柯克和弗伦奇设计了一个研究,其中一些群体的工人(非卷入)仅仅被告知改革的原因并被鼓励努力工作。其他群体的工人(完全卷入)给予机会与管理者一起讨论改变的原因和他们如何改善工作条件。在第三种情况下,群体代表被聚在一起与管理者讨论改革。结果表明,完全卷入条件下的工人比非卷入的工人更快地同意改变,并且完全卷入的工人产量比非卷入的工人提高了很高的水平。代表群体的成绩高于非卷入群体,但是没有达到完全卷入群体的水平。因此,群体成员直接卷入讨论是进行群体改革最有效的方法。

谁影响群体决策:多数和少数的影响

既然我们已知道一些关于群体影响个体决策的情况,让我们来看看群体成员自己做决策的方式。当开始引入一个问题,观点常常是存在分歧的,大多数赞成一个观点而少数赞成另一个。回顾"肯泰希"群体,我们发现了很多最初他们的观点被分成四个、两个或五个的例子。当船员们决定如何从丛林中移动轻木树原木到海岸上和当他们讨论最初的航行计划时,产生了分歧。在多数类似情况下,群体最终选择了大多数人的观点。

事实上,在研究中也常常是这种情况,大多数人常常取得胜利。很多关于这个问题的研究检验了虚拟陪审团的决议。被试给予一个案件"事实",并告知要做出一个裁决。很多研究(Davis, Kerr, Atkins, Holt & Meek, 1975;Davis Bray & Holt 1977)发现,通常情况下多数人获胜。也就是说,在讨论前的大多数人持有的观点常常决定了裁决。因此,如果我们发现12个陪审员中有10个相信被告是有罪的,并强迫陪审团做出一致的裁决的话,那么有可能最终的裁定就是有罪。另一方面,我们还需要考虑一些重要的过程差异。例如福斯(Foss,1981)组成了一个12人的虚拟陪审团,并让他们听审判过程。一些陪审员被告知他们在裁决被接受前,必须达成一个一致的决定。而其他人被告知如果裁决能让多数成员(法定人数)支持便得以通过。结果表明,两种类型的陪审团获得的裁决大体上相同。然而,法定人数陪审团的成员做出决定快了一倍,并且比全体一致陪审团拖延的时间要短。另外,法定人数陪审团成员比全体一致陪审团成员更合作,更愿意达成妥协。在法定人数陪审团里成员的个体力量小于全体一致陪审团成员,而后者的任何一个成员都可以叫停。这些发现很重要,因为这可能意味着,要求陪审团全体人员意见一致比要求他们按法定大多数人的观点裁决更可能让他们仔细地考虑整个事实过程(如果你在受审判,知道你的陪审团希望妥协以便他们尽快达成一致的裁决,你一定不会感到舒服的)。

一些有趣的过程能帮助确保大多数人的力量。首先,多数人可以拒绝接受少数成员并把他们从群体中驱逐出去。但是在陪审团中和"肯泰希"船员中不是这样的。第二,群体中的大多数可以通过明确地表明他们通过多数人赞同的观点来给群体施加压力。这个压力可以导致群体成员以大多数人的思考方式思考问题(Wood Pool Leck & Purvis,1996)。第三,一个成员混合的群体通常不会考虑少数人持有的信息,而关注由大多数成员知道的信息(Stasser & Titus, 1985)。

在一项研究中,3个或6个成员组成的群体被给予关于学生会主席候选人的信息(Stasser, Taylor & Hanna,1989)。一些信息让所有的被试知道(分享),另一些信息只让每个群体中的一个被试知道(非共享)。当被试们作为群体讨论候选人时发现,他们更多地讨论共享信息而不是非共享信息。另外,6人群体中讨论共享信息要高于3人群体。一个关于外科医生做出晕厥和血液诊断的研究也发现了相似的结果。共享信息比非共享信息更多地被讨论(Larson, Christensen, Abbott & Franz, 1996)。我们可能认为群体研究非共享信息要比关注共享信息好。不论我们对这种情况的看法如何,我们可以知道,共享信息有利于采用大多数人的观点。如果群体拒绝考虑和讨论关于一个主题的非共享信息,那么少数人将面临艰难的斗争。

因此多数人常常决定群体采取的立场。但是在把这一趋势作为普遍规律接受之前,请考虑一下你所在的群体,有多少次当一些人说"不,我认为我们不应该那样做,我认为我们应该采取另外的行动"而另一个群体成员也如此高呼时,你的群体却准备接受多数人的观点了。在试图改变持异议者的想法时,群体可能会慢慢地转向这些持异议者的方向。事实上,**少数人影响(minority influence)**曾是一个经典电影《*12个愤怒的人*》的主题。在电影中,亨利·冯达(Henry Fonda)扮演了一个谋杀审判中12个陪审员中的一个。许多陪审员希望尽快结束,因为他们有很多安排在审判后的其他计划。在他们第一轮表决中,有11个陪审员认为被告有罪,而亨利·冯达却做出了无罪表决,他相信没有足够的事实能证明这个被告是有罪的。电影后来展现了其他陪审员如何力图让冯达改变他的意见。而当他深信自己的观点时,其他的陪审员却一个接一个地赞同他。最终,陪审团一致同意无罪释放。

亨利·冯达或群体中的其他个体或少数人是如何改变大多数人的观点的呢？根据莫斯科维西(Moscovici)和马格尼(Magny,1983)的研究,少数人有时也会产生影响,即当他们能被其他群体成员注意到,并在群体中制造了冲突和紧张时。

当决策制定过程允许少数人在整个群体讨论时综合他们的观点并坚持它时,少数人便可以实现他们的观点(Kameda & Sugimori,1995)。通常群体试图使少数人保持沉默,但是紧张的气氛可能会使其他人考虑少数人的观点。

在社会心理学界有一个有趣的地方性表现,即很多的欧洲心理学家首先检验少数人的影响,而美国心理学家关注大多数人的力量。欧洲研究者认为少数能够影响群体,如果他们的立场清晰而坚定的话(Moscovici,1976;Moscorici & Nemet,1974;Mass & Clark,1984)。少数人为了坚持自己的观点,必须面临着多数人的压力。但是少数人必须表明,如果发现了更好的选择,他们愿意妥协(Papastames & Magny,1989)。因为为了避免表面的严格和独断,展现开放性是必要的。

这是电影《12个愤怒的人》(1957)中的一幕,由亨利·冯达扮演的陪审员做出了正确的无罪表决而其他人举手表决认为被告有罪。

讨论到此,你可能会立即参加一个群体会议并采纳少数人的观点,却发现你不仅没能动摇群体,反而在群体中变得不再那么受欢迎。我们关于少数人影响的观点错了吗?答案在于少数人对群体影响的类型。研究人员发现,多数人的影响通常是直接的、立即的和公开的。也就是说,当群体中的多数成员都提出一个选择,群体可能立即开放地采纳这个观点。少数人的影响会更微妙一些。少数人更可能通过影响成员的个人信念(Mucchi-Faina,1989)而使影响延迟(Nemeth & Staw,1989)。也就是说,成员不会立即转向少数人提出的选择,但是他们可能在思考少数人的选择后改变他们的观点。少数人的影响也可以是直接的方式。一项研究发现少数人对堕胎权力的支持,虽然没给堕胎问题带来什么改变,但是群体成员确实改变了他们先前对生育控制的消极态度(Perez & Mugny,1987)。其他的研究也表明,听取群体中少数成员的观点,可使成员提出更有创造性的解决问题的方法。这些方法与少数人提出的问题可能有关或无关(Mass & Volpato, 1989; Nemeth & Chiles,1988)。

少数与多数有不同种类的影响,这一迹象是非常有吸引力的。研究人员发现,在听取多数人观点之前,人们关注于如果他们偏离这一观点将如何被对待。他们觉得,多数人一定是正确的,并将注意力指向短时间内能获得的多数人和少数人建议的选择。也就是说,他们的思维"聚集"在一些可能的选择上(Nemeth,1989)。听取少数人观点建立了一个完全不同的过程:少数人的观点引起注意是因为他们是不同的(Martin,1989)。当我们看见少数人面临多数人的压力而坚持他们的立场时,我们会好奇地看待他们并相信他们的观点,思考为什么他们会因此而倒霉呢(Moscovici,1976)?然后,我们试图发现为什么少数人会选择这个观点,这将导致我们从很多的角度来考虑这个问题。因此,我们的思想与先前阐明的可取之道发生"分歧",并且可能会产生新的举措和解决方法。总之,少数可以鼓励人们从多个角度以灵活的和整合的方式,对问题进行理解(Peterson & Nemeth,1996)。用这种方式分析,我们就能明白研究者认为的,多数人可以促进我们快速地接受可能对多数人有利、也可能对少数人有利的观点。少数人则不会强迫我们站在非此即彼的立场,而是解放我们的思想,以使我们能够考虑更多的观点。

因此,多数和少数都影响群体决策。我们可能会经常看到群体快速、公开地采纳多数人的观点,但少数人有更微妙的和持久的影响,尤其是对单独群体成员的个人观点来说。

群体极化

当索尔·海尔达开始思考他的航行,并向科学界的同行提出他的想法时,他遇到了别人的质疑和阻止。开始,这些动摇了他旅行的信念。带着有些受挫的心态,他有机会在纽约探险俱乐部遇到其他一些航海家和探险家。在经过对旅行问题和有关顾虑进行多次讨论后,索尔下定决心要进行这次冒险的旅行。是什么使他渐增的谨慎转变成了最后的坚定不移呢?

如果我们看早期的关于群体决策的文献，会觉得事件的转变令人难以置信。我们会认为索尔沉浸在群体的更谨慎的思维框架中了。威廉·怀特在他对商业机构深刻的分析《组织人》(1956)中推测，群体将其成员的创造性和冒险行为降到最普遍的可接受程度，因为人们害怕自己被更保守的权力层嘲笑，所以很少冒险显示创造性和革新性。

这个关于个体对群体影响的观点受到了一个经典研究的挑战。斯托纳(Stoner)(1961)发现人们在群体中比单独一个人时选择行动的过程更冒险。继这个发现之后，一组研究者(Wallach Kogan & Bem，1962)要求很多大学生完成一个关于人在一生中会面临的12个两难境地的问卷，每一个选项代表一个冒险和保守的选择。如果冒险的选择成功了会有很高的回报，但是如果失败了结果也很惨痛。下面是4个两难境地(Wallach Kogan，Bem，1962 p. 77)。

1. 学校足球队的队长在对学校老对手的一场比赛的最后几秒中，可以选择一种投球，它基本上会导致平局；或者选择更冒险的方法，如果成功将会导致胜利，相反则会失败。

2. 一个正打算扩展业务的美国公司的领导，可能会在美国建一个新工厂，这种投资的回报比较适中；或者在一个政治历史不稳定的外国建造一个分公司，这种投资的回报将相当高。

3. 一个主修化学的大四学生想上研究生，他可以选择进入一所有严格标准，但有很少人能获得博士学位的大学，或进入一个名誉不是很好，但却可以让所有学生获得博士学位的大学。

4. 国际象棋锦标赛上，一个低级别的选手与一个高级别选手进行初次较量，有机会尝试或放弃一个欺骗性的冒险的动机，如果成功将导致很快获胜，如果失败，将必输无疑。

询问学生们，他们采纳冒险选择前，所能接受的成功概率是多少。当被试完成问卷，要求他们5个人聚在一起讨论各种情境并且达成一个群体的一致意见——一个所有成员同意的选择方法。12个项目中10个项目的群体决定都比先前组成群体的个体单独能接受的冒险性要大(获得更少成功的可能性)。

在研究的最后阶段，对被试进行个别测试。对于一个持冒险观点的群体，群体成员可能是公开同意冒险观点，但是他们自己内心并不一定接受。这可能由于他们屈从于几个强大的个体。研究结果表明，群体讨论和决策引起了态度的改变。第二个个体测验中，被试保持了他们在群体讨论时接受的冒险观点。一些经过群体讨论的被试甚至在6周后的测试中都表现了同样的冒险转移。

这个研究和其他相似的研究(Muhleman，Bruker & Ingram，1976；Carturigt，1973)让研究者得出处于群体中将导致个体选择冒险的观点。因此创造了“冒险转移”这个词表示这种效应。但是当一些研究表明，群体中的个体会采纳比进入群体时更保守的观点时，这一观点变得更加迷离。例如，费雷泽(Fraser)、乔治(Gouge)和贝雷格(Billig)(1977)发现在几个项目上，被试变得更加谨慎了。麦考利(McCauley)、斯蒂尔·伍德斯(Still Woods)和利普顿(Lipton)(1973)及诺克斯(Knox)和萨弗德(Safford，1976)研究了赛马比赛中对马的赌注。在他们的研究中，被试或者自己下注或者在群体中讨论后下注。在两种情况下，群体比个体更谨慎，因为相对于个体，群体更多地在其偏好的马上下注。

因此，总的情况是，群体不一定产生冒险转移，更有可能他们会在最开始偏爱的方向上产生极化效应。后测组的反应比前测组的反应在同一方向上表现得更极端。如果开始的趋势便指向冒险，群体的反应便更冒险，如果开始的趋势指向保守，群体的反应就会更保守。相应地也发现，群体讨论产生更极端或更极化的观点，并且是沿着群体的重要价值方向。例如，当高中学生讨论法国二战的英雄查尔斯·戴高乐(Charles De Gaulle)时，他们对戴高乐的评价变得更积极。这一领域的研究称为**群体极化(group polarization)**。考虑到群体决策时会导致极化，下一个问题就是，为什么会产生这种效应。我们将讨论一些假设。

一个针对社会比较(见第三章)的解释指出，人们不希望被认为是优柔寡断或采取中立观点的人。他们希望表现得至少和别人一样确定和极端(Goethals & Zanna，1979；Myer，1982)。根据这一解释，人们通过群体讨论与别人比较他们的观点。作为比较的结果，他们会转变他们的观点，直到它看上去和其他成员的观点一样极端。沿着这种思路，一个研究发现，当人们知觉到群体中的一致并必须立即做出他们的选择时，他们变得对自己的观点更加自信(Orive，1988)。许多群体极化研究也发现，群体初始的观点很少有不同之处。因此，当你首次听说其他群体成员同意你的观点，你将对那个观点更自信，而这一增长的自信会使你在那一观点上更为极端。

社会比较可能对一些极化效应给予解释，但不是全部。对不进行群体讨论，仅改变偏爱观点的信息发现其影响的研究也表明了一定程度的极化，但不像完全讨论的影响那样大。如果人们仅仅希望将自己的观点与其他人比较，那么信息的改变将产生完全的极化效应。这一发现表明，社会比较本身是影响极化的一个因素，但是其他的因素也同样重要。

第二个假设(Burnstein & Vinokur，1977；Burnstein，1982)表明，不是其他人的观点，而是他们用来支持自己观点的论据产生了群体极化。根据这一假设，在讨论中，成员们听取他人提出的论点，并朝最有说服力的论据的方向转变他们的观点。劳克林(Laughlin)和厄克利(Earkley，1982)发现极化的方向与支持观点的有说服力的论据有关。当冒险的极端观点有最多的论据时，就会发生冒险转移；当保守论点有最多论据时，就发生保守转移。

虽然有说服力论据的理论确实有支持证据，但桑达斯(Sanders)和伯罗恩(Baron)(1977)认为，该理论不能解释为什么强有力的论据有助于一个极化的和相对极端的观点。也就是，很有可能，有力的论据也有利于中立和中庸的观点。

为了整合各种观点，几个社会心理学家（Isenberg，1986；Brown，1986）提出，社会比较和有说服力论据共同作用产生了群体极化。根据这个观点，群体成员首先与其他群体成员比较他们的观点。这一比较使他们呈现支持他们观点的论据。这些论据不仅影响呈现者，而且影响其他成员。另一个有趣的观点是，社会比较和有说服力的论据影响我们的观点的极端性，但是两种力量的作用方式不同（Kaplan，1987）。根据这一观点，当问题包括事实时，我们将考虑论据中呈现的信息。我们的观点在讨论中聚集信息时变得更为极端。然而，在要求价值的任务中（例如，堕胎的权力），我们将自己的观点与他人的观点（不是观点的原因）进行比较。在这个情况下，社会比较在促使我们的观点走向极端的过程中起了很大的作用。

回顾我们关于群体决策的讨论便能发现，群体可能会增长我们观点的极端性和自信心。那么这对我们关于群体决策智慧的观点意味着什么呢？虽然我们知道群体要求大量的信息和观点来支持决策，但了解群体对决策过程的影响并有效地抵抗消极力量也是非常重要的。根据这个观点，研究者发现，获得群体动力信息的群体，能够表现得比最好的个体成员还要好（Hall & Willians，1970；Michaelson，Wastson & Black，1989）。

群体思维

我们有很多理由相信，群体可以比个体做出更好的决策。群体有不同经历的成员、专家和观点。我们也许进一步期待高凝聚力的群体——群体成员相互喜欢并希望留在群体中——会最好地使用成员的丰富潜能并且获得最好的决策。也有些事实表明，群体常常比单独个体做出更好的决策（Show，1981）。但是，也有很多例子表明群体并不总是更好的决策者。

一个最明显的在一定情况下群体也会做出糟糕决定的例子是，在 1961 年 4 月 17 日，1 400 个古巴人登陆古巴的彼格斯（Pigs）海湾。他们的使命是建立一个滩头阵地，并加入古巴在伊斯坦布尔山脉的反叛活动。这些军事力量的任务是在起义中联合古巴人民并打倒卡斯特罗（Castro）领袖。这个反叛活动由美国提供装备。他们的任务由世界上最好的情报组织——中央情报局（CIA）设计，有当时最受欢迎的领导约翰·肯尼迪总统的支持。尽管有这么多优势，整个计划还是失败了。卡斯特罗的军队对入侵做了充分的准备；而且古巴人民很团结；在彼格斯海湾到伊斯坦布尔山脉有 8 公里的泥沼地。在入侵的头两天，起义军就被卡斯特罗军队包围了，整个军队或者被杀或者被俘。美国因此遭受了严重的政治挫折，并激起了世界上很多国家的愤怒。

发现入侵失败的原因可能很容易，但是发现这样一个考虑不周的计划是如何被设想出来并被进一步执行的却不容易。詹尼斯(Janis,1972,1982)仔细分析了导致彼格斯海湾失败事件和类似的重大错误的决策过程,如对珍珠港袭击的毫无准备和美国对越南问题的逐步卷入。从这些分析中,我们发现,群体思维可能在高凝聚力的决策群体中得到发展。根据詹尼斯研究,**群体思维(groupthink)**是“当人们深深地卷入一个高凝聚力群体时具有的一种思维模式,成员努力获得一致意见的动机超越了现实地考虑其他行动方案的动机”(1972,p. 9)。也就是说,群体思维是在群体中寻求过多的一致(t'Hart, 1988)。

詹尼斯和他的同事(Janis & Mann, 1977)提出了一个模型来表明群体思维的过程,见图 13.3。这个图表明,群体思维有三个原因:一个是高度团结的群体。第二是群体中的结构缺陷。在一定程度上对其他群体缺乏仔细研究、拥有相似态度及背景成员的群体更可能表现出群体思维。而存在一个强大和受人尊敬的领导是另一个促使群体思维建立的结构问题。事实上,近来的研究表明,领导行为对群体思维的作用比群体凝聚力更大(t'Hart & Hroon, 1989; Vinokur, Burnstein, Sechrest & Wortnoon, 1985)。群体思维的第三个原因是“煽动性情景”,它是指群体处于很大的压力下,并且其成员由于过去的失败或任务的困难而降低了自尊。最近研究表明,时间压力可增加人们不对相关信息进行系统加工就进行辩论的程度,而这些信息是做出好的决策所必需的。在这种情况下更可能产生群体思维(Kelly, Jackson & Huston-Comeaux;1997)。

这些因素导致群体思维有诸多可观测的结果,如图 13.3 所示。

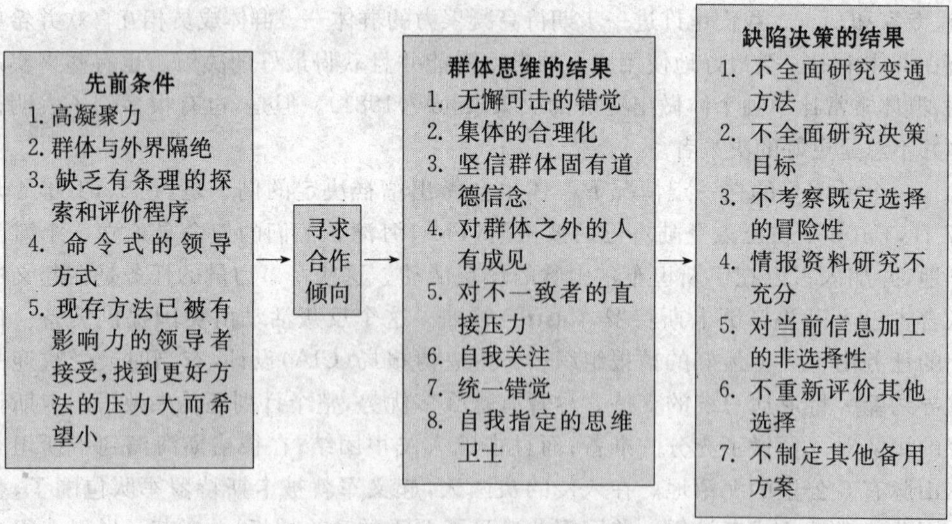

图 13.3 基于政策制定群体做出的高质量和低质量决策的群体思维分析

来源:基于 Janis(1972)

1. 群体产生无懈可击的错觉，像亚瑟·施莱辛格（Arthur Schlesinger，1965）报道的，肯尼迪的群体感到他们似乎是受到了万达斯的点拨；他们做了很多正确的事，战胜了所有对手并取得了选举的胜利。他们很愉快，因此失败的念头甚至闪都没闪过他们的头脑。

2. 群体成员都视自己有很高的道德水平。

3. 群体成员都持有普通定势。在彼格斯海湾事件时，肯尼迪的内阁成员强化了另一个观点，即卡斯特罗的军队是由一群不能战斗的人组织起来的。

4. 一个最具灾难性的后果是，群体产生了同意和一致的错觉。每个人都简单地假设其他群体成员有相同的观点，并且不需要对每个人都同意的观点进行进一步讨论。

5. 这种错觉的结果是，存在一种强大的群体压力指向一致的意见，并且群体成员变得不愿意表达不一致。群体中的一个或多个成员假设承担"思想卫士"的角色，并且努力保持对群体的赞同和团结感。

6. 另一个可能的结果是群体中产生了一种"讨论方式"并阻碍了对其他选择进行检验。在对群体交流仔细分析之后，研究者（Stasser & Titus，1985；Steuart & Stasser，1993）发现，如果群体中多数人或所有人共享某些信息，那么这些信息更可能被群体讨论。群体趋向于考虑当前被成员知道的信息。另外，群体讨论常常有利于已经存在于群体中的偏好。这个趋势表明，即使在肯尼迪的内阁中有一个成员知道彼格斯海湾的情况，并有个别内部成员提议给那些信息更多的考虑，其他成员也不太可能这样做。当成员在群体中的地位比较低时，这种效应更可能发生。

既然指出了这样一幅黯淡的图景，我们就不得不问，是否团结且有强有力的领导的团体在做重大决策时，群体思维是不可避免的。幸运的是事实并非如此。首先，已有人指出，群体思维并不仅仅是一个与群体有关的现象，将决策合理化并且对存在的危险不能仔细考虑的个人同样也会做出糟糕的决策（Abelson & Levi，1985）。群体压力可能会增加这一过程的可能性，但并不需要对它负完全的责任。第二，团结的群体并不总是由于群体思维而导致失败。事实上，如果他们采取步骤避免群体思维，就能做出出色的决策。为了说明这个观点，詹尼斯引用了另一个肯尼迪内阁做的决策。仅仅在彼格斯海湾入侵的第二年，肯尼迪了解到前苏联在古巴发展核导弹。肯尼迪召集他的内阁举行了一系列会议，他们中很多是计划彼格斯海湾入侵的人。然而这一次，肯尼迪尽力保证大量的行动提案被讨论并且经过仔细权衡。各种提议都被考虑并反复思考。内阁以外的人也被召集以提供信息和见解。肯尼迪有意将自己排除在许多会议之外，以便使讨论者不被他所影响。在这种情况下，群体思维被避免了，并且群体采纳了一个成功的计划。他们设置了海上封锁来阻止前苏联输送其他的人和为古巴提供供给，并保证最终消除了古巴已有的导弹。

像核导弹事件表明的那样，如果按以下步骤采取措施，可能会避免群体思维：

1. 领导者避免陈述他的偏好，并积极鼓励群体成员考虑所有的选择（Flowers, 1977）。

2. 鼓励群体成员扮演活跃的批判者，并且迫使讨论集中在唯一的信息上。

3. 有必要的话，可引入群体外的成员来表达观点和提供建议。

4. 新的信息不断地被重新评估。

5. 群体应该拥有具有高度支配性的成员，他们不易因不一致的意见而产生焦虑。研究表明，与低支配性成员组成的群体相比，这样的群体更不可能表现出群体思维的迹象（Callauay, Marriott, Esser, 1985）。

6. 个体成员应被告之，他们个人将对群体决策负责，并且使它具有合理性（T'Hart, Kroon, 1989）。

群体思维是一个重要的概念，不幸的是没有很多的实证研究关注它，很多对这个理论的支持都来自案例研究 。虽然还没有对这个理论做出定论，但群体思维的概念将我们的关注点聚焦于成员结构和群体决策过程的一些特点。

视窗 13.2　群体绩效的性别差异

"肯泰希"船员全是由男性组成的群体。如果当时海尔达选择了一个全是女性组成的或混合性别的船员团队，是否航行的结果会不同呢？研究者对男女团队进行比较的兴趣已经有50多年的历史了。这个问题在当今的社会和经济气候中非常重要。因为"平等"已经成为一个口号，并且妇女开始在不同水平的工作中扮演着越来越重要的角色。

在研究性别问题时，我们首先会问是否全由男性组成的群体和全由女性组成的群体表现会不同。回顾关于这个问题的52个研究，温迪·伍德做出结论：事实表明，全由男性组成的群体在一些种类的任务中比全由女性组成的群体的绩效高。这个研究进一步表明，男性总体上趋向于任务导向，而女性更趋向社会因素或感觉导向（Carli, 1982; Amancio, 1989; Wood, 1987）。但这个概括性的观点，仅仅是事实的一部分。研究中涉及的许多任务都是男性导向的问题解决任务，包括数学和机械能力。当人们独立工作时，在这些任务上男性常常比女性表现得好，所以我们可能会认为群体效应有利于男性。当任务不是按性别分类时，男女群体的差异就降低了。另一个问题是男性希望女性是社会取向的而不是任务取向的，他们对任务取向的女性的反映不是很好。男性喜欢值得他们喜欢并且反过来也喜欢他们的女性，当女性以社会取向方式行动时，男性会更喜欢她们（Carili, LaFleur & Loeber; 1995）。

续 表

研究提出了另一个有意思的问题。为了让群体运行得最好，必须关注任务行为和群体中的社会交往。团结的团体总体上比经历冲突和不满的团体成绩要好。如果男性主要是任务取向，而女性更关注群体感觉，我们会预期混合性别的群体比单一性别的群体运行得更好。事实上，一些关注于这一主题的研究的确表明，混合性别的群体比单一性别的群体(或者全部男性，或者全部女性)要好。虽然混合性别群体的类型和能力范围更广，但他们也面临如何最好地使用这种丰富性的问题。对该问题看法的转变在性别搭档行为的效应研究中被发现。卡尔利(Carli，1989)发现，男性和女性被试当他们与一个女性合作者搭档时都表现了更加积极的社会倾向行为，而当他们的搭档是男性时，则表现出更多任务取向的行为。

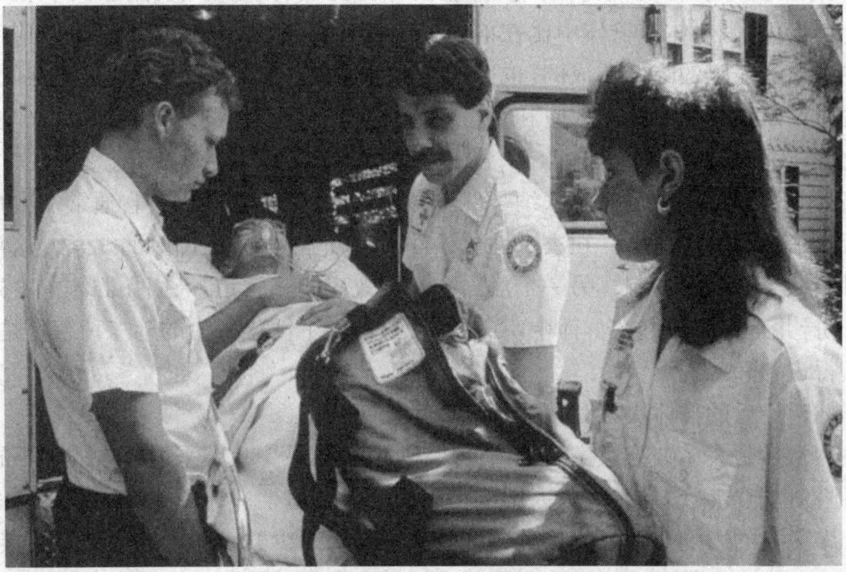

护理人员在帮助一个受伤的人。研究表明，混合性别组通过提供更广泛的方式和能力比同一性别组表现得好。他们的挑战是最好地利用这些多样性。

既然我们已经讨论了这么多问题，我们该如何思考索尔·海尔达的船员组成呢？假设任务的本质和工作环境既不利于男性也不利于女性，那么一个混合性别的团队可能被认为是有最大效用的团体。

小结

群体被定义为两个或两个以上以某种方式相互作用的人组成的人群。每个人都影响他人和被他人影响。群体中的人们认为自己属于同一个组织并且分享共同的目标。从个体观点看,参加群体有其积极面和消极面。群体可使人们完成各种一个人不可能完成的任务,并且群体中可以存在社会比较。另一方面,当人们加入群体时必须放弃一些自由和个人身份。

群体成员会经历很多阶段:新成员、完全成员、边缘成员、群体外成员。群体像成员一样,在发展和变化时经历一系列的阶段,这些阶段影响群体的动力和成员个体的行为。

群体可能影响个体成员的行为和绩效。关于社会助长的研究表明,在群体中完成简单和已学得很好的任务比单独完成要好,但是学习新材料时会由于他人在场而受到抑制。最后这一效应之所以会发生似乎是因为它唤醒了个体并增长了表现控制反应的驱力。有很多关于社会助长的解释,包括评价忧惧、注意分散、注意狭窄和社会比较。社会惰化,是个体在群体中比在单独工作时有减少努力的趋势。这个效应可能是对最终结果责任感的降低造成的,也可能是群体中的个体表现缺乏可辨识性的结果。社会惰化可以解释自由骑士效应和吸盘效应,当人们意识到群体感和担心群体被评估时,社会惰化降低。

当人们丧失了个体身份并采纳了群体身份,会发生去个性化。它通常发生在匿名和激活水平很高的群体中。在去个性化条件下,人们十分关注即时的线索。这常常会降低对反社会行为的抑制。另一个对去个性化效应的解释是,人们在群体中丧失了个体的身份,并且采取他们在群体中定义的身份,对去个性化行为的第三种解释是,他们试图获得识别和区别。

群体讨论后的群体决策是可能影响个体的行为的。

虽然常常是大多数人决定了群体的决策,但是如果少数人采取持久的和不屈服的立场,他们也能产生影响。少数人影响是因为他们创造了冲突并挑战了群体的一致性模式。多数人的影响通常是直接的、立即的、公开的。少数人的影响通常是间接的、延迟的和私下的。少数人经常产生引发创造性的奇异的思想。

是群体中成员这一资格常常导致个体采纳比他们加入群体时所持有的观点更极端的观点。群体极化可由社会比较和有说服力的论据得到解释。当群体成员为了努力保持群体协调而产生快速和不良决定时,群体思维便发生了。群体思维最可能在高凝聚力、有十分令人尊敬的领导的群体中产生。群体思维可通过仔细考虑提案、避免领导清晰地陈述偏好和采纳群体外成员的观点而得以实现。

关键词

集体	去个性化	自由骑士效应	群体
群体发展	群体极化	群体思维	少数人影响

社会助长　　社会阻抑　　社会惰化　　吸盘效应

推荐读物

Brown, R. (1988). *Group processes: Dynamics within and between groups.* Wxford, England: Blackwell.

Forsyth, D. (1990). *An introduction to group dynamics* (2nd ed.). Pacific Groce, CA: Brooks/Cole.

Hendrick, C. (Ed.)(1987). *Group processes.* Newbury Park, CA: Sage.

Janis, I. (1982). *Groupthink.* Boston: Houghton Mifflin.

Levine, J. M., and Moreland, R. L. (1988). Small groups. In D. T. Gilbert, S. T. Fiske, and G. Lindzey (Eds.), *The handbook of social psychology* (Vol. 2, pp. 415–469). New York: McGraw-Hill.

McGrath, J. (1984). *Groups: Interaction and performance.* Englewood Cliffs, NJ: Prentice-Hall.

McGrath, J. E. (Ed.). (1988). *The social psychology of time.* Newbury Park, CA: Sage.

Moscovici, S., Mugny, G., and van Avermaet, E. (1985). *Perspectives on minority influence.*

Cambridge, England: Cambridge University Press.

Mullen, B., and Goethals, G. R. (1987). *Theories of group behavior.* New York: Springer-Verlag.

Petrovsky, A. V(1985). *The individual and the collective.* Moscow: progress.

Pfeffer, J (1988). Understanding organizations: Concepts and controversies. In D. T. Gilbert,

S. T. Fiske, and G. L indzey (Eds.), *The handbook of social psychology* (Vol. 2, pp. 733–777). New York: McGraw-Hill.

Turner, J. C. (1987). *Redisovering the social group: A self-categorization theory.* Oxford, England: Blackwell.

第十四章 文化与行为

如果你仔细观察世界地图，就会发现新西兰如同漂浮在南太平洋上的两艘轮船。虽然看起来微小，但其风景却形成了鲜明的对比，看起来与这么小的国土很不相称。繁荣的雨林与荒凉而干旱的沙漠毗邻，沙漠上到处点缀着火山。北部相对较为平坦的岛屿好像是在沮丧地看着它的南部伙伴，南部岛屿布满了城堡样参差不齐的山脉及深深的海湾。然而，从某种意义上讲，这种地势又是适宜的，因为它模拟了新西兰的社会风景。毛利人长期居住于此，他们是早期的移民者，约占目前人口的12%。毛利人的外表非常骇人，他们的身体上有时会刻有难以理解的文身。这个国家的大部分人(80%以上)都带有欧洲血统，多数是荷兰人和英国人，这些人被称做"白种人"(Pakeha)，他们的祖先与毛利人展开了艰苦奋战，以确立对岛屿的控制权。当双方被这些武装冲突弄得筋疲力尽时，他们拟定了一份休战协定，决定如邻居般共处比战争更为可取，但双方都保留了自己的文化与特性。

毛利作家维特·伊黑莫拉(Witi Ihimaera，1973)讲了一个名叫塔玛·玛哈纳的年轻人的故事，"一半在光明中，一半在黑暗中"——他试图在两种文化中生活。塔玛在维图黑的一个小毛利村庄里长大，他是家里8个孩子中的长子。维图黑村的人把全村的人都看做是一个大家庭，他们的连带建立在血统之上他们认为，他们的祖先都来自最初运载着毛利人来到新西兰的7艘独木舟之中的一艘。实际上，一个人要想在礼拜堂中发言，他或她就得对面前的人们说明自己的血统，这已经成为一种习惯。村子里的决定常常是在礼拜堂里做出的，而且是在所有愿意表明立场的人都有机会之后才做出的。人们同属大家庭的网络中，正如塔玛所回忆的："如果有人结婚了，你不必等待邀请，你直接去参加婚礼即可，因为你是这个家庭中的一员。如果有葬礼(tangi)，不管你手头上所做的事情多么紧急，你都得暂且放下，回到家中帮助他们解决困难。家庭中有成员去世，那么葬礼就召唤你回家(p. 120)。"

问候方式包括把鼻子压在一起，他们认为时间表只是方针，而不是严格的命令。这种时间观经常与他们的邻居"白种人"(Pakeha)之间产生冲突，"白种人"把时间表看做是庄严的承诺。因而,有个毛利儿子对他的父亲抱怨道:“爸爸,我不能和你一样按照毛利人的时间工作,我的世界应当是“白种人”的世界。唉,如果整个世界全是毛利人,那肯定将是一团糟。人们会约定某一小时见面,而在下一小时到达。火车、轮船、飞机都不会按时间表运行”(p. 121)。在引导行为中,个体在群体中的角色所起的作用超过了个人的意愿。塔玛的父亲毫不厌倦地对他说:“你是长子,老大总是要照顾家中年幼的儿童,我小时候也是被告知要这样做的。现在我教给你同样的东西,一定不要忘记”(p. 192)。

当塔玛长到18岁的时候,他决定伸展双翼,去开创属于自己的生活。他要去惠灵顿,与白种人生活在一起。他的决定在家庭内部引发了极大的冲突。毛利人的习惯是所有家属居住在一起,甚至包括远亲。但塔玛已经下定了决心,并动身去了惠灵顿。他很幸运,在邮局里找到了一份工作。现在,他的生活按照严格的时间表运转。他住在自己的单元住宅里,他为自己负责。没有人分享他的财产,他也不分享别人的财产。很少有人关注塔玛的毛利血统及他在家庭中的地位,这些事情及其他许多事情都是隐私。

融入白种人的世界给塔玛带来了一定的兴奋与自由,但有时他也有一些烦恼和不适,一种孤独感,一种向白种人前进的号角才刚刚吹响的感觉。每当有这些感觉的时候,他就会让自己安静下来,并回忆:“爸爸和我的家族(whanau),我的毛利大家庭,及我的世界都会好起来的”(p. 79)。塔玛用了4年时间,设法跨越两种文化。后来,姐姐打来了致命的电话:“回来吧,塔玛,爸爸……他死了。”

塔玛的世界崩溃了。离开村子的内疚加重了他对父亲去世的悲伤。当他踏上返回维图黑的伤心旅途时,他发誓将留在那里,并承担赋予长子的领导职务。他不仅要重新进入毛利人的世界,而且要教自己的子女“毛利人的力量和爱(aroha),教他们彼此关爱”,及毛利人的风俗与传统。在两种文化中生存的尝试出奇的困难。虽然维图黑和惠灵顿之间的距离相对较短,但许多时候,毛利文化和白种人文化之间的差距是非常大的。

文化:思想的软件

塔玛的前18年是在毛利文化中度过的,接下来的4年是在白种人文化中度过的。我们可以从比较两种文化或每种文化如何影响他的生活开始讨论。但在尝试解决这些问题之前,先让我们问一个更基本的问题:什么是**文化(culture)**?看起来,这是一个相当直接的问题,是一个应当有直接答案的问题,但问题并不这么简单。实际上,最近出版的许多著作都花费整篇章节或多篇章节来界定文化(Triandis, 1994; Matsumoto, 1997),所给出的定义也不完全一致。如松本(Matsumoto, 1996)把文化定义为:“一群人共同享有的态度、价值观、信仰及行为的模式,但对每个个体而言又是不同

的，它会代代相传下去。”(p. 32)

虽然这一定义看起来已经非常全面，但特瑞安狄斯（Triandis, 1994）又提出了一个更宽泛的定义：“文化是一组主客观因素，在过去，这些因素增加了个体生存的可能性，使某个生态环境中的个体感到满意，因而会在能彼此交流的个体之间进行分享，因为他们有共同的语言，生活在同一个时代，而且居住在同一个地方。”(p. 22)虽然看起来有点冗长拗口，但这两个定义都涉及了文化的共同点。首先，文化被一群人所分享，且代代相传。如毛利文化的一个特点就是长子的任务。塔玛的父亲告诉他，长子的任务就是照顾全家。这一角色为多数毛利人所分享，但在白种人的文化中却没有这样的角色。

其次，文化包含了态度、价值观、信仰及行为（主观因素）。特瑞安狄斯(1994)主张文化还包含客观因素，如工具、运输方式、住宅与家具的风格，这些都刻画了个体的特性。这一定义增加了非常有益的一部分，因为我们发现人们经常在代与代之间传递这些客观因素。有些情况下，这些客观因素包括传统服饰及圣物，在其他情况下，这些因素是比较普通的。仔细考虑一下，许多亚洲文化中使用筷子，而在欧洲或美洲文化中却使用如叉子、勺子之类的餐具。这种基本餐具上的差异是与烹调及供应食物的不同方式相关联的。

文化是群体适应外界的产物。面临周期性洪水的群体可能会把房子建在高处，而游牧群体则会使用便于拆迁的住所，如帐篷。为了达到适应，文化也在不断地改变，以处理如战争或环境与科技变革。例如，在美国，传统的英国文化把妇女的角色确定为主妇、妻子和母亲。然而，二战改变了这一文化。战争伤亡削减了男性的数量，在战争期间，妇女不得不接管传统上给男性保留的许多工作。结果，在这一文化中，现代妇女的角色更加等同于男人的角色，而且允许（鼓励）妇女承担家庭之外的职务。

在我们的生活中，文化起着诡秘的作用。如特瑞安狄斯(1994)指出，我们经常意识不到自身文化的存在，直到我们接触到其他的文化，我们才认识到文化对我们的广泛影响。

考虑到文化对我们的行为所产生的普遍而深入的影响，许多调查者已经提出了文化的简略定义。如霍夫斯泰德提出，“文化像计算机程序一样控制行为”(Hofstede, 1980)，“文化是思想的软件”(1991)。依照这种观点，我们可以再加一句：“文化是人类行为之戏剧的演播舞台。”不管有多少定义，文化都会影响到人类行为的各个方面，因此，考虑它在社会心理学领域内的影响是非常重要的。然而，社会心理学主要是在美国发展起来的一门科学，在这一领域中的多数研究所使用的被试也来自美国。出于这种情境，我们才刚刚开始认识到文化的作用。但是，**跨文化研究（cross-cultural studies）**的结果揭开了理解与预测人类行为的序幕。

文化分类

我们的世界是由多种文化组合成的，它们几乎在你所能命名的所有维度上都有差异。要对比这些文化是一项使人畏缩的任务。我们应该从哪里开始呢？许多研究者尝试着把文化划分成可操作的类别。也许最有影响的是霍夫斯泰德（1980，1981），他起先对文化测量中与工作相关的价值观感兴趣。他调查了 66 个国家和地区的 117 000名 IBM 员工，确定了 4 个维度，文化就排列在这 4 个维度上。霍夫斯泰德坚信，这些维度代表了影响社会分配、机构、风俗及实践的核心价值观。第一个维度是**不确定性规避（uncertainty avoidance）**，指处于这种文化中的个体受模糊性、不确定性干扰的程度，及个体的回避程度。

第二个维度是**权力距离（power distance）**，指在权力较小的个体与权力较大的个体之间的不平等程度。处于高权力距离文化中的个体，在面对高权力个体时倾向于采取服从行为，他们倾向于选择专制式的领导。第三个维度是**男子气维度（masculinity dimension）**，在男子气连续体上处于较低位置上的文化，倾向于有不固定的、灵活的性别角色。权力未必与性别角色或性别联系在一起，理想的是男女适宜的或是男女共有的（Hofstede，1996）。另一方面，在男子气维度上得分较高的社会相信“在所有场合，男子都应当是占优势的”，应当明确区分性别角色，重视男子气概。

虽然这些维度得到了许多关注与支持（Hofstede & Bond，1984；Bochner & Hesketh，1994；Kin，Triandis，Kagitcibasi，Choi & Yoon，1994），多数注意力还是集中在对霍夫斯泰德（1980）的**个人主义（individualism）**与**集体主义（collectivism）**的分类上。高个人主义的社会，经常指个人主义的社会，强调个体自治与独立。社会期望个体照顾他或她自己及其直系家属。这种社会强调个体的主动性、个人隐私、自我接纳及自我实现。许多个人主义的文化都倾向于扎根于犹太教与基督教所共有的传统。这些传统都强调个体灵魂的存在与自由意志的概念伴随在一起（Morris & Peng，1994）。

另一方面，个人主义较低的社会（集体主义文化）强调集体或群体身份。这些社会依照个体在群体中的地位看待个体。人与人之间的依赖或相互依赖是集体主义文化的基础。集体主义文化非常鼓励成员对群体履行责任与义务。在这种文化中，重要的是群体决策，而不是个体决策。其中，许多准则都反映了孔夫子“行为符合角色之重要性”的学说及社会关系极为重要的观念（King & Bond，1985）。回想一下塔玛所面临的两种文化，很明显，毛利社会是强烈的集体主义，而白种人的文化则是个人主义的。表 14.1 列出了一些国家在霍夫斯泰德的个人主义量表上所处的位置。

看一下这个表格，我们可以指出以下几点。首先，美国、加拿大及其他多数西欧国家在个人主义上得分都很高，而亚洲、西班牙文化更表现为集体主义。其次，个人主义文化更趋向于出现在高度工业化的地区，而集体主义文化则出现在工业化水平相对较低的地区。但是，在接受这一表格之前，我们必须先提出两点警告。第一是在塔玛的故事中能清晰看到的，虽然新西兰是被评估为高度个人主义的，但新西兰的毛利文化却是极端集体主义的。霍夫斯泰德是对整个国家的估价，但在任何一个国家里，都可能有许多与国家标准不一样的文化。第二个警告是，即使在同一个文化内部，个体在个人主义文化上的程度也有可能不同(Triandis，1994；Ayerstaran，1996)。例如，如果我们考察毛利文化，我们也可能会发现有的个体的价值观是高度集体主义的，而有的则是更为个人主义的。因此，这一评估应当看做是对文化内部总体趋势的粗略估计。

表 14.1 在霍夫斯泰德的研究中，各个国家和地区的个人主义/集体主义得分

国家和地区	实际 IDV	国家和地区	实际 IDV
美国	91	阿根廷	46
澳大利亚	90	伊朗	41
英国	89	巴西	38
加拿大	80	土耳其	37
荷兰	80	希腊	35
新西兰	79	菲律宾	32
意大利	76	墨西哥	30
比利时	75	葡萄牙	27
丹麦	74	香港	25
瑞典	71	智利	23
法国	71	新加坡	20
爱尔兰	70	泰国	20
挪威	69	台湾	17
瑞士	68	秘鲁	16
德国	67	巴基斯坦	14
南非	65	哥伦比亚	13
芬兰	63	委内瑞拉	12
奥地利	55	39 个国家和地区的平均数	51
以色列	54		
西班牙	51		
印度	48		
日本	46	前南斯拉夫(同一行业)	27

注：从七种职业中进行分层抽样，从两个时间点上计算出工作目标分数。实际值和在对资产、地区、组织规模上做多元回归的基础上得到的预测值。

来源：Hofstede(1980)

视窗 14.1 文化：不断适应变化的世界

特瑞安狄斯(1994)指出，文化是群体致力于适应其环境的结果。因而，群体文化会随环境变迁而不断变化。下面的文章提供了一个这方面的非常有意思的例子。我们可以从如下立场来考虑这个例子：群体必须确保那些无法照顾自己的个体(小孩和老人)获取他们所需要的照料。和许多集体主义群体一样，在亚洲文化中，家庭成员的责任全在于家庭中。但是，随着时代的变迁，社会必须适应并发展出新的方式以确保其价值观受世人所关注。

在新加坡，所有诉讼案经常都是由母亲提起的
保护老年人法案：缺乏关心激发了家庭内部立法
——彼得·瓦德曼 华尔街杂志通讯员

新加坡——对于少数在年老时被其无耻子女所抛弃的新加坡父母而言，安全保证、诉诸法律及合法结算都是得到支持的。

赡养父母法要求这个微小共和国的所有市民从经济上支持其年老父母的需求，自该法案从6月1日生效起，已经有100多个父母亲起诉其子女了。

在法庭开庭的第一天，王先生，一位71岁的老人，抱怨说："我们的女儿宁愿花钱养狗，也不愿为我们的生计付费。"这位老人试图从赡养法庭上找回生活费用。

暂且把寻求解决刚刚出现的照料老年人的道德问题及经济问题留给新加坡，在世界各地，老年人口受折磨的问题普遍存在。这个高科技的城市国家，30年前还仅仅是一片丛林、海滩，现在已经成为全球人均收入最高的国家之一。其严厉的法律(对毒品走私商贩施加死刑，对乱画乱刻的"艺术家"施以鞭打之刑，对口香糖及微型窃听器的出售者施加巨额罚金)保证了该岛的整洁、绿化及安静。

目前，形势一片大好，对父母的忽视已经不再是新加坡的大问题了。新加坡有三大主流文化：中国、马来西亚和印度，这三股文化都有很强的忠诚于家庭的传统。但是，赡养父母法的支持者们展望未来并提出：到2020年，预计60岁以上的新加坡人将达到总人口的四分之一强：26%。当总人口趋向老龄化，拥护保障老年人利益的人们开始担忧年轻一代会变得更加以自我为中心，这又在那些日渐变老的新加坡人心中引发了恐惧之感。

"我们在制定一项平衡法案"，著名的家庭律师安娜玛·谭说，"在新加坡，我们让年轻人去做，去闯，去争取经济上的成功。但是我们没有让他们忘记其他的责任。这一法律提供了所需的稳定因素。"

续 表

离奇案件

在法律生效之后，大量受虐父母争先恐后前来控告其子女，这一情形让该法案的发起人都感到吃惊，他们本以为，父母权益审判员(parents' tribunal) 在很大程度上只是象征性的。为了保护隐私，法庭不会揭露案件的详细情况，审判成员也不能接受访问。

但是新加坡律师、医生、社会工作者以及向新法庭提出诉讼的人们所提出的理由表明孝行义务正在扭曲。谭小姐说："当提到从你的口袋中取钱时，你就会发现那些传统的'亚洲价值观'消散的是多么快了。"

赡养法庭刚刚开庭几个小时，王先生与他的妻子就提起了诉讼。这对夫妇有7个孩子，他们告诉辩护律师，他们每月只能靠大约不到350美元艰难地维持生活，因为一个非常富有的女儿在许多年前就不再赡养他们了。王夫人强忍着眼泪说，他们夫妇仅仅能做到收支相抵，而女儿却在一豪宅里过着舒适的生活，雇了一个仆人，还养了3只狗。依照父母赡养法，超过60岁的父母就可以对他们的子女提出诉讼。

审判员本来想通过调停来解决这些案件，而不允许律师的介入，但并没有实现，法庭可以强制子女向其父母提供法庭认为公平并可行的经济支持。只有那些能证明他们被其父母"遗弃、虐待或忽视"了的子女才能免于此法。然而证明如父母的不正当行为等情绪性事件并不容易。多数情况下，对与错都被多年的家庭创伤所埋没。

起诉你的兄弟

这些案例中，许多都包括兄弟姐妹之间的敌对。最近，一个自称姓彝的女士在法庭上向她的两个兄弟宣战，她是代表85岁高龄的母亲起诉他们俩的。52岁的彝女士说，就像法庭调停员所看到的，骂声四起。

两兄弟中，一个比彝女士大，一个比她小，他们控告彝女士浪费金钱，他们坚持不应让母亲和彝女士生活在一起，而应当将她安置在疗养院里。彝女士没有结婚，她说哥哥携带母亲的积蓄潜逃，弟弟则很少来看望母亲，也不给予任何支持。

彝女士在一家医院里做护士，她说："妈妈能很好地照顾自己，她所需要的只是陪伴和精神上的支持，而疗养院无法提供这些。"

两兄弟中，一个是一所私立学校的副校长，另一个是一家银行的经理，他们两个每月总共供给母亲350美元，而彝女士想让他们每人每月供给550美元。调停者把另一个会议定在了十月份，因为他计划先评估一下维持彝的母亲生存所需的费用，他告诉彝女士下次把她母亲带来。

从这些维度上对文化的描述给我们提供了一个比较的出发点。正如我们下面将要看到的，文化几乎对文中讨论的所有类型的行为都产生影响。要描述文化所涉及的行为范围，那就得另写一本书了，因而我们只考察一个例子。以往的研究较多地关注霍夫斯泰德(1980)提出的个人主义/集体主义维度,我们讨论的大部分也将放在这个维度上。关于文化的非常重要的一点就是,我们通常认为它理所当然,很少思考它对我们的影响,直到遇到以不同于我们的方式去行动、感受或思考的、来自另一个文化的个体。接下来,让我们从关注自我开始对文化的考察。

文化与自我概念

当塔玛回忆他与父亲之间的相互影响时,他记起他的父亲经常强调的两点:塔玛是一个毛利人,他是家中的长子。一般而言,集体主义文化把个体和群体联系起来看待。然而,当我们回忆与父母之间的相互影响时,我们可能记起他们强调的是我们是漂亮的或是英俊的,聪明的或是幽默的。这些特性是个体所独有的,经常标为**自我中心(ideocentric)**的。个人主义文化的一个特点就是强调个体是与群体分离的、独立的、唯一的人。考虑到这些差异,我们可以预期,来自集体主义文化的个体所发展出的自我概念将强调他们在群体中的角色以及与群体之间的关系。另一方面,来自高度个人主义文化的个体则倾向于从独特的个性特质来看待自己。

波切内尔(Bochner, 1994)找到了对这一预言的支持,他让来自马来西亚(集体主义文化)、澳大利亚(个人主义文化)及英国(个人主义文化)的个体完成十个以"我是……"开始的句子来描述自己。编码员把编码分成了三类:群体、自我中心、利他主义。群体陈述是指群体成员资格、人口统计学特性及经历共同命运的群体,如把自己看做是儿子、教师或是一个天主教徒。第二类是自我中心,包含对个人品质、态度、信仰、行为及特质的陈述,如"我是幸福的","我是聪明的","我是有魅力的"。最后一类是"利他主义",包括对独立、友谊及对他人的响应,如"我是一个愿意帮助他人的人"或"当别人对我生气时,我能分辨出来"。

从表 14.2 中可以看出,来自马来西亚集体主义文化的个体与来自澳大利亚、英国这两个更为个人主义文化的个体相比,在描述自己时,他们使用了更多的群体特性,而使用了较少的自我中心的特性。不同文化间被试在利他陈述上的数量上并没有差异。

表 14.2 三种文化中加权的群体、个体中心、他人中心的平均数

	被试国籍		
自我参照	马来西亚	澳大利亚	英 国
群 体	11.38	5.53	5.10
个体中心	13.42	18.97	17.10
他人中心	3.15	3.56	5.80

注:分数越高,显著性越大。
来源:Bochner(1994)

就自我概念而言，把自己看做是独立于他人的个体有另一个非常有趣的含义：自我不只是一个独立的实体，而且是唯一的实体。在让我们"采取坚定立场"的忠告中，或是在诱导我们"超凡脱俗"的广告中，我们都可以发现这一观点。另一方面，如果你对自己的看法深深地嵌入所在群体中，那么你对独特性的关注就不能太强。实际上，你应该与所在群体融合，与群体中的其他人相似。在许多集体主义文化中流行的警示格言都反映了"融合"的愿望，如"枪打出头鸟"。换句话说，在你所在的群体中，最好不要与其他人形成鲜明的对比(Feather，1996)。

考虑到这些文化差异，山口(Yamaguchi，1990)让一群日本学生完成几个问卷。其中一个是设计来测量他们的集体主义程度，另一个是测量他们对独特性的需求，第三个是测量他们对自己行为的监控(或注意)程度。山口计算了各个量表的相关之后，结果发现，在集体主义上得分越高的个体，在追求独特性上得分也就越低，也就越倾向于对自己的行为进行监控。山口认为，这些结果表明，如果人们选择了集体主义价值观，他们不仅很少希望作为独特的个体出现，而且会对自己的行为进行监控，以确保别人不会将自己看做是不同的或是独特的。

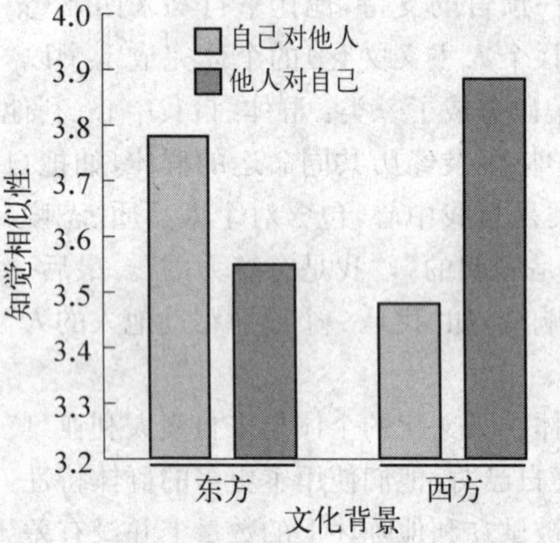

图 14.1 东、西方文化背景下的被试感知到的自己与他人相似性的平均数及他人与自己相似性的平均数

来源：Kitayama et al.(1995)

北山、马库斯、图马拉、黑川、加藤(Kitayama，Markus，Tummala，Kurokawa & Kato，1990)采用一种稍微不同的方法进行研究，他们提出：在个人主义文化中，自我被看做是判断他人的标准。然而，在集体主义文化中，人们把他人放在中心位置上，而把自我与这些人比较。这些研究者发现，来自印度的学生(较为集体主义的文化)更可能认为自我与他人的自我相似，而不是他人自我与自己的自我相似(图 14.1)。然而，当来自美国的学生把他们的自我与他人的自我相比时，上述模式就颠倒了。美国学生认为他人的自我与自己的相似。类似的，马和斯科纳曼(Ma & Schoeneman，1997)发现，与肯尼亚人(集体主义文化)相比，美国学生更不可能用社会比较陈述。在来自乡下及传统社会的肯尼亚人和来自大城市的肯尼亚人之间，这一差异最大。看起来，这像是一个很好的区别，但它表明文化是如何影响自我在判断中的作用。在个人主义文化中，自我是中心，是独特的，而在集体主义文化中，它更多地与他人相关。

那么，总体画面就是在集体主义文化中的人采纳相互依赖的自我形象。他们认为

中华人民共和国茶厂的工人正在采集茶叶。亚洲文化更倾向于集体主义，而非个人主义。

自己融入他们群体的大网之中，而且代表了群体的特性(Markus & Kitayama，1991)。另一方面，来自个人主义社会的个体对自己有一幅独立的画面。他们脱离自己的群体，他们的自我形象也是独特的(图 14.2)。

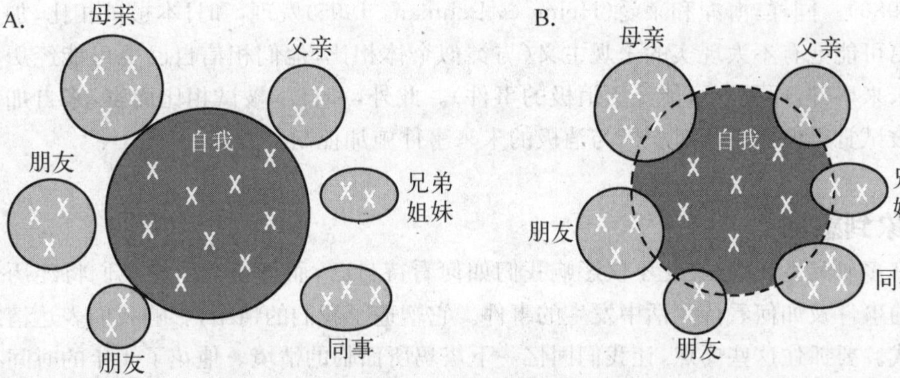

图 14.2　对独立自我的图示(A)和对相互依赖自我的图示(B)

来源：Makus & Kitayama(1991)

我们可以看到，在不同文化的组织背景中也反映出了上述有关自我的不同观点。如，在美国和加拿大这样的个人主义文化中，对雇员的选拔可能只是建立在面试和测验(能力、个性)的基础上。而在集体主义文化中，对雇员的选拔经常是建立在他们与现有员工的社会关系(朋友、堂兄弟姐妹)的基础之上(Redding & Wong, 1986)。而且,在个人主义文化中,经常对短期个人绩效给予奖赏,而在集体主义文化中,则是对长期的团体产出给予奖赏(Hofstede, 1991)。集体主义文化中的组织对员工"适合"工作团队程度的关注往往大于对个体生产力的关注。

自我保护

你可以从我们先前对归因、信息加工及自我(第二章和第三章)的论述中回想起来,我们不仅对信息进行加工以形成自我意象,而且还会进行自我欺骗,以尽可能地创设最佳的个体意象。换句话说,我们以各种方式扭曲现实,以提高自我意象。我们可以通过下行比较"保护"自我 (Wills, 1981),下行比较是指与那些稍微次于我们的人进行社会比较。我们还通过认为自己的能力与实力不同寻常来强调自己的独特性(独特性偏见)(Goethals et al. 1990),我们还过高估计自己对事件的控制力。如果依据对文化的讨论来思考这些倾向,我们预期:在强调独立(或负责的)自我的文化中,也就是个人主义文化中,上述倾向就会强烈地展现出来。

如果是集体主义文化的情境,我们预期:自我会使用一种非常不同的归因模式。在集体主义文化中,积极的自我意象不是躲开他人,它包括帮助个体融入群体的归因(还可看下一部分)。实际上,在亚洲文化中开展的研究发现,与西方文化中的个体相比,亚洲文化中的个体对有关自我的积极信息没有多大把握(Takata, 1992),在"把成功归因于内部因素,把失败归因于外部因素"上也没有多大信心(Kashima & Triandis, 1986)。同样,海涅和莱曼(Heine & Lehman, 1995)发现,和日本被试相比,加拿大人更可能抱有不太现实的乐观主义(与类似个体相比,他们相信自己更可能经历积极的未来事件,而更不可能经历消极的事件)。此外,和日本被试相比而言,来自加拿大的被试觉得他们更能对积极与消极的未来事件施加控制。

从意象到感觉

许多研究者认为,文化不仅影响我们如何看待自己,而且还会引导我们将经历什么样的事件及如何看待生活中发生的事件。它塑造了我们的情绪,影响我们表达情绪的方式。要抓住这些要点,让我们回忆一下塔玛所面临的情境。他花了 4 年的时间在惠灵顿营建他的生活。他有一份好工作,一帮亲密的朋友,还有令人兴奋的生活方式。父亲的死亡给这一切画上了一个句号,因为,作为家中的长子,人们期望他回到村子里,担负起照料母亲和其他 5 个兄弟姐妹的责任,还要耕种家里的农田。如果你面临着这样的前景,你会有何感想?当要我们放弃自己所追求的一切时,我们大多数人都会感到有些失望和悲哀。我们甚至还可能感到有些气愤和怨恨。如果你分析一下这些感觉,你可能会发现它们都是建立在极度自我关注之上的。你关注"你"得到了什么,“你”牺牲了什么,以及“你”必须接受的责任。依据马库斯和北山(Markus & Kitayama, 1994)的研究,这些感觉是建立在极端个人主义或自我的独立观点之上。在这种情形下,情绪建立在独立自我的基础上,即个体得到了或是失去了什么。

自我的集体主义或相互依赖原则引发了不同的观点与情绪模式,实际上,我们发现,塔玛决定回家时,他表现得高兴而自豪。他向死去的父亲发誓:“爸爸,我是你的儿子,我会让你感到自豪的。”(Ihimaera, 1973, p. 192)与父亲过世所造成的悲痛混合在一起,对于成为家中的首领,塔玛感到自豪。“多数情况下,我会告诉霍尼特和玛丽玛(他的弟弟、妹妹)毛利人的力量和爱,教他们彼此关爱,因而他们永远不会感到孤独。”(p. 79)在葬礼上,塔玛的妹妹忍不住哽咽起来,他告诉自己:“紧紧地抱住她,忘却自己的眼泪……她的伤痛更深,你必须安慰她们……握住她的手。看着你的影子,当你把手伸向别人时,它慢慢地就变成了一种庇护。”(p. 150)在这种情况下,塔玛的情绪建立在他对当时情境解释的基础上,这确定了他在群体(家庭)中的角色。在集体主义社会中,对自我的界定与群体联系起来,这种界定导致情绪建立在事件如何影响自我与群体之间的关系上。塔玛返回维图黑是巩固他在家中地位的契机。满足家庭的需要,承担在家庭中的责任,这都让他感到高兴与自豪。

马库斯和北山(1994)认为,在集体主义文化中,情绪源于对自我与群体之间关系的解释,而在个人主义文化中,情绪是在独立的自我之上的。但事情并不这么简单,在一个非常有趣的研究中,列文森、埃克曼、海德和弗尔森(Levenson, Ekman, Heider, Friesen, 1992)让美国人和西苏门答腊岛人(米南卡保人)戴上模仿积极和消极情绪状态的面具。两组被试摆出的表情都引发自主神经系统的唤醒。然而,只有美国被试报告说他们感觉到了所表达的情绪。米南卡保人在描述他们的感觉时有些困难,这也许是因为他们是单独的。米南卡保族,是一个集体主义社会,他们习惯了在群体中体验情绪,而且习惯了依靠他人来说明情绪的本质。在美国,个体经常单独体验情绪,他们“反省内心世界”以说明情绪状态。

文化不仅影响我们体验情绪的方式,而且影响我们对情绪的表达。埃克曼和他的同事(Ekman, Sorenson & Friesen, 1969;Ekman & Friesen, 1971)进行的早期研究发现,当向被试展示面部照片时,许多文化中的人都能正确地识别出所表达的情绪。其他调查者(Aronoff, Barclay & Stevenson, 1988)发现,在许多文化中,描绘恐惧表情的面具在表达上有着惊人的相似性。这些发现表明,可能存在着跨文化的、普遍的情绪表达模式及体验模式,但这一结论也有一定的局限。首先,大量研究表明,集体主义文化中个体的情绪体验时间要短于个人主义文化中的个体(Matsumoto, Kudoh, Scherer, Wallbott, 1998)。其次,研究表明,集体主义文化中的人倾向于体验到与他人相关的情绪(羞耻、尊敬感、受恩惠感),而体验不到或抑制关注自我的情绪(挫折,气愤,优越感)。

如你所见,关注自我的情绪能培养独立的自我,这是建立在个体内部感受基础上

啤酒节庆典代表了德国人欢乐及喜欢交往的倾向。

的(Markus & Kitayama, 1991)。与这一点相关,调查者们报告说,集体主义文化(哥斯达黎加)中的人们比个人主义文化(美国)中的人们对消极情绪表现出了更多的不适(Stephan, Stephan & De Vargas, 1996)。最后,与个人主义文化相比,集体主义社会中的情绪表达更多的是无声的、不是强迫别人接纳的(Triandis, 1994)。例如,调查者发现,日本学生和澳大利亚学生都认为澳大利亚人比日本人更富于表现力(Pittman, Gallois, Iwawaki & Kroonenberg, 1995)。在餐馆里,观察来自两种文化类型的人,你就可以很快地发现他们之间的不同。在德国人的餐桌上,你可能会听到他们的嗓门不断提高、笑声也很响亮,人们会频频招手示意。相反,在中国顾客的餐桌上,你将注意到他们相对比较安静,而且在情绪表露时,经常用手遮掩面部。

在个人主义文化中:从行为到性格倾向

在第二章和第三章,我们考察了人们如何对行为进行归因。一个非常普遍的发现是"基本归因误差"(fundamental attribution error),也就是观察者对他人行为进行归因时,过度使用内部特性,而低估情境因素(Ross, 1977)。换句话说,观察者对情境因素给予了较少的权重,而对性格倾向因素给予了较多权重。如果考虑一下我们对集体主义社会的讨论,我们就会发现,在集体主义社会中,人们很少把别人看做是独立的行动者。确切地讲,人们的行为是由情境及其角色决定或指引的。因此,我们预期,在这种社会中,人们在解释他人行为时更可能提到情境因素。换句话说,相对于个人主义文化,在集体主义文化中,我们很少能发现基本归因误差的倾向。事实上,这正是Miller(1984)所揭示的模式。他让美国人和印度的印第安人解释为什么他们所熟悉的人对别人做有益或是有害的行为,美国反映者的特点是提及特质,做出如"她是不负责的"之类的评论,而印度被试倾向于提及情境性因素,如行为者的职责与角色。

在另一个有趣的研究中，莫里斯和彭凯平(Morris & Peng，1994)查阅了报纸上对两起发生在美国的凶杀案的报道，一起是一名中国人所为，另一起是一名爱尔兰籍美国人所为。正如我们可以从前面的讨论中预期的，当美国记者猜测谋杀原因时，他们更可能关注个体的性格倾向，如凶犯的态度(相信枪支是解决不平等的重要途径)，人格特质(坏脾气、暴力个体)及心理问题。另一方面，中国记者更可能提到情境原因，如关系(与他人之间的敌对)，情境因素(个体所承受的压力、工作问题)，更让人感兴趣的发现是美国记者受凶犯所在文化的影响。当犯人是中国人(组外)时，对情境与个体因素的提及没有差异。中国记者在归因时不受凶犯种族的影响(见图 14.3)。调查者认为，在中国人的归因中，个体特征(组内或组外)并不重要，因为中国人在归因时关注情境变量。然而，由于美国人倾向于使用性格倾向变量(行为者的特质)，他们专注于行为者的特性。这是一个非常迷人的提法，但看起来它又与以下观点相矛盾：集体主义文化在内群体(ingroup)与外群体(outgroup)之间有更明确的区别。还需要进一步的研究来协调这些观点。

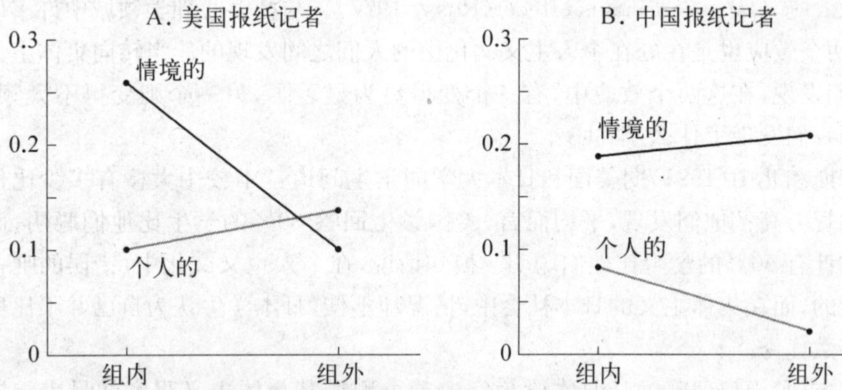

图 14.3 在美国报纸(《纽约时报》)和中国报纸(《世界杂志》)中被编码为个体归因和情境归因的全部条目比例

注：按照谋杀犯属群体内还是群体外(相对于与记者)进行分解。
来源：Morris & Peng(1994)

回到对自己行为的解释上，我们讨论了“自我服务偏见”(self-serving bias)的可能性，即我们通过归因来保护积极的自我意象。研究发现，人们倾向于把自己的成功归因于自己的能力，而把失败归因于外部原因，如任务难度(DeJong，Koomen & Mellenbergh，1998)，回想一下这些研究，大多数人都很容易和这些倾向联系起来。但从集体主义文化个体的角度出发来考查这些情境：把成功归于自己的能力，把失败归于情境，这就提升了自己相对于他人的地位。如果你关注的不是出众，而是保持一致，那么你在向人解释时就应当谦虚。

我们预期,集体主义文化中的个体会避开自我服务的归因。实际上,在许多研究中都发现了这种反应模式。如,史卡奈(Shikanai, 1978)引导日本学生,让他们相信:在完成某项任务时,他们要么会做得非常好,要么会做得非常差。接下来,让学生指出5个原因(能力、努力、任务难度、运气、当天的精神—生理"状态")中,哪个最能解释他们的绩效。学生们普遍避免使用能力对其行为进行解释。他们把成功归因于任务简单、运气、状态,而避免归因于能力和努力等因素,这表现出了他们的"谦虚"倾向。然而,对失败的归因更可能归于他们的能力(缺乏)和努力。有意思的是,对成就动机的研究(Yu & Yang, 1994)表明,当涉及个体所在的群体时,个体可能会借助于自我服务偏见:"我的群体"成功了,是因为它的能力及努力;失败了则是由于外部原因。

另一个有关文化在归因中作用的例子描绘了一幅更全面的画面。当涉及积极的特点时,我们经常表现出一种"唯一性偏向"(uniqueness bias),认为我们的实力与能力是与众不同的(Campbell, 1986; Goethals, Messick & Allison, 1990)。此外,对赞同我们观点、与我们同样方式行动的人,我们倾向于高估他们的数量,也就是一种"错误一致性效应"(false consensus effect)(Ross, 1977)。与社会心理学领域中许多研究相似,这两个效应也是在处在个人主义文化中的人们之间发现的。当转向集体主义文化时,我们发现,在这两个效应中,有一个变得更为显著了,另一个则变得不太频繁。你能猜到我们发现了什么模式吗?

马库斯和北山(1991)向美国和日本大学的学生问道:"本校中大概有多少比例的人比你的智力高?"他们发现,平均而言,美国学生回答30%的学生比他们聪明,而日本学生估计有50%的学生比他们聪明。换句话说,在个人主义文化中,错误的唯一效应是活跃的,而在集体主义的日本社会中,情况却不佳,日本学生认为自己并不比群体中的大多数优秀。

另一方面,山口(1990)让日本学生完成一个测量其集体主义程度的量表。接下来,给学生们一系列的决策问题让他们解决,并让他们估计可能会选择同样答案的学生比例。结果表明,个体越是集体主义化,他或她就越可能认为其他学生会做同样的选择。换句话说,集体主义程度越高,就越可能产生错误一致性效应。

总的来说,在集体主义文化中,对他人和自己的归因并不强调行为的内部原因。相反,他们强调群体成员之间的关系及相似性。我们并不是说其他文化中的人们不对行为进行归因。然而,文化的确影响加工及解释信息的方式。信息加工遵循文化价值观。在高度集体主义的文化中,对事情的处理方法强调独立和独特的自我;在集体主义成分更多的文化中,归因确认了个体之间的相关。

文化的(非言语)语言

假想你在大学校园里遇到一个亲密的朋友。这个朋友向你微笑,与你握手,接着用他的鼻子顶顶你的鼻子，你会怎么反应？实际上这是毛利人与亲密朋友和亲戚打招呼的传统方式。

爱德华·霍尔（Edward Hall，1959，1966）观察发现，人们交往是在可预知的距离范围内。他认为个体对他们周围的空间有一种所有权的感觉，这是他们的**个人空间**（**personal space**）。在西方社会，人们一般有四种水平的个人空间，每种空间分为远距离和近距离两种情况。这个空间的大小一部分由交往者之间的关系性质决定（见表14.3）。当固有的空间被侵犯时，个体就会感到不舒服并尽力转移自己的位置来创造“合适”的空间距离。

表 14.3　霍尔有关西方国家人与人之间距离的理论

	亲近阶段	疏远阶段
隐私距离	0到5英寸； 两个人相互接触； 相爱、逗着玩、安慰、给予保护	6到18英寸； 用于不允许接触时； 在说秘密的时候交谈声音很低
私人距离	18到30英寸； 用于亲密朋友或结婚的两口子之间谈话	30到48英寸； 朋友和熟人之间的普通社会交往
社会距离	4到7英尺； 在偶尔的社会聚会中私人事务和谈话	7到12英尺； 正规的商业和社会谈话
公众距离	12到25英尺； 正式的交往	25英尺以上； 在重要的公众人物周围的距离

来源：Hall(1996)

我们在自己周围保持的个人空间范围的大小受到大量因素的影响。例如，男性—男性的交往一般比女性—女性或两性之间的交往会保持更大的私人距离（Brady & Walker，1978）。人与人之间的距离从童年到青少年阶段也在逐渐增加（Aiello & Aiello，1974；见图 14.4）。但是这里最令人感兴趣的是霍尔的观察发现空间距离受到文化的影响。拉丁美洲人、法国人和阿拉伯人通常比美国人、瑞典人、日本人和英国人的人际交往距离更近。后者这些文化中的人们在交往中也不太容易相互有身体接触。并且如图 14.5 所示，文化也能影响交往时可能接触到的身体部位（Barnlund，1975）。

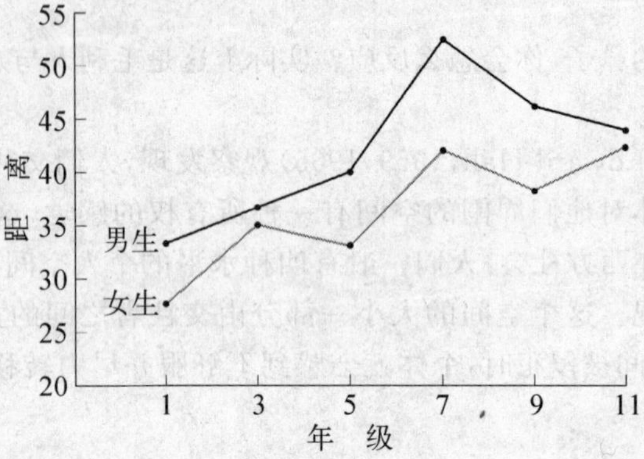

图 14.4 六个等级水平上的男性和女性对应的平均交往距离

来源：Aiello & Aiello(1974)

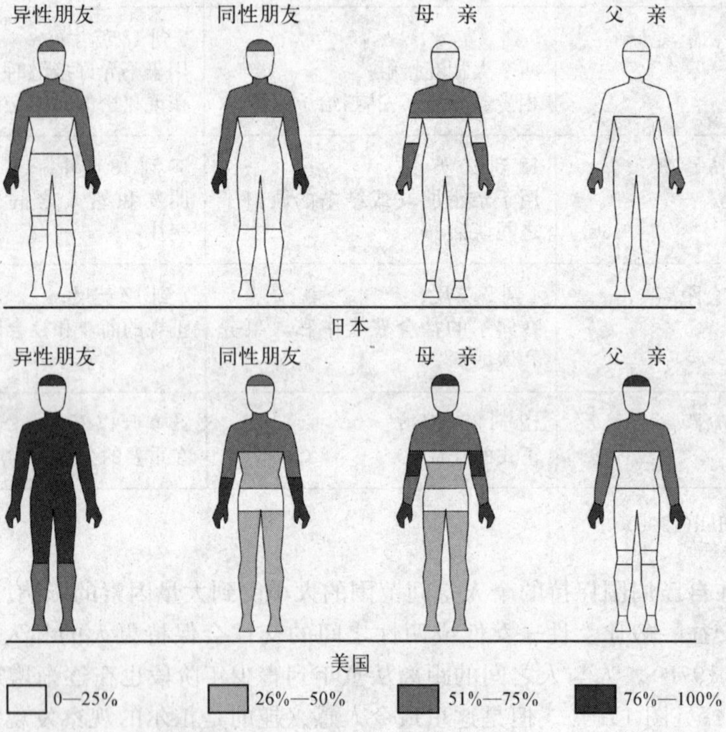

图 14.5 身体接触的忌讳

一个个体在某种文化中能够接触一定的身体部位，而在其他文化中这是忌讳的做法。巴恩兰德(Barnlund，1975)获得了可接触的身体不同部位的频率。在美国一个个体能够接触一个异性朋友身体的所有部位，但是对于另外一些人来说生殖器周围的地区是禁止接触的。在日本更多的身体部位是禁止接触的，甚至包括异性朋友腰部以下的地区。你可以通过计算忌讳接触的身体部位的数量来获得文化“密封性”的指标。

来源：Barnlund(1975)

这是个有趣的发现，同时它也蕴涵着某些严肃的意义。来自不同文化的人们在交往的时候，每个人会试图建立让他或她自己感觉舒服的空间距离。当违背了固有的距离时，个体会变得不太舒服而且可能会对谈话的同伴感到恼怒。当固有的空间距离对两方都一样时就不构成问题；但是如果固有的距离对一个人来说比较近，但对另一人是远的，谈话可能就会发展到这样的阶段，即每人都试图建立一个舒服的距离并且认为另一方不礼貌或是粗鲁的。因为我们的空间距离是这样无意识的而且我们很少考虑到我们自身文化的影响，所以空间距离上的文化差异可能会导致不愉快的交往。

不仅仅只有空间距离会受到文化的影响。文化通常有它们自己独特的表达方式。毛利人见面打招呼蹭鼻子，美国人握手，墨西哥人拥抱。松本(Matsumoto，1997)举了下面的例子说明手势中的文化差异如何导致令人很不舒服的情况。

> 日本人举起双手的食指，指向头两侧，指尖向上，通常表示某人生气了。然而，在巴西和其他南美国家，这个动作表示某人想要性生活(有性冲动)。想象如果一个日本人正试图告诉来自巴西的某人另一个人生气了，巴西人会把这个符号的意思理解成日本人有性冲动！(p. 44)

埃克塞尔(Axcell，1991)确定了有关符号和信号的其他一些文化差异。例如，在美国，拇指和食指握成一个圈表示“OK”。在很多拉丁美洲国家，这个符号和紧握拳头举起中指的手势一样被认为是淫秽的手势。在法国南部，同样的符号表示“没有意义”或“无价值”。所以，当你在用另一个非言语信号表示 OK 的意思之前可能需要考虑两次。我们很多人习惯于做朝里弯曲食指再朝外伸开的手势招呼某人到我们这儿来。但是在马来群岛和前南斯拉夫，这个信号仅用于召唤动物，而且在印度尼西亚和澳大利亚这个手势是表示招妓女的。所以，要注意你的(非言语)语言。

大体上，集体主义文化中的打招呼方式通常比个人主义文化中所用的时间更长而且更复杂。特瑞安狄斯(Triandis，1994)指出集体主义文化中的打招呼是用来确定有关参与者的身份和在群体中的职位这些信息的。这是个重要的功能，因为身份和群体中的职位决定了双方如何交往。某些语言(例如日语)对于与身份更低的人交流或与身份更高的人交流可以使用不同的语言形式。打招呼确定身份后，也确定了在双方后来的讨论中会用到哪种形式的语言。

文化的结构会对文化中人们的语言产生影响(Gudykunst，1991)。例如，在像美国这样的个人主义文化中，家庭是个相当小的圈子，包括母亲、父亲、孩子、叔舅、姑姨、祖父母、表兄弟姐妹、侄子外甥、侄女外甥女。然而，在很多集体主义文化中，家庭的范围更大。在毛利人的文化中，一个人的家庭可能会包括他姑姑的姑姑。在这样的文化中存在把这些人同等看待的概念；在我们的文化中还没有发现这样的概念，因为没有人会认为这些人相互关联。同样，集体主义文化通常有一些概念能描述一些复杂的、与他人有关的情绪，这些情绪在集体主义成分较少的文化中只能用一串字母连接起来。例如，sonkei（尊敬）在日语中是感到尊敬某人的意思，而 fureai 则表示感到与某人有联系（Markus & Kitayama，1991）。而且因为与他人的关系在日本文化中非常重要，所以有三个描述互相依赖的概念：fureai（联系感），shitashimi（亲切感）和 sonkei（尊敬感）。

"原谅我，但是我的人通常发现你的人冷淡而疏远！"

最后，文化对人们之间沟通的性质能够产生强烈的影响。特瑞安狄斯（1994）提出因为集体主义文化如此着重强调和谐，"说别人想听的东西，而且不和别人产生矛盾。"（p. 185）。所以，人们必须留心：注意通过一些符号和手势来解释它的意义。从一个印度尼西亚男孩儿想和一个更高阶层的女孩结婚的故事中，我们可以发现一个有启发意义的例子。男孩的母亲去和这个女孩的母亲讨论这桩婚事的可能性，女孩的母亲给她准备了茶和香蕉，但是因为茶一般不能和香蕉一起吃，"这就传达了他们两个（男孩和女孩）不能在一起的意思。"（Triandis，1994）女孩的母亲通过给出这个信号，就避免了因为不得不直接拒绝结婚要求而产生一个不愉快的交往过程。在个人主义的文化中，因为文化并不强调和谐，所以沟通一般更直接。

所以，文化在人与人之间的沟通中无疑产生很明显的影响。文化会影响语言的结构，口头沟通的性质和非言语的行为。

文化和社会行为

当塔玛在惠灵顿机场等待搭飞机回家的时候，他偶然遇到他的表哥。他告诉他的表哥他父亲的死讯，他的表哥许诺要去参加葬礼。正当他们要离开的时候，表哥用手掏他的口袋并抽出他身上所有的钱。他把钱插进塔玛的衣服口袋，然后就走开了。

通常，集体主义文化在内部团体和外围团体之间有明确的区别划分，而且他们的社会行为比在个人主义文化中更清楚地反映了这些区别。一旦确定了这些区别，集体主义文化中的个体就开始在内部团体内营造和谐关系，而与外围团体的关系更消极。在集体主义社会内部，人们一般相对很少属于某些团体，但是一旦加入，这些团体则通常是终生会员制的协会并且构成了人们社会同一性的一个重要部分（Tajfel & Turner，1986）。虽然塔玛离开了他的村庄，但是他仍然是村庄的成员而且很容易回到他的位子上。另一方面，在个人主义文化中的个体一般加入更多的团体但持续时间更短。

他们不太可能在内部团体和外围团体之间进行如此清楚的区分。个人主义文化中在内部团体和外围团体成员所受待遇之间的差异比在集体主义文化中更小。在内部团体内，个人主义文化中的个体容易强调个人的需要和目标(Matsumoto，1996)。几乎每种类型的社会交往中都可以看到在团体的文化观上这种差异的影响。我们花一些时间来看一些例子。

社会和家庭关系中的吸引和爱情

首先看看文化之间的相似性，巴斯(Buss，1989)发现男性通常偏爱年轻的配偶而女性则更喜欢成熟的男性。在各种文化中，相比女性，男性认为配偶的生理吸引力更重要。总的来说，男性倾向于由于女性的生育能力而被其吸引，而女性通常看重配偶能够提供资源和保护。

尽管存在这些相似性，但也有一些显著的差异，在婚姻和长期的爱情关系上尤其明显。在集体主义文化中，婚姻被看做连接家庭而不只是两个个体的组织。所以，"正确的"联合是在家庭成员之间建立舒适结合的组织。因为这个原因，集体主义文化中的婚姻通常是包办的，而且当可能考虑个体感情的时候，两个家庭的需要就极为重要了。个人主义文化中的婚姻建立在爱情和愿意交换誓约的两个个体的愿望基础上。所以，个人主义文化比集体主义文化更看重浪漫的爱情(Simmons，vomKolke & Shimizu，1986)，但是在文化类型内部还存在大量的变异。例如，调查者问11个国家的学生：爱情对婚姻有多重要(Levine，Sato，Hashimoto & Verma，1995)。从表14.4可以看出，在个人主义成分更多的社会中，学生(美国、英国、澳大利亚和欧洲、巴西)认为爱情非常重要。另一方面，一些集体主义文化国家(印度、巴基斯坦、泰国和菲律宾)则不太重视爱情，但是另一些集体主义文化的国家和地区则报告，他们认为爱情是重要的(墨西哥、香港)。

印度婚姻的一项研究发现，因为相爱而结婚的夫妇比包办婚姻的夫妇在前5年期间更相爱，但是第5年之后爱情就减退了。在后来的日子里，这些差异逐渐增加。

表 14.4 问题 1 的回答

"如果一个男性(女性)有你所渴望的所有其他特质,你并不爱他(她),你愿意和他结婚吗?"

回答	印度	巴基斯坦	泰国	美国	英国	日本	菲律宾	墨西哥	巴西	香港	澳大利亚
是	49.0	50.4	18.8	3.5	7.3	2.3	11.4	10.2	4.3	5.8	4.8
否	24.0	39.1	33.8	85.9	83.6	62.0	63.6	80.5	85.7	77.6	80.0
不确定	26.9	10.4	47.5	10.6	9.1	35.7	25.0	9.3	10.0	16.7	15.2

注:给出的数字是百分数。

来源:Levine, Sato, Hashimoto & Verma(1995)

但是这并不意味着包办婚姻中就没有爱情。格皮德和辛(Gupta & Singh,1982)考察了印度的一些夫妇,一些是因为爱情而结婚的,另一些是包办婚姻。他们对研究者编制的一个用来测量爱情强度的量表的回答表明,为爱情而结婚的夫妇在结婚的前5年更相爱。然而,相比包办婚姻的夫妇,他们在结婚五年后爱情就减退了,而且在后来的日子里这种差异在这个方向上有所增加。

集体主义不是影响爱情和吸引力仅有的文化维度。霍夫斯泰德(Hofstede,1996)从男性维度的角度描述了一些亚洲文化并调查了 20 岁到 30 岁之间的单身职业女性所认为的男朋友和丈夫需要具备的重要特征。总的来说,女性指出健康、财富和社会地位对丈夫来说比对男朋友更重要,而幽默感和个性对丈夫则不太重要。然而,结果也表明相比在女性成分更多的文化中成长的女性,在男性成分更多的文化中成长的女性更容易把丈夫和男朋友之间的重要特质区分开来。霍夫斯泰德认为这些结果可能表明男性取向文化的社会比女性取向文化的社会通常更多地把爱情(男朋友)和家庭(丈夫)分开。

我们可能会发现其他文化的实际情况有所不同,但是这种情况是深深扎根于文化内部的。然而当在一种文化中被接受的婚姻和关系模式在另一种文化中实践时,问题就出现了。从图 14.6 中报纸上的故事可以看出,一种文化的模式可能会违背另一种文化或社会的法律。结果可能出现一个困难的道德两难问题,而且它提出了社会可能对不同文化的实际情况有多适应的问题。

影响这个主题的最后一个问题与家庭结构有关。特瑞安狄斯(1994)认为核心家庭在个人主义文化中是标准的单元,而在集体主义文化中则强调更广泛的家庭关系。例如,在集体主义文化中,个体更容易与广泛的家庭成员住得很近(祖父母、表兄弟姐妹、叔舅、姑姨)。在集体主义文化中孩子通常由广泛的家庭成员所照看(尤其是祖父母)。为支持这个立场,一个研究小组(Georgas, Christakopoulou, Poortinga, Angleitner, Goodwin & Charalambous, 1997)询问了欧洲五国的大学生有关他们与家人关系

J. L. 施密特，美联社

林肯·奈布——一个伊拉克难民以虐待儿童罪名被监禁，他被指控强迫他13岁和14岁的两个女儿和大她们年龄两倍的男子以伊斯兰教的仪式结婚，并且所谓的丈夫被指控有强奸罪名。

伊拉克的一个大学教授和所谓丈夫一方的律师说这被告三人是遵循伊斯兰传统的，并没有有意违反国家法律。

"文化和美国法律之间有冲突，"特里·坎农说，他是34岁的拉蒂夫·澳胡赛尼，和28岁的马吉德·奥尔塔梅迈这两个所谓丈夫一方的律师。这两个最近的移民以5万美元保释金被监禁并且可能要在监狱中待50年。

父亲以1万美元保释金被监禁，他是一名患有残疾的学校看门人，仅通过萨拉姆这个姓就被确认。他勇敢地面对六个月的监禁和1 000美元罚款。

警察说哈桑尼和13岁的女儿在11月9号在她父亲家中违背女孩的意愿举行了结婚仪式。14岁的女儿声明她被迫与塔梅迈举行同样的结婚仪式，但是父亲向当局宣布女孩和塔梅迈只是订婚。

法院证词说两个男人带女孩回他们家并与她们发生了性关系而完婚。14岁的女儿从公寓中跑掉了，父亲以她逃婚为由报了警。

警察找到了女孩，听了她的故事，逮捕了那两个男子并使女孩受到了保护。

"他们没有意识到犯罪规则的种类。"林肯伊斯兰基金会的穆罕默德·纳西尔对林肯明星杂志说。内布拉斯加州林肯大学的教授纳西尔没有参加婚礼但说婚礼是根据伊斯兰传统举行的，其中包括双方会公开表示他们愿意结婚。

图14.6　强迫他十几岁的女儿结婚的伊拉克男子

来源：Bryan-College Station (TX) Eagle, Nov. 20, 1996

的问题。集体主义文化（希腊、塞浦路斯）和个人主义文化（荷兰、德国、英国）之间在情感亲密程度、聚会频率或与核心家庭成员（父母、兄弟姐妹）的电话联系方面没有差异。但是来自集体主义文化的学生报告他们比来自个人主义社会的学生与广泛的家庭成员有更频繁的接触、更多的地理距离亲近和更多的情感亲密性。这些研究和其他发现认为文化会影响我们如何定义我们的家庭以及我们和各种家庭成员有多少接触和情感亲密的程度。

家庭结构上的文化差异也反映在对待老人方面。很多集体主义文化，尤其是亚洲社会，有强烈的子女孝顺的道德规范，要求"儿子和媳妇要绝对服从并有义务支持父母(Cogwill，1986，p. 114)"。实际上，在很多亚洲文化中这些义务是法律的一部分，而且尽管很多法律已经废除了，但是习惯仍保留下来(Treas，1977)。例如，在日本60%的老人和他们的孩子住在一起，而在美国只有15%是如此（经济合作和发展组织，1994）。这个模式导致很多集体主义家庭中的孩子比个人主义家庭中的孩子与祖父母和表兄弟姐妹有更频繁的接触(Matsumoto，1996)。事实上，在开始的事件中我们就可以看到这个差异。塔玛对自己从家里搬出来有强烈的负罪感，尽管他只离开了不到100英里的距离。大多数家庭住在同一个小村庄里，而且在葬礼中，每个家庭成员包

复活节是瓦西里卡村庄劳伦斯·克劳伯恩的家庭团圆的日子。不管是牧师、祖父还是时髦的雅典年轻人，希腊人都保持家庭关系的团结。

括更远的亲戚都有自己明确的角色。

帮助行为

塔玛的表哥在机场的行为可能在我们很多人看来非常与众不同。没有被要求，他就把他所有的钱给了塔玛，而且塔玛没有任何拒绝，接受了这些钱。我们可以把这个行为解释为表哥为塔玛感到遗憾，并且向他表示他对他父亲的去世感到非常难过。但是事情可能并不是这样的。在第九章我们讨论了利他主义和帮助行为的研究。你可能已经惊讶于在很多研究中发现人们不太愿意帮助别人。一些调查者(Ho & Chiu，1994)认为集体主义文化比个人主义文化通常更看重利他主义。

这个发现并不一定意味着集体主义文化中的个体比个人主义文化中的个体总是更经常的互相帮助。然而，似乎集体主义文化中的人对内部团体或潜在的内部团体成员和外围团体成员之间有明显的划分。他们更可能帮助内部团体的成员但是不太可能帮助外围团体的成员(Triandis，1994)。特瑞安狄斯注意到希腊人通常更愿意帮助陌生人而不愿帮助明显不是他们内部团体成员的另一个希腊人。乍一看，这可能似乎与我们之前的观点矛盾了。然而希腊人似乎把陌生人看做一个潜在的团体内成员，所以他们愿意竭尽全力提供帮助直到确定陌生人不包括在内部团体范围内。在塔玛的例子中，他明显是他表哥的内部团体成员，所以他表哥很自然地对他提供帮助。那么文化不仅影响我们提供帮助的意愿而且帮助我们决定我们将帮助谁。

这里要注意一点。约瑟夫和克特(Yousif & Korte,1995)考察了在英国和苏丹(集体主义文化)的城区和非城区居民帮助他人的意愿。在这两个国家中,帮助行为在非市区都比在市区更频繁地出现。所以,有可能集体主义和个人主义文化之间的差异是由城市发展的差异而非文化规范所引起的。

视窗 14.2　文化骇人听闻的侧面

除了考察文化对各种社会行为的影响,社会心理学家一直感兴趣于人们在从一种文化转移到另一种文化的时候如何受到影响。有关技术如何"震惊"我们的世界已经说了很多,但是技术革命的一个明显结果就是现在比以前有更多的人将到具有不同文化的外国访问或工作。虽然跨文化的前景是激动人心的,但这种飞跃可能经过证明对于某些人是困难的。当人们沉浸在另一种文化中时,甚至很短一段时间,通常就会产生"文化冲击"(Oberg,1954)。大量的生理和心理症状都和文化冲击有关。这些症状可能包括疲劳、思乡病、无助感、抑郁、勃然大怒和对被剥夺、欺骗与伤害的过度恐惧(Triandis,1994)。弗恩哈姆和波切内尔(Fumham & Bochner,1986)发现生活在英国的德国、波兰和美国籍的妇女自杀的可能性是英国本籍妇女的两倍。可以假设,这是在外国文化下生活的压力造成的后果。

多数研究发现不足10%的旅行者经历过"严重"的文化冲击(Weaver,1994),并且文化冲击的严重程度与其本国文化和新文化之间的差异相关(Gao & Gudykunst,1990)。如果你假设自己处于一个陌生的文化中,你就能够预期人们为什么会经历文化冲击。一个主要因素是失控以及伴随而来的不确定性(见第三章)。甚至像餐馆订餐、现金付账或买杂货这些最简单的任务在另一种文化中也可能乱套。个体在这些努力过程中遇到的困难可能会导致一种习得无助感(Abramson,Seligman & Teasdale,1978)并损害他的自我效能感(Bandura,1982)。情况更糟糕的是,当一个人在经历这些困难的时候,通常没有其他人会理会他的事情,缺乏熟悉的社会支持网络(Rook,1987)并且开始有一种被孤立感。正如我们在前面章节中看到的,这些条件每一个都与抑郁有关并会损害个体的自我形象。

尽管文化冲击对于旅行者和在另一种文化中短暂生活的一些人是个问题,但适应外国文化对一些必须长时间在国外生活的如生意人、学生和传教士这样的人来说非常重要。特瑞安狄斯(1994)确定了特别针对很多长期旅行者的适应过程分为五个阶段。在第一阶段,有一种乐观和兴奋感,把新的情况看做一种挑战。当经历语言、学校和日常活动的困难时就开始了第二阶段,失控通常导致对文化的愤怒和抑郁。个体可能会寻找一些其他国家的人,他们会与之交换"这些本国人多可怕"

续 表

这样的意见(Triandis,1994,p. 265)。第三阶段是最低点,通常表现为严重的抑郁和受心理影响的疾病。在这个阶段中,人们可能脱离文化或被他们的公司送回家。然而,如果他们仍处于文化之中,就开始形成一个U型曲线。在第四阶段,人们学习了新的应对技能,乐观感又回来了。当人们在新的文化中感到舒适时就进入了第五阶段,他们从主流文化中形成了长期目标并发展了亲密的朋友。

对新文化的适应不仅个体要付出代价,它对派遣人们到外国文化中工作或学习的组织也有着重要意义。据估计,因为员工在外国文化中适应困难,公司损失的费用在2亿美元到2.5美元之间(Lublin,1990)。所以,近一半送员工到国外发展的公司制定了文化训练计划使其适应更容易。这些计划有不同的程序,下面的表格显示了主题涉及的范围(Paige & Martin,1996)。这些计划的形式也多样化但是很多都包括像演讲、讨论组、电影、角色扮演、小组问题解决练习和模拟这样一些方法。

如你所见,社会心理学理论的理解和研究能深入了解人们在跨文化的情况下所经历的困难并对帮助其适应过程的步骤进行评价。随着未来几年跨文化接触的逐渐扩展,让人们在跨文化的边界自由舒畅地往来会成为一个越来越重要而紧急的任务。

不同文化之间培训的内容基础
不同文化之间的交流现象
文化与交流
语言和交流
非言语行为和交流
价值观、观念和规范在交流中的作用
认知差异:种类,分类系统
学习方式
交流方式
文化学习,适应"冲击"
跨文化的特征
交流和交互过程
对文化差异的选择性反应
跨文化交流能力/敏感性的发展阶段
描述、解释和评估跨文化事件和人物
不同文化之间的关系和文化差异
不同文化之间的关系连续体:从相似到差异

续 表

产生影响的文化差异：价值观、态度、观念、行为 与种族、种族关系、性别、国籍、社会经济地位、宗教、性取向等有关的文化差异 抑制和提高跨文化交流的因素 个体特征：灵活程度，开放性，情绪适应性等 情境变量：身份平等程度，共有的目标，合作，支持性的环境，角色和工作分配明确等 文化变量：交往双方的语言差异和语言能力，双方的文化差异和目标文化技能 领域研究/目标文化知识 历史 政治和经济系统 宗教 种族差异 等 来源：Paige & martin (1996)

顺从和群体行为

文化在有关顺从的行为上也扮演着有趣的角色(见第十一章)。虽然我们可能期望日本人，集体主义文化的人，比德国个人主义文化的人更容易顺从，但是用阿西线段方法的研究发现顺从在日本和德国都相对比较低(Mann，1980)。开始这个结果似乎很令人震惊，直到我们更细致地考察了情境。一般来说，阿什实验中被试面对的是陌生人组成的一个多数人有异议的团体，他们明显不是内部团体成员。所以，我们不能期待来自集体主义社会的个体在这种情境下表现出高水平的顺从。然而在包含凝聚力团体的一个研究中(由内部团体成员组成)，松田(Matsuda，1985)发现日本人甚至在私下做反应的时候顺从的程度也很高。

在团体问题上扩展开来，布里斯林(Brislin，1993)指出在个人主义文化中的个体对加入团体有周到的考虑。而人们希望在集体主义文化中的个体是一定团体的成员。在个人主义文化中，团体通常只在需要完成任务的时候持续下去。在集体主义文化中，团体通常更持久而且个体在团体中履行义务并承担责任。布里斯林提到日本发生的一个事情，好学生抱怨一些闹事学生的行为。老师告诉好学生他们要为他们的同学负责并且他们应该解决问题。所以，在集体主义文化中的儿童从小就学会为他们团体中的成员负责。这种对其他团体成员相互的义务和责任感在西班牙文化中也很明显(Hines，Garcia-Preto，McGoldrick，Almeida & Weltman，1992)，也表现于团体忠诚度高和避免抱怨或认出违反组织规则的成员。

冲突和冲突解决

在很多个人主义文化中，一个基本的假设是冲突由参与双方的特征而引起(Rubin，Pruitt & Kim，1994)。可能你会把你的对手看成攻击性强、固执而倔强的。高尔唐(Galtung，1997)注意到个人主义文化也有一个非常明确的时间观念，认为能够确定交往的很清楚的开始和结束点。我们可以把个人主义文化看重情绪的公开表达和直接指向人际关系的事实加入到这些特征中去。一些成分这样混合搭配起来导致这些文化中的人格冲突包括双方之间的直接对质。冲突一般包括一方试图直接强迫另一方屈服。他们几乎没有耐心以至于如果冲突没有很快解决，双方将转向第三方(调节者、仲裁人、法官)来寻求解决办法。

在集体主义文化中冲突和冲突的解决办法通常大不相同。冲突的基本原因被认为是情境因素(Fry & Fry，1997)而不是双方的人格特征。从而解决办法依赖于改变情境而不是双方的态度或特征。不同于公开对质冲突，集体主义文化中的人们通常采取回避方法(Triandis，1994)。他们不愿意引入公平的第三方，不通过改变情境来减少冲突水平而只是等待。对西方文化中的人们来说，这种方法速度慢得令人发狂，延长了冲突的时间。但是高尔唐(1997)对佛教的分析表明对佛教徒来说"时间是无限的。为了所有的实际目的，没有开始也没有结束……冲突将被看成无限的，没有开始也没有结束"(p. 42)。

这里重要的一点就是文化帮助我们确定我们对冲突和冲突解决的计划。对冲突原因的知觉来源于文化，就像对冲突管理的方法一样。当冲突在不同文化的人之间产生时就带来了困难。

文化的重要性：总结性评论

我们并不认为文化完全改变了人类行为的性质。事实上，不管文化如何，个体都要感知、加工和解释社会信息，他们形成对自己的看法，他们有爱与恨，他们处理冲突并且受到他人的影响。例如施瓦茨(Schwartz)和他的同事们(Schwartz，1992；Schwartz & Sagiv，1995)认为存在一些基本的价值观在所有的文化中能够再认和应对。这些调查者确定了十种动机不同类型的价值观，他们认为在所有文化的价值系统中都能成立(见图表 14.7)。根据从 40 多个国家收集得来的数据，施瓦茨认为在所有文化中普遍存在两个基本的维度(改变的开放性对保守主义和自我超越对自我提升)，而且这些维度影响十个基本价值观之间的关系。所以，把文化融入社会心理学的研究中并没有忽略社会行为的理论和研究。

权力：社会地位和声望，控制或统治人和资源。(社会权力、权威、财富)(保持自我的公众形象，社会承认)

成就：通过根据社会标准证明自己能够胜任而取得个人成功。(成功的、能干的、进取的、影响的)【智力，自我尊重】

快乐主义：快乐和使自己满意能给人以美的享受。(快乐，享受生活)

激励：生活中的兴奋、新奇和挑战。(大胆的、各式各样的生活，兴奋的生活)

自我导向：独立的思想和行为选择，创造、探索。(创造力、自由、独立、好奇、选择自己的目标)【自我尊重】

普遍性：理解、欣赏、忍受和保护所有人的幸福和大自然。(广阔的思想、智慧、社会公平、平等、和平的世界、美丽的世界、与自然统一、保护环境)

仁爱心：保持和提升某人与之频繁接触的人们的幸福。(有帮助的、诚实的、原谅的、忠诚的、负责的)【真正的友谊、成熟的爱情】

传统：尊敬、承诺和接受传统文化或宗教给自我提供的习惯和想法。(谦逊、接受我生活中的一部分、贪婪、尊重传统、适度)

顺从：可能扰乱或伤害他人并违反社会期望或规范的行为限制、倾向和冲动。(无礼、服从的、自我纪律、尊敬父母和长辈)

安全：社会的、关系的和自我的安全、和谐和稳定。(家庭安全、国家安全、社会秩序、清洁、帮助互惠)【归属感、健康】

图 14.7　基于目标和代表其单一价值观对各种动机性价值观的定义

注：括弧中的价值观不用于计算价值观类型的指标。其中用来测量一个可能的未被发现的精神价值类型的其他价值观是：精神生活、生活的意义、内部和谐、超然。

来源：Schwartz & Sagiv(1995)

然而，文化对我们的态度、价值观、知觉和行为确实有深入的影响，虽然这种影响非常微弱。文化塑造了我们看待自己的方式并解释了他人的行为。文化影响我们所关注的事情并用于理解我们所在社会的一些情境的特点。我们的文化影响我们如何与他人和团体产生关联。

最后，试图将各种文化分类会做一些集中趋势的描述。所以，在文化内部人们对生活的态度、行为和展望有相当大的变化。文化是帮助我们理解社会行为基础的一个框架而不是把人们严格分隔成某些确定的团体的一种束缚。

文化对社会行为产生影响的研究是一个正在逐渐成长和发展的领域。它不仅使社会心理学家测定了他们的发现在人群中的推广有多广泛，而且已经确认了新的研究领域。这个方法代表了社会心理学领域中一种新的导向。

总结

文化被定义为“一套人为的客观和主观成分，在过去增加了人们存活的概率并且导致人们在社会生态环境下对生活的满意，而且由此就变成了因为有共同语言并且生活在同一个时代和地方而能够交流的那些人之间共有的东西”。(Triandis 1994，p. 22)

简言之,文化被看做是思想的软件。它世代相传,并且几乎影响到生活和社会交往的方方面面。

霍夫斯泰德把文化分成四个维度:不确定性规避、男子气、权力距离和个人主义/集体主义。多数跨文化研究都关注个人主义—集体主义的维度。个人主义文化强调独立的个体;强调个人隐私和个体的主动性。另一方面,集体主义文化强调团体和相互依赖的个体;个体由他们所属的团体和他们在这些团体中扮演的角色而决定。我们发现个人主义文化一般存在于高度工业化的社会中。

来自个人主义文化的人一般用个人特质来描述他们自己,而来自集体主义文化的那些人把团体成员资格作为他们个人的身份。个人主义文化中的人强调他们的个体独特性,而集体主义文化中的那些人则避免从团体中"突显出来"。

在个人主义文化中的情绪通常基于内部经验而且在公众中公开表达出来。集体主义社会中的情绪表达通常被控制了而且并不明显。情感来自他人和所属团体的关系。每种文化都有各种文化中普遍存在的情绪表达方式,但是他们也有自己独特的手势和表情。

个人主义文化比集体主义文化更容易发现存在基本的归因错误、自我服务偏见和特有的偏见。在集体主义文化中,个体通过归因来提高他们的团体但是对他们在成功中起到的特殊作用却不予重视。行为被看做处于情境而不是个体的控制之中。

不同文化之间的个人空间距离也有所不同,某些人之间有更大的空间距离而另一些人的交往距离更小些。文化通常反应在语言中。例如,特别强调身份地位的文化通常在不同地位层次的人之间有不同形式的交往语言。一般来说,在集体主义文化中的人会避免冲突和蔑视直接的对质。

在很多集体主义文化中,人们根据团体的考虑包办婚姻。相比个人主义文化,爱情在集体主义文化的婚姻决策中就不太重要了。

集体主义文化中的人比个人主义社会中的人对内部团体和外围团体有更加明显的区分。所以,"集体主义"的人在与内部团体和外围团体的成员交往时比个人主义文化中的人在社会行为上显示出更大的差异。例如,集体主义社会中的人容易帮助内部团体成员而不是外围团体成员。他们容易服从他们的内部团体而不服从外围团体。这些差异比那些个人主义文化中发现的差异被更多地表达了出来。

文化会影响对冲突原因的知觉和解决冲突的方法。个人主义文化通常认为冲突来自参与双方的个性,而集体主义文化把冲突看做是由情境引发的。虽然来自个人主义文化的人们试图直接地处理冲突,但是集体主义文化中的人更喜欢逃避。

施瓦茨认为有10种基本的价值观适用于所有文化。大体上,文化的研究帮助我们确认了社会心理学的发现在人群中有多么普遍。了解文化对行为的影响作用能够帮助我们理解这些行为如何发展并受到学习和情境的影响。

关键词

集体主义　跨文化研究　文化　自我中心
个人主义　男子气维度　个人空间　权力距离
不确定性规避

推荐读物

Brislin, R. (1993). *Understanding culture's influence on behaviour*. Fort Worth, TX: Harcourt Brace.

Hall, E. T. (1996). *The hidden dimension*. New York: Doubleday.

Hofstede, G. (1991). *Cultures and organizations: Software of the mind*. London, England: McGraw-Hill.

Kitayama, S., and Markus, H. (1994). *Emotion and culture: Empirical studies of mutual influence*. Washington, D C: American Psychological Association.

Matsumoto, D. (1997). *Culture and modern life*. Pacific Grove, CA: Brooks/Cole.

Triandis, H. T. (1994). *Culture and social behaviour*. New York: McGraw-Hill.

词汇表

A

A-B-X model of attraction	吸引的 A-B-X 模式
accessibility	可及性
actor-observer bias	行为者—观察者偏差
aggression	侵犯
aggression cues	侵犯线索
alcohol myopia	酒精近视
allocentric	关心他人的
altruism	利他主义
ambivalence	矛盾
analysis of variance test	方差分析
arbitrator	仲裁者
archival research	档案研究
aspirational deprivation	意向剥夺
attitude	态度
attitude polarization via mere thought	仅仅通过思考的态度两极化
attributions	归因
audience pleasing	取悦观众
authoritarian personality	权威主义人格
autistic conspiracy	我向同谋
autistic hostility	自闭性敌视
availability bias	可获得性偏差

B

balance theory	平衡理论
base-rate information	基础比率信息
beautiful-is-good stereotype	“美就是好”的刻板印象
beliefs	信念
beneffectance	利己偏差
black sheep effect	害群马效应

C

case history	个案史法
categorization	类别化
catharsis	精神宣泄
central route to persuasion	说服的中心路线

charisma	感召力
check on the manipulation	核对操作
circumplex	圆形雷达图
classical conditioning	经典条件作用
coercive power	强制权力
cognition	认知
cognition consonance	认知协调
cognition dissonance	认知失调
cognitive dissonance theory	认知失调理论
cognitive response approach	认知反应方式
collective	集体
collectivism	集体主义
communal relationship	共有关系
companionate love	伴侣式爱情
compatibility of attitude and behavior measures	态度与行为测量的兼容性
compliance	顺从
conflict spiral	冲突恶化
conformity	从众
consonant cognitions	协调认知
contact hypothesis	接触假说
contingency model	权变模型
correlation	相关
correspondence bias	对应性偏差
cost model of helping	助人代价模型
credibility	可信性
cross-cultural studies	跨文化研究
culture	文化

D

deception(in an experiment)	(实验中)欺骗
decision tree	决策树
decremental deprivation	缩减剥夺
deindividuation	去个性化
delegitimization	去合法化
demand characteristics	需要特征
dependent variable	因变量

depressive realism	抑郁性现实主义
destructive cult	破坏性异教
differential decay	差异衰减
diffusion of responsibility	责任扩散
dilution effect	稀释效应
direct experience	直接经验
discontinuity effect	不连续性效应
discounting	打折扣
discrimination	歧视
displaced aggression	替代性侵犯
dispositions	性向
dissociation	分离
dissonant cognitions	不协调认知

E

effort justification paradigm	努力合理化范例
egocentricity	自我中心
ego defensive function	自我防御功能
egoism	利己主义
elaboration likelihood model(ELM)	精加工似然模型
empathy	共情
empathy-altruism hypothesis	共情—利他假设
equity	公平
equity theory	公平理论
ethnocentrism	种族中心主义
exchange relationship	交换关系
excitation transfer	兴奋转移
excitation transfer theory	兴奋转移理论
exemplification	例证
expectancy effects (self-fulfilling prophecy)	期望效应(自我实现预言)
experiment	实验
experimental realism	实验现实性
experimental bias	实验偏差
expert power	专家权力
external attribution	外部归因
external locus of control	外部控制点

external validity	外部效度
extraneous variables	额外变量

F

face	面子
face saving	要面子
face work	面子工作
false consensus	虚假一致
field experiment	现场实验
foot-in-the-door technique	登门槛技术
forbidden toy paradigm	禁止玩具范例
free choice paradigm	自由选择范例
free-rider effect	自由骑士效应
frustration	挫折
frustration-aggression theory	挫折—侵犯理论
fundamental attribution error	基本归因误差

G

gender stereotypes	性别刻板印象
generalization	推广
graduated reciprocation in tension reduction(GRIT)	缓和紧张的分等级相互回报
group	群体
group development	群体发展
group polarization	群体极化
groupthink	群体思维

H

heritability coefficient	遗传力系数
heuristic processing	启发式加工
heuristics	启发式
hypocrisy	伪善
hypotheses	假设

I

idealized performance	理想表现

词 汇 表

identification	认同
ideocentric	自我中心
illusory correlation	虚假相关
IMB model of AIDS preventive behavior	艾滋病预防行为的 IMB 模型
impression management theory	印象管理理论
independent variables	自变量
individualism	个体主义
induced compliance paradigm	诱导服从范例
informational power	知识权力
informational social influence	信息性社会影响
informed consent	知会同意
ingratiation	讨好
ingratiator's dilemma	讨好者两难
institutional review boards (IRBs)	机构评审委员会
internal attribution	内部归因
internalization	内化
internal locus of control	内部控制点
internal validity	内部效度
intimidation	威胁
jigsaw method	切块拼接法

J

just-world theory	公平世界理论

K

knowledge function	知识功能

L

leader	领导者
leadership schema	领导图式
learned helplessness	习得无助
legitimate power	合法权力
Likert scale	利克特量表
love-bombing	温柔炸弹

M

masculinity dimension	男子气维度
matching to standards	符合标准
maximum differentiation strategy	差异最大化策略
mean	平均数
mediator	调解者
mediator/arbitrator(Med/Arb)	调解/仲裁者
mere exposure effect	纯粹接触效应
mere thought	纯粹思考
minimal group paradigm	最小限度的群体范式
minority influence	少数人影响
modeling	模仿
modern racism	现代种族歧视
multiculturalism	多元文化主义
multiple-act behavioral criterion	多重行动行为准则
mundane realism	世俗的现实性

N

need for cognition	认知需求
negative memory bias	负面记忆偏差
norms	规范
normative beliefs	规范信念
normative social influence	规范性社会影响
norming stage	规范形成阶段

O

obedience	服从
outgroup homogeneity effect	外群体同质性效应
outgroup polarization effect	外群体极化效应
overjustification effects	过度理由效应

P

perceived behavioral control	知觉行为控制
perceived self-efficacy	自我效能感
peripheral cues	边缘线索
peripheral route to persuasion	说服的边缘路线

词 汇 表

personal-group discrimination discrepancy	个体—群体歧视差异
personal space	个人空间
person attribution	个人归因
pleasure principle	快乐原则
positive personal relationship	积极的人际关系
postdecisional dissonance	决策后失调
power	权力
power distance	权力距离
prejudice	偏见
priming	启动
progressive deprivation	累进剥夺
protection motivation theory	保护动机理论
prototype	原型

R

racism	种族歧视
random assignment	[illegible]分配
reactance theory	[illegible]
realistic conflict theory	现实冲突理论
reality principle	现实原则
recategorization	再类别化
reciprocity	互惠
reciprocity norm	互惠原则
reference group	参照群体
referent power	参照权力
reflected appraisal	反响评价
regressive racism	回归的种族歧视
reinforcement	强化
related attributes hypothesis	相关性归因假设
relative deprivation	相对剥夺
representativeness bias	代表性偏差
revised learned helplessness (RLH) model	修正的习得无助模型
reward model of attraction	吸引的报偿模型
reward power	奖励权力
role	角色

role ambiguity 角色模糊
role conflict 角色冲突
romantic love 浪漫式的爱

S

saliency bias 突出性偏差
scapegoat theory of discrimination 歧视的替罪羊理论
schema 图式
science 科学
selective exposure hypothesis 选择性接触假设
selective memory 选择性记忆
selective perception 选择性知觉
self-affirmation theory 自我确认理论
self-complexity 自我复杂性
self-concept theory 自我概念理论
self-construction 自我建构
self-disclosure 自我暴露
self-discrepancy theory 自我矛盾理论
self-efficacy 自我效能
self-fulfilling prophecies 自我实现预言
self-handicapping 自我设阻
self-monitoring 自我监控
self-perception theory 自我觉知理论
self-promotion 自我提高
self-regulation 自我调节
sexism 性别歧视
similarity-attraction effect 相似性吸引效应
similarity hypothesis 相似性假设
situated identity 情境同一性
sleeper effect 睡眠者效应
social cognition 社会认知
social comparison 社会比较
social exchange theory 社会交换理论
social facilitation 社会助长
social identity theory 社会同一性理论
social impact theory 社会作用力理论
social influence 社会影响

social inhibition	社会阻抑
social learning theory	社会学习理论
social loafing	社会惰化
social psychology	社会心理学
social responsibility norm	社会责任规范
social role theory	社会角色理论
spontaneous trait inferences(STIs)	自发特质推论
statistically significant	统计上显著的
stereotype	刻板印象
stereotype threat	刻板印象威胁
storming stage	风暴期
subjective norms	主观规范
subtractive rule	减法规则
subtyping	次典型化
sucker effect	吸盘效应
superordinate goal	超常目标
supplication	恳求
survey	调查
symbolic racism	符号种族歧视
symmetrical relationships	对称关系
systematic processing	系统加工
systemic-heuristic model	系统—启发式模型

T

terrorism	恐怖主义
terror management theory	恐惧管理理论
theory	理论
theory of planned behavior	计划行为理论
theory of reasoned action	合理行动理论
totalitarian ego	极权主义自我
transformational leader	变革型领导
two-factor theory of emotions	情绪的二因素理论

U

uncertainty avoidance	不确定性规避
uncertainty orientation	不确定性定位

unobtrusive measures	非强求测量，隐蔽测量
utilitarian function	实用功能

V

value-expressive function	价值表现机能
variability	变异性
victim blaming	受害者责任归咎
visual dominance behavior	视觉支配行为

参考文献

Abelson, R. (1995). *Statistics as principled argument*. Mahwah, NJ: Erlbaum.

Abelson, R. P. (1981). The psychological status of the script concept. *American Psychologist*, *36*, 715 - 729.

Abelson, R. P., & Levi, A. (1985). Decision making and decision theory. In G. Lindzey & E. Aronson (Eds.), *The handbook of social psychology* (3rd ed.). New York: Random House.

Abramson, L. Y., Alloy, L. B., & Metalsky, G. I. (1986). The cognitive diathesis-stress theories of depression: Toward an adequate evaluation of the theories validity. In L. B. Alloy (Ed.), *Cognitive processes in depression*. New York: Guilford.

Abramson, L. Y., Seligman, M. E. P., & Teasdale, J. D. (1978). Learned helplessness in humans: Critique and reformulation. *Journal of Abnormal Psychology*, *87*, 49 - 74.

Acker, M., & Davis, M. H. (1992). Intimacy, passion and commitment in adult romantic relationships: A test of the triangular theory of love. *Journal of Social and Personal Relationships*, *9*, 21 - 50.

Adorno, T. W., Frenkel-Brunswick, E., Levinson, D. J., & Sanford, R. N. (1950). *The authoritarian personality*. New York: Harper.

Aiello, J. R., & Aiello, T. (1974). The development of personal space: Proxemic behavior of children 6 through 16. *Human Ecology*, *2*(3), 177 - 189.

Ainsworth, M. D. S., Biehar, M. C., Waters, E., & Wall, S. (1978). *Patterns of attachment: A psychological study of the strange situation*. Hillsdale, NJ: Erlbaum.

Ajzen, I. (1985). From actions to intentions: A theory of planned behavior. In J. Kuhl & J. Beckman (Eds.), *Action control: From cognition to behavior*. New York: Springer-Verlag.

Ajzen, I., & Madden T. J. (1986). Prediction of goaldirected behavior: Attitudes, intentions, and perceived behavioral control. *Journal of Experimental Social Psychology*, *22*, 453 - 474.

Alden, L. (1987). Attributional responses of anxious individuals to different patterns of social feedback: Nothing succeeds like improvement. *Journal of Personality and Social Psychology*, *52*, 100 - 106.

Alee, W. et al. (1935). *A handbook of social psychology*. Edited by Humphrey Milford. London: Oxford University Press.

Alexander, C. N., Jr., & Rudd, J. (1981). Situated identities and response variables. In J. T Tedeschi (Ed.), *Impression management theory and social psychological research*. New York: Academic Press.

Alicke, M. D., Klotz, M. L., Breitenbecher, D. L., Yurak, T. J., & Vredenburg, D. S. (1995). Personal contact, individuation, and the better-than-average effect. *Journal of Personality and Social Psychology*, *68*, 804 - 825.

Allen, V., & Greenberger. (1989). Destruction and perceived control. In A. Baum & J. Singer (Eds.), *Advances: Environmental Psychology*, *Vol. 2*. Hillsdale, NJ: Erlbaum.

Allen, V. L. (1965). Situational factors in conformity. In L. Berkowitz (Ed.), *Advances in experimental social psychology* (Vol. 2). New York: Academic Press.

Allen V. L., & Wilder, D. A. (1980). Impact of group consensus and social support on stimulus meaning: Mediation of conformity by cognitive restructuring. *Journal of Personality and Social Psychology*, *39*, 1116 - 1125.

Allison, S. T., & Kerr, N. L. (1994). Group correspondence biases and the provision of public goods. *Journal of Personality and Social Psychology*, *66*, 688 - 698.

Allison, S. T., Mackie, D. M., & Messick, D. M. (1996). Outcome biases in social perception: Implications for dispositional inference, attitude change, stereotyping, and social behavior. In M. P. Zanna (Ed.), *Advances in experimental social psychology* (Vol. 28). Boston: Academic Press.

Alloy, L. B., & Ahrens, A. H. (1987). Depression and pessimism for the future: Biased use of statistically relevant information in predictions for self versus others. *Journal of Personality and Social Psychology*, *52*, 366 - 378.

Allport, F. H. (1924). *Social psychology*. Cambridge, MA: Riverside Press.

Allport, G. W. (1935). Attitudes. In C. Murchison (Ed.), *Handbook of social psychology* (pp. 798 - 844). Worcester, MA: Clark University Press.

Allport, G. W. (1985). The historical background of social psychology. In G. Lindzey & E. Aronson (Eds.), *Handbook of social psychology* (3rd ed., Vol 1. pp. 1 - 46). New York: Random House.

Altemeyer, B. (1994). Reducing prejudice in right-wing authoritarians. In M. P. Zanna & J. M. Olson (Eds.), *The psychology of prejudice: The Ontario symposium* (Vol. 7, pp. 131 - 148). Mahwah, NJ: Erlbaum.

Amancio, L. (1989). Social differentiation between "dominant" and "dominated" groups: Toward an integration of social stereotypes and social identity. *European Journal of Social Psychology*, *19*, 1 - 10.

American Psychological Association. (1982). *Ethicalprinciples in the conduct of research with human participants*. Washington, DC: Author.

Amir, Y. (1969). Contact hypothesis in ethnic relations. *Psychological Bulletin*, *71*, 319 - 341.

Anderson, C. (1989). Temperature and aggression: Ubiquitous effects of heat on the occurrence of human violence. *Psychological Bulletin*, *106*, 74 - 96.

Anderson, C., & Anderson, D. (1984). Ambient temperature and violent crime: Tests of the linear and curvilinear hypotheses. *Journal of Personality and Social Psychology*, *46*, 91 - 97.

Anderson, C. A., Anderson, K. B., &Deuser, W. E. (1996). Examining an affective aggression framework: Weapons and temperature effects on aggressive thoughts, affect, and attitudes. *Personality and Social Psychology Bulletin*, *22*(4), 366 - 376.

Anderson, C. A., Deuser, S. B., & DeNeve, K. M. (1995). Hot temperatures, hostile affect, hostile cognition and arousal: Tests of a general model of affective aggression. *Personality and Social Psychology Bulletin*, *21*, 434 - 448.

Anderson, D., & Rosenthal, R. (1968). Some effects of interpersonal expectancy on institutionalized retarded children. *Proceedings of the 76th Annual Convention of the American Psychological Association* (pp. 479 - 480). Washington, DC: American Psychological Association.

Anderson, N. H. (1981). *Foundations of information integration theory*. New York: Academic Press.

Antill, J. K., & Cotton, S. (1988). Factors affecting the division of labor in households. *Sex Roles*. *18*, 531 - 553.

Archer, D., & Akert, R. M. (1977). Words and everything else: Verbal and nonverbal cues to social interpretation. *Journal of Personality and Social Psychology*, *35*, 443 -449.

Archer, R. L. (1980). Self-disclosure. In D. M. Wegner & R. R. Vallacher (Eds.), *The self in social psychology*. New York: Oxford University Press.

Archer, R. L., & Burleson, J. A. (1980). The effect of timing of self-disclosure on attraction and reciprocity. *Journal of Personality and Social Psychology*, *38*, 120 - 130.

Archer, R. P., & Cash, T. F. (1985). Physical attractiveness and maladjustment among psychiatric in-patients. *Journal of Social and Clinical Psychology*, *3*, 170 - 180.

Aries, D. (1976). Interaction patterns and themes of male, female, and mixed groups. *Small Group Behavior*, *7*, 7 -18.

Arkin, R. M. (1980). Self-presentation. In D. M. Wegner & R. R. Vallacher (Eds.), *The self in social psychology*. New York: Oxford University Press.

Arms, R L., Russell, G, W., & Sandilands, M. L. (1979). Effects on the hostility of spectators of viewing aggressive sports. *Social Psychology Quarterly*, *42*, 275 - 279.

Aron, A., Paris, M., &Aron, E. N. (1995). Falling in love: Prospective studies of self-concept change. *Journal of Personality and Social Psychology*, *69*, 1102 - 1112.

Aronoff, J., Barclay, A., & Stevenson, L. (1988). The recognition of threatening facial stimuli. *Journal of Personality and Social Psychology*, *54*, 647 - 655.

Aronson, E. (1968). Dissonance theory: Progress and problems. In E. Aronson, R. Abelson, W. McGuire, T. Newcomb, M. Rosenberg, & P. Tannenbaum (Eds.), *Theories of cognitive consistency: A sourcebook* (pp. 5 - 27). Chicago: Rand-McNally.

Aronson, E. (1969). Some antecedents of interpersonal attraction. In W. J. Arnold & D. Levine (Eds.), *Nebraska symposium on motivation* (Vol. 17). Lincoln: University of Nebraska Press.

Aronson, E. (1989). Analysis, synthesis, and the treasuring of the old. *Personality and Social Psychology Bulletin*, *15*, 493 - 507.

Aronson, E. (1990). Applying social psychology to desegregation and energy conservation. *Personality and Social Psychology Bulletin*, *16*, 118 - 132.

Aronson, E. (1992). The return of the repressed: Dissonance theory makes a comeback. *Psychological Inquiry*, *3* (4), 303 - 311.

Aronson, E., Brewer, M. & Carlsmith, J. M. (1985). Experimentation in social psychology. In G. Lindzey & E. Aronson (Eds.), *Handbook of social psychology* (3rd ed., Vol. Ⅰ. pp. 1 - 46). New York: Random House.

Aronson, E., & Carlsmith, J. M. (1963). Effect of the severity of threat on the devaluation of forbidden behavior. *Journal of Abnormal and Social Psychology*, *66*, 584 -588.

Aronson, E., Fried, C. B., & Stone, J. (1991). Overcoming denial and increasing the intention to use condoms through the induction of hypocrisy. *American Journal of Public Health*, *81*, 1636 - 1638.

Aronson, E., & Linder, D, E. (1965). Gain and loss of esteem as determinants of interpersonal attractiveness. *Journal of Experimental Social Psychology*, *1*, 156 - 171.

Aronson, E., & Mills, J. (1959). The effect of severity of initiation on liking for a group. *Journal of Abnormal and Social Psychology*, *59*, 177 - 181.

Aronson, E., Stephan, C., Sikes, J., Blaney, N., & Snapp, M. *The jigsaw classroom*. Beverly Hills, CA: Sage.

Aronson, E., Willerman, B., & Floyd, J. (1966). The effect of a pratfall on increasing interpersonal attractiveness. *Psychonomic Science*, *4*, 227 - 228.

Aronson, E., & Worchel, P. (1966). Similarity versus liking as determinants of interpersonal attractiveness. *Psychonomic Science*, *5*, 157 - 158.

Asch, S. (1946). Forming impressions on personality. *Journal of Abnormal and Social Psychology*, *41*, 258 - 290.

Asch, S. (1951). Effects of group pressure upon the modification and distortion of judgment. In H. Geutzkow (Ed.), *Groups, leadership, and men*. Pittsburgh, PA: Carnegie Press.

Asch, S. (1952). *Social psychology*. New York: Prentice-Hall.

Austin, W. G. (1986). Justice in intergroup conflict. In S. Worchel & W. G. Austin (Eds.), *The psychology of intergroup relations*, (pp. 153 - 176). Chicago: Nelson -Hall.

Axsom, D., Yates, S. M., & Chaiken, S. (1987). Audience response as a heuristic cue in persuasion. *Journal of Personality and Social Psychology*, *53*, 30 - 40.

Axtell, R. (1991). *Gestures: The do's and taboos of body language around the world*. New York: Wiley.

Ayerastaran, S. (1996, July). Paper presented at the European Association of Experimental Social Psychology, Gmunden, Austria.

Ayllon, T., & Azrin, N. (1968). *The token economy: A motivational system for therapy and rehabilitation*. New York: Appleton-Century-Crofts.

Babad, E., Bernieri, F., & Rosenthal, R. (1989). Nonverbal communication and leakage in the behavior of biased and unbiased teachers. *Journal of Personality and Social Psychology*, *56*, 89 - 94.

Back, K. W. (1951). Influence through social communication. *Journal of Abnormal and Social Psychology*, *46*, 9 -23.

Backman, C. W., & Secord, P. F. (1959). The effect of perceived liking on interpersonal attraction. *Human Relations*, *12*, 379 - 384.

Bailey, W. C. (1976). Some further evidence on homicide and a regional culture of violence. *Omega*, *2*, 145 - 170.

Baldwin, M. W., & Holmes, J. G. (1987). Salient private audiences and awareness of the self. *Journal of Personality and Social Psychology*, *52*, 1087 - 1098.

Bales, R. F. (1958). Task roles and social roles in problem-solving groups. In E. E. Maccoby, T. M. Newcomb, & E. L. Hartly (Eds.), *Readings in social psychology* (3rd ed.) New York: Holt, Rinehart and Winston.

Bales, R. F., & Siater, P. (1955). Role differentiation in small decision-making groups. In T. Parsons & R. F. Bales (Eds.), *Family, socialization and interaction processes*. Glencoe, IL: Free Press.

Ballard, M. E., & Wiest, J. R. (1996). Mortal Kombat: The effects of violent videogame play on males' hostility and cardiovascular responding. *Journal of Applied Social Psychology*, *26*, 717 - 730.

Bandura, A. (1965). Influences of models' reinforcement contingencies on the acquisition of initiative responses. *Journal of Personality and Social Psychology*, *1*, 589 - 593.

Bandura, A. (1973). *Aggression: A social learning analysis*. New York: Holt, Rinehart and Winston.

Bandura, A. (1977). Self-efficacy: Toward a unifying theory of behavior change. *Psychological Review*, *84*, 191 - 215.

Bandura, A. (1982). Self-efficacy mechanisms in human agency. *American Psychologist*, *37*, 122 - 147.

参考文献

Bandura, A., Ross, D., & Ross, S. A. (1961). Transmission of aggression through imitation of aggressive models. *Journal of Abnormal and Social Psychology*, *63*, 575-582.

Bandura, A., Ross, D., & Ross, S. A. (1963a). Imitation of film-mediated aggressive models. *Journal of Abnormal and Social Psychology*, *66*, 3-11.

Bandura, A., Ross, D., & Ross, S. A. (1963b). A comparative test of the status envy, social power, and secondary reinforcement theories of identificatory learning. *Journal of Abnormal and Social Psychology*, *67*, 527-534.

Barbee, A. P. (1993). Effects of gender role expectations on the social support process. *Journal of Social Issues*, *49*, 175-190.

Bardach, L., & Park, B. (1996). The effect of in-group/outgroupstatus on memory for consistent and inconsistent behavior of an individual. *Journal of Personality and Social Psychology*, *70*, 169-178.

Bargh, J. A., Bond, R. N., Lombardi, W. J., &Tota, M. E. (1986). The additive nature of chronic and temporary sources of construct accessibility. *Journal of Personality and Social Psychology*, *50*, 869-878.

Bargh, J. A., & Raymond, P. (1995). The misuse of power: Nonconscious sources of sexual harassment. *Journal of Social Issues*, *51*, 85-96.

Bargh, J. A., Raymond, P., Pryor, J. B., & Stack, F. (1995). The attractiveness of the underling: An automatic power — sex association and its consequence for sexual harassment and aggression. *Journal of Personality and Social Psychology*, *68*, 768-781.

Bargh, J. A., &Tota, A. E. (1988). Content-dependent automatic processing in depression: Accessibility of negative constructs with regard to self but not others. *Journal of Personality and Social Psychology*, *54*, 925-939.

Barner-Barry, C., & Rosenwein, R. (1985). *Psychological perspectives on politics*. Englewood Cliffs, NJ: Prentice-Hall.

Barnlund, D. (1975). *Public and private self in Japan and the United States*. Tokyo: Simul Press.

Barnlund, D. C. (1962). Consistency of emergent leadership in groups with changing tasks and members. *Speech Monographs*, *29*, 45-52.

Baron, R. A. (1974). The aggression-inhibiting influence of heightened sexual arousal. *Journal of Personality and Social Psychology*, *30*, 318-322.

Baron, R. A. (1977). *Human aggression*. New York: Plenum.

Baron, R. A. (1979). Effects of victim's pain cues, victim's race, and level of prior instigation upon physical aggression. *Journal of Applied Psychology*, *9*, 103-114.

Baron, R. A., Albright, L., & Malloy, T. E. (1995). Effects of behavioral and social class information on social judgment. *Personality and Social Psychology Bulletin*, *21*, 308-315.

Baron, R. A., & Bell, P. A. (1973). Effects of heightened sexual arousal on physical aggression. *Proceedings of the 81st Annual Convention of the American Psychological Association*, *8*, 171-172.

Barr, C. L., & Kleck, R. E. (1995). Self-other perception of the intensity of facial expressions of emotion: Do we know what we show? *Journal of Personality and Social Psychology*, *68*, 608-618.

Bar-Tal, D. (1990). Causes and consequences of delegitimization: Models of conflict and ethnocentrism. *Journal of Social Issues*, *46*(1), 65-81.

Bass, B. M. (1949). An analysis of the leadership group discussion. *Journal of Applied Psychology*, *33*, 527-533.

Bassili, J. N. (1996). Meta-judgmental versus operative indexes of psychological attributes: The case of measures of attitude strength. *Journal of Personality and Social Psychology*, *71*, 637-653.

Batson, C. C., Duncan, B. D., Ackerman, P., Buckley, T., & Birch, K. (1981). Is empathic emotion a source of altruistic motivation? *Journal of Personality and Social Psychology*, *40*, 290-302.

Batson, C. D., Batson, J. G., Singlsby, J. K., Harrell, K. L., Peekna, H. M., & Todd, R. M. (1991). Empathy joy and the empathy-altruism hypothesis. *Journal of Personality and Social Psychology*, *61*, 413-426.

Batson, C. D., Coke, J. S., Jasnoski, M. L., & Hanson, M. (1978). Buying kindness: Effect of an extrinsic incentive for helping on perceived altruism. *Personality and Social Psychology Bulletin*, *4*(1), 86-91.

Batson, C. D., Dyck, J. L., Brandt, J. R., Batson, J. G., Powell, A. L., McMaster, M. R., & Griffitt, C. (1988). Five studies testing two new egoistic alternatives to the empathy-altruism hypothesis. *Journal of Personality and Social Psychology*, *55*, 52-77.

Batson, C. D., Fultz, J., & Schoenrade, P. A. (1987). Distress and empathy: Two qualitatively distinct vicarious emotions with different motivational consequences. *Journal of Personality*, *55*, 19-39.

Batson, C. D., & Oleson, K. (1990). Current status of the empathy-altruism hypothesis. *Review of Personality and Social Psychology*, *12*.

Batson, C. D., O'Quinn, K., Fultz, J., Vanderplas, N., & Isen, A. M. (1983). Influence of self-reported distress and empathy on egoistic versus altruistic motivation to help. *Journal of Personality and Social Psychology*, *43*, 706-718.

Batson, C. D., Sager, K., Garst, E., Kang, M., Rubchinsky, K., & Dawson, K. (1997). Is empathy-induced helping due to self-other merging? *Journal of Personality and Social Psychology*, *73*, 495-509.

Baumeister, R. F. (1982). A self-presentational view of social phenomena. *Psychological Bulletin*, *91*, 3-26.

Baumeister, R. F. (1985, April). The championship choke. *Psychology Today*, pp. 48-52.

Baumeister, R. F. (1986). *Public self and private self*. New York: Springer-Verlag.

Baumeister, R. F. (1989). *Masochism and the self*. Hillsdale, NJ: Erlbaum.

Baumeister, R. F. (1990). Suicide as escape from self. *Psychological Review*, *97*, 90-113.

Baumeister, R. F. (1996). The self. In D. T. Gilbert, S. T. Fiske, & G. Lindzey (Eds.), *Handbook of social psychology* (4th ed.). New York: McGraw-Hill.

Baumeister, R. F., Hamilton, J., & Tice, D. (1985). Public versus private expectancy of success: Confidence booster or performance pressure? *Journal of Personality and Social Psychology*, *48*, 1447-1457.

Baumeister, R. F., & Hutton, D. G. (1987). A self-presentational perspective on group processes. In B. Mullen & G. R. Goethals (Eds.), *Theories of group behavior*. New York: Springer-Verlag.

Baumeister, R. F., Hutton, D. G., & Tice, D. M. (1989). Cognitive processes during deliberate self-presentation: How self-presenters alter and misinterpret the behavior of their interaction partners. *Journal of Experimental Social Psychology*, *25*, 59-78.

Baumeister, R. F, & Jones, E. E. (1978). When self-presentation is constrained by the target's knowledge: Consistency and compensation. *Journal of Personality and Social Psychology*, *36*, 608-618.

Baumeister, R. F., & Steinhilber, A. (1984). Paradoxical effects of supportive audiences on performance under pressure: The home field disadvantage in sports championships. *Journal of Personality and Social Psychology*, *47*, 85-93.

Baumeister, R. F., & Tice, D. M. (1984). Role of self-presentation and choice in cognitive dissonance under forced compliance: Necessary or sufficient causes. *Journal of Personality and Social Psychology*, *46*, 5 - 13.

Baumeister, R. F., & Tice, D. M. (1985). Toward a theory of situational structure. *Environment and Behavior*, *17*, 147 - 172.

Baumgardner, A. H., Heppner, P. P., & Arkin, R. M. (1986). Role of causal attribution in personal problem solving. *Journal of Personality and Social Psychology*, *50*, 636 - 643.

Baumrind, D. (1964). Some thoughts on ethics of research: After reading Milgram's "Behavioral Study of Obedience." *American Psychologist*, *19*, 421 - 423.

Bauserman, R. (1996). Sexual aggression and pornography: A review of correlational research. *Basic and Applied Social Psychology*, *18*, 405 - 427.

Bavelas, A., Hastorf, A. H., Gross, A. E., & Kite, W. R. (1965). Experiments on the alteration of group structure. *Journal of Experimental Social Psychology*, *1*, 55 -71.

Baxter, T. L., & Goldberg, L. R. (1987). Perceived behavioral consistency underlying trait attributions to oneself and another: An extension of the actor-observer effect. *Personality and Social Psychology Bulletin*, *13*, 437 - 447.

Beaman, A. L., Klentz, B., Diener, E., & Svanum, S. (1979). Objective self-awareness and transgression in children: A field study. *Journal of Personality and Social Psychology*, *37*, 1835 - 1846.

Beckett, N. E., & Park, B. (1995). Use of category versus individuating information: Making base rates salient. *Personality and Social Psychology Bulletin*, *21*, 21 - 31.

Beckman, L. (1970). Effects of students' performance on teachers' and observers' attributions of causality. *Journal of Education Psychology*, *61*, 76 - 82.

Belmore, S. M., & Hubbard, M. L. (1987). The role of advance expectancies in person memory. *Journal of Personality and Social Psychology*, *53*, 61 - 70.

Bem, D. J. (1967). Self-perception: An alternative interpretation of cognitive dissonance phenomena. *Psychological Review*, *74*, 183 - 200.

Bem, D. J. (1970). *Beliefs, attitudes, and human affairs*. Belmont, CA: Brooks/Cole.

Bem, D. J. (1972). Self-perception theory. In L. Berkowitz (Ed.), *Advances in experimental social psychology* (Vol. 6). New York: Academic Press.

Ben-Ari, R., & Amir, Y. (1988). Intergroup contact, cultural information, and change in ethnic attitudes. In W. Stroebe et al. (Eds.), *The social psychology of intergroup conflict* (pp. 151 - 166). Berlin: Springer-Verlag.

Benbow, C. P., & Stanley, J. C. (1980). Sex differences in mathematical ability: Fact or artifact? *Science*, *210*, 1262 -1264.

Bennett, L. (1968). *What manner of man? A biography of Martin Luther King, Jr.* Chicago: Johnson.

Benoit, D., & Parker, K. (1994). Stability and transmission of attachment across three generations. *Child Development*, *65*, 1444 - 1456.

Benson, P. L., Karabenick, S. A., & Lerner, R. M. (1976). Pretty pleases: The effect of physical attraction, race and sex on receiving help. *Journal of Experimental Social Psychology*, *12*, 409 - 415.

Bentwich, N. (1981). Kristallnacht: Pogrom in Emden. In A. Eisenberg (Ed.), *Witness to the holocaust*. New York: Pilgrim Press.

Berg, J. H. (1984). Development of friendship between roommates. *Journal of Personality and Social Psychology*, *46*, 346 - 356.

Berg, J. H., & McQuinn, R. D. (1986). Attraction and exchange in continuing and non-continuing dating relationships. *Journal of Personality and Social Psychology*, *50*, 942 -952.

Bergen, D. J., & Williams, J. E. (1991). Sex stereotypes in the United States revisited: 1972 - 1988. *Sex Roles*, *24*, 413 - 423.

Berger, S. M., Carli, L. C., Garcier, R., & James, J. B. (1982). Audience effects in anticipatory learning: A comparison of drive and practice inhibition analysis. *Journal of Personality and Social Psychology*, *42*, 478 - 486.

Berkowitz, L. (1962). *Aggression: A social psychological analysis*. New York: McGraw-Hill.

Berkowitz, L. (1965). The concept of aggressive drive: Some additional considerations. In L. Berkowitz (Ed.), *Advances in experimental social psychology* (Vol. 2). New York: Academic Press.

Berkowitz, L. (Ed.). (1969). *Roots of aggression: A reexamination of the frustration-aggression hypothesis*. New York: Atherton.

Berkowitz, L. (1989). Frustration-aggression hypothesis: Examination and reformulation. *Psychological Bulletin*, *106*, 59 - 73.

Berkowitz, L. (1994). Is something missing? Some observations prompted by the cognitive-neoassociationist view of anger and emotional aggression. In L. R. Heusmann (Ed.), *Aggressive behavior: Current perspectives* (pp. 35 - 57). New York: Plenum.

Berkowitz, L., & Knurek, D. (1967). Label-mediated hostility generalization. *Journal of Personality and Social Psychology*, *5*, 364 - 368.

Berkowitz, L., & Le Page, A. (1967). Weapons as aggression-eliciting stimuli. *Journal of Personality and Social Psychology*, *7*, 202 - 207.

Berman, P. (1994, February 28). The other and almost the same. *New Yorker*, p. 71.

Berry, J. (1979). *Human ecology and cognitive style*. Beverly Hills, CA: Sage.

Berscheid, E. (1988). Some comments on love's anatomy; or, whatever happened to old-fashioned lust? In R. J. Sternberg & M. L. Barnes (Eds.), *The anatomy of love*. New Haven, CT: Yale University Press.

Berscheid, E., Dion, K., Walster, E., & Walster, G. W. (1971). Physical attractiveness and dating choice: A test of the matching hypothesis. *Journal of Experimental Social Psychology*, *7*, 173 - 189.

Berscheid, E., Graziano, W., Monson, T., & Dermer, M. (1976). Outcome dependency: Attention, attribution, and attraction. *Journal of Personality and Social Psychology*, *34*, 978 - 989.

Bettencourt, B. A., & Miller, N. (1996). Gender differences in aggression as a function of provocation: A metaanalysis. *Psychological Bulletin*, *119*, 422 - 447.

Bickman, L., & Kamzan, M. (1973). The effect of race and need on helping behavior. *Journal of Social Psychology*, *89*, 73 - 77.

Bird, C., Monachesi, E. D., & Burdick, M. (1952). Studies of group tensions: Ⅲ. The effect of parental discouragement of play activities upon the attitudes of white children toward Negroes. *Child Development*, *23*, 295 - 306.

Bishop, J. (1971). *The days of Martin Luther King, Jr.* New York: Putnam.

Blake, R. R., Helson, H., & Mouton, J. S. (1956). The generality of conformity behavior as a function of factual anchorage, difficulty of task and amount of social pressure. *Journal of Personality*, *25*, 294 - 305.

Blanck, P. D., & Rosenthal, R. (1982). Developing strategies for decoding "leaky" messages: On learning how and when to decode discrepant and consistent social communications. In R. S. Feldman (Ed.), *Development of nonverbal*

behavior in children (pp. 203 - 229). New York: Springer-Verlag.
Blaney, P. H. (1986). Affect and memory: A review. *Psychological Bulletin*, *99*, 229 - 246.
Bochner, S. (1994). Cross-cultural differences in self-concept: A test of Hofstede's individualism/collectivism distinction. *Journal of Cross-Cultural Psychology*, *25*, 273 - 283.
Bochner, S. & Hesketh, B. (1994). Power distance, individualism/collectivism and job-related attitudes in culturally diverse work groups. *Journal of Cross Cultural Psychology*, *25*, 233 - 257.
Bodenhausen, G. V. (1990). Stereotypes as judgmental heuristics: Evidence of circadian variations in discrimination. *Psychological Science*, *1*, 319 - 322.
Bogart, K., Loeb, A., & Rittman, J. D. (1969). *Behavioral consequences of cognitive dissonance*. Paper presented at the Eastern Psychological Association meeting.
Bond, M., & Yang, K. (1982). Ethnic affirmation versus cross-cultural accommodation: The variable impact of questionnaire language on Chinese bilinguals in Hong Kong. *Journal of Cross-Cultural Psychology*, *13*, 169 - 185.
Boninger, D. S., Gleicher, F., & Strathman, A. (1994). Counterfactual thinking: From what might have been to what may be. *Journal of Personality and Social Psychology*, *67*, 297 - 307.
Bonoma, T. V. (1976). Social psychology and social evaluation. *Representative Research in Social Psychology*, *7*, 147 -156.
Bornstein, R. F. (1989). Exposure and affect: Overview and meta-analysis of research, 1968 - 1987. *Psychological Bulletin*, *106*, 265 - 289.
Bornstein, R. F., & D'Agostino, P. R. (1992). Stimulus recognition and the mere exposure effect. *Journal of Personality and Social Psychology*, *63*, 545 - 552.
Bossard, J. (1932). Residential propinquity as a factor in marriage selection. *American Journal of Sociology*, *38*, 219 -224.
Bostrom, R. N., & White, N. D. (1979). Does drinking weaken resistance? *Journal of Communication*, *29*, 73 - 80.
Bourhis, R. Y. (1994). Power, gender, and intergroup discrimination: Some minimal group experiments. In M. P. Zanna & J. M. Olson (Eds.), *The psychology of prejudice: The Ontario symposium* (Vol. 7, pp. 171 - 208). Hillsdale, NJ: Erlbaum.
Bowlby, J. (1973). *Attachment and love: Vol. 2. Separation: Anxiety and anger*. New York: Basic Books.
Bowlby, J. (1979). *The making and breaking of affectional bonds*. London, England: Tavistock.
Bradbury, T. N., & Fincham, F. D. (1992). Attributions and behavior in marital interaction. *Journal of Personality and Social Psychology*, *63*, 613 - 628.
Braddock, J. H., II, & McPartland, J. M. (1987). How minorities continue to be excluded from equal employment opportunities: Research on labor market and institutional barriers. *Journal of Social Issues*, *43*, 5 - 10.
Bradley, G. W. (1978). Self-serving biases in the attribution process: A re-examination of the fact or fiction question. *Journal of Personality and Social Psychology*, *35*, 56 -71.
Brady, A., & Walker, M. (1978). Interpersonal distance as a function of situationally induced anxiety. *British Journal of Social and Clinical Psychology*, *17*, 127 - 133.
Branscombe, N. R., Wann, D. L., Noel, J. G., & Coleman, J. (1993). In-group or out-group extremity: Importance of the threatened social identity. *Personality and Social Psychology Bulletin*, *19*, 381 - 388.
Brearly, M. C. (1932). *Homicide in the United States*. Montclair, NJ: Patterson-Smith.
Brehm, J. W. (1956). Postdecision changes in the desirability of alternatives. *Journal of Abnormal and Social Psychology*, *52*, 384 - 389.
Brehm, J. W. (1966). *A theory of psychological reactance*. New York: Academic Press.
Brehm, J. W., & Festinger, L. (1957). Pressures toward uniformity of performance in groups. *Human Relations*, *10*, 85 - 89.
Brewer, M. B. (1988). A dual process model of impression formation. In T. K. Srull & R. S. Wer, Jr. (Ed. s), *A dual process model of impression formation. Advances in social cognition* (Vol. 1). Hillsdale, NJ: Erlbaum.
Brewer, M. B. (1991). The social self: On being the same and different at the same time. *Personality and Social Psychology Bulletin*, *17*(5), 475 - 482.
Brickman, P., & Bulman, R. J. (1977). Pleasure and pain in social comparison. In J. M. Suls & R. L. Miller (Eds.), *Social comparison processes: Theoretical and empirical perspectives*. New York: Wiley.
Brickner, M., Harkins, S., & Ostrom, T. (1986). Effects of personal involvement: Thought-provoking implications for social loafing. *Journal of Personality and Social Psychology*, *51*, 763 - 769.
Briggs, S. R., & Cheek, J. M. (1988). On the nature of self-monitoring: Problems with assessment, problems with validity. *Journal of Personality and Social Psychology*, *54*, 663 - 678.
Briggs, S. R., Cheek, J. M., & Buss, A. H. (1980). An analysis of the self-monitoring scale. *Journal of Personality and Social Psychology*, *38*, 679 - 686.
Brislin, R. (1980). Translation and content analysis of oral and written materials. In H. Triandis & J. Berry (Eds.), *Handbook of cross-cultural psychology* (Vol. 2), Boston, MA: Allyn and Bacon.
Brock, T. C. (1965). Communicator-recipient similarity and decision change. *Journal of Personality and Social Psychology*, *1*, 650 - 654.
Brockner, J., & Rubin, J. Z. (1985). *Entrapment in escalating conflicts*. New York: Springer-Verlag.
Bronfenbrenner, U. (1961). The mirror image in Soviet-American relations: A social psychologist's report. *Journal of Social Issues*, *27*(3), 45 - 56.
Brophy, J. E. (1982). *Research on the self-fulfilling prophecy and teacher expectations*. Paper delivered at annual meeting of the American Educational Research Association, New York.
Brown, B. R. (1968). The effects of need to maintain face on interpersonal bargaining. *Journal of Experimental Social Psychology*, *4*, 107 - 122.
Brown, J. D., & Dutton, K. A. (1995a). Truth and consequences: The costs and benefits of accurate self-knowledge. *Personality and Social Psychology*, *21*, 1288 - 1296.
Brown, J. D., & Dutton, K. A. (1995b). The thrill of victory, the complexity of defeat: Self-esteem and people's emotional reactions to success and failure. *Journal of Personality and Social Psychology*, *68*, 712 - 722.
Brown, J. D., & Siegel, J. M. (1988). Attributions for negative life events and depression: The role of perceived control. *Journal of Personality and Social Psychology*, *52*, 316 - 322.
Brown, P., & Elliott, R. (1965). Control of aggression in a nursery school class. *Journal of Experimental Child Psychology*, *2*, 103 - 107.
Brown, R. (1965). *Social psychology*. New York: Free Press.
Brown, R. (1986). *Social psychology — The second edition*. New York: Free Press.
Brown, R., & Smith, A. (1989). Perceptions of and by minority groups: The case of women in academia. *European Journal of Social Psychology*, *19*, 61 - 76.
Brown, V., & Geis, F. L. (1984). Turning lead into gold:

Evaluations of men and women leaders and the alchemy of social consensus. *Journal of Personality and Social Psychology*, *46*, 811 - 824.
Bryan, J., & Test, M. (1967). Models and helping: Naturalistic studies in aiding behavior. *Journal of Personality and Social Psychology*, *6*, 400 - 407.
Bureau of HIV/AIDS & STD Laboratory, Centre for Disease Control, Health Canada (1995). *1994 annual report on AIDS*. Ottawa, ON: Health Protection Branch, Health Canada.
Burger, J. M., & Burns, L. (1988). The illusion of unique invulnerability and the use of contraception. *Personality and Social Psychology Bulletin*, *14*, 264 - 270.
Burgner, D., & Hewstone, M. (1993). Young children's causal attributions for success and failure: "Self-enhancing" boys and "self-derogating" girls. *British Journal of Developmental Psychology*, *11*, 125 - 129.
Burns, J. M. (1984). *The power to lead: The crisis of the American presidency*. New York: Simon and Schuster.
Burnstein, E. (1982). Persuasion as argument processing. In M. Brandstatter, J. M. Davis, & G. Stocker-Kreichgauer (Eds.), *Group decision processes*. London, England: Academic Press.
Burnstein, E., & Vinokur, A. (1977). Persuasive argumentation and social comparison as determinants of attitude polarization. *Journal of Experimental Social Psychology*, *9*, 123 - 137.
Buss, A. H. (1961). *The psychology of aggression*. New York: Wiley.
Buss, A. H. (1980). *Self-consciousness and social anxiety*. San Francisco: Freeman.
Buss, A. H., Booker, A., & Buss, E. (1972). Firing a weapon and aggression. *Journal of Personality and Social Psychology*, *27*, 296 - 302.
Buss, D. M. (1988). The evolution of human intrasexual competition: Tactics of mate attraction. *Journal of Personality and Social Psychology*, *54*, 616 - 628.
Buss, D. M. (1989). Sex differences in human mate preferences: Evolutionary hypotheses tested in 37 cultures. *Behavioral and Brain Sciences*, *12*, 1 - 49.
Buss, D. M. (1994). *The evolution of desire: Strategies of human mating*. New York: Basic Books.
Buss, D. M., Larsen, R. J., & Westen, D. (1996). Sex differences in jealousy: Not gone, not forgotten and not explained by alternative hypotheses. *Psychological Science*, *7*, 373 - 375.
Buss, D. M., Larsen, R. J., Westen, D., & Semmelroth, J. (1992). Sex differences in jealousy: Evolution, physiology and psychology. *Psychological Science*, *3*, 251 - 255.
Buss, D. M., & Schmitt, D. P. (1993). Sexual strategies theory: An evolutionary perspective on human mating. *Psychological Review*, *100*, 204 - 232.
Buunk, B. P., Angleitner, A., Oubaid, V., & Buss, D. M. (1996). Sex differences in jealousy in evolutionary and cultural perspective: Tests from the Netherlands, Germany and the U. S. *Psychological Science*, *7*, 359 - 363.
Byrne, D. (1971). *The attraction paradigm*. New York: Academic Press.
Byrne, D., & Clore, G. L. (1970). A reinforcement model of evaluative responses. *Personality: An International Journal*, *1*, 103 - 128.
Byrne, D., Clore, G. L., & Smeaton, G. (1986). The attraction hypothesis: Do similar attitudes affect anything? *Journal of Personality and Social Psychology*, *51*, 1167 -1170.
Byrne, D., & Nelson, D. (1965). Attraction as a linear function of proportion of positive reinforcements. *Journal of Personality and Social Psychology*, *1*, 659 - 663.
Cacioppo, J., Ctites, S., & Gardner, W. (1996). Attitudes to the right: Evaluative processing is associated with lateralized late positive event-related brain potentials. *Personality and Social Psychology Bulletin*, *22*, 1205 - 1219.
Cacioppo, J. T., Marshall-Goodell, B. S., Tassinary, L. G., & Petty, R. E. (1992). Rudimentary determinants of attitudes: Classical conditioning is more effective when prior knowledge about the attitude stimulus is low rather than high. *Journal of Experimental Social Psychology*, *28*, 207 -233.
Cacioppo, J. T., & Petty, R. E. (1985). Central and peripheral routes to persuasion: The role of message repetition. In L. F. Alwitt & A. A. Mitchell (Eds.), *Psychological processes and advertising effects* (pp. 91 - 111) Hillsdale, NJ: Erlbaum.
Cacioppo, J. T., Petty, R. E., & Kao, C. (1984). The efficient assessment of need for cognition. *Journal of Personality Assessment*, *48*, 306 - 307.
Cacioppo, J. T., Petty, R. E., & Morris, K. (1983). Effects of need for cognition on message evaluation, recall, and persuasion. *Journal of Personality and Social Psychology*, *45*, 805 - 818.
Cacioppo, J., Priester, J., & Berntson, G. (1993). Rudimentary determinants of attitudes: Ⅱ Arm flexion and extension have different effects on attitudes. *Journal of Personality and Social Psychology*, *65*, 5 - 17.
Caldwell, D. F., & O'Reilly, C. A. (1982). Boundary spanning and individual performance: The impact of self-monitoring. *Journal of Applied Psychology*, *67*, 124 - 127.
Callaway, M., Marriott, R., & Esser, J. (1985). Effects of dominance on group decision making: Toward a stressreduction explanation of group think. *Journal of Personality and Social Psychology*, *49*, 949 - 952.
Campbell, D. T., & Stanley, J. C. (1963). *Experimental and quasi-experimental designs for research*. Chicago: Rand-McNally.
Campbell, J. D. (1986). Similarity and uniqueness: The effects of attribute type, relevance, and individual differences in self-esteem and depression. *Journal of Personality and Social Psychology*, *50*, 281 - 293.
Campbell, J. D., Tesser, A., & Fairey, P. J. (1986). Conformity and attention to the stimulus: Some temporal and contextual dynamics. *Journal of Personality and Social Psychology*, *51*, 315 - 324.
Campos, J. J., Barrett, K., Lamb, M. E., Goldsmith, H. H., & Stenberg, C. (1983). Socioemotional development, In P. H. Mussen (Ed.), *Handbook of child psychology: Vol 2. Infancy and developmental psychobiology* (pp. 783 - 915). New York: Wiley.
Canavan-Gumpert, D. (1977). Generating reward and cost orientations through praise and criticism. *Journal of Personality and Social Psychology*, *35*, 501 - 514.
Cantril, H. (1940). *The invasion from Mars: A study in the psychology of panic*. Princeton, NJ: Princeton University Press.
Cantril, H. (1941). *The psychology of social movements*. New York: Wiley.
Carli, L. (1982). *Are women more social and men more task oriented? A meta-analytic review of sex differences in group interaction, coalition formation, and cooperation in prisoner's dilemma games*. Unpublished manuscript, University of Massachusetts.
Carli, L. (1989). Gender differences in interaction style and influence. *Journal of Personality and Social Psychology*, *56*, 565 - 576.
Carli, L. L., LaFleur, S. J., & Loeber, C. C. (1995). Nonverbal behavior, gender, and influence. *Journal of Personality and Social Psychology*, *68*, 1030 - 1041.
Carlo, G., Eisenberg, N., Troyer, D., Switzer, G., & Speer, A. L. (1991). The altruistic personality: In what

contexts does it appear? *Journal of Personality and Social Psychology*, *61*, 450-458.
Carlsmith, J. M., Ellsworth, P. C., & Aronson, E. (1976). *Methods of research in social psychology*. Reading, MA: Addison-Wesley.
Carlston, D. E., & Skowronski, J. J. (1994). Savings in the relearning of trait information as evidence for spontaneous inference generation. *Journal of Personality and Social Psychology*, *66*, 840-856.
Carlston, D. E., Skowronski, J. J., & Sparks, C. (1995). Savings in relearning: Ⅱ. On the formation of behaviorbased trait associations and inferences. *Journal of Personality and Social Psychology*, *69*, 420-436.
Carnegie, D. (1936). *How to win friends and influence people*. New York: Simon and Schuster.
Carnevale, P., & Pruitt, D. (1992) Negotiation and mediation. *Annual Review of Psychology*, *43*, 531-582.
Carroll, J. M., & Russell, J. A. (1996). Do facial expressions signal specific emotions? Judging emotion from the face in context. *Journal of Personality and Social Psychology*, *70*, 205-218.
Carson, R. C. (1969). *Interaction concepts of personality*. Chicago: Aldine.
Cartwright, D. (1973). Determinants of scientific progress: The case of research on the risky shift. *American Psychologist*, *28*, 222-231.
Cartwright, D. (1979). Contemporary social psychology in historical perspective. *Social Psychology Quarterly*, *42*, 82-93.
Cartwright, D., & Zander A. (Eds.). (1968). *Group dynamics: Research and theory* (3rd ed.). New York: Harper and Row.
Carver, C. S., & Scheier, M. F. (1981). *Attention and self-regulation: A control-theory approach to human behavior*. New York: Springer-Verlag.
Carver, C. S., & Scheier, M. F. (1990). Self-regulation and the self. In J. Strauss & G. R. Goethals (Eds.), *The self: Interdisciplinary perspectives*. New York: Springer-Verlag.
Cash, W. (1941). *The mind of the South*. New York: Knopf.
Castro, M. A. C. (1974). Reactions to receiving aid as a function of cost to donor and opportunity to aid. *Journal of Applied Social Psychology*, *4*, 194-209.
Catania, J. A., Coates, T. J., Stall, R., Turner, H., Peterson, J., Hearst, N., Dolcini, M. M., Hudes, E., Gagnon, J., Wiley, J., & Groves, R. (1992). Prevalence of AIDS-related risk factors and condom use in the United States. *Science*, *258*, 1101-1106.
Ceci, S. J., Peters, D., & Plotkin, J. (1985). Human subjects review, personal values, and the regulation of social science research. *American Psychologist*, *40*, 994-1002.
Centers for Disease Control. (1994, June). *HIV/AIDS surveillance report*. Atlanta, GA: Center for Infectious Diseases, Centers for Disease Control and Prevention.
Chaiken, S. (1980). Heuristic versus systematic information processing and the use of source versus message cues in persuasion. *Journal of Personality and Social Psychology*, *39*, 752-766.
Chaiken, S., & Baldwin, M. W. (1981). Affective-cognitive consistency and the effect of salient behavioral information on the self-perception of attitudes. *Journal of Personality and Social Psychology*, *41*, 1-12.
Chapman, L. J. (1967). Illusory correlation in observational report. *Journal of Verbal Learning and Verbal Behavior*, *6*, 151-155.
Chemers, M. M., & Skrzypek, G. J. (1972). Experimental test of the contingency model of leadership effectiveness. *Journal of Personality and Social Psychology*, *24*, 172-177.
Chen, S. C. (1937). Social modification of the activity of ants in nest-building. *Physiological Zoology*, *10*, 420-436.
Chollar, S. (1989). An epidemic of acquaintance rape. *Psychology Today*, *23*, 73.
Chu, G. C. (1966). Fear arousal, efficacy and imminency. *Journal of Personality and Social Psychology*, *4*, 517-524.
Cialdini, R. B. (1993). *Influence: Science and practice* (3rd ed.). New York: HarperCollins.
Cialdini, R. B., Borden, R. J., Thorne, A., Walker, M. R., Freman, S., & Sloan, L. R. (1976). Basking in reflected glory: Three (football) field studies. *Journal of Personality and Social Psychology*, *34*, 366-375.
Cialdini, R. B., Brown, S. L., Lewis, B. P., Luce, C., & Neuberg, S. L. (1997). Reinterpreting the empathy-altruism relationship: When one into one equals oneness. *Journal of Personality and Social Psychology*, *73*, 481-494.
Cialdini, R. B., & De Nicholas, M. E. (1989). Self-presentation by association. *Journal of Personality and Social Psychology*, *57*, 626-631.
Cialdini, R. B., Reno, R. R., & Kalgren, C. A. (1990). A focus theory of normative conduct: Recycling the concept of norms to reduce littering in public places. *Journal of Personality and Social Psychology*, *58*, 1015-1026.
Cialdini, R. B., Schaller, M., Houlihan, D., Arps, K., Fultz, J., & Beaman, A. L. (1987). Empathy-based helping: Is it selflessly or selfishly motivated? *Journal of Personality and Social Psychology*, *52*, 749-758.
Clark, M. S. (1984). Record keeping in two types of relationships. *Journal of Personality and Social Psychology*, *47*, 549-557.
Clark, M. S., Gotay, C. C., & Mills, J. (1974). Acceptance of help as a function of the potential helper and opportunity to repay. *Journal of Applied Social Psychology*, *4*, 224-229.
Clark, M. S., & Mills, J. (1979). Interpersonal attraction in exchange and communal relatiornships. *Journal of Personality and Social Psychology*, *37*, 12-24.
Clark, M. S., Mills, J., & Powell, M. C. (1986). Keeping track of needs in communal and exchange relationships. *Journal of Personality and Social Psychology*, *51*, 333-338.
Clark, M. S., & Reis, H. T. (1988). Interpersonal processes in close relationships. *Annual Review of Psychology*, *39*, 609-672.
Clark, R. D., & Hatfield, E. (1989). Gender differences in receptivity to sexual offers. *Journal of Psychology and Human Sexuality*, *2*, 39-55.
Clark, R., Lennon, R., & Morris, L. (1993). Of Caldecotts and kings: Gendered images in recent American children's books by black and non-black illustrators. *Gender and Society*, *7*, 227-245.
Clay, C. (1987). *No freedom for the mind: A study of the cult phenomenon from a Canadian perspective*. Burlington, ON: Trinity Press.
Clifford, M., & Walster, E. (1973). The effect of physical attractiveness on teacher expectation. *Sociology of Education*, 46, 248.
Clore, G. L., & Baldridge, B. (1968). Interpersonal attraction: The role of agreement and topic interest. *Journal of Personality and Social Psychology*, *9*, 340-346.
Clore, G. L., & Kerber, K. W. (1981). *Toward an affective theory of attraction and trait attribution*. Unpublished manuscript.
Coch, L., & French, J. R. P. (1948). Overcoming resistance to change. *Human Relations*, *1*, 512-532.
Cogwill, D. (1986). *Aging around the world*. Belmont, CA: Wadsworth.
Cohen, A. R. (1962). An experiment on small rewards for

discrepant compliance and attitude change. In J. W. Brehm & A. R. Cohen (Eds.), *Explorations in cognitive dissonance*. New York: Wiley.

Cohen, C. E. (1981). Person categories and social perception: Testing some boundaries of the processing effects of prior knowledge. *Journal of Personality and Social Psychology*, *40*, 441-452.

Cohen, D. (1996). Law, social policy and violence: The impact of regional cultures. *Journal of Personality and Social Psychology*, *70*, 961-978

Cohen, D., Nisbett, R. E., Bowdle, B. F., & Schwartz, N. (1996). Insult, aggression and the southern culture of honor: An "experimental ethnography." *Journal of Personality and Social Psychology*, *70*, 945-960.

Cohn, N. B., & Strassberg, D. S. (1983). Self-disclosure reciprocity among preadolescents. *Personality and Social Psychology Bulletin*, *9*, 97-102.

Comstock, G. A., & Paik, H. (1991). The effects of television violence on aggressive behavior: A meta-analysis. In *A preliminary report of the National Research Council on the understanding and control of violent behavior*. Washington, DC: National Research Council.

Conn, L. K., Edwards, C. N., Rosenthal, R., & Crowne, D. (1968). Perception of emotion and response to teachers' expectancy by elementary school children. *Psychological Reports*, *22*, 27-34.

Cook, S. W. (1969). Motives in a conceptual analysis of attitude-related behavior. In W. J. Arnold & D. Levine (Eds.), *Nebraska symposium on motivation* (Vol. 17). Lincoln: University of Nebraska Press.

Cook, S. W. (1990). Toward a psychology of improving justice: Research on extending the equality principle to victims of social injustice. *Journal of Social Issues*, *46* (1), 147-161.

Cooley, C. H. (1902). *Human order and the social order*. New York: Scribner's.

Cooper, H., & Hazelrigg, P. (1988). Personality moderators of interpersonal expectancy effects: An integrative research review. *Journal of Personality and Social Psychology*, *55*, 937-949.

Cooper, J., & Axsom, D. (1982). Effort justification in psychotherapy. In G. Weary & H. Mirels (Eds.), *Integrations of clinical and social psychology* (pp. 214-230). New York: Oxford University Press.

Cooper, J., Bennett, E. A., & Sukel, H. L. (1996). Complex scientific testimony: How do jurors make decisions? *Law and Human Behavior*, *20*, 379-394.

Cooper, J., & Jones, E. E. (1969). Opinion divergence as a strategy to avoid being miscast. *Journal of Personality and Social Psychology*, *13*, 23-30.

Cooper, J., & Mackie, D. (1986). Video games and aggression in children. *Journal of Applied Social Psychology*, *16* (8), 726-744.

Cooper, J., & Worchel, S. (1970). Role of undesired consequences in arousing cognitive dissonance. *Journal of Personality and Social Psychology*, *16*, 199-206.

Cooper, J. E., & McGangh, J. L. (1969). Leadership: Integrating principles of social psychology. In C. A. Gibb (Ed.), *Leadership*. Baltimore, MD: Penguin.

Cordes, B., Hoffman, B., Jenkins, B., Kellen, K., Moran, S., & Slater, W. (1984). *Trends: International terrorism, 1982 and 1983* (Report No. R-3183-52). Santa Monica, CA: Rand Corporation.

Cottrell, N., Wack, D., Sekerak, G., & Rittle, R. (1968). Social facilitation of dominant responses by the presence of an audience and the mere presence of others. *Journal of Personality and Social Psychology*, *6*, 245-250.

Cowan, P. A., & Walters, R. H. (1963). Studies of reinforcement of aggression: I. Effects of scheduling. *Child Development*, *34*, 543-551.

Cox, F. D. (1996). *The AIDS booklet* (4th ed.). Dubuque, IA: Brown.

Cozby, P. C. (1972). Self-disclosure, reciprocity, and liking. *Sociometry*, *35*, 151-160.

Craig, R. S. (1992). The effect of television day part on gender portrayals in television commercials: A content analysis. *Sex Roles*, *26*, 197-211.

Crider, A. B., Goethals, G. R., Kavanaugh, R. D., & Solomon, P. R. (1993). *Psychology* (4th ed.). Glenview, IL: Scott, Foresman.

Crocker, J., Hannah, D. B., & Weber, R. (1983). Person memory and causal attributions. *Journal of Personality and Social Psychology*, *44*, 55-66.

Crocker, J., & Major, B. (1989). Social stigma and selfesteem: The self-protective properties of stigma. *Psychological Review*, *96*, 608-630.

Crocker, J., & Major, B. (1994). Reaction to stigma: The moderating role of justifications. In M. P. Zanna & J. M. Olson (Eds.), *The psychology of prejudice: The Ontario symposium* (Vol. 7, pp. 289-314). Mahwah, NJ: Erlbaum.

Crocker, J., Voelkl, K., Testa, M., & Major, B. (1991). Social stigma: The affective consequences of attributional ambiguity. *Journal of Personality and Social Psychology*, *60*, 218-228.

Crosby, F. (1976). A model of egoistical relative deprivation. *Psychological Review*, *83*, 85-113.

Crosby, F. (1982). *Relative deprivation and working women*. New York: Oxford University Press.

Crosby, F. (1984). The denial of personal discrimination. *American Behavioral Scientist*, *27*, 371-386.

Crowne, D. P., & Marlowe, D. (1964). *The approval motive: Studies in evaluative dependence*. New York: Wiley.

Crutchfield, R. A. (1955). Conformity and character. *American Psychologist*, *10*, 191-198.

Cunningham, J. D. (1981). Self-disclosure intimacy: Sex, sex-of-target, cross-national, and "generational" differences. *Personality and Social Psychology Bulletin*, *7*, 314-319.

Curtis, R. C., & Miller, K. (1986). Believing another likes or dislikes you: Behaviors making the beliefs come true. *Journal of Personality and Social Psychology*, *51*, 284-290.

Daly, M., & Wilson, M. (1989). Killing the competition: Female/female and male/male homicide. *Human Nature*, *1*, 81-107.

Damrad-Frye, R., & Laird, J. D. (1989). The experience of boredom: The role of self-perception of attention. *Journal of Personality and Social Psychology*, *57*, 315-320.

Danheiser, P. R., & Graziano, W. G. (1982). Self-monitoring and cooperation as a self-presentational strategy. *Journal of Personality and Social Psychology*, *42*, 497-505.

Dardenne, B., & Leyens, J. P. (1995). Confirmation bias as a social skill. *Personality and Social Psychology Bulletin*, *21*, 1229-1239.

Darley, J. M., & Aronson, E. (1966). Self-evaluation vs. direct anxiety reduction as determinants of the fearaffiliation relationship. *Journal of Experimental Social Psychology*, *2*, 66-79.

Darley, J. M., & Batson, C. D. (1973). "From Jerusalem to Jericho": A study of situational and dispositional variables in helping behavior. *Journal of Personality and Social Psychology*, *27*, 100-108.

Darley, J. M., & Berscheid, E. (1967). Increased liking caused by the anticipation of personal contact. *Human Relations*, *10*, 29-40.

Darley, J. M., & Cooper, J. (1972). The "Clean for Gene" phenomenon: Deciding to vote for or against a candidate on the basis of the physical appearance of his supporters. *Jour-*

参考文献

nal of Applied Social Psychology, *2*, 24 - 33.

Darley, J. M., & Fazio, R. H. (1980). Expectancy and confirmation processes arising in the social interaction sequence. *American Psychologist*, *5*, 867 - 881.

Darley, J. M., Fleming, J. H., Hilton, J. L., & Swann, W. B. (1988). Dispelling negative expectancies: The impact of interaction goals and target characteristics on the expectancy confirmation process. *Journal of Personality and Social Psychology*, *54*, 19 - 36.

Darley, J. M., & Gross, P. H. (1983). A hypothesis-confirming bias in labeling effects. *Journal of Personality and Social Psychology*, *44*, 20 - 33.

Darley, J, M., & Latané, B. (1968). Bystander intervention in emergencies: Diffusion of responsibility. *Journal of Personality and Social Psychology*, *8*, 377 - 383.

Darrow, C. (1993). Quoted in E. H. Sutherland & D. R. Cressy, *Principles of criminology* (p. 44). Philadelphia, PA: Lippincott, 1996.

Darwin, C. (1873). *The expression of the emotions in man and animals*. New York: Appleton.

Davidson, A. R., & Duberman, L. (1982). Friendship: Communication and interactional patterns in same sex dyads. *Sex Roles*, *8*, 809 - 822.

Davidson, A. R., & Jaccard, J. J. (1979). Variables that moderate the attitude-behavior relation: Results of a longitudinal survey. *Journal of Personality and Social Psychology*, *37*, 1364 - 1376.

Davies, J. C. (1962). Toward a theory of revolution. *American Sociological Review*, *27*, 5 - 19.

Davis, C. G., Lehman, D. R., Silver, R. C., Wortman, C. B., & Ellard, J. H. (1996). Self-blame following a traumatic event: The role of perceived avoidability. *Personality and Social Psychology*, *22*, 557 - 567.

Davis, C. G., Lehman, D. R., Silver, R. C., Wortman, C. B., & Thompson, S. C. (1995). The undoing of traumatic life events. *Personality and Social Psychology Bulletin*, *21*, 109 - 124.

Davis, D. N., & Perkowitz, W. T. (1979). Consequences of responsiveness in dyadic interaction: Effect of probability of response and proportion of content-related responses in interpersonal attraction. *Journal of Personality and Social Psychology*, *37*, 534 - 550.

Davis, J., Bray, R., & Holt, R. (1977). The empirical study of decision processes in juries. In J. Tapp & F. Levine (Eds.), *Law, justice, and the individual in society: Psychological and legal issues*. New York: Holt, Rinehart and Winston.

Davis, J., Kerr, N. L., Atkin, R. S., Holt, R., & Meek, D. (1975). The decision processes of 6 - and 12 - person mock juries assigned unanimous and two-thirds majority rules. *Journal of Personality and Social Psychology*, *32*, 1 -14.

Davis, K. E., & Florquist, C. C. (1965). Perceived threat and dependence as determinants of the tactical usage of opinion conformity. *Journal of Experimental Social Psychology*, *1*, 219 - 236.

Davis, K. E., & Todd, M. (1982). Friendship and love relationships. In K. E. Davis and T. O. Mitchell (Eds.), *Advances in descriptive psychology*. Greenwich, CT: JAI Press.

Davis, M. H. (1983). Empathic concern and the muscular dystrophy telethon: Empathy as a multidimensional construct. *Personality and Social Psychology Bulletin*, *9*, 223 -229.

Davis, M. H., & Franzoni, S. L. (1986). Adolescent loneliness, self-disclosure, and private self-consciousness: A longitudinal investigation. *Journal of Personality and Social Psychology*, *51*, 595 - 608.

Davitz, J. R. (1952). The effects of previous training on postfrustrative behavior. *Journal of Abnormal and Social Psychology*, *47*, 309 - 315.

Deford, F. (1996a). Year of the women: Why female athletes are our best hope for Olympic gold. *Newsweek*, 62 - 82.

Deford, F. (1996b, June 10). Jackie! Oh! *Newsweek*, 72 -77.

DeJong, P. F., Koomen, W., & Mellenbergh, C. J. (1988). Structure of causes for success and failure: A multidimensional scaling analysis of preference judgements. *Journal of Personality and Social Psychology*, *55*, 718 - 725.

DeJong, W., Marber, S., & Shaver, R. (1980). Crime intervention: The role of a victim's behavior in reducing situational ambiguity. *Personality and Social Psychology Bulletin*, *6*, 113 - 118.

Demare, D., Brier, J., & Lips, H. M. (1988). Violent pornography and self-reported likelihood of sexual aggression. *Journal of Research in Personality*, *22*, 140 - 153.

DePaulo, B. M., Kashy, D. A., Kirkendol, S. E., Wyer, M. M., & Epstein, J. A. (1996). Lying in everyday life. *Journal of Personality and Social Psychology*, *70*, 996 -1011.

Deppe, R. K., & Harackiewicz, J. M. (1996). Self-handicapping and intrinsic motivation: Buffering intrinsic motivation from the threat of failure. *Journal of Personality and Social Psychology*, *70*, 868 - 876.

Depret, E. F., & Fiske, S. T. (1993). Social cognition and power: Some cognitive consequences of social structure as a source of deprivation. In G. Weary, F. Gleischer, & K. L. Marsh (Eds.), *Control motivation and social cognition* (pp. 176 - 202). New York: Springer-Verlag.

Dermer, M., & Pyszczynski, T. A. (1978). Effects of erotica upon men's loving and liking responses for women they love. *Journal of Personality and Social Psychology*, *36*, 1302 - 1309.

Deschamps, J., & Devos, T. (1998). Regarding the relationship between social identity and personal identity. In S. Worchel, F. Morales, D. Paez, & J. Deschamps (Eds.), *Social identity: International perspectives*. London, England: Sage.

Desforges, D. M., Lord, C. G., Ramsey, S. L., Mason, J. A., Van Leeuwen, M. D., West, S. C., & Lepper, M. R. (1991). Effects of structured cooperative contact on changing negative attitudes toward stigmatized social groups. *Journal of Personality and Social Psychology*, *60*, 531 -544.

DeSteno, D. A., & Salovey, P. (1996). Evolutionary origins of sex differences in jealousy? Questioning the "fitness" of the model. *Psychological Science*, *7*, 367 - 372.

Deutsch, M. (1973). *The resolution of conflict*. New Haven, CT: Yale University Press.

Deutsch, M. (1975). Introduction. In M. Deutsch & H. A. Hornstein (Eds.), *Applying social psychology: Implications for research, practice, training* (pp. 1 - 12). Hillsdale, NJ: Erlbaum.

Deutsch, M., & Gerard, H. (1955). A study of normative and informational social influences upon individual judgment. *Journal of Abnormal and Social Psychology*, *51*, 629 -636.

Deutsch, M., & Krauss, R. M. (1960). The effect of threat upon interpersonal bargaining. *Journal of Abnormal and Social Psychology*, *61*, 181 - 189.

Deutsch, M., & Krauss, R. M. (1962). Studies of interpersonal bargaining. *Journal of Conflict Resolution*, *6*, 52 -76.

Devine, P. G. (1989). Stereotypes and prejudice: Their automatic and controlled components. *Journal of Personality and Social Psychology*, *56*, 5 - 18.

Dickoff, H. (1961). *Reactions to evaluations by another person as a function of self-evaluation and the interaction con-*

text. Unpublished doctoral dissertation. Duke University, Durham, NC.

Diekman, A., Jungbauer-Gans, M., Krassnig, H., & Lorenz, S. (1996). Social status and aggression: A field study analyzed by survival analysis. *Journal of Social Psychology*, *136*, 761 - 768.

Diener, E. (1979). Deindividuation, self-awareness, and disinhibition. *Journal of Personality and Social Psychology*, *37*, 1160 - 1171.

Diener, E., Fraser, S., Beaman, A., & Kelem, Z. (1976). Effects of deindividuation variables on stealing among Halloween trick-or-treaters. *Journal of Personality and Social Psychology*, *33*, 178 - 183.

Diener, E., & Larson, R. J. (1993). The subjective experience of emotional well-being. In M. Lewis & J. M. Haviland (Eds.), *Handbook of emotions* (pp. 405 - 415). New York: Guilford.

Diener, E., Wolsic, B., & Fujita, F. (1995). Physical attractiveness and subjective well-being. *Journal of Personality and Social Psychology*, *69*, 120 - 129.

Dion, K. K. (1972). Physical attractiveness and evaluation on children's transgressions. *Journal of Personality and Social Psychology*, *24*, 207 - 213.

Dion, K. K., Berscheid, E., & Walster, E. (1972). What is beautiful is good. *Journal of Personality and Social Psychology*, *24*, 285 - 290.

Dion, K. L. (1986). Responses to perceived discrimination and relative deprivation. In J. M. Olson, C. P. Herman, & M. P. Zanna (Eds.), *Relative deprivation and social comparison: The Ontario symposium* (Vol. 4, pp. 159 - 179). Mahwah, NJ: Erlbaum.

Dion, K. L., & Earn, B. M. (1975). The phenomenology of being a target of prejudice. *Journal of Personality and Social Psychology*, *32*, 944 - 950.

Dodson, J. A., Tybout, A. M., & Sternthal, B. (1978). Impact of deals and deal retraction on brand switching. *Journal of Marketing Research*, *15*(1), 72 - 81.

Donnerstein, E. (1980). Aggressive erotica and violence against women. *Journal of Personality and Social Psychology*, *39*, 269 - 277.

Donnerstein, E. (1983). Erotica and human aggression. In R. G. Geen & E. Donnerstein (Eds.), *Aggression: Theoretical and empirical reviews* (Vol. 1). New York: Academic Press.

Donnerstein, E., & Berkowitz, L. (1981). Victim reactions in aggressive erotic films as a factor in violence against women. *Journal of Personality and Social Psychology*, *41*, 710 - 724.

Donnerstein, E., Donnerstein, M., & Evans, R. (1975). Erotic stimuli and aggression: Facilitation or inhibition. *Journal of Personality and Social Psychology*, *32*, 237 - 244.

Donnerstein, E., & Linz, D. G. (1986, December). The question of pornography. It is not sex, but violence, that is an obscenity in our society. *Psychology Today*, pp. 56 - 59.

Doob, A. N., & Gross, A. E. (1968). Status of frustrator as an inhibitor of horn-honking responses. *Journal of Social Psychology*, *76*, 213 - 218.

Doob, A. N., & Wood, L. E. (1972). Catharsis and aggression: Effects of annoyance and retaliation on aggressive behavior. *Journal of Personality, and Social Psychology*, *22*, 156 - 162.

Dovidio, J. F., & Gaertner, S. L. (1993). Stereotypes and evaluative intergroup bias. In D. M. Mackie & D. L. Hamilton (Eds.), *Affect, cognition, and stereotyping: Interactive processes in group perception*. New York: Academic Press.

Drigotas, S. M., lnsko, C. A., & Schopler, J. (1998). Mere categorization and competition: A closer look at social identity theory and the discontinuity effect. In S. Worchel, F. Morales, D. Paez, & J. Deschamps (Eds.), *Social identity: International perspectives*. London, England: Sage.

Drigotas, S. M., & Rusbult, C. E. (1992). Should I stay or should I go? A dependence model of break-ups. *Journal of Personality and Social Psychology*, *62*, 62 - 87.

Dubé, L., & Guimond, S. (1986). Relative deprivation and social protest: The personal-group issue. In J. M. Olson, C. P. Herman, & M. P. Zanna (Eds.), *Relative deprivation and social comparison: The Ontario symposium* (Vol. 4, pp. 201 - 216). Hillsdale, NJ: Erlbaum.

Duclos, S. E., Laird, J. D., Schneider, E., Sexter, M., Stern, L., & Van Lighten, O. (1989). Emotionspecific effects of facial expressions and postures on emotional experience. *Journal of Personality and Social Psychology*, *57*, 100 - 108.

Duffy, K. (1991). Introduction to community mediation programs: Past, present, and future. In K. Duffy, J. Grosch, & P. Olzak (Eds.), *Issues in community mediation: A handbook for practitioners and researchers*. New York: Guilford.

Duffy, K., Grosch, J., & Olzak, P. (Eds.). (1991). *Issues in community mediation: A handbook for practitioners and researchers*. New York: Guilford.

Duncan, D. L. (1976). Differential social perception and attribution of intergroup violence: Testing the lower limits of stereotyping of blacks. *Journal of Personality and Social Psychology*, *34*, 590 - 598.

Durkheim, E. (1898). *The rules of sociological method*. New York: Free Press.

Dutton, D. G., & Aron, A, P. (1974). Some evidence for heightened sexual attraction under conditions of high anxiety. *Journal of Personality and Social Psychology*, *30*, 510 -517.

Duval, S., Duval, V. H., & Neely, R. (1979). Self-focus, felt responsibility, and helping behavior. *Journal of Personality and Social Psychology*, *37*, 1769 - 1778.

Eagly, A. H., Ashmore, R. D., Makhijani, M. G., & Longo, L. C. (1991). What is beautiful is good, but. ... A meta-analytic review of research on the physical attractiveness stereotype. *Psychological Bulletin*, *110*, 109 - 128.

Eagly, A. H., & Carli, L. L. (1981). Sex of researchers and sex-typed communications as determinants of sex differences in influenceability: A meta-analysis of social influence studies. *Psychological Bulletin*, *90*, 1 - 20.

Eagly, A. H., & Chaiken, S. (1984). Cognitive theories of persuasion. In L. Berkowitz (Ed.), *Advances in experimental social psychology* (Vol. 17, pp. 267 - 359). New York: Academic Press.

Eagly, A. H., & Crowley, M. (1986). Gender and helping behavior: A meta-analytic review of the social psychological literature. *Psychological Bulletin*, *100*, 283 - 308.

Eagly, A. H., & Johnson, B. T. (1990). Gender and leadership style: A meta-analysis. *Psychological Bulletin*, *108*, 233 - 256.

Eagly, A. H., & Karau, S. J. (1991). Gender and the emergence of leaders: A meta-analysis. *Journal of Personality and Social Psychology*, *60*, 685 - 710.

Eagly, A. H., Karau, S. J., & Makhijani, M. G. (1995). Gender and effectiveness of leaders: A meta-analysis. *Psychological Bulletin*, *117*, 125 - 145.

Eagly, A. H., & Kite, M. E. (1987). Are stereotypes of nationalities applied to both women and men? *Journal of Personality and Social Psychology*, *53*, 457 - 462.

Eagly, A. H., Makhijani, M. G., & Klonsky, B. G. (1992). Gender and the evaluation of leaders: A meta-analysis. *Psychological Bulletin*, *111*, 3 - 22.

Eagly, A. H., & Steffen, V. J. (1986). Gender and aggressive behavior: A meta-analytic review of the social psycholog-

参考文献

ical literature. *Psychological Bulletin*, *100*, 309 - 330.

Eagly, A. H., & Wood, W. (1991). Explaining sex differences in social behavior: A meta-analytic perspective. *Personality and Social Psychology Bulletin*, *17*, 306 - 315.

Eagly, A. H., Wood, W., & Chaiken, S. (1978). Causal inferences about communicators and their effect on opinion change. *Journal of Personality and Social Psychology*, *36*, 424 - 435.

Eagly, A. H., Wood, W., & Fishbaugh, L. (1981). Sex differences in conformity: Surveillance by the group as a determinant of male nonconformity. *Journal of Personality and Social Psychology*, *40*, 384 - 394.

Earle, W. B. (1986). The social context of social comparison: Reality versus reassurance? *Personality and Social Psychology Bulletin*, *12*, 159 - 168.

Eaves, L. J., Eysenck, H. J., & Martin, N. G. (1989). *Genes, culture, and personality: An empirical approach.* London, England: Academic Press.

Ebbesen, E. B., Kjos, G. E., & Konecni, J. J. (1976). Spatial ecology: Its effect on the choice of friends and enemies. *Journal of Experimental Social Psychology*, *12*, 505 -518.

Efran, M. G. (1974). The effect of physical appearance on the judgment of guilt, interpersonal attraction, and severity of recommended punishment in a simulated jury task. *Journal of Experimental Research and Personality*, *8*, 45 - 54.

Eisenberg, A. (Ed.). 1981. *Witness to the holocaust*. New York: Ballantine Books.

Eisenberg, N., & Fabes, R. A. (1991). Prosocial behavior and empathy: A multimethod and developmental perspective. In M. S. Clark (Ed.), *Review of personality and social psychology* (Vol. 12, pp. 34 - 61). Newbury Park, CA: Sage.

Eisenstadt, D., & Lieppe, M. R. (1994). The self-comparison process and self-discrepant feedback: Consequences of learning you are what you thought you were not. *Journal of Personality and Social Psychology*, *67*, 611 - 626.

Ekman, P., & Friesen, W. V. (1969). Nonverbal leakage and clues to deception. *Psychiatry*, *32*, 88 - 106.

Ekman, P., & Friesen, W. V. (1971). Constants across cultures in face and emotion. *Journal of Personality and Social Psychology*, *117*, 124 - 129.

Ekman, P., Friesen, W. V., & Ellsworth, P. C. (1982). What are the similarities and differences in facial behavior across cultures? In P. Ekman (Ed.), *Emotion in the human race* (Vol. 2, pp, 56 - 97). Cambridge, England: Cambridge University Press.

Ekman, P., Friesen, W. V., & O'Sullivan, M. (1988). Smiles when lying. *Journal of Personality and Social Psychology*, *54*, 414 - 420.

Ekman, P., Sorenson, E., & Friesen, W. V. (1969). Pancultural elements of facial displays of emotion. *Science*, *164*, 86 - 88.

Elicker, J., Englund, M., & Sroufe, L. A. (1992). Predicting peer competence and peer relationships in childhood from early parent-child relationships. In R. D. Parke and G. W. Ladd (Eds.), *Family-peer relations: Modes of linkage.* Hillsdale, NJ: Erlbaum.

Ellison, P. A., Govern, J. M., Petri, H. L., & Figler, M. H. (1995). Anonymity and aggressive driving behavior: A field study. *Journal of Social Behavior and Personality*, *10*, 265 - 272.

Ellsworth, P. C., & Carlsmith, J. M. (1968). Effect of eye contact and verbal consent on affective response to a dyadic interaction. *Journal of Personality and Social Psychology*, *10*, 15 - 20.

Elms, A. C. (1975). The crisis of confidence in social psychology. *American Psychologist*, *30*, 967 - 976.

Emery, R. E. (1989). Family violence: Children and their development: Knowledge base, research agenda, and social policy application. (Special issue). *American Psychologist*, *44*(2), 321 - 328.

Emswiller, R., Deaux, K., & Willits, J. (1971). Similarity, sex, and requests for small favors. *Journal of Applied Social Psychology*, *1*, 284 - 291.

Enggebretson, T. O., Matthews, K. A., & Scheier, M. F. (1989). Relations between anger expression and cardiovascular reactivity: Reconciling inconsistent findings through a matching hypothesis. *Journal of Personality and Social Psychology*, *59*, 513 - 521.

Engs, R. C., Diebold, B. A., & Hanson, D. J. (1996). The drinking patterns and problems of a national sample of college students, 1994. *Journal of Alcohol and Drug Education*, *41*, 13 - 33.

Epstein, R., & Komorita, S. S. (1966). Childhood prejudice as a function of parental ethnocentrism, punitiveness, and outgroup characteristics. *Journal of Personality and Social Psychology*, *3*, 259 - 264.

Erdley, C. A., & D'Agostino, P. R. (1988). Cognitive and affective components of automatic priming effects. *Journal of Personality and Social Psychology*, *54*, 741 - 747.

Esses, V. M., Haddock, G., & Zanna, M. P. (1993). Values, stereotypes, and emotions as determinants of intergroup attitudes. In D. M. Mackie & D. L. Hamilton (Eds.), *Affect, cognition, and stereotyping: Interactive processes in group perception* (pp. 137 - 166). New York: Academic Press.

Esses, V. M., Haddock, G., & Zanna, M. P. (1994). The role of mood in the expression of intergroup stereotypes. In M. P. Zanna & J. M. Olson (Eds.), *The psychology of prejudice: The Ontario symposium* (Vol. 7, pp. 77 - 101). Mahwah, NJ: Erlbaum.

Etaugh, C., & Liss, M. B. (1992). Home, school, and playroom: Training grounds for adult gender roles. *Sex Roles*, *26*, 129 - 147.

Ethier, K., & Deaux, K. (1994). Negotiating social identity when contexts change: Maintaining identification and responding to threat. *Personality and Social Psychology Bulletin*, *67*, 243 - 251.

Exline, R. V., Ellyson, S. L., & Long, B. (1974). Visual behavior as an aspect of power role relationships. In P. Pliner, L. Krames, & T. Galloway (Eds.), *Nonverbal communication of aggression* (Vol. 2). New York: Plenum.

Fabrigar, L. R., & Krosnick, J. A. (1995). Attitude importance and the false consensus effect. *Personality and Social Psychology Bulletin*, *21*, 468 - 479.

Falbo, T., & Peplan, L. S. (1980). Power strategies in intimate relationships. *Journal of Personality and Social Psychology*, *38*, 618 - 628.

Fazio, R. H. (1981). On the self-perception explanation of the overjustification effect: The role of the salience of initial attitude. *Journal of Experimental Social Psychology*, *38*, 618 - 628.

Fazio, R. H., & Williams, C. J. (1986). Attitude accessibility as a moderator of the attitude-perception and attitude-behavior relations: An investigation of the 1984 presidential election. *Journal of Personality and Social Psychology*, *51*, 505 - 514.

Fazio, R. H., & Zanna, M. P. (1978). Attitudinal qualities relating to the strength of the attitude-behavior relationship. *Journal of Experimental Social Psychology*, *14*, 398 -408.

Fazio, R. H., & Zanna, M. P. (1981). Direct experience and attitude-behavior consistency. In L. Berkowitz (Ed.), *Advances in experimental social psychology* (Vol. 14, pp. 161 - 202). San Diego, CA: Academic Press.

Feather, N. (1996). Values, deservingness, and attitudes toward high achievers: Research on tall poppies. In C. Seligman, J. Olson, & M. Zanna (Eds.), *The psychology of values: The Ontario symposium* (Vol. 8). Mahwah, NJ: Erlbaum.

Featherstone, M. (1990). *Global culture: Nationalization, globalization, and modernity*. London, England: Sage.

Feeney, B. C., and Kirkpatrick, L. A. (1996). Effects of adult attachment style and presence of romantic partners on physiological responses to stress. *Journal of Personality and Social Psychology*, *70*, 255-270.

Fehr, B. (1988). Prototype analysis of the concepts of love and commitment. *Journal of Personality and Social Psychology*, *55*, 557-579.

Feingold, A. (1992). Gender differences in mate selection preferences: A test of the parental investment model. *Psychological Bulletin*, *112*, 125-139.

Felson, R. B. (1989). Parents and the reflected appraisal process. A longitudinal analysis. *Journal of Personality and Social Psychology*, *57*, 965-971.

Feshbach, S. (1961). The stimulating versus cathartic effects of a vicarious aggressive activity. *Journal of Abnormal and Social Psychology*, *63*, 381-385.

Feshbach, S., & Singer, R. D. (1971). *Television and aggression: An experimental field study*. San Francisco: Jossey-Bass.

Festinger, L. (1950). Informal social communication. *Psychological Review*, *57*, 271-282.

Festinger, L. (1957). *A theory of cognitive dissonance*. Palo Alto, CA: Stanford University Press.

Festinger, L. (1964). *Conflict, decision, and dissonance*. Palo Alto, CA: Stanford University Press.

Festinger, L. (1980). *Retrospections on social psychology*. New York: Oxford University Press.

Festinger, L., & Carlsmith, J. M. (1959). Cognitive consequences of forced compliance. *Journal of Abnormal and Social Psychology*, *58*, 203-210.

Festinger, L., Schachter, S., & Back, K. (1950). *Social pressures in informal groups: A study of a housing community*. Palo Alto, CA: Stanford University Press.

Fiedler, F. E. (1964). A contingency model of leadership effectiveness. In L. Berkowitz (Ed.), *Advances in experimental social psychology* (Vol. 1). New York: Academic Press.

Fiedler, F. E. (1978). Recent developments in research on the contingency model. In L. Berkowitz (Ed.), *Group process* (pp. 209-225). New York: Academic Press.

Fiedler, F. E., Chemers, M. M., & Mahar, L. (1976). *Improving leadership effectiveness: The leader match concept*. New York: Wiley.

Fiedler, K., Semin, G. R., Finkenauer, C., & Berkel, I. (1995). Actor-observer bias in close relationships: The role of self-knowledge and self-related language. *Personality and Social Psychology Bulletin*, *21*, 525-538.

Fincham, F. D. (1985). Attribution processes in distressed and non-distressed couples: 2. Responsibility for marital problems. *Journal of Abnormal Psychology*, *94*, 183-190.

Fingerhut, L. A., & Kleinman, J. C. (1990). International and interstate comparisons of homicide among young males. *Journal of the American Medical Association*, *263*, 3292-3295.

Finison, L. J. (1986). The psychological insurgency, 1936-1945. *Journal of Social Issues*, *42*, 21-34.

Fischer, K., Schoeneman, T. J., & Rubanowitz, D. E. (1987). Attributions in the advice columns. II. The dimensionality of actors' and observers' explanations for interpersonal problems. *Personality and Social Psychology Bulletin*, *13*, 458-466.

Fishbein, M., & Ajzen, I. (1975). *Belief, attitude, intention, and behavior: An introduction to theory and research*. Reading, MA: Addison-Wesley.

Fisher, J. D., & Fisher, W. A. (1992a). *People like us*. Videotape. Department of Psychology, University of Connecticut, Storrs, CT.

Fisher, J. D., & Fisher, W. A. (1992b). Changing AIDS risk behavior. *Psychological Bulletin*, *111*, 455-474.

Fisher, J. D., Fisher, W. A., Misovich, S. J., Kimble, D. L., & Malloy, T. E. (1996). Changing AIDS risk behavior: Effects of an intervention emphasizing AIDS risk reduction information, motivation, and behavioral skills in a college student population. *Healthy Psychology*, *15*, 114-123.

Fisher, J. D., Fisher, W. A., Williams, S. S., & Malloy, T. E. (1994). Empirical tests of an information-motivation-behavioral skills model of AIDS preventive behavior. *Health Psychology*, *94*, 238-250.

Fisher, W. A., Fisher, J. D., & Rye, B. J. (1995). Understanding and promoting AIDS-preventive behavior: Insights from the theory of reasoned action. *Health Psychology*, *14*, 255-264.

Fiske, S. T. (1993). Controlling other people: The impact of power on stereotyping. *American Psychologist*, *48*, 621-628.

Fiske, S. T., & Glick, P. (1995). Ambivalence and stereotypes cause sexual harassment. *Journal of Social Issues*, *51*, 97-115.

Fiske, S. T., Morling, B., & Stevens, L. F. (1996). Controlling self and others: A theory of anxiety, mental control and social control. *Personality and Social Psychology Bulletin*, *22*, 115-123.

Fiske, S. T., & Neuberg, S. L. (1990). A continuum of impression formation, from category-based to individuating processes: Influences of information and motivation on attention and interpretation. In M. P. Zanna (Ed.), *Advances in experimental social psychology* (Vol. 23, pp. 1-74). Boston, MA: Academic Press.

Fitzgerald, L. (1993). Sexual harassment: Violence against women in the workplace. *American Psychologist*, *48*, 1070-1076.

Fleiner, S., & Kelley, H. H. (1978). Study cited (but not referenced) in H. H. Kelley, *Personal relationships: Their structures and processes*. Hillsdale, NJ: Erlbaum.

Fleischer, R. A., & Chertkoff, J. M. (1986). Effects of dominance and sex on leader selection in dyadic work groups. *Journal of Personality and Social Psychology*, *50*, 94-99.

Fleming, J. H., & Darley, J. M. (1989). Perceiving choice and constraint: The effects of contextual and behavioural cues on attitude attribution. *Journal of Personality and Social Psychology*, *56*, 27-40.

Flowers, M. L. (1977). A laboratory test of some implications of Janis' groupthink hypothesis. *Journal of Personality and Social Psychology*, *35*, 888-896.

Folkard, S., Wever, R. A., & Wildgruber, C. M. (1983). Multi-oscillatory control of circadian rhythms in human performance. *Nature*, *305*, 223-226.

Follette, V. M., & Jacobson, N. S. (1987). Importance of attribution as a predictor of how people cope with failure. *Journal of Personality and Social Psychology*, *52*, 1205-1211.

Forbes, J. D. (1964). *The Indian in America's past*. Englewood Cliffs, NJ: Prentice-Hall.

Ford, T. E., & Kruglanski, A. W. (1995). Effects of epistemic motivations on the use of accessible constructs in social judgment. *Personality and Social Psychology Bulletin*, *21*, 950-962.

Foss, R. D. (1981). Structural effects in simulated jury decision making. *Journal of Personality and Social Psychology*, *40*, 1053-1062.

Frank, M. G., & Gilovich, T. (1988). The dark side of self- and social perception: Black uniforms and aggression in professional sports. *Journal of Personality and Social Psychology*, *54*, 74-85.

参考文献

Fraser, S., Gouge, C., & Billig, M. (1971). Risky shifts, cautious shifts, and group polarization. *European Journal of Social Psychology*, *1*, 7-29.

Freedman, J. L. (1984). Effect of television violence on aggressiveness. *Psychological Bulletin*, *96*(2), 227-246.

Freedman, J. L. (1986). Television violence and aggression: A rejoinder. *Psychological Bulletin*, *100*(3), 372-378.

Freedman, J. L., & Fraser, S. C. (1966). Compliance without pressure: The foot-in-the-door technique. *Journal of Personality and Social Psychology*, *4*, 195-202.

Freedman, J. L., & Sears, D. O. (1965). Selective exposure. In L. Berkowitz (Ed.), *Advances in experimental social psychology* (Vol. 2, pp. 57-97). San Diego, CA: Academic Press.

French, J. R. P., Jr., & Raven B. H. (1959). The bases of social power. In D. Cartwright (Ed.), *Studies in social power* (pp. 150-167). Ann Arbor: University of Michigan Press.

Frey, C. L., & Gaertner, S. L. (1986). Helping and the avoidance of inappropriate interracial behavior: A strategy that perpetuates a nonprejudiced self-image. *Journal of Personality and Social Psychology*, *50*, 1083-1090.

Frey, D. (1986). Recent research on selective exposure to information. In L. Berkowitz (Ed.), *Advances in experimental social psychology* (Vol. 19, pp. 41-80). San Diego, CA: Academic Press.

Fridlund, A. J. (1991). Sociality of solitary smiling: Potentiation by an implicit audience. *Journal of Personality and Social Psychology*, *60*, 229-240.

Friedland, N. (1988). Political terrorism: A social psychological perspective. In W. Stroebe et al. (Eds.), *The social psychology of intergroup conflict* (pp. 103-116). Berlin: Springer-Verlag.

Friedman, H. S., & Riggio, R. (1981). Effect of individual differences in nonverbal expressiveness on transmission of emotion. *Journal of Nonverbal Behavior*, *6*, 96-104.

Friedman, H. S., Riggio, R., & Casella, D. F. (1988). Nonverbal skill, personal charisma, and initial attraction. *Personality and Social Psychology Bulletin*, *14*, 203-211.

Friedrich, L. K., & Stein, A. H. (1973). Aggressive and prosocial television programs and the natural behavior of preschool children. *Monographs of the Society for Research in Child Development*, *38*(4), Whole No. 151.

Friedrich-Cofer, L., & Huston, A. C. (1986). Television violence and aggression: The debate continues. *Psychological Bulletin*, *100*, 364-371.

Frieze, I., & Weiner, B. (1971). Cue utilization and attributional judgments for success and failure. *Journal of Personality*, *39*, 591-606.

Frodi, A. (1977). Sexual arousal, situational restrictiveness, and aggressive behavior. *Journal of Research in Personality*, *11*, 48-58.

Fry, D. & Fry, V. (1997). Culture and conflict resolution models: Exploring alternatives to violence. In D. Fry et al. (Eds.), *Cultural variation in conflict resolution: Alternatives to violence*. Mahwah, NJ: Lawrence Erlbaum Associates.

Fuhrman, R. W., & Funder, D. C. (1995). Convergence between self and peer in the response-time processing of trait-relevant information. *Journal of Personality and Social Psychology*, *69*, 950-960.

Furnham, A., & Bochner, S. (1986). *Culture shock: Psychological reactions to unfamiliar environments*. London, England: Methuen.

Furnham, A., & Proctor, E. (1989). Belief in a just world: Review and critique of the individual difference literature. *British Journal of Social Psychology*, *28*, 365-384.

Gabrenya, W. K., & Arkin, R. M. (1980). Self-monitoring scale: Factor structure and correlates. *Personality and Social Psychology Bulletin*, *6*, 12-22.

Gaertner, S. L. (1970). A "call" for help: Helping behavior extended to black and white victims by New York City Liberal and Conservative party members. *Proceedings of the 78th Annual Convention of the American Psychological Association* (Vol. 5), pp. 441-442.

Gaertner, S. L., & Dovidio, J. F. (1986). The aversive form of racism. In J. F. Dovidio & S. L. Gaertner (Eds.), *Prejudice, discrimination, and racism* (pp. 61-90). New York: Academic Press.

Gaertner, S. L., Mann, J., Dovidio, J., Murrell, A., & Pomare, M. (1990). How does cooperation reduce intergroup bias? *Journal of Personality and Social Psychology*, *59*, 692-704.

Galanter, H. (1989). *Cults: Faith, healing, and coercion*. New York: Oxford University Press.

Gantnot, A. B., & Taylor, S. P. (1988). Human physical aggression as a function of diazepam. *Personality of Social Psychology Bulletin*, *14*, 479-484.

Gao, G., & Gudykunst, W. (1990). Uncertainty, anxiety, and adaptation. *International Journal of Intercultural Relations*, *14*, 301-317.

Geen, R. G., & Bushman, B. J. (1987). Drive theory: Effects of socially engendered arousal. In B. Mullen & G. R. Goethals (Eds.), *Theories of group behavior*. New York: Springer-Verlag.

Geen, R. G., & Quanty, M. (1977). The catharsis of aggression: An evaluation of a hypothesis. In L. Berkowitz (Ed.), *Advances in experimental social psychology* (Vol. 10). New York: Academic Press.

Geen, R. G., & Stoner, D. (1973). Context effects in observed violence. *Journal of Personality and Social Psychology*, *25*, 145-150.

Georgas, J., Christakopoulou, S., Poortinga, Y., Angleitner, A., Goodwin, R., & Charalambous, N. (1997). The relationship of family bonds to family structure across cultures. *Journal of Cross Cultural Psychology*, *28*, 284-302.

Gerard, H. B. (1963). Emotional uncertainty and social comparison. *Journal of Abnormal and Social Psychology*, *66*, 568-573.

Gerard, H. B., Wilhelmy, R. A., & Conolley, E. S. (1968). Conformity and group size. *Journal of Personality and Social Psychology*, *8*, 79-82.

Gergen, K. J., & Taylor, M. G. (1969). Social expectancy and self-presentation in a status hierarchy. *Journal of Experimental Social Psychology*, *5*, 79-92.

Gergen, M. (1989). Induction and construction: Teetering between two worlds. *European Journal of Social Psychology*, *19*, 431-438.

Gibb, C. A. (1969). Leadership. In G. Lindzey & E. Aronson (Eds.), *The handbook of social psychology* (2nd ed., Vol. 4). Reading, MA: Addison-Wesley.

Gibbons, F. X. (1978). Sexual standards and reaction to pornography: Enhancing behavioral consistency through self-focused attention. *Journal of Personality and Social Psychology*, *36*, 976-987.

Gibbons, F. X. (1986). Social comparison and depression: Company's effect on misery. *Journal of Personality and Social Psychology*, *51*, 140-148.

Gibbons, F. X. (1990). Self-attention and behavior: A review and theoretical update. In L. Berkowitz (Ed.), *Advances in experimental social psychology* (Vol. 23, pp. 249-303). New York: Academic Press.

Gibbons, F. X., Benbow, C. P., & Gerrard, M. (1994). From top dog to bottom half: Social comparison strategies in response to poor performance. *Journal of Personality and Social Psychology*, *67*, 638-652.

Gifford, R., & O'Connor, B. (1987). The interpersonal circumplex as a behavior map. *Journal of Personality and Social Psychology*, *52*, 1019 - 1026.

Gilbert, D. T., Giesler, R. B., & Morris, K. A. (1995). When comparisons arise. *Journal of Personality and Social Psychology*, *69*, 227 - 236.

Gilbert, D. T., & Hixon, J. G. (1991). The trouble of thinking: Activation and application of stereotypic beliefs. *Journal of Personality and Social Psychology*, *60*, 509 -517.

Gilbert, D. T., & Jones, E. E. (1986). Perceiver-induced constraint: Interpretations of self-generated reality. *Journal of Personality and Social Psychology*, *50*, 269 - 280.

Gilbert, D. T., Krull, D. S., & Pelham, B. W. (1988). Of thoughts unspoken: Social inference and the self-regulation of behavior. *Journal of Personality and Social Psychology*, *55*, 685 - 694.

Gilbert, D. T., & Malone, P. S. (1995). The correspondence bias. *Psychological Bulletin*, *117*, 21 - 38.

Gilbert, D. T., Pelham, B. W., & Krull, D. S. (1988). On cognitive busyness: When person perceivers meet persons perceived. *Journal of Personality and Social Psychology*, *54*, 733 - 740.

Gilligan, C. (1982). *In a different voice: Psychological theory and women's development*. Cambridge, MA: Harvard University Press.

Ginosar, Z., & Trope, Y. (1980). The effects of base rates and individuating information on judgments about another person. *Journal of Experimental Social Psychology*, *16*, 228 - 242.

Glenn, N. D. (1991). The recent trend in marital success in the United States. *Journal of Marriage and the Family*, *53*, 261 - 270.

Glick, P., DeMorest, J. A., & Hotze, C. A. (1988). Self-monitoring and beliefs about partner compatibility in romantic relationships. *Personality and Social Psychology Bulletin*, *14*, 485 - 494.

Goethals, G. R. (1972). Consensus and modality in the attribution process: The role of similarity and information. *Journal of Personality and Social Psychology*, *21*, 84 - 92.

Goethals, G. R. (1986). Fabricating and ignoring social reality: Self-serving estimates of consensus. In J. M. Olson, C. P. Herman, & M. P. Zanna (Eds.), *Relative deprivation and social comparison: The Ontario symposium* (Vol. 4, pp. 135 - 157). Hillsdale, NJ: Erlbaum.

Goethals, G. R., Allison, S. J., & Frost, M. (1979). Perceptions of the magnitude and diversity of social support. *Journal of Experimental Social Psychology*, *15*, 570 -581.

Goethals, G. R., & Darley, J. M. (1977). Social comparison theory: An attributional approach. In J. M. Suls & R. L. Miller (Eds.), *Social comparison processes: Theoretical and empirical perspectives*. Washington, DC: Hemisphere/ Halsted.

Goethals, G. R., & Darley, J. M. (1987). Social comparison theory: Self-evaluation and group life. In B. Mullen & G. R. Goethals (Eds.), *Theories of group behavior*. New York: Springer-Verlag.

Goethals, G. R., Messick, D. M., & Allison, S. T. (1990). The uniqueness bias: Studies of constructive social comparison. In J. M. Suls & T. A. Wills (Eds.), *Social comparison: Contemporary theory and research*. Hillsdale, NJ: Erlbaum.

Goethals, G. R., & Zanna, M. P. (1979). The role of social comparison in choice shifts. *Journal of Personality and Social Psychology*, *37*, 1469 - 1476.

Goffman, E. (1955). On face work: An analysis of ritual elements in social interaction. *Psychiatry*, *18*, 213 - 231.

Goffman, E. (1967). *Interaction ritual*. New York: Doubleday/Anchor.

Goldstein, A. P. (1994). *The ecology of aggression*. New York: Plenum.

Goodstadt, M. (1971). Helping and refusal to help: A test of balance and reactance theories. *Journal of Experimental Social Psychology*, *7*, 610 - 622.

Goranson, R. E., & Berkowitz, L. (1966). Reciprocity and responsibility reactions to prior help. *Journal of Personality and Social Psychology*, *3*, 227 - 232.

Gorassini, D. R., & Olson, J. M. (1995). Does self-perception change explain the foot-in-the-door effect? *Journal of Personality and Social Psychology*, *69*, 91 - 105.

Gordon, C. M., & Carey, M. P. (1996). Alcohol's effects on requisites for sexual risk reduction in men: An initial experimental investigation. *Health Psychology*, *15*, 56 - 60.

Gordon, R. (1996). Impact of ingratiation on judgments and evaluations: A meta-analytic investigation. *Journal of Personality and Social Psychology*, *71*, 54 - 70.

Gorenflo, D. W., & Crano, W. D. (1989). Judgmental subjectivity/objectivity and locua of choice in social comparison. *Journal of Personality and Social Psychology*, *57*, 605 -614.

Gouldner, A. (1960). The norm of reciprocity: A preliminary statement. *American Sociological Review*, *25*, 161 - 178.

Graumann, C. F. (1988). Introduction to a history of social psychology. In M. Hewstone, W. Stroebe, J. Codol & G. M. Stephenson (Eds.), *Introduction to social psychology*. Oxford, England: Basil Blackwell.

Greenberg, J., & Musham, C. (1981). Avoiding and seeking self-focused attention. *Journal of Research in Personality*, *15*, 191 - 200.

Greenberg, J., Pyszczynski, T., & Solomon, S. (1982). The self-serving attributional bias: Beyond self-presentation. *Journal of Experimental Social Psychology*, *18*, 56 - 67.

Greenberg, J., Solomon, S., & Pyszczynski, T. (1997). Terror management theory of self-esteem and cultural world view: Empirical assessment and conceptual refinement. In M. P. Zanna (Ed.), *Advances in Experimental Social Psychology* (pp. 61 - 141). New York: Academic Press.

Greenwald, A. G. (1968). Cognitive learning, cognitive response to persuasion, and attitude change. In A. G. Greenwald, T. C. Brock, & T. M. Ostrom (Eds.), *Psychological foundations of attitudes* (pp. 147 - 170). New York: Academic Press.

Greenwald, A. G. (1980). The totalitarian ego: Fabrication and revision of personal history. *American Psychologist*, *35*, 603 - 613.

Gregory, S. W., & Webster, S. (1996). A nonverbal signal in voices of interview partners effectively predicts communication accommodation and social status perceptions. *Journal of Personality and Social Psychology*, *70*, 1231 - 1240.

Griffitt, W. (1970). Environmental effects on interpersonal affective behavior: Ambient effective temperature and attraction. *Journal of Personality and Social Psychology*, *15*, 240 - 244.

Griffitt, W., & Guay, P. (1969). "Object" evaluation and conditioned affect. *Journal of Experimental Research in Personality*, *4*, 1 - 8.

Griffitt, W., & Veitch, R. (1971). Hot and crowded: Influence of population density and temperature on interpersonal affective behavior. *Journal of Personality and Social Psychology*, *17*, 92 - 98.

Griffitt, W., & Veitch, R. (1974). Preacquaintance attitude similarity and attraction revisited: Ten days in a fallout shelter. *Sociometry*, *37*, 163 - 173.

Gross, A. E., Wallston, B. S., & Piliavin, I. M. (1975). Beneficiary attractiveness and costs as determinants of responses to routine requests for help. *Sociometry*, *38*, 131 -140.

Gross, E., & Latané, J. G. (1974). Receiving help, reciprocation, and interpersonal attraction. *Journal of Applied So-*

参考文献

cial Psychology, *4*, 210 - 223.

Gruder, C. L. (1977). Choice of comparison persons in evaluating oneself. In J. M. Suls & R. L. Miller (Eds.), *Social comparison processes: Theoretical and empirical perspectives*. Washington, DC: Hemisphere/Halsted.

Gruder, C. L., Cook, T. D., Hennigan, K. M., Flay, B. R., Alessis, C., & Halamaj, J. (1978). Empirical tests of the absolute sleeper effect predicted from the discounting cue hypothesis. *Journal of Personality and Social Psychology*, *36*, 1061 - 1074.

Gruder, C. L., Romer, D., & Korth, B. (1978). Dependency and fault as determinants of helping. *Journal of Experimental Social Psychology*, *14*, 227 - 235.

Grzelak, J. (1988). Conflict and cooperation. In M. Hewstone, W. Stroebe, J. Codol, & G. M. Stephenson (Eds.), *Introduction to social psychology* (pp. 288 - 313). Oxford, England: Blackwell.

Gudykunst, W. (1991). *Bridging differences*. Newbury Park, CA: Sage.

Guerin, B., & Innes, J. (1982). Social facilitation and social monitoring: A new look at Zajonc's mere presence hypothesis. *British Journal of Social Psychology*, *21*, 7 - 18.

Guimond, S., & Dubé - Simard, L. (1983). Relative deprivation theory and the Quebec nationalist movement: The cognition-emotion distinction and the personal-group deprivation issue. *Journal of Personality and Social Psychology*, *44*, 526 - 535.

Gump, B. B., & Kulik, J. A. (1995). The effect of a model's HIV status on self-perceptions: A self-protective similarity bias. *Personality and Social Psychology Bulletin*, *21*, 827 - 833.

Gunter, B. (1983). Do aggressive people prefer violent television? *Bulletin of the British Psychological Society*, *36*, 166 -168.

Gupta, U., & Singh, P. (1982). Exploratory studies in love and liking and types of marriage. *Indian Journal of Applied Psychology*, *19*, 92 - 97.

Gutek, T. R. (1985). *Sex and the workplace: Impact of sexual behavior on harassment on women, men and organizations*. San Francisco, CA: Josey-Bass.

Haas, J., & Roberts, G. C. (1975). Effect of evaluative others upon learning and performance of a complex motor task. *Journal of Motor Behavior*, *7*, 81 - 90.

Hackney, S. (1969). Southern violence. *American Historical Review*, *74*, 906 - 925.

Hafer, C. L., & Olson, J. M. (1993). Beliefs in a just world, discontent, and assertive actions by working women. *Personality and Social Psychology Bulletin*, *19*, 30 - 38.

Hafer, C. L., Reynolds, K. L., & Obertynski, M. A. (1996). Message comprehensibility and persuasion: Effects of complex language in counterattitudinal appeals to laypeople. *Social Cognition*, *14*, 317 - 337.

Hains, S. L., Hogg, M. A., & Duck, J. M. (1997). Self-categorization and leadership: Effects of group prototypicality and leader stereotypicality. *Personality and Social Psychology Bulletin*, *23*, 1087 - 1099.

Hall, E. T. (1959). *The silent language*. New York: Fawcett.

Hall, J., & Williams, M. S. (1970). Group dynamics training and improved decision making. *Journal of Applied Behavioral Science*, *6*, 27 - 32.

Hall, J. A. (1984). *Nonverbal sex differences: Communication accuracy and expressive style*. Baltimore, MD: Johns Hopkins University Press.

Hall, J. A., & Taylor, S. E. (1976). When love is blind: Maintaining idealized images of one's spouse. *Human Relations*, *29*, 751 - 761.

Halpin, A., & Winer, B. (1952). *The leadership behavior of the airplane commander*. Columbus: Ohio State University Research Foundation.

Hamilton, D. L. (1981). Cognitive representations of persons. In E. T. Higgins, C. P. Herman, & M. P. Zanna (Eds.), *Social cognition: The Ontario symposium* (Vol. 1). Hillsdale, NJ: Erlbaum.

Hamilton, D. L., & Gifford, R. K. (1976). Illusory correlation in interpersonal perception: A cognitive basis of stereotypic judgements. *Journal of Experimental Social Psychology*, *12*, 392 - 407.

Hamilton, D. L., & Sherman, J. W. (1994). Stereotypes. In R. S. Wyer, Jr., & T. S. Srull (Eds.), *Handbook of social cognition* (2nd ed.) (Vol. 2: Applications, pp. 1 - 68). Hillsdale, NJ: Erlbaum.

Hamilton, D. L., & Sherman, S. J. (1992). Illusory correlations: Implications for stereotype theory and research. In D. Bar-Tal, C. F. Graumann, A. W. Kruglanski, & W. Stroebe (Eds.), *Stereotypes and prejudice: Changing conceptions* (pp. 59 - 82). New York: Springer-Verlag.

Hamilton, D. L., & Sherman, S. J. (1996). Perceiving persons and groups. *Psychological Review*, *103*, 336 - 355.

Hamilton, D. L., & Trollier, T. (1986). Stereotypes and stereotyping: An overview of the cognitive approach. In J. Dovidio & S. L. Gaertner (Eds.), *Prejudice, discrimination, and racism*. New York: Academic Press.

Hancock, R. D., & Sorrentino, R. M. (1980). The effects of expected future interaction and prior group support on the conformity process. *Journal of Experimental Social Psychology*, *16*, 261 - 270.

Haney, C., & Manzolati, J. (1984). Television criminology: Network illusions of criminal justice realities. In E. Aronson (Ed.), *Readings about the social animal* (4th ed.). New York: Freeman.

Hansen, C. H., & Hansen, R. D. (1988). Finding the face in the crowd: An anger superiority effect. *Journal of Personality and Social Psychology*, *54*, 917 - 924.

Hansen, C. H., Hansen, R. D., & Crano, W. D. (1989). Sympathetic arousal and self-attention. The accessibility of interceptive and exteroceptive arousal cues. *Journal of Experimental Social Psychology*, *25*, 437 - 449.

Hardy, R. C. (1976). A test of the poor leader: Member relations cells of the contingency model on elementary school children. *Child Development*, *46*, 958 - 964.

Harkins, S. G., & Szymanski, K. (1989). Social loafing and group evolution. *Journal of Personality and Social Psychology*, *56*, 934 - 941.

Harmon-Jones, E., Brehm, J. W., Greenberg, J., Simon, L., & Nelson, D. E. (1996). Evidence that the production of aversive consequences is not necessary to create cognitive dissonance. *Journal of Personality and Social Psychology*, 70, 5 - 16.

Harries, K. D. (1990). *Serious violence patterns of homicide and assault in America*. Springfield, IL: Charles C. Thomas.

Harris, B. (1986). Reviewing 50 years of the psychology of social issues. *Journal of Social Issues*, *42*, 1 - 20.

Harris, C. R., & Christenfeld, N. (1996). Gender, jealousy and reason. *Psychological Science*, *7*, 364 - 366.

Harris, M. B. (1974). Mediators between frustration and aggression in a field experiment. *Journal of Experimental Social Psychology*, *10*, 561 - 571.

Harris, M. J., & Rosenthal, R. (1985). Mediation of interpersonal expectancy effects: 31 meta-analyses. *Psychological Bulletin*, *97*, 363 - 386.

Hassan, S. (1988). *Combatting cult mind control*. Rochester, VT: Park Street Press.

Hastie, R. (1980). Memory for behavioral information that confirms or contradicts a personality impression. In R. Hastie, T. M. Ostrem, E. B. Ebbesen, R. S. Nyer, D. L. Hamilton, & D. E. Carlston (Eds.), *Person memory:*

The cognition basis of social perception. (pp. 141 - 172). Hillsdale, NJ: Erlbaum.
Hatfield, E., Greenberger, J., Traupmann, S., & Labert, P. (1980). Equity and sexual satisfaction in recently married couples. *Journal of Sex Research*, *18*, 18 - 32.
Hatfield, E., & Sprecher, S. (1986a). Measuring passionate love in intimate relationships. *Journal of Adolescence*, *9*, 383 - 410.
Hatfield, E., & Sprecher, S. (1986b). *Mirror, mirror...: The importance of looks in everyday life*. Albany: SUNY Press.
Hatfield, E., & Traupmann, J. (1980). Intimate relationships: A perspective from equity theory. In S. Duck & R. Gilmour (Eds.), *Studying Personal Relationships*. London, England: Academic Press.
Hatfield, E., Traupmann, J., Sprecher, S., Utne, M., & Hay, J. (1985). Equity and intimate relations: Recent research. In W. Ickes (Eds.), *Compatible and incompatible relationships*. New York: Springer-Verlag.
Hazan, C., & Shaver, P. R. (1987). Romantic love conceptualized as an attachment process. *Journal of Personality and Social Psychology*, *52*, 511 - 524.
Hazlewood, J. D., & Olson, J. M. (1986). Covariation information, causal questioning, and interpersonal behavior. *Journal of Experimental Social Psychology*, *22*, 276 -291.
Hearold, S. (1986). A synthesis of 1043 effects of television on social behavior. In G. Comstock (Ed.), *Public communication and behavior* (Vol. 1, pp. 65 - 133.) Orlando, FL: Academic Press.
Heatherton, T. F., & Baumeister, R. F. (1991). Binge eating as escape from self-awareness. *Psychological Bulletin*, *110*, 86 - 108.
Heider, F. (1944). Social perception and phenomenal causality. *Psychological Review*, *51*, 358 - 374.
Heine, S., & Lehman, D. (1995). Cultural variation in unrealistic optimism: Does the West feel more invulnerable than the East? *Journal of Personality and Social Psychology*, *68*, 595 - 607.
Heinrichs, R. W. (1989). Frontal cerebral lesions and violent incidents in chronic neuropsychiatric patients. *Biological Psychiatry*, *25*, 174 - 178.
Helgeson, V. S., & Mickelson, K. D. (1995). Motives for social comparison. *Personality and Social Psychology Bulletin*, *21*, 1200 - 1209.
Henchy, T., & Glass, D. C. (1968). Evaluation apprehension and the social facilitation of dominant and subordinate responses. *Journal of Personality and Social Psychology*, *10*, 446 - 454.
Hendrick, S. S. (1981). Self-disclosure and marital satisfaction. *Journal of Personality and Social Psychology*, *40*, 1150 - 1159.
Henley, N. M. (1977). *Body politics: Power, sex, and nonverbal communication*. Englewood Cliffs, NJ: Prentice-Hall.
Herek, G. M. (1986). The instrumentality of attitudes: Toward a neofunctional theory. *Journal of Social Issues*, *42* (2), 99 - 114.
Herr, P. M. (1986). Consequences of priming: Judgment and behavior. *Journal of Personality and Social Psychology*, *51*, 1106 - 1115.
Hess, U., Banse, R., & Kappas, A. (1995). The intensity of facial expression is determined by underlying affective state and social situation. *Journal of Personality and Social Psychology*, *69*, 280 - 288.
Hewstone, M. (1994). Revision and change of stereotypic beliefs: In search of the elusive subtyping model. In W. Stroebe & M. Hewstone (Eds.), *European review of social psychology* (Vol. 5, pp. 69 - 109). New York: Wiley.
Heyerdahl, T. (1950). *Kon-Tiki*. Chicago: Rand-McNally.
Higgins, E. T. (1989). Self-discrepancy theory: What patterns of self-beliefs cause people to suffer? In L. Berkowitz (Ed.), *Advances in experimental social psychology* (Vol. 22, pp. 181 - 227). San Diego, CA: Academic Press.
Higgins, E. T., Bond, R. N., Klein, R., & Strauman, T. (1986). Self-discrepancies and emotional vulnerability: How magnitude, accessibility, and type of discrepancy influence affect. *Journal of Personality and Social Psychology*, *51*, 5 - 15.
Higgins, E. T., & McCann, C. D. (1984). Social encoding and subsequent attitudes, impressions, and memory: Context-driven and motivational aspects of processing. *Journal of Personality and Social Psychology*, *47*, 26 - 39.
Higgins, E. T., & Rholes, W. S. (1978). "Saying is believing": Effects of message modification on memory and liking for the person described. *Journal of Experimental Social Psychology*, *14*, 363 - 378.
Higgins, E. T., Rholes, W. S., & Jones, C. R. (1977). Category accessibility and impression formation. *Journal of Experimental Social Psychology*, *13*, 141 - 154.
Higgins, E. T., Roney, C. J. R., Crowe, E., & Hymes, C. (1994). Ideal versus ought predilections for approach and avoidance: Distinct self-regulatory systems. *Journal of Personality and Social Psychology*, *66*, 276 - 286.
Hilton, D. J. (1990). Conversational processes and causal explanation. *Psychological Bulletin*, *107*, 65 - 81.
Hilton, D. J., & Sugolski, B. R. (1986). Knowledge-based causal attribution: The abnormal conditions focus model. *Psychological Review*, *93*, 75 - 88.
Hilton, J. L., & Darley, J. M. (1991). The effects of interaction goals on person perception. In M. P. Zanna (Ed.), *Advances in experimental social psychology* (Vol. 24, pp. 235 - 267). New York: Academic Press.
Hilton, J. L., & Fein, S. (1989). The role of typical diagnosticity in stereotype-based judgments. *Journal of Personality and Social Psychology*, *57*, 201 - 211.
Hiltrop, J. M. (1985). Mediator behavior and the settlement of collective bargaining disputes in Britain. *Journal of Social Issues*, *41*(2), 83 - 99.
Hines, P., Garcia-Preto, N., McGoldrick, M., Almeida, R., & Weltman, S. (1992). Intergenerational relationships across cultures. *Families in Society: The Journal of Contemporary Human Services*, *73*, 323 - 337.
Hinkle, S., & Schopler, J. (1986). Bias in the evaluation of in-group and out-group performance. In S. Worchel and W. G. Austin (Eds.), *Psychology of intergroup relations*. Chicago: Nelson-Hall.
Hiroto, D. S., & Seligman, M. E. P. (1975). Generality of learned helplessness in man. *Journal of Personality and Social Psychology*, *31*, 311 - 327.
Hitchcock, E. (1979). Amygdalotomy for aggression. In M. Sandler (Ed.), *Psychopharmacology of aggression* (pp. 205 -215). New York: Raven Press.
Ho, D., & Chiu, C. (1994). Component ideas of individualism, collectivism, and social organization: An application in the study of Chinese culture. In Kim et al. (Eds.), *Individualism and collectivism: theory, method, and applications*. Thousand Oaks, CA: Sage.
Hoelter, J. W. (1983). Factorial invariance and self-esteem: Reassessing race and sex differences. *Social Forces*, *61*, 834 -846.
Hoffman, C., & Hurst, N. (1990). Gender stereotypes: Perception or rationalization? *Journal of Personality and Social Psychology*, *58*, 197 - 208.
Hofling, C. K., Brotzman, E., Dalrymple, S., Graves, N., & Pierce, C. M. (1966). An experimental study in nurse-physician relationships. *Journal of Nurses and Mental Diseases*, *143*(2), 171 - 180.
Hofstede, G. (1980). *Culture's consequences: International differences in work-related values*. Beverly Hills, CA: Sage.

参考文献

Hofstede, G. (1996). Gender stereotypes and partner preferences of Asian women in masculine and feminine cultures. *Journal of Cross Cultural Psychology*, *27*, 533 - 546.

Hofstede, G., & Bond, M. (1984). Hofstede's cultural dimensions: An independent validation using Rokeach's value survey. *Journal of Cross-Cultural Psychology*, *15*, 417 -433.

Hogg, M. A. (1996). Social identity, self-categorization and the small group. In E. H. Witte and H. H. Davis (Eds.), *Small group processes and interpersonal relationships: Understanding group behavior* (Vol. 2, pp. 227 - 253). Mahwah, NJ: Erlbaum.

Hokanson, J. E., Burgess, M., & Cohen, M. F. (1963). Effect of displaced aggression on systolic blood pressure. *Journal of Abnormal and Social Psychology*, *67*, 214 -218.

Hokanson, J. E., & Shelter, S. (1961). The effect of overt aggression on physiological arousal level. *Journal of Abnormal and Social Psychology*, *63*, 446 - 448.

Holden, S. (1996, June 16). Ella Fitzgerald, the voice of jazz, dies at 79. *New York Times*.

Hollander, E. P. (1958). Conformity, status, and idiosyncrasy credit. *Psychological Review*, *65*, 117 - 127.

Hollander, E. P. (1978). *Leadership dynamics: A practical guide to effective relationships*. Glencoe, IL: Free Press.

Hollander, E. P. (1985). Leadership and power. In G. Lindzey & E. Aronson (Eds.), *Handbook of social psychology* (3rd ed., Vol. 2, pp. 485 - 537). New York: Random House.

Holtgraves, T., Srull, T. K., & Socall, D. (1989). Conversation memory: The effects of speaker status on memory for the assertiveness of conversation remarks. *Journal of Personality and Social Psychology*, *56*, 149 - 160.

Horne, J. A., & Ostberg, O. (1976). A self-assessment questionnaire to determine morningness-eveningness in human circadian rhythms. *International Journal of Chronobiology*, *4*, 97 - 110.

Horneffer, K. J., & Fincham, F. D. (1996). Attributional models of depression and marital distress. *Personality and Social Psychology Bulletin*, *22*, 678 - 689.

Horwitz, M., & Rabbie, J. (1989). Stereotypes of groups, group members, and individuals in categories: A differential analysis. In D. Bar-tal, C. Graumann, A. Kruglanski, & W. Stroebe (Eds.), *Stereotyping and prejudice: Changing conceptions*. New York: Springer-Verlag.

Hosch, H. M., & Platz, S. J. (1984). Self-monitoring and eyewitness accuracy. *Personality and Social Psychology Bulletin*, *10*, 289 - 292.

Houston, D. A., & Fazio, R. H. (1989). Biased processing as a function of attitude accessibility: Making objective judgments subjectively. *Social Cognition*, *7*, 51 - 66.

Hovland, C. I., Janis, I. L., & Kelley, H. H. (1953). *Communication and persuasion*. New Haven, CT: Yale University Press.

Hovland, C. I., & Weiss, W. (1951). The influence of source credibility on communication effectiveness. *Public Opinion Quarterly*, *15*, 635 - 650.

Howells, L. T., & Becker, S. W. (1962). Seating arrangement and leadership emergence. *Journal of Abnormal and Social Psychology*, *64*, 148 - 150.

Hoyt, W. T. (1994). Development and awareness of reputations in newly formed groups: A social relations analysis. *Personality and Social Psychology Bulletin*, *20*, 464 - 472.

Huesmann, L. F., Logerspetz, K., & Eron, L. D. (1984). Intervening variables in the TV violence-aggression relation: Evidence from two countries. *Developmental Psychology*, *20*(5), 746 - 775.

Huesmann, L. R. (1982). Television violence and aggressive behavior. In D. Pearl & L. Bouthilet (Eds.). *Television and behavior: Ten years of scientific progress and implications for the 80s*. Washington, DC: U. S. Government Printing Office.

Huff-Corzine, L., Corzine, J., & Morre, D. C. (1986). Southern exposure: Deciphering the South's influence on homicide rates. *Social Forces*, *64*, 906 - 924.

Hughes, D. L., & Galinsky, E. (1994). Gender, job and family conditions, and psychological symptoms. *Psychology of Women Quarterly*, *18*, 251 - 270.

Hui, C. H. (1986). Fifteen years of pornography research: Does exposure to pornography have any effects? *Bulletin of the Hong Kong Psychological Society*, *16 - 17*, 41 - 62.

Hull, J. G., Van Treuren, R. R., & Propsom, P. M. (1988). Attributional style and the components of hardiness. *Personality and Social Psychology Bulletin*, *14*, 505 -513.

Hull, J. G., Young R. D., & Jouriles, E. (1986). Applications of the self-awareness model of alcohol consumption: Predicting patterns of use and abuse. *Journal of Personality and Social Psychology*, *51*, 790 - 796.

Huston, T. L. (1973). Ambiguity of acceptance, social desirability, and dating choice. *Journal of Experimental Social Psychology*, *9*, 32 - 42.

Huston, T. L., Ruggiero, M., Connor, R., & Geis, G. (1981). Bystander intervention into crime: A study based on naturally occurring episodes. *Social Psychology Quarterly*, *44*, 13 - 23.

Hyde, J. S. (1984). How large are gender differences in aggression? A developmental meta-analysis. *Developmental Psychology*, *20*, 722 - 736.

Hyde, J. S., Fennema, E., & Lamon, S. J. (1990). Gender differences in mathematics performance: A metaanalysis. *Psychological Bulletin*, *107*, 139 - 155.

Ickovics, J. R., & Rodin, J. (1992). Women and AIDS in the United States: Epidemiology, natural history, and mediating mechanisms. *Health Psychology*, *11*, 1 - 16.

Ihimaera, W. (1973). *Tangi*. New Zealand: Secker and Warburg.

Imada, A. S., & Hakel, M. D. (1977). Influence of nonverbal communication and rater proximity on impressions and decisions in simulated employment interview. *Journal of Applied Psychology*, *62*, 295 - 300.

Ingram, R. E., Cruet, D., Johnson, B. R., & Wisnicki, K. S. (1988). Self-focused attention, gender, gender role, and vulnerability to negative affect. *Journal of Personality and Social Psychology*, *55*, 967 - 978.

Insko, C. A., & Schopler, J. (1987). Categorization, competition, and collectivity. In C. Hendrick (Ed.), *Group processes: Review of personality and social psychology* (Vol. 8), Newbury Park, CA: Sage.

Insko, C. A., Thibaut J., Moehle, D., Wilson, M., Diamond, W. D., Gilmore, R., Soloman, M. K., & Lipsitz, A. (1980). Social evolution and the emergence of leadership. *Journal of Personality and Social Psychology*, *39*, 431 - 449.

Isen, A. M. (1970). Success, failure, attention, and reactions to others: The warm glow of success. *Journal of Personality and Social Psychology*, *15*, 294 - 301.

Isen, A. M., Clark, M., & Schwartz, M. F. (1976). Duration of the effect of good mood on helping: "Footprints on the sands of time." *Journal of Personality and Social Psychology*, *34*, 385 - 393.

Isen, A. M., & Levin, P. F. (1972). The effect of feeling good on helping: Cookies and kindness. *Journal of Personality and Social Psychology*, *21*, 284 - 288.

Isen, A. M., & Simmonds, S. F. (1978). The effect of feeling good on a helping task that is incompatible with good mood. *Social Psychology*, *41*, 346 - 349.

Isenberg, D. J. (1986). Group polarization: A critical review and meta-analysis. *Journal of Personality and Social Psychology*, *50*, 1141 - 1151.

Ito, T. A., Miller, N., & Pollock, V. E. (1996). Alcohol and aggression: A meta-analysis on the moderating effects of inhibitory cues, triggering events and self-focused attention. *Psychological Bulletin*, *120*, 60 - 82.

Jackson, J. M. (1987). Social impact theory. In B. Mullen & G. R. Goethals (Eds.), *Theories of group behavior*. New York: Springer-Verlag.

Jackson, J. M., & Latané, B. (1981). All alone in front of all those people: Stage fright as a function of number and type of co-performance and audience. *Journal of Personality and Social Psychology*, *40*, 73 - 85.

Jacobs, T. O. (1971). *Leadership and exchange in formal organizations*. Alexandria, VA: Human Resources Research Organization.

James, B. (1988). *The Bill James historical baseball abstract*. New York: Villard.

James, K. (1986). Priming and social categorizational factors: Impact on awareness of emergency situations. *Personality and Social Psychology Bulletin*, *12*, 462 - 467.

James, W. (1890). *Psychology*. New York: Holt.

Janis, I. L. (1972). *Victims of groupthink: A psychological study of foreign policy decisions and fiascoes*. Boston, MA: Houghton Mifflin.

Janis, I. L. (1982). *Groupthink* (2nd ed.), Boston, MA: Houghton-Mifflin.

Janis, I. L., & Feshbach, S. (1953). Effects of fear-arousing communications. *Journal of Abnormal and Social Psychology*, *48*, 78 - 92.

Janis, I. L., Kaye, D., & Kirschner, P. (1965). Facilitating effects of "eating while reading" on responsiveness to persuasive communications. *Journal of Personality and Social Psychology*, *1*, 181 - 186.

Janis, I. L., & Mann, L. (1977). *Decision making: A psychological analysis of conflict, choice, and commitment*. New York: Free Press.

Jaynes, G. D., & Williams, R. M., Jr. (Eds.). (1989). *A common destiny: Blacks and American Society*. Washington, DC: National Academy Press.

Jemmott, J. B., Jemmott, L. S., & Fong, G. T. (1992). Reductions in HIV risk-associated sexual behaviors among Black male adolescents: Effects of an AIDS prevention intervention. *American Journal of Public Health*, *82*, 372 -377.

Jemmott, J. B., Jemmott, L. S., Spears, H., Hewitt, N., & Cruz-Collins, M. (1992). Self-efficacy, hedonistic expectancies, and condom-use intentions among innercity Black adolescent women: A social cognitive approach to AIDS risk behavior. *Journal of Adolescent Health*, *13*, 512 - 519.

Jessop, D. J. (1982). Topic variation in levels of agreement between parents and adolescents. *Pub-lic Opinion Quarterly*, *46*, 538 - 559.

John, M., Eckardt, G., & Hiebsch, H. (1989). Kurt Lewin's early intentions (Dedicated to his 100th birthday), *European Journal of Social Psychology*, *19*, 163 - 169.

John, O. P., & Robins, R. W. (1994). Accuracy and bias in self-perception: Individual differences in self-enhancement and the role of narcissism. *Journal of Personality and Social Psychology*, *66*, 206 - 219.

Johnson, C., & Mullen, B. C. (1994). Evidence for the accessibility of paired distinctiveness in distinctiveness-based illusory correlation in stereotyping. *Personality and Social Psychology Bul-letin*, *20*, 65 - 70.

Johnson, J. T., & Boyd, K. R. (1995). Dispositional traits versus the content of experience: Actor/observer differences in judgments of the "authentic self." *Personality and Social Psychology Bulletin*, *21*, 375 - 383.

Johnson, J. T., Boyd, K. R., & Magnani, P. S. (1994). Causal reasoning in the attribution of rare and common events. *Journal of Personality and Social Psychology*, *66*, 229 - 242.

Johnson, R. C., Danko, G. P., Darvill, T. J., & Bochner, S. (1989). Cross-cultural assessment of altruism and its correlates. *Personality and Individual Differences*, *15*, 855 - 868.

Johnson, R. C., & Ogasawara, G. M. (1988). Within and across-group dating in Hawaii. *Social Biology*, *35*, 103 -109.

Johnson, R. D., & Downing, L. L. (1979). Deindividuation and violence of cues: Effects of proso-cial and antisocial behavior. *Journal of Personality and Social Psychology*, *37*, 1532 - 1538.

Johnson, R. J., Feigenbaum, R., & Weiby, M. (1964). Some determinants and consequences of teachers' perceptions of causation. *Journal of Educational Psychology*, *55*, 237 -246.

Jones, E. E. (1985). Major developments in social psychology during the past five decades. In G. Lindzey & E. Aronson (Eds.), *Handbook of social psychology* (3rd ed., Vol. 1, pp. 1 - 46). New York: Random House.

Jones, E. E., & Archer, R. L. (1976). Are there special effects of personalistic self-disclosure? *Journal of Experimental Social Psychology*, *12*, 180 - 193.

Jones, E. E., Bell, L., & Aronson, E. (1972). The reciprocation of attraction from similar and dissimilar others: A study in person perception and evaluation. In C. C. McClintock (Ed.), *Experimental social psychology*. New York: Holt, Rinehart and Winston.

Jones, E. E., & Berglas, S. (1978). Control of attributions about the self through self-handicapping strategies: The appeal of alcohol and the role of underachievement. *Personality and Social Psychology Bulletin*, *4*(2), 200 - 206.

Jones, E. E., Farina, A., Hastorf, A. H., Markus, H., Miller, D. T., & Scott, R. A. (1984). *Social stigma: The psychology of marked relationships*. New York: Freeman.

Jones, E. E., Gergen, K. J., & Jones, R. G. (1964). Tactics of ingratiation among leaders and subordinates in a status hierarchy. *Psychological Monographs*, *77*(3) (Whole no. 566).

Jones, E. E., & Gordon, E. M. (1972). Timing of selfdisclosure and its effects on personal attraction. *Journal of Personality and Social Psychology*, *24*, 358 - 365.

Jones, E. E., & Jones, R. G. (1964). Optimum conformity as an ingratiation tactic. *Journal of Personality*, *32*, 436 -458.

Jones, E. E., & Pittman, T. S. (1982). Toward a general theory of strategic self presentation. In J. M. Suls (Ed.), *Psychological perspectives on the self*. Hillsdale, NJ: Erlbaum.

Jones, E. E., Rhodewalt, F., Berglas, S., & Skelton, J. A. (1981). Effects of strategic self-presentation on subsequent self-esteem. *Journal of Personality and Social Psychology*, *41*, 407 - 421.

Jones, E. E., Wood, G. C., & Quattrone, G. A. (1981). Perceived variability of personal characteristics of in-groups and out-groups: The role of knowledge and evaluation. *Personality and Social Psychology Bulletin*, *7*, 523 - 528.

Jones, R. A., & Brehm, J. W. (1970). Persuasiveness of one-and two-sided communications as a function of awareness there are two sides. *Journal of Experimental Social Psychology*, *6*, 47 - 56.

Jones, V. (1948). *The Hatfields and the McCoys*. Chapel Hill: University of North Carolina Press.

Josephson, W. (1987). Television violence and children's aggression: Testing the priming, social script, and disinhibition predictions. *Journal of Personality and Social Psychology*,

53, 882 - 890.

Jourard, S. M. (1971). *The transparent self* (2nd ed.). New York: Van Nostrand Reinhold.

Judd, C. M., & Park, B. (1988). Out-group homogeneity: Judgments of variability at the individual and group levels. *Journal of Personality and Social Psychology*, *54*, 778 - 788.

Julian, J. W., Regula, C. R., & Hollander, E. P. (1968). Effects of prior agreement from others on task confidence and conformity. *Journal of Personality and Social Psychology*, *9*, 171 - 178.

Jussim, L. (1991). Social perception and social reality: A reflection-construction model. *Psychological Review*, *98*, 54 - 73.

Jussim, L., Eccles, J., & Madon, S. (1996). Social perception, social stereotypes, and teacher expectations: Accuracy and the quest for the powerful self-fulfilling prophecy. In M. P. Zanna (Ed.), *Advances in experimental social psychology* (Vol. 28). Boston, MA: Academic Press.

Kahn, A., & Tice, T. (1973). Returning a favor and retaliating harm: The effects of stated intentions and actual behavior. *Journal of Experimental Social Psychology*, *9*, 43 - 56.

Kahneman, D., & Tversky, A. (1973). On the psychology of prediction. *Psychological Review*, *80*, 237 - 251.

Kahneman, D., & Tversky, A. (1982). The simulation heuristic. In D. Kahneman, P. Slovic, & A. Tversky (Eds.), *Judgment under uncertainty: Heuristics and biases* (pp. 201 - 208). New York: Cambridge University Press.

Kalmuss, D. (1984). The intergenerational transmission of marital aggression. *Journal of Marriage and Family*, *47*, 11 - 19.

Kameda, T., & Sugimori, S. (1995). Procedural influence in two-step group decision making: Power of local majorities in consensus formation. *Journal of Personality and Social Psychology*, *69*, 865 - 876.

Kaplan, M. F. (1987). The influencing process in group decision making. In C. Hendrick (Ed.), *Group processes* (pp. 189 - 212). Newbury Park, CA: Sage.

Karasawa, K. (1995). An attributional analysis of reactions to negative emotions. *Personality and Social Psychology Bulletin*, *21*, 456 - 467.

Karau, S. J., & Williams, K. D. (1993). Social loafing: A meta-analytic review and theoretical integration. *Journal of Personality and Social Psychology*, *65*, 681 - 706.

Kardes, F. R., Sanbonmatsu, D. M., Voss, R. T., & Fazio, R. H. (1986). Self-monitoring and attitude accessibility. *Personality and Social Psychology Bulletin*, *12*, 468 - 474.

Karlin, M., Coffman, J., & Walters, G. (1969). On the fading of social stereotypes: Studies in three generations of college students. *Journal of Personality and Social Psychology*, *13*, 1 - 16.

Karney, J. R., Bradbury, T. N., Fincham, F. D., & Sullivan, K. T. (1994). The role of negative affectivity in the association between attributions and marital satisfaction. *Journal of Personality and Social Psychology*, *66*, 413 - 424.

Karuzza, J., Jr., & Brickman, P. (1981). Preference for similarity in higher and lower status others. *Personality and Social Psychology Bulletin*, *7*, 504 - 508.

Kashima, Y., & Triandis, H. (1986). The self-serving bias in attribution as a coping strategy: A cross-cultural study. *Journal of Cross-Cultural Psychology*, *17*, 83 - 97.

Katz, D. (1960). The functional approach to the study of attitudes. *Public Opinion Quarterly*, *24*, 163 - 204.

Katz, D., & Braly, K. W. (1933). Racial stereotypes of 100 college students. *Journal of Abnormal and Social Psychology*, *28*, 280 - 290.

Katz, D., & Kahn, R. L. (1978). *The social psychology of organizations* (2nd ed.). New York: Wiley.

Katz, I., & Hass, R. G. (1988). Racial ambivalence and American value conflict: Correlational and priming studies of dual cognitive structures. *Journal of Personality and Social Psychology*, *55*, 893 - 905.

Keating, C. F., & Heltman, K. R. (1994). Dominance and deception in children and adults: Are leaders the best misleaders? *Personality and Social Psychology Bulletin*, *20*, 312 - 321.

Kelley, H. H. (1950). The warm-cold variable in first impressions. *Journal of Personality*, *18*, 431 - 439.

Kelley, H. H. (1952). Two functions of reference groups. In G. E. Swanson, T. M. Newcomb, & E. L. Hartley (Eds.), *Readings in social psychology* (2nd ed.). New York: Holt, Rinehart and Winston.

Kelley, H. H. (1967). Attribution theory in social psychology. In D. Levine (Ed.), *Nebraska symposium on motivation*, *15*, 192 - 238.

Kelley, H. H. (1997). The "stimulus field" for interpersonal phenomena: The source of language and thought about interpersonal events. *Personality and Social Psychology Review*, *1*, 140 - 169.

Kelley, H. H., & Thibaut, J. W. (1978). *Interpersonal relations: A theory of interdependence*. New York: Wiley Interscience.

Kelly, J. A., St. Lawrence, J. S., & Brasfield, T. L. (1991). Predictors of vulnerability to AIDS risk behavior relapse. *Journal of Consulting and Clinical Psychology*, *59*, 163 - 166.

Kelly, J. G., Ferson, J. E., & Holtzman, W. H. (1958). The measurement of attitudes toward the Negro in the South. *Journal of Social Psychology*, *48*, 305 - 312.

Kelly, J. R., Jackson, J. W., & Huston-Comeaux, S. L. (1997). The effects of time pressure and task differences on influence modes and accuracy in decisionmaking groups. *Personality and Social Psychology Bulletin*, *23*, 10 - 22.

Kelman, H. C. (1961). Processes of opinion change. *Public Opinion Quarterly*, *25*, 57 - 78.

Keltner, D. (1995). Signs of appeasement: Evidence for the distinct displays of embarrassment, amusement, and shame. *Journal of Personality and Social Psychology*, *68*, 441 - 454.

Kenny, D. A. (1985). Quantitative methods for social psychology. In G. Lindzey & E. Aronson (Eds.), *Handbook of social psychology* (3rd ed., Vol. 1, pp. 1 - 46). New York: Random House.

Kenrick, D. T., & Gutierres, S. E. (1980). Contrast effects and judgments of physical attractiveness: When beauty becomes a social problem. *Journal of Personality and Social Psychology*, *38*, 131 - 140.

Kenrick, D. T., Gutierres, S. E., and Goldberg, L. L. (1989). Influence of popular erotica on judgments of strangers and mates. *Journal of Experimental Social Psychology*, *25*, 159 - 167.

Kenrick, D. T., & MacFarlane, S. W. (1986). Ambient temperature and horn honking: A field study of the heat/aggression relationship. *Environment and Behavior*, *18*, 179 - 191.

Kenrick, D. T., Montelo, D. R., Gutierres, S. E., & Trost, M. R. (1993). Effects of physical attractiveness on affect and perceptual judgments: When social comparison overrides social reinforcement. *Personality and Social Psychology Bulletin*, *19*, 195 - 199.

Kenrick, D. T., Neuberg, S. L., Zierk, K. L., & Krones, J. M. (1994). Evolution and social cognition: Contrast effects as a function of sex, dominance and physical attractiveness. *Personality and Social Psychology Bulletin*, *20*, 210 - 217.

Kenrick, D. T., & Trost, M. R. (1987). A biosocial model of heterosexual relationships. In K. Kelley (Ed.), *Males, females, and sexuality: Theory and research*. Albany: SUNY Press.

Kerber, K. W. (1984). The perception of nonemergency helping situations: Costs, rewards, and the altruistic personality. *Journal of Personality*, *52*, 177 - 187.

Kernis, M. H., Gannenmann, B. D., & Barclay, L. C. (1989). Stability and level of self-esteem as predictors of anger arousal and hostility. *Journal of Personality and Social Psychology*, *56*, 1013 - 1022.

Kernis, M. H., & Wheeler, L. (1981). Beautiful friends and ugly strangers: Radiation and contrast effects in perception of same-sex pairs. *Personality and Social Psychology Bulletin*, *7*, 224 - 231.

Kerr, N. L. (1983). Motivation loss in small groups: A social dilemma analysis. *Journal of Personality and Social Psychology*, *45*, 819 - 828.

Kerr, N. L. (1992). Issue importance and group decision making. In S. Worchel, W. Wood, & J. A. Simpson (Eds.), *Group processes and productivity* (pp. 68 - 88). Newbury Park, CA: Sage.

Kerr, N. L., & Brunn, S. (1983). Dependability of member effort and group motivation loss: Free-rider effects. *Journal of Personality and Social Psychology*, *44*, 78 - 94.

Kiesler, C. A., & Kiesler, S. B. (1969). *Conformity*. Reading, MA: Addison-Wesley.

Kim, U., Triandis, H., Kagitcibasi, C., Choi, S., & Yoon, G. (1994). Introduction. In Kim et al. (Eds.), *Individualism and collectivism: Theory, method, and applications*. Thousand Oaks, CA: Sage.

Kinder, D. R., & Fiske, S. T. (1986). Presidents in the public mind, In M. G. Hermann (Ed.), *Political psychology*. San Francisco, CA: Jossey-Bass.

Kinder, D. R., Peters, M. D., Ableson, R. R., & Fiske, S. T. (1980). Presidential prototypes. *Political Behavior*, *2*, 315 - 338.

Kinder, D. R., & Sears, D. O. (1981). Prejudice and politics: Symbolic racism versus racial threats to the good life. *Journal of Personality and Social Psychology*, *40*, 414 -431.

King, A., & Bond, M. (1985). The Confucian paradigm of man: A sociological view. In W. Tseng, D. Wu (Eds.). *Chinese culture and mental health* (pp. 29 - 46). New York: Academic Press.

King, C. (1969). *My life with Martin Luther King, Jr.* New York: Holt, Rinehart and Winston.

Kipnis, D. M. (1974). Inner direction, other direction and achievement motivation. *Human Development*, *17*, 321 -343.

Kirkpatrick, L. A., & Hazan, C. (1994). Attachment styles and close relationships: A four-year prospective study. *Personal Relationships*, *1*, 165 - 184.

Kitayama, S., & Markus, H. (1990, August). *Culture and emotion: The role of other-focused emotions*. Paper presented at 98th Convention of American Psychological Association, Boston, MA.

Kitayama, S., & Markus, H. (1994). *Emotion and culture*. Washington, DC: American Psychological Association.

Kleinke, C. L., & Kahn, M. L. (1980). Perceptions of self-disclosers: Effects of sex and physical attractiveness. *Journal of Personality*, *48*, 190 - 205.

Knight, G. P., Fabes, R. A., & Higgins, D. A. (1996). Concerns about drawing causal inferences from metaanalyses: An example in the study of gender differences in aggression. *Psychological Bulletin*, *119*, 410 - 421.

Knox, R. E., & Safford, R. K. (1976). Group caution at the racetrack. *Journal of Experimental Social Psychology*, *12*, 317 - 324.

Kobasa, S. C. (1979). Stressful life events, personality, and health: An inquiry into hardiness. *Journal of Personality and Social Psychology*, *37*, 1 - 11.

Koch, H. (1940). *The panic broadcast: Portrait of an event*. Princeton, NJ: Princeton University Press.

Koestner, R., Zuckerman, M., & Koestner, J. (1989). Attributional focus of praise and children's intrinsic motivation: The moderating role of gender. *Personality and Social Psychology Bulletin*, *15*, 61 - 72.

Kolditz, T. A., & Arkin, R. M. (1982). An impression management interpretation of the self-handicapping strategy. *Journal of Personality and Social Psychology*, *43*, 492 -502.

Kraft, M. (1992). *Inner peace, world peace: Essays on Buddhism and nonviolence*. Albany: SUNY Press.

Kring, A. M., Smith, D. A., & Neale, J. M. (1994). Individual differences in dispositional expressiveness: Development and validation of the emotional expressivity scale. *Journal of Personality and Social Psychology*, *66*, 934 -949.

Kriss, M., Indenbaum, E., & Tesch, F. (1974). Message type and status of interactants as determinants of telephone helping behavior. *Journal of Personality and Social Psychology*, *30*, 856 - 859.

Krueger, J., & Clement, R. W. (1994). The truly false consensus effect: An ineradicable and egocentric bias in social perception. *Journal of Personality and Social Psychology*, *67*, 596 - 610.

Kudirka, N. (1965). Defiance of authority under peer influence. (Doctoral dissertation, Yale University). *Dissertation Abstracts*, *26*, 4103.

Kulik, J. A., & Mahler, H. I. M. (1989). Stress and affiliation in a hospital setting: Preoperative roommate preferences. *Personality and Social Psychology Bulletin*, *15*, 183 -193.

Kunda, Z., & Oleson, K. C. (1997). When exceptions prove the rule: How extremity of deviance determines the impact of deviant examples on stereotypes. *Journal of Personality and Social Psychology*, *72*, 965 - 979.

Kunst-Wilson, W. R., & Zajonc, R. B. (1980). Affective discrimination of stimuli that cannot be recognized. *Science*, *207*, 557 - 558.

Kuo, Zing Yang. (1930). The genesis of the cat's response to the rat. *Journal of Comparative Psychology*, *11*, 1 - 35.

La France, M., & Hecht, M. A. (1995). Why smiles generate leniency. *Personality and Social Psychology Bulletin*, *21*, 207 - 214.

Landy, D., & Aronson, E. (1969). The influence of the character of the criminal and his victim on the decisions of simulated jurors. *Journal of Experimental Social Psychology*, *5*, 141 - 152.

Landy, D., & Sigall, H. (1974). Beauty is talent: Task evaluation as a function of the performer's physical attractiveness. *Journal of Personality and Social Psychology*, *29*, 299 - 304.

Langer, E. J. (1981). Old age: An artifact? In J. McGaush & S. Kiesler (Eds.), *Aging: Biology and behavior*. New York: Academic Press.

Langer, E. J. (1989). Minding matters: The consequences of mindlessness-mindfulness. In L. Berkowitz (Ed.), *Advances in experimental social psychology* (Vol. 22, pp. 137 - 173). New York: Academic Press.

Langlois, J. H., & Stephan, C. W. (1981). Beauty and the beast: The role of physical attractiveness in the development of peer relations and social behavior. In S. S. Brehm, S. M. Kassin, & F. X. Gibbons (Eds.), *Development social psychology*. New York: Oxford University Press.

Langlois, J. H., & Roggman, C. A. (1990). Attractive faces are only average. *Psychological Science*, *1*, 115 - 121.

参考文献

Langlois, J. H., Roggman, L. A., & Musselman, L. (1994). What is average and what is not average about attractive faces? *Psychological Science*, *5*, 214-220.

LaPiere, R. T. (1934). Attitudes vs. actions. *Social Forces*, *13*, 230-237.

Larson, J. R., Jr., Christensen, C., Abbott, A. S., & Franz, T. M. (1996). Diagnosing groups: Charting the flow of information in medical decision-making teams. *Journal of Personality and Social Psychology*, *71*, 315-329.

Larson, J. R., Jr., Foster-Fishman, P. G., & Keys, C. B. (1994). Discussion of shared and unshared information in decision-making groups. *Journal of Personality and Social Psychology*, *67*, 446-461.

Lassiter, G. D., Stone, J. I., & Weigold, M. F. (1987). Effect of leading questions on the self-monitoring-memory correlation. *Personality and Social Psychology Bulletin*, *13*, 537-545.

Latané, B., Nowak, A., & Liu, J. H. (1994). Measuring emergent social phenomena: Dynamism, polarization and clustering as order parameters of social systems. *Behavioral Science*, *39*, 1-24.

Laughlin, P. R., & Earley, C. (1982). Social combination models, persuasive arguments theory, social comparison theory, and choice shift. *Journal of Personality and Social Psychology*, *42*, 273-281.

Leary, T. (1957). *Interpersonal diagnosis of personality*. New York: Ronald Press.

LeBon, G. (1895, 1969). *The crowd: A study of the popular mind*. New York: Ballantine.

Lécuyer, R. (1976). Man's accommodation to space, man's accommodation of space. *Travail Humain*, *39*, 195-206.

Lefcourt, H. M. (1982). *Locus of control: Current trends in theory and research* (2nd ed.). Hillsdale, NJ: Erlbaum.

Leonard, K. E., & Taylor, S. P. (1983). Exposure to pornography, permissive and nonpermissive cues, and male aggression toward females. *Motivation and Emotion*, *7*, 291-299.

Lepper, M. R., Greene, D., & Nisbett, R. E. (1973). Undermining children's intrinsic interest with extrinsic reward: A test of the overjustification hypothesis. *Journal of Personality and Social Psychology*, *28*, 129-137.

Lerner, M. J. (1980). *The belief in a just world: A fundamental delusion*. New York: Plenum.

Lerner, M. J., & Miller, D. T. (1978). Just world research and the attribution process: Looking back and ahead. *Psychological Bulletin*, *85*, 1030-1051.

Levenson, R., Ekman, P., Heider, K., & Friesen, W. (1992). Emotion and autonomic nervous system activity in the Minangkabau of West Sumatra. *Journal of Personality and Social Psychology*, *62*, 972-988.

Levine, R., Sato, S., Hashomoto, T., & Verman, J. (1995). Love and marriage in eleven cultures. *Journal of Cross-cultural Psychology*, *26*, 554-571.

Levine, S. V. (1984). *Radical departures: Desperate detours to growing up*. San Diego, CA: Harcourt Brace Jovanovich.

Lewin, K. (1935). *A dynamic theory of personality*. New York: McGraw-Hill.

Lewin, K. (1943). Forces behind food habits and methods of change. *Bulletin of the National Research Council*, *108*, 35-65.

Lewin, K. (1948). *Resolving social conflicts: Selected papers on group dynamics*. New York: Harper.

Lewin, K., Lippitt, R., & White, R. (1939). Patterns of aggressive behavior in experimentally created social climates. *Journal of Social Psychology*, *10*, 271-299.

Lieberman, M. A., Yalom, I. D., & Miles, M. B. (1973). *Encounter groups: First facts*. New York: Basic Books.

Liebowitz, M. R. (1983). Patient's dramatic mood swings present challenge for therapist. *Hospital and Community Psychiatry*, *34*, 305-308.

Lightdale, J. R., & Prentice, D. A. (1994). Rethinking sex differences in aggression: Aggressive behavior in the absence of social roles. *Personality and Social Psychology Bulletin*, *20*, 34-44.

Likert, R. (1932). A technique for the measurement of attitudes. *Archives of Psychology*, *140*, 5-53.

Lind, E., & Tyler, T. (1988). *The social psychology of procedural justice*. New York: Plenum Press.

Lindskold, S. (1986). GRIT: Reducing distrust through carefully introduced conciliation. In S. Worchel & W. G. Austin (Eds.), *The psychology of intergroup relations*. Chicago: Nelson-Hall.

Lindskold, S., & Aronoff, J. R. (1980). Conciliatory strategies and relative power. *Journal of Experimental Social Psychology*, *16*, 187-198.

Linville, P. W. (1982). The complexity-extremity effect and age-based stereotyping. *Journal of Personality and Social Psychology*, *42*, 193-211.

Linville, P. W. (1987). Self-complexity as a cognitive buffer against stress-related illness and depression. *Journal of Personality and Social Psychology*, *52*, 663-676.

Linville, P. W., & Jones, E. E. (1980). Polarized appraisals of outgroup members. *Journal of Personality and Social Psychology*, *38*, 689-703.

Linz, D., Donnerstein, E., & Adams, S. M. (1989). Physiological desensitization and judgments about female victims. *Human Communication Research*, *15*, 509-522.

Litt, M. D. (1988). Self-efficacy and perceived control: Cognitive mediators of pain tolerance. *Journal of Personality and Social Psychology*, *54*, 149-160.

Locher, P., Unger, R., Sociedade, P., & Wahl, J. (1993). At first glance: Accessibility of the physical attractiveness stereotype. *Sex Roles*, *28*, 729-742.

Lofland, J., & Stark, R. (1965). Becoming a world saver: A theory of conversion to a deviant perspective. *American Sociological Review*, *30*, 862-874.

Loftus, G. (1996). Psychology will be a much better science when we change the way we analyze data. *Current Directions in Psychological Science*, *5*, 161-171.

Lonner, W. (1980). The search for psychological universals. In H. Triandis & W. Lambert (Eds.), *Handbook of cross-cultural psychology* (Vol. 1). Boston: Allyn & Bacon.

Lord, C. G., Ross, L., & Lepper, M. R. (1979). Biased assimilation and attitude polarization: The effects of prior theories on subsequently considered evidence. *Journal of Personality and Social Psychology*, *37*, 2098-2109.

Loretto, R., & Williams, D. (1974). Personality, behavioral and output variables in a small group task situation: An examination of consensual leader and nonleader differences. *Canadian Journal of Behavioral Science*, *6*, 59-74.

Lott, A. J., & Lott, B. E. (1968). A learning theory approach to interpersonal attitudes. In A. G. Greenwald, T. C. Brock, & T. M. Ostrom (Eds.), *Psychological foundations of attitudes*. New York: Academic Press.

Lott, A. J., & Lott, B. E. (1974). The role of reward in the formation of positive interpersonal attitudes. In T. Huston (Ed.), *Foundations of interpersonal attraction*. New York: Academic Press.

Lott, B. E., & Lott, A. J. (1985). Learning theory in contemporary social psychology. In G. Lindzey & E. Aronson (Eds.), *Handbook of social psychology* (3rd ed., Vol. 1, pp. 1-46). New York: Random House.

Lovdal, L. T. (1989). Sex role messages in television commercials: An update. *Sex Roles*, *21*, 715-724.

Lublin, J. (1990). Companies use cross-cultural training to help their employees abroad. *Wall Street Journal*.

Lynch, J. G., Jr., & Cohen, J. (1978). The use of subjective expected utility theory as an aid to understanding variables that influence helping behavior. *Journal of Personality and Social Psychology*, *36*, 1138-1151.

Lyon, D., & Greenberg, J. (1991). Evidence of co-dependency in women with an alcoholic parent: Helping out Mr. Wrong. *Journal of Personality and Social Psychology*, *61*, 435-439.

Ma, V., & Schoeneman, T. (1997). Individualism versus collectivism: A comparison of Kenyan and American self-concepts. *Basic and Applied Social Psychology*, *19*, 261-273.

Maass, A., & Clark, R. D. (1984). Hidden input of minorities: Fifteen years of minority influence research. *Psychological Bulletin*, *95*, 428-450.

Maass, A., & Volpato, C. (1989, June). *Theoretical perspectives on minority influence: Conversion vs. divergence.* Paper presented at the Third Workshop on Minority Influence, Perugia, Italy.

Macauley, J. (1970). A skill for charity. In J. Macauley & L. Berkowitz (Eds.), *Altruism and helping behavior: Social psychological studies of some antecedents and consequences*. New York: Academic Press.

Maccoby, E. E. (1990). Gender and relationships: A developmental account. *American Psychologist*, *45*, 513-520.

Maccoby, E. E., & Jacklin, C. N. (1974). *The psychology of sex differences*. Palo Alto, CA: Stanford University Press.

MacDonald, T. K., Zanna, M. P., & Fong, G. T. (1995). Decision making in altered states: Effects of alcohol on attitudes toward drinking and driving. *Journal of Personality and Social Psychology*, *68*, 973-985.

MacDonald, T. K., Zanna, M. P., & Fong, G. T. (1996). Why common sense goes out the window: Effects of alcohol on intentions to use condoms. *Personality and Social Psychology Bulletin*, *22*, 763-775.

MacHovec, F. J. (1989). *Cults and personality*. Springfield, H: Charles C. Thomas.

Mackie, D. M., & Goethals, G. R. (1987). Individual and group goals. In C. Hendrick (Ed.), *Review of personality and social psychology* (Vol. 8). Newbury Park, CA: Sage.

Mackie, D. M., & Worth, L. T. (1991). Feeling good, but not thinking straight: The impact of positive mood on persuasion. In J. Forgas (Ed.), *Emotion and social judgments* (pp. 201-219). Oxford, England: Pergamon Press.

Maddux, J. E., & Rogers, R. W. (1983). Protection motivation and self-efficacy: A revised theory of fear appeals and attitude change. *Journal of Experimental Social Psychology*, *19*, 469-479.

Mahoney, M. J. (1977). Publication prejudices: An experimental study of confirmatory bias in the peer review system. *Cognitive Therapy and Research*, *1*, 161-175.

Maier, S. F., Seligman, M. E. P., & Solomon, R. L. (1969). Pavlovian fear conditioning and learned helplessness. In B. A. Campbell & R. M. Church (Eds.), *Punishment*. New York: Appleton-Century-Crofts.

Maio, G. R., & Olson, J. M. (1995). Relations between values, attitudes, and behavioral intentions: The moderating role of attitude function. *Journal of Experimental Social Psychology*, *31*, 266-285.

Major, B. (1981). Gender patterns in touching behavior. In C. Mayo & N. Henley (Eds.), *Gender, androgyny, and nonverbal behavior*. New York: Springer-Verlag.

Major, B., Carrington, P. I, & Carnevale, P. J. D. (1984). Physical attractiveness and self-esteem. Attributions for praise from an other-sex evaluator. *Personality and Social Psychology Bulletin*, *10*, 43-50.

Major, B., Cozzarelli, C., Testa, M., & McFarlin, D. B. (1988). Self-verification versus expectancy confirmation in social interaction: The impact of self-focus. *Personality and Social Psychology Bulletin*, *14*, 346-359.

Malamuth, N. M. (1984). Aggression against women: Cultural and individual causes. In N. M. Malamuth & E. Donnerstein (Eds.), *Pornography and sexual aggression*. Orlando, FL: Academic Press.

Malamuth, N. M., & Check, J. V. P. (1981). The effects of mass media exposure on acceptance of violence against women: A field experiment. *Journal of Research in Personality*, *15*, 436-446.

Malamuth, N., Haber, S., & Feshbach, S. (1980). Testing hypotheses regarding rape: Exposure to sexual violence, sex differences, and the "normality" of rapists. *Journal of Research in Personality*, *14*, 121-127.

Malinosky-Rummell, R., & Hansen, D. J. (1993). Long-term consequences of childhood physical abuse. *Psychological Bulletin*, 68-79.

Mann, L. (1980). Cross-cultural studies of small groups. In H. Triandis & R. Brislin (Eds.), *Handbook of crosscultural psychology* (Vol. 5). Boston: Allyn and Bacon.

Mann, R. (1959). A review of the relationship between personality and performance in small groups. *Psychological Bulletin*, *56*, 241-270.

Mann, S. H. (1977). The use of social indicators in environmental planning. In I. Altman & J. R. Wohlwill (Eds.), *Human behavior and environment* (Vol. 2). New York: Plenum Press.

Markman, K. D., Gavanski, I., Sherman, S. J., & McMullen, M. N. (1995). The impact of perceived control on the imagination of better and worse possible worlds. *Personality and Social Psychology Bulletin*, *21*, 588-595.

Marks, G., & Miller, N. (1987). Ten years of research on the false-consensus effect: An empirical and theoretical review. *Psychological Bulletin*, *102*, 72-90.

Marks, G., Miller, N., & Maruyama, G. (1981). Effect of targets' physical attractiveness on assumptions of similarity. *Journal of Personality and Social Psychology*, *41* (1), 198-206.

Markus, H., & Kitayama, S. (1991). Culture and the self: Implications for cognition, emotion, and motivation. *Psychological Review*, *98*, 224-253.

Markus, H., & Kitayama, S. (1994). The cultural construction of self and emotion: Implications for social behavior. In H. Markus & S. Kitayama (Eds.), *Emotion and culture*. Washington, DC: American Psychological Association.

Markus, H., & Zajonc, R. (1985). The cognitive perspective in social psychology. In G. Lindzey & E. Aronson (Eds.), *The handbook of social psychology* (3rd ed., Vol. 1, pp. 137-230). New York: Random House.

Marques, J., Yzerbyt, V., & Leyens, J. P. (1988). The "black sheep effect": Extremity of judgment toward ingroup members as a function of identification. *European Journal of Social Psychology*, *18*, 1-16.

Martin, C. L. (1987). A ratio measure of sex stereotyping. *Journal of Personality and Social Psychology*, *52*, 489-499.

Martin, J., Lobb, B., Chapman, G. C., & Spillane, R. (1976). Obedience under conditions demanding self-immolation. *Human Relations*, *29*, 345-356.

Martin, N. G., Eaves, L. J., Jardine, R., Heath, A. C., Feingold, L. F., & Eysenck, H. J. (1986). Transmission of social attitudes. *Proceedings of the National Academy of Sciences of the U. S. A.*, *83*, 4364-4368.

Martin, R. (1989, June). *Minority influence, majority influence and social identification: Some thought and contradictions*. Paper presented at the third Workshop on Minority Influence, Perugia, Italy.

Maslach, C. (1979). Negative emotional biasing of unexplained arousal. *Journal of Personality and Social Psychology*, *37*, 953-969.

Maslach, C., Stapp, J., & Santee, R. (1985). Individua-

参考文献

tion: Conceptual analysis and assessment. *Journal of Personality and Social Psychology*, *49*, 729-738.

Mathes, E. W., Adams, H. E., & Davies, R. M. (1985). Jealousy: Loss of relationship rewards, loss of selfesteem, depression, anxiety, and anger. *Journal of Personality and Social Psychology*, *48*, 1552-1561.

Matsuda, N. (1985). Strong, quasi-and weak conformity among Japanese in a modified Asch procedure. *Journal of Cross-Cultural Psychology*, *16*, 83-97.

Matsnmoto, D. (1996). *Culture and psychology*. Pacific Grove, CA: Brooks/Cole.

Matsumoto, D., Kudoh, T., Scherer, K., & Wallbott, H. (1988). Antecedents and reactions to emotions in the United States and Japan. *Journal of Cross-Cultural Psychology*, *19*, 267-286.

Maurer, K. L., Park, B., & Rothbart, M. (1995). Subtyping versus subgrouping processes in stereotype representation. *Journal of Personality and Social Psychology*, *69*, 812-824.

Mayo, C., & Henley, N. M. (Eds.). (1981). *Gender and nonverbal behavior*. New York: Springer-Verlag.

McArthur, L. Z. (1972). The how and what of why: Some determinants and consequences of causal attribution. *Journal of Personality and Social Psychology*, *22*. 171-193.

McArthur, L. Z., & Post, D. (1977). Figural emphasis and person perception. *Journal of Experimental Social Psychology*, *13*, 520-535.

McCauley, C., Stitt, C. F., Woods, K., & Lipton, D. (1973). Group shift to caution at the race track. *Journal of Experimental Social Psychology*, *9*, 80-86.

McClintock, C., Stech, F., & Keil, L. (1983). The influence of communication on bargaining. In P. Paulus (Ed.), *Basic group processes* (pp. 205-234). New York: Springer-Verlag.

McConahay, J. B. (1986). Modern racism, ambivalence, and the Modern Racism Scale. In J. F. Dovidio & S. L. Gaertner (Eds.), *Prejudice, discrimination, and racism* (pp, 91-126). New York: Academic Press.

McCrae, R. R., & Costa, P. (1997). Personality trait structure as a human universal. *American Psychologist*, *52*, 509-516.

McCrae, R. R., & Costa, P. T. (1989). The structure of interpersonal traits: Wiggins's circumplex and five-factor model. *Journal of Personality and Social Psychology*, *56*, 586-595.

McCrae, R. R., Zonderman, A. B., Costa, P. T., Jr., Bond, M. H., & Paunonen, S. V. (1996). Evaluating replicability of factors in the revised NEO personality inventory: Confirmatory factor analysis versus procrustes rotation. *Journal of Personality and Social Psychology*, *70*, 552-566.

McCusker, J., Stoddard, A. M., McDonald, M. Zapka, J. G., & Mayer, K. H. (1992). Maintenance of behavioral change in a cohort of homosexually active men. *AIDS*, *6*, 861-868.

McDougall, W. (1908). *An introduction to social psychology*. London: Methuen.

McFarland, C., & Ross, M. (1982). Impact of causal attributions on affective reactions to success and failure. *Journal of Personality and Social Psychology*, *43*, 937-946.

McGrath, J. E., & Julian, J. W. (1963). Interaction process and task outcome in experimentally created negotiation groups. *Journal of Psychological Studies*, *14*, 117-138.

McGuire, W. J. (1968a). Personality and attitude change: An information-processing theory. In A. G. Greenwald, T. C. Brock, & T. M. Ostrom (Eds.), *Psychological foundations of attitudes* (pp. 171-196). New York: Academic Press.

McGuire, W. J. (1968b). Personality and susceptibility to social influence. In E. F. Borgatta & W. W. Lambert (Eds.), *Handbook of personality theory and research* (pp. 1130-1187). Chicago: Rand-McNally.

McGuire, W. J. (1969). The nature of attitudes and attitude change. In G. Lindzey & E. Aronson (Eds.), *Handbook of social psychology* (2nd ed., Vol. 3, pp. 136-314). Reading, MA: Addison-Wesley.

McGuire, W. J. (1972). Attitude change: The information-processing paradigm. In C. G. McClintock (Ed.), *Experimental social psychology* (pp. 108-141). New York: Holt, Rinehart, and Winston.

McGuire, W. J. (1985). Attitudes and attitude change. In G. Lindzey & E. Aronson (Eds.), *Handbook of social psychology* (3rd ed., Vol. 2). New York: Random House.

McGuire, W. J., & McGuire, C. V. (1981). The spontaneous self-concept as affected by seasonal distinctiveness. In M. D. Lynch, A. Norem-Hebeisen, & K. J. Gergen (Eds.), *Self-concept: Advances in theory and research*. Cambridge, MA: Ballinger.

McGuire, W. J., McGuire, C. V., Child, P., & Fujioka, T. (1978). Salience of ethnicity in the spontaneous self-concept as a function of one's ethnic distinctiveness in the social environment. *Journal of Personality and Social Psychology*, *36*, 511-520.

McGuire, W. J., & Padawar-Singer, A. (1976). Trait salience in the spontaneous self-concept. *Journal of Personality and Social Psychology*, *33*, 743-754.

McNulty, S. E., & Swann, W. B., Jr. (1994). Identity negotiation in roommate relationships: The self as architect and consequence of social reality. *Journal of Personality and Social Psychology*, *67*, 1012-1023.

Mead, G. H. (1934). *Mind, self and society*. Chicago: University of Chicago Press.

Medvec, V. H., Madey, S. F., & Gilovich, T. (1995). When less is more: Counterfactual thinking and satisfaction among Olympic medalists. *Journal of Personality and Social Psychology*, *69*, 603-610.

Mehrabian, A. (1972). *Nonverbal communication*. Chicago: Aldine-Atherton.

Meeus, W. H., & Raaijmakers, Q. A. W. (1986). Administrative obedience: Carrying out orders to use psychological-administrative violence. *European Journal of Social Psychology*, *16*, 311-324.

Meeus, W. H., & Raaijmakers, Q. A. W. (1987). Administrative obedience as a social phenomenon. In W. Doise & S. Moscovici (Eds.), *Current issues in European social psychology* (pp. 183-230). Cambridge, England: Cambridge University Press.

Meeus, W. H., & Raaijmakers, Q. A. W. (1995). Obedience in modern society: The Utrecht studies. *Journal of Social Issues*, *51*, 155-176.

Megargee, E. I. (1969). Influence of sex roles on the manifestation of leadership. *Journal of Applied Psychology*, *53*, 377-382.

Mehrabian, A. (1968). Relationship of attitudes to seated posture, orientation, and distance. *Journal of Personality and Social Psychology*, *10*, 26-30.

Mellema, A., & Bassili, J. N. (1995). On the relationship between attitudes and values: Exploring the moderating effects of self-monitoring and self-monitoring schematicity. *Personality and Social Psychology Bulletin*, *21*, 885-892.

Melburg, V., & Tedeschi, J. T. (1989). Displaced aggression: Frustration or impression management? *Environmental Journal of Social Psychology*, *19*, 139-146.

Merari, A., & Friedland, N. (1985). Social psychological aspects of political terrorism. *Applied Social Psychology Annual*, *6*, 185-206.

Merari, A., & Friedland, N. (1988). Negotiating with terrorists. In W. Stroebe et al. (Eds.), *The social psychology of intergroup conflict* (pp. 135 - 150). Berlin: Springer-Verlag.

Metalsky, G. I., Halberstadt, L. J., & Abramson, L. Y. (1987). Vulnerability to depressive mood reactions: Toward a more powerful test of the diathesis-stress and causal mediation component reformulated theory of depression. *Journal of Personality and Social Psychology*, *52*, 386 - 393.

Mettee, D. R. (1971). Rejection of unexpected success as a function of the negative consequences of accepting success. *Journal of Personality and Social Psychology*, *17*, 332 -341.

Mettee, D. R., & Aronson, E. (1974). Affective reactions to appraisal from others. In T. L. Huston (Ed.), *Foundations of interpersonal attraction*. New York: Academic Press.

Michaelson, L. K., Watson, W. E., & Black, R. H. (1989). A realistic test of individual versus group consensus decision making. *Journal of Applied Psychology*, *74*, 834 -839.

Michenbaum, D. H., Bowers, K. S., & Ross, R. R. (1969). A behavioral analysis of teacher expectancy effects. *Journal of Personality and Social Psychology*, *13*, 306 -316.

Michener, H. A., & Burt, M. R. (1974). Legitimacy as a base of social influence. In J. Tedeschi (Ed.), *Perspectives on social power*. Chicago: Aldine.

Michener, H. A., & Suchner, R. (1972). The tactical use of social power. In J. Tedeschi (Ed.), *The social influence process*. Chicago: Aldine.

Mikulincer, M. (1986). Attributional processes in the learned helplessness paradigm: Behavioral effects of global attributions. *Journal of Personality and Social Psychology*, *51*, 1248 - 1256.

Mikulincer, M. (1995). Attachment style and the mental representation of the self. *Journal of Personality and Social Psychology*, *69*, 1203 - 1215.

Mikulincer, M., & Nizan, B. (1988). Causal attribution, cognitive interference, and the generalization of learned helplessness. *Journal of Personality and Social Psychology*, *55*, 470 - 478.

Milgram, S. (1963). Behavioral study of obedience. *Journal of Abnormal and Social Psychology*, *67*, 376.

Milgram, S. (1965). Some conditions of obedience and disobedience to authority. *Human Relations*, *18*, 57 - 76.

Milgram, S. (1977). *The individual in a social world*. Reading, MA: Addison-Wesley.

Milgram, S., Liberty, H. J., Toledo, R., & Wackenhut, T. (1986). Response to intrusion into waiting lines. *Journal of Personality and Social Psychology*, *51*, 683 - 689.

Milgram, S., & Toch, H. (1968). Reply to the critics. *International Journal of Psychiatry*, *6*, 294 - 295.

Miller, C. T. (1982). The role of performance-related similarity in social comparison of abilities: A test of the related attributes hypothesis. *Journal of Experimental Social Psychology*, *18*, 513 - 523.

Miller, C. T. (1984). Self-schemas, gender, and social comparison: A clarification of the related attributes hypothesis. *Journal of Personality and Social Psychology*, *46*, 1222 -1229.

Miller, D. T., & Turnbull, W. (1986). Expectancies and interpersonal processes. *Annual Review of Psychology*, *37*, 233 - 256.

Miller, D. T., Turnbull, W., & McFarland, C. (1988). Particularistic and universalistic evaluation in the social comparison process. *Journal of Personality and Social Psychology*, *55*, 908 - 917.

Miller, D. T., Turnbull, W., & McFarland, C. (1990). Counterfactual thinking and social perception: Thinking about what might have been. In M. P. Zanna (Ed.), *Advances in experimental social psychology* (Vol. 23, pp. 305 - 331). New York: Academic Press

Miller, J. (1984). Culture and the development of everyday social explanation. *Journal of Personality and Social Psychology*, *46*, 961 - 978.

Miller, L. C., & Kenny, D. A. (1986). Reciprocity of self-disclosure at the individual and dyadic levels: A social relations analysis. *Journal of Personality and Social Psychology*, *50*, 713 - 719.

Miller, M. L., & Thayer, J. F. (1989). On the existence of discrete classes in personality: Is self-monitoring the correct joint to carve? *Journal of Personality and Social Psychology*, *57*, 143 - 155.

Miller, N., & Davidson-Podogrny, G. (1987). Theoretical models of intergroup relations and the use of cooperative terms as an intervention for desegregated settings. In C. Hendrick (Ed.), *Group process and intergroup relations* (pp. 41 - 67). Newbury Park, CA: Sage.

Miller, N. E. (1948). Theory and experiments relating psychoanalytic displacement to stimulus-response generation. *Journal of Abnormal and Social Psychology*, *43*, 155 -178.

Minton, H. L. (1984). J. F. Brown's social psychology of the 1930's: A historical antecedent to the contemporary crisis in social psychology. *Personality and Social Psychology Bulletin*, *10*, 7 - 30.

Mita, T. H., Dermer, M., & Knight, J. (1977). Reversed facial images and the mere-exposure hypothesis. *Journal of Personality and Social Psychology*, *35*, 597 - 601.

Mizell, L. (1997). Aggressive driving. In *Aggressive driving: Three studies*. Washington, DC: AAA Foundation for Traffic Safety.

Montada, L., & Lerner, M., Jr. (Eds.). (1998). *Responses to victimizations and belief in a just world*. New York: Plenum.

Montgomery, R. L. (1989). *Social influence and conformity: A transorientational model*. Unpublished manuscript, University of Missouri — Rolla.

Moreland, R. L. (1987). The formation of small groups. In C. Hendrick (Ed.), *Group processes* (pp. 80 - 110). Newbury Park, CA: Sage.

Moreland, R. L., & Beach, S. R. (1992). Exposure effects in the classroom: The development of affinity among students. *Journal of Experimental Social Psychology*, *28*, 255 - 276.

Moreland, R. L., & Levine, J. M. (1982). Socialization in small groups: Temporal changes in individual group relations. In L. Berkowitz (Ed.), *Advances in experimental social psychology* (Vol. 15). New York: Academic Press.

Moreland, R. L., & Levine, J. M. (1988). Group dynamics over time: Development and socialization in small groups. In J. E. McGrath (Ed.), *The social psychology of time* (pp. 151 - 181). Newbury Park, CA: Sage.

Moretti, M. M., & Higgins, E. T. (1990). Relating self-discrepancy to self-esteem: The contribution of discrepancy beyond actual-self ratings. *Journal of Experimental Social Psychology*, *26*, 108 - 123.

Morris, M., & Peng, K. (1994). Culture and cause: American and Chinese attributions for social and physical events. *Journal of Personality and Social Psychology*, *67*, 949 -971.

Morris, W., Worchel, S., Bois, J., Pearson, J., Roundtree, C., Samaha, G., Wachtler, J., & Wright, S. (1976). Collective coping with stress: Group reactions to fear, anxiety, and ambiguity. *Journal of Personality and Social Psychology*, *13*, 131 - 140.

Morse, S. J., & Gergen, K. J. (1970). Social comparison, self-consistency, and the concept of self. *Journal of Person-*

参考文献

ality and Social Psychology, *16*, 149-156.

Moscovici, S. (1976). *Social influence and social changes*. London, England: Academic Press.

Moscovici, S., & Doise, W. (1994). *Conflict and consensus*. London, England: Sage.

Moscovici, S., & Mugny, G. (1983). Minority influence. In P. Paulus (Ed.), *Basic group process*. New York: Springer-Verlag.

Moscovici, S., & Nemeth, C. J. (1974). Minority influence. In C. J. Nemeth (Ed.), *Social psychology: Classic and contemporary integrations*. Chicago: Rand-McNally.

Moscovici, S., & Zavalloni, M. (1969). The group as a polarizer of attitudes. *Journal of Personality and Social Psychology*, *12*, 125-135.

Moskowitz, D. S. (1988). Cross-situational generality in the laboratory: Dominance and friendliness. *Journal of Personality and Social Psychology*, *54*, 829-839.

Moskowitz, D. S. (1994). Cross-situational generality and the interpersonal circumplex. *Journal of Personality and Social Psychology*, *66*, 921-933.

Moss, M. K., & Page, R. A. (1972). Reinforcement and helping behavior. *Journal of Applied Social Psychology*, *2*, 360-371.

Moya, M. (1998). Social identity and interpersonal relationships. In S. Worchel, F. Morales, D. Paez, & J. Deschamps (Eds.), *Social identity: International perspectives*. London, England: Sage.

Moyer, K. E. (1971). *The physiology of hostility*. Chicago: Markham.

Mucchi-Faina, A. (1989, June). *Minority influence processes: Assimilation, reactive differentiation, active differentiation*. Paper presented at the third Workshop on Minority Influence, Perugia, Italy.

Muhleman, J. T., Bruker, C., & Ingram, C. M. (1976). The generosity shift. *Journal of Personality and Social Psychology*, *34*, 344-351.

Mullen, B. (1983). Operationalizing the effect of the group on the individual: A self-attention perspective. *Journal of Experimental Social Psychology*, *19*, 295-322.

Mullen, B. (1986). Atrocity as a function of lynch mob composition: A self-attention perspective. *Personality and Social Psychology Bulletin*, *12*, 187-197.

Mullen, B. (1987). Self-attention theory. In B. Mullen & G. R. Goethals (Eds.), *Theories of group behavior*. New York: Springer-Verlag.

Mullen, B., Atkins, J. L., Champion, D. S., Edwards, C., Hardy, D., Story, J. E., & Vanderklok, M. (1985). The false consensus effect: A meta-analysis of 115 hypothesis tests. *Journal of Experimental Social Psychology*, *21*, 262-283.

Mullen, B., & Goethals, G. R. (1990). Short note: Social projection, actual consensus, and valence. *British Journal of Social Psychology*.

Mullin, C. R., & Linz, D. (1995). Desensitization and resensitization to violence against women: Effects of exposure to sexually violent films on judgments of domestic violence victims. *Journal of Personality and Social Psychology*, *69*, 449-459.

Mummendey, A., & Otten, S. (1989). Perspective-specific differences in the segmentation and evaluation of aggressive interaction sequences. *European Journal of Social Psychology*, *19*, 23-40.

Myer, T. (1972). The effect of sexually arousing and violent films on aggressive behavior. *Journal of Sex Research*, *8*, 324-333.

Myers, D. G. (1982). Polarizing effects of social interaction. In H. Brandstatter, J. H. Davis, & G. Stocker-Kreichgauer (Eds.), *Group decision processes*. London, England: Academic Press.

Myers, D. G. (1983). *Social Psychology*. New York: McGraw-Hill.

Nadler, A., & Fisher, J. D. (1986). The role of threat to self-esteem and perceived control in recipient reactions to help: Their development and empirical validation. In L. Berkowitz (Ed.), *Advances in experimental social psychology* (Vol. 19). Orlando, FL: Academic Press.

Nahemow, L., & Lawton, M. P. (1975). Similarity and propinquity in friendship formation. *Journal of Personality and Social Psychology*, *32*, 205-213.

Napolitan, D. A., & Goethals, G. R. (1979). The attribution of friendliness. *Journal of Experimental Social Psychology*, *15*, 105-113.

National Coalition on Television Violence. (1990 July-September). *NCTV News* (Vol. 2). Champaign, IL: Author.

Nemeth, C. (1986). Differential contributions of majority and minority influence. *Psychological Review*, *93*, 1-10, 23-32.

Nemeth, C. (1989, June). *The stimulating properties of dissent: The case for recall*. Paper presented at the third Workshop on Minority Influence, Perugia, Italy.

Nemeth, C., & Chiles, C. (1988). Modeling courage: The role of dissent in fostering independence. *European Journal of Social Psychology*, *18*, 275-280.

Nemeth, C., & Staw, B. M. (1989). The tradeoffs of social control and innovation in groups and organizations. In L. Berkowitz (Ed.), *Advances in experimental social psychology* (Vol. 23, pp. 175-210). Orlando, FL: Academic Press.

Neuberg, S. L. (1989). The goal of forming accurate impressions during social interactions: Attenuating the impact of negative expectancies. *Journal of Personality and Social Psychology*, *56*, 374-386.

Neuberg, S. L. (1994). Expectancy-confirmation processes in stereotype-tinged social encounters: The moderating role of social goals. In M. P. Zanna & J. M. Olson (Eds.), *The psychology of prejudice: The Ontario symposium on personality and social psychology* (Vol. 7, pp. 103-130). Hillsdale, NJ: Erlbaum.

Neuberg, S. L., Cialdini, R. B., Brown, S. L., Sagarin, B. J., & Lewis, B. P. (1997). Does empathy lead to anything more than superficial helping? Comment on Batson et al. (1997). *Journal of Personality and Social Psychology*, *73*, 510-516.

Newcomb, T. A. (1947). Autistic hostility and social reality. *Human Relations*, *1*, 69-86.

Newcomb, T. M. (1943). *Personality and social change*. New York: Dryden.

Newcomb, T. M. (1956). The prediction of interpersonal attraction. *American Psychologist*, *11*, 575-586.

Newcomb, T. M. (1963). Persistence and regression of changed attitudes: Long-range studies. *Journal of Social Issues*, *19*, 3-14.

Newman, L. S. (1996). Trait impressions as heuristics for predicting future behavior. *Personality and Social Psychology Bulletin*, *22*, 395-411.

Newman, L. S., & Baumeister, R. F. (1996). Toward an elaboration of the U. F. O. abduction phenomenon: Hypnotic elaboration, extraterrestrial sadomasochism, and spurious memories. *Psychological Inquiry*, *7*, 99-126.

Nisbett, R. E. (1993). Violence and the U. S. regional culture. *American Psychologist*, *48*, 441-449.

Nisbett, R. E., Zukier, H., & Lemley, R. E. (1981). The dilution effect: Nondiagnostic information weakens the implications of diagnostic information. *Cognitive Psychology*, *13*, 248-277.

Nolen-Hoeksema, S., Seligman, M. E. P., & Girgus, J. S. (1986). Learned helplessness in children: A longitudinal study of depression, achievement, and explanatory style.

Journal of Personality and Social Psychology, *51*, 435-442.

Noller, P. (1980). Misunderstandings in marital communication: A study of couples' nonverbal communication. *Journal of Personality and Social Psychology*, *39*, 1135-1148.

Norman, R. (1976). When what is said is important: A comparison of expert and attractive sources. *Journal of Experimental Social Psychology*, *12*, 294-300.

Nosanchuk, T. A. (1981). The ways of the warrior: The effects of traditional martial arts training on aggressiveness. *Human Relations*, *34*, 435-444.

Novak, D., & Lerner, M. (1968). Rejection as a consequence of perceived similarity. *Journal of Personality and Social Psychology*, *9*, 147-152.

Nowak, A., Szamrej, J., & Latané, B. (1990). From private attitude to public opinion: A dynamic theory of social impact. *Psychological Review*, *97*, 362-376.

Nyquist, L. V., & Spence, J. T. (1986). Effects of dispositional dominance and sex role expectations on leadership behaviors. *Journal of Personality and Social Psychology*, *50*, 87-93.

Oakes, P. J., Haslam, S., & Turner, J. (1994). *Stereotyping and social reality*. London, England: Blackwell.

Oakes, P. J., & Turner, J. C. (1980). Social categorization and intergroup behavior: Does minimal intergroup discrimination make social identity more positive? *European Journal of Social Psychology*, *10*, 295-301.

Oberg, K. (1954). *Culture shock*. (The Bobbs-Merrill Reprint Series, No. A-329). Boston: Bobbs-Merrill.

Ohbuchi, K., Kameda M., & Agarie, N. (1989). Apology as aggression control: Its role in mediating appraisal of and response to harm. *Journal of Personality and Social Psychology*, *56*, 219-227.

Olson, J. M., & Hafer, C. L. (1996). Affect, motivation, and cognition in relative deprivation research. In R. M. Sorrentino & E. T. Higgins (Eds.), *Handbook of motivation and cognition: The interpersonal context* (Vol. 3, pp. 85-117). New York: Guilford.

Olson, J. M., & Roese, N. J. (1995). The perceived funniness of humorous stimuli. *Personality and Social Psychology Bulletin*, *21*, 908-913.

Olson, J. M., Roese, N. J., Meen, J., & Robertson, D. J. (1995). The preconditions and consequences of relative deprivation: Two field studies. *Journal of Applied Social Psychology*, *25*, 944-964.

Olson, J. M., Roese, N. J., & Zanna, M. P. (1996). Expectancies. In E. T. Higgins & A. W. Kruglanski (Eds.), *Social psychology: Handbook of basic principles* (pp. 211-238). New York: Guilford.

Olson, J. M., Vernon, P. A., Harris, J., & Jang, K. (in press). The heritability of attitudes: A study of twins. *Journal of Personality and Social Psychology*.

Olson, J. M., & Zanna, M. P. (1993). Attitudes and attitude change. *Annual Review of Psychology*, *44*, 117-154.

Omoto, A., & Snyder, M. L. (1990). Basic research in action: Volunteerism and society's response to AIDS. *Personality and Social Psychology Bulletin*, *16*, 152-166.

Omoto, A., & Snyder, M. L. (1995). Sustained helping without obligation: Motivation, longevity of experience and perceived attitude change among AIDS volunteers. *Journal of Personality and Social Psychology*, *68*, 671-686.

Organization for Economic Cooperation and Development. (1994). *Caring for frail elderly people: New directions in care.* (Social Policy Studies, No. 14). Paris: OECD Publications.

Orive, R. (1988). Social projection and social comparison of opinions. *Journal of Personality and Social Psychology*, *54*, 953-964.

Orne, M. T. (1962). On the social psychology of the psychological experiment: With particular reference to demand characteristics and their implications. *American Psychologist*, *17*, 776-783.

Orne, M. T., & Evans, F. J. (1965). Social control in the psychological experiment: Antisocial behavior and hypnosis. *Journal of Personality and Social Psychology*, *1*, 189-200.

Orne, M. T., & Holland, C. C. (1968). On the ecological validity of laboratory deceptions. *International Journal of Psychiatry*, *6*, 282-293.

Osgood, C. E. (1962). *An alternative to war or surrender*. Urbana: University of Illinois Press.

Osgood, C. E., Suci, G. J., & Tannenbaum, P. H. (1957). *The measurement of meaning*. Urbana: University of Illinois Press.

Oskamp, S. (1991). *Attitudes and opinions* (2nd ed.). Englewood Cliffs, NJ: Prentice-Hall.

Overmier, J. B., & Seligman, M. E. P. (1967). Effects of inescapable shock upon subsequent escape and avoidance learning. *Journal of Comparative and Physiological Psychology*, *63*, 28-33.

Page, M., & Scheidt, R. J. (1971). The elusive weapons effect: Demand awareness, valuation apprehension, and slightly sophisticated subjects. *Journal of Personality and Social Psychology*, *20*, 304-318.

Paige, R. M., & Martin, J. (1996). Ethics in intercultural training. In D. Landis & R. Bhagat (Eds.), *Handbook of intercultural training* (2nd ed.). Thousand Oaks, CA: Sage.

Pallak, S. R. (1983). Salience of a communicator's physical attractiveness and persuasion: A heuristic versus systematic processing interpretation. *Social Cognition*, *2*, 158-170.

Papastamos, S., & Mugny, G. (1989, June). *Synchronic consistency and psychologization in minority influence*. Paper presented at the third Workshop on Minority Influence, Perugia, Italy.

Park, B., & Rothbart, M. (1982). Perception of out-group homogeneity and levels of social categorization: Memory for the subordinate attributes of in-group and out-group members. *Journal of Personality and Social Psychology*, *42*, 1051-1068.

Parke, R., Berkowitz, L., Leyens, J. P., West, S. G., & Sebastian, R. J. (1977). Some effects of violent and nonviolent movies on the behavior of juvenile delinquents. In L. Berkowitz (Ed.), *Advances in experimental social psychology* (Vol. 10, pp. 139-169). New York: Academic Press.

Parker, R. D., Collmer, C. W. (1975). Child abuse: An interdisciplinary analysis. In M. E. Hetherington (Ed.), *Review of Child Development Research*, *Vol. 5*. Chicago: University of Chicago Press.

Patrick, C. J., Craig, K. D., & Prkachin, K. M. (1986). Observer judgements of acute pain: Facial action determinants. *Journal of Personality and Social Psychology*, *50*, 1291-1298.

Paulhus, D. L., Shaffer, D. R., & Downing, L. L. (1977). Effects of making blood donor motives salient upon donor retention. *Personality and Social Psychology Bulletin*, *3*, 99-102.

Paulus, P. (1983). Group influence on task performance and informational processing, In P. Paulus (Ed.), *Basic group processes*. New York: Springer.

Pearl, D., & Bouthliet, L. (Eds.). (1982). *Television and behavior: Ten years of scientific progress and implications for the 80's*. Washington, DC: U. S. Government Printing Office.

Pelham, B. W. (1995). Self-investment and self-esteem: Evidence for a Jamesian model of self-worth. *Journal of Personality and Social Psychology*, *69*, 1141-1150.

Pendry, L. F., & Macrae, C. N. (1996). What the disinter-

参考文献

ested perceiver overlooks: Goal-directed social categorization. *Personality and Social Psychology*, *22*, 249 - 256.

Pepitone, A. (1981). Lessons from the history of social psychology. *American Psychologist*, *36*, 972 - 985.

Perez, J. A., & Mugny, G. (1987). Paradoxical effects of categorization in minority influence: When being an outgroup is an advantage. *European Journal of Social Psychology*, *17*, 157 - 169.

Perkins, H. W., & Berkowitz, A. D. (1986). Perceiving the community norms of alcohol use among students: Some research implications for campus alcohol education programming. *International Journal of the Addictions*, *21*, 961 -976.

Perlman, D., & Oskamp, S. (1971). The effects of picture content and exposure frequency on evaluations of Negroes and whites. *Journal of Experimental Social Psychology*, *7*, 503 - 514.

Pessin, J., & Husband, R. (1933). Effects of social stimulation on human maze learning. *Journal of Abnormal and Social Psychology*, *28*, 148 - 154.

Peters, L. H., Hartke, D., Pohlmann, J. T. (1985). Fiedler's contingency theory of leadership: An application of the meta-analysis procedures of Schmidt and Hunter. *Psychological Bulletin*, *97*, 274 - 285.

Peterson, C., & Barrett, L. C. (1987). Explanatory style and academic performance among college freshmen. *Journal of Personality and Social Psychology*, *53*, 603 - 607.

Peterson, R. S., & Nemeth, C. J. (1996). Focus versus flexibility: Majority and minority influence can both improve performance. *Personality and Social Psychology Bulletin*, *22*, 14 - 23.

Pettigrew, T. F. (1978). Three issues in ethnicity: Boundaries, deprivations, and perceptions. In J. M. Yinger & S. J. Cutler (Eds.), *Major social issues: A multidisciplinary view*. New York: Free Press.

Pettigrew, T. F. (1986). The intergroup contact hypothesis reconsidered. In M. Hewstone & R. Brown (Eds.), *Contact and conflict in intergroup encounters*. Oxford, England: Basil Blackwell.

Petty, R. E., & Cacioppo, J. T. (1981). *Attitudes and persuasion: Classic and contemporary approaches*. Dubuque, IA: Brown.

Petty, R. E., & Cacioppo, J. T. (1984). The effects of involvement on responses to argument quantity and quality: Central and peripheral routes to persuasion. *Journal of Personality and Social Psychology*, *46*, 69 - 81.

Petty, R. E., Cacioppo, J. T., & Goldman, R. (1981). Personal involvement as a determinant of argument-based persuasion. *Journal of Personality and Social Psychology*, *41*, 847 - 855.

Petty, R. E., Cacioppo, J. T., & Schumann, D. (1983). Central and peripheral routes to advertising effectiveness: The moderating role of involvement. *Journal of Consumer Research*, *10*, 134 - 148.

Petty, R. E., Wells, G. L., & Brock, T. C. (1976). Distraction can enhance or reduce yielding to propaganda: Thought disruption versus effort justification. *Journal of Personality and Social Psychology*, *34*, 874 - 888.

Phares, E. J. (1984). *Introduction to personality*. Columbus, OH: Merrill.

Piliavin, I. M., Piliavin, J. A., & Rodin, J. (1975). Cost, diffusion, and the stigmatized victim. *Journal of Personality and Social Psychology*, *32*, 429 - 438.

Piliavin, J. A., & Charng, H. W. (1990). Altruism: A review of present theory and research. *Annual Review of Sociology*, *16*, 27 - 65.

Piliavin, J. A., Dovodio, J. F., Gaertner, S. L., & Clark, R. D., Ⅲ. (1982). Responsive bystanders: The process of intervention. In V. J. Derlega & J. Grzelak (Eds.), *Cooperation and helping behavior: Theories and research*. New York: Academic Press.

Piliavin, J. A., & Unger, R. K. (1985). The helpful but helpless female: Myth or reality? In V. O'Leary, R. K. Unger, & B. S. Wallston (Eds.), *Women, gender, and social psychology* (pp. 149 - 190). Hillsdale, NJ: Erlbaum.

Pittman, J., Gallois, C., Iwawaki, S., & Kroonenberg, P. (1995). Australian and Japanese concepts of expressive behavior. *Journal of Cross-Cultural Psychology*, *26*, 451 -473.

Polk, K. (1993). Observations on stranger homicide. *Journal of Criminal Justice*, *21*, 573 - 582.

Pomazal, R. J., & Clore, G. L. (1973). Helping on the highway: The effects of dependency and sex. *Journal of Applied Social Psychology*, *3*, 150 - 164.

Pratkanis, A. R., & Greenwald, A. G. (1989). A sociocognitive model of attitude structure and function. In L. Berkowitz (Ed.), *Advances in experimental social psychology* (Vol. 22, pp. 245 - 285). San Diego, CA: Academic Press.

Pratkanis, A. R., Greenwald, A. G., Leippe, M. R., & Baumgardner, M. H. (1988). In search of reliable persuasion effects: Ⅲ. The sleeper effect is dead. Long live the sleeper effect. *Journal of Personality and Social Psychology*, *54*, 203 - 218.

Pratto, F., & Bargh, J. A. (1991). Stereotyping based on apparently individuating information: Trait and global components of sex stereotypes under attention overload. *Journal of Experimental Social Psychology*, *27*, 26 - 47.

Prentice, D. A., & Miller, D. T. (1993). Pluralistic ignorance and alcohol use on campus: Some consequences of misperceiving the social norm. *Journal of Personality and Social Psychology*, *64*, 243 - 256.

Prentice, D. A., & Miller, D. T. (1996). Pluralistic ignorance and the perpetuation of social norms by unwitting actors. In M. P. Zanna (Ed.), *Advances in experimental social psychology* (Vol. 28, pp. 161 - 209). New York: Academic Press.

Prins, K. S., Buunk, B. P., & VanYperson, N. W. (1993). Equity, normative disapproval and extramarital relationships. *Journal of Social and Personal Relationships*, *10*, 39 - 53.

Pruitt, D., Fry, W., Castrianno, L., Zubek, J., Welton, G., McGillicuddy, N., & Ippolito, C. (1989). The process of mediation: Caucusing, control, and problem solving. In M. Rahim (Ed.), *Managing conflict: An interdisciplinary approach*. New York: Praeger.

Pruitt, D. G. (1976). Power and bargaining. In B. Seidenberg & A. Snadowsky (Eds.), *Social psychology: An introduction*. New York: Free Press.

Pryor, J. B. (1995). The psychosocial impact of sexual harassment on women in the U. S. military. *Basic and Applied Social Psychology*, *17*, 581 - 603.

Pryor, J. B., Lavite, C., & Stoller, L. (1993). A social psychological analysis of sexual harassment. The person/situation interaction. *Journal of Vocational Behavior*, *42*, 68 -83.

Pyszczynski, T., Hamilton, J. C., Herring, F. H., & Greenberg, J. (1989). Depression, self-focused attention, and the negative memory bias. *Journal of Personality and Social Psychology*, *57*, 351 - 357.

Quattrone, G. A. (1986). On the perception of a group's variability. In S. Worcliel & W. G. Austin (Eds.), *The psychology of intergroup relations* (pp. 25 - 48). Chicago: Nelson-Hall.

Quattrone, G. A., & Jones, E. E. (1978). Selective self-disclosure with and without correspondent performance. *Journal of Experimental Social Psychology*, *14*, 511 -526.

Quattrone, G. A., & Jones, E. E. (1980). The perception

of variability with in-groups and out-groups: Implications for the law of small numbers. *Journal of Personality and Social Psychology*, *38*, 141-152.

Quinn, K. L., & Olson, J. M. (1998). Attributional ambiguity and stigmas: Self-protective effects of minority status. Manuscript submitted for publication.

Rabbie, J. M., & Bekkers, F. (1976). Threatened leadership and intergroup competition. *Nederlands Tijdschrift voor de Psychologie en haar Grensaebieden*, *31*, 269-283.

Rada, J. B., & Rogers, R. W. (1973, October), *Obedience to authority: Presence of authority and command strength.* Paper presented at the meeting of the Southwestern Psychological Association, New Orleans.

Rajecki, D. W. (1990). *Attitudes* (2nd ed.). Sunderland, MA: Sinauer.

Raven, B. H., Centers, R., & Rodrigues, A. (1975). The bases of conjugal power. In Cromwell, R. E., & Olson, D. H. (Eds.), *Power in families* (pp. 217-234). Newbury Park, CA: Sage.

Raven, B. H., & French, J. R. (1958). Legitimate power, coercive power and observability in social influence. *Sociometry*, *21*, 83-97.

Raven, B. H., & Kruglanski, A. (1970). Conflict and power. In P. Swingle (Ed.), *The structure of conflict*. New York: Academic Press.

Redding, G., & Wong, G. (1986). The psychology of Chinese organizational behavior. In M. Bond (Ed.), *The psychology of the Chinese people*. New York: Oxford University Press.

Redfield, H. V. (1880). *Homicide, north and south*. Philadelphia, PA: Lippincott.

Regan, P. C., Snyder, M., & Kassin, S. M. (1995). Unrealistic optimism: Self-enhancement or person positivity? *Personality and Social psychology Bulletin*, *21*, 1073-1082.

Reicher, S. D. (1984). The St. Paul riot: An explanation of the limits of crowd action in terms of social identity model. *European Journal of Social Psychology*, *14*, 1-21.

Reicher, S. D., & Levine, M. (1994). On the consequences of deindividuation manipulations for the strategic communication of self: Identifiability and the presentation of social identity. *European Journal of Social Psychology*, *24*, 511-524.

Reinisch, J. M., & Sanders, S. A. (1986). A test of sex differences in aggressive response to hypothetical conflict situations. *Journal of Personality and Social Psychology*, *50*, 1045-1049.

Reis, H. T., Nezlek, J., & Wheeler, L. (1980). Physical attractiveness in social interaction. *Journal of Personality and Social Psychology*, *38*, 604-617.

Reis, H. T., & Patrick, B. (1996). Attachment and intimacy: Component process. In A. Kruglanski & E. T. Higgins (Eds.), *Social psychology: Handbook of basic principles* (pp. 523-563). New York: Guilford.

Rhodewalt, F., & Hill, S. C. (1995). Self-handicapping in the classroom: The effects of claimed self-handicaps on responses to academic failure. *Basics of Applied Social Psychology*, *16*, 397-416.

Rhodewalt, F., Sanbonmatsu, D. M., Tschanz, B., Feick, D. L., & Waller, A. (1995). Serf-handicapping and interpersonal trade-offs: The effects of claimed self-handicaps on observers' performance evaluations and feedback. *Personality and Social Psychology*, *21*, 1042-1050.

Rice, O. (1978). *The Hatfields and the McCoys*. Lexington: University of Kentucky Press.

Rice, R. W., Bender, L. R., & Vitters, A. G. (1980). Leader sex, follower attitudes toward women, and leadership effectiveness: A laboratory study. *Organizational Behavior and Human Performance*, *25*, 46-78.

Rice, R. W., Instone, D., & Adams, J. (1984). Leader sex, leader success, and leadership process: Two field studies. *Journal of Applied Psychology*, *69*, 12-31.

Rice, R. W., & Kastenbaum, D. R. (1983). The contingency model of leadership: Some current issues. *Basic and Applied Social Psychology*, *4*, 373-392.

Rickels, K., & Downing, R. (1967). Drug and placebotreated neurotic outpatients. *Archives of General Psychiatry*, *16*, 369-372.

Riecken, H. W. (1958). The effect of talkativeness on ability to influence group solutions of problems. *Sociometry*, *21*, 309-321.

Riess, M., Rosenfeid, R., Melburg, V., & Tedeschi, J. T. (1981). Self-preserving attributions: Biased private perceptions and distorted public descriptions. *Journal of Personality and Social Psychology*, *41*, 224-231.

Riggio, R. E., Tucker J., & Throckmorton, B. (1987). Social skills and deception ability. *Personality and Social Psychology Bulletin*, *13*, 568-577.

Ringelmann, M. (1913). Recherches sur les motenrs animes: Travail de l'homme. *Annale de l'Instint National Agronomigre, 2nd Series*, *12*, 1-40.

Roberts, D. F., & Maccoby, N. (1985). Effects of mass communication. In G. Lindzey & E. Aronson (Eds.), *Handbook ofsocial psychology* (3rd ed., pp. 539-598). New York: Random House.

Roberts, J. V. (1984). Selective recall for personally relevant communications. *Canadian Journal of Behavioral Science*, *16*, 208-215.

Robertson, I. (1989). *Society: A brief introduction*. New York: Worth.

Robinson, J. P. (1988). Who's doing the housework? *American Demographics*, *10*(12), 24-28, 63.

Roese, N. (1994). The functional basis of counterfactual thinking. *Journal of Personality and Social Psychology*, *66*, 805-818.

Rogers, R. W., & Mewborn, C. R. (1976). Fear appeals and attitude change: Effects of a threat's noxiousness, probability of occurrence, and the efficacy of coping responses. *Journal of Personality and Social Psychology*, *34*, 54-61.

Rogers, R. W., & Prentice-Dunn, S. (1981). Deindividuation and anger-mediated interracial aggression: Unmasking regressive racism. *Journal of Personality and Social Psychology*, *41*, 63-73.

Rohan, M. J., & Zanna, M. P. (1996). Value transmission in families. In C. Seligman, J. M. Olson, & M. P. Zanna (Eds.), *The psychology of values: The Ontario symposium* (Vol. 8, pp. 233-276). Mahwah, NJ: Erlbaum.

Rook, K. (1987). Social support versus companionship: Effects of life stress, loneliness, and evaluation by others. *Journal of Personality and Social Psychology*, *52*, 1132-1147.

Rosenbaum, L. L., & Rosenbaum, W. B. (1971). Morale and Productivity consequences of group leadership style, stress, and type of task. *Journal of Applied Psychology*, *55*, 343-348.

Rosenbaum, M. E. (1986). The repulsion hypothesis: On the nondevelopment of relationships. *Journal of Personality and Social Psychology*, *51*, 1156-1166.

Rosenberg, M. (1979). *Conceiving the self*. New York: Basic Books.

Rosenhan, D. L., Salovey, P., & Hargis, K. (1981). The joys of helping: Focus of attention mediates the impact of positive effect on altruism. *Journal of Personality and Social Psychology*, *40*, 899-905.

Rosenthal, A. M. (1964). *Thirty-eight witnesses*. New York: McGraw-Hill.

Rosenthal, R. (1973). The Pygmalion effect lives. *Psychology Today*, *7*(4), 56-63.

Rosenthal, R., & Benowitz, L. I. (1985). Sensitivity to nonverbal communication in normal, psychiatric, and brain-damaged samples. In P. D. Blanck, R. W. Buck, & R. Rosenthal (Eds.), *Nonverbal communication in the clinical context*. University Park: Pennsylvania State University Press.

Rosenthal, R., & Evans, J. (1968). Unpublished data. Harvard University.

Rosenthal, R., & Fode, K. L. (1963). Psychology of the scientist: V. Three experiments in experimenter bias. *Psychological Reports*, *12*, 491-511.

Rosenthal, R., & Jacobson, L. (1968). *Pygmalion in the classroom: Teacher expectation and pupils' intellectual development*. New York: Holt, Rinehart and Winston.

Rosenthal, R., & Rubin, D. B. (1978). Interpersonal expectancy effects: The first 345 studies. *The Behavioral and Brain Sciences*, *3*, 377-386.

Ross, E. A. (1908). *Social psychology: An outline and a source book*. New York: Macmillan.

Ross, L. (1977). The intuitive psychologist and his shortcomings: Distortions in the attribution process. In L. Berkowitz (Ed.), *Advances in experimental social psychology* (Vol. 10). New York: Academic Press.

Ross, L., Bierbrauer, G., & Hoffman, S. (1976). The role of attribution processes in conformity and dissent: Revisiting the Asch situation. *American Psychologist*, *31*, 148-157.

Ross, L., Greene, D., & House, P. (1977). The "false consensus effect": An egocentric bias in social perception and attribution processes. *Journal of Experimental Social Psychology*, *13*, 279-301.

Ross, M. (1981). Self-centered biases in attribution of responsibility: Antecedents and consequences. In E. T. Higgins, C. P. Herman, & M. P. Zanna (Eds.), *Social cognition: The Ontario symposium* (Vol. 1). Hillsdale, NJ: Erlbaum.

Ross, M. (1989). Relation of implicit theories to the construction of personal histories. *Psycholog-ical Review*, *96*, 341-357.

Ross, M., & Fletcher, G. J. O. (1985). Attribution and social perception. In G. Lindzey & E. Aronson (Eds.), *The handbook of social psychology* (3rd ed., Vol. 2). New York: Random House.

Ross, M., McFarland, C., & Fletcher, G. J. O. (1981). The effect of attitude on the recall of personal histories. *Journal of Personality and Social Psychology*, *40*, 627-634.

Ross, M., & Sicoly, F. (1979). Egocentric biases in availability and attribution. *Journal of Personality and Social Psychology*, *37*, 322-336.

Roth, S., & Kubal, L. (1975). Effects of noncontingent reinforcement on tasks of differing importance: Facilitation and learned helplessness. *Journal of Personality and Social Psychology*, *32*, 680-691.

Rothbart, M., & Hallmark, W. (1988). In-group — out-group differences in the perceived efficacy of coercion and conciliation in resolving conflict. *Journal of Personality and Social Psychology*, *55*, 248-257.

Rothbart, M., & Lewis, S. H. (1994). *Cognitive processes and intergroup relations: A historical perspective*. San Diego, CA: Academic Press.

Rothgerber, H., & Worchel, S. (1997). The view from below: Intergroup relations from the perspective of the disadvantaged group. *Journal of Personality and Social Psychology*, *73*, 1191-1205.

Rotter, J. B. (1966). Generalized expectancies for internal vs. external reinforcement. *Psychological Monographs*, *80* (1), Whole no. 609.

Rotter, J. B. (1971, June). External and internal control. *Psychology Today*, pp. 37-42, 58-59.

Rubin, J., Pruitt, D., & Kim, S. (1994). *Social conflict: Escalation, stalemate, and settlement*. New York: McGraw-Hill.

Rubin, J. Z., Provenzano, F. J., & Luria, Z. (1974). The eye of the beholder: Parents' views on sex of newborns. *American Journal of Orthopsychiatry*, *44*, 512-519.

Rubin, Z. (1970). Measurement of romantic love. *Journal of Personality and Social Psychology*, *16*, 265-273.

Rubin, Z. (1973). *Liking and loving*. New York: Holt, Rinehart and Winston.

Rubin, Z., & Peplau, L. A. (1975). Who believes in a just world? *Journal of Social Issues*, *31*, 65-89.

Rubin, Z., & Schlenker, S. (1978). Friendship, proximity, and self-disclosure. *Journal of Personality*, *46*, 1-22.

Ruble, D. N. (1987). The acquisition of self-knowledge: A self-socialization perspective. In N. Eisenberg (Ed.), *Contemporary topics in developmental psychology*. New York: Wiley.

Rudin, J., & Rudin, M. (1980). *Prison or paradise?: The new religious cults*. Philadelphia, PA: Fortress Press.

Rusboldt, C. E., & Zembrot, I. M. (1983). Responses to dissatisfaction in romantic involvement. *Journal of Experimental Social Psychology*, *19*, 274-293.

Russo, N. E., & Denmark, F. L. (1984). Women, psychology, and public policy: Selected issues. *American Psychologist*, *39*, 1161-1165.

Ryan, W. (1971). *Blaming the victim*. New York: Vintage Books.

Sabatelli, R. M., Buck, R., & Dreyer, A. (1982). Nonverbal communication accuracy in married couples: Relation-ship with marital complaints. *Journal of Personality and Social Psychology*, *43*, 1088-1097.

Sabatelli, R. M., & Cecil-Pigo, E. F. (1985). Relational interdependence and commitment in marriage. *Journal of Marriage and Family*, *47*, 931-937.

Sadker, M. P., & Sadker, D. M. (1994). *Failing at fairness: How America's schools cheat girls*. New York: Scribner's.

Sadler, O., & Tesser, A. (1973). Some effects of salience and time upon interpersonal hostility and attraction during social isolation. *Sociometry*, *36*, 99-112.

Sagar, H. A., & Schofield, J. W. (1980). Racial behavioral cues in black and white children's perceptions of ambiguously aggressive acts. *Journal of Personality and Social Psychology*, *39*, 590-598.

Sanbonmatsu, D. M., Shavitt, S., Sherman, S. J., & Roskos-Ewoldsen, D. R. (1987). Illusory correlation in the perception of performance by self or a salient other. *Journal of Experimental Social Psychology*, *23*, 518-543.

Sande, G. N., Goethals, G. R., & Radloff, C. E. (1988). Perceiving one's own traits and others': The multifaceted self. *Journal of Personality and Social Psychology*, *54*, 13-20.

Sanders, G. S. (1981). Driven by distraction: An integrative review of social facilitation theory and research. *Journal of Experimental Social Psychology*, *17*, 227-251.

Sanders, G. S., & Baron, R. S. (1975). The motivating effects of distraction on task performance. *Journal of Personality and Social Psychology*, *32*, 956-963.

Sanders, G. S., & Baron, R. S. (1977). Is social comparison irrelevant for producing choice shifts? *Journal of Experimental Social Psychology*, *13*, 303-313.

Sansone, C. (1986). A question of competence: The effect of competence and task feedback on intrinsic interest. *Journal of Personality and Social Psychology*, *51*, 918-931.

Sansone, C. (1989). Competence feedback, task feedback, and intrinsic interest: An examination of process and context. *Journal of Experimental and Social Psychology*, *25*, 343-361.

Santayana, G. (1920). *Character and opinion in the United States*. New York: Scribner's.

Santee, R. T., & Maslach, C. (1982). To agree or not to agree: Personal dissent amid social pressure to conform. *Journal of Personality and Social Psychology*, *42*, 690-701.

Santos, M. D., Leve, C., & Pratkanis, A. R. (1994). Hey buddy, can you spare seventeen cents? Mindful persuasion and the pique technique. *Journal of Applied Social Psychology*, *24*, 755-764.

Schachter, S. (1951). Deviation, rejection, and communication. *Journal of Abnormal and Social Psychology*, *46*, 190-207.

Schachter, S. (1959). *The psychology of affiliation*. Palo Alto, CA: Stanford University Press.

Schachter, S. (1964). The interaction of cognitive and physiological determinants of emotional state. In L. Berkowitz (Ed.), *Advances in experimental social psychology* (Vol. 1). New York: Academic Press.

Schachter, S. (1971). *Emotion, obesity, and crime*. New York: Academic Press.

Schachter, S., & Singer, J. (1962). Cognitive, social and physiological determinants of emotional state. *Psychological Review*, *69*, 379-399.

Schank, R. C., & Abeison, R. P. (1977). *Scripts, plans, goals and understanding: An inquiry into human knowledge structures*. Hillsdale, NJ: Erlbaum.

Schlenker, B. R., & Britt, T. W. (1996). Depression and the explanation of events that happen to self, close others, and strangers. *Journal of Personality and Social Psychology*, *71*, 180-191.

Schlenker, B. R., Dlugolecki, D. W., & Doherty, K. (1994). The impact of self-presentations on selfappraisals and behavior: The power of public commitment. *Personality and Social Psychology*, *20*, 20-33.

Schlenker, B. R., Helm, B., & Tedeschi, J. T. (1973). The effects of personality and situational variables on behavioral trust. *Journal of Personality and Social Psychology*, *25*, 419-427.

Schlesinger, A. M., Jr. (1965). *The thousand days*. Boston: Houghton-Mifflin.

Schmidt, G., & Weiner, B. (1988). An attribution-affectaction theory of behavior: Replications of judgments of helpgiving. *Personality and Social Psychology Bulletin*, *14*, 610-621.

Schmidt, J. L. (1996, November 20). Iraqi man charged with forcing his teenage daughters to marry. *Bryan College Station (TX) Eagle*.

Schmutte, G. T., & Taylor, S. P. (1980). Physical aggression as a function of alcohol and pain feedback. *Journal of Social Psychology*, *110*, 235-245.

Schopler, J., Insko, C. A., Drigotas, S., & Graetz, K. A. (1993). Individual-group discontinuity: Further evidence for mediation by fear and greed. *Personality and Social Psychology Bulletin*, *19*(4), 419-431.

Schreisheim, C. A., & Kerr, S. (1977a). R. I. P. LPC: A response to Fiedler. In J. F. Hunt & L. L. Larson (Eds.), *Leadership: The cutting edge* (pp. 51-56). Carbondale: Southern Illinois University Press.

Schreisheim, C. A., & Kerr, S. (1977b). Theories and measures of leadership: A critical appraisal of current and future directions. In J. G. Hunt & L. L. Larson (Eds.), *Leadership: The cutting edge* (pp. 9-45). Carbondale: Southern Illinois University.

Schroeder, C. M., & Prentice, D. A. (In press). Exposing pluralistic ignorance to reduce alcohol use among college students. *Journal of Applied Social Psychology*.

Schroeder, D. A., Dovidio, J. F., Sibicky, M. E., Matthews, L. L., & Allen, J. L. (1988). Empathy concern and helping behavior: Egoism or altruism. *Journal of Experimental Social Psychology*, *24*, 333-353.

Schroeder, D. A., Penner, L. A., Dovidio, J. F., & Piliavin, J. A. (1995). *The psychology of helping and altruism*. New York: McGraw-Hill.

Schuman, H., & Hatchett, S. (1974). *Black racial attitudes: Trends and complexities*. Ann Arbor: University of Michigan Press.

Schwartz, S. (1992). Universals in the content and structure of values: Theoretical advances and empirical tests in 20 countries. In M. Zanna (Ed.), *Advances in experimental social psychology* (Vol. 25). Orlando, FL: Academic Press.

Schwartz, S., & Sagiv, L. (1995). Identifying culture-specifics in the content and structure of values. *Journal of Cross-Cultural Psychology*, *26*, 92-116.

Schwartz, S. H. (1977). Normative influences on altruism. In L. Berkowitz (Ed.), *Advances in experimental social psychology* (Vol. 10). New York: Academic Press.

Schwartz, S. H., & Ames, R. E. (1977). Positive and negative referent others as sources of influences: A case of helping. *Sociometry*, *40*, 12-21.

Schwartz, S. H., & Gottlieb, A. (1980). Bystander anonymity and reactions to emergencies. *Journal of Personality and Social Psychology*, *39*, 418-430.

Scott, D. S. (1980) Pain endurance induced by a subtle variable (demand) and the "reverse Milgram effect." *British Journal of Social and Clinical Psychology*, *19*, 137-139.

Scully, D. (1990). *Understanding sexual violence: A study of convicted rapists*. New York: HarperCollins.

Sears, R. R., Whiting, J. W. M., Nowlis, J., & Sears, P. S. (1953). Child rearing antecedents of aggression and dependency in young children. *Genetic Psychology Monographs*, *47*, 135-234.

Sedikides, C. (1995). Central and peripheral self-conceptions are differentially influenced by mood: Tests of the differential sensitivity hypothesis. *Journal of Personality and Social Psychology*, *69*, 759-776.

Seeman, M., & Evans, J. W. (1962). Alienation and learning in a hospital setting. *American Sociological Review*, *27*, 772-782.

Seligman, C., Olson, J. M., & Zanna, M. P. (1996). *The psychology of values: The Ontario symposium* (Vol. 8). Mahwah, NJ: Erlbaum.

Shaffer, D. R., Pegalis, L. J., & Bazzini, D. G. (1996). When boy meets girl (revisited): Gender, gender-role orientation, and prospect of future interaction as determinants of self-disclosure among same-and oppositesex acquaintances. *Personality and Social Psychology Bulletin*, *22*, 495-506.

Sharp, M. J., & Getz, J. G. (1996). Substance use as impression management. *Personality and Social Psychology*, *22*, 60-67.

Shaver, P., Schwartz, J., Kirson, D., & O'Connor, C. (1987). Emotion knowledge: Further exploration of a prototype approach. *Journal of Personality and Social Psychology*, *52*, 1061-1086.

Shavitt, S. (1990). The role of attitude objects in attitude functions. *Journal of Experimental Social Psychology*, *26*, 124-148.

Shaw, J. I., & Condelli, L. (1986). Effects of outcome and basis of power on the powerholder-target relationship. *Personality and Social Psychology Bulletin*, *12*, 236-246.

Shaw, M. E. (1981). *Group dynamics: The psychology of small group behavior*. New York: McGraw-Hill.

Sheppard, J. A., & Arkin, R. M. (1989). Self-handicapping: The moderating roles of public self-consciousness and task importance. *Personality and Social Psychology Bulletin*, *15*, 252-265.

Sherif, M. (1935). A study of some social factors in perception. *Archives of Psychology*, *27*(187), 1-60.

参考文献

Sherif, M., Harvey, O., White, B., Hood, W., & Sherif, C. (1961). *Intergroup conflict and cooperation: The Robber's Cove experiment*. Norman: Institute of Group Relations, University of Oklahoma.

Sherif, M., & Sherif, C. W. (1969). *Social Psychology*. New York: Harper.

Shikanai, K. (1978). Effects of self-esteem on attributions of success-failure. *Japanese Journal of Experimental Social Psychology*, *18*, 47-55.

Shotland, R. L., & Stau, M. K. (1976). Bystander response to an assault: When a man attacks a woman. *Journal of Personality and Social Psychology*, *34*, 990-999.

Showers, C. J., & Kling, K. C. (1996a). Organization of self-knowledge: Implications for recovery from sad mood. *Journal of Personality and Social Psychology*, *70*, 578-590.

Showers, C. J., & Kling, K. C. (1996b). The organization of self-knowledge: Implications for mood recovery. In L. L. Martin & A. Tesser (Eds.), *Striving and feeling: Interactions among goals, affect, and self-regulation* (pp. 151-173). Hillsdale, NJ: Erlbaum.

Showers, C. J., & Ryff, C. D. (1996). Self-differentiation and well-being in a life transition. *Personality and Social Psychology Bulletin*, *22*, 448-460.

Sidanius, J. (1993). The psychology of group conflict and dynamics of oppression: A social dominance perspective. In S. Iyengar & W. McGuire (Eds.), *Explorations in political psychology*. Durham, NC: Duke University Press.

Sigall, H., & Aronson, R. (1969). Liking for an evaluator as a function of her physical attractiveness and nature of the evaluations. *Journal of Experimental Social Psychology*, *5*, 93-100.

Sigall, H., & Landy, D. (1973). Radiating beauty: Effects of attractive partner on person perception. *Journal of Social Psychology*, *28*, 218-224.

Sigall, H., & Ostrove, N. (1975). Beautiful but dangerous: Effects of offender attractiveness and nature of the crime on juridic judgments. *Journal of Personality and Social Psychology*, *31*, 410-414.

Silver, J. M., & Yudofsky, S. C. (1987). Aggressive behavior in patients with neuropsychiatric disorders. *Psychiatric Annals*, *17*, 367-370.

Silvern, S. B., & Williamson, P. A. (1987). The effects of video game play on young children's aggression, fantasy, and prosocial behavior. *Journal of Applied Developmental Psychology*, *8*(4), 453-462.

Simmel, G. (1955). *Conflict*. New York: Free Press.

Simmons, C., vonKolke, A., & Shimizu, H. (1986). Attitudes toward romantic love among Americans, Germans, and Japanese students. *Journal of Social Psychology*, *126*, 327-336.

Simons, R. L., Johnson, C., Beaman, J., & Conger, R. D. (1993). Explaining women's double jeopardy: Factors that mediate the association between harsh treatment as a child and violence by a husband. *Journal of Marriage and the Family*, *55*, 713-723.

Simonton, D. K. (1986a). Dispositional attributions of (presidential) leadership: An experimental simulation of historiometric results. *Journal of Experimental Social Psychology*, *22*, 389-418.

Simonton, D. K. (1986b). Presidential personality: Biographical use of the Gough Adjective Check List. *Journal of Personality and Social Psychology*, *51*, 149-160.

Simonton, D. K. (1987). Presidential inflexibility and veto behavior: Two individual-situational interactions. *Journal of Personality*, *55*, 1-18.

Sistrunk, F., & McDavid, J. W. (1971). Sex variables in conforming behavior. *Journal of Personality and Social Psychology*, *17*, 200-207.

Six, B., & Eckes, T. (1991). A closer look at the complex structure of gender stereotypes. *Sex Roles*, *24*, 57-71.

Skolnick, P. (1971). Reactions to personal evaluations: A failure to replicate. *Journal of Personality and Social Psychology*, *18*, 62-67.

Smith, K. D., Keating, J. P., & Stotland, E. (1989). Altruism reconsidered: The effect of denying feedback on a victim's status to empathetic witnesses. *Journal of Personality and Social Psychology*, *57*, 641-650.

Smith, M. D., & Parker, R. N. (1980). Type of homicide and variation in regional rates. *Social Forces*, *59*, 136-147.

Smith, R. E., Wheeler, G., & Diener, E. (1975). Faith without works: Jesus people, resistance to temptation, and altruism. *Journal of Applied Psychology*, *5*, 320-330.

Smith, R. H., & Insko, C. A. (1987). Social comparison choice during ability evaluation: The effects of comparison publicity, performance feedback, and self-esteem. *Personality and Social Psychology Bulletin*, *13*, 111-122.

Smith, T. W., Snyder, C. R., & Handlesman, M. M. (1982). On the self-serving function of an academic wooden leg: Test anxiety as a self-handicapping strategy. *Journal of Personality and Social Psychology*, *42*, 314-321.

Smith, T. W., Snyder, C. R., & Perkins, S. C. (1983). The self-serving function of hypochondrical complaints: Physical symptoms as self-handicapping strategies. *Journal of Personality and Social Psychology*, *44*, 787-797.

Snell, W. E. (1989). Willingness to self-disclose to female and male friends as a function of social anxiety and gender. *Personality and Social Psychology Bulletin*, *15*, 113-125.

Snyder, C. R., & Fromkin, H. L. (1980). *Uniqueness: The human pursuit of difference*. New York: Plenum.

Snyder, M. (1974). Self-monitoring of expressive behavior. *Journal of Personality and Social Psychology*, *30*, 683-689.

Snyder, M. (1979). Self-monitoring processes. In L. Berkowitz (Ed.), *Advances in experimental social psychology* (Vol. 12, pp. 85-128). New York: Academic Press.

Snyder, M., Berscheid, E., & Glick, P. (1985). Focusing on the exterior and the interior: Two investigations of the initiation of personal relationships. *Journal of Personality and Social Psychology*, *48*, 1427-1439.

Snyder, M., & Gangestad, S. (1982). Choosing social situations: Two investigations of self-monitoring processes. *Journal of Personality and Social Psychology*, *43*, 123-135.

Snyder, M., & Gangestad, S. (1986). On the nature of self-monitoring: Matters of assessment, matters of validity. *Journal of Personality and Social Psychology*, *51*, 125-139.

Snyder, M., & Haugen, J. A. (1995). Why does behavioral confirmation occur? A functional perspective on the role of the target. *Personality and Social Psychology Bulletin*, *21*, 963-974.

Snyder, M., & Kendzierski, D. (1982). Acting on one's attitudes: Procedures for linking attitude and behavior. *Journal of Experimental Social Psychology*, *18*, 165-183.

Snyder, M., & Swann, W. B., Jr. (1976). When actions reflect attitudes: The politics of impression management. *Journal of Personality and Social Psychology*, *34*, 1034-1042.

Snyder, M., Tanke, E. D., & Berscheid, E. (1977). Social perception and interpersonal behavior: On the self-fulfilling nature of social stereotypes. *Journal of Personality and Social Psychology*, *35*, 656-666.

Snyder, M., & Uranowitz, S. W. (1978). Reconstructing the past: Some cognitive consequences of person perception. *Journal of Personality and Social Psychology*, *36*, 941-950.

Snyder, M. L. (1993). Basic research and practical problems: The promise of a "functional" personality and social psychol-

ogy. *Personality and Social Psychology Bulletin*, *19*, 251-264.
Sorrentino, R. M., Bobocel, D. R., Gitta, M. Z., Olson, J. M., & Hewitt, E. C. (1988). Uncertainty orientation and persuasion: Individual differences in the effects of personal relevance on social judgments. *Journal of Personality and Social Psychology*, *55*, 357-371.
Sorrentino, R. M., & Boutillier, R. G. (1975). The effect of quantity and quality of verbal interaction on ratings of leadership ability. *Journal of Experimental Social Psychology*, *11*, 403-411.
Sorrentino, R. M., & Field, N. (1986). Emergent leadership over time: The functional value of positive motivation. *Journal of Personality and Social Psychology*, *50*, 1091-1099.
Sorrentino, R. M., & Higgins, E. T. (1986). Motivation and cognition: Warming up to synergism. In R. M. Sorrentino & E. T Higgins (Eds.), *Handbook of motivation and cognition: Foundations of social behavior* (Vol. 1, pp. 3-19). New York: Guilford.
Sorrentino, R. M., Short, J. C., & Raynor, J. O. (1984). Uncertainty orientation: Implications for affective and cognitive views of achievement behavior. *Journal of Personality and Social Psychology*, *46*, 189-206.
Speed, A., & Gangestad, S. W. (1997). Romantic popularity and mate preferences: A peer-nomination study. *Personality and Social Psychology Bulletin*, *23*, 928-936.
Sprecher, S., & Duck, S. (1994). Sweet talk: The importance of perceived communication for romantic and friendship attraction experienced during a getacquainted date. *Personality and Social Psychology Bulletin*, *20*, 391-400.
Stagner, R. (1986). Reminiscences about the founding of SPSSI. *Journal of Social Issues*, *42*, 35-42.
Stampp, K. M. (1956). *The peculiar institution: Slavery in the ante-bellum South*. New York: Vintage.
Stang, D. J. (1972). Conformity, ability, and self-esteem. *Representative Research in Social Psychology*, *3*, 97-103.
Stanley, S. M. (1986). *Commitment and the maintenance and enhancement of relationships*. Unpublished doctoral dissertation. University of Denver, Denver, CO.
Stasser, G. (1988). Computer simulation as a research tool: The DIS-CUSS model of group decision making. *Journal of Experimental Social Psychology*, *24*, 393-422.
Stasser, G., Taylor, L. A., & Hanna, C. (1989). Information sampling in structured and unstructured discussions in three-and six-person groups. *Journal of Personality and Social Psychology*, *57*, 67-78.
Stasser, G., & Titus, W. (1985). Pooling of unshared information in group decision making: Biased information sampling during discussion. *Journal of Personality and Social Psychology*, *48*, 1467-1478.
Staub, E. (1989). *The roots of evil: The origins of genocide and other group violence*. New York: Cambridge University Press.
Stech, F. J., & McClintock, C. G. (1981). Effects of communicating timing on duopoly bargaining outcomes. *Journal of Personality and Social Psychology*, *40*, 664-674.
Steele, C. M. (1992, April). Race and the schooling of black Americans. *Atlantic Monthly*.
Steele, C. M. (1997). A threat in the air: How stereotypes shape intellectual identity and performance. *American Psychologist*, *52*, 613-629.
Steele, C. M., & Aronson, J. (1995). Stereotype threat and the intellectual test performance of African Americans. *Journal of Personality and Social Psychology*, *69*, 797-811.
Steele, C. M., Critchlow, B., & Liu, T. J. (1985). Alcohol and social behavior: Ⅱ. The helpful drunkard. *Journal of Personality and Social Psychology*, *97*, 196-205.
Steele, C. M., & Josephs, R. A. (1990). Alcohol myopia: Its prized and dangerous effects. *American Psychologist*, *45*, 921-933.
Steele, C. M., & Liu, T. J. (1981). Making the dissonance act unreflective of self: Dissonance avoidance and the expectancy of a value-affirming response. *Personality and Social Psychology Bulletin*, *7*, 393-397.
Steele, C. M., Southwick, L. L., & Critchlow, B. (1981). Dissonance and alcohol: Drinking your troubles away. *Journal of Personality and Social Psychology*, *41*, 831-846.
Stein, A. H., & Freidrich, L. K. (1975). The impact of television on children and youth. In E. M. Hetherington (Ed.), *Review of Child Development Research*. Chicago: University of Chicago Press.
Steinmetz, S. K. (1980). Women and violence: Victims and perpetrators. *American Journal of Psychotherapy*, *34*, 334-350.
Stephan, W. G. (1978). School desegregation: An evaluation of predictions made in *Brown v. Board of Education*. *Psychological Bulletin*, *85*, 217-238.
Stephan, W. G. (1986). Effects of school desegregation: An evaluation 30 years after *Brown*. In L. Saxe & M. Saks (Eds.), *Advances in applied social psychology* (Vol. 4, pp. 181-206).
Stephan, W. G., Stephan, C., & de Vargas, M. (1996). Emotional expression in Costa Rica and the United States. *Journal of Cross Cultural Psychology*, *27*, 147-160.
Sterling, B., & Gaertner, S. L. (1984). The attribution of arousal and emergency helping: A bi-directional process. *Journal of Experimental Social Psychology*, *6*, 586-596.
Stewart, D. D., & Stasser, G. (1993, May). *Information sampling in collective recall groups versus decision making groups*. Paper presented at the 65th annual meeting of the Midwest Psychological Association, Chicago.
Stogdill, R. (1948). Personal factors associated with leadership. *Journal of Psychology*, *25*, 35-71.
Stone, J., Aronson, E., Crain, A. L., Winslow, M. P., & Fried, C. B. (1994). Inducing hypocrisy as a means of encouraging young adults to use condoms. *Personality and Social Psychology Bulletin*, *20*, 116-128.
Stoner, J. (1961). *A comparison of individual and group decisions, including risk*. Master's thesis, MIT, School of Industrial Management, Cambridge.
Storms, M. (1973). Videotape and the attribution process: Reversing actor's and observer's points of view. *Journal of Personality and Social Psychology*, *27*, 165-175.
Strack, F., Martin, L., & Stepper, S. (1988). Inhibiting and facilitating conditions of the human smile: A nonobtrusive test of the facial feedback hypothesis. *Journal of Personality and Social Psychology*, *54*, 768-777.
Strauman, T. J., & Higgins, E. T. (1987). Automatic activation of self discrepancies and emotional syndromes: When cognitive structures influence affect. *Journal of Personality and Social Psychology*, *53*, 1004-1014.
Strauss, M. A., & Gelles, R. J. (1986). Societal change and change in family violence from 1975 to 1985 as revealed by two national surveys. *Journal of Marriage and the Family*, *48*, 465-479.
Strauss, M. A., Gells, R. J., & Steinmetz, S. K. (1980). *Behind closed doors*. Garden City, NY: Anchor Books.
Streufert, S., & Streufert, S. C. (1986). The development of internation conflict. In S. Worchel & W. G. Austin (Eds.), *The psychology of intergroup relations*. Chicago: Nelson-Hall.
Strom, P., & Buck, R. (1979). Staring and participants' sex: Physiological and subjective reactions. *Personality and Social Psychology Bulletin*, *5*, 114-117.
Strong, S. R., Hills, H. J., Kilmartin, C. T., DeVries, H., Lanier, K., Nelson, B. N., Strickland, D., & Mey-

参考文献

er, C. W. (1988). The dynamic relations among interpersonal behaviors: A test of complementarity and anticomplementarity. *Journal of Personality and Social Psychology*, *54*, 798-810.

Stryphek, B. J., & Snyder, M. (1982). On the self-perpetuating nature of stereotypes about women and men. *Journal of Experimental Social Psychology*, *18*, 277-291.

Sugarman, D. B., Aldarondo, E., & Boney-McCoy, S. (1996). Risk marker analysis of husband to wife violence: A continuum of aggression. *Journal of Applied Social Psychology*, *26*, 313-337.

Suh, E., Diener, E., & Fujita, F. (1996). Events and subjective well-being: Only recent events matter. *Journal of Personality and Social Psychology*, *70*, 1080-1090.

Sullivan, D. S., & Deiker, T. E. (1973). Subject-experimenter perceptions of ethical issues in human research. *American Psychologist*, *28*, 587-591.

Suls, J., & Wills, T. A. (Eds.). (1990). *Social comparison: Contemporary theory and research*. Hillsdale, NJ: Erlbaum.

Summers, A. (1986). *Goddess: The secret lives of Marilyn Monroe*. New York: New American Library.

Sumner, W. (1906). *Folkways*. Boston: Ginn.

Sweeney, P. D., Anderson, K., & Bailey, S. (1986). Attributional style in depression: A meta-analytic review. *Journal of Personality and Social Psychology*, *50*, 974-991.

Sweeney, P. D., & Gruber, K. L. (1984). Selective exposure: Voter information preferences and the Watergate affair. *Journal of Personality and Social Psychology*, *46*, 1208-1221.

Swenson, O. (1987). *The perilous path of cultism*. Caronport, SK: Briercrest Books.

Swinth, R. L. (1976). A decision process model for predicting job preferences. *Journal of Applied Psychology*, *61*, 242-245.

Tagiuri, R., Blake, R., & Bruner, J. (1953). Some determinants of the perception of positive and negative feelings in others. *Journal of Abnormal and Social Psychology*, *48*, 585-592.

Tajfel, H. (1970). Experiments in intergroup discrimination. *Scientific American*, *223*(2), 96-102.

Tajfel, H., & Turner, J. C. (1986). The social identity theory of intergroup behavior. In S. Worchel & W. G. Austin (Eds.), *The psychology of intergroup relations*. Chicago: Nelson-Hall.

Takata, T., (1992, June). *Self-deprecative social comparison in Japan*. Paper presented at the International Conference on Emotion and Culture, Eugene, OR.

Tannenbaum, P. H., Greenberg, B. S., & Silverman, F. R. (1962). Candidate images. In S. Kraus (Ed.), *The great debates* (pp. 271-288). Bloomington: Indiana University Press.

Tannenbaum, P. H., & Zillman, D. (1975). Emotional arousal in the facilitation of aggression through communication. In L. Berkowitz (Ed.), *Advances in experimental social psychology* (Vol. 8). New York: Academic Press.

Taormina, R. J., & Messick, D. M. (1983). Deservingness for foreign aid: Effects of need, similarity, and estimated effectiveness. *Journal of Applied Social Psychology*, *13*, 371-391.

Tatum J., & Kushner, B. (1980). *They call me assassin*. New York: Avon Books.

Taylor, D. A., Gould, R. J., & Brounstein, P. J. (1981). Effects of personalistic self-disclosure. *Personality and Social Psychology Bulletin*, *7*, 487-492.

Taylor, D, M., Wright, S. C., & Porter, L. E. (1994). Dimensions of perceived discrimination: The personal/group discrimination discrepancy. In M. P. Zanna & J. M. Olson (Eds.), *The psychology of prejudice: The Ontario symposium* (Vol. 7, pp. 233-235). Mahwah, NJ: Erlbaum.

Taylor, S. E., & Fiske, S. T. (1975). Point of view and perceptions of causality. *Journal of Personality and Social Psychology*, *32*, 439-445.

Taylor, S. E., & Fiske, S. T. (1978). Salience, attention and attribution: Top-of-the-head phenomena. In L. Berkowitz (Ed.), *Advances in experimental social psychology* (Vol. 11). New York: Academic Press.

Taylor, S. E., Fiske, S. T., Etcoff, N. L., & Ruderman, A. J. (1978). Categorical bases of person memory and stereotyping. *Journal of Personality and Social Psychology*, *36*, 778-793.

Taylor, S. L., O'Neal, E. C., Langley, T., & Butcher, A. H. (1991). Anger arousal, deindividuation, and aggression. *Aggressive Behavior*, *17*, 193-206.

Taylor, S. P., & Gammon, C. B. (1975). Effects of type and dose of alcohol on human physical aggression. *Journal of Personality and Social Psychology*, *32*, 169-175.

Taylor, S. P., Gammon, C. B., & Capasso, D. R. (1976). Aggression as a function of the interaction of alcohol and threat. *Journal of Personality and Social Psychology*, *34*, 938-941.

Tec, N. (1986). *When light pierced the darkness: Christian rescue of Jews in Nazi-occupied Poland*. New York: Oxford University Press.

Tedeschi, J. T. (1974). *Perspectives on social power*. Chicago: Aldine.

Tedeschi, J. T. (1979). Frustration, fantasy, aggression, and the exercise of coercive power. *Perceptual and Motor Skills*, *48*, 215-219.

Tedeschi, J. T., Schlenker, B. R., & Bonoma, T. V. (1971). Cognitive dissonance: Private rationalization or public spectacle? *American Psychologist*, *26*, 685-695.

Tedeschi, J. T., Smith, R. O., & Brown, R. C. (1974). A reinterpretation of research on aggression. *Psychology Bulletin*, *81*, 540-563.

Teger, A. (1980). *Too much invested to quit*. New York: Pergamon.

Temple, M. T., & Leigh, B. C. (1992). Alcohol consumption and unsafe sexual behavior in discrete events. *Journal of Sex Research*, *29*, 207-219.

Tennen, H., & Eller, S. J. (1977). Attributional components of learned helplessness and facilitation. *Journal of Personality and Social Psychology*, *35*, 265-271.

Tennen, H., & Herzberger, S. (1987). Depression, self-esteem, and the absence of self-protective attributional biases. *Journal of Personality and Social Psychology*, *52*, 72-80.

Terman, L. (1904). A preliminary study in the psychology and pedagogy of leadership. *Pedagogical Seminary*, *4*, 413-451.

Tesser, A. (1978). Self-generated attitude change. In L. Berkowitz (Ed.), *Advances in experimental social psychology* (Vol. 11, pp. 289-338). New York: Academic Press.

Tesser, A. (1988). Toward a self-evaluation maintenance model of social behavior. In L. Berkowitz (Ed.), *Advances in experimental social psychology* (Vol. 21, pp. 181-227). New York: Academic Press.

Tesser, A., Millar, M., & Moore, J. (1988). Some affective consequences of social comparison and reflection processes: The pain and pleasure of being close. *Journal of Personality and Social Psychology*, *54*, 49-61.

Tesser, A., & Smith, J. (1980). Some effects of task relevance and friendship on helping: You don't always help the one you like. *Journal of Experimental Social Psychology*, *16*, 582-590.

Tetlock, P. E., Skitka, L., & Boettger, R. (1989). Social and cognitive strategies for coping with accountability: Conformity, complexity, and bolstering. *Journal of Personality*

and Social Psychology, *57*, 632 - 640.
t'Hart, P. (1988, July). *Groupthink: Observations toward a theory*. Paper presented at the meeting of the International Society of Political Psychology, Meadowlands, NJ.
t'Hart, P., & Kroon, M. (1989, June). *Groupthink in context*. Paper presented at the meeting of the International Society of Political Psychology, Tel Aviv, Israel.
Thibaut, J. W. (1968). The development of contractual norms in bargaining replication and variation. *Journal of Conflict Resolution*, *12*, 102 - 112.
Thibaut, J. W., & Kelley, H. H. (1959). *The social psychology of groups*. New York: Wiley.
Thompson, E. P., Roman, R. J., Moskowitz, G. B., Chaiken, S., & Bargh, J. A. (1994). Accuracy motivation attenuates covert priming: The systematic reprocessing of social information. *Journal of Personality and Social Psychology*, *66*, 474 - 489.
Thompson, W. C., Cowan, C. L., & Rosenhan, D. L. (1980). Focus of attention mediates the impact of negative effect on altruism. *Journal of Personality and Social Psychology*, *39*, 291 - 300.
Thornton, B., & Moore, S. (1993). Physical attractiveness contrast effects: Implications for self-esteem and evolution of the social self. *Personality and Social Psychology Bulletin*, *19*, 474 - 480.
Thornton, J. W., & Jacobs, P. D. (1971). Learned helplessness in human subjects. *Journal of Experimental Psychology*, *87*(3), 367 - 372.
Thurstone, L. L., & Chave, E. J. (1929). *The measurement of attitudes*. Chicago: University of Chicago Press.
Tice, D. M., Butler, J. L., Muraven, M. B., & Stillwell, A. M. (1995). When modesty prevails: Differential favorability of self-presentation to friends and strangers. *Journal of Personality and Social Psychology*, *69*, 1120 - 1138.
Tidwell, M. O., Reis, H. T., and Shaver, P. R. (1996). Attachment, attractiveness and social interaction. *Journal of Personality and Social Psychology*, *71*, 729 - 745.
Tilker, H. A. (1970). Socially responsible behavior as a function of observer responsibility and victim feedback. *Journal of Personality and Social Psychology*, *4*, 95 -100.
Tougas, F., & Veilleux, F. (1988). The influence of identification, collective relative deprivation, and procedure of implementation on women's response to affirmative action: A causal modeling approach. *Canadian Journal of Behavioural Science*, *20*, 15 - 28.
Touhey, J. C. (1972). Comparison of two dimensions of attitude similarity on heterosexual attraction. *Journal of Personality and Social Psychology*, *23*, 8 - 10.
Townsend, J. M. (1995). Sex without emotional involvement: An evolutionary interpretation of sex differences. *Archives of Sexual Behavior*, *24*(2), 173 - 206.
Traeey, T. J. (1994). An examination of the complementarity of interpersonal behavior. *Journal of Personality and Social Psychology*, *67*, 864 - 878.
Travis, L. E. (1925). The effect of a small audience upon eye-hand coordination. *Journal of Abnormal and Social Psychology*, *20*, 142 - 146.
Treas, J. (1977). Family support systems for the aged: Some social and demographic considerations. *Gerontologist*, *17*, 486 - 491.
Triandis, H. (1975). Cultural training, cognitive complexity, and interpersonal attitudes. In R. Brislin, S. Bochner, & W. Lonner (Eds.), *Cross-cultural perspectives on learning*. Beverly Hills, CA: Sage.
Triplett, N. (1897). The dynamogenic factors in pacemaking and competition. *American Journal of Psychology*, *9*, 507 -533.
Trope, Y., Cohen, O., & Moaz, Y. (1988). The perceptual and inferential effects of situational inducements on dispositional attribution. *Journal of Personality and Social Psychology*, *55*, 165 - 177.
Tucker, J. A., Vucinish, R. E., & Sobell, M. S. (1981). Alcohol consumption as a self-handicapping strategy. *Journal of Abnormal Psychology*, *90*, 220 - 230.
Tucker, P., & Aron, A. (1993). Passionate love and marital satisfaction at key transition points in the family life cycle. *Journal of Social and Clinical Psychology*, *12*, 135 - 147.
Tuckman, B. W. (1965). Developmental sequence in small groups. *Psychological Bulletin*, *63*, 384 - 399.
Turner, C. W., & Berkowitz, L. (1972). Identification with film aggressor (covert role taking) and reactions to film violence. *Journal of Personality and Social Psychology*, *21*, 256 - 264.
Tversky, A., & Kahneman, D. (1973). Availability: A heuristic for judging frequency and probability. *Cognitive Psychology*, *5*, 207 - 232.
Uleman, J. S., Hon, A., Roman, R. J., & Moscowitz, G. B. (1996). On-line evidence for spontaneous trait inferences at encoding. *Personality and Social Psychology Bulletin*, *22*, 377 - 394.
Uleman, J. S., Newman, L. S., & Moskowitz, G. B. (1996). People as flexible interpreters: Evidence and issues form spontaneous trait inference. In M. P. Zanna (Ed.), *Advances in experimental social psychology* (Vol. 28, pp. 211 - 279). Boston: Academic Press.
Underwood, B., Berenson, J. F., Berenson, R. J., Cheng, K. K., Wilson, D., Kulik, J., Moore, B. S., & Wenzel, G. (1977). Attention, negative affect, and altruism: An ecological validation. *Personality and Social Psychology Bulletin*, *3*, 51 - 53.
United States Holocaust Memorial Council. (1989). *Night of pogroms: "Kristallnacht."* Washington, DC: U. S. Government Printing Office.
Van Hook, E., & Higgins, E. T. (1988). Self-related problems beyond the self-concept: Motivational consequences of discrepant self-guides. *Journal of Personality and Social Psychology*, *55*, 625 - 633.
Veitch, R., & Griffitt, W. (1976). Good news, bad news: Affective and interpersonal effects. *Journal of Applied Social Psychology*, *6*, 69 - 75.
Vidmar, N., & Rokeach, M. (1974). Archie Bunker's bigotry: A study in selective perception and exposure. *Journal of Communication*, *24*, 36 - 47.
Viney, W. (1989). The cyclops and the twelve-eyed toad: William James and the unity-disunity problem in psychology. *American Psychologist*, *44*, 1261 - 1265.
Vinokur, A., Burnstein, E., Sechrest, L., & Wortman, P. M. (1985). Group decision making by experts: A group problem solving approach. *Journal of Personality and Social Psychology*, *49*, 70 - 84.
Von Baeyer, C. L., Sherk, D. L., & Zanna, M. P. (1981). Impression management in the job interview: When the female applicant meets the male (chauvinist) interviewer. *Personality and Social Psychology Bulletin*, *7*, 45 - 51.
Wagner, C. C., Kiesler, D. J., & Schmidt, J. A. (1995). Assessing the interpersonal transaction cycle: Convergence of action and reaction interpersonal circumplex measures. *Journal of Personality and Social Psychology*, *69*, 938 - 949.
Wagner, H. L., MacDonald, C. J., & Manstead, A. S. R. (1986). Communication of individual emotions by spontaneous facial expressions. *Journal of Personality and Social Psychology*, *50*, 737 - 743.
Walker, L. E. (1989). Psychology and violence against women. *American Psychology*, *44*, 695 - 702.
Wallach, M., Kogan, N., & Bem, D. (1962). Group influence on individual risk taking. *Journal of Abnormal and Social Psychology*, *65*, 75 - 86.
Walster, E., Aronson, V., Abrahams, D., & Rottman, L.

(1966). The importance of physical attractiveness in dating behavior. *Journal of Personality and Social Psychology*, *4*, 508-516.
Walster, E., Berscheid, E., & Walster, G. W. (1978). *Equity: Theory and research*. Boston, MA: Allyn and Bacon.
Walster, E., & Walster, G. W. (1969). The matching hypothesis. *Journal of Personality and Social Psychology*, *6*, 248-253.
Walster, E., & Walster, G. W. (1978). *Love*. Reading, MA: Addison-Wesley.
Walters, P. S., & Lindskold, S. (1982). *Intensity of conflict and response to conciliation*. Unpublished manuscript. Ohio University, Athens, OH.
Walters, R., & Willows, D. (1968). Imitation behavior of disturbed children following exposure to aggressive and nonaggressive models. *Child Development*, *39*, 79-91.
Watson, R. I. (1973). Investigation into deindividuation using a cross-cultural survey technique. *Journal of Personality and Social Psychology*, *25*, 342-345.
Watson, D., & Clark, L. A. (1984). Negative affectivity: The disposition to experience aversive emotional states. *Psychological Bulletin*, *96*, 465-490.
Watzlawick, P., Beavin, J. H., & Jackson, D. D. (1967). *Pragmatics of human communication: A study of interactional patterns, pathologies, and paradoxes*. New York: Norton.
Weaver, G. (1994). Understanding and coping with crosscultural adjustment stress. In G. Weaver (Ed.), *Culture, communication, and conflict: Reading in intercultural relations*. Needham Heights, MA: Simon and Schuster.
Webb, W., & Worchel, S. (1986). Trust and distrust. In S. Worchel & W. G. Austin (Eds.), *The psychology of intergroup relations*. Chicago: Nelson-Hall.
Weber, M. (1946). The sociology of charismatic authority. Reprinted in H. H. Gerth & C. W. Mills (Trans. and Eds.), *From Max Weber: Essay in sociology* (pp. 245-252). New York: Oxford University Press. (Originally published in 1921.)
Wegner, D. M. (1992). You can't always think what you want: Problems in the suppression of unwanted thoughts. In M. P. Zanna (Ed.), *Advances in experimental social psychology* (Vol. 25, pp. 193-225). Boston: Academic Press.
Wegner, D. M., & Gold, D. B. (1995). Fanning old flames: Emotional and cognitive effects of suppressing thoughts of a past relationship. *Journal of Personality and Social Psychology*, *68*, 782-791.
Wegner, D. M., & Pennebaker, J. W. (1993). Changing our minds: An introduction to mental control. In D. M. Wegner & J. W. Pennebaker (Eds.), *Handbook of mental control* (pp. 1-12). Englewood Cliffs, NJ: Prentice Hall.
Wegner, D. M., Schneider, D. J., Carter, S. R., Ⅲ, & White, L. (1987). Paradoxical effects of thought suppression. *Journal of Personality and Social Psychology*, *53*, 5-13.
Weigel, R. H., Loomis, J. W., & Soja, M. J. (1980). Race relations on prime time television. *Journal of Personality and Social Psychology*, *39*, 884-893.
Weigel, R. H., & Newman, L. S. (1976). Increasing attitude-behavior correspondence by broadening the scope of the behavioral measure. *Journal of Personality and Social Psychology*, *33*, 793-802.
Weiger, W. A., & Bear, D. M. (1988). An approach to the neurology of aggression. *Journal of Psychiatric Research*, *22*, 85-98.
Weiner, B. (1985). An attributional theory of achievement motivation and emotion. *Psychological Review*, *92*, 548-573.
Weiner, B. (1986). *An attribution theory of motivation and emotion*. New York: Springer-Verlag.
Weiner, B., Frieze, I., Kukla, A., Reed, L., Rest, B., & Rosenbaum, R. M. (1971). *Perceiving the causes of success and failure*. Morristown, NJ: General Learning Press.
Weiner, B., Perry, R. P., & Magnusson, J. (1988). An attributional analysis of reactions to stigmas. *Journal of Personality and Social Psychology*, *55*, 738-748.
Weinstein, N. D. (1980). Unrealistic optimism about future life events. *Journal of Personality and Social Psychology*, *39*, 806-820.
Wells, G. L., & Petty, R. E. (1980). The effects of overt head-movements on persuasion, compatibility, and incompatibility of responses. *Journal of Basic and Applied Social Psychology*, *1*, 219-230.
Werner, G., & Latané, B. (1974). Interaction motivates attraction: Rats are fond of fondling. *Journal of Personality and Social Psychology*, *29*, 328-334.
West, S. G., Gunn, S. P., & Chernicky, P. (1975). Ubiquitous Watergate: An attributional analysis. *Journal of Personality and Social Psychology*, *32*, 55-65.
West, S. G., & Wicklund, R. A. (1980). *A primer of social psychological theories*. Pacific Grove, Calif.: Brooks/Cole.
Wheeler, L. (1966). Toward a theory of behavioral contagion. *Psychological Review*, *73*, 179-192.
Wheeler, L., & Koestner, R. (1984). Performance evaluation: On choosing to know the related attributes of others when we know their performance. *Journal of Experimental Social Psychology*, *20*, 263-271.
Wheeler, L., Koestner, R., & Driver, R. E. (1982). Related attributes in the choice of comparison others: It's there, but it isn't ail there is. *Journal of Experimental Social Psychology*, *18*, 489-500.
Whitcher, S. J., & Fisher, J. D. (1979). Multidimensional reaction to therapeutic touch in a hospital setting. *Journal of Personality and Social Psychology*, *37*, 87-96.
White, G. L. (1980). Physical attractiveness and courtship progress. *Journal of Personality and Social Psychology*, *39*, 660-668.
White, G. L. (1981). A model of romantic jealousy. *Motivation and Emotion*, *5*, 295-310.
White, G. L., Fishbein, S., & Rutstein, J. (1981). Passionate love and the misattribution of arousal. *Journal of Personality and Social Psychology*, *41*, 56-62.
White, M. (1975). Interpersonal distance as affected by room size, status, and sex. *Journal of Social Psychology*, *95*, 241-249.
White, R. K. (1984). *Fearful warriors: A psychological profile of U. S.-Soviet relations*. New York: Free Press.
White, T. H. (1961). *The making of the President, 1960*. New York: Atheneum.
Whitely, B. E., Jr. (1990). The relationship of heterosexuals' attributions for the causes of homosexuality to attitudes toward lesbians and gay men. *Personality and Social Psychology Bulletin*, *16*, 369-377.
Whitely, B. E., Jr. (1993). Reliability and aspects of the construct validity of Sternherg's triangular love scale. *Journal of Social and Personal Relationships*, *10*, 475-480.
Whyte, W., Jr. (1956). *The organization man*. New York: Simon and Schuster.
Wicker, A. W. (1969). Attitude versus actions: The relationship of verbal and overt behavioral responses to attitude objects. *Journal of Social Issues*, *25*(4), 41-78.
Wicklund, R. A., & Brehun, J. W. (1976). *Perspectives on cognitive dissonance*. Hillsdale, NJ: Erlbaum.
Wicklund, R. A., & Frey, D. (1980). Self-awareness theory: When the self makes a difference. In D. M. Wegner & R. R. Vallacher (Eds.), *The self in social psychology* (pp. 31-54). New York: Oxford University Press.
Wiggins, J. S. (1979). A psychological taxonomy of traitdescriptive terms: The interpersonal domain. *Journal of Per-*

sonality and Social Psychology, *37*, 395 - 412.

Wilder, D. A. (1977). Perception of groups, size of opposition, and social influence. *Journal of Experimental Social Psychology*, *13*, 253 - 268.

Wilke, H., & Van Knippenberg, A. (1988). Group performance. In M. Hewstone, W. Stroebe, J. Codol, & G. Stephenson (Eds.), *Introduction to social psychology*. Oxford, England: Basil Blackwell.

Wilkinson, G. S. (1990). Food sharing in vampire bats. *Scientific American*, 76 - 82.

Williams, K., Harkins, S., & Latané, B. (1981). Identifiability as a deterrent to social loafing: Two cheering experiments. *Journal of Personality and Social Psychology*, *40*, 303 - 311.

Wills, T. A. (1981). Downward comparison principles in social psychology. *Psychological Bulletin*, *90*, 245 - 271.

Wilson, T. D., & Lassiter, G. D. (1982). Increasing intrinsic interest with superfluous extrinsic constraints. *Journal of Personality and Social Psychology*, *42*, 811 - 819.

Winch, R. (1958). *Mate-selection: A study of complementary needs*. New York: Harper and Row.

Winkler, J., & Taylor, S. E. (1979). Preference, expectation, and attributional bias: Two field studies. *Journal of Applied Social Psychology*, *2*, 183 - 197.

Winter, D. G. (1987). Leader appeal, leader performance, and the motive profiles of leaders and followers: A study of American presidents and elections. *Journal of Personality and Social Psychology*, *52*, 196 - 202.

Winter, L., & Uleman, J. S. (1984). When are social judgments made? Evidence for the spontaneousness of trait inferences. *Journal of Personality and Social Psychology*, *47*, 237 - 252.

Wolfgang, M. E., & Fenacuti, F. (1967). *The subculture of violence*. London, England: Tavistock.

Wood, J. V., Giordano-Beach, M., Taylor, K. L., Michela, J. L., & Gaus, V. (1994). Strategies of social comparison among people with low self-esteem: Self-protection and self-enhancement. *Journal of Personality and Social Psychology*, *67*, 713 - 730.

Wood, W. (1987). Meta-analytic review of sex differences in group performance. *Psychological Bulletin*, *102*, 53 - 71.

Wood, W., Pool, G. J., Leck, K., & Purvis, D. (1996). Selfdefinition, defensive processing, and influence: The normative impact of majority and minority groups. *Journal of Personality and Social Psychology*, *71*, 1181 - 1193.

Wood, W., Wong, F. Y., & Chachere, J. G. (1991). Effects of media violence on viewers' aggression in unconstrained social interaction. *Psychological Bulletin*, *109*, 371 -383.

Worchel, S. (1974). The effect of three types of arbitrary thwarting on the instigation to aggression. *Journal of Personality*, *42*, 300 - 318.

Worchel, S. (1984). The darker side of helping: The social dynamics of helping and cooperation. In E. Staub et al. (Eds.), *The development and maintenance of prosocial behavior*. New York: Plenum.

Worchel, S. (1986). The role of cooperation in reducing intergroup conflict. In S. Worchel & W. G. Austin (Eds.), *The psychology of intergroup relations* (pp. 153 - 176). Chicago: Nelson-Hall.

Worchel, S. (1998). A developmental view of the search for group identity. In S. Worchel, F. Morales, D. Paez, & J. Deschamps (Eds.), *Social identity: International perspectives*. London, England: Sage.

Worchel, S., & Andreoli, V. (1978). Facilitation of social interaction through deindividuation of the target. *Journal of Personality and Social Psychology*, *36*, 549 - 557.

Worchel, S., Andreoli, V., & Folger, R. (1977). Intergroup cooperation and intergroup attraction: The effect of previous interaction and outcome of combined effort. *Journal of Experimental Social Psychology*, *13*, 131 - 140.

Worchel, S., Coutant-Sassic, D., & Grossman, M. (1991). A model of group development and independence. In S. Worchel, W. Wood, & J. Simpson (Eds.), *Group process and productivity*. Newbury Park, CA: Sage.

Worchel, S., Coutant-Sassic, D., & Grossman, M. (1992). A developmental approach to group dynamics: A model and illustrative research. In S. Worchel, W. Wood, & J. A. Simpson, (Eds.), *Group process and productivity*. Newbury Park, CA: Sage.

Worchel, S., Coutant-Sassic, D., & Wong, F. (1993). Toward a more balanced view of conflict: There is a positive side. In S. Worchel & J. Simpson (Eds.), *Conflict between people and groups*. Chicago: Nelson-Hall.

Worchel, S., Hart, D., & Buttermeyer, J. (1989, April). *Is social loafing a group phenomenon?* Paper presented at the Southwestern Psychological Association Meeting, Houston, TX.

Worchel, S., Wong, F., & Skeltema, K. (1989). Improving intergroup relations: Comparative effects of anticipated cooperation and helping in attraction for an aid-giver. *Social Psychology Quarterly*, *52*, 213 - 219.

Word, C. H., Zanna, M. P., & Cooper, J. (1974). The nonverbal mediation of self-fulfilling prophesies in interracial interaction. *Journal of Experimental Social Psychology*, *10*, 109 - 120.

Worth, L. T., & Mackie, D. M. (1987). Cognitive mediation of positive affect in persuasion. *Social Cognition*, *5*, 76 -94.

Wright, P., & Crawford, A. (1971). Agreement and friendship: A close look and some second thoughts. *Representative Research in Social Psychology*, *2*, 52 - 69.

Yamaguchi, S. (1990). *Personality and cognitive correlates of collectivism among Japanese: Validation of Collectivism Scale*. Paper presented at the 22nd International Congress of Applied Psychology, Kyoto, Japan.

Yamaguchi, S. (1994). Collectivism among the Japanese: A perspective from the self. In Kim et al. (Eds.), *Individualism and collectivism: Theory, methods, and applications*. Thousand Oaks, CA: Sage.

Yost, J. H., & Weary, G. (1996). Depression and the correspondent inference bias: Evidence for more effortful cognitive processing. *Personality and Social Psychology Bulletin*, *22*, 192 - 200.

Younger, J. C., Walker, L, & Arrowood, A. J. (1977). Postdecision dissonance at the fair. *Personality and Social Psychology Bulletin*, *3*, 284 - 287

Yousif, Y., & Korte, C. (1995). Urbanization, culture, and helpfulness: Cross-cultural studies in England and Sudan. *Journal of Cross-Cultural Psychology*, *26*, 474 - 489.

Yu, A., & Yang, K. (1994). The nature of achievement motivation in collectivist societies. In Kim et al. (Eds.), *Individualism and collectivism: Theory, methods, and applications*. Thousand Oaks, CA: Sage.

Zajonc, R. B. (1965). Social facilitation. *Science*, *149*, 269 - 274.

Zajonc, R. B. (1968). Attitudinal effects of mere exposure. *Journal of Personality and Social Psychology*, *9*, (Monograph suppl., No. 2, Pt. 2), 1 - 27.

Zajonc, R. B. (1972). *Animal social behavior*. Morristown, NJ: General Learning Press.

Zajonc, R. B. (1980). Feeling and thinking: Preferences need no inferences. *American Psychologist*, *35*, 151 - 175.

Zajonc, R. B. (1989). Styles of explanation in social psychology. *European Journal of Social Psychology*, *19*, 345 -368.

Zanna, M. P., & Cooper, J. (1974). Dissonance and the pill: An attribution approach to studying the arousal properties of dissonance. *Journal of Personality and Social Psychology*, *29*, 703 - 709.

Zanna, M. P., Goethals, G. R., & Hill, J. (1975). Evaluating a sex-related ability: Social comparison with similar others and standard setters. *Journal of Experimental Social Psychology*, *11*, 86 - 93.

Zanna, M. P., Kiesler, C. A., & Pilkonis, P. A. (1970). Positive and negative attitudinal affect established by classical conditioning. *Journal of Personality and Social Psychology*, *14*, 321 - 328.

Zanna, M. P., Olson, J. M., & Fazio, R. H. (1980). Attitude-behavior consistency: An individual difference perspective. *Journal of Personality and Social Psychology*, *38*, 432 - 440.

Zelditch, M. (1955). Role differentiation in the nuclear family: A comparative study. In T. Parsons & R. Bales (Eds.), *Family, socialization and interaction process*. Glencoe, IL: Free Press.

Zillmann, D. (1971). Excitation transfer in communication-mediated aggressive behavior. *Journal of Experimental Social Psychology*, *7*, 419 - 434.

Zillmann, D. (1978). *Hostility and aggression*. Hillsdale, NJ: Erlbaum.

Zillmann, D. (1983). Transfer of excitation in emotional behavior In J. T. Cacioppo & R. E. Petty (eds.), *Social psychophysiology: A sourcebook*. New York: Guilford.

Zillmann, D. (1984). *Connections between sex and aggression*. Hillsdale, NJ: Erlbaum.

Zillmann, D. (1994). Cognition-excitation interdependencies in the escalation of anger and angry aggression. In M. Potegal & J. F. Knutson (Eds.), *The dynamics of aggression: Biological and social processes in dyads and groups* (45 - 72). Hillsdale, NJ: Erlbaum.

Zillmann, D. (1996). Sequential dependencies in emotional experience and behavior. In R. D. Kavanaugh, B. Zimmerberg, & S. Fein (Eds.), *Emotion: Interdisciplinary perspectives* (pp. 243 - 272). Mahwah, NJ: Erlbaum.

Zillmann, D., & Bryant, J. (1988). Pornography's impact on sexual satisfaction. *Journal of Applied Social Psychology*, *18*, 438 - 453.

Ziilmann, D., Bryant, J., Carveth, R. A. (1981). The effect of erotica featuring sadomasochism and bestiality on motivated intermale aggression. *Personality and Social Psychology Bulletin*, *7*, 153 - 159.

Zillmann, D., Bryant, J., Comisky, P. W., & Medoff, N. J. (1981). Excitation and hedonic valence in the effect of erotica on motivated intermale aggression. *European Journal of Social Psychology*, *11*, 233 - 252.

Zillmann, D., & Johnson, R. C. (1973). Maternal aggressiveness perpetuated by exposure to aggressive films and reduced by exposure to nonaggressive films. *Journal of Research in Personality*, *7*, 261 - 276.

Zimbardo, P. (1970). The human choice: Individuation, reason, and order versus individuation, impulse, and chaos. *Nebraska Symposium on Motivation*. Lincoln: University of Nebraska Press.

Zuckerman, M., Amidon, M. D., Bishop, S. E., & Pomerantz, S. D. (1982). Face and tone of voice in the communication of deception. *Journal of Personality and Social Psychology*, *43*, 347 - 357.

Zuckerman, M., DePaulo, B., & Rosenthal, R. (1981). Verbal and nonverbal communication of deception. In L. Berkowitz (Ed.), *Advances in experimental social psychology* (Vol. 14, pp. 1 - 59). New York: Academic Press.

Zukier, H. (1982). The role of the correlation and the dispersion of predictor variables in the use of nondiagnostic information. *Journal of Personality and Social Psychology*, *43*, 1163 - 1175.

Zukier, H., & Pepitone, A. (1984). Social roles and strategies in prediction: Some determinants of the use of base-rate information. *Journal of Personality and Social Psychology*, *47*, 349 - 360.

译后记

这是个社会心理学丰收的年代。进入新世纪短短几年，各主要出版社竟然一口气出版了20多本社会心理学著作。而且，与传统的著作出版不同，新的社会心理学著作呈现出新的特点。过往国内作者引证第一手资料延后5年甚至更长时间的现象，开始被大量最新资料甚至是印证最新出版资料所取代，而曾经要花费5到10年延后周期的译著，也开始几乎与国外原版图书同时发行。社会心理学的学术环境，与20年以前相比，已经是天壤之别。

在完成2005年已经在高等教育出版社出版的70万字的《社会心理学》的同时，受朱永新教授之邀，我还在与我的团队共同完成另一件艰难的社会心理学著述工作——翻译心理学家沃切尔等人的《社会心理学》。

《社会心理学》在设计上试图勾勒社会心理学领域的百年发展，呈现社会心理学领域建立起来的"经典"研究和理论，并展现社会心理学新的方法、新的取向和新的应用。

沃切尔等人认为，放眼社会心理学的未来发展，对社会心理学的建构才是完整的。为此，本书通过努力超越北美视野而涵盖全世界社会心理学研究者所做的努力，并且，顺应社会心理学家更清楚文化在影响人类行为中的作用的学术演变，本书也专门论述了文化与行为的关系。

社会心理学是一门理论与应用并重的学科。对科学准则的尊重和与实践社会问题相结合，是社会心理学受到尊敬和不断发展的动力，也是沃切尔等人社会心理学著作受到欢迎的原因。沃切尔等人在本书写作中透出的对社会心理学历史沉淀、发展脉络和最新资料的充分把握，写作中兼顾经典与最新成果、北美优势和世界成就的独特处理，都使得沃切尔等人的《社会心理学》著作独树一帜。特别需要指出的是，许多在其他社会心理学著作中较为忽视的或讨论不够深入的主题，如文化与行为、群际冲突、自我认知、自我表现等，沃切尔等人都有专章的纵深讨论。为此，在这个社会心理学丰收的年代，沃切尔等人的《社会心理学》仍然是一本不可不读的优秀社会心理学著作。

需要特别说明的是，本人仅仅做了一点本书的翻译工作，主要承担了组织、审定和翻译原则把握的工作。大量的翻译工作是由我的团队成员完成的。其中主要的译者有金盛华(前言)、金盛华、李卓、叶文浩(第一章)、王莉(第二章、第三章)、李雪(第四章、第十三章)、李波(第五章、第十四章)、范丽恒(第六章、第九章)、刘蓓(第七章、第十四章)、王艺(第八章)、石孟磊(第十章)、叶扬(第十一章)、付宗国(第十二章)。范丽恒、王莉、李波、石孟磊、叶扬、王攀、叶文浩、李卓等人还完成了对应章节的术语辞条的翻译工作。

需要特别说明的是,叶扬和叶文浩在全书的整理、核对、统一等方面做了大量工作。他们的出色工作,是本书得以最终完成的重要条件。在此,我要特别感谢朱永新教授给我们这样的机会,感谢每一位译者的辛勤劳动和逐字逐句仔细核对的治学精神。

由于本人专业学识和英文水平的限制,也由于长期疏忽了对翻译工作的重视和参加翻译的团队还比较年轻,因此本书的翻译一定存在不足、疏漏甚至误解和讹错,恳请读者不吝赐教和给予指正。

金盛华

2006 年 10 月 20 日

于北京师范大学英东楼 548 室